V&R unipress

Schriften des Zentrums für Europäische und Internationale Strafrechtsstudien

Band 9

Herausgegeben von Arndt Sinn

ZEIS

ZENTRUM FÜR EUROPÄISCHE UND INTERNATIONALE STRAFRECHTSSTUDIEN

Uriel Moeller

Definition und Grenzen der Vorverlagerung von Strafbarkeit

Diskussionsstand, Rechtsgeschichte und kausalitätstheoretische Bezüge

V&R unipress

Universitätsverlag Osnabrück

UNIVERSITÄT OSNABRÜCK

MIX
Papier aus verantwortungsvollen Quellen
FSC
www.fsc.org
FSC® C083411

Bibliografische Information der Deutschen Nationalbibliothek
Die Deutsche Nationalbibliothek verzeichnet diese Publikation in der Deutschen Nationalbibliografie; detaillierte bibliografische Daten sind im Internet über http://dnb.d-nb.de abrufbar.

Veröffentlichungen des Universitätsverlags Osnabrück erscheinen im Verlag V&R unipress GmbH.

Druck und Bindung: CPI books GmbH, Birkstraße 10, D-25917 Leck
Printed in the EU.

Vandenhoeck & Ruprecht Verlage | www.vandenhoeck-ruprecht-verlage.com

ISSN 2198-5367
ISBN 978-3-8471-0906-8

Vorwort

Die vorliegende Arbeit wurde im August 2017 vom Fachbereich Rechtswissenschaften der Universität Osnabrück (UOS) und der Pontifícia Universidade Católica do Rio Grande do Sul (PUCRS) als Dissertationsschrift angenommen. Sie ist Frucht der ersten strafrechtlichen Promotion in gemeinsamer Betreuung der UOS und der PUCRS. Gesetze, Rechtsprechung, Kommentare und Lehrbücher befinden sich auf dem Stand Mai 2018. Die Habilitationsschrift von Prof. Dr. Jens Puschke erschien kurz vor Fertigstellung der Arbeit im Sommer 2017 und konnte wie die übrige Literatur bis zu diesem Zeitpunkt Berücksichtigung finden.

Die Promotion begann in Porto Alegre im Juli 2013, einer Zeit der Unruhe in Brasilien. Ich konnte mir aber immer der vollen Unterstützung meines geschätzten brasilianischen Doktorvaters Prof. Dr. Fabio Roberto D'Avila sicher sein. Ihm danke ich von ganzem Herzen: O seu apoio incondicional é o fundamento da minha carreira académica. Die Zeit an der PUCRS behalte ich in bester Erinnerung, auch wenn diese sehr fordernd war. Es waren 36 Credits in 8 Semestern zu erwerben, wofür mir aber nur 3 Semester zur Verfügung standen. Ich lernte viel über das brasilianische Strafrechtssystem und die aktuellen Fragestellungen der brasilianischen Rechtswissenschaft. Der Dialog mit den Promotionskollegen (insbesondere Dr. João Alves Teixeira Neto und Bruno Buonicore, aber auch mit Emilia Giuliani) prägte mich sehr, wofür ich sehr dankbar bin. Die gemeinsamen Vorträge an Universitäten in Brasilien sowie an der Universität Coimbra motivierten mich zusätzlich. Danken möchte ich Prof. Dr. Giovani Agostini Saavedra, Prof. Dr. Paulo Vinicius Sporleder de Souza, Prof. Dr. Draiton Gonzaga de Souza und Prof. Dr. Helena Regina Lobo da Costa, die neben meinem brasilianischen Doktovater Prof. D'Avila die Prüfungskommission meiner »Vorverteidigung« (banca de qualificação) im April 2015 bildeten.

Ab Dezember 2014 begann mein Engagement für das Forschungsprojekt ALPhA (https://alpha.uni-osnabrueck.de) an der Universität Osnabrück. Die Erforschung des Arzneimittelstrafrechts aller 28 EU-Mitgliedstaaten war eine enorme Herausforderung, der ich mich phasenweise in Vollzeit widmete. Insbesondere meine Vorträge in Rom, Brüssel, London und Straßburg haben ihre Spuren in dieser Arbeit insoweit hinterlassen, als dass diese meinen Blick für die Praxis schärften. Mein herzlichster Dank gebührt hier meinem geschätzten Doktorvater, Prof. Dr. Prof. h.c. Arndt Sinn, der mich immer forderte und förderte. Die Zeit als sein wissenschaftlicher Mitarbeiter, zunächst für ALPhA und ab August 2016 im Lehrbetrieb, prägte mich sehr und wirkte sich nachhaltig auf die vorliegende Arbeit aus. In dieser Phase war der Kontakt mit den Kollegen und Kolleginnen (insbesondere Simon Maly) am Lehrstuhl Sinn von großer Bedeutung. Ich bedanke mich an dieser Stelle bei ihnen für ihre stets kollegiale sowie freundliche Zusammenarbeit. Besonders erwähnen möchte ich meinen Büropartner Michael Berg, der mir mit seiner ruhigen und besonnenen Art eine Stütze war. Der Erasmusdozentenmobilität und Prof. Dr. Georg Michael Gesk verdanke ich es, gemeinsam im Dezember 2016 ein Seminar zur Kausalitätstheorie an der National Taiwan University durchgeführt zu haben, was weiterführende Diskussionen mit den dortigen Studenten ermöglichte und mir half, meine Forschung zu verfestigen.

Die Disputation fand entsprechend dem Vertrag zwischen der UOS und der PUCRS im August 2017 in Osnabrück statt. Die Kommission setzte sich neben meinen beiden Doktorvätern noch aus Prof. Dr. Thomas Rotsch und Prof. Dr. Giovani Saavedra zusammen, denen ich für ihre Kritik und Anregungen zutiefst zu Dank verpflichtet bin. Prof. Sinn gilt mein Dank für das Verfassen des ausführlichen Erstgutachtens und für die Aufnahme dieser Arbeit in die Reihe der Schriften des ZEIS. Ebenso möchte ich Prof. Lobo da Costa für ihr detailliertes Zweitgutachten danken.

An dieser Stelle möchte ich meinen beiden Doktorvätern noch ein paar Dankesworte widmen. Beide haben mich Dinge gelehrt und mich auf eine Weise gefördert, wie ich es mir zuvor nicht habe vorstellen können. Die Jahre als ihr Doktorsohn haben mich, wie mir scheint, beruflich und wissenschaftlich sehr weit vorangebracht und geprägt. In bester Erinnerung bleiben mir die wissenschaftlichen Diskussionen und die persönlichen Momente, die ich mit beiden teilen durfte. Ich bleibe ihnen mein Leben lang verbunden.

Von gehobener Bedeutung für diese Arbeit war auch mein werter Kollege und Freund Pepe Schladitz von der UOS, mit dem ich stundenlang über das deutsche Strafrechtssystem und über unsere Arbeiten diskutierte (#Kaffeepause). Daneben möchte ich noch Prof. Dr. Ruth Maria Chittó Gauer, Márcia Cristina de Brum Lopes, Frau Iris Elfes, Rahime Erbaş, Dr. Marcelo Almeida Ruivo dos Santos, Dr. Leandro Ayres França sowie Richterin am LG Berlin Julia Mayr für die Unterstützung, die Diskussionen und/oder die Rücksichtnahme danken. Ein besonderer Dank gilt Doris Möller für das Korrekturlesen. Verbleibende Fehler sind allein meine Verantwortung.

Schließlich gilt mein Dank meinen Eltern Jan Clemens Möller, Liane Levitan und meiner Schwester Naina. Amo vocês!

Entscheidend für den Abschluss dieser Arbeit war meine Frau Anna Mondain-Monval, die mich von Anfang an begleitet und unterstützt hat. Encore quelque chose qu'on a créé ensemble. Pour ça et pour toutes les autres créations: *Cimer!*

Berlin im August 2018,
Uriel Moeller

Inhaltsübersicht

Inhalt

Abkürzungsverzeichnis

a.A.	anderer Ansicht
a.a.O.	am angegebenen Ort
Abs.	Absatz
AMG	Arzneimittelgesetz
Anm.	Anmerkung
Art.	Artikel (Einzahl und Mehrzahl)
Bd.	Band
BGBl.	Bundesgesetzblatt
BGH	Bundesgerichtshof
BGHSt	Entscheidungen des Bundesgerichtshofes in Strafsachen in der offiziellen Sammlung
braStGB	brasilianisches Strafgesetzbuch
bspw.	beispielsweise
BtMG	Betäubungsmittelgesetz
BVerfG	Bundesverfassungsgericht
BVerfGE	Entscheidung des Bundesverfassungsgerichts in der offiziellen Sammlung
BVerwGE	Entscheidung des Bundesverwaltungsgerichts in der offiziellen Sammlung
bzgl.	bezüglich
d.h.	das heißt
ders.	derselbe
dies.	dieselbe
etc.	et cetera
EuGH	Europäischer Gerichtshof
f./ff.	folgend/folgende
Fn.	Fußnote
GG	Grundgesetz
i.a.	inter alia
i.R.d.	im Rahmen der/des
i.S.d.	im Sinne der/des
i.Ü.	im Übrigen
i.V.m.	in Verbindung mit
i.w.S.	im weiteren Sinne
itaStGB	italienisches Strafgesetzbuch

Kap.	Kapitel
KG	Kammergericht (Berlin)
m.w.Nachw.	mit weiteren Nachweisen
Nr.	Nummer
OLG	Oberlandesgericht
porStGB	portugiesisches Strafgesetzbuch
Rn.	Randnummer
S.	Seite
s.a.	siehe auch
StGB	Strafgesetzbuch (Deutschland)
u.a.	unter anderem
UN	Vereinte Nationen (United Nations)
z.B.	zum Beispiel

A. Einleitung und Methodik der Untersuchung

»Feindstrafrecht«[1], »Verpolizeilichung«[2], »Präventionsstrafrecht«[3], »Interventionsstrafrecht«[4], »symbolisches Strafrecht«[5], »Sicherheitsrecht«[6], »Empörungsstrafrecht«[7] sowie »Vorverlegung«[8], »Ausdehnung«[9] und »Vorverlagerung«[10]: Ein Dickicht an Wortbildungen gedeiht an dem Befund, dass das deutsche Strafrecht eine zunehmend präventive Ausrichtung erfährt. Angesichts der präventiven Tendenzen ist seit spätestens den frühen 1990er-Jahren gar von einer *Krise*[11] des Strafrechts die Rede.[12] In der Diskussion um den aktuellen Zustand des materiellen Strafrechts erfreut sich insbesondere der Begriff »Vorverlagerung« einer großen Popularität.[13]

1 *Jakobs*, ZStW 97 (1985), S. 756.

2 Siehe hierzu nur *Murmann*, Kritik des funktionalen Strafrechts, in: Grundfragen des Strafrechts, 2010, S. 205; *Zaczyk*, FS Beulke 2015, S. 69 m. w. Nachw. Siehe zum Ganzen auch *Sinn*, ZIS 2006, S. 108.

3 *Wohlers*, Deliktstypen des Präventionsstrafrechts, 2000, S. 96.

4 *Puschke*, Grund und Grenzen des Gefährdungsstrafrechts, in: Grenzenlose Vorverlagerung des Strafrechts?, 2010, S. 16.

5 *Hassemer*, FS Roxin 2001, S. 1010ff.

6 *Paeffgen*, FS Amelung 2009, S. 103ff.

7 Siehe *Kudlich/Oglakcioglu*, FS Heintschel-Heinegg 2015, S. 275ff.

8 *Jescheck*, Die Vorverlegung des Strafrechtsschutzes, 1987, passim.

9 Siehe *Sinn/Moeller* ZJS 2015, S. 234f. sowie ausführlich unten ab S. 79.

10 *Sinn*, Vorverlagerung der Strafbarkeit, in: Grenzen der Vorverlagerung, 2011, S. 15f.

11 Paradigmatisch und mit Nachweisen *Prittwitz*, Strafrecht und Risiko, 1993, S. 114ff. sowie *Welp*, StV 1994, S. 161. Aus neuerer Zeit *Wohlers*, Deliktstypen des Präventionsstrafrechts, 2000, S. 43; *Silva Sánchez*, La Expansión del Derecho Penal, 2001, S. 149ff.; *Kim*, Umweltstrafrecht in der Risikogesellschaft, 2004 S. 68f.; sowie *D'Avila*, Ofensividade e Crimes Omissivos Próprios, 2005, S. 30.

12 So zuletzt *Brunhöber*, FS Schünemann 2014, S. 3 (»Veränderung«). Siehe auch zur Veränderung des Strafrechts aufgrund der neuen Lebensbedingungen zuletzt *Weigend*, FS Frisch 2013, S. 22ff.

13 Siehe zur Verwendung des Begriffs der Vorverlagerung und der Bedeutung allgemein *Sinn*, Vorverlagerung der Strafbarkeit, in: Grenzen der Vorverlagerung, 2011, S. 13ff., mit einer Vielzahl von Nachweisen aus Literatur und Rechtsprechung. Es folgt eine zum Teil ergänzende Auswahl aus der Literatur: *Beck*, Unrechtsbegründung und Vorfeldkriminalisierung,

Gemeinhin wird Vorverlagerung als Folge einer ab den 1960er-Jahren einsetzenden Kriminalpolitik der Schadensabwendung in der modernen demokratischen Industriegesellschaft begriffen. Verwendet wird »Vorverlagerung« in der Beschreibung eines Strafrechts, das an gefährliche Verhaltensweisen anknüpft, ohne dass diese im Einzelfall einen Schaden verursacht haben müssen.[14] So sind beispielweise gemäß der 2010 eingeführten §§ 89a ff. StGB (»Terrorismusstrafrecht«) Tathandlungen strafbar, die noch weit vor einer tatsächlichen Schädigung liegen, etwa das Sammeln von Geldern zur Finanzierung von Terrorismus. Straffreie Räume der Freiheit werden durch Schaffung solcher *vorverlagerter* Straftatbestände immer kleiner. In den letzten Jahren hat sich die strafrechtswissenschaftliche Forschung eingehend mit dem Erhalt dieser straffreien Räume und den »Grenzen der Vorverlagerung« beschäftigt.[15]

Trotz der häufigen Verwendung und weiten Verbreitung des Begriffs »Vorverlagerung« werden dessen *Merkmale* jedoch kaum diskutiert. Die Vorverlagerung – ständige Begleiterin in den strafrechtswissenschaftlichen Diskussionen der Gegenwart – ist als Begriff weitestgehend unerforscht geblieben.[16] So wird die angebliche Neuartigkeit der Vorverlagerung als Ausprägung des modernen »Präventionsstrafrechts« selten rechtshistorisch überprüft. Die Herkunft des Begriffs »Vorverlagerung« ist ungeklärt.

Des Weiteren kommt in der Aufforderung der Strafrechtswissenschaft der 1970er-Jahre, das »Verursachungsdogma« durch Vorverlagerung zu überwinden, ein enges Verhältnis von *Kausalitätstheorie* und Vorverlagerung zum

---

1992, S. 19; *Hefendehl*, Grenzenlose Vorverlagerung des Strafrechts, 2010, passim; *Heger*, Die Europäisierung des deutschen Umweltstrafrechts, 2009, S. 229; NK StGB- *Kargl* Vorbemerkungen zu den §§ 306ff. Rn. 19; Leipziger Kommentar StGB-*Hörnle* § 177 Rn. 202; *Jahn*, JuS 2009, S. 1145; *Jakobs*, AT 1993, 25/1; *Kim*, Umweltstrafrecht in der Risikogesellschaft, 2004, S. 54; *Kühl*, JuS 1979, S. 719; *Roxin*, Täterschaft und Tatherrschaft, 2015, S. 799; *Staechelin*, Bestimmten Güter, in: Aufgeklärte Kriminalpolitik oder Kampf gegen das Böse?, 1998, S. 247; *Sieber*, NStZ 2009, S. 357; *Weinert*, Vorbereitungsdelikte und tätige Reue, 2005, S. 103; *Zöller*, Terrorismusstrafrecht, 2009, S. 503. Aus der Rechtsprechung siehe nur BGH NStZ 1995, 329; 1996, 40; 2001, 416; 2007, 583; 2008, 284; NJW 2001, 624; 2010, 3669; 2014, 3462; OLG Karlsruhe NStZ 2012, 391.

14 Genauer zu Begriff und Einordnung unten ab S. 65.

15 Siehe exemplarisch Sinn/Gropp/Nagy (Hrsg.), Grenzen der Vorverlagerung in einem Tatstrafrecht, Göttingen 2011, passim; Hefendehl (Hrsg.), Grenzenlose Vorverlagerung des Strafrechts?, Berlin 2010. Siehe zuletzt *Brunhöber*, FS Schünemann 2014, S. 11ff.; *Robles Planas*, FS Frisch 2013, S. 129ff.; *Pollähne*, FS Beulke 2015, S. 51ff.; *Kaiser*, Grenzen der strafrechtlichen Vorverlagerung, 2016, S. 17ff.; teilweise auch dogmatische Grenzen erörternd *Frisch*, NStZ 2016, S. 19ff. Siehe hierzu auch unten ab S. 157.

16 Ähnlich bereits *Sinn*, Vorverlagerung der Strafbarkeit, in: Grenzen der Vorverlagerung, 2011, S. 14. *Brunhöber* beispielsweise verwendet den Begriff der Vorverlagerung in ihrem Beitrag zur Gegenwart des Strafrechts, ohne diesen in ihren Ausführungen zu den »vorherrschenden Kategorisierungen« zu beleuchten, FS Schünemann 2014, S. 5ff. Siehe zu Beispielen an Quellen aus Literatur und Rechtsprechung, die den Begriff verwenden des Weiteren *Sinn*, Vorverlagerung der Strafbarkeit, in: Grenzen der Vorverlagerung, 2011, S. 13.

Ausdruck, dessen Bedeutung noch nicht erschöpfend untersucht worden ist. Die neuesten Entwicklungen der Kausalitätstheorie ab den 2000er-Jahren wurden bisher nicht mit der Debatte um die Grenzen der Vorverlagerung in Verbindung gebracht.

Diese Arbeit widmet sich den soeben skizzierten Forschungslücken hinsichtlich Geschichte, Bedeutung und Grenzen der Vorverlagerung. Die Schwerpunkte liegen auf der Eruierung der Merkmale des Vorverlagerungsbegriffs mittels einer rechtsgeschichtlichen Überprüfung der Neuartigkeit der Vorverlagerung und der Begriffsgenese (C.) sowie der Nutzbarmachung der gegenwärtigen Diskussion der Kausalitätstheorie als Grenze der Vorverlagerung (D.).

Die Untersuchung beginnt mit einer Schilderung der Triebfedern der präventiven Ausrichtung des Strafrechts sowie einer Bestandsaufnahme zur Diskussion der Krise des Strafrechts (B.) und der Vorverlagerung. Der Stand der Strafrechtswissenschaft zum Begriff »Vorverlagerung« wird analysiert (C.I.). Hintergrund ist, dass an Fälle der Vorverlagerung zunehmend besondere verfassungsrechtliche und dogmatische Anforderungen gestellt werden. Um diese Forschung fruchtbar machen zu können, muss eine bestmögliche Qualifikation des einzelnen Delikts im Hinblick auf die »Vorverlagerungseigenschaft« gewährleistet sein. Die spezifischen Grenzen der Vorverlagerung können nur dort gezogen werden, wo Vorverlagerung als solche erkannt wird.[17]

Der Stand der Strafrechtswissenschaft zur Vorverlagerung weist jedoch einige Forschungslücken auf. So wird die angebliche Neuartigkeit der Vorverlagerung kaum rechtshistorisch überprüft. Die Frage der Herkunft des Begriffs »Vorverlagerung« im deutschen Strafrechtsdiskurs ist ungeklärt. In der Folge besteht auch keine Klarheit, was Vorverlagerung genau bezeichnet bzw. was die Merkmale des Vorverlagerungsbegriffes sind. Diesen Fragen widmet sich ein wesentlicher Teil dieser Arbeit (C.II.): Ausschnitte der Rechtsgeschichte werden auf Fälle der Vorverlagerung untersucht; im Anschluss wird die *Genese* des Begriffs der Vorverlagerung in der deutschen Strafrechtswissenschaft erforscht. Dies dient der Eruierung der Merkmale des Vorverlagerungsbegriffs (C.III.), um Fälle der Vorverlagerung zu identifizieren, für die spezifische Grenzen gelten (D.).

Bestimmtheitsgrundsatz, Verhältnismäßigkeitsgrundsatz und das Ultima-ratio-Prinzip sind allgemeine Grenzen des Strafrechts. Im Falle der Vorverlagerung sind Ultima-ratio- und Schuldprinzip sowie der Verhältnismäßigkeitsgrundsatz von besonderer Bedeutung. Aus dem Prinzip des schuldangemesse-

17 Die Eruierung der Merkmale einer verlässlichen Begriffsdefinition fällt bei Straftatbeständen zum Schutze überindividueller Güter besonders schwer. Bei diesen Straftatbeständen handelt es sich jedoch um eine häufige Deliktsform. Es ist daher von hoher Bedeutung für die Strafrechtswissenschaft, die besonderen Anforderungen an die Grenzen der Vorverlagerung auch in diesen Fällen in Stellung bringen zu können, siehe hierzu unten ab S. 139.

nen Strafens ergibt sich, dass die Verletzung des Schutzguts der Norm härter zu bestrafen ist als die bloße Gefährdung (als Fall der Vorverlagerung von Strafbarkeit) desselben. Daher gilt generell: Je weiter vorverlagert wird, desto niedriger muss die Strafe im Verhältnis zur Bestrafung der Schädigung selbst sein.[18] Die Grenzen der Vorverlagerung ergeben sich also *relativ* zur Weite der Vorverlagerung. Mit zunehmender Vorverlagerung muss der Strafrahmen weiter absinken. Aus diesem Prinzip ergibt sich jedoch nicht, welche Handlungen kategorisch der (vorverlagerten) Strafbarkeit entzogen sind, bei denen also selbst eine sehr geringe Strafe schuldunangemessen wäre. Über die *absoluten* Grenzen der Vorverlagerung besteht keine Einigkeit in der Strafrechtswissenschaft. Es besteht noch Forschungsbedarf.

Für die absoluten Grenzen der Vorverlagerung ist die Kausalitätstheorie der Äquivalenz aller Bedingungen von hoher Bedeutung. Nach der Äquivalenztheorie ergibt sich die Ursächlichkeit einer Handlung für eine Rechtsgutsverletzung nur im Zusammenspiel mit ihren Umständen, also *relativ* zu dem »kausalen Feld«[19] der Handlung. Alle Bedingungen eines Ereignisses seien gleichwertig kausal. Es gäbe somit weder *a priori* nicht kausale noch *a priori* kausale Handlungen. Jede Handlung *kann* kausal sein, je nach den Umständen (= kausales Feld), auf das diese trifft. Diese Potentialität einer jeden Handlung für die Verursachung eines Schadens lässt sich als Gefährlichkeit bezeichnen. Je nachdem, wie wahrscheinlich es ist, dass eine Handlung einen Schaden verursacht (auf ein entsprechendes kausales Feld trifft), lässt sich ihre Gefährlichkeit bewerten. Diese Gefährlichkeit einer Handlung ist Bezugspunkt und Legitimation der Vorverlagerung. Da aber nach der Äquivalenztheorie jede Handlung potentiell ursächlich, also gefährlich ist, ist jede Handlung potentiell Bezugspunkt von Vorverlagerung. Es gäbe demnach keine absolut ungefährlichen Handlungen und entsprechend keine der Vorverlagerung *absolut* unzugänglichen Handlungen.

Gegen die Gleichwertigkeit aller Bedingungen regt sich jedoch in der Strafrechtswissenschaft seit etwa 20 Jahren zunehmend Widerstand. Nicht alle Bedingungen einer Verletzung seien als Ursache derselben zu behandeln, sondern nur *bestimmte* Bedingungen. Dies ließe den Schluss zu, dass es *a priori* ungefährliche Verhaltensweisen gäbe, nämlich solche, welche die Kriterien dieser neuen Kausalitätstheorien nicht erfüllen und damit nicht als potentielle Ursache einer Verletzung in Betracht kommen. Im Ausscheiden dieser absolut ungefährlichen Verhaltensweisen wäre somit eine *absolute* Grenze der Vorverlagerung gefunden. Die hieran anknüpfende Untersuchung schließt die vorliegende Arbeit zu Definition und Grenzen der Vorverlagerung ab (D.).

---

18 Siehe hierzu unten ab S. 190.
19 Siehe hierzu unten ab S. 234.

B. Die Krise des Strafrechts

Der folgende Abschnitt dient der Bestandsaufnahme und einer Einordnung des Untersuchungsgegenstands »Vorverlagerung der Strafbarkeit« im Kontext einer Krise des Strafrechts der Gegenwart. Hierzu ist zunächst der gesellschaftliche und politische Hintergrund zu beleuchten, vor dem sich der Wandel des Strafrechts vollzieht (I.). Hierauf aufbauend kann der Wandel des Strafrechts selbst beschrieben werden (II.). Im Anschluss kann die aus dem Wandel resultierende Debatte um die Krisenhaftigkeit des Strafrechts geschildert (III.) und hieraus die weitere Untersuchung des Begriffs der Vorverlagerung eingeläutet werden (C.).

I. Gesellschaftlicher und politischer Hintergrund des Strafrechts der Gegenwart

Die Sicherheitslage und -wahrnehmung, die Politik, die Staatsfunktion sowie die Kriminologie traten Mitte des 20. Jahrhunderts in eine neue Phase ein, die bis heute nachwirkt. Neuartige Gefahren ließen ein Gefühl der Unsicherheit in der Gesellschaft entstehen (1.). Hiermit im Zusammenhang stehen neue Anforderungen an die Sicherheitsgewährleistung durch den Wohlfahrtsstaat (2.) und entsprechende Veränderungen in der Kriminalpolitik (3.), die durch den internationalen Terrorismus eine neue Wendung erfuhren (4.).

1. Die Risikogesellschaft

Ein prägendes Merkmal der gegenwärtigen gesellschaftlichen Epoche ist der rasante technologische Fortschritt. Fast alle Bereiche sozialer Interaktion (Kommunikationsmedien, Transport, Konsum, Bildung, Partnersuche, Politik usw.) und wirtschaftlicher Produktion sind einem beschleunigten Wandel unterworfen. Dies hat erheblichen Einfluss auf den Komfort und Wohlstand, aber auch auf die Gefahrenlage.[20] Dieses Szenario wird in neuester Zeit durch das Phänomen der globalen Erwärmung ergänzt. Der Third Assessment Report des Intergovernmental Panel on Climate Change, *Climate Change 2001*, stellte auf globaler Ebene fest,[21] dass der Mensch zu einem Klimaumbruch beiträgt, der zu erschütternden ökologischen Umbrüchen führen könnte. Obgleich wissenschaftliche Zweifel an der Anthropogenität des Klimawandels geäußert wurden:[22] Die menschenverschuldete Unbewohnbarkeit weiter Teile der Erde ist (wieder[23]) ein realistisches Szenario. Die stetig wachsende menschliche Gemeinschaft durchlebt so die Herrlichkeit und den Schrecken einer immer mächtigeren Technologie: »Der Mensch könnte, wenn er denn wollte, die Welt vernichten, doch vielleicht tut er dies bereits, ohne es überhaupt zu wissen«[24]. Hinzu kommt die durch bessere Versorgung Mitte des 20. Jahrhunderts ausgelöste »demographische Explosion« der Weltbevölkerung: Von drei auf sechs Milliarden Menschen in nur 40 Jahren.[25] Dies führt zwangsläufig zu Ressourcenknappheit. Außerdem werden hierdurch Pandemien als Konsequenz einer zunehmenden Urbanisierung[26] und globalen Mobilität zu einer realen Gefahr,[27] wie sich zuletzt 2014–2016 in der westafrikanischen Ebola-Epidemie zeigte, an der trotz Eindämmung auf Westafrika noch über 11.000 Menschen starben.[28] Erwähnt werden muss auch die digitale Revolution, die ökonomische, soziale, kulturelle und politische Strukturen weltweit veränderte und weiter verändert.[29]

20 Zur Veranschaulichung sei hier nur die Kernenergie genannt. Zum einen stellt sie eine neue Energiequelle dar, die äußert effektiv und leistungsstark ist. Zum anderen aber birgt diese ein enormes Zerstörungspotential. Spätestens der Einsatz der Atombombe im zweiten Weltkrieg führte der Menschheit die gewaltige und nachhaltige Zerstörungsmacht ihrer erworbenen Technologien vor Augen. Aber auch die zivile Nutzung der Kernenergie löste katastrophale Schadensfälle aus, die über Generationen hinweg schwere Folgen hatten und noch haben werden, wie etwa Tschernobyl in den 1980er-Jahren und Fukushima in den 2010er-Jahren.

21 Der IPCC ist eine zwischenstaatliche Institution und den Vereinten Nationen unterstellt. Report: http://www.grida.no/climate/ipcc_tar/, Abrufdatum 10.04.2014.

22 Zum Beispiel *Douglass/Christy*, Energy and Environment 2009, S. 186.

23 Nach Beendigung des kalten Krieges schienen menschliche Selbstvernichtungsszenarien zunächst der Vergangenheit anzugehören, siehe *Fukuyama*, The National Interest 1989, jedoch etwas vorsichtiger bald *ders.*, Das Ende der Geschichte, 1992, S. 433ff.

24 So *D'Avila*, Ofensividade e Crimes Omissivos Próprios, 2005, S. 29 (Übersetzung aus dem Portugiesischen).

25 Von ungefähr 1960 bis 2000, siehe World Population Prospects, UN: The 2008 Revision. ESA/P/WP.210, Seite »x« (abgerufen am 22.12.2016).

26 Siehe zum gegenwärtigen Urbanisierungsprozess World Urbanization Prospects, UN: The 2011 Revision. ST/ESA/SER.A/322 (abgerufen am 22.12.2016).

27 Siehe A framework for global outbreak alert and response, WHO/CDS/CSR/2000.2, 2000 (abgerufen am 22.12.2016).

28 Siehe http://apps.who.int/ebola/current-situation/ebola-situation-report-16-march-2016 (abgerufen am 01.04.2017).

29 Siehe statt aller, speziell zu den Auswirkungen der Kommunikationstechnologie auf die

Der Einzelne fühlt sich diesen Veränderungen und neuartigen Risikolagen hilflos ausgeliefert: Er ist mit den zunehmend komplexeren Risikoentscheidungen rational überfordert.[30] Das sich zusammenbrauende Gefühl der Unsicherheit mag daher durchaus aufgrund *einer irrationalen Risikowahrnehmung und damit einer unrealistischen Gefahrenkalkulation* zustande kommen:[31] Die empfundene Unsicherheit selbst aber ist real.[32]

Für diese Gesellschaftsepoche erhöhten Sicherheitsbedürfnisses ist seit den 1980er- Jahren der Begriff der »Risikogesellschaft« gebräuchlich.[33] Beschrieben wird damit eine »Epoche, in der die Schattenseiten des Fortschritts mehr und mehr die gesellschaftlichen Auseinandersetzungen bestimmen«[34].[35] Charakteristisch ist das Auftreten neuer, fortschrittsinduzierter Risiken, insbesondere technologischer Großrisiken,[36] über die der Mensch die Kontrolle zu verlieren scheint.[37] Empirisch nachweisbare Veränderungen befeuern den Eindruck eines gewachsenen Gefahrenpotentials für den Einzelnen.[38] Zwar handelt es sich bei Angst und Risiko um Grundbestimmungen der menschlichen Existenz selbst, die insofern keinesfalls neu sind.[39] Neu ist aber der technologisch bedingte

---

Kunst als Resonanzraum im ausgehenden 20. Jahrhundert insbesondere *Klotz*, Die zweite Moderne, 1996, S. 9ff.

30 Siehe *Prittwitz*, Strafrecht und Risiko, 1993, S. 72.

31 Vertretbar daher auch die Einschätzung, dass der Mensch in der modernen Gesellschaft faktisch so sicher lebt wie noch nie zuvor, so *F-X Kaufmann*, Normen und Institutionen, in: Gesellschaft und Unsicherheit, 1987, S. 46. Kritisch gegenüber der Behauptung, die Bedrohungen der Gegenwart seien neuartig *Brunhöber*, FS Schünemann 2014, S. 9, für die das Neue an diesen die »Art, wie wir mit ihnen umgehen« ist.

32 So kann als Synthese der Debatte um die Bezeichnung und die Gründe für das Phänomen festgehalten werden, dass die Menschheit durch den »Umgang mit Gefahren und Unsicherheit bezüglich traditioneller Gefahren sicherer, bezüglich neuer und selbstproduzierter Gefahren aber unsicherer geworden ist« und hieraus eine »teilweise berechtigte, teilweise unberechtigte Zunahme subjektiver Unsicherheit« entspringt, so *Kim*, Umweltstrafrecht in der Risikogesellschaft, 2004, S. 232.

33 Grundlegend *U. Beck*, Risikogesellschaft, 1986, passim, zur Wahrnehmung der Gefahr u. a. auf S. 73 (»gewachsene Sensibilität für Zivilisationsgefährdungen«).

34 *U. Beck*, Politik in der Risikogesellschaft, 1991, S. 10.

35 Nach *Habermas*, Die Neue Unübersichtlichkeit, 1985, S. 143, ist die Zukunft zunehmend negativ besetzt. Siehe auch *Luhmann*, Soziologie des Risikos, 1991, S. 54f.: Die Fortschrittsrisiken werden als Kalkulationsgrößen vom Kollektiv eingegangen und wirken dem Individuum gegenüber als unentrinnbare Gefahren.

36 Siehe *Hilgendorf*, Strafrechtliche Produzentenhaftung, 1993, S. 26f.

37 So *D'Avila*, Ofensividade e Crimes Omissivos Próprios, 2005, S. 29.

38 Als Beispiel sei hier nur das CERN-Experiment genannt, welches die Befürchtung weckte, dass hierdurch entstehende schwarze Löcher die Erde zerstören würden. Siehe hierzu BVerfG NVwZ 2010, S. 702.

39 Siehe zur Welt als Stätte der Angst und hieraus entstehend »Weltangst« nur *W. Schulz*, Grundprobleme der Ethik, 1989, S. 16. Auch gab es schon früher erhebliche Auswirkungen des Menschen auf seine Umwelt, so *Luhmann*, Ökologische Kommunikation, 2008 (1986), S. 46. Siehe entsprechend auch zu den unterschiedlichen Modellen des Verständnisses von »Risikogesellschaft« den Überblick bei *Prittwitz*, Strafrecht und Risiko, 1993, S. 167f.

unwägbare Einfluss der Menschheit und ihrer Instrumente (wie etwa die Kernenergie) auf die Umwelt und sich selbst,[40] und die durch Unübersichtlichkeit bedingte, teilweise irrationale, Angst.[41] Der empfundene Mangel an und das daraus gewachsene Streben nach Sicherheit prägen die Gesellschaft seit Mitte des 20. Jahrhunderts bis ins 21. Jahrhundert hinein. Angst ist »ein wichtiger Erfahrungsbegriff der heutigen Gesellschaft«[42].[43]

Der Begriff der *Risikogesellschaft* als Beschreibung dieses Zustands wurde fast nahtlos in die Strafrechtswissenschaft überführt.[44] Es wurde zum »Erklärungsmodell unserer Zeit«, rezipierbar in allen wissenschaftlichen Bereichen.[45] Im ausklingenden 20. Jahrhundert sahen sich viele Philosophen, Soziologen und Rechtswissenschaftler veranlasst, sich mit der Angst und dem Risiko als Symptome einer Moderne zu befassen, die das Vertrauen in ihre Fähigkeiten verloren hatte.[46] Dies lässt sich am Staatsverständnis der zweiten Hälfte des 20. Jahrhunderts ablesen, wie es das deutsche Rechtssystem noch im 21. Jahrhundert prägt.[47]

2. Der Wohlfahrtsstaat

Mit dem technologischen Fortschritt und der Zunahme an Komplexität und Pluralismus in der Gesellschaft wandelte sich auch die Erwartungshaltung an

40 Zur neuen Qualität der Auswirkungen menschlicher Technologie auf die Umwelt und sich selbst *Luhmann*, Ökologische Kommunikation, 2008 (1986), S. 46f.; *W. Schulz*, Grundprobleme der Ethik, 1989, S. 378: »Wesentlich ist, das Wissenschaft selbst Probleme schafft, die es vorher nicht gab«; *Habermas*, Die Neue Unübersichtlichkeit, 1985, S. 143f.

41 Eindringlich *Luhmann*, Ökologische Kommunikation, 2008 (1986), S. 156ff., für den die Angst das »Prinzip, das nicht versagt, wenn alle Prinzipien versagen« ist, und der er daher eine große politische und moralische Zukunft voraussagt (*ebenda*, S. 158).

42 *Bude*, Gesellschaft der Angst, 2015, S. 10.

43 Zugleich lässt sich der Gesellschaft im jungen dritten Jahrtausend aufgrund ihrer Pluralität und Komplexität ein »kaleidoskopisches Antlitz« zusprechen, so *D'Avila*, ZIS 2008, S. 485 (übersetzt aus dem Portugiesischen).

44 U. a. *Prittwitz*, Strafrecht und Risiko, 1993, passim; *Kindhäuser*, Gefährdung als Straftat, 1989, S. 277ff. (ohne Verweis auf *U. Beck* aber mit Verweisen auf *Franz-Xavier Kaufmann* und *Luhmann*); *Hilgendorf*, Strafrechtliche Produzentenhaftung, 1993, S. 17ff. Auch im neuen Jahrtausend bedient man sich in der Strafrechtswissenschaft noch der Griffigkeit des Begriffs, siehe u. a. *D'Avila*, Ofensividade e Crimes Omissivos Próprios, 2005, S. 28ff.; *Sieber*, NStZ 2009, S. 353; *Kim*, Umweltstrafrecht in der Risikogesellschaft, 2004, passim. Siehe mit vielen weiteren Nachweisen *Kim*, Umweltstrafrecht in der Risikogesellschaft, 2004, S. 2f.; sowie *Böhm*, Der ›Gefährder‹, 2011, S. 44ff.

45 *Kim*, Umweltstrafrecht in der Risikogesellschaft, 2004, S. 7.

46 Etwa *Habermas*, Die Neue Unübersichtlichkeit, 1985, S. 141ff.; *Luhmann*, Ökologische Kommunikation, 2008 (1986), S. 156ff.

47 Siehe hierzu sowie zum Folgenden auch *Brunhöber*, FS Schünemann 2014, S. 4ff.

den Staat sowie dessen Selbstverständnis.[48] Mit der neuen Bedrohungslage trat das Ideal der Eigenverantwortung und Freiheitsbelassung des Bürgers vom Staat hinter ein Ideal der Unterstützung und Freiheitsgewährleistung durch den Staat zurück.[49] Die traditionelle Funktion des Staates, den Bürger grundsätzlich sich selbst zu überlassen und ihn nur vor äußeren Gefahren zu schützen, veränderte sich beständig.[50] Der entstehende *Wohlfahrtsstaat*[51] hatte nun aktiv in gesellschaftliche Prozesse einzugreifen[52], und die staatliche Kontrolle der technologischen Prozesse wurde angesichts des zunehmenden Schadenspotentials immer bedeutender.[53] *Otto* fasste diese Tendenz 1971 wie folgt zusammen: »Der Status negativus, um den der Liberalismus kämpfte, ist durch den Status positivus zu ergänzen«[54]. Etatistische Eingriffe in Abläufe zwischen Privatpersonen wurden damit von einer politischen Obliegenheit[55] zur rechtlichen Pflicht.[56]

Im demokratischen Rechtsstaat fanden Schutzüberlegungen insbesondere in der »Entdeckung der Schutzpflichtenfunktion der Grundrechte«[57] ihren Ausdruck. Ausgehend von dem erstmals im Lüth-Urteil 1957 postulierten objektivrechtlichen Gehalt der Grundrechte,[58] wurde diese Grundrechtsfunktion 1975 durch das erste Schwangerschaftsabbruchsurteil in der Rechtsprechung des Bundesverfassungsgerichts bestätigt.[59] Der Staat hatte damit seine Rolle als Gewährleister der Grundrechte, nicht nur gegen sich selbst sondern auch gegen

48 Schon *Wiethölter* stellte die Wandlung der Gesellschaft und ihre Auswirkung auf das Recht fest, *Wiethölter*, Rechtswissenschaft, 1976, S. 76ff. (mit interessanter Darstellung der Wandlung zur »Rechtswissenschaft« im 19. Jahrhundert auf S. 71ff.). Siehe zum folgenden auch eindrucksvoll *Albrecht*, KritV 1986, S. 57ff.; *ders*, KritV 1988, S. 183ff.

49 Kritisch zu einer zunehmenden Zuschreibung der Verantwortung an Staat und Gesellschaft *Castanheira Neves*, Entre o Legislador, in: Estudos jurídicos de Coimbra, 2007, S. 244f.

50 Zur rechtsphilosophischen und staatstheoretischen Entwicklung siehe *Stern*, DÖV 2010, S. 241ff.

51 Zu den unterschiedlichen Erklärungsmodellen der Entstehung des Wohlfahrtsstaats siehe *Ullrich*, Soziologie des Wohlfahrtsstaates, 2005, S. 22ff.

52 Siehe schon *Albrecht*, KritV 1988, S. 183ff.; auch *Castanheira Neves*, Entre o Legislador, in: Estudos jurídicos de Coimbra, 2007, S. 244, spricht hierbei von der »politischen Vergesellschaftung des Rechts« (»político-socialização do direito«).

53 Siehe zum Ganzen auch *Herzog*, Gesellschaftliche Unsicherheit und strafrechtliche Daseinsvorsorge, 1991, S. 50ff.

54 *Otto*, Rechtsgutsbegriff und Deliktstatbestand, in: Strafrechtsdogmatik und Kriminalpolitik, 1971, S. 5.

55 Die man insbesondere als Adressierung von Angst verstehen kann, so *Bude*, Gesellschaft der Angst, 2015, S. 15f., der die gesamte Entwicklung des Wohlfahrtsstaates in der zweiten Hälfte des 20. Jahrhunderts als Projekt zur Beseitigung von Angst versteht.

56 Zur historischen Entwicklung *Pieroth/Schlink*, Grundrechte, 2015 Rn. 80ff.

57 *Stern*, DÖV 2010, S. 241ff.

58 BVerfGE 7, S. 205f. (Urteil vom 15.01.1958 – 1 BVR 400/51); zum Ganzen *Stern*, DÖV 2010, S. 242ff.

59 BVerfGE 39, 1 (Urteil vom 25.02.1975 – 1 BvF 2/74). Siehe hierzu *Merkel*, Forschungsobjekt Embryo, 2002, S. 25ff.

den Bürger, anzunehmen. Dem Grundrechtsträger wurde auf diese Weise das grundsätzliche Recht auf Schutz vor Eingriffen des Staates *und der Mitbürger* eingeräumt.[60] Der Staat ist demzufolge *verpflichtet*, zur Gewährleistung der Grundrechtsausübung des einen Bürgers die Grundrechtsausübung des anderen zu beschränken.

Die staatliche Schutzfunktion beschränkt sich nicht nur auf den Gesetzgeber, sondern erfasst über die verfassungskonforme Auslegung auch die Exekutive und Judikative.[61] Insbesondere in der Gefahrenabwehr kommt dem hohe Bedeutung zu,[62] etwa bei Maßregeln der Besserung und Sicherung.[63] Ein Zusammenstoß zwischen individueller Freiheit und staatlichem Eingriff wird zu einem Zusammenstoß von Abwehr- und Schutzpflicht.[64] Dem subjektiv verunsicherten Bürger der Risikogesellschaft wird damit ein, teils sprichwörtliches, teils ausdrücklich befürwortetes, subjektives »Recht auf Sicherheit« zur Seite gestellt.[65]

---

60 In den Worten *Sterns* wird der Staat vom »Grundrechtsfeind« zum »Grundrechtsfreund«, *Stern*, DÖV 2010, S. 244. Besondere Auswirkung hat hier die mittelbare Drittwirkung der Grundrechte, siehe BVerfGE 7, S. 205f. (Urteil vom 15.01.1958 – 1 BVR 400/51).

61 Zur verfassungskonformen Auslegung als Ausprägung der Schutzfunktion der Grundrechte, siehe *Pieroth/Schlink*, Grundrechte, 2015, Rn. 107ff.

62 Siehe *Pieroth/Schlink*, Grundrechte, 2015, Rn. 116ff., mit einer Liste diesbezüglicher Entscheidungen des Bundesverfassungsgerichts.

63 Schließlich bestehe die Pflicht des Staates, potentielle Opfer vor gefährlichen Tätern zu schützen, so u.a. BVerfG NJW 2004, S. 749ff. (Urteil vom 5.2.2004 – 2 BvR 2029/01). Zur Schutzpflicht als Legitimation der Maßregeln der Besserung und Sicherung auch MüKo StGB-*Radtke* Vorbemerkungen zu § 38 Rn. 69 m. w. Nachw.

64 Mit der Zunahme der Verantwortung des Staates entstehen notwendig auch mehr Befehlsnormen, siehe *D'Avila*, Ofensividade e Crimes Omissivos Próprios, 2005, S. 246, »entsprechende Zunahme an Pflichten (…) gegenüber dem Staat« (übersetzt aus dem Portugiesischen).

65 Für ein Grundrecht auf Sicherheit *Isensee*, Das Grundrecht auf Sicherheit, 1983, passim, insbesondere S. 58ff., unter ausdrücklicher Ablehnung einer Antinomie zwischen Freiheit und Sicherheit, S. 1ff.; *Shue*, Basic Rights, 1980, passim; zu einem Recht auf Sicherheit, mit weiteren Nachweisen, insbesondere aus der Philosophie, *Kindhäuser*, Gefährdung als Straftat, 1989, S. 284ff. Ein (Grund-)Recht auf Sicherheit als solches hat sich aber nicht durchsetzen können siehe *Stern*, DÖV 2010, S. 246ff.; *Waldron*, Torture, Terror, and Trade-Offs, 2010, ausführlich zu *Shue* (ebenda) und dem Recht auf Sicherheit nach 9/11, S. 166ff. Tragendes Gegenargument ist die Feststellung, dass *Sicherheit ein Effekt des Schutzes von Rechten* und nicht ein Recht an sich ist, siehe u.a. *Roxin*, AT I 2006, § 11 Rn. 157; *Kiss*, Das abstrakte Gefährdungsdelikt, 2006, S. 109; *Cancio Meliá*, Organisationdelikte, in: Grenzenlose Vorverlagerung des Strafrechts?, 2010, S. 55; auch *Kim*, Umweltstrafrecht in der Risikogesellschaft, *2004*, S. 200, der die Ungenauigkeit der Auffassung von der Existenz eines Rechts auf Sicherheit betont. Ein Recht auf Sicherheit baut im Übrigen *Jakobs* in die feindstrafrechtliche Konzeption ein, siehe *Jakobs*, HHRS 2004, S. 95.

3. Die Wende in Kriminologie und Kriminalpolitik

Das beschriebene Sicherheits- und Risikodenken beeiflusste neben der neuen Erwartungshaltung an den Staat auch die Kriminologie und Kriminalpolitik.[66] Das Gefühl der Unsicherheit erfasste die Art, das Verbrechen und den Verbrecher wahrzunehmen. So vollzog sich in den 1970-Jahren in der Kriminologie und in der Kriminalpolitik eine paradigmatische Umkehr. Die soziale Kriminologie (Rehabilitation) ist seit den 1970-Jahren auf dem Rückzug.[67] Ersetzt wird diese durch unterschiedliche, koexistierende Betrachtungsweisen.

Auf der einen Seite kommt es zu einer zunehmenden Dämonisierung des Straftäters, der als schlecht und gefährlich, also als grundlegend anders gilt.[68] Diese Betrachtungsweise wird als »criminology of the alien other«, des »befremdlichen« Täters, bezeichnet.[69] He is »not as an agent capable of choice, but much as a dangerous animal, which may not be brought into a public place (even on a leash) because it is the sort of creature that is known to bite.«[70] Der Verbrecher wird hiernach allein auf seine Gefährlichkeit reduziert.[71] Dennoch wird mit der Gefährlichkeit oftmals auch ein Vorwurf verbunden. Das Versagen der sozialen Kriminologie im Umgang mit dem Verbrecher könne nur bedeuten, dass diese Person, obgleich sie alle Voraussetzungen für ein normkonformes Verhalten erfüllt, bewusst und frei das Unrecht wähle.[72] Das Konzept der Individualität und des freien Willens wird auf diese Weise zulasten des Verbrechers in Stellung gebracht.[73] Die Erklärung für sein Verhalten fände sich in seiner

66 Letztere ist heute geprägt vom Gedanken der Risikominimierung und Verbrechensbekämpfung, siehe hierzu insbesondere *Garland*, The Culture of Control, 2001, passim. Ausführlich zu dem auch hier im Folgenden dargestellten Dualismus der Kriminalpolitik *Böhm*, Der ›Gefährder‹, 2011, S. 29ff.

67 Für die USA und GB *Garland*, The Culture of Control, 2001, S. 168; für Deutschland *Scheffler*, FS Schwind 2006, S. 125; und generell *Böhm*, Der ›Gefährder‹, 2011, S. 25. Zu einer kurzen Darstellung der früheren Betrachtungsweise des Verbrechers und der Rehabilitation, die selbst dort zu finden war wo es faktisch wenig Rehabilitationsbemühungen gab, siehe *Lynch*, The Contemporary Penal Subject(s), in: After the War on Crime, 2008, S. 90ff.

68 Siehe *Lynch*, The Contemporary Penal Subject(s), in: After the War on Crime, 2008, S. 98: »The punished offender is thus distanced from the (ostensibly) non- criminal population in terms of his basic humanity and is broadly understood as not having the same needs, desires, strengths, vulnerabilities, and psychological complexities as the rest of us«.

69 Siehe mit weiteren Nachweisen *Böhm*, Der ›Gefährder‹, 2011, S. 28ff.

70 *Von Hirsch/Shearing*, Exclusion from Public Space, in: Ethical and Social Perspectives on Situational Crime Prevention, 2000, S. 90.

71 Wie *Böhm* treffend beschreibt, findet diese Ausgrenzung nur zu Sicherheitszwecken statt, *Böhm*, Der ›Gefährder‹, 2011, S. 303.

72 Siehe *Lynch*, The Contemporary Penal Subject(s), in: After the War on Crime, 2008, S. 96 dazu, dass Staatsanwälte in den USA den Angeklagten als ein »cold, calculating, free-willed actor who chooses evil in killing and harming others« darstellt.

73 Siehe zur »obfuscatory function of radical individualism« *Dolovich*, Berkeley Journal of Criminal Law 2011, S. 284ff.

pervertierten Individualität[74] und nicht in den erschwerten Bedingungen seiner Sozialisierung: Im Wohlfahrtsstaat hätten schließlich alle die gleichen Chancen. »If he is a wholly rational actor, in control of his choices, he must also be understood to be driven to crime by a depraved preference for doing harm. In short, he must be thought as inherently evil.«[75]

Diese extrem reduktionistische und polemische Kriminologie kann aufgrund ihrer enthumanisierenden Tendenzen mit Recht als »anti-modern«[76] bezeichnet werden. Schlagwörter einer hierauf basierenden Kriminalpolitik ist die »Bekämpfung«[77] des »Feindes«.[78] Eine vertiefte Auseinandersetzung mit dieser Ansicht würde zu weit führen, doch sollte der offene Widerspruch in diesem Begründungsmodell nicht übergangen werden: Entweder der Täter ist deshalb Täter, weil dies in seiner Natur liegt – dann stellt sich die Frage nach der Vorwerfbarkeit des Verhaltens – oder der Täter ist deshalb Täter, weil er eine Person ist, die frei entscheiden kann. Dann stellt sich die Frage nach seiner »Abnormität« oder »Feindeigenschaft«.[79]

Auf der anderen Seite entstand eine Kriminologie und Kriminalpolitik, die das Begehen einer Straftat nüchtern als ökonomische Entscheidung einer vorausgehenden Kosten-Nutzen-Rechnung[80] betrachtet.[81] Demnach könne jeder »›Verbrecher‹ sein, ›Verbrecher‹ zu werden ist normal.«[82] Das Verbrechen ist hiernach eine alltägliche, natürliche Entscheidung eines rationalen Akteurs unter gewissen Umständen, gewissen Anreizen. »Crime becomes a risk to be calculated (both by the offender and by the potential victim) or an accident to be

74 Die Verbrecher würden als »wicked individuals« dargestellt, siehe *Garland*, The Culture of Control, 2001, S. 185.

75 So über die verbreitete Darstellung des Verbrechers *Dolovich*, Berkeley Journal of Criminal Law 2011, S. 290.

76 So *Garland*, The Culture of Control, 2001, S. 184.

77 Zur Vermeidung eines solchen Bekämpfungsvokabulars *Sinn*, ZIS 2006, S. 116.

78 Siehe vertiefend *Garland*, The Culture of Control, 2001, S. 184ff. Dieser Beobachtung ist auch Kritik entgegen gebracht worden, siehe unter anderem *Young*, British Journal of Criminology 2002, S. 228ff. *Simon* wiederum nennt diesen neu entwickelten Ansatz zur Kriminalpolitik »the war on crime model«, siehe *Simon*, Governing Through Crime, 2007, S. 280. Diese Tendenz ist der kriminalpolitische Hintergrund eines Feindstrafrechts. Hierzu unten ab S. 58. Eine Parallele zwischen den Beobachtungen ziehend auch *Sinn*, ZIS 2006, S. 110.

79 Siehe auch hierzu analog die Kritik am Feindstrafrecht bei *Sinn*, ZIS 2006, S. 112ff.

80 Man könne hier parallelen zur »naiven« utilitaristischen Kriminologie *Jeremy Benthams* ziehen, so *Garland*, The Culture of Control, 2001, S. 189.

81 Von Garland als »criminologies of everyday life« bezeichnet, *Garland*, The Culture of Control, 2001, S. 182ff. Nach *Simon* zeigt das »the war on cancer model« eine alternative Kriminologie auf, die die Kriminalität als Krankheit und nicht als »Feindschaft« betrachtet. Diese Betrachtungsweise sei seit Beginn des Jahrtausends im Aufwind *Simon*, Governing Through Crime, 2007, S. 280ff. Zur Entwicklung der Kriminologie in Europa siehe *Böhm*, Der ›Gefährder‹, 2011, S. 16ff.

82 *Böhm*, Der ›Gefährder‹, 2011, S. 28.

avoided [...], rather than a moral aberration which needs to be specially explained.«[83] Das Verbrechen entziehe sich damit einer normativen Wertung.[84] Unrecht wird so zu einem Synonym von »Sozialschädlichkeit«, und individuelle Vorwerfbarkeit verliert an Bedeutung.

Diese Ansicht wird durch neurologische Entdeckungen gestützt, die dem Abbau eines Menschenbildes Vorschub leisten, das auf freiem Willen basiert (insbesondere zum Ende des 20. Jahrhunderts).[85] Damit wird dem Schuldbegriff die Grundlage entzogen. Das bedeutet wiederum, dass das Verbrechen nicht mehr *bestraft* werden kann (nulla poena sine culpa), sondern nur noch verhindert werden muss.[86] Die hierauf basierende Kriminalpolitik »is skeptical that liberal interventionist crime control strategies do or can make a difference. Thus its aim is not to intervene in individuals' lives for the purpose of ascertaining responsibility, making the guilty ›pay for their crime‹ or changing them. Rather it seeks to regulate groups as part of a strategy of managing danger.«[87] Es handelt sich um die Minimierung von Risiko »through control«.[88] In den 1980er-Jahren wurden prominente Programme zur Verhinderung von zukünftigen Straftaten wie das »broken-window-model« entwickelt und umgesetzt.[89] Zeitgleich stieg die Gefängnispopulation in vielen Ländern der westlichen Hemisphäre enorm

83 *Garland*, British Journal of Criminology 1996, S. 451.

84 Siehe zur Neutralität und normativen Indifferenz dieser Kriminalpolitik *Garland*, The Culture of Control, 2001, S. 183f.

85 Die Zweifelhaftigkeit der Existenz eines freien Willens führt zwangsläufig zur Zweifelhaftigkeit der Notwendigkeit einer Unterscheidung von schuldhaften und schuldlosen Verhalten. Siehe zu der neurologischen und rechtlichen Debatte um die Existenz des freien Willens *Libet*, Journal of Consciousness Studies 1999, S. 49; *Singer/Metzinger*, Gehirn & Geist 2002, S. 32; *Günther*, Forschung Frankfurt (Geist und Gehirn) 2005, S. 26. Zur dahinter stehenden (rechts-)philosophischen Diskussion des Determinismus *Dworkin*, Justice for Hedgehogs, 2011, S. 225ff. Problematisch ist hierbei insbesondere die Unbeweisbarkeit der Willensfreiheit, hierzu *Willaschek*, Forschung Frankfurt 2005, S. 51; *Buonicore*, O fundamento ontoantropológico da culpa, 2014, S. 82ff. Zur Bedeutung des Konzeptes »freier Wille« für das Strafrecht *Figueiredo Dias*, Direito Penal, 2004, S. 476ff.

86 »Prevention rather than punishment« in den Worten von *Garland*, The Culture of Control, 2001, S. 190.

87 *Feeley/Simon*, Actuarial Justice, in: The Futures of Criminology, 1994, S. 173.

88 *Findlay*, Governing through Globalised Crime, in: Exploring the Boundaries of International Criminal Justice, 2011, S. 212. Hierzu auch *Garland*, The Culture of Control, 2001, S. 185ff.

89 Die »broken-window« Theorie bezeichnet eine kriminologische Annahme, dass eine saubere und intakte städtische Umgebung normkonformes Verhalten fördert und damit sowohl Vandalismus als auch langfristig schwere Verbrechen verhindert, siehe *Wilson/Kelling*, The Atlantic Monthly 1982, S. 38. Umgesetzt wurde dieses unter anderem in New York City, wobei der wesentliche Beitrag des Fokus auf Kleinkriminalität zur Reduzierung der Verbrechensrate angezweifelt wird, siehe *Harcourt/Ludwig*, University of Chicago Law Review 2006, S. 315. *Simon* macht angesichts der Unansprechbarkeit der Terroristen auf diesen kriminalpolitischen Ansatz bereits das Ende des Models aus, *Simon*, Governing through Crime, 2007, S. 274.

an.[90] Die Entwicklung einer an diesem Modell orientierten Kriminalpolitik läuft darauf hinaus, Anreize für die Begehung von Straftaten zu minimieren und Personen, die diesen reduzierten Anreizen nicht widerstehen können, aufgrund ihrer Gefährlichkeit zu exkludieren.[91] Die Kriminalpolitik wird an der Verhinderung und Bekämpfung von Straftaten ausgerichtet, mit dem Ziel Sicherheit zu schaffen und den Schadenseintritt zu vermeiden.[92]

Letztlich tritt in der Kriminalpolitik seit den 1970er-Jahren insgesamt der Resozialisierungsgedanke hinter die Verbrechensverhinderung zurück. Zusammenfassend wird die Gewährleistung von Sicherheit zentrales Anliegen einer Risikogesellschaft und zum Konvergenzpunkt der »Feindbekämpfung« sowie des Risikomanagements.[93] Dies wirkte in die Nutzbarmachung des Strafrechts zur Schadensabwendung hinein.[94]

---

90 »Between 1970 and 2008, the total population of American prisons and jails went from approximately 360,000 to 2.3 million«, hierzu mit weiteren Nachweisen *Dolovich*, Berkeley Journal of Criminal Law 2011, S. 307. In den USA kann in den letzten Jahrzehnten auch eine zunehmende Verhängung von Gefängnisstrafen und insbesondere lebenslangen Haftstrafen verzeichnet werden, *Dolovich*, ebenda mit Nachweisen. In Brasilien kam es zu einer »Gefangeneninflation«, die mittlerweile die drittgrößte Gefängnispopulation der Welt hervorgebracht hat, Daten vom International Center for Prison Studies (ICPS), http://www.prisonstudies.org/, Zugriff am 29.03.2018. Hierzu schon *Moeller*, Brasilien 2014 – Ein Rechtsstaat im Aufbau, 2015, S. 257ff. Beispielhaft kann hier das Zentralgefängnis Porto Alegre herangezogen werden: Zählte man dort 1989 noch 1052 Gefangene, sind es im Jahre 2009 ganze 5000, siehe *Rotta Almeida*, Cem anos de prisão, 2011, S. 213. In Deutschland ist ebenfalls ein deutlicher Zuwachs in der Gesamtzahl Strafgefangener und Sicherungsverwahrter zu verzeichnen. Doch mit 46.516 im Jahre 1995 auf 51.643 im Jahre 2017 (nach dem Höhepunkt 64.700 im Jahre 2007) fällt dieser noch relativ mild aus. Eine deutlichere Tendenz lässt sich aus der Anzahl von Sicherungsverwahrten ablesen. Waren dies im Jahre 1995 noch 183, waren es im Jahre 2013 bereits 561, dem bisher höchsten Wert, Statistisches Bundesamt, Wiesbaden 2017, Fachserie 10 Reihe 4.1., S. 10f. Der dezidiert präventiv ausgerichtete Maßregelvollzug schlägt hier auch stärker aus. Zur sogenannten Zweispurigkeit des Strafrechts in Form des Maßregelvollzugs und Strafvollzugs SK StGB-*Sinn* § 61 Rn. 1 ff.

91 Ein prägnantes Beispiel ist the »three-strikes law, affirming the state's interest ›in dealing in a harsher manner with those who by repeated criminal acts have shown that they are simply incapable of conforming to the norms of society as established by its criminal law‹« (Ewing v. California, 538 U.S. 11, 29 (2002) quoting *Rummel*, 445 U.S. at 276)«, *Dolovich*, Berkeley Journal of Criminal Law 2011, S. 302. »The assumption today is that there is no such thing as an ›ex-offender‹ – only offenders who have been caught before and will strike again«, *Garland*, The Culture of Control, 2001, S. 180f.

92 Die Rehabilitation wird somit als ein Instrument des Risikomanagements und nicht als ein eigenständiger Strafvollzugszweck betrachtet, *Garland*, The Culture of Control, 2001, S. 176. »The walls themselves are now seen as the institution's most important and valuable element«, *Garland*, The Culture of Control, 2001, S. 178. Schon in Mitte der 1970er-Jahre wurde diese Entwicklung auch innerhalb der Wissenschaft unterstützt. Nach Harvard Soziologe *James Q. Wilson*, besteht die Funktion des Strafsystems nicht darin, Straftäter zu rehabilitieren, sondern »to isolate and . . . punish them«, *Wilson*, Thinking about Crime, 1975, S. 193.

93 Siehe *Böhm*, Der ›Gefährder‹, 2011, S. 29.

4. Die Terroranschläge vom 11. September 2001 und der »Krieg gegen den Terror«

Mit den Terroranschlägen vom 11. September 2011 in New York (USA) (»apocalypse now«[95]) kam es zu tiefgreifenden Veränderungen der nationalen bzw. internationalen Sicherheitspolitik und des Rechts.[96] Das vorsätzliche Auslösen einer schweren zivilen Katastrophe verdeutlichte die neue Macht der Einzelperson, mit einzelnen Handlungen kriegsähnliche Schäden zu verursachen.[97] Mit dem internationalen »Krieg gegen den Terror« wurde diese »Kriegserklärung« erwidert.[98] Schon am 28.09.2001 wurde vom UN-Sicherheitsrat in der bindenden Resolution 1373 (2001)[99] das Bekämpfungsmittel vorgegeben: *Criminalize.*[100] Das Strafrecht soll zur Verhinderung der einzelnen, hochgefährlichen Tat des terroristischen Individuums beitragen.[101] Es ist von einem »War on Terror fought in the tribunals and not the trenches«[102] die Rede.[103] Auch innerhalb Europas kam es seitdem zu schweren Terroranschlägen, wie im Falle der

94 Siehe zur Verschränkung der Kriminologie und Strafrecht der Risikogesellschaft auch *Prittwitz*, Strafrecht und Risiko, 1993, S. 181ff.

95 So *Findlay*, Governing through Globalised Crime, in: Exploring the Boundaries of International Criminal Justice, 2011, S. 212. Von einem »gesellschaftlichen und politischen Trauma« spricht *Zöller*, StV 2012, S. 364.

96 *Waldron*, Torture, Terror, and Trade-Offs, 2010, S. 1.

97 »Individuals acting alone and in concert involved in international terrorism possess both the capability and the intention to undertake further terrorist attacks against the United States that, if not detected and prevented, will cause mass deaths, mass injuries, and massive destruction of property, and may place at risk the continuity of the operations of the United States Government«, siehe *Bush*, Presidential Documents, 2001, S. 1.

98 Siehe zum Terrorismus als Kriegsführung *Pawlik*, Der Terrorist und sein Recht, 2008, S. 10ff.

99 Es handelt sich um einen außergewöhnlichen legislativ-ähnlichen Akt. Zur Legitimität der Resolution *Neusüß*, Legislative Maßnahmen des UN, 2008; *Keber*, Der Begriff des Terrorismus im Völkerrecht, 2009, 196ff.; *Davidsson*, International Journal of Human Rights 2003, S. 1.

100 »Criminalize the willful provision or collection, by any means, directly or indirectly, of funds by their nationals or in their territories with the intention that the funds should be used, or in the knowledge that they are to be used, in order to carry out terrorist acts«, item 1. b), Resolution 1373 (2001), Adopted by the Security Council at its 4385th meeting, on 28 September 2001.

101 Zur neuen völkerrechtlichen Stellung des Individuums *Peters*, Jenseits der Menschenrechte, 2014, passim. Auch wurden militärähnliche Maßnahmen gegen Einzelpersonen, wie die Internierung im Guantanamo-Bay Gefängnis, ergriffen, siehe zu den »unlawful combatants« u.a. *Dörmann*, International Review of the Red Cross 2003, S. 45.

102 »Krieg gegen den Terror, geführt in den Gerichten und nicht in den Schützengräben« (übersetzt aus dem Englischen), *Findlay*, Governing through Globalised Crime, in: Exploring the Boundaries of International Criminal Justice, 2011, S. 210.

103 Siehe zum Ganzen *Pawlik*, Der Terrorist und sein Recht, 2008, S. 25ff.; *Zöller*, Sistema Penal & Violência 2012, S. 118.

rechtsextremen Mordserie des Nationalsozialistischen Untergrunds (NSU) von 2000 bis 2006 und den schweren islamistischen Anschlägen in Paris 2015, Berlin 2016 und London 2017 u. a.

5. Zusammenfassung

Aus dem rasanten technologischen, ökologischen und gesellschaftlichen Wandel ab Mitte des 20. Jahrhunderts heraus entstand eine Gesellschaft empfundener Unsicherheit, für die der Begriff der Risikogesellschaft geprägt wurde. Das zunehmende Bedürfnis nach Sicherheit vor den neuen Großrisiken drückte sich auch in dem gewandelten Staatsbild aus, das zunehmend zur Gewährleistung des *status positivus* in Anspruch genommen wurde – dem Wohlfahrtsstaat. Dies äußerte sich in der »Entdeckung« der Schutzpflichtenfunktion der Grundrechte durch das Bundesverfassungsgericht 1975. Fast zeitgleich können Veränderungen in der Kriminalpolitik nachgewiesen werden. Auch hier stand eine Mehrung von Sicherheit im Fokus. Das Sicherheitsbedürfnis nahm angesichts der schweren terroristischen Anschläge seit Beginn des 21. Jahrhunderts weiter zu. Dies bildet die politische Landschaft, in der sich die im Folgenden beschriebenen Veränderungen des Strafrechts vollziehen.[104]

II. Die Reaktion der Strafrechtswissenschaft und des Strafgesetzgebers im 20. Jahrhundert und 21. Jahrhundert

Das Strafrecht im 20. Jahrhundert wurde von den dargestellten gesellschaftlichen Entwicklungen erfasst und umgeformt. Während es nach dem zweiten Weltkrieg in vielen Bereichen zu einer Rücknahme von Strafvorschriften, zunehmender Rechtsstaatlichkeit des Strafverfahrens und Humanisierung des Strafvollzugs kam,[105] lässt sich zugleich eine zunehmende Ausweitung des Strafrechts beobachten.

Diese Entwicklung wurde von der strafrechtswissenschaftlichen Schule des Funktionalismus (1.) und von der sogenannten »Bonner Schule« (2.) unterstützt und legitimiert. Besonders äußerten sich die Kriminalisierungstendenzen zunächst im Bereich des Straßenverkehrs und des Umweltschutzes (3.) sowie des Wirtschaftslebens (4.) und später im Bereich des internationalen Terrorismus (5.).

104 Siehe zur Entwicklung bis in die frühen 1990er-Jahre auch *Prittwitz*, Strafrecht und Risiko, 1993, S. 152ff.

105 Siehe nur *Prittwitz*, Strafrecht und Risiko, 1993, S. 38ff.

1. Der moderne Funktionalismus

Grundsätzlich hat jede Strafe einen Zweck zu verfolgen und ist damit im weitesten Sinne funktional.[106] Als »Funktionalismus« wird jedoch nur eine Legitimation des Strafrechts durch Erfüllung einer Funktion »jenseits der Verwirklichung bestimmter Werte und Ideen«[107] bezeichnet. Die Funktion ist die Schadensabwendung, das Strafrecht somit ein *Instrument* der Schadensabwendung.[108] Dieses Strafrechtsverständnis lässt sich verfassungsrechtlich aus den Schutzpflichten des Staates ableiten.[109] Der Funktionalismus geht dem modernen Verfassungsstaat und seinen Schutzpflichten zeitlich jedoch weit voraus.

Der Funktionalismus entstammt der aufgeklärten Strafrechtswissenschaft des späten 18. Jahrhunderts.[110] Grundlage ist die Entwicklung der Lehre von den Rechtsgütern, deren Schutz Zweck der Strafe sei.[111] Neu belebt und interpretiert wurde die funktionalistische Verbrechenslehre durch *von Liszt*, dessen Werk um die Jahrhundertwende vom 19. ins 20. entstand.[112] Die Kriminalpolitik und Sicherheitsgewährleistung wird in der *Lisztschen* Lehre als Zweck des Strafrechts anerkannt und besonders betont.[113] Allerdings begreift *von Liszt* das Verhältnis der Strafrechtsdogmatik zur Kriminalpolitik als antagonistisch.[114] Sie seien nicht als Einheit zu denken, schließlich könnte das Strafrecht dann nur aus einem einzigen Paragraphen bestehen: »Jeder gemeingefährliche Mensch ist im Interesse der Gesamtheit so lange als nötig unschädlich zu machen«[115]. Dass dem nicht so ist, sei mit der Funktion des Strafrechts als »Magna Charta«[116] des Verbrechers, und damit *nicht* als Umsetzung der Kriminalpolitik, zu erklären. In

106 *Murmann*, Kritik des funktionalen Strafrechts, in: Grundfragen des Strafrechts, 2009, S. 189. Für eine feinere Unterscheidung nach Zweck der Strafe und Zweck einer Strafvorschrift auch *Brunhöber*, FS Schünemann 2014, S. 6. Siehe auch *Bloy*, FS Frisch 2013, S. 69ff.

107 *Kelker*, Legitimität von Gesinnungsmerkmalen, 2007, S. 203.

108 Zur instrumentellen Funktion des Strafrechts im Verhältnis zu den sonstigen Funktionen siehe *Schild*, FS Weimar 1986, S. 196f.

109 Siehe hierzu unten ab S. 159.

110 Siehe nur *Lesch*, Verbrechensbegriff, 1999, S. VII, S. 18ff., S. 181ff. m. w. Nachw., der freilich einen anderen Begriff des Funktionalismus nutzt, der nur jene Theorien, welche die Schuld der vergangenen Tat betreffen, erfasst (bezüglich des hier als funktional bezeichneten Modells spricht er von »zweckrational«), siehe S. 22.

111 Hierzu *Amelung*, Rechtsgüterschutz und Schutz der Gesellschaft, 1972, S. 15ff.

112 Grundlegend *v. Liszt*, Strafrechtliche Aufsätze und Vorträge I, 1970 (1905), S. 126ff. (Vortrag von 1882). Ein guter Überblick mit Bezügen zur Kriminologie findet sich bei *Albrecht*, KritV 1986, S. 57ff.

113 Siehe *v. Liszt*, Strafrechtliche Aufsätze und Vorträge I, 1970 (1905), S. 126; *ders.*, Strafrechtliche Aufsätze und Vorträge II, 1970 (1905), S. 77f.

114 *V. Liszt*, Strafrechtliche Aufsätze und Vorträge II, 1970 (1905), S. 75ff.

115 *V. Liszt*, Strafrechtliche Aufsätze und Vorträge II, 1970 (1905), S. 80.

116 Ebenda.

einem liberalen Strafrecht, dessen freiheitssichernde Funktion in der *Abwehr* von staatlichen Angriffen besteht, ist das Ziel nicht der Schutz der Gemeinschaft sondern des »Kriminellen« (bzw. des straffälligen Bürgers). Nullum crimen sine lege: Das Strafrecht als »unübersteigbare Schranke der Kriminalpolitik«.[117] Der Funktionalismus erlebte jedoch angesichts der im vorherigen Abschnitt dargestellten gesellschaftlichen Entwicklungen eine neue Ausrichtung, die sich auch in einer Wandlung seiner Grundstrukturen äußerte.

Die Funktionalisten der zweiten Hälfte des 20. Jahrhunderts[118] lösen den Antagonismus zwischen Zweckverfolgung und Strafgesetz durch Vereinigung beider Bereiche auf.[119] Mit der Verschmelzung von Dogmatik und Kriminalpolitik wird bezweckt, die starren Strukturen des Rechts axiologisch aufzubrechen.[120] Die Ziele der Kriminalpolitik werden so zum Zweck des Strafrechts selbst. Der von *von Liszt* etablierte Antagonismus ist nach dieser Auffassung inkonsequent. Die Begrenzungsfunktionen des Tatbestandes hätten ebenfalls eine kriminalpolitische Funktion, nämlich die der Verhaltenssteuerung.[121] *Die Spannung zwischen Strafrecht und Kriminalpolitik existiere nicht.* Freiheit und Strafverfolgungsinteresse seien keine Frage von Strafrecht bzw. *Magna Charta* und Kriminalpolitik, sondern eine Frage der Kriminalpolitik selbst. Man müsse die Wertungsentscheidungen der Kriminalpolitik folglich in das Strafrechtssystem eindringen lassen.[122] Die Straftat wird so mit Kriminalpolitik gefüllt, bis sie in dieser aufgeht: Eine Straftat wird letztlich zu dem, was bestraft werden muss.[123]

Mit der Fusion von Kriminalpolitik und Strafrechtsdogmatik im Funktionalismus[124] entwickelt sich der Gefahrenabwehrgedanke zur tragenden Säule der Strafrechtsdogmatik.[125] Diese Entwicklung des Funktionalismus im Strafrecht

---

117 Ebenda.

118 Wegweisend *Roxin*, Kriminalpolitik und Strafrechtssystem, 1973, S. 1ff. Dieses Werk würde »die nahe Zukunft der Strafrechtsdogmatik entscheidend mitprägen« (übersetzt aus dem Portugiesischen), *da Costa Andrade*, Revista portuguesa de ciência criminal 1992, S. 174. Ausführlich kritisch zu diesen Tendenzen mit historischem Abriss *Lesch*, Verbrechensbegriff, 1999, S. 175ff., insbesondere S. 180ff.

119 Kritisch zur Auflösung des lisztschen Dualismus von Kriminalpolitik und Strafrecht durch den modernen Funktionalismus, *D'Avila*, ZIS 2008, S. 486ff.

120 *Roxin*, Kriminalpolitik und Strafrechtssystem, 1973, S. 7ff.

121 *Roxin*, Kriminalpolitik und Strafrechtssystem, 1973, S. 8. Gegen die Verhaltenssteuerung durch Recht aber bereits *Mayer*, Rechtsnormen und Kulturnormen, 1903, S. 17ff.

122 *Roxin*, Kriminalpolitik und Strafrechtssystem, 1973, S. 24ff.

123 Zu dieser fragwürdigen Methodik des Funktionalismus' siehe *D'Avila*, ZIS 2008, S. 490 mit weiteren Nachweisen so wie zuletzt *Zaczyk*, FS Beulke 2015, S. 77 (die »Folge der Straftat wird zu ihrem Grund gemacht«, im Original mit Hervorhebung) sowie unten ab S. 58.

124 Insbesondere im Funktionalismus Roxinscher Prägung, siehe hierzu *D'Avila*, ZIS 2008, S. 485.

125 Siehe zuletzt zum Strafrecht insgesamt *Zaczyk*, FS Beulke 2015, S. 69ff. (zur Dogmatik auf S. 73ff.).

des 20. Jahrhunderts lässt sich besonders klar in den Worten von *Maihofer* wiedergeben, der die Intention des Alternativ-Entwurfs der Strafrechtslehrer 1968 wie folgt zusammenfasst, und dabei bereits die geschilderten Elemente der Gefahrenabwendung und des Wohlfahrtsstaates aufgreift:

> »1. Das Strafrecht ist die Magna Charta Libertatum des Bürgers: das Grundprinzip allen rechtsstaatlichen Strafrechts. 2. Das Strafrecht ist die ultima ratio der Sozialpolitik: das Grundprinzip allen sozialstaatlichen Strafens. In diesen beiden Grundbestimmungen eines jeden rechts- und sozialstaatlich gestalteten und gehandhabten Strafrechts verbindet sich die liberale, zu Beginn des 19. Jahrhunderts von Anselm von Feuerbach begründete rechtsstaatliche Auffassung des Strafrechts mit der sozialen, von Franz von Liszt zu Ende des 19. Jahrhunderts entwickelten sozialstaatlichen Auffassung des Strafrechts, wie sie in der sogenannten Modernen Schule sich ausgebildet hat (…). (…) das heißt Beschränkung der Strafbarkeit auf die echte Kriminalität: auf das nicht nur asoziale, gemeinlästige, sondern antisoziale, gemeingefährliche Verhalten.«[126]

Für den Funktionalismus des späten 20. Jahrhunderts bleibt damit der Rechtsgüterschutz Zweck eines jeden Straftatbestandes. Konsequenz dieser funktionalistischen Tendenz war die *Entkriminalisierung* gewisser moralischer Strafrechtsbereiche (beispielsweise die Entschärfung des § 175 StGB zur »homosexuellen Unzucht«),[127] aber auch die Forderung nach *Kriminalisierung* rechtsgutsgefährdender Verhaltensweisen. Damit werden utilitaristische (bzw. Kosten-Nutzen-)[128] Erwägungen wieder stärker in die Rechtsdogmatik getragen.[129] Der pragmatische moderne Funktionalismus wird durch die staatsrechtskonzeptionelle Wendung begünstigt, die, ebenfalls ausgelöst durch die sich wandelnde Gesellschaft, eine (auch straf-) rechtliche Schutzpflicht des Staates entwickelt. So fällt zeitgleich mit dem prinzipiellen Antagonismus zwischen staatlichem Eingriff und grundrechtlicher Freiheit auch derjenige zwi-

---

126 Siehe *Maihofer*, Die Reform des Besonderen Teils des Strafrechts, in: Programm für ein neues Strafgesetzbuch, 1968, S. 117f., der hier auch ausdrücklich das Strafrecht als »Instrument des Rechtsgüterschutzes« bezeichnet.

127 Siehe hierzu *Maihofer*, Die Reform des Besonderen Teils des Strafrechts, in: Programm für ein neues Strafgesetzbuch, 1968, S. 120ff.

128 Damit nähert sich der Funktionalismus der ökonomischen Analyse des Rechts an, die wesentlich auf einer rationalen Kosten-Nutzen-Rechnung basiert, siehe zu Letzterem *Posner*, Economic analysis of law, 2014, S. 3ff.

129 Siehe zu (angelsächsischen) utilitaristischen Einflüssen auf den Funktionalismus von *Lizst* und weiteren frühen und gegenwärtigen deutschen Vertretern, *Kelker*, Legitimität von Gesinnungsmerkmalen, 2007, S. 204ff. Kritisch zu solchen Tendenzen *Findlay*, Governing through Globalised Crime, in: Exploring the Boundaries of International Criminal Justice, 2011, S. 223: »Individual autonomy, so central to the normative politics of the dominant hegemony and their idealised »community« is subjugated through the sacrifice required to maintain »civilization« and »humanity«.«

schen Kriminalpolitik und Strafrecht in sich zusammen.[130] Die gesamte Rechtsordnung richtet sich nach der Schadensabwendung aus und diese wird das einzig legitime Ziel des Strafrechts überhaupt.[131] Vor diesem Hintergrund wurde die Einführung von Gefährdungsdelikten gefordert.[132] Die Bonner Schule schloss sich dieser Forderung an, jedoch mit einem anderen Begründungsansatz.

2. Die Bonner Schule

Als »Bonner Schule« wird die finale Handlungslehre sowie die verhaltensnormorientierte Strafrechtslehre insbesondere *Welzels* und seiner Schüler, u. a. *Arm. Kaufmann*, bezeichnet.[133] Anders als der rechtsgutsorientierte Funktionalismus hat die sich in der zweiten Hälfte des 20. Jahrhunderts entwickelnde Bonner Schule eine Abkehr von der Rechtsgutsbeeinträchtigung als Voraussetzung des Unrechts zum Gegenstand. Nach *Arm. Kaufmann* ist die Überwindung des »Verursachungsdogmas«[134] ausdrückliches Ziel dieser Lehre. Die Verhaltenssteuerung[135] bzw. der Normbruch[136] soll zur tragenden Säule des Strafsystems werden. Der Verstoß gegen die Verhaltensnorm wird zum Kern des strafrechtlichen Unrechts und bei einigen Vertretern gar zum vollständigen und ausschließlichen Unrecht der Tat.[137] Wegen der hiermit verbundenen Subjekti-

---

130 Während zugleich paradoxerweise auf wissenschaftlicher Ebene eine zunehmende Trennung von Kriminologie und Strafrechtswissenschaft konstatiert wird, siehe *Kühl*, FS Heinz 2012, S. 766.

131 So etwa *S. Beck*, The Defence of Human Rights Theory and the Concept of Responsibility, in: Menschenrechte und Strafrecht, 2013, S. 14. Ausdrücklich kritisch gegenüber einer solchen Position *Zaczyk*, FS Beulke 2015, S. 76 ff.

132 Siehe nur *Alternativ-Entwurf eines Strafgesetzbuches*, BT, 2. Halbband, 1971, S. 49 ff. Siehe hierzu auch *Weber*, Die Vorverlegung des Strafrechtsschutzes durch Gefährdungs- und Unternehmensdelikte, in: Die Vorverlegung des Strafrechtsschutzes, 1987, S. 32 f.

133 Siehe hierzu statt aller *Mylonopoulos*, Verhältnis Handlungs- und Erfolgsunwert, 1981, S. 25 ff., S. 45 ff.

134 Nach *Arm. Kaufmann*, FS Welzel, 1974, S. 411 steht *Welzels* Kampf gegen selbiges am Anfang der personalen Unrechtslehre.

135 Strafrechtsnormen enthielten »als an Menschen gerichtete Befehle Handlungsbeschreibungen und begründen Pflichten, Handlungen vorzunehmen bzw. zu unterlassen. Unrecht als die Nichterfüllung dieser Pflichten hat stets Handlungscharakter: der Handlungsunwert, der durch die Gerichtetheit des Verhaltens auf ein wertwidriges Ziel fundiert wird, konstituiert das Unrecht. (…) Unrecht ist der pflichtwidrige finale Akt – und nur er«, *Zielinski*, Handlungs-und Erfolgsunwert im Unrechtsbegriff, 1973, S. 143. Mit Rekurs auf »Welzel und seine Schüler« (S. 199) wurde dies funktional weiterentwickelt bei *Kratzsch*, Verhaltenssteuerung und Organisation im Strafrecht, 1985, S. 199 ff.

136 Deutlich bei *Jakobs*, AT 1993, 25/21 ff.

137 Siehe *Zielinski*, Handlungs- und Erfolgsunwert im Unrechtsbegriff, 1973, S. 128: »Der Handlungsunwert konstituiert das Unrecht«.

vierung des Unrechts im Sinne einer rechtswidrigen Entfaltung der Täterpersönlichkeit wird diese Lehre auch die *personale Unrechtslehre* genannt.[138] Überflüssig oder in seiner Bedeutung zurückgedrängt[139] wird der Erfolg der Tat, der Erfolgsunwert.[140] Bezüglich des Unrechtsbegriffs lässt sich ein ähnlicher Ansatz bereits bei *Hegel* sowie im Willensstrafrecht des frühen 20. Jahrhunderts ausmachen.[141]

Die in der Nachkriegszeit entstehende Bonner Schule stützt die geringe Bedeutung des Erfolgsunwerts und ihre Orientierung am Handlungsunwert insbesondere auf normentheoretische, also verhaltenssteuernde, Erwägungen: Der eingetretene Schaden ist nicht mehr zu verhindern, und damit unter der Prämisse der Verhaltenssteuerung irrelevant.[142] Entscheidend für das Unrecht ist allein der Vollzug der finalen, willensgesteuerten Handlung, denn nur diese, nicht den Erfolgseintritt, kann der Normadressat unterlassen: »Wenn die Gewehrkugel erst einmal den Lauf verlassen hat, gibt es kein Gebot, das ihren Flug noch hemmen könnte«[143]. Grund der Strafbarkeit der Handlung bleibt gleichwohl die grundsätzliche Schädlichkeit des pönalisierten Verhaltens, bzw. das »wertwidrige Ziel«[144] der Handlung.[145] Durch Verzicht auf den Erfolg im Tatbestand bzw. für das Unrechtskonzept soll gerade ein effektiverer Schutz ermöglicht und das Zufallselement des Erfolgseintritts ausgeschaltet werden.[146] Die Handlungsorientierung entspricht damit dem Modell eines präventionsorientierten Strafrechts, das auf die Gewährleistung von Sicherheit und Schutz abzielt. In einer sich wandelnden Welt sah sich die Bonner Schule hierzu am besten in der Lage. Nach *Arm. Kaufmann* liegt der besondere Gewinn der personalen Unrechtslehre in ihrer Fähigkeit, im Hinblick auf die Bewältigung der neuen Phänomene dem »Gesetzgeber Konzepte anzubieten«[147].

---

138 Die personalen Unrechtslehren gehen zwar über die Bonner Schule hinaus, doch stellt letztere die modernste Variante dar, siehe *Mylonopoulos*, Verhältnis Handlungs- und Erfolgsunwert, 1981, S. 1ff., S. 30ff.

139 Auf die Rolle »Objektiver Strafbarkeitsbedingungen«, siehe schon *Arm. Kaufmann*, Lebendiges und Totes in Bindings Normentheorie, 1954 S. 212ff. sowie zu deren Rolle in *Kaufmanns* Konzeption *Hoyer*, Kaufmanns Normentheorie, 1997, S. 32f. mit der Diagnose, dass objektive Elemente hier »unrechtsfremd« sind, S. 32. Siehe *Arm. Kaufmann* selbst u. a. FS Welzel, 1974, S. 411: »Erfolgseintritt ist (...) Bedingung der Strafbarkeit«.

140 Ausführlich hierzu *Mylonopoulos*, Verhältnis Handlungs- und Erfolgsunwert, 1981, S. 45ff.

141 Dazu mehr unten ab S. 105ff.

142 *Kratzsch*, Verhaltenssteuerung und Organisation im Strafrecht, 1985, S. 119; 278ff.

143 Sehr prägnant zusammengefasst von *Zippelius*, NJW 1957, S. 1707.

144 *Zielinski*, Handlungs-und Erfolgsunwert im Unrechtsbegriff, 1973, S. 143.

145 Siehe *Welzel*, Das deutsche Strafrecht, 2010 (1969), S. 62.

146 Siehe zu dieser Funktion der Gefährdungsdelikte ausführlich *Berz*, Formelle Tatbestandsverwirklichung, 1986, S. 55ff. Siehe des Weiteren u. a. *Anastasopoulou*, Deliktstypen zum Schutz kollektiver Rechtsgüter, 2005, S. 64 sowie *Jakobs*, AT 1993, 6/86a. Eine solche Überlegung findet sich schon bei *Klee*, GA 1936, S. 4 m. w. Nachw.

147 *Arm. Kaufmann*, FS Welzel 1974, S. 412.

Exemplarisch ist die Reaktion auf den sogenannten Contergan-Fall:[148] Nachdem in den 1950er-Jahren Frauen während der Schwangerschaft eine Beruhigungsarznei (Contergan) einnahmen, kam es bei mehreren tausend neugeborenen Kindern zu erheblichen Fehlbildungen im Mutterleib. Als Ursache hierfür wurde der Contergan-Wirkstoff Thalidomid vermutet. Doch konnte der Kausalnachweis zwischen Medikamenteneinnahme und Fehlbildung nicht sicher geführt werden. Zu einer Verurteilung kam es nicht. *Arm. Kaufmann* zieht 1971 hieraus die folgenden Konsequenzen: »Ein Grundprinzip der geltenden Strafrechtsordnung hat die Grenze seiner Leistungsfähigkeit erreicht und überschritten: das Haften an der Erfolgsverursachung im Sinne der Rechtsgutsverletzung (…). (…) Die rechtspolitische Forderung an den Gesetzgeber geht dahin, Strafschutz auch ohne das Kausalerfordernis zu gewährleisten«[149].[150] Die Bonner Schule ist, wie der Funktionalismus des 20. Jahrhunderts, vor dem Hintergrund einer sich wandelnden gesellschaftlichen und politischen Umwelt zu begreifen, in der die Bestrafung der bloßen Gefahrschaffung notwendig erscheint und der Gesetzgeber das diesbezügliche Instrumentarium zu schaffen hat.

3. Einführung von Gefährdungsdelikten durch Strafgesetzgebung

Der Aufforderung, mit einer neuen Gesetzgebung auf die neue Lage zu reagieren, wurde ab den 1960er-Jahren entsprochen.[151] *Lackner* erklärte bereits 1966, die konkreten Gefährdungsdelikte seien »zum Lieblingskind des Gesetzgebers geworden«, und hätten sich »wie ein Ölfleck ausgebreitet«[152]. *Schünemann* aktualisierte diese Beschreibung 1975 hinsichtlich aller Gefährdungsdelikte.[153] Unabhängig von der Frage, ob erst ab den 1960er-Jahren ein Übergewicht gegenüber den Verletzungsdelikten erreicht wurde,[154] kann der »Siegeszug der Gefährdungsdelikte« angesichts der Neuregelung der Strafvorschriften des

148 Hierzu LG Aachen JZ 1971, 507.

149 *Arm. Kaufmann*, JZ 1971, S. 575.

150 Das Contergan-Verfahren hatte u.a. eine Novellierung des Arzneimittelgesetzbuchs und Arzneimittelstrafrechts zur Folge, siehe hierzu sowie zu dem aktuellen Stand des europäischen Arzneimittelstrafrechts *Sinn/Schmitz/Steinebach/Liebl/Schulte-Nölke*, ALPhA, 2018, passim.

151 Siehe nur *Hippel*, Gefahrurteile und Prognoseentscheidungen, 1972, S. 2; *Zieschang*, Die Gefährdungsdelikte, 1998, S. 13. Siehe aus der jüngeren Literatur *Kim*, Umweltstrafrecht in der Risikogesellschaft, 2004, S. 145; *Kiss*, Das abstrakte Gefährdungsdelikt, 2006, S. 3f. Siehe auch *Anastasopoulou*, Deliktstypen zum Schutz kollektiver Rechtsgüter, 2005, S. 1ff.

152 *Lackner*, Gefährdungsdelikt, 1967, S. 1 (Vortrag von 1966).

153 *Schünemann*, JA 1975, S. 792.

154 Hierzu unten ab S. 117.

Straßenverkehrs (ab 1964),[155] des Betäubungsmittelrechts (ab 1970),[156] des Umweltstrafrechts (ab 1971),[157] des Wirtschaftslebens (ab 1976),[158] und des Arzneimittelrechts (ab 1976)[159] als erwiesen gelten.[160] Hiermit war ein Ausbau des Nebenstrafrechts verbunden.[161] Die Strafrechtsgesetzgebung wurde an der Gefährlichkeit der Handlung ausgerichtet und es kam zu einer zunehmenden Typisierung von Gefährdungsdelikten. Ziel des Gesetzgebers war der effektivere Rechtsgüterschutz durch Verzicht auf den Nachweis einer Verletzung.[162] Insgesamt hatten die Reformen des Besonderen Teils des deutschen Strafrechts seit den 1970er-Jahren nicht mehr in erster Linie die Entkriminalisierung, sondern die Ausweitung des strafrechtlich relevanten Bereichs zum Ziel.[163]

In einer Gesellschaft, in der der Staat die Aufgabe der Gewährleistung des *status positivus* zu übernehmen hat, und in der die Prävention die Kriminalpolitik bestimmt, muss Schutzgewährleistung das Hauptziel des staatlichen Strafens sein. Genügen muss daher die Bestrafung *erfahrungsgemäß schädlicher Handlungen.*[164]

4. Compliance

Im Bereich des Wirtschaftsstrafrechts gewinnt gegenwärtig »Compliance« zunehmend an Bedeutung.[165] Hiermit wird die unternehmensinterne Sicherstel-

155 Einführung u. a. des § 315c StGB und § 316 StGB durch das Zweite Gesetz zur Sicherung des Straßenverkehrs, BGBl. I 1964 S. 921. Siehe nur MüKo StGB-*Pegel* (2014) § 315c Rn. 4; Leipziger Kommentar StGB-*König* § 316 Vor Rn. 1.

156 Siehe hierzu *Wohlers*, Deliktstypen des Präventionsstrafrechts, 2000, S. 178ff.

157 Siehe hierzu *Kim*, Umweltstrafrecht in der Risikogesellschaft, 2004, S. 84ff.; *Lobo da Costa*, Proteção Penal Ambiental, 2010, S. 55ff.

158 U. a. die Einführung des Subventionsbetrugs gemäß § 264 StGB durch das 1. Gesetz zur Bekämpfung der Wirtschaftskriminalität, BGBl. I, S. 2034. Siehe MüKo StGB-*Wohlers/Mühlbauer* (2014) § 264 Rn. 19. Hierzu *Wohlers*, Deliktstypen des Präventionsstrafrechts, 2000, S. 146ff.

159 Neuregelung u. a. des Arzneimittelstrafrechts durch Das Gesetz zur Neuordnung des Arzneimittelrechts v. 24.8.1976, BGBl. I, S. 2445. Siehe hierzu Beck KK AMG- *Pelchen/Anders* Vorbemerkungen Rn. 1 ff.

160 Siehe auch *Prittwitz*, Strafrecht und Risiko, 1993, S. 175.

161 *Wohlers*, Deliktstypen des Präventionsstrafrechts, 2000, S. 29f.

162 Siehe *Weber*, Die Vorverlegung des Strafrechtsschutzes durch Gefährdungs- und Unternehmensdelikte, in: Die Vorverlegung des Strafrechtsschutzes, 1987, S. 22ff.

163 So *Eser*, FS Maihofer 1988, S. 130ff.; *Hirsch*, FS Hilde Kaufmann 1986, S. 150, 151, 160. Siehe hierzu des Weiteren unten ab S. 77.

164 Siehe statt aller Leipziger Kommentar StGB-*Weigend* Einleitung Rn. 9; sowie zu den gesetzgeberischen Gründen generell zuletzt *Sinn*, Vorverlagerung der Strafbarkeit, in: Grenzen der Vorverlagerung, 2011, S. 29ff.

165 Eingehend *Rotsch*, FS Samson 2010, S. 141: »Der Begriff »Compliance« ist auf Welttournee«. An Bedeutung gewann das Konzept seit den 1990er-Jahren, S. 142. Eine Verbindung von

lung der Einhaltung von Normen bezeichnet.[166] Wesentliches Merkmal ist die Zielsetzung eines funktionierenden Risikomanagements, um Haftung zu vermeiden und Wettbewerbsvorteile zu erlangen.[167] Damit fügt sich auch Compliance in die Reihe präventiver Tendenzen des gegenwärtigen Strafrechts ein, die dieses zunehmend verformen. Hinzukommt, dass der politische Druck auf eine strafrechtliche Regulation wirtschaftlicher Aktivitäten nach der schweren Finanzkrise 2008/2009 zunimmt.[168]

Die Reaktionen hierauf fallen ebenso heftig wie unterschiedlich aus. Nach *Rotsch* verursacht Compliance[169] einen so tiefgreifenden Strukturwandel des Strafrechts, dass eine »Divisionalisierung« desselben der einzige Ausweg ist, ein nachvollziehbares und durchschaubares Strafen zu ermöglichen.[170] *Hefendehl* wiederum befürchtet eine Kompetenzverschiebung im Strafrecht zugunsten der Unternehmen und erkennt in dem Beharren auf den Status quo das Verstärken eines Unterschichtenstrafrechts.[171] Einig ist man sich jedoch, dass sich das Strafrecht verändern muss, um Schaden abzuwenden (Prävention!).[172]

5. Das Terrorismusstrafrecht

Anfang des 21. Jahrhunderts kommt es vornehmlich im Bereich der Terrorabwehr zur Typisierung von reinen Gefährdungshandlungen. Die deutsche Strafgesetzgebung weitet seit 2001 das Terrorismusstrafrecht erheblich aus.[173]

Compliance zur präventiven Tendenz des Strafrechts stellt auch *Brunhöber*, FS Schünemann 2014, S. 10, her.

166 *Hauschka/Besch*, Corporate Compliance, 2010, § 1 Rn. 2.

167 *Rotsch*, FS Samson 2010, S. 142, 144ff.

168 Zur Kritik an mangelnder strafrechtlicher Reaktion auf die Finanzkrise, *Hefendehl*, Vorwort, in: Grenzenlose Vorverlagerung des Strafrechts, 2010, S. 5; *Findlay*, Governing through Globalised Crime, in: Exploring the Boundaries of International Criminal Justice, 2011, S. 211.

169 Neben anderen Tendenzen, *Rotsch*, FS Samson 2010, S. 148ff.

170 *Rotsch*, FS Samson 2010, S. 152ff.; auch Momsen/Grützner-*Rotsch*, Wirtschaftsstrafrecht 2013, 1. Kap. B. Rn. 74.

171 *Hefendehl*, FS Schünemann 2014, S. 751ff.

172 Erforderlich sei der »Strafrechtsschutz solcher kollektiver Rechtsgüter, die nicht beim Vermögen, sondern bei zentralen Funktionsbedingungen der Wirtschaft im Sinne der Gesellschaft ansetzen«, *Hefendehl*, FS Schünemann 2014, S. 759f.; im Sinne eines Wirtschaftsstrafgesetzes zur Ermöglichung der effektiven Einschätzung von Haftungsrisiken *Rotsch*, FS Samson 2010, S. 158.

173 Siehe hierzu *Zöller*, Terrorismusstrafrecht, 2009, passim; *Steinsiek*, Terrorabwehr durch Strafrecht?, 2012, S. 19ff.; *Bützler*, Die Vorverlagerung der Strafbarkeit am Beispiel der Terrorismusverfolgung aus deutscher Perspektive, in: Grenzen der Vorverlagerung, 2011, S. 382ff.; *Zöller*, StV 2012, S. 364ff.; *Puschke*, StV 2015, S. 457ff.

Nachdem zuvor nur § 129a StGB Bezüge zum Terrorismus aufwies,[174] kam es zunächst über § 129b StGB zu einer Ausdehnung auf ausländische Vereinigungen[175] und 2010 zum Erlass der §§ 89a, 89b, 91 StGB (durch das GVVG)[176]. Durch diese Tatbestände werden Verhaltensweisen strafrechtlich erfasst, die teils sehr weit vor einer tatsächlichen Schädigung liegen. Strafbar ist z. B. nicht nur die Herstellung von Stoffen zur Ausführung des Anschlags (§ 89a Abs. 1 iVm Abs. 2 Nr. 2 StGB), sondern sogar die Beschaffung von Stoffen zur Herstellung von Stoffen zur Ausführung des Anschlags (§ 89a Abs. 1 iVm Abs. 2 Nr. 3 StGB).[177]

Der Gesetzgeber geht jedoch mit dem GVVG Änderungsgesetz von 2015 noch darüber hinaus.[178] Die Einführung des § 89a Abs. 2a StGB eröffnet die Strafbarkeit der Ausreise mit dem Ziel, sich zur Begehung von Anschlägen ausbilden zulassen (iVm § 89a Abs. 1 Nr. 1 StGB) sowie eine erheblich verschärfte Strafbarkeit der »Terrorismusfinanzierung« (§ 89c StGB). Begleitet werden diese materiell-strafrechtlichen Expansionen von ineinandergreifenden strafprozessualen Maßnahmen: Durch das Absenken materieller Anforderungen an eine Straftat kann ein prozessualer Anfangsverdacht leichter erhärtet werden,[179] was Ermittlungsmaßnahmen ermöglicht, die zur Überwachung genutzt werden können.[180] Außerdem werden nachrichtendienstliche und polizeiliche Befugnisse erheblich erweitert, um die Informationsgewinnung zu erleichtern.[181]

Viele dieser Maßnahmen werden, in Reaktion auf die zunehmende Internationalisierung und Globalisierung,[182] auf internationaler Ebene beschlossen. Hierdurch droht eine Untergrabung nationaler rechtsstaatlicher Garantien,[183]

---

174 Siehe hierzu *Bützler*, Die Vorverlagerung der Strafbarkeit am Beispiel der Terrorismusverfolgung aus deutscher Perspektive, in: Grenzen der Vorverlagerung, 2011, S. 382.

175 Siehe hierzu MüKo StGB-*Schäfer* § 129b Rn. 5 f.

176 Gesetz zur Verfolgung der Vorbereitung von schweren staatsgefährdenden Gewalttaten, BGBl. I, S. 2437. Siehe hierzu *Zöller*, StV 2012, S. 364ff.

177 Siehe hierzu *Sinn/Moeller*, ZJS 2015, S. 235f. m. w. Nachw.

178 BGBl I, S. 926. Siehe hierzu *Puschke*, StV 2015, S. 459ff.

179 Siehe hierzu *Sinn*, Vorverlagerung der Strafbarkeit, in: Grenzen der Vorverlagerung, 2011 S. 21ff. m. w. Nachw.

180 Siehe *Puschke*, Grund und Grenzen des Gefährdungsstrafrechts, in: Grenzenlose Vorverlagerung des Strafrechts?, 2010, S. 17.

181 Man denke an die »Vorratsdatenspeicherung«, siehe hierzu BVerfG 1 BvR 256, 263, 586/08, 02.03.2010, und die hierzu ergangenen Entscheidungen des EuGH EuZW 2014, 459 (08.04.2014 – C-293/12 und C-594/12); EuGH NJW 2017, 717 (Urteil vom 21.12.2016 – C-203/15, C-698/15).

182 Hierzu ausführlich mit weiteren Nachweisen *Silva Sánchez*, La Expansión del Derecho Penal, 2001, S. 81ff.

183 *Hefendehl*, Über die Pönalisierung des Neutralen – Zur Sicherheit, in: Grenzenlose Vorverlagerung des Strafrechts?, 2010, S. 97f. Wie *Puschke* treffend erkennt, handelt es sich bei den geschilderten Maßnahmen größtenteils um Umsetzungen von Übereinkommen, denen gegenüber eine nationale Abschottung schwer vermittelbar ist, siehe *Puschke*, Grund und Grenzen des Gefährdungsstrafrechts, in: Grenzenlose Vorverlagerung des Strafrechts?,

wobei es insbesondere im Bereich des Kampfes gegen den Drogenhandel schon seit 1961 entsprechende Entwicklung zu verzeichnen gibt.[184] Die gesamte Sicherheitsarchitektur erfährt eine Neuausrichtung. Schon 2012 sprach *Zöller* diesbezüglich von einer »kaum noch überschaubaren Fülle an Gesetzgebungsakten in allen Bereichen des sog. Rechts der Inneren Sicherheit«[185].[186]

Die neue Sicherheitslage bleibt nicht ohne Auswirkung auf die Strafrechtspraxis. So wurde bis vor Kurzem seit Jahren ein Anstieg der politisch motivierten Kriminalität verzeichnet, um 19,2 % im Jahre 2015[187] und um 6,6 % im Jahre 2016, was zu einem Höchststand seit der Führung der Statistik politisch motivierte Kriminalität (PMK) ab 2001 führte[188] (bevor im Jahre 2017 ein leichter Rückgang um 4,9 % verzeichnet wurde, der aber immer noch den Stand von 2015 übertrifft).[189] Des Weiteren kommt es seit 2014 zunehmend zu Verurteilungen gemäß den Vorbereitungsdelikten der §§ 89a ff. StGB.[190] Im Verfahrens- und Polizeirecht wird aufgerüstet und das Strafrecht als schärfstes Schwert des Staates in Anschlag gebracht.

6. Zusammenfassung

Die Strafrechtswissenschaft blieb von den gesellschaftlichen und politischen Umbrüchen ab der zweiten Hälfte des 20. Jahrhunderts keinesfalls unberührt. Sowohl Vertreter der funktionalistischen Verbrechenslehre als auch der personalen Unrechtslehre forderten die Schaffung von Gefährdungsdelikten. So kam es ab den 1960er-Jahren zum Ausbau des Nebenstrafrechts und zur Einführung neuer Gefährdungsdelikte u. a. im Straßenverkehrs- und Umweltrecht. Seit der Zunahme schwerer terroristischen Anschläge ab Beginn des 21. Jahrhunderts werden zunehmend (internationale) Maßnahmen zur Terrorismusabwehr ergriffen, die sich sowohl auf das materielle als auch auf das prozessuale Strafrecht

2010, S. 16ff. Siehe zur europäisch angetriebenen Expansion im Bereich des Terrorismus *Cancio Meliá*, GA 2012, S. 2. Eine Unanwendbarkeit nationalen Strafrechts bei Verstoß gegen Europarecht befürchtet *Scheffler*, FS Schwind 2006, S. 135.

184 Siehe etwa *Boivin*, Médecine & Hygiène 2010, S. 94ff., unter Betonung der geopolitischen Interessenlage und wirtschaftspolitischen Bedeutung.

185 *Zöller*, StV 2012, S. 364.

186 Siehe auch *Zöller*, Sistema Penal & Violência 2012, S. 118.

187 PMK 2015, S. 2 (Quelle Bundesministerium des Innern).

188 PMK 2016, S. 2 (Quelle Bundesministerium des Innern).

189 PMK 2017, S. 2 (Quelle Bundesministerium des Innern).

190 MüKo StGB-*Schäfer* § 89a Rn. 10. Siehe zuletzt zu § 89a Abs. 2 StGB nur BGH NJW 2016, 260; BGH, Beschluss vom 29.11.2017 (BeckRS 2017, 133051); BGH Beschluss vom 19.12.2017 (BeckRS 2017, 139523) sowie zu § 89a Abs. 2a StGB nur BGH NJW 2017, 2928 (mit kritischer Anm. *Puschke*); BGH, Beschluss vom 10.08.2017 (BeckRS 2017, 122780); BGH, Beschluss vom 03.11.2017 (BeckRS 2017, 134804).

auswirken und zur Schaffung neuer Gefährdungs- und Vorbereitungsdelikte führen. Insgesamt kam es zu einer Ausweitung von Strafbarkeit. Dies ist, wie im Folgenden geschildert, Anlass einer Vielzahl von Begriffsprägungen und der Konstatierung einer Krise.

III. Die Diskussion um eine Krise des Strafrechts der Gegenwart

Angesichts der beschriebenen Wandlung des Strafrechts wird konstatiert, das freiheitlich-liberale Strafrecht werde der zunehmend komplexen Gesellschaft und den neuen Risiken nicht mehr gerecht[191] und befinde sich in einer »Krise«[192]. Hierfür wird der fortschreitende präventive Ausbau des Strafrechts verantwortlich gemacht. Die durch die Entwicklung des Funktionalismus in der zweiten Hälfte des 20. Jahrhunderts begünstigte präventive Ausrichtung des deutschen Strafrechts seit dem späteren 20. Jahrhundert führt zur Bezeichnung desselben als Präventionsstrafrecht[193] oder auch präventives Strafrecht.[194] Hiermit wird das Strafrecht der Gegenwart bezeichnet, das vom Paradigma der Prävention durchdrungen sei.[195]

Dieser Zustand einer präventiven Ausrichtung des Strafrechts[196] wird aus unterschiedlichen Richtungen angegriffen und kritisiert. Zum einen gilt die Frage der Effektivität der Normwirkung als ungeklärt.[197] Die neuen Strafnormen

191 Siehe *D'Avila*, ZIS 2008, S. 485; *Kim*, Umweltstrafrecht in der Risikogesellschaft, 2004, S. 2f. m. w. Nachw.; *Castanheira Neves*, Entre o Legislador, in: Estudos jurídicos de Coimbra, 2007, S. 232. Auch spricht schon *Stratenwerth*, ZStW 105 (1993), S. 689, von der »Gewissheit, dass wir die Probleme an der Schwelle zum 21. Jahrhundert nicht mehr mit geistigem Rüstzeug des 18. Jahrhunderts bewältigen können«.

192 *Kim*, Umweltstrafrecht in der Risikogesellschaft, 2004, S. 68; *Wohlers*, Deliktstypen des Präventionsstrafrechts, 2000, S. 29ff. und S. 43ff.; *D'Avila*, Ofensividade e Crimes Omissivos Próprios, 2005, S. 30 m. w. Nachw.; *Silva Sánchez*, La Expansión del Derecho Penal, 2001, S. 149ff.

193 Siehe statt aller *Wohlers*, Deliktstypen des Präventionsstrafrechts, 2000, S. 25ff. Siehe auch *Sinn*, Vorverlagerung der Strafbarkeit, in: Grenzen der Vorverlagerung, 2011, S. 20.

194 Siehe vertiefend *Brunhöber*, FS Schünemann 2014, S. 4ff., insbesondere S. 7ff. sowie *Weigend*, FS Frisch 2013, S. 22ff.

195 Siehe nur *Wohlers*, Deliktstypen des Präventionsstrafrechts, 2000, S. 33ff.

196 Siehe hierzu zuletzt ausführlich *Puschke*, Legitimation von Vorbereitungstatbeständen, 2017, S. 19ff.

197 Siehe etwa die Auswertung empirischer Studien bei *Schumann*, Positive Generalprävention, 1989, S. 26ff., S. 49ff.; *Kargl*, Die Funktion des Strafrechts in rechtstheoretischer Sicht, 1995, S. 21ff. (aufbauend auf dem Milgram-Experiment, S. 4ff.); siehe hierzu zuletzt *Kim*, Umweltstrafrecht in der Risikogesellschaft, 2004, S. 27ff. m. w. Nachw. Die Wirkung der Normen zu analysieren, wird umso bedeutender, je mehr dem Recht die Aufgabe gesellschaftlicher Steuerung zugeschrieben wird. Siehe zur Bemühung um effektivere Rechtsnormen die Forschung in der Sowjetunion bspw. *Glasyrin*, Effektivität der Rechtsnormen, Berlin 1982, mit Handlungsempfehlungen auf S. 238ff. Eine (geringe) Effektivität bei der

sollen, beispielsweise im Umweltstrafrecht,[198] durch Vorgabe der richtigen Verhaltensweise bei gleichzeitiger Sanktionsandrohung schonendes Verhalten einüben.[199] Ob das präventive Strafrecht diese Funktion erfüllen kann, ist jedoch nicht sicher (Effektivitätskritik, 1.). Das Strafrecht werde zu einem reinen »symbolischen Strafrecht«.[200] Zum anderen wird die Legitimität des funktionalistischen Modells in Frage gestellt. Die hiermit umrissene Krisendiskussion kulminiert in der Debatte um das Feindstrafrecht und die Vorverlagerung von Strafbarkeit (Legitimitätskritik, 2.).

1. Die Kritik an der Effektivität des Präventionsstrafrechts: Symbolisches Strafrecht

Das symbolische Strafrecht ist in der Gegenwart ein einflussreicher Faktor.[201] Es lässt sich der Forschungsdisziplin der Gesetzgebungslehre zuordnen, wovon es einen gesondert zu betrachtenden Teilbereich[202] der symbolischen Gesetzgebung einnimmt.[203] Schwierigkeiten bei der genauen Definition des symbolischen Strafrechts bereitet die Abgrenzung der »rein symbolischen« Wirkung von Normen von der generellen kommunikativen Wirkung allen Rechts[204] und spezifisch im Strafrecht von der (positiven) Generalprävention als Funktion von Strafe.[205] Entsprechend der unklaren Terminologie gehen die Ansichten über die Legitimität dieses Lösungsansatzes auseinander.[206]

Zielführend ist die Unterscheidung von normativer und soziologischer

---

Pönalisierung von Drogenkonsum konstatierend aber *Babor u.a.* Drug Policy and the Public Good, 2010, S. S. 175: »most interventions aimed at deterring drug use (...) show modest effectiveness, but the amount of research has been minimal and the evidence is based in only a few countries«), womit sie dem Ergebnis von *Schumann* (am Anfang der Fußnote) in der Tendenz widersprechen.

198 Siehe hierzu vertiefend zuletzt *Lobo da Costa*, Proteção Penal Ambiental, 2010, S. 109ff.

199 Hierin sieht *Schünemann* insbesondere die Funktion der sogenannten Massendelikte, siehe *Schünemann*, JA 1975, S. 787ff.

200 Das Strafrecht als festen Bestandteil der Diskussion um die innere Sicherheit bezeichnend, *Sinn*, Vorverlagerung der Strafbarkeit, in: Grenzen der Vorverlagerung, 2011, S. 19.

201 Siehe *Hassemer*, FS Roxin 2001, S. 1010ff.; NK StGB-*Hassemer/Neumann* Vorbemerkungen zu § 1 Rn. 345.

202 *Schild*, FS Weimar 1986, S. 195f.

203 Siehe hierzu unter anderem *Voß*, Symbolische Gesetzgebung, 1989, S. 7ff.; *Neves*, Symbolische Konstitutionalisierung, 1998, S. 15ff.; zum Strafrecht *Hassemer*, FS Roxin 2001, S. 1001ff.

204 Instruktiv *Neves*, Symbolische Konstitutionalisierung, 1998, S. 43ff.

205 Siehe hierzu *Voß*, Symbolische Gesetzgebung, 1989, S. 102ff.; *Hassemer*, FS Roxin 2001, S. 1012ff. Zuletzt ausführlich hierzu sowie zum Folgenden *Bloy*, FS Frisch 2013, S. 59ff. (insbesondere S. 62ff.) mit weiteren Nachweisen auf S. 61.

206 Siehe hierzu *Hassemer*, FS Roxin 2001, S. 1002ff. sowie *Kim*, Umweltstrafrecht in der Risikogesellschaft, 2004, S. 216ff.

Wirksamkeit, die die Verhaltenssteuerung auf der einen und die Erwartungssicherung auf der anderen Seite bezeichnet.[207] »Symbolisches Strafrecht« bezeichnet lediglich die Unwirksamkeit im normativen Sinne: Das Gesetz findet keinen Weg in die Rechtswirklichkeit, es bleibt auf den geregelten Sachverhalt im konkreten Fall ohne Auswirkung und Anwendung.[208] Der Wirklichkeitsbezug wird fingiert bzw. unterstellt,[209] wobei weniger die Wirkung der Norm generell, sondern speziell die Wirkung der (Verhaltens-)Norm als verhaltenssteuerndes Element im Sinne eines Ge- oder Verbots der geregelten Handlung gemeint ist.[210] »Symbolisches Strafrecht« bezeichnet folglich solche Strafvorschriften, die *nur* symbolisch wirken, nicht instrumentell.[211] Die Bewertung des symbolischen Strafrechts hängt davon ab, ob die Funktion des Rechts zumindest hauptsächlich in der normativen (instrumentellen) oder auch wesentlich in der soziologischen (kommunikativen) Verhaltenssteuerung gesehen wird.[212] Kernproblem der Debatte ist die schwere Nachweisbarkeit der Normwirkung.[213] Beispielsweise bleibt ungeklärt, ob durch die symbolische Schaffung von *präventiven* Straftatbeständen, insbesondere im Umweltstrafrecht, nicht doch auch ein generalpräventiver Effekt eintritt.

a) Instrumentales Strafrechtsverständnis: Krise des Präventionsstrafrechts

Im Falle einer funktional-normativen Betrachtung, die von der Befolgung eines konkreten Normbefehls und der Anwendung des Rechts im Einzelfall ausgeht,

207 So überzeugend *Neves*, Symbolische Konstitutionalisierung, 1998, S. 43ff., insbesondere S. 49ff.

208 Siehe hierzu *Neves*, Symbolische Konstitutionalisierung, 1998, S. 49ff. Wichtig ist, hierbei die Unterscheidung von Effektivität und Wirksamkeit. Ersteres bezeichnet das Erreichen der gesetzten Ziele, letzteres Befolgung, Durchsetzung, Anwendung und Gebrauch des Rechts, S. 43ff. Zugegeben werden muss, dass wohl auch ineffektive Gesetze als »symbolisch« klassifiziert werden könnten, doch würde damit jedes Gesetz, das die Ziele des Gesetzgebers nicht zu erreichen im Stande ist oder – ex post – war, symbolisch. Von *Hassemer*, FS Roxin 2001, S. 1004 wird als Gegenbegriff zur symbolischen Wirkung »reale Folgen« verwendet, was angesichts der mannigfaltigen Folgen von Gesetzgebung als ungenau bezeichnet werden muss, da Gesetze immer eine Vielzahl realer Folgen (und Funktionen) haben, hierzu bezüglich des Strafrechts *Schild*, FS Weimar 1986, S. 196ff. Die Unterscheidung nach Wirksamkeit im vorgenannten Sinne ist daher überzeugend.

209 Treffend *Voß*, Symbolische Gesetzgebung, 1989, S. 77.

210 Kritisch gegen *Voß* daher auch *Neves*, Symbolische Konstitutionalisierung, 1998, S. 49.

211 So dann auch *Bloy*, FS Frisch 2013, S. 76.

212 So auch *Bloy*, FS Frisch 2013, S. 76f. Siehe zur Bedeutung eines funktionalen Vorverständnisses bei der Kritik am symbolischen Strafrechts *Schild*, FS Weimar 1986, S. 205ff.

213 Daher ist es fraglich, ob es sich um ein modernes Phänomen handelt, siehe hierzu *Hassemer*, FS Roxin 2001, S. 1009ff.; *Kim*, Umweltstrafrecht in der Risikogesellschaft, 2004, S. 60ff. m. w. Nachw., oder um die zeitlose Frage der Funktion und Wirkung des Strafrechts, siehe *Bloy*, FS Frisch 2013, S. 68ff.

muss das Konzept rundherum abgelehnt werden.[214] Normen müssten angewendet werden und dürften nicht rein symbolisch bleiben. Dem Bürger werde sonst ein effektives Strafrecht vorgegaukelt, das praktisch anwendungslos sei.[215] Mittels symbolischen Strafrechts werde reine (globale)[216] Politik betrieben: »Governing through crime«[217].[218] Rein symbolische Problembewältigung biete angesichts des Unsicherheitsgefühls einen kostengünstigen Ausweg für einen beanspruchten Gesetzgeber,[219] und erfülle damit nur kurzfristig die Funktion der politischen Beruhigung und Angstbewältigung.[220] Insbesondere im Bereich des Umweltstrafrechts wurde das Konzept diskutiert, da hier ein erhebliches Vollzugsdefizit bei gleichzeitiger erheblicher Bedeutung der Schutzgüter festzustellen ist.[221] In Anbetracht dieser Diskrepanz zwischen Anspruch und Realität der Anwendung von Normen ist von einer *Krise* des Umweltstrafrechts die Rede.[222]

214 *Simon*, Governing through Crime, 2007, S. 271: »No real gains in the sense of security in society«; nach *Hassemer*, bezüglich des Umweltstrafrechts, behindere dieses das Nachdenken über sonstige gesellschaftliche und staatliche Aktivitäten und würde daher mehr schaden als nützen, siehe *Hassemer*, Neue Kriminalpolitik 1989, S. 47.

215 Siehe auch NK StGB-*Hassemer/Neumann* Vorbemerkungen zu § 1 StGB Rn. 345: »täuschender Indikator einer Handlungsfähigkeit des Gesetzgebers«. Es wird schon das Ende dieses strafrechtlichen Modells angekündigt, da der Bürger die tatsächliche Anwendung der Strafnorm erwartet, siehe *Simon*, Governing through crime, 2007, S. 282: »Americans will not settle for symbolic war on crime«. *Findlay*, Governing through Globalised Crime, in: Exploring the Boundaries of International Criminal Justice, 2011, S. 221: »symbolism will disappear«.

216 *Findlay*, Governing through Globalised Crime, in: Exploring the Boundaries of International Criminal Justice, 2011, S. 207, S. 218: »The growing utility of criminal justice as a tool for global governance is stimulated by the recognition of crime/risk which impact the global community«.

217 *Simon*, Governing through Crime, 2007, insbesondere S. 271.

218 Nach *Hefendehl* habe das Strafrecht so zunehmend eine primär politische Funktion: Statt der sozialen Ursachen für Unsicherheit wird die Projektion der Unsicherheit bekämpft, die Angst vor Kriminalität, siehe *Hefendehl*, Über die Pönalisierung des Neutralen – Zur Sicherheit, in: Grenzenlose Vorverlagerung des Strafrechts?, 2010, S. 97.

219 *Hassemer*, FS Roxin 2001, S. 1005ff.

220 So auch *Schild*, FS Weimar 1986, S. 198f. Vor der politisch motivierten Täuschung und damit Erweckung unrealistischer Erwartungen im Hinblick auf die Wirkung von Strafrecht zuletzt warnend *Weigend*, FS Frisch 2013, S. 28. Man beachte auch, dass das Strafrecht von vielen als *normativ* wirksame Verhaltenssteuerung gedacht wird, die auch erwartet wird, siehe zuletzt insbesondere die Debatte um die Reform des Sexualstrafrechts und des »Nein heißt Nein«-Modells, siehe zur Reform *Freudenberg*, DRiZ 2016, S. 220ff.

221 Hierzu ausführlich *Lobo da Costa*, Proteção Penal Ambiental, 2010, S. 109ff.

222 Siehe *Kim*, Umweltstrafrecht in der Risikogesellschaft, 2004, S. 216ff.

b) Kommunikatives Strafrechtsverständnis: Symbolik als Teil der Normwirkung

Nach anderer Ansicht wird das symbolische Strafrecht der strafrechtlichen Funktion gerecht, durch Generalprävention Sicherheit in Form von Erwartungssicherung zu schaffen.[223] Letztlich könne es ein rein instrumentelles Strafrecht nicht geben. »Stets spielen auch symbolisch-kommunikative Wirkungen eine Rolle«[224]. Insbesondere in *Luhmanns* Macht- und Kommunikationstheorie ist die Symbolik Voraussetzung der Wirksamkeit von Recht. Die Symbolik erfüllt eine kommunikationssteuernde Funktion.[225] Symbolische Generalisierung ist Voraussetzung der Ausdifferenzierung von Macht,[226] und Macht wiederum ist »ein grundlegendes Prinzip der Verhaltenssteuerung«[227]. Damit ist Symbolik nach *Luhmann* eine Voraussetzung der Verhaltenssteuerung selbst: Demgegenüber wäre ein *rein instrumentelles* Strafrecht wirkungslos.

Dem symbolischen Strafrecht wird nach dieser Auffassung ein normativ-gesellschaftlicher Effekt zugeschrieben, selbst wenn die betreffenden Normen selten zur Anwendung kommen.[228] Die 1980 erfolgte Eingliederung des Umweltstrafrechts in das Kernstrafrecht wird so von einigen Vertretern befürwortet, da das generelle Bewusstsein für die Umweltbelange gestärkt und diese daher mittelbar geschützt würden,[229] obgleich zweifellos die Geltung und Anwendung der Normen (normative Wirksamkeit), die bereits im Nebenstrafrecht bestanden, hiervon nicht tangiert sein konnten.[230] Daraus folgt: Selbst wenn es nach Einführung von »symbolischen Straftatbeständen« zu einer Mehrung der verbotenen Handlung kommen würde, ist die Wirkungslosigkeit der Normen hiermit nicht erwiesen. Da unklar bleibt, ob die Normen symbolisch (soziolo-

223 Wie der Begriff »Erwartungssicherung« schon kennzeichnet, handelt es sich um eine von *Luhmann* beeinflusste (Straf-)Rechtskonzeption, siehe *Neves*, insbesondere S. 50ff. Kritisch zu diesen Konzeptionen im Strafrecht *Kahlo*, Die Handlungsform der Unterlassung als Kriminaldelikt, 2001, S. 97ff.

224 Siehe *Bloy*, FS Frisch 2013, S. 77 m. w. Nachw.

225 Siehe hierzu *Sinn*, Straffreistellung aufgrund von Drittverhalten, 2007, S. 97ff.

226 Siehe hierzu *Sinn*, Straffreistellung aufgrund von Drittverhalten, 2007, S. 106.

227 Zu *Luhmann* so *Sinn*, Straffreistellung aufgrund von Drittverhalten, 2007, S. 107.

228 Nach *Kim* hat das symbolische Umweltstrafrecht im positiven Sinne als drittes Mittel zur Stärkung des Umweltbewusstseins in der Bevölkerung einen positiven Einfluss, *Kim*, Umweltstrafrecht in der Risikogesellschaft, 2004, S. 233.

229 *Kim*, Umweltstrafrecht in der Risikogesellschaft, 2004, S. 227ff.; kritisch aber *Lobo da Costa*, Proteção Penal Ambiental, 2010, S. 157ff., mit der Forderung der Abkehr vom Strafrecht als verbreitetes Mittel vorgeblichen Umweltschutzes, S. 158. Bemerkenswert ist, dass der Gesetzgeber im angelsächsischen Raum bezüglich der Umweltverschmutzung größtenteils untätig blieb, siehe *Findlay*, Governing through Globalised Crime, in: Exploring the Boundaries of International Criminal Justice, 2011, S. 219.

230 *Schild*, FS Weimar 1986, S. 197.

gisch) wirken, ist es möglich, dass das Verbot einen noch stärkeren Zuwachs an gefährlichen bzw. schädlichen Handlungen verhindert hat, also wirkte.[231]

c) Zusammenfassung und Stellungnahme

Eine Effektivitätskrise des präventiven Strafrechts kann nach alledem nicht als erwiesen gelten. Dieser Nachweis ist allein durch die Feststellung, die symbolischen Normen kämen selten zur Anwendung, sodass viele Verstöße ungesühnt blieben, nicht erbracht. Es ist ebenso denkbar, dass ohne die gesetzgeberische Tätigkeit noch mehr Fälle gefährlicher Verhaltensweisen auftreten würden. Solange die konkrete Wirkweise von (symbolischen) präventiven Verbotsnormen ungeklärt bleibt, lässt sich ihre Wirkungslosigkeit – eine Effektivitätskrise – weder bestätigen noch widerlegen. Es handelt sich insofern um keine aktuelle Problematik des präventiven Strafrechts, sondern des Strafrechts schlechthin.[232]

2. Die Kritik an der Legitimität des Präventionsstrafrechts: Verpolizeilichung und Vorverlagerung

Neben der symbolischen Gesetzgebung wird das Strafrecht spätestens seit den Anschlägen vom 11. September 2001 als Interventionsstrafrecht konzipiert, dessen Ziel nicht die Sicherheitsgewährleistung mittels positiver und negativer Generalprävention gegenüber den normativ ansprechbaren Gesellschaftsmitgliedern, sondern mittels negativer Spezialprävention gegenüber dem einzelnen »feindlichen« Täter ist.[233] Bestraft wird, was *gefährlich* für bestimmte Güter der Gesellschaft ist. Bei der Bestrafung solcher gefährlichen Handlungen, die selbst keinen Schaden verursacht haben, werden zwei Ansätze verfolgt. Zum einen soll durch Bestrafung der Normübertretung im Einzelfall die Normbefolgung gesamtgesellschaftlich gestärkt werden. Zum anderen soll der Täter davon abgehalten werden, später einen Schaden zu verursachen, indem bereits sein Plan durch die Strafverfolgungsbehörden sanktioniert und damit vereitelt wird. In beiden Fällen ist die Schadensabwendung Ziel und Zweck der Strafbarkeit bzw. Strafverfolgung im Präventionsstrafrecht.

In der Strafrechtswissenschaft wird die Legitimität dieses Ansatzes kritisch hinterfragt. Es wird eine Denaturierung des materiellen Strafrechts durch »Verpolizeilichung« und »Interventionsstrafrecht« befürchtet. Auch drohen

231 So überzeugend generell zur Problematik der Normwirkung *Greco*, Strafbarer Drogenbesitz, in: Grenzenlose Vorverlagerung des Strafrechts, 2010, S. 77.

232 So auch *Wohlers*, Deliktstypen des Präventionsstrafrechts, 2000, S. 45 m. w. Nachw.

233 Siehe hierzu und zum Folgenden *Puschke*, Grund und Grenzen des Gefährdungsstrafrechts, in: Grenzenlose Vorverlagerung des Strafrechts?, 2010, S. 16ff.

gemäß dem funktionalen Rechtsgüterschutz die Maßnahmen, die für die Gewährleistung des Schutzes ergriffen werden, grenzenlos zu werden. So führe die expansive Tendenz zu einer strafrechtlichen Inflation und damit zwangsläufig zu einem Wertverlust des Strafrechts.[234] Diese Diskussion tangiert das Feindstrafrecht und die Vorverlagerung als Topoi einer Legitimitätskrise des Strafrechts.

a) Verpolizeilichung und Interventionsstrafrecht (Denaturierung)

Die zunehmend präventive Ausrichtung führte zunächst bezüglich des Strafprozessrechts zur Konstatierung einer »Verpolizeilichung«.[235] Mehrere Reformen zu Beginn der 1990er-Jahre nahmen einigen strafprozessualen Ermittlungsmaßnahmen die repressiven und verliehen ihnen präventive, *gefahrenabwehrende* Züge.[236] Der diesbezüglich geprägte Begriff der »Verpolizeilichung«[237] wird in der aktuellen Debatte auf solche Reformen des materiellen Strafrechts übertragen, die Gefährdungsdelikte und Vorbereitungsdelikte, insbesondere im Bereich der Terrorabwehr, etablieren.[238] Wie das Polizeirecht hätten diese weit *vorverlagerten* Delikte die Funktion, die konkrete Tat, die eine Gefahr darstellt, zu unterbinden, indem der Täter von einer frühestmöglichen strafrechtlichen Sanktion getroffen wird.[239] Dieser dezidiert instrumentelle Ansatz wird auch als »Interventionsstrafrecht«[240] bezeichnet. Anders als das symbolische Strafrecht[241] zielen diese Strafrechtsreformen nicht auf die gesamte Gesellschaft mittels normativer Konsensbildung und Werteorientierung,[242] sondern auf das

234 *Weigend*, FS Frisch 2013, S. 24.

235 Siehe hierzu *Paeffgen*, StV 1999, S. 625ff. m. w. Nachw.

236 Siehe *Albrecht*, StV 2001, S. 416ff. m w. Nachw.

237 *Zaczyk*, FS Beulke 2015, S. 69 m. w. Nachw.

238 *Paeffgen*, FS Amelung 2009, S. 81ff., S. 98ff.; NK StGB-*ders.* § 85 Rn. 1 (Fn.7).

239 *Zaczyk*, FS Beulke 2015, S. 73ff.; *Sieber/Vogel*, Terrorismusfinanzierung, 2015, S. 152ff.; zum spezialpräventiven Charakter insbesondere *Kubiciel*, Wissenschaft Besonderer Teil, 2013, S. 229, 242ff., jeweils m. w. Nachw.

240 Siehe zu diesem Begriff u.a. *Hörnle/Richter/Stahlmecke*, Diskussion zum Thema, in: Grenzenlose Vorverlagerung des Strafrechts, 2010, S. 69; *Hefendehl*, Über die Pönalisierung des Neutralen – Zur Sicherheit, in: Grenzenlose Vorverlagerung des Strafrechts?, 2010, S. 96 mit Verweis auf *Puschke* (nächste Fußnote).

241 Zwar geht *Puschke* von geringen Verurteilungszahlen aus und attestiert einen »symbolischen Charakter«, siehe *Puschke*, Grund und Grenzen des Gefährdungsstrafrechts, in: Grenzenlose Vorverlagerung des Strafrechts?, 2010, S. 16, doch ändert dies nichts an der interventionistischen Konzeption, die sich vom symbolischen, rein kommunikativ wirkenden Strafrecht unterscheidet. Abgesehen davon kam etwa der 2009 neu geschaffene § 89a StGB bis 2014 beispielsweise in folgenden Entscheidungen zur Anwendung KG StV 2012, 345; OLG Karlsruhe StV 2012, 348; BGH NJW 2014, 3459. Die praktische Bedeutung nimmt seitdem weiter zu, siehe MüKo StGB-*Schäfer* § 89a Rn. 10 (siehe zu höchstrichterlichen Entscheidungen ab 2015 auch oben unter Fn. 190).

242 *Hefendehl*, Über die Pönalisierung des Neutralen – Zur Sicherheit, in: Grenzenlose Vor-

normativ nicht ansprechbare Individuum,[243] dessen Tat faktisch unterbunden werden soll (negative Spezialprävention). Der einzelgefahrenabwehrende Charakter tritt zunehmend in den Vordergrund.[244] Damit droht die klassische Zweispurigkeit des Strafrechts in Strafe (Vergeltung) und Maßregeln der Besserung und Sicherung (Gefahrenabwehr) zu verschwimmen.[245] Das materielle Strafrecht denaturiere zum Gefahrenabwehrrecht[246] in einer machtvollen »Allianz von Straf-, Polizei- und Geheimdienstrecht«[247].

Trotz aller Kritik an dieser »administrativen Tendenz des Strafrechts«[248] ist es der Strafrechtswissenschaft bisher nicht gelungen, eine Alternative zur »Verpolizeilichung« anzubieten. So schlug *Hassemer* zwar noch im ausgehenden 20. Jahrhundert die Schaffung eines »Interventionsrechts« zwischen Strafrecht und Polizeirecht vor.[249] Doch bleibt der Gewinn der damit verbunden »Auslagerung« der problematischen Vorschriften unklar, da die Legitimitätskritik auch das neue Interventionsrecht treffen würde.[250] Werden die alternativen Mittel des Staates (Polizeirecht, Maßregelrecht, das Recht bewaffneter Konflikte etc.) in der Abwehr terroristischer Gefahren einer Analyse unterzogen, zeigen sich diese vielmehr im Vergleich mit dem Strafrecht als noch weniger geeignet oder legitim, um den Bürger vor Anschlägen zu schützen.[251]

b) Feindstrafrecht und Vorverlagerung (Grenzenlosigkeit)

Schon der funktionalistische Ansatz des Präventionsstrafrechts wird von Teilen der Strafrechtswissenschaft aus strafrechtsdogmatischen Gründen scharf kri-

verlagerung des Strafrechts?, 2010, S. 96. Eine Entwicklung »vom Normativen ins Faktische«, *Puschke*, Grund und Grenzen des Gefährdungsstrafrechts, in: Grenzenlose Vorverlagerung des Strafrechts?, 2010, S. 26.

243 Dazu gelten die Adressaten als »abschreckungsresistent«, es kommt zur Entfremdung, siehe *Puschke*, Grund und Grenzen des Gefährdungsstrafrechts, in: Grenzenlose Vorverlagerung des Strafrechts?, 2010, S. 17.

244 Ähnlich einer negativen Spezialprävention des Maßregelvollzugs, siehe zu ähnlichen Beobachtungen *Sinn/Moeller*, ZJS 2015, S. 235 m. w. Nachw. Auch erhöht die Pönalisierung der Vorbereitung die Abschreckungswirkung nicht wesentlich. Es hierbei hauptsächlich um Intervention im konkreten Fall, so *Puschke*, Grund und Grenzen des Gefährdungsstrafrechts, in: Grenzenlose Vorverlagerung des Strafrechts?, 2010, S. 25f.

245 *Sinn/Moeller* ZJS 2015, S. 235.

246 Siehe hierzu zuletzt *Zaczyk*, FS Beulke 2015, S. 69ff. (S. 77).

247 *Hefendehl*, Über die Pönalisierung des Neutralen – Zur Sicherheit, in: Grenzenlose Vorverlagerung des Strafrechts?, 2010, S. 96.

248 *D'Avila*, Ofensividade e Crimes Omissivos Próprios, 2005, S. 247 (übersetzt aus dem Portugiesischen).

249 *Hassemer*, Produktverantwortung im modernen Strafrecht, 1996, S. 20ff.

250 Siehe *Brunhöber*, FS Schünemann 2014, S. 10f. m. w. Nachw. Heftige Kritik an der Frankfurter Schule bei *Schünemann*, GA 1995, S. 207: »atavistisch«.

251 Siehe *Sieber*, NstZ 2009, S. 355f.

tisiert.[252] Zum einen habe das Strafrecht nicht allein die Funktion, schädliche Handlungen zu unterbinden sondern auch, Unrecht zu vergelten.[253] Das Strafrecht habe zuerst die Frage zu beantworten, ob es legitim sei, ein Verhalten zu bestrafen und erst danach, ob dies auch zweckmäßig ist: »Die Logik ist nicht die des verwaltungstechnisch Idealen oder Guten, sondern legitim Möglichen«[254]. Im kriminalpolitisch orientierten Funktionalismus aber ist der *Grund der Bestrafung die kriminalpolitische Zweckmäßigkeit des Bestrafens:* »Die Folge der Straftat wird zu ihrem Grund gemacht.«[255] Straftat wäre das, was bestraft werden muss. Es droht ein Zirkelschluss[256] und es bleibt unklar, was der *axiologische* Gehalt des funktionalistischen Strafrechts sein soll.[257] Hiernach wird im Funktionalismus selbst, also einer Straftheorie des späten 18. Jahrhunderts,[258] die Legitimitätskrise erkannt, denn strafgewaltsbeschränkende Regeln drohen in einem funktionalistischen, zweckmäßigen System aus dem Blick zu geraten.[259] Sofern einziges Ziel des Strafrechts die Verhinderung der Verletzung von Rechtsgütern ist, bleibt unklar, welchen Platz rechtsstaatliche Garantien in dem System noch beanspruchen können. Der Täter werde als Gefahrenquelle und nicht mehr als Bürger betrachtet.

»Bei konsequenter Fortführung des Ansatzes beim Rechtsgüterschutz müsste man sogar die gefährlichen Gedanken potentieller Täter«[260] bekämpfen. Mit diesen Worten beschreibt *Jakobs* 1985 die prinzipielle Grenzenlosigkeit des funktionalen Strafrechts, das den Strafrechtsadressaten als »Feind« behandle. In

252 Siehe neben *Murmann*, Kritik des funktionalen Strafrechts, in: Grundfragen des Strafrechts, 2010, S. 107ff., *Lesch*, Verbrechensbegriff, 1999, S. VII, S. 18ff., S. 181ff. und *Kelker*, Legitimität von Gesinnungsmerkmalen, 2007, S. 203ff. auch *Kahlo*, Die Handlungsform der Unterlassung als Kriminaldelikt, 2001, S. 94ff.; zuletzt auch *Kühl*, FS Heinz 2012, S. 774; sowie mit ausführlichen Nachweisen aus der aktuellen deutschen Literatur Schönke/Schröder StGB-*Eisele* Vorbemerkungen zu den §§ 13ff. Rn. 113ff. (insbesondere Rn. 117) und Leipziger Kommentar StGB-*Walter* Vor § 13 Rn. 7.

253 Siehe nur *Sinn*, Straffreistellung aufgrund von Drittverhalten, 2007, S. 288 (im Sinne positiver Generalprävention); *Frisch*, FS Beulke 2015, S. 107ff.

254 *D'Avila*, ZIS 2008, S. 492 (übersetzt aus dem Portugiesischen).

255 So kritisch *Zaczyk*, FS Beulke 2015, S. 77 (im Original mit Hervorhebung). Siehe auch *D'Avila*, ZIS 2008, S. 490; *Zaffaroni/Pierangeli*, Manual de Direito Penal Brasileiro, 2018, S. 550.

256 Außerdem sei die Trennung von Unrecht und Schuld hiermit nicht kompatibel, siehe *Frisch*, FS Beulke 2015, S. 103ff.

257 Siehe *D'Avila*, ZIS 2008, S. 488ff.

258 Siehe hierzu bereits oben ab S. 41.

259 Ebenso *Greco*, Lebendiges und Totes in Feuerbachs Straftheorie, 2009, S. 338ff. Kritisch zur Betrachtung des Strafrechts allein als Mittel zum Zweck auch *Schild*, FS Weimar 1986, S. 207f., der dieses als Form der Freiheit selbst verstanden wissen will und vor einer Vermengung von Wesen und Mittel warnt. Kritisch gegenüber einem rechtlichem Funktionalismus generell auch *Castanheira Neves*, Entre o Legislador, in: Estudos jurídicos de Coimbra, 2007, S. 250.

260 *Jakobs*, ZStW 97 (1985), S. 753.

der Folge bezeichnet er als »Feindstrafrecht« die strafrechtsdogmatische und kriminalpolitische Tendenz,[261] die Freiheits- und Persönlichkeitsrechte als bürgerliche Privilegien zu betrachten, die bei der Bekämpfung des Feindes zu überflüssigen Grenzen einer effektiven Strafverfolgung werden. »Das Feindstrafrecht optimiert Rechtsgüterschutz, das bürgerliche Strafrecht optimiert Freiheitssphären.«[262] Zur wirksamen Schutzgewährleistung des Bürgers gegenüber dem Feind, würden die Freiheitssphären systematisch abgetragen werden. Als Beschreibung der zu beobachtenden Entwicklung im pönalen System blieben *Jakobs* Überlegungen weitestgehend unbeanstandet.[263]

Damit identifizierte *Jakobs* als akutes Legitimitätsproblem des Präventionsstrafrechts die prinzipielle *Grenzenlosigkeit* der Gefahrenabwehr.[264] Um die Gefahrenabwehr durch Strafrecht legitim gestalten zu können, seien Grenzen zu entwickeln.[265] Diese Debatte um das Feindstrafrecht und die Grenzenlosigkeit des präventiven Strafrechts ist eng mit dem Begriff »Vorverlagerung« verbunden.[266] Es heißt dazu schon bei *Jakobs*, im präventiven Strafrechtssystem werde der Täter »nur dadurch definiert, daß er dem Rechtsgut gefährlich werden kann, wobei sich der Beginn der Gefahr potentiell grenzenlos *vorverlagern* läßt«[267]. *Jakobs* bezeichnet mit »Vorverlagerung« die Verschiebung des strafrechtlichen Anknüpfungspunktes vom »Verletzungsverhalten zum Planungsverhalten«[268]

261 Es handelt sich hierbei nicht um ein wissenschaftliches Konzept, siehe *Sinn*, ZIS 2006, S. 112ff.

262 *Jakobs*, ZStW 97 (1985), S. 756.

263 Siehe *Sinn*, ZIS 2006, S. 107; *Paeffgen*, FS Amelung 2009, S. 95ff. In späteren Veröffentlichungen bemühte sich *Jakobs*, das Feindstrafrecht von der Beobachtung in ein Konzept überzuleiten, in dem der Bürger, der bisher dem Feind gleichgestellt ist und daher ebenfalls rechtliche Einschränkungen hinzunehmen hat, als tauglicher Normadressat seine personalen Rechte behalten soll. Dafür soll der Feind aber umso grenzenloser entrechtet werden können, da er von der Norm nicht anzusprechen sei und »keine Garantie personalen Verhaltens« biete, *Jakobs*, HRRS 2004, S. 95. Trotz heftigster Kritik an dem Konzept – siehe hierzu die Zusammenfassung bei *Sinn*, ZIS 2006, S. 112ff. – floss dieser dogmatische Unterbau in strafrechtspolitische Erwägungen in Kolumbien ein, siehe *Aponte Cardoso*, Krieg und Feindstrafrecht, 2004, passim. Als konsequentes Fortdenken bestehender Tendenzen erfuhr das »Feindstrafrecht« Anerkennung, siehe nur *Rotsch*, FS Samson, 2010, S. 149: Hinter der Unterscheidung zwischen Bürger- und Feindstrafrecht stehe ein »nachvollziehbarer Gedanke«.

264 Siehe *Brunhöber*, FS Schünemann 2014, S. 5.

265 Siehe nur *Jakobs*, ZStW 97 (1985), S. 771 ff, S. 784f.; *Sinn*, Vorverlagerung der Strafbarkeit, in: Grenzen der Vorverlagerung, 2011, S. 22ff., 28f.; *Steinsiek*, Terrorabwehr durch Strafrecht?, 2012, S. 151ff.; *Zaczyk*, FS Beulke 2015, S. 74f.; *Brunhöber*, FS Schünemann 2014, S. 10ff.

266 Siehe nur *Cancio Meliá*, Organisationdelikte, in: Grenzenlose Vorverlagerung des Strafrechts?, 2010, S. 50ff.; *Sinn*, Vorverlagerung der Strafbarkeit, in: Grenzen der Vorverlagerung, 2011, S. 33ff.

267 *Jakobs*, ZStW 97 (1985), S. 753 (im Original ohne Hervorhebung).

268 *Jakobs*, ZStW 97 (1985), S. 767. Siehe vertiefend unten ab S. 74.

bzw. die Strafbarkeit von Delikten, für deren Vollendung es »auf eine Rechtsgutsverletzung nicht ankommt«[269]. *Jakobs* stellte gar ein Verstoß mit dem altrömischen Rechtssatz *cogitationis poenam nemo patitur* fest, der Straflosigkeit bloßer Gedanken.[270] Wenn zu weit vorverlagert werde, dann würden bereits die Gedanken zum Gegenstand der Strafe gemacht werden.[271] »Vorverlagerung« birgt demnach ein kritisches Potenzial.[272] Hiermit wird die Legitimitätskrise eines potenziell grenzenlosen materiellen Strafrechts thematisiert. In der Folge widmeten sich zahlreiche Abhandlungen der Vorverlagerung, inklusive zweier Sammelbände 2010 bzw. 2011.[273] Die neuere Forschung zur Vorverlagerung untersucht speziell die Grenzen der Vorverlagerung, die sowohl in der Verfassung als auch in der Strafrechtsdogmatik gefunden werden. Es werden spezifische Grenzen für die Vorverlagerung wie eine strengere Verhältnismäßigkeitsprüfung und absolute Grenzen des Strafrechts, wie der Kernbereich der Privatsphäre, diskutiert.[274]

c) Zusammenfassung

Die Legitimitätskrise des Strafrechts der Gegenwart betrifft zum einen die »Verpolizeilichung«. Gemeint ist damit die Orientierung an der Gefahrenabwehr (Prävention) zulasten der Erfüllung von Aufgaben der Strafverfolgung (Repression). Trotz aller Kritik konnte eine überzeugende Alternative zur Gefahrenabwehr durch interventives Strafrecht jedoch noch nicht entwickelt werden.

Zum anderen wird die Grenzenlosigkeit der Vorverlagerung thematisiert, die weit in die Freiheitssphäre des Bürgers hineinreichen kann. Hierbei kommt es zu Wechselwirkungen mit der »Verpolizeilichung«. Wenn genügend Beweise für die Erfüllung eines vorverlagerten Straftatbestandes gesammelt wurden (beispielsweise Vorbereitung eines Anschlags, § 89a StGB), kann die vom Täter ausgehende *Gefahr* durch Verhaftung und Verurteilung auf längere Zeit gebannt werden.[275] Das Bürgerstrafrecht drohe in diesen Fällen durch ein illegitimes

269 *Jakobs*, ZStW 97 (1985), S. 768.

270 *Jakobs*, ZStW 97 (1985), S. 753 ff., S. 762 ff.

271 Unter ausdrücklichem Rekurs auf »cogitationis poenam nemo patitur« *Greco*, Strafbarer Drogenbesitz, in: Grenzenlose Vorverlagerung des Strafrechts, 2010, S. 81; *Sinn*, Vorverlagerung der Strafbarkeit, in: Grenzen der Vorverlagerung, 2011, S. 34; *Anastasopoulou*, Deliktstypen zum Schutz kollektiver Rechtsgüter, 2005, S. 252.

272 *Sinn*, Vorverlagerung der Strafbarkeit, in: Grenzen der Vorverlagerung, 2011, S. 14.

273 *Sinn/Gropp/Nagy* (Hrsg.), Grenzen der Vorverlagerung in einem Tatstrafrecht, Göttingen 2011, passim; *Hefendehl* (Hrsg.), Grenzenlose Vorverlagerung des Strafrechts?, Berlin 2010, passim.

274 Siehe hierzu ausführlich unten ab S. 157.

275 Siehe *Hefendehl*, Über die Pönalisierung des Neutralen – Zur Sicherheit, in: Grenzenlose Vorverlagerung des Strafrechts?, 2010, S. 96; *Sinn*, Vorverlagerung der Strafbarkeit, in: Grenzen der Vorverlagerung, 2011, S. 21 ff.

Feindstrafrecht ersetzt zu werden.[276] Die Untersuchung der »Legitimitätskrise« des präventiven *materiellen* Strafrechts der Gegenwart betrifft die Vorverlagerung und ihre potentielle Grenzenlosigkeit, der durch die Entwicklung spezifischer Grenzen begegnet werden soll.

3. Zwischenergebnis zur Krise

Die beschworene »Krise« des Strafrechts betrifft schon seit langem umstrittene Bereiche der Verbrechenslehre wie die Normwirkung oder die Strafzwecklehre. Bezüglich der Effektivitätskrise (symbolisches Strafrecht) ist eine enge Verbindung zu der Diskussion um die Normwirkung sowie zu der Strafzwecklehre der positiven Generalprävention zu konstatieren. Insofern handelt es sich nicht um eine Krise des Strafrechts der Gegenwart, sondern um einen ungelösten Streit der strafrechtlichen Strafzwecklehre schlechthin. Die Diskussion der Legitimitätskrise (Verpolizeilichung und Vorverlagerung) steht in Verbindung mit dem Funktionalismus und dem Rechtsgüterschutz als Strafzwecklehre. Die Grenzen der Gefahrenabwehr durch Strafrecht werden thematisiert. Es wird eine Denaturierung des Strafrechts in ein Gefahrenabwehrrecht befürchtet (Verpolizeilichung), das den Bürger nicht mehr als Bürger, sondern als Gefahrenquelle, als »Feind«, betrachtet (Feindstrafrecht).

Die sich an dieser Wandlung des Strafrechts entzündende Debatte um eine Krisenhaftigkeit hat die Strafrechtswissenschaft um wichtige Erkenntnisse bereichert. Zum einen wird der ungelöste Streit um die Wirksamkeit von Normen durch die Diskussion um das symbolische Strafrecht und die Effektivitätskrise des Strafrechts aktualisiert und in seiner Bedeutung erkannt. Zugleich aber tritt zutage, dass die Diskussion alte Streitstände erfasst, u. a. die Strafzwecklehre, und in diesem Sinne nicht als »neuartig« betrachtet werden kann.

Zum anderen wird die Legitimation eines präventiven Strafrechtsansatzes einer Prüfung unterzogen. Dies vertieft und verfestigt die strafrechtswissenschaftliche Diskussion um die Grenzen des Strafrechts. Die Vorverlagerung wird als besonders virulentes Legitimationsproblem des materiellen Strafrechts erkannt, dem es zu begegnen gilt.

---

276 Siehe etwa zur Grenzwertigkeit des § 89a StGB *Sinn/Moeller*; ZJS 2015, S. 237; zu kürzlich erlassenen Vorschriften eines »Ungehorsamsstrafrechts« und dessen Grenzen in Deutschland siehe *Pollähne*, FS Beulke 2015, S. 46ff.

IV. Die Vorverlagerung als Begriff in der Diskussion um eine Krise des modernen Strafrechts

Der rasante technologische, ökologische und gesellschaftliche Wandel ab Mitte des 20. Jahrhunderts führte zu einem zunehmenden Bedürfnis nach Sicherheit und gewandelten Ansprüchen an den Staat. Die Mehrung von Sicherheit ist oberste Priorität. Angesichts schwerer terroristischer Anschläge seit Beginn des 21. Jahrhunderts hat sich dieser Trend noch verschärft.

Die Strafrechtswissenschaft reagierte auf die neuen Anforderungen der Gesellschaft und Politik mit der Fortentwicklung der funktionalistischen Verbrechenslehre sowie der personalen Unrechtslehre, die die Schaffung von Gefährdungsdelikten unterstützte. Seit den 1960er-Jahren kommt es zum Ausbau des Nebenstrafrechts und zur Einführung neuer Gefährdungsdelikte u. a. im Straßenverkehrs- und Umweltrecht sowie der Terrorismusabwehr. Insgesamt kam es zu einer zunehmend präventiven Ausrichtung des Strafrechts und der Konstatierung einer Krise hinsichtlich Effektivität und Legitimität des Strafrechts der Gegenwart.

Die Diskussion der Legitimitätskrise des materiellen Strafrechts steht in Verbindung mit dem Begriff »Vorverlagerung«: Die Tendenz, Straftatbestände zu schaffen,[277] die eine Verletzung nicht voraussetzen, sondern bereits vorher einschlägig sind. »Vorverlagerung« entfaltet ein kritisches Potenzial insoweit, als fraglich ist, wie weit vor der Verletzung die Strafbarkeit anknüpfen darf. Vorverlagerung wird als Ausdruck einer Krise des materiellen Strafrechts verstanden, das grenzenlos zu werden droht, da die »Grenzen der Vorverlagerung« weiterhin umstritten sind. Dies ist die Ausgangslage der Vorverlagerungsdiskussion in der Strafrechtswissenschaft, deren Stand im Folgenden wiedergegeben wird.

Die praktisch bedeutsamste Fragestellung der Vorverlagerungsdiskussion ist, ob der Vorverlagerung spezifische Grenzen zu ziehen sind. Bei Bejahung dieser Frage entfaltet der Vorverlagerungsbegriff sein volles kritisches Potential: Fälle der Vorverlagerung müssten streng auf ihre Legitimität geprüft werden und bei Überschreiten von verfassungsrechtlichen Grenzen aus dem Strafgesetzbuch gestrichen, verfassungskonform ausgelegt oder unangewandt gelassen werden.

Die spezifische Legitimitätsprüfung setzt voraus, dass ein Fall der Vorverlagerung zweifelsfrei als solcher identifiziert werden kann. Daher sind die Merkmale des Vorverlagerungsbegriffs zu untersuchen, um eine akkurate Bestimmung im Einzelfall zu ermöglichen. Hierfür ist es zielführend, eine historische Untersuchung der Entwicklung der Vorverlagerung im Strafrecht bis zum

277 Zur Vorverlagerung durch Auslegung siehe aber unten ab S. 89.

heutigen Bedeutungsgehalt »Vorverlagerung« nachzuzeichnen. Die besondere, neuartige Legitimationsbedürftigkeit der Vorverlagerung tritt so hervor. Zugleich kann hiermit ein Beitrag zur Debatte der Krise des modernen Strafrechts geleistet werden, die sich ausdrücklich auf die Neuartigkeit der Vorverlagerung beruft und damit eine historische Dimension suggeriert, die einer Überprüfung standhalten muss.

Die folgende Untersuchung hat zum Ziel, die Merkmale des Vorverlagerungsbegriffes mithilfe einer rechtshistorischen Untersuchung zu eruieren (C.), neue Wege in der Diskussion um die umstrittenen »Grenzen der Vorverlagerung« aufzuzeigen (D.) und damit zugleich einen Beitrag zur Debatte um die Krise des modernen Strafrechts und die Grenzen der Vorverlagerung zu leisten.

C. Der Vorverlagerungsbegriff

Die Untersuchung der Veränderungen des Strafrechts im 20. und 21. Jahrhundert sowie der daran anschließenden Debatte um eine Krise hat »Vorverlagerung« als einen bedeutenden Begriff der gegenwärtigen strafrechtswissenschaftlichen Diskussion identifiziert. Der Kontext der Verwendung des Begriffs ist die Legitimitätskrise des materiellen Strafrechts, das zunehmend aus Gefährdungs- und Vorbereitungsdelikten besteht. Indem der Gesetzgeber nicht mehr an die Verletzung, sondern bereits an die Gefährdung anknüpft, wird die Frage der Schranken dieser Form der Typisierung virulent: Wie weit darf vorverlagert werden, wo sind die Grenzen?

Die Beantwortung dieser Frage setzt voraus, dass Fälle der Vorverlagerung eindeutig als solche qualifiziert werden können. Der Stand der Strafrechtswissenschaft zur Definition von Vorverlagerung, verwandten Begriffen und im Hinblick auf unterschiedliche Typen der Vorverlagerung ist zu erörtern und kritisch zu würdigen (I.). Zugleich ist der Frage nachzugehen, ob Vorverlagerung tatsächlich ein gänzlich neues Phänomen des präventiven Strafrechts der Moderne ist. Hierdurch kann das Verständnis der Begriffsbedeutung von »Vorverlagerung« weiter geschärft werden und zugleich die These von einer »Krisenhaftigkeit« auf den Prüfstand gestellt werden (II.). Hierauf aufbauend können die Merkmale des Vorverlagerungsbegriffs eruiert werden (III.).

I. Der Stand der Diskussion zum Vorverlagerungsbegriff

Der Begriff der Vorverlagerung findet sich nicht im Gesetz und wird nicht legal definiert. Somit bleibt es den Strafrechtswissenschaftlern vorbehalten, eine Begriffsdefinition zu leisten. Es wird jedoch nur selten versucht, den Vorverlagerungsbegriff zu definieren.[278] So finden sich hauptsächlich nur implizite De-

278 Einen Versuch, der ergebnislos abgebrochen, wird, findet sich bei *Kiss*, Das abstrakte Gefährdungsdelikt, 2006, S. 14, bei dem es zur Definition der »Vorverlagerung der Straf-

finitionen in den Passagen, die sich mit Vorverlagerung beschäftigen. *Jakobs* beschreibt mit »Vorverlagerung« die Verschiebung des strafrechtlichen Anknüpfungspunktes vom »Verletzungsverhalten zum Planungsverhalten«[279] bzw. die Strafbarkeit von Delikten, für deren Vollendung es »auf eine Rechtsgutsverletzung nicht ankommt«[280].

Ebenso rekurriert *Puschke* in seiner Beschreibung auf Tatbestände, »die nicht erst bei der Schädigung des *Rechtsgutes* ansetzen«[281]. Negatives Merkmal des Vorverlagerungsbegriffs ist demzufolge eine Straftatbestandserfüllung, ohne dass diese mit der Verletzung bzw. Schädigung eines Rechtsguts zusammenfallen muss. *Brunhöber* spricht in ihrer Beschreibung des präventiven Strafrechts von einem Eingreifen »vor der eigentlichen Verletzung«[282]. Hiermit wird Verletzung an Stelle des Begriffs der Rechtsgutsverletzung gesetzt. Eine Diskussion der genauen Bedeutung von »Vorverlagerung« und den Merkmalen Verletzung bzw. Rechtsgutsverletzung findet bisher kaum statt (1.).

In einer Darstellung zum Stand der Strafrechtswissenschaft hinsichtlich der Vorverlagerungsdiskussion dürfen die Begriffe »Ausweitung«, »Vorfeld«, »Ausdehnung« und »Neuschaffung« nicht fehlen. Es handelt sich dabei um Begriffe, die ebenfalls der Diskussion um das präventive Strafrecht entstammen. Diese verwandten Begriffe sind über die grundsätzliche Diskussion einer Krisenhaftigkeit des Strafrechts der Gegenwart mit dem Vorverlagerungsbegriff verbunden, bezeichnen aber andere Aspekte derselben und sind von diesem zwecks Definitionspräzisierung abzugrenzen (2.).

Im Anschluss können die unterschiedlichen Typen der Strafbarkeit dargestellt werden, die in der Literatur als Fälle der Vorverlagerung anerkannt werden (3.). In einer Zusammenfassung des Standes der Diskussion zum Vorverlagerungsbegriff können abschließend bestehende Forschungslücken identifiziert werden (4.).

1. Definitionen der Vorverlagerung

Die erste vertiefte Erörterung der Merkmale von »Vorverlagerung« findet sich im Sammelband »Grenzen der Vorverlagerung in einem Tatstrafrecht«, insbe-

barkeit« schließlich nur heißt »wie auch immer man diese zu verstehen hat« (übersetzt aus dem Spanischen). Im Ergebnis offengelassen bleibt auch die Begriffseingrenzung bei *Kaiser*, Grenzen der strafrechtlichen Vorverlagerung, 2016, S. 17f., der bei der Definition des Vorverlagerungsbegriffs im Konjunktiv verweilt (»wenn …« dann »wäre« der Versuch eine Vorverlagerung, S. 17).

279 *Jakobs*, ZStW 97 (1985), S. 767.

280 *Jakobs*, ZStW 97 (1985), S. 768. Siehe bereits oben S. 59f.

281 *Puschke*, StV 2015, S. 457 (Hervorhebung U.M.).

282 Siehe *Brunhöber*, FS Schünemann 2014, S. 7.

sondere in dem von *Sinn* bearbeiteten Kapitel.[283] Hiernach wird Vorverlagerung definiert als »*Unterstrafestellung einer zeitlich vor Eintritt der tatsächlichen Schädigung liegenden Handlung*«[284],[285] oder auch als Strafbarkeit eines Verhaltens »vor der eigentlichen kausal schädigenden oder konkret gefährdenden Handlung«[286]. Auf dieser Grundlage werden Vorbereitungsdelikte,[287] Gefährdungsdelikte,[288] das versuchte Delikt[289] und die actio libera in causa[290] als Fälle von Vorverlagerung identifiziert. Dies entspricht der herkömmlichen Verwendung des Begriffs in der Strafrechtswissenschaft.[291] Allerdings ist auch hiermit eine Abkehr von der *Jakobschen* Terminologie der »Rechtsgutsverletzung« verbunden.[292] Es bleibt offen, ob Schaden und Rechtsgutsverletzung identisch sind und ob »ohne« oder »vor« dem Schaden die Vorverlagerung kennzeichnet. Des Weiteren ist bei einigen Autoren wie *Kühl*, in Abkehr von den geschilderten Definitionen, eine Orientierung des Vorverlagerungsbegriffs am Beendigungsbegriff festzustellen.[293]

Von einer strafrechtswissenschaftlich gesicherten und akzeptierten Definition von Vorverlagerung kann daher keine Rede sein. Es finden sich vielmehr drei unterschiedliche Begriffsverständnisse, die sich an der Stufenlehre des Verbrechens bzw. dem Beendigungsbegriff, der zeitliche Antizipation oder an dem Mangel eines Erfolgseintritts bzw. einer Rechtsgutsverletzung orientieren.

---

283 *Sinn*, Vorverlagerung der Strafbarkeit, in: Grenzen der Vorverlagerung, 2011, S. 13ff.

284 *Daniels*, Die actio libera in causa, in: Grenzen der Vorverlagerung, 2011, S. 333.

285 Ähnlich *Gropp*, Tatstrafrecht und Verbrechenssystem, in: Grenzen der Vorverlagerung, 2011, S. 99.

286 *Sinn*, Vorverlagerung der Strafbarkeit, in: Grenzen der Vorverlagerung, 2011, S. 15.

287 Siehe *Knobloch*, Die Bestrafung von Vorbereitungshandlungen aus deutscher Sicht, in: Grenzen der Vorverlagerung, 2011, S. 198.

288 So *Baroke*, Gefährdungsdelikte, in: Grenzen der Vorverlagerung, 2011, S. 258ff.

289 So *Wörner*, Die deutsche Versuchsdogmatik, in: Grenzen der Vorverlagerung, 2011, S. 151, relativierend aber auf S. 141.

290 So *Daniels*, Die actio libera in causa, in: Grenzen der Vorverlagerung, 2011, S. 333ff. NK StGB-*Paeffgen* Vorbemerkungen zu § 323a: Die actio libera in causa Rn. 33, 34, 36 (Vorverlegungs-Lehre) und Rn. 39 (Vorverlagerungs-Lehre).

291 Siehe die Nachweise oben in Fn. 13 sowie spezifisch zu Vorbereitungsdelikten schon *Kühl*, JuS 1979, S. 719; zu Gefährdungsdelikten siehe bereits, *Hippel*, Untersuchungen über den Rücktritt vom Versuch, 1966, S. 17; *Lackner*, Gefährdungsdelikt, 1967, S. 7, 14 (jeweils unter Verwendung des synonymen Begriffs »Vorverlegung«); zum Versuch siehe nur *Jakobs*, AT 1993, 25/1 sowie exemplarisch Schönke/Schröder StGB-*Eisele* § 233a Rn. 8; zur actio libera in causa siehe nur *Streng*, ZStW 101 (1989), S. 309; MüKo StGB-*ders.* § 20 Rn. 127; Schönke/Schröder StGB-*Perron/Weißer* § 20 Rn. 33; SK StGB-*Rudolphi* § 20 Rn. 28b (diese Terminologie wurde nun aber aufgegeben von SK StGB-*Rogall* § 20 Rn. 69ff.); BGHSt 35, 143, wo von Vorverlegung (III. 1.) als auch von Vorverlagerung (II. 1.) die Rede ist (= BGH NJW 1997, 139 und 140).

292 Siehe oben S. 59.

293 *Kühl*, JuS 1979, S. 719.

a) Stufenlehre, Beendigung des Verbrechens und Vorverlagerung

Gelegentlich wird Vorverlagerung als Strafbarkeit von Taten bezeichnet, die noch nicht beendet sind.[294] So hält *Rudolphi* fest: »Formelle Vollendung und materielle Beendigung einer Straftat fallen (...) da auseinander, wo der Gesetzgeber aus kriminalpolitischen Gründen, vor allem also zur Verstärkung des bezweckten Rechtsgüterschutzes, den Zeitpunkt der Vollendung *vorverlegt* hat«.[295] Dieser Begriffsverwendung liegt die Einteilung der Straftat in Vorbereitung, Versuch, Vollendung und Beendigung zugrunde.[296] Alles vor Beendigung einer Straftat (etwa gesicherter Gewahrsam im Falle des § 242 StGB)[297] wäre vorverlagert bzw. vorverlegt.[298] Vorverlagerung wäre mithin *die Strafbarkeit eines Verhaltens vor Beendigung der Straftat.* Um zu prüfen, ob ein Straftatbestand vor der Beendigung anknüpft, muss der Begriff »Beendigung« definiert werden können.

Die Beendigung der Tat ist gesetzlich nicht geregelt.[299] Als eigenständiges Stadium der Straftat wird sie insbesondere durch die Stufenlehre des Verbrechens gestützt.[300] Es ist der »finalzeitliche Werdegang, das Fortschreiten des deliktischen Verhaltens nach dem Maße der Willensverwirklichung beim Täter (zu untersuchen und je nach dem, U. M.) erreichten Endstadium«[301] zu bewerten, das Planung, Vorbereitung, Beginn, Durchführung, Vollendung und Beendigung sein kann.[302] Diese Auffassung liegt in den Überlegungen *Welzels,*[303] zur finalen Handlungs- und personalen Unrechtslehre begründet. Der Beendigung

294 Siehe nur *Kühl*, Beendigung des vorsätzlichen Begehungsdelikts, 1974, S. 20. Siehe auch die Vollendung und/oder Beendigung als Endpunkt in der Vorverlagerungsgraphik bei *Sinn*, Vorverlagerung der Strafbarkeit, in: Grenzen der Vorverlagerung, 2011, S. 17.

295 SK 2014 StGB-*Rudolphi* Vor § 22 StGB Rn. 7 (Hervorhebung U.M.) (insoweit wortgleich fortführend SK StGB-*Jäger* Vor § 22 Rn. 8).

296 Siehe zu dieser Einteilung nur *Kühl*, JuS 1979, S. 719.

297 Zur strittigen materiellen Beendigung des § 242 StGB siehe MüKo StGB-*Schmitz* § 242 Rn. 202.

298 Zum Verhältnis der Begriffe Vorverlagerung und Vorverlegung siehe unten ab S. 113.

299 Siehe statt aller Beck OK StGB-*Beckemper/Cornelius* § 22 Rn. 11.

300 Siehe zur Bedeutung der Stufenlehre für den Beendigungsbegriff *Hsueh*, Abschied vom Begriff der Tatbeendigung, 2013, S. 29 und S. 33. Zur Stufenlehre siehe insbesondere *Maurach/Gössel/Zipf*, AT 2 1989, § 39 Rn. 1 ff. (aktuell etwas knapper *dies.*, AT 2 2014, § 39 Rn. 28ff.).

301 *Maurach/Gössel/Zipf*, AT 2 1989, § 39 Rn. 1.

302 SK 2014 StGB-*Rudolphi* Vor § 22 Rn. 1 spricht von »Planen und der Entschlußfassung über die Vorbereitung, den Beginn der eigentlichen Ausführung, den Abschluß der Tathandlung und den Eintritt des Erfolges bis hin zur endgültigen Zielerreichung« (fast unverändert SK StGB-*Jäger* Vor § 22 Rn. 1).

303 *Welzel* spricht von »Stufen der Verbrechensverwirklichung«, Das Deutsche Strafrecht, 2010 (1969), S. 187. Auf *Welzel* verweisend auch *Gössel*, GA 1984, S. 45 sowie *Schmidhäuser*, AT Studienbuch 1984, 11/3. Ausführlich zur Verbindung mit der finalen Handlungslehre *Alwart*, GA 1986, S. 250.

als Endpunkt liegt ein ontologischer, nicht gesetzlicher (formeller) Straftatbegriff zugrunde.[304] Die Unterteilung in Vorbereitung, Versuch, Vollendung und Beendigung richtet sich somit nicht nach einer formal-gesetzlichen Abstufung, sondern nach einem »tatsächlichen Geschehensablauf«[305].[306] Wie aber »Beendigung« zu verstehen ist, bleibt umstritten.[307] Nach einer Auffassung bestimmt sich die Beendigung »nach den Anschauungen des täglichen Lebens«[308]. Demnach sei etwa ein Bankraub noch nicht beendet, wenn der Täter das Sparkassengebäude verlässt und auf dem Fluchtweg einen Werkmeister erschießt. Da diese Definition von »Beendigung« im Vagen bleibt, gilt sie als unhandlich und unbestimmt.[309] Stattdessen soll auf die Verwirklichung der Täterabsicht bzw. die Willensverwirklichung des Täters abgestellt werden.[310] Daneben wird ein rechtsgutsbezogener Beendigungsbegriff vertreten.[311] Nach *Küper* etwa sei das Beendigungsstadium »normativ (…) mit dem Tatbestand des jeweiligen Delikts zu verbinden«[312], sodass es sich um ein Auslegungsproblem handele. Es gehe um die Schutzfunktion der jeweiligen Norm.[313] »Beendet ist die Tat nach h. M., wenn das auf die Rechtsgutsverletzung bezogene Handeln des Täters nach der Vollendung zum Abschluss gekommen ist«[314].[315] Damit wären entsprechend der eingangs erörterten Begriffsverwendung der Versuch eines Diebstahls ebenso wie die Vollendung desselben Fälle der Vorverlagerung, denn die Strafbarkeit knüpft an ein Tatstadium vor dem erst in der Zueignung liegenden abgeschlossenen Unrecht an.[316]

Einem solchen Verständnis von Vorverlagerung liegt jedoch ein Kategori-

304 Zur Ontologie des Beendigungsbegriffs siehe *Bitzilekis*, ZStW 99 (1987), S. 723ff. Siehe zur Unvereinbarkeit des formellen Verbrechensbegriffs mit der »Beendigung« im herkömmlichen Sinne *Hsueh*, Abschied vom Begriff der Tatbeendigung, 2013, S. 29ff.

305 So auch *Kühl*, JuS 1979, S. 718.

306 Zu einer Darstellung der unterschiedlichen Stadien der Straftat bezüglich formeller und materieller Gesichtspunkte siehe etwa *Figueiredo Dias*, Direito Penal, 2007, S. 681ff.

307 Siehe m. Nachw. *Hsueh*, Abschied vom Begriff der Tatbeendigung, 2013, S. 18.

308 Siehe BGH GA 1969, 347 (Urteil vom 16.10.1968 – 4 StR 380/68) zu dem im Folgenden beschriebenen Sachverhalt.

309 *Hsueh*, Abschied vom Begriff der Tatbeendigung, 2013, S. 45 m. w. Nachw.

310 Siehe *Maurach/Gössel/Zipf*, AT 2 1989, § 39 Rn. 1 (inhaltlich noch gleichlaufend *dies.*, AT 2 2014, § 39 Rn. 27). Siehe hierzu *Hsueh*, Abschied vom Begriff der Tatbeendigung, 2013, S. 56ff. m. w. Nachw.

311 Ausführlich *Hsueh*, Abschied vom Begriff der Tatbeendigung, 2013, S. 63ff. m. w. Nachw.

312 Siehe *Küper*, JuS 1986, S. 869.

313 *Ebenda.*

314 *Gropp*, AT 2015, § 9 Rn. 7 (Hervorhebungen U.M.). Hierzu eingehend *Hsueh*, Abschied vom Begriff der Tatbeendigung, 2013, S. 63ff. m. w. Nachw.

315 Exemplarisch auch SK 2014 StGB-*Rudolphi* Vor § 22 StGB Rn. 7: »Die materielle Beendigung einer Straftat ist vielmehr erst dann gegeben, wenn die von dem jeweiligen Straftatbestand bekämpften Rechtsgutsverletzungen tatsächlich in dem vom Täter gewollten Umfange eingetreten sind« (ebenso SK StGB-*Jäger* ebenda).

316 So dann zum Diebstahl auch *Küper*, JuS 1986, S. 869, die Vollendung sei »vorverlegt«.

enfehler zugrunde. Die dogmatische Kategorie der Beendigung erfüllt in der Strafrechtswissenschaft insbesondere strafprozessuale Funktionen.[317] Von gehobener praktischer Relevanz ist die erst mit ihr beginnende Verjährung (§ 78a S. 1 StGB) und der von ihr geprägte Bereich der Konkurrenzlehre (»Klammerwirkung«[318]).[319] Die Funktion des Beendigungsbegriffes ist es, aus einem »tatsächlichen Geschehensablauf«[320] *eine konkrete Straftateinheit* im Einzelfall zu bilden.[321] »Beendigung« bezieht sich gemäß des herkömmlichen strafrechtswissenschaftlichen Sprachgebrauchs auf eine konkrete, individuelle Tat *in ihrer prozessualen Funktion.*

»Vorverlagerung« bezeichnet die Strafbarkeit von Handlungen und damit Aspekte des materiellen Strafrechts. Nicht *ein* begangenes Gefährdungsdelikt (etwa die Trunkenheitsfahrt des A) wird als Fall der Vorverlagerung diskutiert, sondern *die* Gefährdungsdelikte oder der Tatbestand *eines* Gefährdungsdelikts (§ 316 StGB).[322] Eine Strafbarkeit vor »materieller Beendigung der Tat«[323] ist aufgrund der divergierenden dogmatischen Funktion des Beendigungsbegriffes keine zielführende Definition der Vorverlagerung.

b) Die zeitliche Antizipation als entscheidendes Merkmal des Vorverlagerungsbegriffs

Die erste methodische Begriffsdefinition von »Vorverlagerung« findet sich im Sammelband »Grenzen der Vorverlagerung in einem Tatstrafrecht«, insbesondere in dem von *Sinn* bearbeiteten Kapitel.[324] Anhand einer etymologischen Eingrenzung wird im Begriff der Vorverlagerung die Semantik einer Antizipation ausgemacht.[325] Was bereits geschah, geschieht nun *früher.*[326] Der Begriff der Vorverlagerung der Strafbarkeit wird in der Folge als »zeitliches Verschieben« beschrieben.[327] Hiermit wird eine Komponente des Begriffs besonders betont: Es

317 Siehe hierzu den Überblick bei Schönke/Schröder StGB-*Eser/Bosch* Vorbemerkungen § 22 Rn. 10f.

318 Hierzu ausführlich MüKo StGB-*von Heintschel-Heinegg* § 52 Rn. 96ff.

319 Zur Beendigung und Konkurrenzlehre ausführlich *Hsueh*, Abschied vom Begriff der Tatbeendigung, 2013, S. 255ff.

320 So auch *Kühl*, JuS 1979, S. 718.

321 Siehe nur *Hsueh*, Abschied vom Begriff der Tatbeendigung, 2013, S. 82.

322 Siehe etwa *Baroke*, Gefährdungsdelikte, in: Grenzen der Vorverlagerung, 2011, S. 258ff.

323 Siehe beispielsweise SK 2014 StGB-*Rudolphi* Vorbemerkungen vor § 22 StGB Rn. 7.

324 *Sinn*, Vorverlagerung der Strafbarkeit, in: Grenzen der Vorverlagerung, 2011, S. 13ff.

325 *Sinn*, Vorverlagerung der Strafbarkeit, in: Grenzen der Vorverlagerung, 2011, S. 16, der dies insbesondere an der Präposition »vor« festmacht.

326 Auch *Baroke*, Gefährdungsdelikte, in: Grenzen der Vorverlagerung, 2011, S. 256: »Früher als üblich«.

327 Siehe hierzu *Sinn*, Vorverlagerung der Strafbarkeit, in: Grenzen der Vorverlagerung, 2011, S. 16ff. (insbesondere S. 18).

wird bestraft, *bevor* x geschieht. Alles was vor x ist, wäre also Vorverlagerung. Abstrakt lässt sich dieser Vorverlagerungsbegriff wie folgt zusammenfassen: Wenn für die Strafbarkeit vor x angeknüpft wird, liegt eine Vorverlagerung vor.[328] Dieser zeitliche Vorverlagerungsbegriff wird dem Sammelband zugrunde gelegt[329] und findet auch bei anderen Autoren Verbreitung.[330] Jedoch wird als die Unbekannte »x«, dem Anknüpfungspunkt und damit dem zentralen Merkmal des zeitlichen Vorverlagerungsbegriffes, Unterschiedliches identifiziert. Es lässt sich sowohl ein handlungs- (a) als auch ein erfolgsorientierter (b) zeitlicher Vorverlagerungsbegriff ausmachen.

aa) Handlungsorientierter Vorverlagerungsbegriff

Als Unbekannte »x« orientieren sich Teile der Literatur an der schädigenden Handlung. Insofern könnte man von einem handlungsorientierten Vorverlagerungsbegriff sprechen.[331] Danach ist Vorverlagerung »*die Möglichkeit eine Handlung zu bestrafen, die noch nicht Beginn der Ausführung eines Verletzungsdelikts sein könnte*«[332] bzw. die Strafbarkeit eines Verhaltens »vor der eigentlichen kausal schädigenden oder konkret gefährdenden Handlung«.[333]

Damit wären insbesondere Vorbereitungsdelikte ein Fall der Vorverlagerung. Vorbereitungsdelikte finden typischerweise im »Vorfeld«[334] statt, also auch räumlich noch weit vor der Ausführung einer Verletzungshandlung. Es ist typischerweise Letztere, die erst noch vorbereitet werden soll. Die Möglichkeit, Vorbereitungshandlungen zu bestrafen, wäre daher grundsätzlich ein Fall der Vorverlagerung, da diese *noch nicht Beginn der Ausführung eines Verletzungsdelikts* wären.

Weiter könnten auch Gefährdungsdelikte nach dieser Begriffsdefinition ein Fall der Vorverlagerung sein. Allerdings typisieren viele Gefährdungsdelikte gerade Verhaltensweisen, die der Beginn der Ausführung eines Verletzungsde-

328 Man kann sich einen Zeitstrahl vorstellen, auf dem x der Endpunkt ist. Auf diesem horizontalen Zeitstrahl befindet sich der Anknüpfungspunkt der Strafbarkeit (etwa: Abgabe eines Schusses). Verschiebt sich der Anknüpfungspunkt der Strafbarkeit auf horizontaler (zeitlicher) Ebene von x weg in Richtung Entsicherung der Waffe oder noch weiter davor, liegt eine Vorverlagerung vor. Für eine hilfreiche graphische Darstellung siehe hierzu *Sinn*, Vorverlagerung der Strafbarkeit, in: Grenzen der Vorverlagerung, 2011, S. 17.

329 Siehe nur *Gropp*, Tatstrafrecht und Verbrechenssystem, in: Grenzen der Vorverlagerung, 2011, S. 99 (Verschiebung des Zeitstrahls nach links, mit Verweis auf *Sinn*).

330 Siehe nur *Sieber/Vogel*, Terrorismusfinanzierung, 2015, S. 157f. sowie die Nachweise in den nächsten Fußnoten.

331 Diesen findet man etwa bei *Kiss*, Das abstrakte Gefährdungsdelikt, 2006, S. 8ff., der die Vorverlagerung als »adelantamiento« bezeichnet.

332 *Kiss*, Das abstrakte Gefährdungsdelikt, 2006, S. 8 und 10 (übersetzt aus dem Spanischen).

333 *Sinn*, Vorverlagerung der Strafbarkeit, in: Grenzen der Vorverlagerung, 2011, S. 15; siehe auch *Sinn/Moeller*, ZJS 2015, S. 235.

334 Zum Begriff siehe ausführlich unten ab S. 78.

likts sein könnten. Im Falle der Brandstiftung etwa kann die Handlungsseite des vollendeten Mordes mit gemeingefährlichen Mitteln (§ 211 Abs. 2 StGB, Verletzungsdelikt) auch die des konkreten Gefährdungsdelikts des § 306b Abs. 2 Nr. 1 und des abstrakten Gefährdungsdelikts des § 306a Abs. 1 StGB sein. Die konkreten Gefährdungsdelikte unterscheiden sich auf der Handlungsseite grundsätzlich nicht vom Verletzungsdelikt.[335] Wer ein konkretes Gefährdungsdelikt begeht, macht sich nur dann nicht eines Verletzungsdelikts strafbar, wenn der Erfolgseintritt zufällig ausbleibt.[336] Die Strafbarkeit des versuchten Delikts ist hiernach ebenso kein Fall der Vorverlagerung. In einigen Konstellationen fallen nämlich »Versuch und Vollendung praktisch zusammen«.[337] Eine Versuchshandlung ist der Ausführung eines Verletzungsdelikts nicht immer zeitlich vorgelagert, sondern kann oft mit derselben Handlung (zeitgleich) Strafbarkeit begründen (insbesondere in der Form des beendeten Versuchs).[338]

Diese Definition von »Vorverlagerung« hat somit eine erhebliche Eingrenzung des Anwendungsbereichs des Vorverlagerungsbegriffs zur Folge. Viele abstrakte Gefährdungsdelikte als auch alle konkreten Gefährdungsdelikte und das versuchte Delikt sind nicht unter die Merkmale eines handlungsorientierten zeitlichen Vorverlagerungsbegriffs zu subsumieren.

Ein solches Verständnis von Vorverlagerung verfehlt damit die Funktion des Begriffs, die prinzipielle Grenzenlosigkeit des materiellen Strafrechts zu thematisieren. Der Anwendungsbereich wird auf Vorbereitungsdelikte und solche Gefährdungsdelikte reduziert, die nicht selbst Beginn der Ausführung eines Verletzungsdelikts sein könnten. In der Strafrechtswissenschaft werden aber alle abstrakten Gefährdungsdelikte und konkrete Gefährdungsdelikte als Vorverlagerung bezeichnet, da sich auch hier die Legitimationskrise einer präventiven Ausrichtung äußert, die mit dem Begriff der Vorverlagerung assoziiert wird.[339] Eine handlungsorientierte Vorverlagerungsdefinition ist nicht zielführend, da sie die besondere Legitimationsproblematik von Delikten ohne Rechtsgutsverletzung bzw. Schaden nicht abbildet.

bb) Der erfolgsorientierte Vorverlagerungsbegriff

Als Unbekannte »x« wird häufig die Verletzung selbst betrachtet. Insofern könnte man von einem erfolgsorientierten Vorverlagerungsbegriff sprechen. Generell beschreibt der Begriff der Vorverlagerung hiernach, dass Verhaltens-

335 So zutreffend dann auch *Kiss*, Das abstrakte Gefährdungsdelikt, 2006, S. 9.

336 So ist auch die Zufallskomponente maßgeblicher Gesichtspunkt der konkreten Gefahr, siehe *Zieschang*, Die Gefährdungsdelikte, 1998, S. 45, 49 mit weiteren Nachweisen.

337 *Szomora*, Die ungarische Versuchsdogmatik, in: Grenzen der Vorverlagerung, 2011, S. 170.

338 Es handelt sich bei der Versuchsstrafbarkeit nur um eine unterschiedliche Schutztechnik, siehe hierzu sogleich ab S. 82.

339 Siehe oben ab S. 58.

weisen, die der »eigentlichen Verletzung«[340] oder »tatsächlichen Schädigung«[341] vorausgehen, strafrechtlich erfasst werden. Vorverlagerung sei »*Unterstrafestellung einer zeitlich vor Eintritt der tatsächlichen Schädigung liegenden Handlung*«[342].[343]

Damit wären insbesondere Vorbereitungsdelikte ein Fall der Vorverlagerung. Vorbereitungsdelikte stellen typischerweise nicht selbst eine »tatsächliche Schädigung« dar, sondern bereiten diese nur vor. Die Unterstrafestellung von Vorbereitungshandlungen wäre daher grundsätzlich ein Fall der Vorverlagerung, da diese *vor dem Eintritt der tatsächlichen Schädigung liegen.*

Gefährdungsdelikte könnten nach dieser Begriffsdefinition auch ein Fall der Vorverlagerung sein. Das abstrakte Gefährdungsdelikt der Trunkenheitsfahrt gemäß § 316 Abs. 1 StGB[344] etwa sieht eine Strafbarkeit vor, bevor es zum Eintritt einer tatsächlichen Schädigung gekommen ist. Hierin wäre dann ein Fall der Vorverlagerung zu sehen. Allerdings kennt das StGB auch abstrakte Gefährdungsdelikte, bei denen eine *tatsächliche Schädigung* Tatbestandsmerkmal ist. Es sind dies insbesondere die Brandstiftungsdelikte gemäß §§ 306ff. StGB, die das »Inbrandsetzen« voraussetzen. Bei solchen Delikten wäre es zweifelhaft, ob es sich um Vorverlagerung handelt, obgleich diese abstrakte Gefährdungsdelikte darstellen – zumindest solange der Begriff der »tatsächlichen Schädigung« nicht präzisiert würde.

Das versuchte Delikt wiederum knüpft bereits seiner Struktur nach an eine Handlung an, die eine *tatsächliche Schädigung* als *Folge* der Handlung bezweckt. Da die strafbare Versuchshandlung somit immer zeitlich vor der (bezweckten) *tatsächlichen Schädigung* liegt, wird das versuchte Delikt als Vorverlagerung eingeordnet.

Die actio libera in causa gilt hiernach grundsätzlich als Vorverlagerung, denn das Sich-Versetzen in den schuldhaften Zustand geht der *tatsächlichen Schädigung* zeitlich voraus. Entsprechend werden Vorbereitungsdelikte, Gefährdungsdelikte, das versuchte Delikt und die actio libera in causa gemeinhin als Fälle der Vorverlagerung anerkannt.

---

340 So *Brunhöber*, FS Schünemann 2014, S. 3.

341 So *Baroke*, Gefährdungsdelikte, in: Grenzen der Vorverlagerung, 2011, S. 260.

342 *Daniels*, Die actio libera in causa, in: Grenzen der Vorverlagerung, 2011, S. 333.

343 Ähnlich *Gropp*, Tatstrafrecht und Verbrechenssystem, in: Grenzen der Vorverlagerung, 2011, S. 99.

344 Zu der Frage, ob es sich um ein abstraktes Gefährdungsdelikt handelt siehe ausführlich unten ab S. 144.

cc) *Zusammenfassung*

Die methodische Begriffsdefinition von »Vorverlagerung« im Sammelband »Grenzen der Vorverlagerung in einem Tatstrafrecht«[345] hat wesentliche Merkmale des Vorverlagerungsbegriffs zutage getragen. Was bereits geschah, geschieht nun *früher.*[346] Es wird bestraft, *bevor* x geschieht. Was dieses »x« sein soll, wird unterschiedlich betrachtet.

Der handlungsorientierte Vorverlagerungsbegriff macht den Bezugspunkt »x« in der Verletzungs*handlung* aus. Damit werden Vorbereitungsdelikte erfasst, aber sowohl ein großer Teil der Gefährdungsdelikte als auch der Versuch aus dem Anwendungsbereich der Definition ausgegliedert. Diese Ansicht entzieht den Großteil der Deliktstypen ohne Rechtsgutsverletzung bzw. Schaden der Subsumtion unter die Vorverlagerungsdefinition, und widerstrebt damit zum einen die herkömmlichen Verwendung des Vorverlagerungsbegriffs in der Strafrechtswissenschaft, zum anderen der Funktion des Vorverlagerungsbegriffs, die Legitimitätskrise einer präventiven Ausrichtung des Strafrechts im materiellen Strafrecht insgesamt zu thematisieren.

Der erfolgsorientierte Vorverlagerungsbegriff identifiziert die *tatsächliche Schädigung* als den Bezugspunkt »x«. Alles, was vor dieser liegt, ist ein Fall der Vorverlagerung. Damit werden Vorbereitungsdelikte, Gefährdungsdelikte, actio libera in causa und das versuchte Delikt als Fälle der Vorverlagerung identifiziert, was der gängigen Begriffsverwendung entspricht.

c) Fehlende Rechtsgutsverletzung als entscheidendes Merkmal der Vorverlagerung

Klassischerweise bezeichnet »Vorverlagerung« die Strafbarkeit von Delikten, für deren Vollendung es »auf eine Rechtsgutsverletzung nicht ankommt«[347]. Vorverlagerung liegt demzufolge vor, *wenn ein Straftatbestand eine Verletzung eines Rechtsguts nicht voraussetzt.*[348]

Die Ergebnisse dieser Ansicht entsprechen zu einem bedeutenden Teil denen der zeitlich-erfolgsorientierten Konzeption. Bei Vorbereitungsdelikten und Gefährdungsdelikten fehlt es an einer Rechtsgutsverletzung bzw. einem Erfolgseintritt,[349] sodass Vorverlagerung vorliegt. Es ergibt sich aber hier das

345 Insbesondere in dem von *Sinn* bearbeiteten Kapitel *Sinn*, Vorverlagerung der Strafbarkeit, in: Grenzen der Vorverlagerung, 2011, S. 13ff.

346 Auch *Baroke*, Gefährdungsdelikte, in: Grenzen der Vorverlagerung, 2011, S. 256: »Früher als üblich«.

347 *Jakobs*, ZStW 97 (1985), S. 768.

348 So wohl auch *Puschke*, StV 2015, S. 457. Ähnlich auch *Kaiser*, Grenzen der strafrechtlichen Vorverlagerung, 2016, S. 17.

349 Zur Definition und Abgrenzung dieser Begriffe siehe ausführlich unten ab S. 127.

Problem bei solchen Gefährdungsdelikten, die im Tatbestand eine Verletzung bzw. einen Erfolg voraussetzen, beispielsweise Brandstiftungsdelikte und Umweltdelikte. Hier hängt die Einordnung als Vorverlagerung davon ab, wie »Rechtsgutsverletzung« bzw. »Erfolg« zu verstehen ist. Die Strafbarkeit des versuchten Delikts ist nach dieser Definition zweifellos ein Fall der Vorverlagerung, da er strukturell den Eintritt der Rechtsgutsverletzung bzw. des Erfolges gerade nicht voraussetzt.[350]

Die Nähe zum zeitlichen erfolgsorientierten Vorverlagerungsbegriff ist kein Zufall. Sie folgt denklogisch aus der Kausalitätstheorie. Ein Kausalverhältnis setzt nach herkömmlichem Verständnis eine zeitliche Sukzession voraus.[351] Die Wirkung folgt auf die Ursache. Setzt ein Straftatbestand nun die Verursachung eines Erfolges oder einer Rechtsgutsverletzung nicht voraus (fehlende Rechtsgutsverletzung), dann führt dies denklogisch auch zur »*Unterstrafestellung einer zeitlich vor Eintritt der tatsächlichen Schädigung liegenden Handlung*« (zeitliche Antizipation). Wird Vorverlagerung als *Strafbarkeit eines Verhaltens ohne Erfordernis des Eintritts einer Rechtsgutsverletzung* betrachtet, so können also, vorbehaltlich einer genaueren Definition von »Erfolg«, Vorbereitungsdelikte, Gefährdungsdelikte und Versuch entsprechend dem zeitlichen erfolgsorientierten Vorverlagerungsbegriff als Vorverlagerung qualifiziert werden. Im Verhältnis zum erfolgsorientieren zeitlichen Vorverlagerungsbegriff bleibt aber fraglich, ob Schädigung und Rechtsgutsverletzung identisch sind. Im Falle der Brandstiftungsdelikte (§§ 306ff. StGB) etwa ist die Schädigung eines Gebäudes Voraussetzung der Strafbarkeit. Dennoch kommt es allein hierdurch nicht zur Verletzung des Rechtsguts körperliche Gesundheit und menschliches Leben, die die §§ 306a ff. StGB zu abstrakten Gefährdungsdelikten und zu Fällen von Vorverlagerung machen. Es bliebe also zu klären, ob »Schädigung« kongruent zu »Rechtsgutsverletzung« ist.

Weitere Unterschiede ergeben sich bezüglich der actio libera in causa. Setzt die im Zustand der Schuldlosigkeit begangene Tat eine Rechtsgutsverletzung voraus (etwa Totschlag gemäß § 212 Abs. 1 StGB), gilt dies auch für eine Strafbarkeit der actio libera in causa. Anders als die typischen Fälle der Vorverlagerung ist die actio libera in causa nicht von Erwägungen der »Überwindung des Verursachungsdogmas« getragen. Ziel ist der Ausgleich einer als ungerecht empfundenen »Lücke« der Schuldhaftigkeit,[352] die eintritt, wenn der Täter nur

350 Siehe *Jakobs*, AT 1993, 25/1 (»besonders sinnenfälliger Fall« der Vorverlagerung).

351 Ausführlich unten ab S. 258.

352 Ausführlich *Streng*, ZStW 101 (1989), S. 273ff. (inbesondere S. 308ff.); *Daniels*, Die actio libera in causa, in: Grenzen der Vorverlagerung, 2011, S. 328ff. (insbesondere S. 337ff., S. 345ff.).

deshalb nicht (voll)[353] strafrechtlich haftet, weil er sich vorher berauschte. Nicht nur das Berauschen ist Merkmal der actio libera in causa, sondern auch die Begehung der (rechtsgutsverletzenden) Rauschtat. Gegenüber der Rauschtat stellt das Anknüpfen auf das sich Berauschen nach diesem Begriffsverständnis somit keine Vorverlagerung dar: Die actio libera in causa kann eine Rechtsgutsverletzung tatbestandlich voraussetzen.

d) Zusammenfassung und Zwischenergebnis: Besondere Problematik tatsächliche Schädigung und Rechtsgutsverletzung sowie zeitlicher Aspekt

Die Auswertung der strafrechtswissenschaftlichen Literatur hat ergeben, dass der Vorverlagerungsbegriff unterschiedlich definiert wird. Gelegentlich ist eine Orientierung am Beendigungsbegriff zu finden. Aufgrund der typischerweise strafprozessualen Funktion der Beendigung liegt hierin jedoch ein Kategorienfehler. Der Begriff der Vorverlagerung betrifft eine Diskussion auf abstrakter Ebene und nicht eine Einordnung zu den Stufen einer Verbrechensverwirklichung im Einzelfall.

Ein Teil der Lehre eruiert systematisch die Merkmale des Begriffs, wodurch ein Element der zeitlichen Antizipation herausgeschält wird. Innerhalb dieser Strömung lassen sich wiederum zwei Bezugspunkte einer zeitlichen Antizipation nachweisen.

Nach einer Ansicht sei Vorverlagerung die Strafbarkeit einer Handlung, die zeitlich vor der schädigenden Handlung liegt. Hierdurch fallen einige Formen der abstrakten Gefährdungsdelikte sowie die konkreten Gefährdungsdelikte und das versuchte Delikt nicht unter den Vorverlagerungsbegriff. Aufgrund der Funktion des Vorverlagerungsbegriffs, die Legitimitätskrise eines materiellen Strafrechts zu thematisieren, das präventiv ausgerichtet wird, ist diese Definition aber nicht zielführend, da sie den Großteil präventiver Deliktstypen wie konkrete Gefährdungsdelikte nicht als Vorverlagerung identifizieren würde. Damit ist sie auch mit der gängigen Begriffsverwendung nicht in Einklang zu bringen.

Nach geläufigerem Verständnis sei Vorverlagerung die Strafbarkeit einer Handlung, die zeitlich vor der Schädigung selbst liegt. Hiernach sind die meisten Fälle abstrakter Gefährdungsdelikte sowie konkrete Gefährdungsdelikt, das versuchte Delikt und die actio libera in causa Fälle der Vorverlagerung, was der gängigen Begriffsverwendung entspricht.

Häufig finden sich aber auch Begriffsbeschreibungen, denen zufolge Strafbarkeit trotz *Fehlens* einer Rechtsgutsverletzung ein Merkmal von »Vorverla-

353 Es bleibt in der Regel eine Strafbarkeit nach § 323a StGB, der jedoch eine relativ geringe Strafhöhe von maximal fünf Jahren vorsieht.

gerung« ist. Dies ähnelt in der Konsequenz der Betonung des Elements zeitlicher Antizipation bezüglich des Schadens. Bezüglich des versuchten Delikts sowie des Vorbereitungs- und des Gefährdungsdelikts besteht weitestgehend Einigkeit. Als vorläufiges Ergebnis kann damit festgehalten werden: *Vorverlagerung bezeichnet veränderte Anforderungen an die Strafbarkeit auf objektiver Tatseite, indem die Rechtsgutsverletzung bzw. Schädigung als Voraussetzung der Strafbarkeit gestrichen bzw. an eine vor dieser liegende Handlung angeknüpft wird.*

Soweit aber die Kongruenz zwischen »Schädigung« und »Rechtsgutsverletzung« und die Unterscheidung von »vor« und »ohne« Schädigung bzw. Rechtsgutsverletzung ungeklärt bleibt, kommt es weiter zu unterschiedlichen Ergebnissen im Einzelfall. Dies betrifft insbesondere die abstrakten Gefährdungsdelikte so wie die actio libera in causa, bei der es weiter auf die Rechtsgutsverletzung bzw. Schädigung ankommen kann, wenngleich die Handlung dieser vorausgeht. Eine diesbezügliche Diskussion findet nicht statt, sodass es an einer anerkannten Bestimmung der Merkmale einer Vorverlagerungsdefinition, die eine Subsumtion des Einzelfalls ermöglicht, fehlt. Sofern nicht definiert wird, unter welchen Voraussetzung genau ein Unterstrafestellen als Fall der Vorverlagerung zu qualifizieren ist, können keine vorverlagerungsspezifische Grenzen gezogen werden. Die Merkmale des Vorverlagerungsbegriffs bedürfen daher im Einzelnen weiterhin der Eruierung.

2. Verwandte Begriffe

Obgleich die Merkmale des Vorverlagerungsbegriffes in ihren Einzelheiten noch der Klärung bedürfen, lassen sich »Ausweitung«, »Vorfeld«, »Ausdehnung« und »Neuschaffung« präzise von »Vorverlagerung« abgrenzen. Es handelt sich dabei um Begriffe, die über die grundsätzliche Diskussion einer Krisenhaftigkeit des Strafrechts der Gegenwart mit dem Vorverlagerungsbegriff verbunden sind, aber andere Aspekte des präventiven Strafrechts bezeichnen.

a) Ausweitung und Erweiterung

Häufig ist in der Literatur von *Ausweitung* oder *Erweiterung* der Strafbarkeit die Rede.[354] Gemeint ist hiermit das Phänomen der strafrechtlichen Expansion. Sie bezeichnet nichts weiter als die summarische Erhöhung der Anzahl strafbaren

354 Siehe schon *Busch*, Geschichte des § 49a StGB, 1964, S. 88; *Niederschriften Großen Strafrechtskommission*, 1958, Band 2, Anhang Nr. 37, S. 106; *Niederschriften Großen Strafrechtskommission*, Bd. 8, 1959, S. 420; sowie aus neuerer Zeit *Brunhöber*, FS Schünemann 2014, S. 4; *Hefendehl*, FS Schünemann 2014, S. 752; *Frisch*, NStZ 2016, S. 24.

Verhaltens, entweder durch eine erhöhte Anzahl strafrechtlicher Normen oder eine erweiterte Auslegung und Anwendung derselben.[355] *Silva Sanchez* definierte den Begriff der »expansión« noch weiter: »Creación de nuevos ›bienes jurídico-penales‹, ampliación de los espacios de riesgos jurídico-penalmente relevantes, flexibilización de las reglas de imputación y relativización de los principios político-criminales de garantía«[356]. Ausweitung bzw. Erweiterung stellt somit den Oberbegriff dar.[357] In dessen Anwendungsbereich fallen oftmals die Begriffe der Ausdehnung, Vorverlagerung, Vorfeldstrafbarkeit sowie Neuschaffung von Strafbarkeit. Die hiermit bezeichnete Zunahme strafrechtlicher Verhaltensregulation steht in direkter Verbindung zur Diskussion des präventiven Strafrechts.

b) Vorfeld

Ein häufig verwendeter Begriff im Zusammenhang mit der Ausweitung der Strafbarkeit ist der des Vorfelds.[358] Typischerweise wird von Vorfeld der Rechtsgutsverletzung gesprochen.[359] Damit wird der Begriff in eine räumliche Beziehung zur Rechtsgutsverletzung gesetzt, was insbesondere in dem Begriff »Vorfeldbereich«[360] zum Ausdruck kommt. *Es geht um Handlungen, die noch nicht einmal in die Nähe des geschützten Rechtsgutes kommen.*[361] Die »Vorfeldkriminalisierung«[362] oder der »Vorfeldschutz«[363] erfasst daher typischer-

355 Hierzu *Sinn*, Vorverlagerung der Strafbarkeit, in: Grenzen der Vorverlagerung, 2011, S. 15f.

356 *Silva Sánchez*, La Expansión del Derecho Penal, 2001, S. 20. Zu Deutsch: »Die Schaffung neuer »Rechtsgüter«, die Ausweitung der strafrechtlich relevanten Risiken, die Flexibilisierung der Zurechnungsregeln und die Relativierung der kriminalpolitischen Garantieprinzipien«, so die Übersetzung in *Silva Sánchez*, Die Expansion des Strafrechts, 2003, S. 3.

357 Diese Einteilung lässt sich bereits zu Beginn der Genese des Vorverlagerungsbegriffs nachvollziehen, siehe *Strauß*, Erweiterung des Rechtsgüterschutzes im nationalsozialistischen Strafrecht, in: Grundzüge eines allgemeinen deutschen Strafrechts, 1934, S. 32f. Hierzu ausführlich unten ab S. 107.

358 Zum Begriff eingehend *W. Beck*, Unrechtsbegründung und Vorfeldkriminalisierung, 1992, S. 21f. Siehe des Weiteren *Hungerhoff*, Vorfeldstrafbarkeit und Verfassung, 2013, S. 38f.; *Weißer*, ZStW 121 (2009), S. 131; *Sieber*, NStZ 2009, S. 355; Beck OK StGB-*Heintschel-Heinegg*, § 89a Rn. 2; *Radtke/Steinsiek*, ZIS 2008, S. 383; *Pintaske*, Anknüpfungspunkte für eine Vorverlagerung im deutschen Strafgesetzbuch, in: Grenzen der Vorverlagerung, 2011, S. 277; *Brunhöber*, FS Schünemann 2014, S. 4.

359 Beispielsweise *Kühl*, JA 2014, S. 908; *Sieber*, NStZ 2009, S. 355; *D'Avila*, Ofensividade e Crimes Omissivos Próprios, 2005, S. 90.

360 Siehe beispielsweise *Radtke/Steinsiek*, ZIS 2008, S. 390; *Weißer*, ZStW 121 (2009), S. 131.

361 Anders die Eingrenzung des Begriffs bei *Hefendehl*, der die Zeitlichkeit betont, *Hefendehl*, Kollektive Rechtsgüter im Strafrecht, 2002, S. 35ff. Seine zeitliche Einteilung führt jedoch auf die Vorbereitungsdelikte hinaus, siehe *Hefendehl*, Kollektive Rechtsgüter im Strafrecht, 2002, S. 36. Diese liegen typischerweise auch räumlich vor der Folgetat.

362 *Weißer*, ZStW 121 (2009), S. 131; *Lagodny*, Strafrecht vor den Schranken der Grundrechte, 1996, S. 1.

weise die Vorbereitungsdelikte, deren Tathandlungen dem Versuch vorgelagert sind und somit regelmäßig auch räumlich noch weit vor der Handlung liegen, die letztlich das Rechtsgut verletzt bzw. verletzen könnte.[364] Mit der Kriminalisierung des Vorfeldbereichs wird regelmäßig eine »räumliche« Ausweitung der Strafbarkeit mittels Vorbereitungsdelikten beschrieben.

c) Ausdehnung

Der Begriff der Ausweitung ist vom Begriff der Ausdehnung zu unterscheiden.[365] Als Ausdehnung wird eine *sachliche Ausweitung* der Strafbarkeit bezeichnet, bei der durch Auslegung oder Gesetzgebung zuvor nur bedingt strafbare Handlungen unter neuen Bedingungen strafbar werden.[366] Dies kann durch das Erweitern eines Tatbestandes um weitere Tatobjekte bzw. Rechtsgüter geschehen,[367] betrifft aber insbesondere[368] das Absenken der Anforderungen an die subjektive Tatseite.[369] Das Herabsenken der Anforderungen an die subjektive Tatseite bleibt ohne Auswirkungen auf die Haftung auf objektiver Tatseite. Dies ist beispielsweise bei der Einführung der Strafbarkeit schon des bedingten Vorsatzes oder der Einführung der Strafbarkeit für die fahrlässige Begehung der Tat der Fall. Die Ausweitung der Strafbarkeit geschieht rein *sachlich*, betrifft mithin nur die Bedingungen der Strafbarkeit einer unter engeren (meist subjektiven) Voraussetzungen bereits strafbaren Handlung, während die Vorverlagerung stets allein die objektive Tatseite betrifft.[370] Zwar sind Ausweitung und

363 *Sieber*, NStZ 2009, S. 355.

364 Siehe ergänzend noch *Rogall*, FS Puppe 2011, S. 873 (zu § 30 StGB). Siehe auch zu einer solchen Verwendung lange vor der Genese des Begriffs »Vorverlagerung«, *Niederschriften Großen Strafrechtskommission*, Bd. 2, 1958, S. 210 (Dr. Dreher, »Vorfeld« zu »§ 30 StGB«), *Niederschriften Großen Strafrechtskommission*, Bd. 10, 1959, S. 28 (Dr. Kleinknecht, »Vorfeld« zu Vorbereitung des Hochverrats), S. 62 (Dr. Kleinknecht, »Vorfeld« zur Vorbereitung einer Gewaltherrschaft), *Niederschriften Großen Strafrechtskommission*, Bd. 9, 1959, S. 267 (Dr. Dünnebier, »Vorfeld« zu Vorbereitung einer Kernenergieexplosion).

365 Siehe *Sinn*, Vorverlagerung der Strafbarkeit, in: Grenzen der Vorverlagerung, 2011, S. 15f. sowie *Sinn/Moeller* ZJS 2015, S. 234f.

366 Siehe *Sinn*, Vorverlagerung der Strafbarkeit, in: Grenzen der Vorverlagerung, 2011, S. 15ff., der hier von sachlicher Ausdehnung im engeren Sinne spricht.

367 So bezüglich der Einbeziehung der internationalen Rechtspflege in die §§ 153ff. StGB *Sinn*, Vorverlagerung der Strafbarkeit, in: Grenzen der Vorverlagerung, 2011, S. 16.

368 Zur subjektiven Tatseite als Problem einer sachlichen Ausweitung siehe *Sinn/Moeller*, ZJS 2015, S. 237.

369 Zum Ganzen *Sinn*, Vorverlagerung der Strafbarkeit, in: Grenzen der Vorverlagerung, 2011, S. 16f. Ähnlich bereits *Niederschriften Großen Strafrechtskommission*, Bd. 8, 1959, S. 432 (Dr. Dreher, hinsichtlich der Strafbarkeit nicht nur fahrlässiger Gefahrschaffung bei vorsätzlicher, sondern auch fahrlässiger Tathandlung). Anders jedoch *Mayer*, Strafrecht AT, 1915, S. 341, der mit diesem Begriff Versuch und Teilnahme bezeichnet.

370 Hiergegen ließe sich einwenden, dass die unterschiedlichen Anforderungen an die sub-

Ausdehnung des Strafrechts untechnisch betrachtet synonyme Begriffe,[371] der Begriff der Ausweitung wird jedoch meist als Oberbegriff verwendet. Nicht die räumliche Ausweitung (Vorfeld) ist das Spezielle an der Ausdehnung, sondern gerade das Anknüpfen auf subjektiver Tatseite, wodurch die Strafbarkeit des Verhaltens erweitert wird. Ausdehnung ist die *sachliche Ausweitung* der Strafbarkeit, typischerweise auf subjektiver Tatseite.

d) Neuschaffung

Kommt es zur Neueinführung von zuvor nicht strafbaren Verletzungshandlungen (zum Beispiel bei § 238 StGB in Form der Auslösung einer schwerwiegenden Beeinträchtigung der Lebensgestaltung),[372] lässt sich dies als »Neuschaffung« bezeichnen. Dies stellt keine Ausdehnung oder Vorverlagerung dar, da nicht das Absenken der Anforderungen an eine bereits strafbare Handlung, sondern neu geschaffene Pönalisierung die Folge ist. Neuschaffung bezeichnet die Ausweitung der Strafbarkeit auf vollständig neue Handlungskomplexe mittels neuer Strafnormen, die nicht sachlich (Ausdehnung) oder zeitlich-objektiv (Vorverlagerung) relational von bereits bestehenden strafbaren Handlungskomplexen ausgehen. Ein Beispiel ist § 217 StGB, der nicht den vorverlagerten Lebensschutz,[373] sondern eine Marktregulation eigener Art zum Ziel hat.[374]

e) Zusammenfassung

»Ausweitung« stellt den Oberbegriff der Diskussion des präventiven Strafrechts dar. Es handelt sich um die summarische Erhöhung der Anzahl strafbaren Verhaltens durch Gesetzgebung oder Gesetzesauslegung. Die Begriffe »Vorfeldstrafbarkeit«, »Ausdehnung« und »Neuschaffung« sowie »Vorverlagerung«

jektive Tatseite auch eine zeitliche Komponente hätten. Schließlich könne der dolus eventualis zumindest in einer logischen Sekunde dem dolus directus ersten Grades vorausgehen. Entscheidend ist aber, welche subjektive Tateinstellung der Täter zum *Zeitpunkt der Tathandlung* hat (§§ 8 S.1, 15 StGB). Es ist folglich die auf der objektiven Tatseite liegende Handlung, die das zeitliche Moment einer Straftat festlegt. Bei der Einstellung des Täters zur Tat handelt es sich um eine sachliche Komponente. Daher kann auch der BGH nicht überzeugen, wenn er mit strengeren Anforderungen an den subjektiven Tatbestand verfassungsrechtliche Mängel einer (immer objektiven) Vorverlagerung zu kompensieren versucht, siehe *Sinn/Moeller*, ZJS 2015, S. 232 (237ff.). Zum Festhalten an dieser Rechtsprechung aber BGH NJW 2017, 2928 (2932) (mit kritischer Anm. *Puschke*).

371 Eine synonyme Verwendung von Ausweitung und Ausdehnung findet sich bei *Sinn*, Vorverlagerung der Strafbarkeit, in: Grenzen der Vorverlagerung, 2011, S. 17.

372 Kritisch zur Fassung dieses Tatbestandes, insbesondere zur Eignungsklausel *Hefendehl*, Über die Pönalisierung des Neutralen – Zur Sicherheit, in: Grenzenlose Vorverlagerung des Strafrechts, 2010, S. 93; *Kudlich/Oğlakcıoğlu*, FS Heintschel-Heinegg 2015, S. 285ff.

373 So aber *Hecker*, GA 2016, S. 457ff.

374 SK StGB-*Sinn* § 217 Rn. 5, 8.

stellen Spezialfälle der Ausweitung von Strafbarkeit dar. Neuschaffung bezeichnet die Schaffung von Strafbarkeit in völlig neuen sozialen Bereichen bzw. bezüglich neuer Schutzgüter, wie etwa in den Fällen der eingeführten §§ 217, 238 StGB. Vorfeldstrafbarkeit stellt einen räumlichen Bezug zwischen Handlung und Verletzung her und findet fast ausschließlich zur Umschreibung von Vorbereitungsdelikte Verwendung. Ausdehnung bezeichnet die sachliche Ausweitungen der Strafbarkeit durch veränderte subjektive Anforderungen, beispielsweise die Einführung einer Strafbarkeit der fahrlässigen Deliktsbegehung für ein sonst nur bei Vorsatz strafbaren Erfüllung des objektiven Tatbestandes. Vorverlagerung bezeichnet hingegen, wie bereits eruiert, veränderte Anforderungen an die Strafbarkeit auf objektiver Tatseite, indem die Rechtsgutsverletzung bzw. Schädigung als Voraussetzung der Strafbarkeit gestrichen bzw. an eine vor dieser liegende Handlung angeknüpft wird.

3. Typen der Vorverlagerung

Der gängigen Verwendung des Vorverlagerungsbegriffs in der strafrechtswissenschaftlichen Literatur entspricht es, Vorbereitungs- und Gefährdungsdelikte, das versuchte Delikt und die actio libera in causa als Fälle der Vorverlagerung zu identifizieren. Es handelt sich damit, vorbehaltlich einer genaueren Merkmalsdefinition, um das Anknüpfen der Strafbarkeit an eine Handlung vor Eintritt eines Schadens bzw. Verletzung eines Rechtsguts. Dieses Anknüpfen geschieht zum einen durch eine vorverlagernde Gesetzgebung, zum anderen durch vorverlagernde Tatbestandsauslegung.

a) Vorverlagerung durch Gesetzgebung

Gemäß der demokratisch-rechtsstaatlichen Grundordnung der Bundesrepublik Deutschland steht es grundsätzlich nur der Gesetzgebung zu, die Strafbarkeit eines Verhaltens zu bestimmen. Es gilt der Grundsatz *nullum crimen sine lege* gemäß Art. 103 Abs. 2 GG. Vorverlagerung ist daher grundsätzlich Kompetenz des Gesetzgebers. In den Grenzen der Verfassung ist die gesetzgebende Gewalt bei der Typisierung von Vorverlagerung grundsätzlich frei.[375] Es kommt so zu unterschiedlichen Formen von Vorverlagerung durch Gesetzgebung, die wiederum in strafbarkeitsbegründende und -modifizierende Vorverlagerung unterteilt werden können.

Bezweckt der Gesetzgeber den Schutz eines Guts auszuweiten, kann er dies

375 Siehe hierzu sowie zum Folgenden *Sinn*, Vorverlagerung der Strafbarkeit, in: Grenzen der Vorverlagerung, 2011, S. 25ff. Zu den Grenzen ausführlich unten ab S. 157.

dadurch tun, dass er die Verletzung des Schutzguts als Voraussetzung der Strafbarkeit eines Verhaltens streicht. Es bieten sich diesbezüglich grundsätzlich vier unterschiedliche Schutztechniken an[376]: Die Einführung der Versuchsstrafbarkeit für ein Verletzungsdelikt (Versuch und Unternehmensdelikte), das Bezugnehmen auf die Verletzung allein im subjektiven Tatbestand (überschießende Innentendenz), das Abstellen nur auf die Erzeugung der Gefahr einer Verletzung (konkretes Gefährdungsdelikt) oder gar die Typisierung eines Verhaltens, das er für das Schutzgut als generell besonders gefährlich erachtet (abstraktes Gefährdungsdelikt).

aa) Versuch und Unternehmensdelikte

Im deutschen Strafrecht ist der Versuch gemäß § 23 Abs. 1 StGB nur im Falle eines Verbrechens oder wenn das Gesetz dies ausdrücklich vorsieht, strafbar. Führt der Gesetzgeber einen Verbrechenstatbestand ein (einen Straftatbestand, der als Rechtsfolge ein Jahr Mindeststrafe vorsieht, siehe § 12 StGB) kommt es automatisch gemäß § 23 Abs. 1 StGB zu einer Strafbarkeit, auch des Versuchs. Für Vergehen hat der Gesetzgeber die Versuchsstrafbarkeit besonders zu normieren. So geschehen im Falle des § 303 Abs. 1 StGB, der das fremde Eigentum als Gut schützt. Indem der Gesetzgeber auch die versuchte Sachbeschädigung gemäß § 303 Abs. 3 StGB für strafbar erklärt, verlagert er Strafbarkeit vor. Die Verletzung von Eigentum ist nun nicht mehr notwendig für eine Strafbarkeit, es genügt das unmittelbare Ansetzen zu einer Eigentumsverletzung im Sinne des § 303 Abs. 1 StGB, §§ 303 III, 22, 23 Abs. 1 StGB. Bei den meisten Vergehen ist eine solche strafbarkeitsbegründende Vorverlagerung bereits geschehen,[377] und zu einem erheblichen Teil sogar schon bei dem Erlass des Reichsstrafgesetzbuchs (RStGB) 1871. Die Strafbarkeit der versuchten Sachbeschädigung beispielsweise ist bereits seit dem 19. Jahrhundert vorgesehen (§ 303 Abs. 2 Reichsstrafgesetzbuch von 1871). Eine demgegenüber relativ aktuelle Vorverlagerung mittels Einführung der Versuchsstrafbarkeit stellt die der versuchten einfachen Körperverletzung gemäß § 223 Abs. 2 StGB dar. Der Gesetzgeber verlagerte den Schutz der körperlichen Unversehrtheit erst 1998 auf diese Weise vor.[378]

Der Vorteil dieser Vorverlagerungstechnik ist die Emanzipation vom »Verursachungsdogma«.[379] Durch die Verlagerung der Strafbarkeit auf das unmittelbare Ansetzen (§ 22 StGB) zur Verletzung des Schutzguts wird die Normübertretung zum Anknüpfungspunkt – und damit der einzige Geschehensab-

376 Zum Begriff der Technik bezüglich Gesetze *Schild*, FS Weimar 1986, S. 195f.

377 *Wörner*, Die deutsche Versuchsdogmatik, in: Grenzen der Vorverlagerung, 2011, S. 142f.

378 Durch das Sechste Gesetz zur Reform des Strafrechts, BGBl. I, S. 164.

379 Dazu bereits oben ab S. 44.

schnitt, den der Täter tatsächlich kontrollieren kann.[380] Ob die Verletzung eintritt oder nicht, ist oftmals Zufall. Auf dieser Überlegung wurde insbesondere die Bonner Schule errichtet, aber schon die *Hegelsche* Strafrechtsschule erkannte im Versuch den Prototyp des Verbrechens.[381] Die Einführung der Versuchsstrafbarkeit für ein Verletzungsdelikt verlagert die Strafbarkeit von der Tatbestandserfüllung auf die Normübertretung, und führt damit zu einer Vorverlagerung des Strafrechtsschutzes. Die Versuchsstrafbarkeit führt zur Strafbarkeit eines Verhaltens, das zuvor mangels Tatbestandserfüllung nicht strafbar war (strafbarkeitsbegründende Vorverlagerung).[382] Eine Besonderheit der deutschen Rechtsordnung ist hierbei, dass es auf eine objektive Gefährlichkeit des unmittelbaren Ansetzens nicht ankommt. Entscheidend ist allein die Vorstellung des Täters (§ 22 StGB), eine subjektive Perspektive.[383] Entsprechend dieser Weichenstellung ist ein Versuch auch dann strafbar, wenn der Täter objektive Umstände annimmt, aus denen sich die Tauglichkeit des Versuchs ergibt, die tatsächlich nicht vorliegen (untauglicher Versuch).[384]

Zur Versuchsstrafbarkeit im weiteren Sinne zählen auch die Unternehmensdelikte.[385] Diese Deliktskategorie stellt den Versuch der Vollendung gleich (§ 11 Abs. 1 Nr. 6). Als Schutztechnik hat sie unterschiedliche Wirkungen, abhängig von der vorausgehenden Rechtslage. War vor der Wandlung eines Delikts in ein Unternehmensdelikt der Versuch nicht strafbar, führt die Novellierung in Form eines Unternehmensdelikts zu einer strafbarkeitsbegründenden Vorverlagerung. War bereits zuvor der Versuch strafbar, führt die Wandlung in ein Unternehmensdelikt *zur Strafbarkeit ohne Rücktrittsmöglichkeit gemäß § 24 StGB*. Es wird keine neue Strafbarkeit begründet, sondern eine bestehende modifiziert. Insofern kann von einer strafbarkeitsmodifizierenden Vorverlagerung gesprochen werden.[386] Diese Technik ermöglicht grundsätzlich die gleichen

380 Siehe schon *Germann*, Strafbarkeit des Versuchs, 1914, S. 147. Ausführlich hierzu unten ab Fn. 532. Zum Strafgrund des Versuchs siehe zuletzt die Darstellung bei *Gössel*, FS Wolter 2013, S. 403ff.

381 Siehe hierzu ausführlich *Lesch*, Verbrechensbegriff, 1999, S. 200ff.

382 Zu diesem Begriff siehe *Sinn*, Vorverlagerung der Strafbarkeit, in: Grenzen der Vorverlagerung, 2011, S. 25ff.

383 Siehe hierzu und zum Folgenden ausführlich die rechtsvergleichende Darstellung bei *Maiwald*, Über taugliche, untaugliche und grob unverständige Versuche, in: Grundfragen des Strafrechts, Rechtsphilosophie, 2010, S. 160ff.; vertiefend *Maier*, Die Objektivierung des Versuchsunrechts, 2005, S. 111ff.

384 Siehe hierzu differenzierend *Ellbogen*, FS Heintschel-Heinegg 2015, S. 125ff.

385 Siehe *Weber*, Die Vorverlegung des Strafrechtsschutzes durch Gefährdungs- und Unternehmensdelikte, in: Die Vorverlegung des Strafrechtsschutzes, 1987, S. 7ff. Siehe zum Unternehmensdelikt zuletzt *Mitsch*, JuS 2015, S. 97ff.

386 Zu diesem Begriff *Sinn*, Vorverlagerung der Strafbarkeit, in: Grenzen der Vorverlagerung, 2011, S. 36ff.

Schutzeffekte wie die Versuchsstrafbarkeit, versperrt jedoch die u. U. auch kriminalpolitisch sinnvollen Strafbefreiungsvorschriften des § 24 StGB.[387]

bb) *Vorbereitungsdelikte und sonstige Delikte mit überschießender Innentendenz*

Grundsätzlich setzt die Tatbestandserfüllung im deutschen Strafrecht voraus, dass der Täter die Umstände kennt, die den Tatbestand erfüllen, siehe §§ 15, 16 Abs. 1 StGB.[388] Diese subjektive Tatseite wird gemeinhin als Vorsatz bezeichnet.[389] In einigen Fällen aber hat der Gesetzgeber normiert, dass über den Vorsatz hinaus bestimmte subjektive Zwecke mit der Tat verfolgt werden müssen, um die Strafbarkeit zu begründen. Solche Fälle bezeichnet die Strafrechtswissenschaft als Delikte mit überschießender Innentendenz.[390] Klassisches Beispiel ist der Diebstahl gemäß § 242 Abs. 1 StGB. Der Täter muss mit der Wegnahme der fremden beweglichen Sache die rechtswidrige Zueignung derselben bezwecken. Nur dies rechtfertige den Strafrahmen.[391]

Diese Regelungstechnik führt regelmäßig zu Vorverlagerung.[392] Meist ist die überschießende Innentendenz auf das Schutzgut der Norm gerichtet, etwa im Falle der Urkundenfälschung gemäß § 267 Abs. 1 StGB, wo die Tat »zur Täuschung im *Rechtsverkehr*« begangen werden muss. Dessen Verletzung wird aber nicht vorausgesetzt, es genügt die Absicht des Täters, die Verletzung herbeizuführen (etwa durch Täuschung im Rechtsverkehr). Die Umsetzung der Tat ist objektiv nicht so weit fortgeschritten, wie der Täter es bezweckte. Es wurde objektiv nicht das erreicht, was subjektiv vorgenommen war – insofern treten gewisse Parallelen zur Versuchsstrafbarkeit zutage. Es muss jedoch nicht zum unmittelbaren Ansetzen (§ 22 StGB) zur Verletzung des Schutzguts gekommen sein. Delikte mit überschießender Innentendenz eignen sich daher dafür, sehr weit strafbarkeitsbegründend vorzuverlagern. Ein auch weit vor der Verletzung liegendes Verhalten wird der Strafbarkeit zugeführt, obgleich die beabsichtigte Verletzung noch viele Zwischenschritte verlangt. Diese Schutztechnik findet daher gerade in den Vorschriften des Terrorismusstrafrechts Verwendung.[393] Hier ist die den objektiven Tatbestand bildende Vorbereitungshandlung typischerweise dann strafbar, wenn der Täter hiermit die Begehung eines Anschlags

---

387 Hierzu *Weber*, Die Vorverlegung des Strafrechtsschutzes durch Gefährdungs- und Unternehmensdelikte, in: Die Vorverlegung des Strafrechtsschutzes, 1987, S. 9ff.

388 Siehe hierzu sowie zum Folgenden *Gropp*, AT § 4 Rn. 110f.

389 Siehe statt aller Schönke/Schröder StGB-*Sternberg-Lieben/Schuster* § 15 Rn. 6 ff.

390 MüKo StGB-*Joecks* § 28 Rn. 36ff.

391 *Sinn*, Vorverlagerung der Strafbarkeit, in: Grenzen der Vorverlagerung, 2011, S. 30.

392 Einen Sonderfall stellt hier der § 242 StGB (Diebstahl) dar, da es bereits durch die Tathandlung zur Schädigung des Gewahrsams kommt, siehe *Sinn*, Vorverlagerung der Strafbarkeit, in: Grenzen der Vorverlagerung, 2011, S. 31. Siehe zur Besonderheit des § 242 StGB (Tätigkeitsdelikt aber kein abstraktes Gefährdungsdelikt) auch unten Fn. 687.

393 *Sieber*, NStZ 2009, S. 359. Siehe hierzu oben ab S. 48.

bezweckt, beispielsweise im Falle der Straftaten gemäß §§ 89a, 89b, 89c StGB (Terrorismusfinanzierung u. a.). Der hiermit verbundenen Subjektivierung des Strafrechts zu Lasten eines objektiven Bezugs der Handlung zum Schutzgut stehen rechtsstaatliche Bedenken entgegen.[394]

cc) Konkrete Gefährdungsdelikte

Als konkrete Gefährdungsdelikte werden Straftatbestände bezeichnet, die nicht die Verursachung einer *Verletzung*, sondern nur die Verursachung einer *Gefahr* der Verletzung als Merkmal führen.[395] Hierdurch wird im Verhältnis zum Verletzungsdelikt vorverlagert. Klassisches Beispiel ist § 315c Abs. 1 StGB, der die Verursachung einer Gefahr für Leib und Leben eines Menschen oder einer Sache von bedeutendem Wert voraussetzt.

Die Verursachung einer konkreten Gefahr für das Schutzgut setzt voraus, dass dieses in den Aktionskreis der Handlung geraten ist, und es entweder zur Verletzung oder *zufällig* nicht zur Verletzung kam.[396] Macht sich der Täter also nicht wegen einer Verletzung strafbar, weil diese zufällig ausgeblieben ist, erfüllt er dennoch den Tatbestand des konkreten Gefährdungsdelikts, weil er die konkrete Gefahr einer Verletzung geschaffen hat. Durch diese Gesetzestechnik wird, ähnlich wie beim versuchten Delikt, das Zufallselement als strafbarkeitsbegründend ausgeschaltet.[397] Der Täter ist auch dann strafbar, wenn die Tat »misslingt«. Allerdings ist anders als für den Versuch ein *dolus* hinsichtlich der Verletzung des Schutzguts nicht Tatbestandsvoraussetzung. In vielen Fällen genügt sogar die fahrlässige Verursachung der Gefahr für eine Strafbarkeit (bspw. § 315c Abs. 3 StGB). Diese Form der strafbarkeitsbegründenden Vorverlagerung wird daher gerade in solchen Gesellschaftsbereichen gewählt, in denen nicht willentliche Schädigungen, sondern fahrlässige oder rücksichtslose Verhaltensweisen Schäden verursachen (zum Beispiel im Straßenverkehr oder bei den Brandstiftungsdelikten). Strukturell handelt es sich oftmals um vorsätzliche oder fahrlässige Normverstöße, die durch Zufall nicht zu einer Strafbarkeit wegen fahrlässiger Verletzung des Schutzguts der Norm führten.

---

394 Zur historischen Entwicklung seit 1945 siehe *Kelker*, Legitimität von Gesinnungsmerkmalen, 2007, S. 131 ff. Ausführlich hierzu in dieser Arbeit weiter unten, S. 165 ff.

395 Grundlegend *Horn*, Gefährdungsdelikte, 1973, S. 11 ff. Siehe auch *Zieschang*, Die Gefährdungsdelikte, 1998, S. 45 ff.; zuletzt vertiefend *Kiss*, Das abstrakte Gefährdungsdelikt, 2006, S. 41 ff., S. 51 ff. m. w. Nachw.

396 Siehe hierzu *D'Avila*, Ofensividade e Crimes Omissivos Próprios, 2005, S. 102 ff.; sowie *Börgers*, Studien zum Gefahrurteil im Strafrecht, 2008, S. 62 ff. jeweils m. w. Nachw.

397 Siehe zum Aspekt der Ausschaltung des Zufallsmoments *Zieschang*, Die Gefährdungsdelikte, 1998, S. 45, S. 49.

dd) *Abstrakte Gefährdungsdelikte*

Abstrakte Gefährdungsdelikte sind weit verbreitet und in ihrer Legitimität sehr umstritten.[398] Es handelt sich bei diesen um die Pönalisierung von Normübertretungen, die generell gefährlich sind,[399] etwa das Fahren im fahruntauglichen Zustand. Zur Erfüllung des Tatbestandes ist nichts weiter als die Ausführung der typisierten generell gefährlichen Handlung erforderlich, unabhängig von ihren konkreten Folgen für das Rechtsgut im Einzelfall. Abstrakte Gefährdungsdelikte sind, da sie nur generell gefährlich für ein Rechtsgut sind und eine Verletzung desselben nicht voraussetzen, eine besonders weite Form der Vorverlagerung.

Eine Unterkategorie der abstrakten Gefährdungsdelikte sind die sogenannten Eignungsdelikte.[400] Diese verlangen die Eignung der Handlung im konkreten Einzelfall, generell zur Verletzung des Rechtsguts geeignet zu sein (daher auch abstrakt-konkrete Gefährdungsdelikte)[401], setzen aber ebenso wenig eine konkrete Gefahr für das Rechtsgut oder die Verletzung des Rechtsguts voraus.[402] Eine weitere Sonderform bilden die Besitzdelikte.[403] Allein der Besitz gefährlicher Gegenstände soll hier für eine Strafbarkeit genügen, ohne dass es zu einer Gefährdung oder Verletzung eines Rechtsguts gekommen sein muss.[404]

Vorteil der Schutztechnik der abstrakten Gefährdungsdelikte ist die hiermit verbundene vollständige Emanzipation vom Einzelfall und von den Wirkungen der konkreten Handlung.[405] Der Bezug zum Rechtsgut liegt allein in dem Motiv des Gesetzgebers zur Schaffung des Straftatbestandes.[406] Meist bilden die Tat-

---

398 Zum Ganzen *Mendoza Buergo*, Límites dogmáticos, 2001, S. 64 ff; *Kiss*, Das abstrakte Gefährdungsdelikt, 2006, S. 50ff.; *Graul*, Abstrakte Gefährdungsdelikte und Präsumtionen im Strafrecht, 1991, passim; *D'Avila*, Ofensividade e Crimes Omissivos Próprios, 2005, S. 112ff.; *Cramer*, Vollrauschtatbestand, 1962, S. 67ff. u. a.

399 Hierzu vertiefend zuletzt *Kiss*, Das abstrakte Gefährdungsdelikt, 2006, S. 112ff.

400 Siehe umfassend *Hoyer*, Eignungsdelikte, 1987, passim. Siehe zuletzt im Kontext der Vorverlagerung *Hefendehl*, Über die Pönalisierung des Neutralen – Zur Sicherheit, in: Grenzenlose Vorverlagerung des Strafrechts?, 2010, S. 93ff.; *Baroke*, Gefährdungsdelikte, in: Grenzen der Vorverlagerung, 2011, S. 252ff.

401 So *Schröder*, ZStW 81 (1969), S. 22. Hierzu auch *Kim*, Umweltstrafrecht in der Risikogesellschaft, 2004, S. 149ff. sowie zuletzt zur Rechtsprechung *Zieschang*, FS Wolter 2013, S. 557ff.

402 Diese gelten daher gemeinhin als Untergruppe der abstrakten Gefährdungsdelikte, siehe hierzu und zu Ausnahmen *D'Avila*, Ofensividade e Crimes Omissivos Próprios, 2005, S. 126ff. m. w. Nachw.; sowie *Kim*, Umweltstrafrecht in der Risikogesellschaft, 2004, S. 149f.

403 Siehe zum Begriff *Eckstein*, Besitz als Straftat, 2001, S. 20f.

404 Siehe *Hochmayr*, Strafbarer Besitz von Gegenständen, 2005, S. 1ff., die auch die Auffangfunktion gegenüber Erwerbsdelikten hervorhebt sowie *Eckstein*, Besitz als Straftat, 2001, S. 66ff., der ergänzend die Verhinderung mittelbarer Förderung von Straftaten als Zweck dieses Vorverlagerungstypes ausmacht.

405 Hierzu kritisch *Zieschang*, Die Gefährdungsdelikte, 1998, S. 380ff.; *D'Avila*, Ofensividade e Crimes Omissivos Próprios, 2005, S. 155ff. Dies befürwortend aber *Kiss*, Das abstrakte Gefährdungsdelikt, 2006, S. 112ff.

406 Siehe zu dieser Theorie nur *Kim*, Umweltstrafrecht in der Risikogesellschaft, 2004, S. 162ff.

bestände dieser Delikte Normübertretungen ab, die zuvor bereits strafrechtliche Konsequenzen hatten, wenn es durch diese zur Verletzung kam, beispielsweise bei fahrlässiger Körperverletzung, § 229 StGB. So war auch vor der Einführung des § 316 StGB strafbar, wer im fahruntauglichen Zustand am Straßenverkehr teilnahm, *wenn er hierdurch einen Menschen verletzte*, § 229 StGB. Die abstrakten Gefährdungsdelikte greifen allein die Normübertretung heraus und lösen diese vollständig von den Folgen der Tat im Einzelfall. Sie wurden deshalb auch schon als Handlungsseite der Fahrlässigkeitsdelikte[407] bzw. fahrlässige (untaugliche)[408] Versuchsdelikte bezeichnet.[409] Es gibt auch andere Formen innerhalb dieser sehr heterogenen Deliktsgruppe, etwa die bereits erwähnten Besitzdelikte. Sie alle eint jedoch, dass die Gefährdung oder Verletzung eines Rechtsguts im Einzelfall für die Strafbarkeit irrelevant ist.[410] Der fehlende Bezug zum Rechtsgut im Einzelfall führte und führt zu grundsätzlichen Einwänden gegen diese Form der Vorverlagerung.[411] In den Einzelfällen, in denen eine Verletzung absolut ausgeschlossen ist, wird daher eine Einschränkung der Strafbarkeit, insbesondere mittels einer teleologischen Reduktion, vorgeschlagen.[412] Einige Strafrechtswissenschaftler fordern die vollständige Abschaffung dieser Typisierungsform.[413]

Siehe hierzu ausführlich *Anastasopoulou*, Deliktstypen zum Schutz kollektiver Rechtsgüter, 2005, S. 66ff. m. w. Nachw. Die früher noch vertreten Präsumtionstheorie, nach der Gefährdungsdelikte eine Gefahrvermutung im Einzelfall enthielten, wird heute nicht mehr aktiv vertreten, gegen diese *Graul*, Abstrakte Gefährdungsdelikte und Präsumtionen im Strafrecht, 1991, S. 157ff.

407 *Brehm*, Dogmatik, 1972, S. 127; *Horn*, Gefährdungsdelikte, 1973, S. 22. Hierzu *Weinert*, Vorbereitungsdelikte und tätige Reue, 2005, S. 79f.; ausführlich *D'Avila*, Ofensividade e Crimes Omissivos Próprios, 2005, S. 119ff.

408 *Schünemann*, JA 1975, S. 798.

409 *Wolter*, Objektive und personale Zurechnung, 1981, S. 75ff., S. 192ff. Siehe auch *Weinert*, Vorbereitungsdelikte und tätige Reue, 2005, S. 77f. Zur historischen Verwandtschaft dieser Deliktsformen siehe *Weber*, Die Vorverlegung des Strafrechtsschutzes durch Gefährdungs- und Unternehmensdelikte, in: Die Vorverlegung des Strafrechtsschutzes, 1987, S. 5 sowie in dieser Arbeit weiter unten ab S. 95.

410 Siehe bereits die Fußnoten oben Fn. 405 sowie *Baroke*, Gefährdungsdelikte, in: Grenzen der Vorverlagerung, 2011, S. 151ff.; *Weinert*, Vorbereitungsdelikte und tätige Reue, 2005 S. 73ff.

411 Zuletzt kritisch *Zieschang*, Die Gefährdungsdelikte, 1998, S. 380ff.; *D'Avila*, Ofensividade e Crimes Omissivos Próprios, 2005, S. 155ff. Siehe auch *Wolter*, Objektive und personale Zurechnung, 1981, S. 296ff.

412 Hierzu ausführlich *D'Avila*, Ofensividade e Crimes Omissivos Próprios, 2005, S. 155ff. Dem zuneigend noch die Rechtsprechung bis in die 1980er-Jahre, siehe BGH NJW 1987, 140; BGH NJW 1975, 1369 (1370).

413 Während die Legitimität noch bis in die 1980er-Jahre hoch umstritten war, nehmen die Stimmen derjenigen, die eine Abschaffung fordern, in der deutschen Strafrechtswissenschaft ab, siehe aber noch *Zieschang*, Die Gefährdungsdelikte, 1998, S. 380ff. Dagegen *Wohlers*, Deliktstypen des Präventionsstrafrechts, 2000, S. 315ff.; vehement gegen eine

Das Fehlen einer Gefährdung oder Verletzung eines Rechtsguts im Falle von abstrakten Gefährdungsdelikten wie dem § 316 StGB wird in Teilen der Lehre jedoch in Frage gestellt. So schützt die Strafbarkeit der Trunkenheitsfahrt (§ 316 StGB) nach weit verbreiteter Meinung die Sicherheit des Straßenverkehrs als Universal- bzw. Kollektivrechtsgut.[414] Würde aber dieses überindividuelle Gut als Rechtsgut ausgemacht, so ließe sich das Gefährdungsdelikt § 316 StGB auch als Verletzungsdelikt deuten. Die »Sicherheit des Straßenverkehrs« wäre durch die Trunkenheitsfahrt nicht nur »gefährdet«, sondern bereits beeinträchtigt bzw. »verletzt«, sodass hier keine Vorverlagerung vorläge. Umgekehrt ließe sich auch vertreten, »Sicherheit des Straßenverkehrs« könne durch die einzelne tatbestandsmäßige Handlung nicht verletzt werden, weshalb gerade keine Verletzung des Schutzguts Teil des Tatbestandes wäre und damit eine Vorverlagerung vorliegen würde.[415] Ob dies auch für einen erfolgsorientierten zeitlichen Vorverlagerungsbegriff gilt, hängt davon ab, wie der Begriff »tatsächliche Schädigung« zu definieren ist, und ob dieser kongruent zu »Rechtsgutsverletzung«, etwa im Falle der Brandstiftungsdelikte (§§ 306ff. StGB), ist. Dies ist bisher offen gelassen worden.[416] Die »Rückverlagerung« vorverlagerter Deliktsformen durch Bildung abstrahierter Rechtsgüter ist für die Eruierung der Merkmale des Vorverlagerungsbegriffs von hoher Bedeutung. Hierdurch könnten gezielt gewisse Deliktsformen als Fälle der Vorverlagerung disqualifiziert und damit einer strengeren Legitimitätsprüfung entzogen werden. *Jakobs* spricht diesbezüglich vom »besonderen Teil des Problems der Vorverlagerung«[417].

ee) Zwischenergebnis: Besondere Problematik der überindividuellen Rechtsgüter

Im Falle abstrakter Gefährdungsdelikte mit tatsächlichen Schädigungen (§§ 306ff. StGB) sowie zum Schutze überindividueller Rechtsgüter ist ungeklärt, ob es sich um Fälle der Vorverlagerung handelt. Daher ist bei der Eruierung der Vorverlagerungsmerkmale eine Stellungnahme nicht nur bezüglich der Kongruenz von »tatsächlicher Schädigung« und »Rechtsgutsverletzung«, sondern auch bezüglich der Forschung zu den überindividuellen Rechtsgütern, zu den sogenannten »vergeistigten Zwischenrechtsgütern«[418] sowie der Möglichkeit ihrer Verletzung erforderlich[419] und an dieser Stelle vorgemerkt.

Abschaffung *Kiss*, Das abstrakte Gefährdungsdelikt, 2006, S. 158ff. Siehe zur Gegenüberstellung der italienisch geprägten Lehre unten ab S. 167.

414 *Mitto*, Die Stellung der Tötung auf Verlangen, 2003, S. 129, mit weiteren Nachweisen.

415 Zu dieser Auffassung siehe unten ab S. 143.

416 Siehe oben S. 76f.

417 *Jakobs*, ZStW 97 (1985), S. 751.

418 So der Begriff bei *Schünemann*, JA 1975, S. 798.

419 Hierzu ausführlich *Hefendehl*, Kollektive Rechtsgüter im Strafrecht, 2002, S. 111ff. Eine knappe Auflistung der unterschiedlichen Bezeichnungen bei *Anastasopoulou*, Deliktstypen

b) Vorverlagerung durch Tatbestandsauslegung

Das Unterstrafestellen von Verhaltensweisen fällt grundsätzlich in die Zuständigkeit des Gesetzgebers. Einer Vorverlagerung durch Gesetzes*anwendung* sind daher rechtlich enge Grenzen gezogen, Art. 103 Abs. 2 GG. Allerdings setzt die Anwendung von Recht die *Auslegung* des anzuwendenden Rechtssatzes voraus. Wandelt sich die Auslegung einer Norm, wandelt sich zwangsläufig der von ihr erfasste Anwendungsbereich. *Hierdurch* können Verhaltensweisen strafbar werden, die zuvor nicht strafbar waren.[420] Auf diese Weise kann Tatbestandsauslegung vorverlagern. Anders als die Gesetzgebung hat die Rechtsprechung jedoch keine Kompetenz, das Sicherheitsbedürfnis der Gesellschaft mittels strafrechtlicher Vorverlagerung zu befriedigen. Fraglich ist es daher, wie präventive Tendenzen des Strafrechts in die Rechtsprechung hineinwirken können. Nach der noch bei *von Liszt* vorherrschenden Vorstellung einer wertungsfreien Rechtsanwendung und einer präventionsbegrenzenden Strafrechtsdogmatik, hatte die Rechtsprechung ihrer Funktion nach kriminalpolitischen, präventiven Erwägungen keinerlei Rechnung zu tragen.[421]

Das Verständnis der Grundrechte als Prinzipien,[422] die Schutzpflichtinterpretation[423] der Grundrechte und die Bindung der Rechtsprechung an selbige (Art. 1 Abs. 3 GG) erlauben nach heutigem Verständnis jedoch eine zunehmend normativ-teleologische Auslegung der Gesetze durch die Rechtsprechung bis an die Wortlautgrenze (Art. 103 Abs. 2 GG).[424] Dies führt dazu, dass die Rechtsprechung den Zweckgedanken des Schutzes, die die vorverlagernde Gesetzgebungstätigkeit prägt, ebenfalls umzusetzen hat. Vorverlagerung zur Erreichung eines optimalen Schutzes von Gütern bzw. Grundrechten durch Auslegung wird hierdurch zur Aufgabe der Rechtsprechung,[425] insbesondere durch Auslegung von Tatbestandsmerkmalen.

---

zum Schutz kollektiver Rechtsgüter, 2005, S. 27f. Zu dieser Problematik ausführlich unten ab S. 147.

420 Siehe hierzu sowie zum Folgenden auch *Sinn*, Vorverlagerung der Strafbarkeit, in: Grenzen der Vorverlagerung, 2011, S. 26ff.

421 Zur Trennung von Kriminalpolitik und Recht bei *von Liszt* siehe *D'Avila*, ZIS 2008, S. 486f. Siehe bezüglich der Rolle des Richters im späten 19. Jahrhundert die Kritik bei *Ehrlich*, Freie Rechtsfindung und freie Rechtswissenschaft, 1903, insbesondere S. 32ff.

422 Grundlegend *Alexy*, Theorie der Grundrechte, 1985, S. 71ff.

423 Siehe bereits oben ab S. 37.

424 Und hiermit den Übergang eines Gesetzgebungsstaats zu einem Verfassungsstaat, siehe *Castanheira Neves*, Entre o Legislador, in: Estudos jurídicos de Coimbra, 2007, S. 235ff., S. 238. Insbesondere in der richtlinienkonformen Auslegung wird die Wortlautgrenze gar überschritten, siehe zur richtlinienkonforme Rechtsfortbildung BGH NJW 2009, 427 (Urteil vom 26.11.2008); siehe zur Sache schon *Neuner*, Die Rechtsfindung contra legem, 1992, insbesondere S. 85ff.

425 Siehe hierzu auch *Sinn*, Vorverlagerung der Strafbarkeit, in: Grenzen der Vorverlagerung, 2011, S. 26ff. m. w. Nachw.

aa) Vorverlagernde Auslegung von Tatbestandsmerkmalen

Vorverlagerung kann im Rahmen der Tatbestandsauslegung insbesondere dadurch geschehen, dass Tatbestandsmerkmale weit ausgelegt werden und hierdurch die formelle Vollendung des Deliktes vorverlegt wird.[426] Ein Beispiel ist die Rechtsprechung zum Nachteilsbegriff im Untreuetatbestand, § 266 StGB. Dieser umfasst, wie der Begriff des Vermögensschadens im Betrugstatbestand gemäß § 263 Abs. 1 StGB, auch die Vermögensgefährdung.[427] Eine vollendete Untreue liegt nach der Rechtsprechung daher schon dann vor, wenn eine Gesamtsaldierung die wirtschaftliche Minderung des Wertes des Vermögens zur Folge hat, etwa durch Führung schwarzer Konten.[428] Wird der Vermögens*schaden* als Verletzung des Schutzguts betrachtet, führt das Abstellen auf die Vermögens*gefährdung* zur Vorverlagerung. Da der Versuch des § 266 StGB nicht strafbar ist, stellt dies den in der Tatbestandsauslegung seltenen Fall der *strafbarkeitsbegründenden* Vorverlagerung dar[429].[430]

Häufiger kommt es zu einer strafbarkeitsmodifizierende Vorverlagerung durch Auslegung, etwa der Gleichstellung von Vermögensschaden und Vermögensgefährdung im Falle des Betruges, § 263 Abs. 1 StGB.[431] Da der versuchte Betrug strafbar ist (§ 263 Abs. 2 StGB), führt die Tatbestandsauslegung zur Strafbarkeit für Vollendung, wo sonst nur Versuchsstrafbarkeit bliebe. Eine solche Auslegung wandelt Vollendungsdelikte in Unternehmensdelikte um, was zum Ausschluss des strafbefreienden Rücktritts führt.[432] Es handelt sich daher nicht um Strafbarkeits*begründung*. Da die Erfüllung sehr vieler Straftatbestände des StGB auch im Versuchsstadium strafbar ist,[433] kann eine Gleichstellung von Vollendung und Versuch in der Regel nur zu einer strafbarkeits*modifizierenden* Vorverlagerung führen.

---

426 Siehe hierzu auch *Sinn*, Vorverlagerung der Strafbarkeit, in: Grenzen der Vorverlagerung, 2011, S. 26ff.

427 BGH NJW 2003, 3717; siehe auch BVerfG NStZ 2009, 560ff. Zum Ganzen *Sinn*, Vorverlagerung der Strafbarkeit, in: Grenzen der Vorverlagerung, 2011, S. 26ff.

428 Siehe Lackner/Kühl StGB-*Heger* § 266 Rn. 17a m. w. Nachw.

429 *Sinn*, Vorverlagerung der Strafbarkeit, in: Grenzen der Vorverlagerung, 2011, S. 26.

430 Daneben kommt es auch zu Fällen, die je nach Schutzgutbestimmung ein Fall der typischen Vorverlagerung oder der Ausdehnung darstellen. So spricht etwa *Hörnle* in LK § 177 Rn. 202 bezüglich »Eindringen« in den Scheidenvorhof als Vergewaltigung von »Vorverlagerung« in Anführungszeichen. Ob es sich aber um Vorverlagerung handelt, ist fraglich. Wenn Schutzgut der Norm die sexuelle Selbstbestimmung ist, dann ist diese wohl bereits durch die beschriebene Handlung verletzt, sodass dies keine Vorverlagerung, sondern eine Ausdehnung der Strafbarkeit darstellt.

431 Siehe hierzu *Sinn*, Vorverlagerung der Strafbarkeit, in: Grenzen der Vorverlagerung, 2011, S. 36ff.

432 *Sinn*, Vorverlagerung der Strafbarkeit, in: Grenzen der Vorverlagerung, 2011, S. 37 m. w. Nachw.

433 Siehe bereits oben Fn. 377.

bb) Actio libera in causa

Die hoch umstrittene actio libera in causa ermöglicht die Bestrafung einer Tat, die tatbestandsmäßig ist, jedoch in einem gemäß § 20 StGB schuldunfähigen Zustand begangen wird.[434] Die actio libera in causa ist gesetzlich nicht normiert (siehe zum Vollrausch aber § 323a StGB), weshalb sie in weiten Teilen der Literatur wegen Verstoßes gegen Art. 103 Abs. 2 GG abgelehnt wird. Die Strafbarkeit der actio libera in causa wird zum einen durch eine weite Auslegung des § 20 StGB, zum anderen durch eine weite Auslegung des jeweiligen Tatbestandes, der im schuldunfähigen Zustand begangen wird (Rauschtat), begründet. Insbesondere im letzteren Fall ist in der Literatur oftmals von einer Vorverlagerung die Rede.[435] Die Strafbarkeit bzw. Schuld wird auf einen »früheren Zeitpunkt« (das Berauschen) bezogen.

Allerdings ist die actio libera in causa akzessorisch zur Rauschtat. Setzt die im Zustand der Schuldlosigkeit begangene Tat eine Verletzung voraus (etwa Totschlag gemäß § 212 Abs. 1 StGB), gilt dies auch für eine Strafbarkeit der actio libera in causa. Nicht nur das Berauschen ist damit Merkmal der actio libera in causa, sondern auch die Begehung der (verletzenden) Rauschtat. Gegenüber der Rauschtat stellt das Anknüpfen auf das sich Berauschen somit keine Vorverlagerung im herkömmlichen Sinne dar: Es kann durchaus auf eine (Rechtsguts)Verletzung ankommen. Entgegen dieser vorverlagerungs-untypischen Struktur hat sich die Bezeichnung der actio libera in causa als Fall der Vorverlagerung etabliert. Dies wird von Vertretern eines Vorverlagerungsbegriffs, der die zeitliche Antizipation betrifft, gestützt, muss aber von Vertretern, die das Moment der fehlenden Rechtsgutsverletzung betonen, abgelehnt werden.[436]

Da auch hier eine Strafbarkeit auf Auslegungsebene begründet wird, handelt es sich um einen Fall der Strafbarkeitsbegründung durch Tatbestandsauslegung. Ob es sich tatsächlich um Vorverlagerung handelt, wird noch zu erörtern sein.[437]

c) Zusammenfassung

Es existieren unterschiedliche Mechanismen der Vorverlagerung: Durch den Gesetzgeber sowie den Gesetzesanwender kann vorverlagerte Strafbarkeit begründet oder aber modifiziert werden, in dem der zuvor eröffnete Strafaufhebungsgrund des Rücktritts verschlossen wird.

---

434 Siehe ausführlich MüKo StGB-*Streng* § 20 Rn. 114ff.; im Kontext der Vorverlagerung *Daniels*, Die actio libera in causa, in: Grenzen der Vorverlagerung, 2011, S. 323ff.

435 *Streng*, ZStW 101 (1989), S. 309; MüKo StGB-*ders.* § 20 Rn. 127. Siehe auch Schönke/Schröder StGB-*Perron/Weißer* § 20 Rn. 33; demgegenüber die andere Auffassung als Vorverlagerung bezeichnend SK 2014 StGB-*Rudolphi* § 20 Rn. 28b.

436 Siehe bereits oben ab S. 74.

437 Siehe ausführlich unten ab S. 123.

Dem Gesetzgeber steht dabei eine Vielzahl von Möglichkeiten offen, einen Straftatbestand in Form einer Vorverlagerung zu gestalten. Die Überwindung des Erfordernisses einer Verletzung ist dabei immer prägendes Merkmal. Versuch und Unternehmensdelikte bieten sich dort an, wo nicht länger die Erfüllung des Tatbestandes, sondern allein der vorsätzliche Verstoß gegen die sich aus dem Tatbestand ergebende Norm in den Vordergrund rücken soll. Die Delikte mit überschießender Innentendenz werden dort geschaffen, wo auch weit vor der Verletzung des Schutzguts liegende Handlungen strafbar sein sollen, sofern der Täter diese mit der Absicht vollzieht, die Verletzung des Schutzguts später zu verursachen. Gerade in jenen Bereichen, in denen nicht die vorsätzliche Schädigung, sondern die fahrlässige bzw. rücksichtslose Verletzung von Schutzgütern unterbunden werden soll, bietet sich eine Emanzipation vom Verursachungsdogma mittels konkreter und abstrakter Gefährdungsdelikte an. Im Fall der konkreten Gefährdungsdelikte liegt materiell ein zufälliges Unterbleiben der Strafbarkeit gemäß einem fahrlässigen Verletzungsdelikt (bspw. § 229 StGB) durch die vorsätzliche (bspw. § 315c Abs. 1 StGB) oder fahrlässige Normübertretung (bspw. § 315 Abs. 3 StGB) vor. Im Fall der abstrakten Gefährdungsdelikte genügt allein die Erfüllung des objektiven Tatbestandes, der eine Auswirkung auf das Schutzgut im Einzelfall nicht voraussetzt (bspw. § 316 StGB) und daher eine sehr weite Form der Vorverlagerung bedeutet.

Der Gesetzesanwender kann Strafbarkeit über die Auslegung von Tatbestandsmerkmalen vorverlagern. Dies geschieht insbesondere durch Auslegung des Schadensbegriffs, der dazu führt, dass bereits eine Gefährdung und nicht erst die »Verletzung« zur Tatbestandserfüllung ausreicht. Dadurch wird strafbarkeitsmodifizierend vorverlagert, da die Gefährdung bereits als Versuch strafbar war. Auch wird durch Auslegung von im schuldlosen Zustand begangenen Tatbeständen oder durch Auslegung des § 20 StGB eine Strafbarkeit der actio libera in causa durch Gesetzesanwendung erreicht. Diese knüpft zwar an eine Handlung (Berauschen) vor der Verletzung (Rauschtat) an, setzt die Verletzung jedoch weiter voraus. Dennoch wird in der Literatur von Vorverlagerung gesprochen.

4. Zusammenfassung und kritische Würdigung des Forschungsstandes

»Vorverlagerung« wird in der Strafrechtswissenschaft unterschiedlich definiert. Einer ersten Überprüfung halten nur der erfolgsorientierte zeitliche sowie der auf das Fehlen einer Rechtsgutsverletzung abstellende Vorverlagerungsbegriff stand. Demnach ist Vorverlagerung vorläufig als »veränderte Anforderungen an die Strafbarkeit auf objektiver Tatseite, indem die Rechtsgutsverletzung bzw.

Schädigung als Voraussetzung der Strafbarkeit gestrichen bzw. an eine vor dieser liegende Handlung angeknüpft wird«, zu definieren.[438]

Diese Definition erlaubt eine Abgrenzung vom Oberbegriff »Ausweitung« sowie den ebenfalls in der Diskussion um ein präventives Strafrecht genutzten Begriffen der »Vorfeldstrafbarkeit«, »Ausdehnung« und »Neuschaffung«. Des Weiteren können unterschiedliche Mechanismen der Vorverlagerung unterschieden werden: Durch den Gesetzgeber sowie den Gesetzesanwender kann vorverlagerte Strafbarkeit begründet oder modifiziert werden. Als Formen der gesetzgeberischen Vorverlagerung können Versuch und Unternehmensdelikte, Delikte mit überschießender Innentendenz (inklusive Vorbereitungsdelikte) und konkrete und abstrakte Gefährdungsdelikte identifiziert werden. Zwei wesentliche Aspekte der Vorverlagerung von Strafbarkeit bleiben aber ungeklärt.

a) Forschungslücke rechtshistorische Untersuchung

Unerforscht ist bislang, seit wann der Begriff der Vorverlagerung im Zusammenhang mit Rechtsgüterschutz und Kriminalpolitik Verwendung findet. Hieraus ließen sich Rückschlüsse auf den Anlass der Begriffsbildung ziehen, was eine rechtshistorische Kontextualisierung der Diskussion um die Grenzenlosigkeit der Vorverlagerung zuließe. Als Ausgangspunkt für eine Analyse des Vorverlagerungsbegriffs bietet sich daher eine *historische Betrachtung* an, um die Besonderheiten der Vorverlagerung zu erkennen und in die präzise Begriffsdefinition einfließen zu lassen. Zu klären ist, seit wann es Vorverlagerung gibt und wann der Begriff zum ersten Mal in der Strafrechtswissenschaft verwendet wurde. Dies wurde bisher nicht erforscht. Damit bleibt dieser Arbeit eine historische Untersuchung der Vorverlagerung vorbehalten.

Neben der Eruierung der Begriffsmerkmale erfüllt die rechtsgeschichtliche Analyse noch einen anderen Zweck. Durch die Berufung auf eine Krise des liberalen Strafrechts und altrömische Rechtssätze wie »cogitationis poenam nemo patitur« wird in der Diskussion suggeriert, dass die Vorverlagerung Prinzipien bedrohe, die das Strafrecht schon seit der Aufklärung und gar im antiken Rom bewahrt habe. Die Diskussion um die Krisenhaftigkeit des Strafrechts der Gegenwart und die Grenzenlosigkeit der Vorverlagerung bekommt hierdurch eine rechtshistorische Dimension, deren Überprüfung nicht nur einen Beitrag zur Vorverlagerungsdiskussion, sondern auch einen Beitrag zur »Krisendebatte« leistet.

438 Siehe oben S. 77.

b) Forschungslücke Merkmale des Vorverlagerungsbegriffes

Des Weiteren ist das Verhältnis von »Schaden« und »Rechtsgutsverletzung« als Merkmal der konkurrierenden Vorverlagerungsbegriffe ungeklärt. Insbesondere bezüglich der abstrakten Gefährdungsdelikte bleibt im Einzelfall unklar, ob ein Fall der Vorverlagerung vorliegt. Es kann zu abweichenden Ergebnissen kommen. Gleiches gilt bezüglich der actio libera in causa, deren Einordnung als Fall der Vorverlagerung nicht einheitlich beantwortet wird. Eine Diskussion im Hinblick auf die genaue Begriffsdefinition findet jedoch nicht statt, sodass es an einer allgemein anerkannten Bestimmung der Merkmale einer Vorverlagerungsdefinition, die eine Subsumtion des Einzelfalls ermöglicht, fehlt. Die Eruierung der Merkmale des Vorverlagerungsbegriffs kann sich bisher auch nur begrenzt auf rechtshistorische Argumente stützen, da die Herkunft des Begriffs der Vorverlagerung im deutschen Strafrecht ungeklärt ist. Die Merkmale des Vorverlagerungsbegriffs müssen aber benannt werden können, um die spezifischen Grenzen der Vorverlagerung in Stellung zu bringen. Die diesbezüglich erforderliche Eruierung soll im Anschluss an die rechtsgeschichtliche Untersuchung geschehen und auf dieser (II.) aufbauen (III.).

II. Vorverlagerung in der Rechtsgeschichte und Genese des Vorverlagerungsbegriffs

Mit der folgenden rechtsgeschichtlichen Untersuchung von Fällen der Strafbarkeit, bei der die Rechtsgutsverletzung bzw. Schädigung als Voraussetzung der Strafbarkeit gestrichen bzw. an eine vor dieser liegende Handlung angeknüpft wird (vorläufige Definition der Vorverlagerung), werden zwei Fragestellungen der Vorverlagerungsdiskussion überprüft und beantwortet werden:

Zum einen wird überprüft, ob Vorverlagerung eine Erscheinung des modernen Strafrechts ist und ob in der Vergangenheit »cogitationis poenam nemo patitur« als absolute Grenze einer etwaigen Vorverlagerung galt (1.).

Zum anderen ist ungeklärt, seit wann der Begriff »Vorverlagerung« im deutschen Strafrecht Verwendung findet. Um diese Forschungslücke zu schließen, soll die moderne Rechtsepoche auf die erstmalige Verwendung des Begriffs hin untersucht werden (2.). Ergänzend soll eine erhöhte Praxisrelevanz als Erklärungsansatz untersucht werden, um ein abschließendes Urteil über die Neuartigkeit zu fällen (3.).

1. Fälle der Vorverlagerung in der Rechtsgeschichte

Bei der folgenden Untersuchung ist zu beachten, dass die Unterscheidung zwischen Moral und Recht, zwischen Verbot und Straftat eine moderne Entwicklung ist.[439] Eine strafrechtliche Analyse der Antike und des Mittelalters kann sich somit nicht auf »Strafrecht« im modernen Sinne stützen. In der Antike lässt sich aber von Strafrecht im Sinne von *de poenis* sprechen,[440] wenngleich die Trennung von Moral und Recht noch nicht ausgebildet war.[441] Das Gleiche gilt bezüglich des Mittelalters.[442]

a) Vorverlagerung in der Antike – Römisches Strafrecht (cogitationis poenam nemo patitur)

Das römische Imperium bildete eine hochentwickelte Rechtswissenschaft heraus, deren Einfluss noch heute fortwirkt.[443] Es kam bereits zu geordneten Gerichtsverfahren. Der Strafprozess war jedoch von der Einhaltung moderner rechtsstaatlicher Anforderungen noch weit entfernt.[444] Viele der lateinisch ausgedrückten rechtsstaatlichen Prinzipien des Strafrechts, wie beispielsweise *nulla poena sine lege* oder *in dubio pro reo*, sind nicht auf das römische Strafrecht zurückführen und galten dort auch inhaltlich nicht.[445] Einige noch heute in der Strafrechtswissenschaft verwendete lateinische Sätze stammen jedoch tatsächlich aus altrömischer Zeit,[446] wie etwa der auf *Ulpian* (170–224 n. Chr.)[447] zu-

---

439 Hierzu *Hart*, Concept of Law, 1975 (1961), S. 185ff.

440 Siehe *Bauman*, Crime and Punishment in Ancient Rome, 1996, S. 124; einschränkend *Bock*, Römischrechtliche Ausgangspunkte der strafrechtlichen Beteiligungslehre, 2006, S. 18f.

441 Grundlegend *Kant*, hierzu *Kelker*, Gesinnungsmerkmalen, 2007, S. 178; *Bockelmann*, Studien zum Täterstrafrecht, 1939, S. 65.

442 Siehe zum Folgenden auch die historische Darstellung von »Vorfeldstrafbarkeit« bei *Puschke*, Legitimation von Vorbereitungstatbeständen, 2017, S. 10ff.

443 Siehe statt aller *Bock*, Römischrechtliche Ausgangspunkte der strafrechtlichen Beteiligungslehre, 2006, S. 17ff.

444 Siehe nur *Ermann*, Strafprozeß, öffentliches Interesse und private Strafverfolgung, 1998, S. 114ff.; *Bauman*, Crime and Punishment in Ancient Rome, 1996, S. 10ff.; *Bock*, Römischrechtliche Ausgangspunkte der strafrechtlichen Beteiligungslehre, 2006, S. 19.

445 Siehe *Stechmann*, Entwicklung und Bedeutung des Satzes »cogitationis poenam nemo patitur«, 1979, S. 276 m. Nachw.; *Ermann*, Strafprozeß, öffentliches Interesse und private Strafverfolgung, 1998, S. 11; *Nogrady*, Römisches Strafrecht, 2006, S. 47; *Schreiber*, Gesetz und Richter, 1976, S. 17ff.

446 Siehe auch *Bock*, Römischrechtliche Ausgangspunkte der strafrechtlichen Beteiligungslehre, 2006, S. 17f.

447 Zu *Ulpians* Leben grundlegend *Honoré*, Ulpian, 2002, zur Lebensdauer auf S. 8 und S. 14 (nach a. A. bis 228 n. Chr., siehe die Nachweise auf S. 32), Zusammenfassung seiner Karriere auf S. 35f.. Siehe zu *Ulpians* Strafrecht auf Deutsch zuletzt *Nogrady*, Römisches Strafrecht, 2006, S. 20ff.

rückgehende Satz *cogitationis poenam nemo patitur*[448], die Straflosigkeit der Gedanken, der als absolute Grenze der Vorverlagerung gilt.[449]

Die altrömische Herkunft der Regel von der Straflosigkeit der Gedanken suggeriert, dass sich bereits die Römer mit den Grenzen der Strafbarkeit beschäftigten. Der genaue Gehalt des Satzes und seine Geltung im römischen Strafrechtssystem konnten freilich nicht geklärt werden.[450] Zunächst ist schon zweifelhaft, ob der Satz im strafrechtlichen Kontext zur Verwendung kam.[451] Tatsächlich wurde in dem Abschnitt der Digesten (2. 2. 1. 2.), auf den der Satz Bezug nimmt, nur die Kompetenz des Richters bzw. Amtswalters besprochen.[452] Die genaue Übersetzung lautet »Gedanken Strafe erduldet niemand«[453] und gemeint war, dass Amtswaltung ohne Zuständigkeit folgenlos bleiben musste.[454]

Es liegt jedoch fern, dem Satz jeglichen Bezug zum Strafrecht abzusprechen.[455] Nicht nur in Digesten 48. 19. 18. selbst, mit dem Wort »poena«, sondern auch im vorausgehenden Abschnitt Digesten 2. 2. 1. 2. werden mit dem Wort »conatus« (Versuch) und »iniuria« (Unrecht bzw. Verletzung)[456] strafrechtliche Begriffe verwendet. Es ist mithin naheliegend anzunehmen, dass eine entsprechende Regel der »Gedankenfreiheit« im Strafrecht existierte.[457]

Was aber die genaue Bedeutung und der Anwendungsbereich der altrömi-

---

448 Digesten 48. 19. 18.

449 Siehe *Jakobs*, ZStW 97 (1985), S. 753, S. 754, S. 755, S. 762, S. 784. Siehe bereits oben Fn. 271.

450 Zu dieser Diskussion grundlegend *Stechmann*, Entwicklung und Bedeutung des Satzes »cogitationis poenam nemo patitur«, 1979, S. 1ff.; *Glöckner*, Cogitationis Poenam Nemo Patitur, 1989, S. 1ff.

451 Schon die geneigte Übersetzung des Ausspruchs cogitationis poenam nemo patitur als »die Gedanken sind frei« ist ein Fehlgriff, so *Glöckner*, Cogitationis Poenam Nemo Patitur, 1989, S. 1.

452 Es ist *Lenel* zu verdanken, die Digestenstellen wieder in ihre ursprüngliche Reihenfolge zu bringen. Hierbei ordnete er Digesten 48. 19. 18. als unmittelbar auf Digesten 2. 2. 1. 2. folgend ein, *Lenel*, Palingenesia iuris civilis, 1889, S. 428. Darin aber ging es um »die Wirksamkeit von Handlungen eines Amtsträgers, die nicht in seiner Kompetenz lagen«, *Glöckner*, Cogitationis Poenam Nemo Patitur, 1989, S. 2.

453 *Glöckner*, Cogitationis Poenam Nemo Patitur, 1989, S. 1.

454 *Glöckner*, Cogitationis Poenam Nemo Patitur, 1989, S. 176.

455 Im Strafrecht der Neuzeit wurde der Begriff immer entsprechend rezipiert, siehe *Stechmann*, Entwicklung und Bedeutung des Satzes »cogitationis poenam nemo patitur«, 1979, S. 1ff. m. w. Nachw.

456 Siehe Digesten 2. 2. 1. 2. aE: »quid enim offuit conatus, cum iniuriam nullum habuerit effectum?« Darauf (nach *Lenel*, oben Fn. 452) die Antwort: »cogitationis poenam nemo patitur« (D. 48. 19. 18.).

457 Auch *Glöckner*, der dem Satz cogitationis poenam nemo patitur seine strafrechtliche Bedeutung mit Verweis auf den Kontext zu D. 2. 2. 1. 2. abspricht, verweist dann doch auf letztere Stelle, um die Relevanz des Erfolgs für das römische Strafrecht zu untermauern, *Glöckner*, Cogitationis Poenam Nemo Patitur, 1989, S. 252, womit er implizit den strafrechtlichen Bezug des Satzes einräumt.

schen Strafrechtsregel *cogitationis poenam nemo patitur* war, ist Gegenstand einer kontroversen Debatte.[458] Entscheidend für die Untersuchung der Geschichte der Vorverlagerung ist, ob die Straflosigkeit von Gedanken bedeutete, dass es keine Vorverlagerung gab (Straftatbestände, in denen die Rechtsgutsverletzung bzw. Schädigung als Voraussetzung der Strafbarkeit gestrichen bzw. an eine vor dieser liegende Handlung angeknüpft wurde).

Für die Klärung dieser Frage ist zu beachten, dass sich das römische Strafrecht in grundsätzlicher Weise vom modernen deutschen Strafrecht unterscheidet.[459] Prägendes Merkmal war eine Zweiteilung in das private und das öffentliche Strafrecht.[460] Das Verfahren des Privatstrafrechts bestand in der Verfolgung der Verletzung eines Rechts des Privatklägers.[461] Die Straftaten des Privatstrafrechts setzten folglich die Verletzung eines Rechts voraus.[462] Bereits aus prozessualen Erwägungen konnte es daher nur schwerlich zu Vorverlagerung[463] und grundsätzlich nicht zur Strafbarkeit bloßer Gedanken kommen: Es mangelte in diesen Fällen an der Klagebefugnis.

Die (privat)strafrechtliche Orientierung am Schadensausgleich ging so weit, dass im frühen römischen Strafrecht das Wollen des Schadens keine Voraussetzung der Straftat war.[464] Die Tötung eines Menschen verlangte Sühne – ganz

458 Zu den unterschiedlichen Hypothesen der Bedeutung und einer entsprechenden Durchforstung des römischen Strafrechts siehe *Stechmann*, Entwicklung und Bedeutung des Satzes »cogitationis poenam nemo patitur«, 1979, S. 4ff. Nur jene Bedeutung des Satzes, die nicht im Widerspruch zur Rechtsordnung des alten Roms stand, könne ihmzufolge die richtige gewesen sein, S. 6. Hierzu sei aber bemerkt, dass sich mit dieser Ausschlussmethode nicht nachweisen lässt, ob der Satz den Gehalt der einzig »unwidersprüchlichen« Auslegungsvariante hatte, und uneingeschränkt galt; oder ob er den Gehalt einer der »widersprüchlichen« Auslegungsvarianten hatte – und nicht uneingeschränkt galt. Mit dieser Methode lässt sich nicht klären *ob* der Satz im alten Rom uneingeschränkt *galt*, sondern nur, *wie* der Satz im alten Rom diesbezüglich unwidersprüchlich hätte *gelten können*. Ohne die Bedeutung des Satz zu eruieren, aber seine Geltung im römischen Strafrecht verneinend, *Glöckner*, Cogitationis Poenam Nemo Patitur, 1989, S. 45ff.

459 Zum römischen Strafrecht nach wie vor maßgeblich *Mommsen*, Römisches Strafrecht, 1955 (1899), S. 3ff.; siehe auch *Klee*, Der dolus indirectus, 1906, S. 4ff.

460 *Mommsen*, Römisches Strafrecht, 1955 (1899), S. 3; *Ermann*, Strafprozeß, öffentliches Interesse und private Strafverfolgung, 1998, S. 7ff.; zum öffentlichen Strafrecht ausführlich *Bauman*, Crime and Punishment in Ancient Rome, 1996, S. 9ff.

461 *Ermann*, Strafprozeß, öffentliches Interesse und private Strafverfolgung, 1998, S. 7.

462 Siehe *Glöckner*, Cogitationis Poenam Nemo Patitur, 1989, S. 249; *Stechmann*, Entwicklung und Bedeutung des Satzes »cogitationis poenam nemo patitur«, 1979, S. 9f.; *Mommsen*, Römisches Strafrecht, 1955 (1899), S. 96.

463 Siehe zu einigen vorverlagerungsverdächtigen Privatstraftaten *Mommsen*, Römisches Strafrecht, 1955 (1899), S. 96.

464 *Mommsen*, Römisches Strafrecht, 1955 (1899), S. 85; *Stechmann*, Entwicklung und Bedeutung des Satzes »cogitationis poenam nemo patitur«, 1979, S. 9; ausführlich *Germann*, Strafbarkeit des Versuchs, 1914, S. 92ff.

unabhängig davon, ob diese Tötung beabsichtigt war oder nicht.[465] Diese Betrachtungsweise, die auch in anderen vormodernen Rechtstraditionen häufig anzutreffen ist,[466] änderte sich jedoch in späteren Phasen des römischen Rechts.[467] Es hieß nun, geachtet werden solle auf den Willen, nicht auf den Erfolg.[468] Dabei wurde für die subjektive Tatseite zwischen dolus (Vorsatz) und culpa (Fahrlässigkeit) unterschieden.[469] Die Betätigung des Willens wurde zur Voraussetzung der Strafbarkeit.[470] Ein Rechtsinstitut wie den Versuch gab es im Recht des alten Roms jedoch nicht. Entscheidend war immer die – formell vollendete – Begehung der verbotenen Handlung.[471] Dies fiel im Privatstrafrecht in der Regel mit einer Schädigung als Voraussetzung der Strafbarkeit zusammen, sodass es hier nicht zu Vorverlagerung kam. Zumindest im Privatstrafrecht dürfte *cogitationis poenam nemo patitur* somit im Sinne einer Vorverlagerungsgrenze gegolten haben.

Demgegenüber betraf das *öffentliche Strafrecht* Straftaten gegen die Gemeinschaft.[472] Der Zweck der Täterhandlung rückte gegenüber einer Rechtsgutsverletzung bzw. Schädigung in den Vordergrund:

So war der »Versuch« (im Sinne des Erstrebens) der Verführung fremder Frauen strafbar, wie aus Digesten 47. 11. 1. hervorgeht.[473] Sofern erst die Verführung selbst als Verletzung der »Treue« o. ä. verstanden werden könnte,[474] läge in der Strafbarkeit des bloßen Versuches einer Verführung ein Fall der Vorverlagerung. Hierfür spricht insbesondere, dass der »Erfolg« mit Tod, der »Versuch« aber nur mit Deportation zu bestrafen war.[475] Eine Tat ohne Rechtsgutsverletzung bzw. Schädigung wurde demnach – weniger streng – bestraft (Vorverlagerung).

465 *Mommsen*, Römisches Strafrecht, 1955 (1899), S. 85.

466 Siehe zum griechischen Strafrecht *Germann*, Strafbarkeit des Versuchs, 1914, S. 90f.; zum altgermanischen Recht *Germann*, Strafbarkeit des Versuchs, 1914, S. 98ff.; *Gropp*, Tatstrafrecht und Verbrechenssystem, in: Grenzen der Vorverlagerung, 2011, S. 104ff.

467 *Mommsen*, Römisches Strafrecht, 1955 (1899), S. 85.

468 Digesten 48. 8. 14, siehe *Glöckner*, Cogitationis Poenam Nemo Patitur, 1989, S. 47.

469 *Mommsen*, Römisches Strafrecht, 1955 (1899), S. 86.

470 *Mommsen*, Römisches Strafrecht, 1955 (1899), S. 95.

471 Siehe *Glöckner*, Cogitationis Poenam Nemo Patitur, 1989, S. 249f. m. Nachw. zur anderen Ansicht. Gegen eine Versuchsstrafbarkeit im römischen Strafrecht bereits *Mommsen*, Römisches Strafrecht, 1955 (1899), S. 95, der bezüglich des (untechnischen) Versuchsbegriffs auf Digesten 2. 2. 1. 2. verweist, siehe hierzu oben Fn. 456.

472 Siehe nur *Mommsen*, Römisches Strafrecht, 1955 (1899), S. 96f.

473 *Stechmann*, Entwicklung und Bedeutung des Satzes »cogitationis poenam nemo patitur«, 1979, S. 9f.; *Glöckner*, Cogitationis Poenam Nemo Patitur, 1989, S. 49f. Hierzu auch *Germann*, Strafbarkeit des Versuchs, 1914, S. 94ff.

474 So etwa bzgl. des Ehebruchs *Feuerbach*, Lehrbuch des gemeinen in Deutschland gültigen peinlichen Rechts, 1812, S. 143ff.

475 *Stechmann*, Entwicklung und Bedeutung des Satzes »cogitationis poenam nemo patitur«, 1979, S. 16.

Der Besitz und der Verkauf von Gift war wie der Mord selbst zu strafen, sofern die Handlung von Tötungsabsicht getragen war, Digesten 48. 8. 3. pr.[476] Gleiches galt für die Handlung des »bewaffneten Umherstreichens« mit Raub- oder Mordabsicht, Digesten 48. 8. 1. pr.[477] Diese strukturell versuchsähnlichen Delikte setzen ebenfalls keine Rechtsgutsverletzung bzw. Schädigung von Leben bzw. Vermögen voraus (Vorverlagerung).

Des Weiteren wurden die Verbrechen mit Bezug zur Staatsmacht bereits durch die *Planung* der Deliktsausführung vollendet, siehe Corpus Iuris Civilis 9. 8. 5. pr.: »Wer (...) eine verbrecherische Verschwörung eingeht oder (...) den gewaltsamen Tod (unserer Staatsvertreter und -verbündeten, U. M.) bedenkt, (..., soll U. M.) mit dem Schwerte bestraft werden (...).«[478] Zumindest in der Form des Planens bzw. Bedenkens kann hierin schwerlich eine Rechtsgutsverletzung bzw. Schädigung der »Staatsordnung« gesehen werden,[479] sodass ein Fall der Vorverlagerung vorliegt, der im Übrigen sehr weitreichend war.[480] Dass gerade im Bereich der Staatsdelikte das Strafrecht des alten Roms nicht nur im Falle begangenen Unrechts sondern auch als Mittel politischer Unterdrückung (insbesondere der freien Wortäußerung) zum Einsatz kam, beklagte schon *Tacitus.*[481] Im öffentlichen altrömischen Strafrecht der Antike sind somit zahlreiche Fälle[482] von Vorverlagerung zu identifizieren.[483] Insbesondere im Bereich der »Staatsschutzdelikte« kann – insofern analog zur heutigen Entwicklung –[484] eine äußerst weitreichende Vorverlagerung konstatiert werden, die nicht durch den Grundsatz *cogitationis poenam nemo patitur* begrenzt wurde.

Als Ergebnis kann somit festgehalten werden, dass, entgegen der häufigen Suggestion in der aktuellen Strafrechtsliteratur, dem altrömischen (öffentlichen)

476 *Glöckner*, Cogitationis Poenam Nemo Patitur, 1989, S. 248f.

477 Siehe zu beidem *Stechmann*, Entwicklung und Bedeutung des Satzes »cogitationis poenam nemo patitur«, 1979, S. 16.

478 Übersetzung nach *Glöckner*, Cogitationis Poenam Nemo Patitur, 1989, S. 48.

479 Dass im Bereich der Staatsschutzdelikte die Feststellung einer Verletzung freilich vor speziellen Problemen steht, soll nicht bestritten werden, siehe hierzu *Anastasopoulou*, Deliktstypen zum Schutz kollektiver Rechtsgüter, 2005, S. 208f. sowie ausführlich unten ab S. 147.

480 Zur Weite und Politisierung der Majestätsverbrechen im alten Rom siehe auch *Bauman*, Crimen Maiestatis in the Roman Republic, 1970, S. 16ff.

481 *Tacitus*, Annalium ab Excessu Divi Augusti Libri, (um ca. 115 n. Chr.), I. 72. (etwa ab der Mitte). Hierzu mit Übersetzung *Bauman*, Crimen Maiestatis in the Roman Republic, 1970, S. 246ff.

482 Zu weiteren siehe *Stechmann*, Entwicklung und Bedeutung des Satzes »cogitationis poenam nemo patitur«, 1979, S. 17ff.; *Glöckner*, Cogitationis Poenam Nemo Patitur, 1989, S. 246ff.; *Germann*, Strafbarkeit des Versuchs, 1914, S. 94ff., mit Erörterung der Strafbarkeit des untauglichen Versuchs im römischen Strafrecht.

483 Ausdrücklich von *Vorverlegung* spricht in diesem Zusammenhang *Stechmann*, Entwicklung und Bedeutung des Satzes »cogitationis poenam nemo patitur«, 1979, S. 16ff.

484 Siehe zum Terrorismusstrafrecht oben S. 48.

Strafrecht durch den Satz cogitationis poenam nemo patitur keine engen Grenzen gezogen wurden. Auch ohne Rechtsgutsverletzung bzw. Schädigung trafen den Täter teils härteste Strafen. Außerdem findet sich im römischen Strafrecht zur actio libera in causa nichts.[485]

b) Vorverlagerung im Mittelalter und der frühen Neuzeit

Das Strafrecht des Mittelalters und der frühen Neuzeit wurde in ganz Europa zu einem erheblichen Teil durch das römische Strafrecht geprägt.[486] Damit wurden auch Fälle der Vorverlagerung übernommen. Es sollen hier ergänzend zwei Beispiele aus dem Strafrecht des deutschsprachigen Raumes genügen.[487]

Zum einen enthielt Art. 125 der Constitutio Criminalis Carolina (CCC) von 1532 die Straftat der Brandstiftung, die mit dem Tode zu bestrafen war.[488] Die Härte der Strafe reflektiert hierbei wohl die aus der mit dem Brand gerade im Mittelalter (aufgrund des weit verbreiteten Holzbaus) verbundene erhöhte Lebensgefahr. Das Verbot schützte – wie im heutigen Strafrecht – das menschliche Leben.[489] Die Todesstrafe galt aber unabhängig vom »damnum ex inflammatione provenerit«[490]. Auf eine Rechtsgutsverletzung bzw. Schädigung kam es nicht an, sodass es sich um einen Fall der Vorverlagerung handelt.

Zum anderen konnte das Zücken des Schwertes gegen Leib und Leben des Feindes als vollendete Gefährdungstat bestraft werden.[491] Diese Delikte ähnelten strukturell dem Versuch und waren im frühen Mittelalter verbreitet, wobei umstritten ist, ob hierin gar eine Versuchsstrafbarkeit selbst zu sehen ist.[492] Da in

485 Siehe *Stechmann*, Entwicklung und Bedeutung des Satzes »cogitationis poenam nemo patitur«, 1979, S. 225.

486 Dies geschah insbesondere durch die Arbeit der italienischen Glossatoren, siehe *Bock*, Römischrechtliche Ausgangspunkte der strafrechtlichen Beteiligungslehre, 2006, S. 21ff. Zu den Glossatoren ausführlich m. Nachw. *Glöckner*, Cogitationis Poenam Nemo Patitur, 1989, S. 2ff.

487 Siehe zur (vorhandenen) Strafbarkeit des Versuchs im altjapanischen und altchinesischen Strafrecht sowie weiteren außereuropäischen Rechtsordnungen *Germann*, Strafbarkeit des Versuchs, 1914, S. 125.

488 Siehe mit Wortlaut im Original *Kiss*, Das abstrakte Gefährdungsdelikt, 2006, S. 1. Zum Einfluss des römischen Strafrechts auf diesen Kodex siehe *Bock*, Römischrechtliche Ausgangspunkte der strafrechtlichen Beteiligungslehre, 2006, S. 23 m. w. Nachw.

489 Zur Diskussion dieser Straftat in der frühen Neuzeit m. Nachw. *Kiss*, Das abstrakte Gefährdungsdelikt, 2006, S. 1f.

490 *Carpzov*, Practicae novae imperialis saxonicae rerum criminalium, 1758 (1635), questio XXXVIII, Nummer 38, S. 288.

491 *Hälschner*, Preußische Strafrecht, 1975 (1855), S. 34f., insofern nicht ungleich der Rechtslage im altrömischen Strafrecht.

492 Bezüglich des Sachsenspiegels ablehnend *Hälschner*, Preußische Strafrecht, 1975 (1855), S. 35, bezüglich der Lex Salica bejahend *Stechmann*, Entwicklung und Bedeutung des Satzes »cogitationis poenam nemo patitur«, 1979, S. 11, wobei fraglich ist, inwiefern in der zi-

beiden geschilderten Varianten eine Rechtsgutsverletzung bzw. Schädigung (von Leib und Leben) nicht Bedingung der Strafbarkeit war, ist die entsprechende Strafbarkeit als Vorverlagerung zu qualifizieren.[493] Auch die Diskussion um die actio libera in causa entstammt der Rechtsepoche der frühen Neuzeit (16. Jahrhundert).[494]

c) Ergebnis

Die Prämisse, dass Vorverlagerung in der vormodernen Strafrechtsgeschichte nicht oder selten anzutreffen wäre, hat sich nicht bestätigen lassen. Bereits im öffentlichen altrömischen Strafrecht sind die Nachweise von Fällen der Vorverlagerung abundant. Der bis heute in Ursprung, Gehalt und Geltung umstrittene Satz *Ulpians*, *cogitationis poenam nemo patitur*, stand dem offensichtlich nicht entgegen. Im Mittelalter beschränkte man sich ebenso wenig auf die Rechtsgutsverletzung bzw. Schädigung als Voraussetzung der Strafbarkeit. Es lässt sich somit festhalten, dass seit Jahrhunderten bzw. Jahrtausenden Erscheinungsformen der Strafbarkeit existieren, die als Vorverlagerung zu qualifizieren sind. Auf Grundlage der rechtshistorischen Untersuchung muss die These, dass die Vorverlagerung ein neues Phänomen der Strafrechtswissenschaft ist,[495] als erschüttert gelten.[496]

2. Genese und Anwendungsgeschichte des Vorverlagerungsbegriffs

Das Vorkommen von Fällen der Vorverlagerung reicht wie gezeigt historisch weit zurück. Die Herausbildung des Vorverlagerungsbegriffs ist somit schon vor der zweiten Hälfte des 20. und frühen 21. Jahrhunderts zu vermuten. Die Untersuchung der Legitimität des präventiven Strafrechts hat aber ergeben, dass der Vorverlagerungsbegriff eng mit dem funktionalistischen Strafrechtsver-

---

tierten Stelle eine »Versuchsstrafbarkeit« und nicht eine Gleichstellung mit der Vollendung propagiert wird. Zur Versuchsstrafbarkeit im germanischen Recht siehe auch *Germann*, Strafbarkeit des Versuchs, 1914, S. 101 ff.

493 Ähnlich der geschilderten Prozessvoraussetzungen im römischen Privatstrafrecht fehlte es (zumindest gemäß des Sachsenspiegels) aber auch hier am Kläger, sodass der »Bauermeister« die Tat zu rügen hatte, *Hälschner*, Preußische Strafrecht, 1975 (1855), S. 35.

494 *Stechmann*, Entwicklung und Bedeutung des Satzes »cogitationis poenam nemo patitur«, 1979, S. 225 m. w. Nachw.

495 Siehe oben S. 63 ff. sowie S. 93 f.

496 So im Ergebnis zur »Vorfeldstrafbarkeit« auch *Puschke*, Legitimation von Vorbereitungstatbeständen, 2017, S. 12, der aber konstatiert, dass sich die Vorfeldstrafbarkeit gewandelt habe und dabei den Präventionscharakter betont, S. 15 f.

ständnis verknüpft ist.[497] Als frühester Zeitpunkt der Begriffsgenese kommt daher die Entstehung des Funktionalismus in Betracht.

Die Ursprünge des Funktionalismus liegen in der Aufklärung und dem hiermit einhergehenden tiefgreifenden Wandel der gesamten Strafrechtswissenschaft zum Ende des 18. Jahrhunderts.[498] Für die Untersuchung der Genese des Begriffs »Vorverlagerung« bietet sich mithin ein Zeitraum ab dem späten 18. Jahrhundert an. Des Weiteren war bis ins späte 18. Jahrhundert die lateinische Sprache gängige Schriftsprache des deutschen Strafrechts.[499] Aus diesem Grund würde eine Suche nach dem deutschen Begriff der »Vorverlagerung« vor 1800 weitestgehend ohne Ergebnis bleiben.

Zur Untersuchung der Entstehung des Begriffs »Vorverlagerung« im deutschen Strafrecht wird daher folgende Methode gewählt: Die mit der Aufklärung einsetzende Epoche des modernen Strafrechts, die bis heute fortdauert,[500] wird stichprobenartig auf die Verwendung der Begriffe »Vorverlagerung«, »Vorverlegung«, »vorverlagern«, »vorgelagert« und »vorverlegt« etc. geprüft. Als »vorverlagerungsrelevant« gelten die Typen der Vorverlagerung: Vorbereitungsdelikte,[501] Gefährdungsdelikte,[502] das versuchte Delikt[503] und die actio libera in causa[504].[505] Diese Bereiche der Verbrechenslehre werden stichprobenartig ab dem frühen 19. Jahrhundert auf die Verwendung des Begriffs hin untersucht. Eine Untersuchung der gesamten strafrechtsdogmatischen Literatur des 19. Jahrhunderts kann in dieser Arbeit nicht geleistet werden. Zielführend ist eine anlassbezogene Untersuchung »vorverlagerungsrelevanter« Diskussionen der Strafrechtswissenschaft.

497 »Funktionalismus« ist in diesem Sinne die Strafzwecklehre, nach dem der Zweck der Strafe der Schutz von Rechtsgütern ist, deren Verletzung für die Zukunft durch Abschreckung verhindert werde, siehe oben ab S. 41.

498 Siehe oben ab S. 41.

499 Siehe nur die Exegese der Literatur zur Kausalitätstheorie unten ab S. 199.

500 Siehe hierzu ausführlich *Vormbaum*, Einführung in die moderne Strafrechtsgeschichte, 2016, S. 16ff.

501 Siehe *Knobloch*, Die Bestrafung von Vorbereitungshandlungen aus deutscher Sicht, in: Grenzen der Vorverlagerung, 2011, S. 198.

502 So *Baroke*, Gefährdungsdelikte, in: Grenzen der Vorverlagerung, 2011, S. 258ff.

503 So *Wörner*, Die deutsche Versuchsdogmatik, in: Grenzen der Vorverlagerung, 2011, S. 151, relativierend aber auf S. 141.

504 So *Daniels*, Die actio libera in causa, in: Grenzen der Vorverlagerung, 2011, S. 333ff. NK StGB-*Paeffgen* Vorbemerkungen zu § 323a: Die actio libera in causa Rn. 33, 34, 36 (Vorverlegungs-Lehre) und Rn. 39 (Vorverlagerungs-Lehre).

505 Siehe ausführlich oben ab S. 81.

a) Stichprobenartige Untersuchung des deutschen Strafrechts von Anfang des 19. bis Anfang des 20. Jahrhunderts

Die entstehende funktionalistische Verbrechenslehre von *Feuerbach*, *Stübel* und *Köstlin* verwendete den Begriff »Vorverlagerung« zu Anfang des 19. Jahrhunderts noch nicht, obgleich Gefährdungsdelikte und Gefahrenabwehr bereits strafrechtswissenschaftlich untersucht wurden.[506] Die hierin liegende Schutztechnik wurde nicht systematisch erfasst und bis zur Reichsgründung 1871 war eine wissenschaftliche Auseinandersetzung mit der gesamtdeutschen Strafgesetzgebung auch nicht zu erwarten, da es keine deutschlandweite Strafgesetzgebung gab.

Bereits 1876, kurz nach Reichsgründung und dem Erlass des deutschen Strafgesetzbuches, lässt sich aber ein besonders evident »vorverlagerungsrelevantes« Ereignis ausmachen: Die Einführung des »Duchesne-Paragraphen«[507]. Dabei handelt es sich um den damaligen § 49a StGB und heutigen § 30 StGB,[508] der die Strafbarkeit der erfolglosen Teilnahme vorsieht. Auslöser der gesetzgeberischen Maßnahme waren drei Briefe von 1873, in denen sich der belgische Kesselschmied *Duchesne – Poncelet* dem Erzbischof von Paris erbot, *Otto von Bismarck*, den deutschen Reichskanzler, für eine Geldsumme zu ermorden. Der Bischof lehnte ab. Nachdem die Norddeutsche Allgemeine Zeitung die zuvor geheim gehaltenen Briefe 1874 veröffentlichte, drohte eine Verschärfung der angespannten politischen Lage zur Hochphase des Kulturkampfes wider den Einfluss der katholischen Kirche. Mit der Veröffentlichung der Briefe sah sich der deutsche Staat veranlasst, auf die Verurteilung des ›Erbieters‹ zu bestehen. Da Belgien dies mit dem Verweis auf die Straflosigkeit einer erfolglosen Teilnahme verweigern musste, einigte man sich auf die Einführung eines entsprechenden Straftatbestandes in Belgien bei gleichzeitiger Einführung eines solchen in Deutschland.[509] Zum Zwecke der Erfüllung völkerrechtlicher Ver-

506 *Feuerbach*, Lehrbuch des gemeinen in Deutschland gültigen peinlichen Rechts, 1812, § 115ff.; *Köstlin*, Revision der Grundbegriffe, 1970 (1845), § 181ff.; *Stübel*, Ueber den Thatbestand der Verbrechen, 1805, § 197ff. Siehe auch *Hälschner*, Strafrecht II, 1887, S. 597ff.

507 Siehe zu dieser Bezeichnung *Letzgus*, Vorstufen der Beteiligung, 1972, S. 87 sowie *Fieber*, Die Verbrechensverabredung, 2001, S. 47.

508 Siehe zur historischen Entwicklung ausführlich *Busch*, Geschichte des § 49a StGB, 1964, S. 47ff., 92ff., 115ff. und *Fieber*, Die Verbrechensverabredung, 2001, S. 47ff. sowie Leipziger Kommentar StGB-*Schünemann* Vor Rn. 1 § 30. Zur Strafbarkeit der erfolglosen Teilnahme vor 1876 siehe *Busch*, Geschichte des § 49a StGB, 1964, S. 2ff.; *Witte*, Erörterungen über den § 49a StGB, 1886, S. 2ff. sowie zur Verbrechensverabredung *Fieber*, Die Verbrechensverabredung, 2001, S. 17ff.

509 Siehe *Witte*, Erörterungen über den § 49a StGB, 1886, S. 9ff. (mit der korrespondierenden belgischen Vorschrift sowie einer knappen Darstellung ihrer Entstehungsgeschichte auf S. 10f.); *Busch*, Geschichte des § 49a StGB, 1964, S. 47ff.; *Letzgus*, Vorstufen der Beteili-

pflichtungen knüpfte das Deutsche Reich durch Schaffung des § 49a StGB a. F. die Strafbarkeit an eine *Vorbereitungshandlung* zum Verbrechen[510] an. Dies stellt eine Vorverlagerung dar.[511] Allerdings wurde der Begriff »Vorverlagerung« in der Besprechung und Erörterung des Duchesne-Paragraphen weder im späten 19. noch bis Mitte des 20. Jahrhundert verwendet.[512]

Weiterhin kommt die *Versuchsdogmatik* als Anwendungsbereich des Begriffs »Vorverlagerung« in Betracht.[513] Es findet sich eine in der Sache ähnliche Begrifflichkeit bei *M. E. Mayer*, der die Teilnahme und den Versuch wohl erstmals als »Strafausdehnungsgründe« behandelt wissen will.[514] Über die genannten Figuren des Allgemeinen Teils werde nach *Mayer* der Anwendungsbereich der Tatbestände des Besonderen Teils *ausgedehnt*. Dies stelle eine Gesetzestechnik dar, die mit einer Schulddifferenz verbunden sei.[515] Allerdings lässt sich der Begriff »Vorverlagerung« in der Versuchsdogmatik bis in die Mitte des 20. Jahrhunderts nicht nachweisen.[516] Das Gleiche gilt hinsichtlich der *Gefährdungsdelikte*.[517]

Die Diskussion der *actio libera in causa* wiederum fand 1914 eine »ge-

---

gung, 1972, S. 87f.; *Fieber*, Die Verbrechensverabredung, 2001, S. 47ff. ; Leipziger Kommentar StGB-*Schünemann* Vor Rn. 1 § 30; *Knobloch*, Die Bestrafung von Vorbereitungshandlungen aus deutscher Sicht, in: Grenzen der Vorverlagerung, 2011, S. 200f.

510 Siehe den Wortlaut des § 49a StGB in der Fassung vom 26. 02. 1876 bei *Busch*, Geschichte des § 49a StGB, 1964, S. III.

511 So auch in der Sache *Knobloch*, Die Bestrafung von Vorbereitungshandlungen aus deutscher Sicht, in: Grenzen der Vorverlagerung, 2011, S. 198, zur Vorbereitung als »klassische Vorverlagerung«.

512 Unverwendet bleibt der Begriff u. a. bei *Witte*, Erörterungen über den § 49a StGB, 1886, S. 21ff. (zur Dogmatik der Vorschrift) aber auch bei *v. Liszt*, Lehrbuch des deutschen Strafrechts, 1900, passim (siehe insbesondere § 175); *Beling*, Die Lehre vom Verbrechen, 1964 (1906), passim (siehe insbesondere S. 466ff.); *Mayer*, Strafrecht AT 1915, passim; siehe aber auch BT Drucks. IV/650 (E 1962) sowie *Busch*, Geschichte des § 49a StGB, 1964, passim und *Letzgus*, Vorstufen der Beteiligung, 1972, passim, die den Begriff in ihrer Arbeit nicht verwenden. Zur Verwendung des Begriffs »vorverlegen« bei *Letzgus*, siehe unten Fn. 566.

513 So spricht etwa *Jakobs* bezüglich des Versuchs von einem sinnfälligen Fall der Vorverlagerung, siehe *Jakobs*, AT 1993, 25/1.

514 *Mayer*, Strafrecht AT, 1915, S. 341.

515 *Mayer*, Strafrecht AT, 1915, S. 342.

516 Siehe nur neben *Mayer*, ebenda, beispielsweise *v. Liszt*, Lehrbuch des deutschen Strafrechts, 1900, § 46, sowie *Klee*, Der dolus indirectus, 1906, S. 1ff., der aber den verwandten Begriff der *Vorverlegung* später verwenden sollte (siehe unten ab S. 107). Siehe zur subjektiven Straftheorie auch *Germann*, Strafbarkeit des Versuchs, 1914, S. 183ff. (S. 221f.).

517 Exemplarisch *Rabl*, Der Gefährdungsvorsatz, 1977 (1933), S. 1ff. Auch *Cramer*, Vollrauschtatbestand, 1962, diskutiert auf S. 61ff. die Stufen des Verbrechens und Zeitlichkeit, doch nutzt er den Begriff nicht. Siehe auch die Nachweise bei *Graul*, Abstrakte Gefährdungsdelikte und Präsumtionen im Strafrecht, 1991, S. 157ff., die den Begriff nicht verwenden.

schlossene Darstellung«[518] bei *Binding*.[519] Hier findet sich eine Verwendung des Verbs »verlegen«: »Verlegt man den Zeitpunkt der Verursachung in das Stadium der Zurechnungsunfähigkeit, so ist eben unzurechenbar, also weder dolos noch kulpos, verursacht worden«.[520] Das Zitat steht im Zusammenhang mit der Kausalitätstheorie. Es deutet sich schon hier der Bezug der Vorverlagerung zur Kausalitätstheorie an.[521] Der Begriff der *Vor*verlagerung (oder *Vor*verlegung) fällt jedoch nicht.[522]

Abgesehen von den behandelten vier typischen Bereichen der Vorverlagerung, kommt noch ein weiterer möglicher Verwendungszusammenhang in Betracht: Das *Verwaltungsstrafrecht*. Die Grenzen des Strafrechts wurden damals bekanntlich in Form der Trennung von Straf- und Verwaltungsstrafrecht diskutiert.[523] Aber auch in diesem Zusammenhang wurde der Begriff nicht verwendet.[524]

Schließlich kommen die Vorläufer der personalen Unrechtslehre als Ursprung des Vorverlagerungsbegriffes in Betracht. Die personale Unrechtslehre bezweckte eine Überwindung des Verursachungsdogmas mittels der Strafbarkeit von versuchten Delikten und Gefährdungsdelikten als klassische Typen der Vorverlagerung.[525] Vorläufer der personalen Unrechtslehre ist die Strafrechtsphilosophie *Hegels*.[526] Schon im frühen 19. Jahrhundert befürwortete der Rechtswissenschaftler und Philosoph, die Bedeutung des Erfolgsunwertes zugunsten der stärkeren Gewichtung von Willenselementen zurückzudrängen. Das alleinige auszugleichende Übel des Verbrechens sei die Verletzung des Rechts als objektive Pflicht, nicht subjektives Recht. Für die Begründung der Strafe käme es allein darauf an, »dass das Verbrechen (...) als Verletzung des Rechts als Rechts aufzuheben ist«[527].[528] Die Verletzung von Rechten und Gütern, die Grundlage der funktionalistischen Strafrechtskonzeption, sei für den strafrechtlichen Un-

518 *Krause*, FS Mayer 1966, S. 305.
519 *Binding*, Die Normen und ihre Übertretung, 1914, S. 612ff.
520 *Binding*, Die Normen und ihre Übertretung, 1914, S. 616 in Fn. 13 unten.
521 Siehe hierzu unten ab S. 123.
522 Siehe auch *Mayer*, Strafrecht AT, 1915, S. 215f.; sowie *Sauer*, Strafrecht AT, 2014 (1955), § 15 III, die den Begriff nicht verwenden.
523 Grundlegend *Goldschmidt*, Das Verwaltungsstrafrecht, 1969 (1902), passim.
524 Siehe *Goldschmidt*, Das Verwaltungsstrafrecht, 1969 (1902), insbesondere den Teil zum »Versuch einer Theorie des Verwaltungsstrafrechts«, S. 529ff. ohne den Begriff zu verwenden, sowie die *Niederschriften Großen Strafrechtskommission*, Bd. 1, 1956, S. 67ff. zur Abgrenzung Verwaltungsstrafrecht und kriminellem Unrecht, die den Begriff nicht nennt.
525 Hierzu bereits oben an S. 44.
526 Siehe zu *Hegels* Verbrechenslehre zuletzt *Sinn*, Straffreistellung aufgrund von Drittverhalten, 2007, S. 277ff.
527 *Hegel*, Grundlinien der Philosophie des Rechts, 1821 § 99f.
528 Siehe hierzu *Sinn*, Straffreistellung aufgrund von Drittverhalten, 2007, S. 283ff.; *Lesch*, Verbrechensbegriff, 1999, S. 125ff.

rechtsbegriff nebensächlich. Rechtsverletzungen seien allein das Metier des Zivilrechts, dessen Aufgabe die Entschädigung von Rechtsverletzungen ist.[529] Die Straftat liege demgegenüber in dem Widerspruch gegen die Norm*geltung* selbst.[530] Von »Vorverlagerung« sprach man nicht.

Der Gedanke einer Überwindung der Bedeutung des Verletzungserfolges für das Strafrecht wurde im 20. Jahrhundert im Willensstrafrecht aufgegriffen, jedoch ohne die idealistische, freiheitsphilosophische Begründung *Hegels*. Die Betonung des Handlungsunwerts liegt bei dieser im Gegenteil gerade in der hierdurch erreichten *effizienteren Gestaltung des Schutzes durch Strafrecht begründet*,[531] wie im Folgenden gezeigt werden soll.

Besonders deutlich wird der präventive Ansatz bei *Germann*, neben *Klee*[532] bedeutendster Vorreiter des *Willensstrafrechts* zu Anfang des 20. Jahrhunderts.[533] Nach einer Auseinandersetzung mit den objektiven Versuchstheorien und dem Determinismus gelangt er zu dem Ergebnis:[534] »Allein das Herbeiführen-wollen ist das Verbrechen«[535]. Dies leitet er aus dem Strafzweck selbst, unter Zuhilfenahme der Normentheorie, ab.[536] Demnach steuert Strafe mittels der Normen die Willensentschlüsse des Menschen um *Rechtsgüterschutz* zu gewähren:

> »Um diesen Zweck zu erfüllen, erwächst für sie die Aufgabe, als eine präventive (prophylaktische) Maßnahme Quellen der Gefahr einer Rechtsgutsverletzung zu beseitigen. (…) Welches ist nun aber diese Gefahrquelle, auf die das Institut der Strafe einwirken kann? (… Es, U.M.) liegt die Vermutung nahe, dass die Normübertretung selbst sich als das gefährdende Moment herausstellt.«[537]

Nachdem *Germann* seine Vermutung bestätigt sieht, ist der Weg frei, »gefährliches Wollen«[538] als Merkmal aller Verbrechenstatbestände auszumachen, und kategorisch subjektive Verbrechenstatbestände zu fordern:[539]

---

529 Hierzu ausführlich *Sinn*, Straffreistellung aufgrund von Drittverhalten, 2007, S. 244ff.

530 Siehe hierzu ausführlich *Lesch*, Verbrechensbegriff, 1999, S. 190ff.

531 Siehe *Hartl*, Das nationalsozialistische Willensstrafrecht, 2000, S. 60ff.; S. 96ff.

532 Zu *Klee* siehe die Darstellung bei *Hartl*, Das nationalsozialistische Willensstrafrecht, 2000, S. 60ff., der jedoch *Klee* nicht ganz zutreffend als einzigen Vorreiter des Willensstrafrechts bezeichnet.

533 Siehe hierzu *Jakobs*, Studien zum fahrlässigen Erfolgsdelikt, 1972, S. 123f., demzufolge *Germanns* Ansicht auf *Vorverlagerung* hinausliefe.

534 Eine ausführlichen Auseinandersetzung mit dem Determinismus und der physischen und psychischen Kausalität, *Germann*, Strafbarkeit des Versuchs, 1914, S. 131ff.

535 *Germann*, Strafbarkeit des Versuchs, 1914, S. 147.

536 *Germann*, Strafbarkeit des Versuchs, 1914, S. 128ff.

537 *Germann*, Strafbarkeit des Versuchs, 1914, S. 129f.

538 *Germann*, Strafbarkeit des Versuchs, 1914, S. 131.

539 *Germann*, Strafbarkeit des Versuchs, 1914, S. 146.

»Der Wille ist daher auch (! U.M.) im Versuch das einzige strafbare Moment. Den untauglichen Versuch straflos zu lassen, hieße aber gerade in einem Fall auf die Strafe verzichten, wo sie in idealster Weise ihre Aufgaben erfüllen könnte; ein solcher Verzicht wäre folglich gleichbedeutend mit einer Bankerotterklärung (sic, U.M.) der Präventionstheorie«[540].

Wie aus diesen Ausführungen deutlich wird, ist die Orientierung an der Handlung bzw. am Willen, der Verzicht auf den Verletzungserfolg, eine Ausprägung eines bestimmten Verständnisses vom Schwerpunkt des Unrechts und vom Verbrechensbegriff. Triebfeder des sich herausbildenden »Willensstrafrechts« ist die *Erfolgsvermeidung*, die präventive Ausrichtung des Strafrechts insgesamt, für die die Pönalisierung der willensgetragenen Handlung allein die zwangsläufige Konsequenz ist. *Germann* befürwortete in der Folge die Entwicklung einer subjektiven Straftheorie – ohne von Vorverlegung oder gar Vorverlagerung zu sprechen.[541] Auch *Klee*, der später den Begriff »Vorverlegung« verwendete, tat dies zu Beginn des 20. Jahrhunderts nicht.[542] In seinem – den »Gesetzgebungsfragen« zugeordneten – Beitrag »Erfolgs- oder Willensstrafe?« diskutiert *Klee* ausführlich die Notwendigkeit der Überwindung der »Zufälligkeit der Kausalität«[543] als Voraussetzung von Strafe. Trotz dieser vorverlagerungsrelevanten Momente lässt sich der Begriff »Vorverlagerung«, »Vorverlegung« sowie die jeweiligen Verbformen bis ins frühe 20. Jahrhundert nicht nachweisen.

b) Die 1930er-Jahre: Der Begriff »Vorverlegung«

Bis 1930 finden sich keine Hinweise auf die Verwendung des Begriffs »Vorverlagerung«. In den 1930er-Jahren kam es mit der Wende vom liberalen Tat- zum Willens- bzw. Täterstrafrecht[544] jedoch zur vermehrten Verwendung des Begriffs »*Vorverlegung*«.[545] Ausgangspunkt waren die Beiträge *Freislers*, der den Begriff

540 *Germann*, Strafbarkeit des Versuchs, 1914, S. 147, im Original mit Hervorhebungen.

541 Siehe zur subjektiven Straftheorie *Germann*, Strafbarkeit des Versuchs, 1914, S. 183ff. (S. 221f.). Vorverlegung oder Vorverlagerung finden sich in dem Werk nicht. Zwar heißt es auf S. 133 »zurückverlegen«. Dies bezieht sich hier jedoch auf den Willensdeterminismus, der nicht darum herum käme, die Willensfreiheit aus dem Geiste in ein früheres Glied der Kausalkette »zurückzuverlegen«.

542 Siehe zum willensstrafrechtlichen Ansatz ohne Verwendung der Begriffe *Klee*, Der dolus indirectus, 1906, S. 1ff.; *Klee*, Archiv für Rechts- und Wirtschaftsphilosophie 1917, S. 184ff.; S. 314ff.

543 *Klee*, Archiv für Rechts- und Wirtschaftsphilosophie 1917, S. 318.

544 Siehe zu den Ursprüngen des Willensstrafrechts und dem Abbau des Tatprinzips *Bockelmann*, Studien zum Täterstrafrecht, 1939, S. 62ff.; *Hartl*, Das nationalsozialistische Willensstrafrecht, 2000, S. 56ff. Zum »Vorverlagerungsprinzip« des Willensstrafrechts siehe *ebenda*, S. 92f.

545 *Freisler*, GA 1934, S. 6; *ders.*, Grundzüge eines allgemeinen deutschen Strafrechts, 1934,

»*Vorverlegung der Verteidigungslinie*« des Staates für das nationalsozialistische Willensstrafrecht schöpfte: Das Ersticken »des verbrecherischen Willens (..., kann U. M.) nur dadurch geschehen, dass die *Verteidigungslinie* des Staates gegen den verbrecherischen Willen *vorverlegt* wird«[546]. Gleich im ersten Beitrag in der ersten Ausgabe »Deutsches Strafrecht« von 1934 heißt es dazu:

> »Ein solches Strafrecht darf nicht seine Abwehrmaßnahmen gegen Volksschädlinge erst dort einsetzen lassen, wo der Volksschädling mit seinen volksschädigenden Handlungen den erstrebten Erfolg bereits erzielt, die verbrecherische Handlung also vollendet hat; das nationalsozialistische Strafrecht muss vielmehr an die Stelle einer solchen starren und zu weit zurückgelegten Verteidigungslinie der Volksgesundheit und des Volksfriedens die angriffsweise vorverlegte Verteidigung setzen, die den Volksfeind in dem Augenblick angreift, in dem sein verbrecherische Wille unmittelbar in den friedlichen Ablauf des Volkslebens einzugreifen beginnt.«[547]

Der Vorverlegungsbegriff wird von *Freisler* – im Gegensatz zur kritischen Verwendung von »Vorverlagerung« bei *Jakobs* –[548] positiv, als überfällige Überwindung eines zögerlichen liberalen Strafrechts, als Waffe einer effizienten Kriminalpolitik des »völkischen Schutzes«[549], nutzbar gemacht. Das nationalsozialistische Strafrecht dürfe »nicht ängstlich danach fragen, ob es diesen oder jenen zu scharf anfasst, es muss vielmehr stets sich fragen, ob es einen wirksamen Schutz der Integrität des Volkes sichert«[550]. Im Zentrum des nationalsozialistischen Willensstrafrechts steht folglich der »rechtsbrecherische Wille des Volksfeindes«[551] bzw. die Pflichtverletzung als »Verrat«[552]. In dieser martialischen Sprache wird einmal mehr die »extrem ideologisch gefärbte Charakteristik des nationalsozialistischen Willensstrafrechts«[553] erkennbar, die dieses deutlich von ihren willensorientierten Vorläufern und Nachfolgern abhebt.

Die Ausrichtung des Strafrechts an der Normübertretung bezweckt im Na-

---

S. 13. Nach ihm *Suck*, Der Beginn der Tat im deutschen Strafrecht, 1977 (1937), S. 1ff., beispielsweise S. 2, S. 146. Kritisch zur alleinigen Betonung der Pflichtverletzung unter ausdrücklichem Verweis auf den genannten Ausspruch *Freislers*, *Klee*, GA 1936, S. 4.

546 *Freisler*, Grundzüge eines allgemeinen deutschen Strafrechts, 1934, S. 13 (Hervorhebungen im Original).

547 *Freisler*, GA 1934, S. 6.

548 Siehe oben ab S. 60.

549 So zum Willensstrafrecht insgesamt *Schaffstein*, Das Verbrechen als Pflichtverletzung, in: Grundfragen der neuen Rechtswissenschaft, 1935, S. 108f.; siehe zum Ganzen auch *Hartl*, Das nationalsozialistische Willensstrafrecht, 2000, S. 92f. m. w. Nachw.

550 *Freisler*, GA 1934, S. 5f.

551 So *Freisler*, GA 1934, S. 5, der dieses als Ziel, auf den die Waffe des nationalsozialistischen Strafrechts gerichtet werden muss, ausmacht.

552 *Schaffstein*, Das Verbrechen als Pflichtverletzung, in: Grundfragen der neuen Rechtswissenschaft, 1935, S. 114ff.; siehe auch *Dahm*, ZStW 96 (1935), S. 293ff.

553 *Hartl*, Das nationalsozialistische Willensstrafrecht, 2000, S. 65.

tionalsozialismus jedoch ebenfalls (Rechtsgüter)Schutz (so wie schon bei *Germann* 30 Jahre zuvor). In den Worten *Klees:* »Das Willensstrafrecht verliert keineswegs die Wahrheit aus den Augen, dass das Verbrechen seinem Wesen nach in der Tat Verletzung der völkischen Lebensbedingungen, in diesem Sinne von (...) Gütern ist. Es ist nichts anderes als der Ausdruck der zweckmäßigsten Methode, den strafrechtlichen Schutz zu gestalten«[554].[555] Einen willensorientierten Unrechtsbegriff unbenommen ist der Fluchtpunkt des Willensstrafrechts somit nicht der Wille oder die Pflichtverletzung, sondern die Verletzung, auf die im Tatbestand verzichtet werden könne: *Hierdurch* würde (Rechtsgüter-)Schutz gewährleistet.[556] Durch Verzicht auf den Erfolg im Tatbestand soll gerade ein effektiverer Schutz ermöglicht und das Zufallselement des Erfolgseintritts ausgeschaltet werden.[557] Deutlich ist dies *Freisler* selbst zu entnehmen:

> »Nicht die Zufälligkeit des Erfolgseintritts sondern der betätigte verbrecherische Wille ist bei der Bestrafung zugrunde zu legen. Der Eintritt des Erfolges hängt auch von Umständen ab, auf die der Täterwille keinen Einfluss hat. Wenn das Strafrecht seinen Zweck, den Schutz der Rechtsgüter, erfüllen soll, so muss (...) die *Verteidigungslinie* des Staates (...) *vorverlegt* werden«[558].

Insofern entspricht die Zwecksetzung der nationalsozialistischen Vorverlegung, trotz aller politischen und rechtsdogmatischen Differenzen, der Argumentation der Bonner Schule zugunsten der Vorverlagerung 40 Jahre später.[559] Es war *Freisler*, der für jene Schutzfunktion des (Willens-)Strafrechts 1934 das positiv verstandene Begriffspaar »Vorverlegung der Verteidigungslinie« prägte.[560] Hierdurch fand zugleich eine *Verlagerung* des Akzents des Strafrechts statt.[561] *Klee* ging 1936 noch weiter. Es handele sich »nicht nur um eine Verlagerung des

554 *Klee*, GA 1936, S. 4f.

555 Dass dem Rechtsgutsbegriff im Nationalsozialismus nur dort Legitimation zugestanden, wo er sich auf das einzig schützenswerte Gut »Leben des Volkes« zurückführen lässt, betont auch *Freisler* in GA 1934, S. 6.

556 Auch *Amelung*, Rechtsgüterschutz und Schutz der Gesellschaft, 1972, S. 257, hält fest, dass der Rechtsgutsbegriff im Nationalsozialismus noch wichtige dogmatische Funktionen erfüllte.

557 Siehe schon *Klee*, GA 1936, S. 4 m. w. Nachw.

558 *Freisler*, Grundzüge eines allgemeinen deutschen Strafrechts, 1934, S. 13 (im Original mit weiteren Hervorhebungen).

559 Eine Optimierung des Rechtsgüterschutzes durch Betonung des Normverstoßes sollte ein Kernanliegen der Bonner Schule sein, die maßgeblich zur Vorverlagerung beitrug, siehe ab S. 44.

560 *Freisler*, Grundzüge eines allgemeinen deutschen Strafrechts, 1934, S. 13; *ders.*, GA 1934, S. 6.

561 Siehe *Schaffstein*, Das Verbrechen als Pflichtverletzung, in: Grundfragen der neuen Rechtswissenschaft, 1935, S. 112 (»verlegen«), S. 115 (»verlagert«), mit Verweis auf *Dahm*, ZStW 96 (1935), S. 293, der aber die Begriffe »Verlagerung« oder »Verlegung« an zitierter Stelle nicht nutzt.

Akzents, sondern des Schwerpunkts des gesamten Strafrechts«[562]. Der Begriff »*Vor*verlagerung« fällt bis zu diesem Zeitpunkt weiterhin nicht.

Auch nach dem zweiten Weltkrieg, etwa in der Diskussion der großen Strafrechtskommission in den 1950er-Jahren,[563] wird »*Vorverlegung der Verteidigungslinie*« verwendet,[564] insbesondere im Zusammenhang mit dem § 49a StGB (heute § 30 StGB).[565] Die Wortkombination »*Vorverlegung* der Verteidigungslinie« bzw. des Schutzes findet sogar bis weit in die zweite Hälfte des 20. Jahrhunderts Verbreitung.[566]

Noch 1987 wird von *Jescheck* ein Sammelband zur »Vorverlegung des Strafrechtsschutzes« herausgegeben.[567] Zweck ist eine »auslandsrechtliche Darstellung und eine anschließende rechtsvergleichende Diskussion«[568]. Die Legitimitätsproblematik nimmt hier bereits größeren Raum ein. In den Beiträgen aus Deutschland, Österreich, Italien, Ungarn und Polen sowie in der Diskussion ist von einer »allgemein vertretenen Tendenz zur restriktiven Handhabung jedweder Vorverlegung der Strafbarkeit«[569] die Rede. Insbesondere abstrakte Ge-

562 *Klee*, GA 1936, S. 1.

563 Nicht aber im Programm des Alternativ-Entwurfs der Strafrechtslehrer von 1968, so beschreibt etwa *Maihofer*, Die Reform des Besonderen Teils des Strafrechts, in: Programm für ein neues Strafgesetzbuch, 1968, S. 116ff., den Entwurf 1962 ausführlich hinsichtlich der expansiven Tendenzen und dem Rechtsgüterschutz (etwa S. 118ff.), nutzt den Begriff der Vorverlegung oder gar Vorverlagerung aber nicht.

564 Siehe *Niederschriften Großen Strafrechtskommission*, Bd. 8, 1959, S. 424 (Dr. Krille, »Vorverlegung« hinsichtlich Verzicht auf eine Gemeingefahr bei den entsprechenden Delikten).

565 Siehe *Niederschriften Großen Strafrechtskommission*, Bd. 2, 1958, S. 206 (Dr. Schäfer, »Versuch vorzuverlegen« zu »§ 30 StGB«), S. 210 (Dr. Dreher, »kriminalpolitische Verteidigungslinie vorverlegt« zu »§ 30 StGB«), S. 212 (Prof. Dr. Lange, »Vorverlegung der Verteidigungslinie gegen das Verbrechen« als neue Begründung des »§ 30 StGB« während des Nationalsozialismus), Anhang Nr. 41 S. 115 (Dr. Fränkel, »Vorverlegung der Strafbarkeitslinie« zu »§ 30 StGB«).

566 Siehe etwa *Dreher*, GA 1954, S. 12: »Vorverlegung der kriminellen Verteidigungslinie« -sic!-; *Hippel*, Untersuchungen über den Rücktritt vom Versuch, 1966, S. 17 (»Vorverlegung der Schutzgrenze«); *Lackner*, Gefährdungsdelikt, 1967, S. 14 (»Vorverlegung der strafrechtlichen Verteidigungslinie«); *Letzgus*, Vorstufen der Beteiligung, 1972, S. 18 (»kriminalpolitische Verteidigungslinie vorverlegt«); ähnlich auch *Kühl*, Beendigung des vorsätzlichen Begehungsdelikts, 1974, S. 20; *Deutsch*, NJW 1992, S. 74 (»Verteidigungslinie der Rechtsordnung vorverlegt«). Vereinzelt wird der Begriff noch heute verwendet, insbesondere bei den bereits genannten Autoren, siehe Gesamtes Strafrecht-*Letzgus* § 30 Rn. 3 und Lackner/Kühl StGB-*Kühl* Vorbemerkungen 22. Abschnitt Rn. 1. Siehe aber auch Beck KK BImSchG-*Wache/Steindorf* § 1 Rn. 3 (»Verteidigungslinie des Umweltschutzes ist dadurch in vorbildlicher Weise vorverlegt«); *ders.* § 32 Rn. 1 (»Verteidigungslinie des Umweltschutzes vorverlegt«).

567 *Jescheck*, Die Vorverlegung des Strafrechtsschutzes, 1987, passim.

568 *Jescheck*, Einführung, in: Die Vorverlegung des Strafrechtsschutzes, 1987, S. VII (S. VII).

569 *Maier*, Diskussionsbericht, in: Die Vorverlegung des Strafrechtsschutzes, 1987, S. 151.

fährdungsdelikte werden kritisch gesehen, ohne dass von »Vorverlagerung« die Rede ist.[570]

c) Die 1970er-Jahre: Der Begriff »Vorverlagerung«

Sporadisch lässt sich der Begriff »*Vorverlagerung*« im strafrechtlichen Kontext seit Beginn der 1970er-Jahre, etwa bei *Arzt* 1970 (»Vorverlagerung des Schutzes«[571]der Intimsphäre durch Pönalisierung von Mitteilungen »Ehrenrühriger Tatsachen«), *Hippel* 1972 (»Vorverlagerung der Schutzgrenze«[572] durch Gefährdungsdelikte), *Jakobs* 1972 (»Vorverlagerung des Strafrechtsschutzes«[573] durch subjektivierende Verbrechenslehren) und *Samson* 1972 (»vorverlagert«[574]), nachweisen. In der Rechtsprechung findet er sich erst[575] ab den 1970er-Jahren.[576] Der Alternativ-Entwurf der Strafrechtslehrer nutzt noch 1971 den Begriff »Vorverlegung«.[577]

Erste größere Verbreitung findet der Begriff »Vorverlagerung« in der Diskussion um die Legitimation bzw. den Zweck der 1976 eingeführten Strafbarkeit der Bildung terroristischer Vereinigungen gemäß § 129a StGB (Vorverlagerungslehre)[578].[579] *Rudolphi* erkennt als den Zweck der Vereinigungsstrafbarkeit die Vorverlagerung des Rechtsgüterschutzes und verwendet den Begriff zum ersten Mal 1978: »Die §§ 129 und 129a StGB beinhalten (...) lediglich eine über § 30 StGB hinausgehende Vorverlagerung des Strafschutzes in das Vorbereitungsstadium«[580]. Es folgt die erste Verwendung des Begriffs im Titel eines

570 *Maier*, Diskussionsbericht, in: Die Vorverlegung des Strafrechtsschutzes, 1987, S. 147f.

571 *Arzt*, Der strafrechtliche Schutz der Intimsphäre, 1970, S. 164 und Überschrift 2. Kapitel, A), I. 3. c) cc) und dd).

572 *Hippel*, Gefahrurteile und Prognoseentscheidungen, 1972, S. 84, 101, 110.

573 *Jakobs*, Studien zum fahrlässigen Erfolgsdelikt, 1972, S. 123, S. 124, S. 126.

574 *Samson*, Hypothetische Kausalverläufe im Strafrecht, 1972, S. 99, hier jedoch im Zusammenhang der Kausalität der Lebensverkürzung.

575 Eine Suche in der Onlinedatenbank »*juris*« (abgerufen am 30.03.2018) nach »Vorverlagerung« in der strafrechtlichen Rechtsprechung zeigt vor 1970 nur ein Ergebnis an, BGHSt 18, 133 (1962), doch der Begriff fällt in der Entscheidung nicht (S. 135: »vorweggenommen«).

576 Siehe etwa BayObLG Beschluß v. 25.4.1973, BeckRS 9998, 107413 mit Verweis auf *Samson* a.a.O; OLG Stuttgart NJW 1981, S. 879 (zu § 142 StGB), siehe auch die Nachweise in Fn. 13 oben.

577 »Vorverlegung der Strafbarkeitsgrenze«, siehe *Alternativ-Entwurf eines Strafgesetzbuches*, BT, 2. Halbband, 1971, S. 53.

578 Siehe diesen Begriff u.a. bei *Cancio Meliá*, GA 2012, S. 5.

579 Eingeführt mit dem Gesetz BGBl. I S. 2181, siehe zur Historie MüKo StGB-*Schäfer* § 129a StGB Rn. 7, in Rn. 9 unter Verwendung des Begriffs der »Vorverlagerung des Strafschutzes«.

580 *Rudolphi*, FS Bruns 1978, S. 317. Vorher aber wurde der Begriff von ihm nicht verwendet, siehe etwa zur Haftung aus vorangegangenem Tun *Rudolphi*, Gedanke der Ingerenz, 1966, S. 65ff., S. 151ff.

Aufsatzes aus dem Jahre 1979: »Notwendigkeit und Grenzen einer Vorverlagerung«.[581] Auch hier ist der Begriff zwar positiv besetzt: Es gäbe eine »grundsätzliche Berechtigung und Notwendigkeit«[582] der Vorverlagerung des Strafrechtsschutzes um die Rechtsgüter des Bürgers und des Staates wirksam zu schützen. *Rudolphi* nimmt aber zeitgleich die Grenzen in den Blick, wie bereits am Titel zu erkennen ist.[583] Der mangelnden Bestimmtheit der Vorschriften sei durch die möglichst exakte Bestimmung der spezifischen Schutzaufgabe der §§ 129, 129a StGB zu begegnen, was eine strenge, restriktive Auslegung der Vorschriften zur Folge haben müsse.[584]

Im Zusammenhang mit der Strafbarkeit der kriminellen Vereinigung erscheint 1989 der Begriff zum ersten Mal im Titel einer strafrechtlichen Monographie: »Grundlagen und Grenzen der §§ 129, 129a: zu Umfang und Notwendigkeit der Vorverlagerung des Strafrechtsschutzes bei der Bekämpfung krimineller und terroristischer Vereinigungen«[585].

Einen wesentlichen Beitrag zum Bedeutungsgewinn des Begriffs »Vorverlagerung« dürfte zudem der Beitrag *Jakobs'* zum Feindstrafrecht aus dem Jahre 1985 geleistet haben.[586] Hier zeigt sich ein dezidiert kritisches Verständnis des Begriffs. Die Rede ist von einem *Problem der Vorverlagerung:*

> »Das von mir zu behandelnde Thema nennt *ein* Problem: dasjenige der Kriminalisierung im Vorfeld einer als fix gedachten Rechtsgutsverletzung (...). (Ich lasse, U. M.) einen knappen zweiten Abschnitt darüber folgen, ob nicht die Illegitimität der Kriminalisierung von Vorfeldverhalten durch den Schutz vorverlagerter Rechtsgüter neutralisiert werden kann (...). Man mag den ersten Abschnitt den allgemeinen und den zweiten den besonderen Teil des Problems der Vorverlagerung nennen.«[587]

Die zunehmend häufige Verwendung des Begriffs im Strafrecht der Gegenwart findet in den frühen 2010er-Jahren in zwei Sammelbänden – »Grenzen der Vorverlagerung in einem Tatstrafrecht«[588] sowie »Grenzenlose Vorverlagerung des Strafrechts?«[589] – ihren sichtbarsten Ausdruck. Wie hier deutlich wird, steht in der zeitgenössischen Forschung die von *Jakobs* geprägte kritische Verwendung im Zusammenhang mit den Grenzen des Strafrechts im Zentrum.

---

581 *Rudolphi*, ZRP 1979, S. 214.

582 *Rudolphi*, ZRP 1979, S. 215 (siehe auch S. 221).

583 *Rudolphi*, ZRP 1979, S. 214 (siehe zu den Grenzen S. 218ff.).

584 *Rudolphi*, ZRP 1979, S. 215.

585 *Fürst*, Grundlagen und Grenzen der §§ 129, 129a, 1989.

586 *Jakobs* verwendet den Begriff mehrmals, siehe *Jakobs*, ZStW 97 (1985), S. 751, 752 (ausführlich), 753, 756, 765, 768, 769, 773.

587 *Jakobs*, ZStW 97 (1985), S. 751 (Hervorhebung im Original).

588 *Sinn/Gropp/Nagy* (Hrsg.), Grenzen der Vorverlagerung in einem Tatstrafrecht, Göttingen 2011.

589 *Hefendehl* (Hrsg.), Grenzenlose Vorverlagerung des Strafrechts?, Berlin 2010.

d) Zwischenergebnis

Während der Begriff der Vorverlegung sich bis in die 1930er-Jahre zurückverfolgen lässt und dort positiv besetzt war, bildete sich der Begriff der Vorverlagerung erst in den 1970er-Jahren heraus und entfaltete ab den 1980er-Jahren zunehmend sein »kritisches Potential«. Beide Begriffe finden heute noch Verwendung.

Trotz der historisch asynchronen Begriffsgenese werden die Begriffe »Vorverlegung« und »Vorverlagerung« in der deutschen Strafrechtswissenschaft aber simultan verwendet. Daher ist fragwürdig, in welchem Verhältnis die beiden Begriffe zueinander stehen. Fraglich ist insbesondere, ob der Begriff der Vorverlegung Teil oder gar Ursprung des Begriffs der Vorverlagerung ist.

e) Das Verhältnis der Begriffe »Vorverlegung« und »Vorverlagerung«

Die semantische Verwandtschaft der Begriffe »Vorverlagerung« und »Vorverlegung« ist sprachlich evident. Die Vermutung liegt nahe, dass es sich um Synonyme handelt. In *Creifelds* Rechtswörterbuch werden beide Begriffe nicht definiert.[590] Im Duden findet sich der Begriff »Vorverlegung«,[591] während der Begriff »Vorverlagerung« nur im Kontext der Definition anderer Begriffe verwendet wird.[592] In der Medizin und den Wirtschaftswissenschaften scheint »Vorverlagerung« demgegenüber einen festen Platz einzunehmen.[593]

Unter Berücksichtigung des unmittelbaren Wortsinns ist Verlegung sprachlich eher individuell bzw. flüchtig konnotiert. Eine Uhr, z. B., lässt sich verlegen. Verlagerung hingegen ruft eher Assoziationen mit der Verbringung größerer Mengen von Dingen oder zumindest einer dauerhaften Verbringung hervor (»Lager«). Bezüglich einer einzelnen Uhr lässt sich nicht sinnvoll von »Verlagerung« sprechen.

Der Umstand, dass beide Begriffe in der Strafrechtswissenschaft verwendet werden, könnte in Verbindung mit dem leicht abweichenden Bedeutungsgehalt und der zeitversetzten Begriffsgenese darauf hinweisen, dass beide einen eigenen Anwendungsbereich beanspruchen bzw. nicht vollständig deckungsgleich sind. Bemerkenswert ist hierzu, dass Vorverlegung ursprünglich positiv besetzt war und Vorverlagerung zunehmend ein kritisches Potential zugesprochen wird. Hinweise darauf, dass die Begriffe unterschiedlich definiert werden oder

590 *Creifelds*, Rechtswörterbuch, 2017, S. 1510.
591 Siehe http://www.duden.de/rechtschreibung/Vorverlegung (abgerufen am 25.02.2017).
592 Siehe http://www.duden.de/rechtschreibung/Akzeleration (abgerufen am 25.02.2017).
593 Eine Suche nach »Vorverlagerung« im Gesamtverbundkatalog der deutschen Bibliotheken ergibt 58 Ergebnisse (keinen vor 1979), zu einem bedeutenden Teil aus der Medizin und den Wirtschaftswissenschaften (https://gso.gbv.de/DB=2.1/) (abgerufen 25.02.2017).

gar in Abgrenzung zueinander verwendet werden, finden sich allerdings nicht. Die Untersuchung der Literatur zum Verhältnis beider Begriffe zueinander weist vielmehr in die entgegengesetzte Richtung:

So verwendet beispielsweise *Kühl* die Begriffe synonym. 1974 heißt es, der Verzicht auf die Beendigung im Tatbestand sei eine »Vor*verlegung* der Strafbarkeit« entgegen der »natürlichen Anschauung«, die kriminalpolitisch als zweckmäßig zu begrüßen sei.[594] Schon 1979 aber werden bezüglich der unterschiedlichen Stufen des Verbrechens (Vorbereitung, Versuch, Vollendung und Beendigung) Versuch und Vorbereitung als Vor*verlagerung* bezeichnet.[595] Eine ähnliche sprachliche Verschiebung findet auch im Werk von *Reinhard von Hippel* statt, der 1966 von »Vorverlegung der Schutzgrenze«[596], 1972 aber von »Vorverlagerung der Schutzgrenze«[597] schreibt.

Besonders klar tritt die synonyme Verwendung in der Diskussion der actio libera in causa hervor. *Hruschka* prägte schon 1968 den Begriff der (von ihm abgelehnten) *Vorverlegungs*theorie für die Ansicht der Rechtsprechung, die (schuldhafte) Versetzung in den schuldunfähigen Zustand als Tathandlung zu deuten.[598] Dieser Ansatz wird bis heute häufig als »Vorverlegungstheorie« bezeichnet.[599] Es kommt aber auch zur Bezeichnung als »*Vorverlagerungs*theorie«.[600] *Paeffgen* nutzt sowohl die Bezeichnung »Vorverlegungslehre«[601] als auch »Vorverlagerungslehre«[602], ohne dass ein semantischer Unterschied in der Verwendung zu erkennen wäre: Die gleiche Ansicht wird einmal als Vorverlegungs- und dann als Vorverlagerungstheorie bezeichnet, was für ein Verständnis der Begriffe als Synonyme spricht.

Des Weiteren werden häufig unter Verwendung des Begriffs »Vor*verlagerung*« auf Quellen verwiesen, die den Begriff »Vor*verlegung*« verwenden.[603]

594 *Kühl*, Beendigung des vorsätzlichen Begehungsdelikts, 1974, S. 20.

595 *Kühl*, JuS 1979, S. 719.

596 *Hippel*, Untersuchungen über den Rücktritt vom Versuch, 1966, S. 17.

597 *Hippel*, Gefahrurteile und Prognoseentscheidungen, 1972, S. 84, 101, 110.

598 *Hruschka*, JuS 1968, S. 555. Von einer »Vorverlegung des kritischen Zeitpunktes« sprach bereits *Maurach*, JuS 1961, S. 380.

599 Etwa *Daniels*, Die actio libera in causa, in: Grenzen der Vorverlagerung, 2011, S. 329; *Timpe*, JA 2010, S. 514; *Rönnau*, JuS 2010, S. 300 (actio libera in causa). Teilweise wird so aber auch die Schuldlösung bezeichnet, siehe Beck OK StGB-*Eschelbach* § 20 Rn. 71.2.

600 So *Streng*, ZStW 101 (1989), S. 309; MüKo StGB-*ders.* § 20 Rn. 127. Siehe auch Schönke/Schröder StGB-*Perron/Weißer* § 20 Rn. 33. Abweichend SK 2014 StGB-*Rudolphi* § 20 Rn. 28b, der »Vorverlagerung« im Zusammenhang mit der Schuldlösung bemüht. Siehe auch BGHSt 35, 143, wo von Vorverlegung (III 1.) als auch von Vorverlagerung (II. 1.) die Rede ist (= BGH NJW 1997 S. 139 und S. 140).

601 NK StGB-*Paeffgen* Vorbemerkungen zu § 323a: Die actio libera in causa Rn. 33, 34, 36.

602 NK StGB-*Paeffgen* Vorbemerkungen zu § 323a: Die actio libera in causa Rn. 39.

603 Beispielsweise *Rogall*, FS Puppe 2011, S. 875, der auf *Letzgus* verweist, unter Verwendung des Begriffs »Vorverlagerung der Strafbarkeit«, bei diesem heißt es aber Vorverlegung (siehe oben Fn. 566).

Hinsichtlich des Prinzips des Willensstrafrechts im Nationalsozialismus schreibt *Hartl* von Vorverlagerung, während zu jener Zeit nur von Vorverlegung die Rede war.[604] Ähnlich auch *Jakobs*, der in offensichtlicher Anlehnung an die angesprochene Terminologie zur »Vorverlegung des Schutzes« von »Vorverlagerung des Strafrechtsschutzes«[605] spricht. Bemerkenswert ist die Verwendung des Begriffs der Vorverlagerung in der bereits zitierten ersten strafrechtlichen Monographie mit dem Wort »Vorverlagerung« im Titel: Im Inhaltsverzeichnis wird in der Überschrift von »1. Abschnitt II. 1. a)« der Begriff »Vorverlegung« geführt. An besagter Stelle findet sich in der Überschrift aber nur der Begriff »Vorverlagerung«.[606] Dies deutet darauf hin, dass die Begriffe nicht komplementär oder gänzlich verschieden, sondern synonym verwendet werden, und die Entscheidung zwischen beiden nach sprachlichen Kriterien getroffen wird.

Die Exegese der Literatur hat eine synonyme Verwendung der Begriffe »Vorverlegung« und »Vorverlagerung« zutage getragen.[607] Der Begriff der Vorverlagerung hat sich aus dem Begriff der Vorverlegung herausgebildet. Die Genese des Begriffs der Vorverlagerung hat ihren Ursprung in der Prägung des Begriffs der Vorverlegung zu Beginn der 1930er Jahre.

f) Ergebnis zur Genese des Begriffs der Vorverlagerung und Bemerkungen zu seiner Bevorzugung

Der strafrechtswissenschaftliche Begriff »Vorverlagerung« bildete sich zu Beginn der 1970er-Jahre heraus. Sein Ursprung ist auf den strafrechtswissenschaftlichen Begriff »Vorverlegung« in den 1930er-Jahren zurückzuführen Beide Bezeichnungen werden in der strafrechtlichen Literatur der Gegenwart synonym verwendet. Zu den genauen Gründen der sprachlichen Verschiebung im Sinne einer Neuschaffung und Bevorzugung des Begriffs der Vorverlagerung ließ sich aus der verwerteten Literatur nichts entnehmen.[608]

Im Nationalsozialismus war »Vorverlegung« ein positiv besetzter Begriff, der für den effizienten »Schutz der Integrität des Volkes« stand. »Vorverlagerung« nahm spätestens mit *Jakobs* 1985 eine zunehmend negative und problembe-

604 *Hartl*, Das nationalsozialistische Willensstrafrecht, 2000, S. 92f.

605 *Jakobs*, Studien zum fahrlässigen Erfolgsdelikt, 1972, S. 123.

606 Siehe *Fürst*, Grundlagen und Grenzen der §§ 129, 129a, 1989, S. I und dann auf S. 3. Der Autor scheint übersehen haben, die Überschrift im Inhaltsverzeichnis an die letztlich gewählte Überschrift im Text und die Terminologie der Arbeit (Vorverlagerung) anzugleichen.

607 Als weiteres Beispiel nur *Bitzilekis*, ZStW 99 (1987), S. 723 (Fn. 3) (»Vorverlegung der Strafbarkeit«) und dann auf S. 748 (»Vorverlagerung der Strafbarkeit«).

608 Da der Großteil der ausgewerteten Literatur (noch) nicht in einem digitalen Dokument per Suchfunktion, sondern analog durchsucht wurde, kann nicht ausgeschlossen werden, dass eine Erklärung in Zukunft mittels hier nicht verwerteter Quellen gefunden werden könnte.

haftete Position im Strafrechtsdiskurs ein. Aus diesem Bedeutungswandel lässt sich aber nicht ableiten, dass der Begriff »Vorverlagerung« gegenüber dem Begriff »Vorverlegung« aufgrund einer strafrechtswissenschaftlichen »Entnazifizierung« bevorzugt wurde. Gegen eine politisch begründete Präferenz spricht, dass der Begriff der Vorverlegung noch heute verwendet wird, ohne dass damit Assoziationen mit dem Willensstrafrecht oder gar dem Nationalsozialismus intendiert oder ausgelöst würden. Außerdem verwenden selbst Arbeiten über den Nationalsozialismus den Begriff »*Vorverlagerung*«.[609] Es ist folglich vielmehr so, dass der Ursprung des Begriffs »Vorverlagerung« allgemein nicht bekannt ist und in Unkenntnis der rechtshistorischen Hintergründe verwendet wird. Dies äußert sich besonders deutlich in der nicht seltenen Abwechslung der Begriffe »Vorverlegung« und »Vorverlagerung« bei denselben Autoren.[610]

Die Ablösung des Begriffs »Vorverlegung« liegt nach alledem in einer sprachlichen Präferenz für den Begriff »Vorverlagerung« begründet. Ihren Ursprung könnte diese Bevorzugung darin haben, dass Vorverlagerung häufig im Hinblick auf ein argumentatives oder kritisches Potential in Stellung gebracht wird.[611] *Lagerung* hat, im Gegensatz zu *Legung*, eine eher kategorische Bedeutung. Dies lässt sich auch mit der Erwiderung von *Klee* gegen *Schaffstein* untermauern, es handele sich bei dem nationalsozialistischen Willensstrafrecht »nicht nur um eine Verlagerung des Akzents, sondern des Schwerpunkts des gesamten Strafrechts«[612]. Die eher grundlegende Konnotation des Begriffs der *Verlagerung* wird in einem strafrechtlichen Diskurs, in dem von Krise und grundsätzlicher Veränderung des Strafrechts die Rede ist,[613] gegenüber der *Verlegung*, die eher zur Bezeichnung *individueller* Vorgänge des »früheren Strafens« geeignet erscheint, aus diesen sprachlichen Erwägungen bevorzugt. Ein sachlicher Unterschied ist in der heutigen Verwendung beider Begriffe nicht auszumachen.

Die Genese des Begriffs der Vorverlagerung konnte eine Neuartigkeit der Vorverlagerung ebenso wenig bestätigen wie die rechtsgeschichtliche Untersuchung. Daher ist sich abschließend der Frage zu widmen, ob in der Strafrechtswissenschaft und -praxis der zweiten Hälfte des 20. Jahrhunderts die Neuartigkeit der Vorverlagerung auszumachen ist.

609 Siehe neben den bereits genannten Autoren auch *Gropp*, Tatstrafrecht und Verbrechenssystem, in: Grenzen der Vorverlagerung, 2011, S. 106.

610 Siehe die Beispiele oben ab S. 113.

611 Zu dieser Verwendungsintention siehe *Sinn*, Vorverlagerung der Strafbarkeit, in: Grenzen der Vorverlagerung, 2011, S. 14.

612 *Klee*, GA 1936, S. 1.

613 Siehe oben ab S. 51.

3. Die Neuartigkeit der Vorverlagerung: Zur Strafrechtswissenschaft und -praxis im 20. Jahrhundert

Die Vorverlagerung der Strafbarkeit durch Gefährdungsdelikte wurde ab den 1960er-Jahren in der Strafrechtswissenschaft ausführlich rezipiert. Während bis 1962 wenige Monographien hierzu erschienen,[614] begann ab 1962 mit *Cramer* 1962[615] die vertiefte Erforschung der Gefährdungsdelikte (ohne den Begriff der Vorverlagerung zu verwenden)[616].[617] Die Arbeiten in der zweiten Hälfte des 20. Jahrhunderts befassten sich hauptsächlich mit der Bestimmung der »konkreten Gefahr« im Falle der konkreten Gefährdungsdelikte und der Legitimation der abstrakten Gefährdungsdelikte.[618] Dutzende Monographien entstanden.[619] Die ausführlich erforschte Nutzbarmachung des Strafrechts zur ständigen Optimierung der Gewährleistung von Schutz ließ schließlich in den 1970er-Jahren den Begriff »Vorverlagerung«, anknüpfend an den Begriff »Vorverlegung«, entstehen.[620]

a) Gibt es eine Mehrheit von Gefährdungsdelikten gegenüber den Verletzungsdelikten erst seit der zweiten Hälfte des 20. Jahrhunderts?

Eine in diesem Zusammenhang häufig zu findende Behauptung, die die Aktualität der Vorverlagerungsproblematik betont, ist, dass es *heute* mehr Gefährdungsdelikte als Verletzungsdelikte gäbe,[621] zumindest wenn das Nebenstrafrecht mit einbezogen werde.[622] Interessanterweise wird diese Behauptung aber in keiner Quelle mit Zahlen untermauert. Die Behauptung ist suggestiv: Sie

---

614 Die Suche nach »Gefährdungsdelikt« oder »Gefährdungsdelikte« im Gemeinsamen Verbundkatalog (GVK) (https://gso.gbv.de/DB=2.1/SET=2/TTL=41/) erzielt vor 1962 10 Ergebnisse (aufgerufen am 04.03.2017).

615 *Cramer*, Vollrauschtatbestand, 1962.

616 Siehe bereits oben Fn. 517.

617 Ab 1962 lassen sich im GVK bei Aussortierung der Überschneidungen durch Suche nach »Gefährdungsdelikt« und »Gefährdungsdelikte« über 100 Ergebnisse erzielen (https://gso.gbv.de/DB=2.1/SET=2/TTL=41/) (aufgerufen am 04.03.2017).

618 So *Zieschang*, Die Gefährdungsdelikte, 1998, S. 13 mit fast abschließender Auflistung der relevanten Literatur; zustimmend *Anastasopoulou*, Deliktstypen zum Schutz kollektiver Rechtsgüter, 2005, S. 1.

619 Dass es nicht an Arbeiten zu den Gefährdungsdelikten mangelte, lässt sich auch lesen bei *Kühl*, GA 2004, S. 120.

620 Siehe oben ab S. 111.

621 *Kim*, Umweltstrafrecht in der Risikogesellschaft, 2004, S. 145; *Kiss*, Das abstrakte Gefährdungsdelikt, 2006, S. 3f. Ähnlich *Kindhäuser*, Rationaler Rechtsgüterschutz durch Verletzungs- und Gefährdungsverbote, in: Aufgeklärte Kriminalpolitik oder Kampf gegen das Böse, 1998, S. 270.

622 *Sinn*, Vorverlagerung der Strafbarkeit, in: Grenzen der Vorverlagerung, 2011, S. 32 m. Nachw.

legt nahe, Vorverlagerung nicht nur als ein Thema zu betrachten, das *besonders* in der zweiten Hälfte des 20. Jahrhunderts Bedeutung erlangte, sondern das *erst* im 20. Jahrhundert relevant wurde; Gefährdungsdelikte stellten vorher den geringeren Anteil an strafbaren Handlungen im deutschen Strafrecht.

Festzustellen ist, dass es im Jahre 2017 tatsächlich mehr Gefährdungsdelikte als Verletzungsdelikte gibt. Angesichts der zahlreichen Bestimmungen des Nebenstrafrechts kann hieran kein Zweifel bestehen. Im Nebenstrafrecht wird selten die tatsächliche Schädigung bzw. Rechtsgutsverletzung vorausgesetzt.[623] Dass es aber seit Inkrafttreten des StGB am 01.01.1872 schon immer *mehr* Gefährdungsdelikte als Verletzungsdelikte im deutschen Strafrecht gab, ist alles andere als unwahrscheinlich.[624]

So stellte auch *Prittwitz* in seine Monographie zum Risiko im Strafrecht fest, der Vergleich zwischen der Gesetzeslage von 1871 mit der von 1993 weist eine überraschende Kontinuität auf.[625] Wie bereits dargestellt, gab es bereits in der Antike und im Mittelalter Fälle der Vorverlagerung, die sich als Gefährdungsdelikte qualifizieren ließen.[626] Auch die Urkundenfälschung gemäß § 267 StGB setzte schon 1871 keine erfolgreiche Täuschung des Rechtsverkehrs voraus (Vorverlagerung).[627] Der Versicherungsmissbrauch gemäß § 265 StGB besteht – nach Erweiterung des Anwendungsbereichs – schon seit 1871 fort, ohne die Vermögensverfügung als Tatbestandsmerkmal vorauszusetzen (Vorverlagerung).[628] Die Strafbarkeit der versuchten Sachbeschädigung ist bereits seit dem 19. Jahrhundert vorgesehen.[629]

Schon fünf Jahre nach Inkrafttreten des RStGB von 1871 wurde mit dem »Duchesne-Paragraphen«, dem heutigen § 30 StGB, ein typischer Straftatbestand der Vorverlagerung eingeführt. Die Reformen des RStGB auch während der Weimarer Republik hielten an dieser sehr weiten Vorverlagerung fest und befürworteten gar eine Verschärfung, sodass *Busch* 1964 zur strafrechtswissenschaftlichen Diskussion *im Jahre 1925* bemerkte, dass die »angedeutete Wendung vom Erfolgs- zu einem Gefährdungsstrafrecht im Bewusstsein der Zeit feste Wurzel geschlagen hatte«[630]!

Dass sich im nationalsozialistischen Strafrecht eine grundlegende Betonung

623 Dies dürfte beispielsweise für das gesamte BtMG gelten, siehe auch unten ab S. 139.

624 Anders *Engisch*, Kausalität, 1931, S. 2 demzufolge die an »die bloße Interessengefährdung anschließende Verantwortlichmachung die Ausnahme« sei.

625 *Prittwitz*, Strafrecht und Risiko, 1993, S. 174.

626 Siehe auch *Puschke*, Grund und Grenzen des Gefährdungsstrafrechts, in: Grenzenlose Vorverlagerung des Strafrechts?, 2010, S. 9f. Ausführlich oben ab S. 95.

627 MüKo StGB-*Erb* (2014) § 267 Rn. 14.

628 MüKo StGB-*Wohlers/Mühlbauer* (2014) § 265 Rn. 8 ff..

629 Siehe bereits oben S. 82.

630 *Busch*, Geschichte des § 49a StGB, 1964, S. 91. Zur Befürwortung einer Verschärfung des § 49a RStGB in der damaligen Strafrechtswissenschaft S. 88f.

des Willens- und Täterelements ab 1933 vollzog, die eine kategorische Vorverlagerung bezweckte, wurde ebenfalls bereits erörtert.[631] Zumindest ein Übergewicht von Vorverlagerung gegenüber Verletzungsdelikten vor 1945 ist somit sehr wahrscheinlich.

Nicht zu bestreiten ist, dass Verletzungsdelikte in der heutigen Gesetzgebung nur noch eine kleine Rolle spielen. Doch hängt dies damit zusammen, dass die Individualrechtsgüter des Einzelnen größtenteils durch Verletzungsdelikte geschützt sind. Als Betätigungsfeld für die Ausweitung der Strafbarkeit bleibt dem Gesetzgeber diesbezüglich nur die Vorverlagerung übrig.[632]

Das Besondere an der Vorverlagerung in der zweiten Hälfte des 20. Jahrhunderts ist daher nicht das vermeintlich neue Mehrheitsverhältnis zu den Verletzungsdelikten, das womöglich schon vorher vorhanden war und nur ausgebaut wurde. Wirklich neu dürfte die ausführliche Erforschung sein. Mit der gesellschaftlichen Gesamtlage ab der zweiten Hälfte des 20. Jahrhunderts wurde das Streben nach (innerer) Sicherheit zunehmend relevant und damit auch die Nutzbarmachung des Strafrechts für diese Zwecke, hiermit wiederum die neue Typisierung von Gefährdungsdelikten, und so die »Entdeckung« des Vorverlagerungsbegriffes und die Erforschung der Grenzen des Strafrechts als »Instrument des Rechtsgüterschutzes«[633].

Um dieses Ergebnis abzusichern, soll im Folgenden eine weitere hypothetische Ursache der Auseinandersetzung mit der Vorverlagerung untersucht werden: Die Praxis. Wenn die Gesetzeslage sich nicht so maßgeblich veränderte, als dass hieraus die grundlegende Diskussion um eine Krise des Strafrechts zu erklären wäre, bliebe die Neuartigkeit der Vorverlagerung in der Strafrechtspraxis zu suchen.

b) Besteht eine erhöhte Praxisrelevanz vorverlagerter Straftatbestände ab der zweiten Hälfte des 20. Jahrhunderts?

Der Anteil der Kategorie »Sonstige Verbrechen und Vergehen« in der Polizeilichen Kriminalstatistik (PKS) betrug 1953 keine 30 %. Zu dieser Kategorie gehörten auch die *Straßenverkehrsdelikte*. Im Jahre 1962 (dem letzten Jahr der

631 Es kam nie zu einer *grundlegenden* Novellierung des RStGB nach den Ideen der faschistischen Strafrechtswissenschaft, siehe zum Verlauf der Strafrechtsreform von 1933 bis zum »endgültigen Scheitern« 1939 im Überblick *Regge/Schubert*, II. Abteilung NS-Zeit (1933–1939) – Strafgesetzbuch, Band 1, 1. Teil, 1988, S. XV ff.

632 So bereits *Kindhäuser*, Rationaler Rechtsgüterschutz durch Verletzungs- und Gefährdungsverbote, in: Aufgeklärte Kriminalpolitik oder Kampf gegen das Böse, 1998, S. 270.

633 *Maihofer*, Die Reform des Besonderen Teils des Strafrechts, in: Programm für ein neues Strafgesetzbuch, 1968, S. 117f.

Erfassung von Verkehrsdelikten in der PKS) stieg dieser Anteil auf 38,44 %.[634] Nach Herausnahme der Straßenverkehrsdelikte aus der PKS im Jahre 1963 fiel dieser Anteil auf 16 %.[635] Schon *Lackner* verwies im Jahre 1966 bezüglich der Bedeutung der konkreten Gefährdungsdelikte auf die Strafrechtspraxis, in der die Straßenverkehrsdelikte zunehmend bedeutend wurden.[636] Im Jahre 1970 fanden über 19.000 Menschen im deutschen Straßenverkehr den Tod, eine Steigerung von fast 80 % gegenüber 1953. Dies sind fast 600 % mehr Verkehrstote als 2016, trotz niedrigerer Bevölkerung und niedrigerem motorisierten Fahrzeugbestand (allein Westdeutschland)[637].[638] Angesichts der im Vergleich zu heute erheblichen Gefahr, im Straßenverkehr den Tod zu finden, war es naheliegend, die strafrechtliche Reglementierung des Straßenverkehrs als Schaffung von »Massendelikten« zu bezeichnen, die aus »lerntheoretischen Gründen« geboten sei.[639] Außerhalb der Kategorie Straßenverkehrsdelikte ist jedoch analog zur Gesetzgebung überraschend, wie wenig Bedeutungszuwachs Gefährdungsdelikte in der Polizeilichen Kriminalstatistik seit 1953 erfahren haben:

Zwar ist bezüglich der Verstöße gegen das Betäubungsmittelgesetz *relativ* gesehen ein erheblicher Zuwachs im späten 20. Jahrhundert festzustellen. 1953 wurden 1.746 Fälle (ca. 0,1 % aller Straftaten) und 1963 nur 820 Fälle (ca. 0,05 %, Verkehrsdelikte hier bereits aus der Gesamtstatistik herausgenommen) registriert, im Jahre 1980 weist die PKS aber 62.395 Fälle aus, ein Anteil von ca. 1,7 % an der Gesamtstatistik und damit einen 34 mal größeren Anteil. Der Gesamtanteil an der Gesamtstatistik blieb aber im Vergleich zum einfachen Diebstahl (ca. 34 % 1953 und ca. 30 % 1980) sehr gering. Zugleich *sank* der Gesamtanteil »klassischer« Gefährdungsdelikte, wie Urkundenfälschung und Brandstiftung, in der Polizeilichen Kriminalstatistik von 1953 bis 1980.[640] Gegen die Behaup-

634 Quelle PKS 1953, S. 6 und PKS 1962, S. 33. Hierbei muss berücksichtigt werden, dass vor 1959 Nordrhein-Westfalen, Hamburg und West-Berlin die Verkehrsdelikte nicht in der PKS führten (siehe PKS 1959, S. 7). 1958 betrug der Anteil der Kategorie »Sonstige Verbrechen und Vergehen« 32,43 %, PKS 1958, S. 37.

635 Quelle PKS 1963, S. 72.

636 *Lackner*, Gefährdungsdelikt, 1967, S. 2.

637 Quelle Kraftfahrt Bundesamt, http://www.kba.de/DE/Statistik/Fahrzeuge/Bestand/FahrzeugklassenAufbauarten/b_fzkl_zeitreihe.html (aufgerufen am 12.03.2017).

638 Quelle Statistisches Bundesamt, https://www.destatis.de/DE/ZahlenFakten/Wirtschaftsbereiche/TransportVerkehr/Verkehrsunfaelle/Tabellen_/Strassenverkehrsunfaelle.html (aufgerufen am 12.03.2017).

639 *Schünemann*, JA 1975, S. 798.

640 1953: Urkundenfälschung 15.224 (ca. 1,0 %); Brandstiftung 11.831 (ca. 0,8 %). 1980: Urkundenfälschung 34.845 (ca. 0,9 %); Brandstiftung 18.845 (ca. 0,5 %). Quelle PKS 1953, S. 6 und PKS 1980, S. 10.

tung, die Gefährdungsdelikte hätten erst seit dem zweiten Weltkrieg eine »eminente praktische Bedeutung«[641] erlangt, sind insofern Zweifel angebracht.

c) Ergebnis

Das Neuartige an der Vorverlagerung liegt nach alledem in der vertieften strafrechtswissenschaftlichen Aufarbeitung, insbesondere bezüglich der Gefährdungsdelikte, ab den 1960er-Jahren. Dabei dürfte die erhöhte Praxisrelevanz von neuen Gefährdungsdelikten, insbesondere im Straßenverkehr, zwar eine Rolle gespielt haben. Im Verhältnis zur Gesamtkriminalität fallen Gefährdungsdelikte in der PKS 1980 aber nicht viel schwerer ins Gewicht als im Jahre 1953.

Die Intensivierung der Vorverlagerungsdiskussion in den 1970er-Jahren ist daher als Ausprägung einer kritischen Strafrechtswissenschaft zu begreifen, die sich als Kontrollinstanz in einem demokratischen Rechtsstaat verstand und versteht. Die präventive Ausrichtung des Strafrechts, die bereits im 18. Jahrhundert ihren Ursprung hat,[642] wurde zu diesem Zeitpunkt zum ersten Mal eingehend im Kontext einer stabilen freiheitlichen-demokratischen Rechtsordnung untersucht. In dem Prozess der Verarbeitung der gewonnen Erkenntnisse befindet sich die Strafrechtswissenschaft noch heute. Sie ist Anlass, von »Krise« zu sprechen.[643] Tatsächlich ist nicht die Vorverlagerung das besondere im modernen Strafrecht, sondern die gründliche Erforschung derselben und das Bewusstsein, dass der vorverlagerten Strafbarkeit in einer freiheitlichen Rechtsordnung spezifische Grenzen zu ziehen sind.

4. Ergebnis

Die rechtsgeschichtliche Untersuchung der Vorverlagerung und der Genese des Begriffs konnte nicht bestätigen, dass Vorverlagerung eine spezifische Erscheinung der zweiten Hälfte des 20. Jahrhunderts ist. Fälle der Vorverlagerung gab es schon seit der Antike – trotz Geltung des Satzes cogitationis poenam nemo patitur.

Der Begriff »Vorverlagerung« geht auf »Vorverlegung« zurück. Der Begriff »Vorverlegung« kann erst im nationalsozialistischen Willensstrafrecht der 1930er-Jahre nachgewiesen werden. Hintergrund ist die Optimierung des

---

641 *Schünemann*, JA 1975, S. 792.

642 Siehe bereits oben ab S. 41 und ab S. 58.

643 Siehe die Nachweise oben ab S. 51.

strafrechtlichen Schutzes durch die »Vorverlegung der Verteidigungslinie« mittels Verzichts auf den Erfolgseintritt als Voraussetzung der Strafbarkeit.

Die behauptete Neuartigkeit der Vorverlagerung kann weder in der rechtshistorischen Untersuchung von Fällen der Vorverlagerung noch in der Darstellung der Begriffsgenese bestätigt werden. Nachdem eine signifikant erhöhte Praxisrelevanz der Vorverlagerung in der zweiten Hälfte des 20. Jahrhunderts nicht festgestellt wurde, konnte als Neuartigkeit der Vorverlagerung *die kritischen Auseinandersetzung mit Fällen der Vorverlagerung selbst* identifiziert werden. Nicht die Vorverlagerung ist neu, sondern die vertiefte Auseinandersetzung mit ihr. Auf diesen Erkenntnissen aufbauend sind im nächsten Abschnitt die Merkmale des Vorverlagerungsbegriffs zu eruieren (III.).

III. Die Merkmale des Vorverlagerungsbegriffs

Die strafrechtswissenschaftliche Forschung zum Vorverlagerungsbegriff hat wesentliche Aspekte der Vorverlagerung herausgearbeitet. Allerdings bleibt das Verhältnis von »Schaden« und »Rechtsgutsverletzung« als Merkmale der konkurrierenden Vorverlagerungsbegriffe zu klären. Bei abstrakten Gefährdungsdelikten bleibt im Einzelfall unklar, ob ein Fall der Vorverlagerung vorliegt. Verschärft wird die Problematik durch den »besonderen Teil des Problems der Vorverlagerung«[644], den überindividuellen Rechtsgütern. Des Weiteren ist die Qualifikation der actio libera in causa als Fall der Vorverlagerung ungeklärt.

Die Begriffsdefinition *»veränderte Anforderungen an die Strafbarkeit auf objektiver Tatseite, indem die Rechtsgutsverletzung bzw. Schädigung als Voraussetzung der Strafbarkeit gestrichen bzw. an eine vor dieser liegende Handlung angeknüpft wird«*[645] kann dies nur bedingt leisten. Die Merkmale des Vorverlagerungsbegriffs bedürfen weiterhin der Eruierung, um die spezifischen Grenzen der Vorverlagerung in Stellung zu bringen.

Zwei Merkmale sind hierbei von besonderer Komplexität und müssen genauer untersucht werden. Zum einen, ob *das Streichen der Rechtsgutsverletzung* bzw. Schädigung als Voraussetzung der Strafbarkeit oder *das Anknüpfen an eine vor dieser liegende Handlung* entscheidend ist (1.). Zum anderen, ob auf den Schädigungs- oder den Rechtsgutsverletzungsbegriff abzustellen (2.) und wie dieser zu definieren ist (3.). Hierfür kann nun auf die in der Begriffsgenese gewonnene historische Perspektive zurückgegriffen werden.

644 So *Jakobs*, ZStW 97 (1985), S. 751. Siehe bereits oben S. 88.
645 So das Ergebnis der Auswertung der Literatur oben auf S. 77.

1. Die Überwindung des Verursachungsdogmas und die actio libera in causa

Die Frage, ob für den Begriff »Vorverlagerung« das Streichen der Rechtsgutsverletzung bzw. Schädigung als Voraussetzung der Strafbarkeit oder das Anknüpfen an eine vor dieser liegende Handlung entscheidend ist, betrifft insbesondere die actio libera in causa. Nur wenn es auf das Merkmal »Anknüpfen an eine Handlung *vor*« Schädigung bzw. Rechtsgutsverletzung ankommt, unterfällt die actio libera in causa dem Vorverlagerungsbegriff.[646] Gegen die Betonung des zeitlichen Aspektes »vor« sprechen aber durchgreifende Gründe, die sich sowohl aus der Kausalitätstheorie, der Geschichte der Vorverlagerung als auch der Zwecksetzung der actio libera in causa ergeben.

a) Der Aspekt der Zeitlichkeit und die Kausalitätstheorie

Wenngleich die Betonung des zeitlichen Aspekts Vorverlagerung in der Sache richtig ist, kann »vor« als Indikator zeitlicher Antizipation nicht sinnvoll Merkmal des Vorverlagerungsbegriffs sein. Grund hierfür ist die Kausalitätstheorie: Kausalität *ist* zeitliche Sukzession.[647] Die Ursache geht der Wirkung immer voraus. Zeitlich vor Eintritt der tatsächlichen Schädigung liegende Handlungen sind daher nicht nur im Falle der actio libera in causa Anknüpfungspunkt der Strafbarkeit; *in jedem Erfolgsdelikt wird die Strafbarkeit an eine vor der tatsächlichen Schädigung liegenden Handlung geknüpft.* Der Totschlag gem. § 212 Abs. 1 StGB wäre ein Fall der Vorverlagerung, da auch hier eine »Unterstrafestellung der zeitlich vor Eintritt der tatsächlichen Schädigung liegende Handlung« vorliegt. Jedes Delikt, das eine tatsächliche Schädigung als tatbestandlichen Erfolg enthält, wäre dann *qua definitionem* ein Fall der Vorverlagerung. Dies widerspricht der gängigen Begriffsverwendung eklatant.

In dem Abstellen auf *das Fehlen* der Erfolgsverursachung im Tatbestand – im Gegensatz zum Vorausgehen der Handlung vor den Erfolg allein – kann demgegenüber die Vorverlagerung von herkömmlichen Verletzungsdelikten abgegrenzt werden. Der Totschlag gemäß § 212 Abs. 1 StGB *erfordert den Eintritt eines Verletzungserfolges* und wäre nach der »Verletzungsverzichtslösung« kein Fall der Vorverlagerung, was der gängigen Terminologie entspricht.

646 Siehe hierzu oben S. 74.
647 Siehe etwa *Toepel*, FS Puppe 2011, S. 294; *Puppe*, ZStW 92 (1980) S. 880f.

b) Die Geschichte der Vorverlagerung: Überwindung des Kausaldogmas

Bereits anhand der strafrechtswissenschaftlichen Diskussion im frühen 20. Jahrhundert lässt sich nachvollziehen, dass die Vorverlagerung die Zurückdrängung der Bedeutung der Schädigung durch *Verzicht auf den Verletzungseintritt im Tatbestand* zum Ziel hatte. Das Willensstrafrecht intendierte die Vorverlegung des Strafrechtsschutzes gerade dadurch, dass eine Handlung auch *ohne* Verletzungsverursachung bestraft werden konnte.[648] Einendes Element der Verwendung des Vorverlagerungsbegriffs ist ein instrumentales bzw. funktionales Verständnis des Strafrechts, das in »Vorverlagerung des Schutzes«[649] seinen Ausdruck findet. Stellvertretend heißt es bei *Sinn*, der Gesetzgeber könne seinen Schutzpflichten besonders effektiv nachkommen, wenn er »mit strafrechtlichen Sanktionen nicht erst abwarten muss, bis es zu einer tatsächlichen Schädigung (…) kommt«, sondern stattdessen im Tatbestand »den Erfolg entfallen lässt«[650]. Nach alledem ist dem Verzicht (»ohne«) auf den Eintritt gegenüber dem Anknüpfen an eine Handlung *vor* Eintritt der Schädigung bzw. der Rechtsgutsverletzung als Merkmal des Vorverlagerungsbegriffs der Vorzug zu geben. Die actio libera ist somit kein Fall der Vorverlagerung.

c) Qualifikation der actio libera in causa als atypischer Fall der Ausweitung von Strafbarkeit

Die in der Strafrechtswissenschaft vertretene[651] Einordnung der actio libera in causa als Fall der Vorverlagerung ist auf die weite Verbreitung des Begriffs »Vorverlagerung« in der Diskussion dieser Strafbarkeitsform zurückzuführen.[652] Die actio libera in causa führt zur strafrechtlichen Haftung für Taterfolge, die in schuldunfähigem Zustand herbeigeführt werden. Dies wird dadurch begründet, dass entweder die Schuldhaftigkeit in dem Sich-Versetzen in einen schuldunfähigen Zustand[653] oder das Sich-Versetzen als tatbestandsmäßige Handlung zu begreifen sei[654].[655] Unstrittig ist, dass es der zeitlich *vor* der

648 Siehe nur *Freisler*, GA 1934, S. 6 sowie die Nachweise oben ab S. 103.

649 So schon die Verwendung bei *Arzt*, Der strafrechtliche Schutz der Intimsphäre, 1970, S. 164. Siehe des Weiteren *Jakobs*, Studien zum fahrlässigen Erfolgsdelikt, 1972, S. 123 (»Vorverlagerung des Strafrechtsschutzes«); so auch *Anastasopoulou*, Deliktstypen zum Schutz kollektiver Rechtsgüter, 2005, S. 215 m. w. Nachw. Ähnlich *Jakobs*, ZStW 97 (1985), S. 752; siehe auch MüKo StGB-*Erb* Vorbemerkung zu § 146 Rn. 22 (»Vorverlagerung des Rechtsgüterschutzes«).

650 *Sinn*, Vorverlagerung der Strafbarkeit, in: Grenzen der Vorverlagerung, 2011, S. 14.

651 Siehe nur oben S. 91.

652 Siehe hierzu oben Fn. 598.

653 Siehe etwa *Streng*, ZStW 101 (1989), S. 310ff.

654 Siehe etwa SK 2014 StGB-*Rudolphi* § 20 Rn. 28d.

Rauschtat liegenden *schuldhaften Herbeiführung* der Rauschtat bedarf.[656] Daher auch »Vorverlagerung«.[657] In der Literatur wird die actio libera in causa vereinzelt demgegenüber als Fall einer »Ausdehnung«[658] bezeichnet.

Die actio libera in causa ist zweifelsfrei ein Fall der Ausweitung, da sie durch Auslegung des Gesetzestextes summarisch die Anzahl strafbarer Verhaltensweisen erhöht bzw. modifiziert.[659] Es handelt sich jedoch weder um einen Fall der Vorverlagerung noch der Ausdehnung. Die Ausweitung der Strafbarkeit wird nicht durch sachliches Herabsenken der Anforderungen an die subjektive Tatseite erreicht (Ausdehnung), sondern durch Anknüpfen an eine Handlung, die zeitlich weit vor der typischerweise bestraften Tathandlung liegt, noch vor dem unmittelbaren Ansetzen zur Rauschtat.[660]

Entscheidender Unterschied zu den Fällen der Vorverlagerung ist aber, dass die Emanzipation von der Verletzung als Voraussetzung der Strafbarkeit nicht vorausgesetzt wird. Die actio libera in causa ist nicht von Erwägungen der »Überwindung des Verursachungsdogmas« getragen. Ziel ist der Ausgleich einer als ungerecht empfundenen »Lücke« der Schuldhaftigkeit,[661] die eintritt, wenn der Täter nur deshalb nicht (voll)[662] strafrechtlich haftet, weil er sich vorher berauschte. Es handelt sich insofern um einen *atypischen Fall der Ausweitung von Strafbarkeit.* Die actio libera in causa ist ein Fall der Strafbarkeit eines Verhaltens, das vor jenem Verhalten liegt (Rauschtat), das die Verletzung *letztlich verursacht.*

Allerdings sind nach der Äquivalenztheorie alle zeitlich vor der Verletzung

655 Zum Ganzen *Daniels*, Die actio libera in causa, in: Grenzen der Vorverlagerung, 2011, S. 333ff.

656 Diese schuldhafte Herbeiführung der Einstufung der »actio« als »libera« ist Kerngedanke des hierin ausgemachten Unrechts, siehe NK StGB-*Paeffgen* Vorbemerkungen zu § 323a: Die actio libera in causa Rn. 1 ff., insbesondere Rn. 3.

657 Siehe zur Einordnung der actio libera in causa als Vorverlagerung oder Ausdehnung nach den unterschiedlichen Konzeptionen/Erklärungsmodellen *Daniels*, Die actio libera in causa, in: Grenzen der Vorverlagerung, 2011, S. 333ff.

658 Siehe zur Vorverlagerungstheorie mit zahlreichen Nachweisen sowie zur Ausdehnungstheorie selbst *Streng*, ZStW 101 (1989), S. 309ff.; hiergegen *Neumann*, FS Art. Kaufmann 1993, S. 587f.

659 Zum Ausweitungsbegriff ab S. 77.

660 Zumindest für die Fälle des § 323a StGB gilt dies als im Ergebnis unumstritten, siehe *Streng*, ZStW 101 (1989), S. 318; im Falle der actio libera in causa wäre dies nur dann anders, wenn man nur auf Begehung der Rausch- bzw. Folgetat abstellen würde, siehe hierzu *Daniels*, Die actio libera in causa, in: Grenzen der Vorverlagerung, 2011, S. 334f.

661 Ausführlich *Streng*, ZStW 101 (1989), S. 273ff. (insbesondere S. 308ff.); *Daniels*, Die actio libera in causa, in: Grenzen der Vorverlagerung, 2011, S. 328ff. (insbesondere S. 337ff., S. 345ff.).

662 Es bleibt in der Regel eine Strafbarkeit nach § 323a StGB, der jedoch eine relativ geringe Strafhöhe von maximal fünf Jahren vorsieht.

liegenden kausalen Handlungen äquivalent.[663] Eine Gewichtung zwischen diesen ist ausgeschlossen. Auch das ›Sich-Berauschen‹ verursachte die Straftat im Falle der actio libera in causa. Von einer »letztlichen Verursachung« kann man nicht sprechen. Streng genommen ist – zumindest unter dem Aspekt der Kausalität – daher auch nicht nachvollziehbar, weshalb die actio libera in causa *nicht* strafbar sein sollte. Das Sich-Berauschen ist bei der actio libera in causa schließlich eine Bedingung dafür, dass die Rauschtat begangen wird (sonst wäre sie keine Rauschtat gewesen).[664]

Geht »Töten« im Sinne des § 212 Abs. 1 StGB darin auf, eine notwendige Bedingung für das Eintreten eines Todeserfolges zu setzen (=Verursachung der Tötung), so *erfüllt das kausale Sich-Berauschen den objektiven Tatbestand des § 212 Abs. 1 StGB.*[665] Letztlich müsste hier, um die Tatbestandsmäßigkeit des Sich-Berauschens zu verneinen, das Setzen einer notwendigen Bedingung allein nicht als tatbestandsmäßige Verursachung ausreichen. In den Worten *Bindings:* Die Verneinung der Strafbarkeit der actio libera in causa »lässt sich überhaupt nur dann einigermaßen rechtfertigen, wenn man das schuldhafte Setzen von Bedingungen eines widerrechtlichen Erfolges von seiner Verursachung unterscheidet, wenn man also (…) zu den Gegnern der herrschenden laxen Kausalitätstheorie gehört«[666]. Damit steht die actio libera in causa sowie die Vorverlagerung in direkter Verbindung zur Kausalitätstheorie.[667]

d) Ergebnis

Merkmal des Vorverlagerungsbegriffs ist die Bestrafung eines Verhaltens *ohne* Erfordernis der tatsächlichen Schädigung bzw. Rechtsgutsverletzung. Das Anknüpfen der Strafbarkeit an eine Handlung *vor* der Verletzung ist aufgrund der

---

663 Siehe nur Gesamtes Strafrecht-*Heinrich* Vor § 13 Rn. 10 ff. ausführlich hierzu der Abschnitt D. II dieser Arbeit ab S. 197.

664 Es ist umstritten, ob die Verletzung des Rechtsguts (in dem hier erwähnten Fall die Tötung) immer durch das Sich-Berauschen verursacht wird oder gar verursacht worden sein muss, siehe m. Nachw. *Daniels*, Die actio libera in causa, in: Grenzen der Vorverlagerung, 2011, S. 330 f. Die Regel ist dies aber in jedem Fall. Wenn mit der herrschenden Meinung auf den Erfolg in seiner konkreten Gestalt abzustellen ist, und dieser sich auch nach dem genauen Zeitpunkt des Todes richtet (siehe hierzu unten ab S. 245), dann wird nicht zu leugnen sein, dass das Sich-Berauschen auf diesen ganz konkreten Erfolg grundsätzlich Auswirkungen hatte.

665 Vorbehaltlich mangelnder objektiver Zurechnung, hierzu unten ab S. 294.

666 *Binding*, Die Normen und ihre Übertretung, 1914, S. 618.

667 Wie noch zu zeigen sein wird, sind nach einigen Vertretern aus der Literatur zeitliche Gewichtungen zwischen den kausalen Bedingungen Voraussetzung eines Kausalurteils, etwa nach der Formel von der *condicio per quam* (»Bedingung, durch die«), siehe *Kindhäuser*, ZIS 2016, S. 585. Ähnlich auch *Koriath*, Kausalität und objektive Zurechnung, 2007, S. 150.

zeitlichen Sukzession von Kausalität nicht nur Voraussetzung der präventiven Deliktstypen der Vorverlagerung, sondern aller Erfolgsdelikte. Der zeitliche Aspekt der Vorverlagerung (»vor«) ist als Merkmal des Begriffs daher abzulehnen. Dies führt zwar zur Disqualifikation der actio libera in causa als Fall der Vorverlagerung. Hierfür spricht jedoch die historische Betrachtung, nach der Vorverlagerung die Emanzipation vom Verursachungsdogma bezweckt. Dies erreicht die actio libera in causa aufgrund ihrer Akzessorietät zur Rauschtat gerade nicht.

Des Weiteren verfolgt die actio libera in causa mit der Schließung von »Schuldlücken« eine andere Zwecksetzung. Es handelt sich um eine atypische Form der Ausweitung von Strafbarkeit, die zwar wie die Vorverlagerung eine Verbindung zur Kausalitätstheorie aufweist, jedoch nicht als Fall der Vorverlagerung zu qualifizieren ist.

2. Tatsächliche Schädigung oder Rechtsgutsverletzung

In der strafrechtswissenschaftlichen Literatur finden sich sowohl Vertreter, die im Kontext des Vorverlagerungsbegriffs von »tatsächlicher Schädigung« sprechen, als auch solche, die den Begriff »Rechtsgutsverletzung« verwenden.[668] Zu untersuchen ist, ob diese Begriffe synonym verwendet werden oder Unterschiedliches bezeichnen. Dies wird im Falle solcher abstrakter Gefährdungsdelikte relevant, die zwar einen Erfolgseintritt in Form einer tatsächlichen Schädigung voraussetzen, aber bezüglich des Rechtsguts, dessen Schutz sie bezwecken, keine Verletzung voraussetzen (insbesondere die Brandstiftungsdelikte gem. §§ 306a ff. StGB).[669]

a) Die Unterscheidung von Erfolg, Schädigung und Rechtsgutsverletzung

Ausgangspunkt der Unterscheidung von Schädigung und Rechtsgutsverletzung ist der Erfolgsbegriff, der in der Strafrechtswissenschaft unterschiedliche Funktionen zu erfüllen hat.[670] Zum einen dient der Erfolgsbegriff der Einteilung der Straftatbestände in Erfolgsdelikte und Tätigkeitsdelikte. Der Grund hierfür ist, dass nur bei Erfolgsdelikten die Prüfung von Kausalität zwischen Handlung und tatbestandsmäßigem Erfolg Voraussetzung der Strafbarkeit ist.[671] Zum

---

668 Siehe oben S. 76.
669 Siehe oben S. 88.
670 Siehe hierzu *Lehle*, Erfolgsbegriff und deutsche Strafrechtszuständigkeit, 1999, S. 55ff.
671 Die Kausalität ist bei Erfolgsdelikten ein Tatbestandsmerkmal, siehe Lackner/Kühl StGB-*Kühl* § 15 Rn. 5; *Kühl*, AT 2017, § 4 Rn. 1 spricht von einem »Kernstück des objektiven Tatbestands«; siehe mit weiteren Nachweisen auch *Struensee*, ZStW 102 (1990), S. 24;

anderen bestimmt der Erfolgsbegriff gemäß § 9 Abs. 1 StGB die Reichweite des deutschen Strafrechts.[672] »Erfolg« hat entsprechend dieser Funktionen teils einen formellen, teils einen materiellen Bedeutungsgehalt. Bezüglich der Merkmale des Vorverlagerungsbegriffs wäre entsprechend entweder auf das Tatobjekt bzw. die »tatsächliche Schädigung« (formeller Erfolgsbegriff) auf der einen oder auf das Rechtsgut bzw. die »Rechtsgutsverletzung« (materieller Erfolgsbegriff) auf der anderen Seite abzustellen.[673]

aa) Formeller Erfolgsbegriff (tatsächliche Schädigung)

Die Unterteilung in Erfolgsdelikte und Tätigkeitsdelikte entscheidet, ob die Kausalität zwischen Handlung und Erfolg Teil des objektiven Tatbestandes ist. Dies erfolgt nach herrschender Meinung anhand formeller Kriterien der Typisierung.[674] Entscheidend ist, dass die Verursachung ausdrücklich tatbestandlich formuliert (siehe z. B. §§ 222 und 227 Abs. 1 StGB), mittels der Präposition »dadurch« transkribiert wird (z. B. § 315c Abs. 1 a.E. StGB) oder Erfolgsverben verwendet werden.[675] Immer impliziert dies die Prüfung der Erfolgsverursachung.[676] Dieser formelle Erfolgsbegriff ist mit dem Begriff »Tatobjekt«, verstanden als das Objekt, an dem sich laut Tatbestand die Tathandlung vollziehen muss,[677] verknüpft.[678]

In der Regel liegt hierin zugleich eine *tatsächliche Schädigung*, wie im Falle

Baumann/Weber/Mitsch/Eisele, AT 2016, § 10 Rn. 3 (»Tatbestandselement«); des Weiteren auch *Kindhäuser*, ZIS 2016, S. 585 f.

672 Siehe u. a. *Martin*, Strafbarkeit grenzüberschreitender Umweltbeeinträchtigungen, 1989, S. 19 ff. Eine übersichtliche Darstellung zur Problematik im Falle des § 9 StGB bei *Hilgendorf*, NJW 1997, S. 1873 f.

673 Siehe hierzu mit Nachweisen *Rotsch*, Einheitstäterschaft statt Tatherrschaft, 2009, S. 433 ff., der zwischen Erfolgsdelikten (formeller Erfolg) und Verletzungsdelikten (materieller Erfolg) unterscheidet. Zuletzt zum Erfolgsbegriff und zur Unterscheidung nach »Handlungsobjekt« und »Rechtsguts(objekt)« ausführlich *Goeckenjan*, Revision der objektiven Zurechnung, 2017, S. 49 ff.

674 Siehe etwa *Jescheck/Weigend*, AT 1996, § 26 II 1.a); *Stratenwerth/Kuhlen*, AT 2011, § 8 Rn. 13; *Rönnau*, JuS 2010, S. 961 ff. Kritisch hierzu *Martin*, Strafbarkeit grenzüberschreitender Umweltbeeinträchtigungen, 1989, S. 28 ff.

675 Zu Kausalität und Erfolgsverben zuletzt *Kindhäuser*, ZIS 2016, S. 585, als Beispiele auf S. 591: »›töten‹, ›beschädigen‹, ›verletzen‹«.

676 Gelegentlich werden gewisse Erfolgsverben wie »wegnehmen« (§ 242 StGB) verwendet, ohne dass eine Kausalität gesondert zu prüfen ist, da es sich um formelle Tätigkeitsdelikte handelt (h. M. »kupierte Erfolgsdelikte«), der Erfolg geht dann ganz in der Definition des Tatbestandsmerkmals auf (Bruch fremden und Begründung neuen Gewahrsams). Anders zu dieser Einteilung noch *Engisch*, Kausalität, 1931, S. 3.

677 Zu den unterschiedlichen Definitionen des Tatobjekts in der Strafrechtswissenschaft siehe *Anastasopoulou*, Deliktstypen zum Schutz kollektiver Rechtsgüter, 2005, S. 54 ff.; *Martin*, Strafbarkeit grenzüberschreitender Umweltbeeinträchtigungen, 1989, S. 23 ff.; *Graul*, Abstrakte Gefährdungsdelikte und Präsumtionen im Strafrecht, 1991, S. 25 f. Wie hier *Rotsch*, Einheitstäterschaft statt Tatherrschaft, 2009, S. 433.

678 Siehe statt aller *Gropp*, AT 2015, § 4 Rn. 23 ff.

der Körperverletzung gem. § 223 Abs. 1 StGB, des Totschlags gemäß § 212 Abs. 1 StGB oder der Brandstiftung gemäß § 306a Abs. 1 StGB, die das Zerstören oder Inbrandsetzen einer Wohnung – oder eines anderen Tatobjekts – sowie die kausale Verknüpfung der Tathandlung mit diesem Erfolg voraussetzt.[679] Der formelle Erfolgsbegriff erfüllt die Funktion, im Tatbestand die Prüfung einer kausalen Verknüpfung sowie objektiven Zurechnung zur Voraussetzung zu machen.[680]

bb) Materieller Erfolgsbegriff (Rechtsgutsverletzung)

Von einem formellen Erfolgsbegriff ist der materielle Erfolgsbegriff strikt zu trennen. Der materielle Erfolgsbegriff knüpft an das geschützte Rechtsgut des Tatbestandes und nicht an das jeweilige Tatobjekt bzw. an eine »tatsächliche Schädigung« an. Er erfüllt eine wichtige Funktion bezüglich des § 9 Abs. 1 3. Fall StGB. Nach dieser Vorschrift gilt eine Tat auch dann als in Deutschland begangen, wenn (nur) der zum Tatbestand gehörende Erfolg auf deutschem Staatsgebiet eingetreten ist (Territorialitätsgrundsatz). Tritt also der Erfolg einer im Ausland ausgeführten Handlung in Deutschland ein, so unterfällt diese Handlung dem deutschen Strafrecht (und dies unabhängig vom Recht des Tathandlungsortes bzw. der lex loci).

Nach Rechtsprechung des BGH ist diesbezüglich ein Erfolgsbegriff maßgebend, der sich an der »ratio legis« ausrichtet.[681] Ob der »Erfolg« im Sinne des § 9 Abs. 1 3. Fall StGB in Deutschland eingetreten ist oder nicht, sei demnach nach einer *materiellen Betrachtung* im Hinblick auf das durch den Tatbestand geschützte Rechtsgut zu entscheiden.[682] Dort, wo die »jeweilige Tat ihren tatbestandsspezifischen Erfolg, nämlich die konkrete Gefährlichkeit im Hinblick auf das geschützte Rechtsgut«[683] entfaltet, ist ein »Erfolg« im Sinne des § 9 Abs. 1 3. Fall StGB anzunehmen. Worin der materielle Erfolg eines Straftatbestandes liegt, ist eine Frage der Auslegung des jeweiligen Tatbestandes und insbesondere

679 Siehe nur Schönke/Schröder StGB-*Heine/Bosch* StGB § 306a Rn. 9; MüKo *Radtke* (2014) § 306a StGB Rn. 38f.

680 Gegen die Sinnhaftigkeit dieser Unterteilung nehmen in der zeitgenössischen Strafrechtswissenschaft kritische Stimmen zu. Insbesondere *Rotsch* und *Walter* schlagen vor, Kausalität und objektive Zurechnung als Voraussetzung der Strafbarkeit auch der sogenannten Tätigkeitsdelikte zu prüfen, siehe *Rotsch*, Einheitstäterschaft statt Tatherrschaft, 2009, S. 432ff., S. 438ff. sowie *Walter*, FS Beulke 2015, S. 327ff., S. 335ff. Die Klärung der Frage nach der Sinnhaftigkeit der Unterscheidung von Erfolgs- und Tätigkeitsdelikten kann hier offen bleiben, da die Vorverlagerung den materiellen Erfolgsbegriff thematisiert, für den diese Unterscheidung hinfällig ist.

681 BGH NJW 2001, 627; zur neuerlichen Wandlung der Rechtsprechung siehe aber MüKo-*Ambos* § 9 Rn. 32.

682 *Rönnau*, JuS 2010, S. 963.

683 *Busching*, MMR 2015, S. 297.

bezüglich der abstrakten Gefährdungsdelikte von Bedeutung, da diese *keinen formellen Erfolg* im Sinne einer tatsächlichen Schädigung voraussetzen.[684]

In der früheren Rechtsprechung des BGH galt daher bei abstrakt-konkreten Gefährdungsdelikten ein Erfolg im Sinne des § 9 Abs. 1 3. Fall StGB auch dort als eingetreten, wo die konkrete Tat ihre Gefährlichkeit im Hinblick auf das im Tatbestandsmerkmal umschriebene Rechtsgut entfalten *könnte*.[685] Nach neuerer Rechtsprechung ist aber im Falle eines abstrakten Gefährdungsdelikts jedenfalls an dem Ort, an dem die hervorgerufene abstrakte Gefahr in eine konkrete lediglich umschlagen *kann*, kein zum Tatbestand gehörender Erfolg eingetreten und das deutsche Strafrecht nicht nach § 9 Abs. 1 3. Fall StGB anwendbar.[686] Auch nach dieser einschränkenden neueren Rechtsprechung ist aber nicht ausgeschlossen, dass, falls die abstrakte Gefahr in eine konkrete Gefahr oder gar in eine Verletzung in Deutschland umschlägt, eine Anwendung des deutschen Strafrechts nach § 9 Abs. 1 3. Fall StGB offen steht. Damit bleibt der Bezugspunkt des BGH im Bereich des deutschen Strafanwendungsrechts grundsätzlich ein materieller Erfolgsbegriff.

cc) Stellungnahme

Zweck der Eruierung der Merkmale des Vorverlagerungsbegriffs ist die akkurate Einordnung eines Straftatbestandes oder einer Tatbestandsauslegung als Fall der Vorverlagerung. Vorverlagerung verfolgt den Zweck, durch Verzicht auf die Verursachung der Verletzung des zu schützenden Gutes strafrechtlichen Schutz auszuweiten. Für die Einordnung eines Straftatbestandes als Fall der Vorverlagerung ist mithin entscheidend, welches Gut die Strafnorm zu schützen bezweckt und ob dessen Verletzung Voraussetzung des Tatbestandes ist. Dieser Zweck kann mit einem formellen Erfolgsbegriff im Sinne einer »tatsächlichen Schädigung« nicht erreicht werden, wie am Beispiel der Brandstiftung gemäß § 306a Abs. 1 StGB aufgezeigt werden kann.

Im Falle der Brandstiftung ist ein formeller Erfolg (Inbrandsetzen) bzw. eine tatsächliche Schädigung Tatbestandsmerkmal. Das geschützte Rechtsgut ist jedoch das menschliche Leben, dessen Verletzung nicht Tatbestandsmerkmal ist. Es handelt sich daher zwar um ein formelles, aber kein materielles Erfolgsdelikt (=Verletzungsdelikt).[687] Der (formelle) Erfolg realisiert sich am Tatobjekt, die

684 Siehe hierzu ausführlich *Martin*, Strafbarkeit grenzüberschreitender Umweltbeeinträchtigungen, 1989, S. 48ff.

685 MüKo StGB-*Schäfer* § 130 Rn. 122 m.w. Nachw.

686 BGH NStZ 2017, 146 (147).

687 So auch *Rönnau*, JuS 2010, S. 961f. Die dort behauptete Regel »alle Tätigkeitsdelikte sind abstrakte Gefährdungsdelikte, aber nicht alle abstrakten Gefährdungsdelikte sind Tätigkeitsdelikte« ist jedoch schon in Anbetracht von § 242 Abs. 1 StGB nicht zu halten (Tätigkeitsdelikt aber kein abstraktes Gefährdungsdelikt), da § 242 StGB entgegen der herr-

Verletzung realisiert sich am Rechtsgut.[688] Nach allgemeiner Auffassung handelt es sich bei der Brandstiftung wegen des Fehlens einer Rechtsgutsverletzung daher um einen Fall der Vorverlagerung (in Form eines abstrakten Gefährdungsdeliktes)[689]. Das Gut, dessen Schutz die Norm bezweckt, wird durch die tatsächliche Schädigung des Gebäudes nur abstrakt gefährdet. Nur letztere materielle Betrachtungsweise erlaubt die Qualifikation eines Straftatbestandes als abstraktes Gefährdungsdelikt[690] und damit die akkurate Identifikation von Fällen der Vorverlagerung.

dd) Zwischenergebnis zu den Merkmalen des Vorverlagerungsbegriffs

Das materielle Kriterium der Rechtsgutsverletzung ermöglicht die Unterscheidung zwischen solchen Erfolgsdelikten, die eine Vorverlagerung darstellen, und solchen, die dies nicht tun. Weder der »tatbestandliche Erfolg« noch die »tatsächliche Schädigung«, sondern die *Verletzung des tatbestandlich geschützten Gutes* ist Bezugspunkt der Vorverlagerung.[691] Als Zwischenergebnis kann somit festgehalten werden, dass dem Begriff der Rechtsgutsverletzung als Merkmal von »Vorverlagerung« gegenüber dem Begriff der »tatsächlichen Schädigung« der Vorzug zu geben ist. Damit ist Vorverlagerung vorläufig als veränderte Anforderungen an die Strafbarkeit auf objektiver Tatseite, indem die Rechtsgutsverletzung als Voraussetzung der Strafbarkeit gestrichen wird, zu definieren. Knapper bezeichnet Vorverlagerung die *Strafbarkeit einer Handlung ohne Erfordernis einer Rechtsgutsverletzung.*

Damit verlagert sich die weitere Prüfung auf die Definition von »Rechtsgutsverletzung« als Merkmal des Vorverlagerungsbegriffs, dessen Fehlen (»ohne Erfordernis«) Voraussetzung der Qualifikation als »Vorverlagerung« ist.

---

schenden Meinung, nicht nur »kupierte« Zueignung darstellt (kritisch auch Leipziger Kommentar StGB-*Vogel* §§ 242ff. Rn. 66, m. Nachw. zur herrschenden Meinung), sondern zwar formell objektiv ein Tätigkeitsdelikt (Erfolg und Kausalität nicht gesondert zu prüfen), materiell aber ein Verletzungs- und nicht Gefährdungsdelikt darstellt (Eigentumsverletzung durch Wegnahme bereits abgeschlossen, wenn auch nicht beendet). Vertiefend auch *Stratenwerth/Kuhlen*, AT 2011, § 8 Rn. 8 ff. (S. 75ff.).

688 Siehe *Rotsch*, Einheitstäterschaft statt Tatherrschaft, 2009, S. 437 m. w. Nachw. sowie *Jescheck/Weigend*, AT 1996, § 26 II. 1. c); ähnlich *Stratenwerth/Kuhlen*, Strafrecht AT 2011, § 8 Rn. 13; a. A. *Martin*, Strafbarkeit grenzüberschreitender Umweltbeeinträchtigungen, 1989, S. 28ff. Siehe zum Streit zwischen Vertretern des ideellen (»Achtungsanspruch«) und des realen (»Verletzung«) Rechtsgutsbegriff sogleich.

689 Siehe die Bezeichnung des 28. Abschnitts: »Gemeingefährliche Straftaten« sowie grundsätzlich statt aller MüKo StGB-*Radtke* (2014) Vorbemerkung zu den §§ 306ff. Rn. 3.

690 So zuletzt auch *Goeckenjan*, Revision der objektiven Zurechnung, 2017, S. 50f. m. w. Nachw.

691 So auch (implizit) *Puschke*, StV 2015, S. 457, »unter Strafe stellen (...) nicht erst bei der Schädigung des Rechtsgutes«. In dieser Verletzung liegt die »schlimmere Anschlussstraftat«, von der aus *Brunhöber* den Vorverlagerungsbegriff zu bilden versucht, siehe *Brunhöber*, FS Schünemann 2014, S. 7.

b) Die Rechtsgutsverletzung – Verhältnis von Schutzgut und Rechtsgut; Vorverlagerungsdefinition

Der Begriff »Rechtsgut« ist schillernd und bezeichnet eines der umstrittensten Konzepte der Strafrechtsdogmatik.[692] Eine umfassende Darstellung der hierzu vertretenen Auffassungen ist an dieser Stelle nicht geboten. Allerdings muss der Begriff »Rechtsgutsverletzung« so präzise definiert werden können, dass er als Merkmal des Vorverlagerungsbegriffs das Ziel erreichen kann, eine akkurate Qualifikation eines Straftatbestandes oder einer Straftatbestandsauslegung als Fall der Vorverlagerung zu leisten.

Die Erfüllung der vielfältigen Aufgaben des Rechtsguts[693] kann in zwei wesentliche Funktionsströme getrennt werden. Erstens dient das Rechtsgutskonzept als Instrument der Legitimation und Überprüfung strafrechtlicher Vorschriften. Hiernach »gibt es keine (legitime) Straftat ohne Beeinträchtigung eines Rechtsguts«[694]. In dieser Funktion ist das Rechtsgut nicht aus dem Gesetz, sondern aus den gesellschaftlichen Werten abzuleiten, die die Sozialordnung konstituieren. Diese seien nach einer Ansicht verfassungsrechtlich vorgegeben.[695] Nach anderer Ansicht sind Rechtsgüter kultureller[696] oder gar ontischer[697] Natur,[698] womit dem Rechtsgut eine »vorpositivistische«[699] Eigenschaft zugesprochen wird.[700] Zweitens ist das Rechtsgut »wichtigstes Mittel der Auslegung«[701].

---

692 Grundlegend zur Genese des Begriffs *Amelung*, Rechtsgüterschutz und Schutz der Gesellschaft, 1972, S. 15ff. Siehe zuletzt *Swoboda*, ZStW 122 (2010), S. 24 (insbesondere S. 35ff.).

693 Siehe hierzu *Sinn*, Die Nötigung im System des heutigen Strafrechts, 2000, S. 53.

694 *D'Avila*, Ofensividade em Direito Penal, 2009, S. 51 (übersetzt aus dem Portugiesischen).

695 So u.a. *Feldens*, Direitos Fundamentais e Direito Penal, 2012, S. 67ff.; *Figueiredo Dias*, Direito Penal, 2007, S. 120; *Mantovani*, Diritto Penale, 2017, S. 195, nach dem die Synthese von Verfassungsordnung und Rechtsgutsbegriff keine »magische Lösung« sei, aber die kritische Funktion gewährleiste. Als »konkretisierte Ausformungen der grundgesetzlichen Wertordnung« versteht die Rechtsgüter *Sax*, Grundsätze der Strafrechtspflege, in: Die Grundrechte, 1959, S. 913. Von Artikel 1 GG (Menschenwürde) ausgehend *Marx*, Zur Definition des Begriffs Rechtsgut, 1972, S. 32ff. Siehe auch *Hassemer*, Theorie und Soziologie des Verbrechens, 1973, S. 65.

696 *Lampe*, FS Welzel 1974, S. 159.

697 *Faria Costa*, Noções Fundamentais de Direito Penal, 2015, S. 164ff. (S. 169). Zur Unterscheidung zwischen ontisch und ontologisch (»ontologische Differenz«) in Heideggers Philosophie siehe *Maihofer*, Sein und Recht, 1954, S. 42f.

698 Ausführlich zu den unterschiedlichen Herleitungen der Rechtsgüter und die verfassungsrechtliche Geltung des Offensivitätsprinzips *Cadoppi/Veneziani*, Elementi di diritto penale, 2015, S. 103ff.

699 Kritisch hierzu *Swoboda*, ZStW 122 (2010), S. 35.

700 Das Rechtsgut entfaltet demnach ein kritisches Potenzial gegenüber dem Gesetz, aber auch gegenüber der Verfassung selbst, so *Hassemer*, Theorie und Soziologie des Verbrechens, 1973, S. 19ff.

701 *Sinn*, Die Nötigung im System des heutigen Strafrechts, 2000, S. 53.

Die Qualifikation eines Straftatbestandes als Fall der Vorverlagerung setzt eine *Auslegung* des jeweiligen Straftatbestandes voraus. Damit ist der Begriff »Rechtsgut« für die Vorverlagerungsproblematik insbesondere in seiner Auslegungsfunktion relevant. Zunächst ist das Gut, das durch den Straftatbestand geschützt werden soll (*Schutzgut*), anhand einer gesetzespositivistischen Betrachtung und durch die klassische Auslegungsmethode zu ermitteln.[702] Erst wenn das Gut feststeht, das geschützt werden soll, kann in einem zweiten Schritt geprüft werden, ob dieses Gut auch verfassungsrechtlich bzw. gesellschaftlich anerkannt ist (*Rechtsgut*).[703] Dieses Vorgehen hat einen entscheidenden methodischen Vorzug: Eine Überprüfung des geschützten Gutes anhand der legitimen, verfassungsrechtlich anerkannten Werte der Gesellschaft (Rechtsgut) ist nur möglich, wenn das durch den Tatbestand geschützte Gut (Schutzgut) bekannt ist.[704]

Daher ist in einem zweischrittigen Verfahren zunächst das Schutzgut zu bestimmen.[705] Entscheidendes Kriterium für die Einordnung eines Straftatbestandes als Vorverlagerung ist, ob die Verletzung des Gutes – dessen Schutz der Straftatbestand zum Ziel hat – für die Tatbestandserfüllung erforderlich ist. Entscheidend ist demnach nicht das Rechtsgut, sondern das Schutzgut der Norm. Vorverlagerung ist folglich die *Strafbarkeit einer Handlung ohne Erfordernis einer Verletzung des Schutzgutes der Norm.* Im Folgenden ist der Begriff »Schutzgut der Norm« als Merkmal der Vorverlagerungsdefinition genauer zu untersuchen, um eine präzise Subsumtion zu ermöglichen.

3. Die Verletzung des Schutzguts der Norm

Die Bestimmung des Schutzgutes sowie dessen Verletzung ist ein äußerst umstrittener Bereich der Rechtsgutstheorie. Zum einen ist die Konturierung von »Rechtsgut«, zum anderen die Bestimmung einer »Verletzung« desselben schwierig.

Als besonders komplex gelten überindividuelle Schutzgüter (auch Kollektivrechtsgüter genannt).[706] So schützt beispielsweise die Strafbarkeit der Trun-

702 Zur klassischen Auslegungsmethode *Larenz/Canaris*, Methodenlehre der Rechtswissenschaft, 1995, S. 133ff.

703 Zumindest terminologisch anderer Ansicht *Hefendehl*, Kollektive Rechtsgüter im Strafrecht, 2002, S. 31f.

704 *Sinn*, Die Nötigung im System des heutigen Strafrechts, 2000, S. 56.

705 Siehe zum Folgenden *Sinn*, Die Nötigung im System des heutigen Strafrechts, 2000, S. 56f.

706 Hierzu ausführlich *Hefendehl*, Kollektive Rechtsgüter im Strafrecht, 2002, S. 111ff. Eine knappe Auflistung der unterschiedlichen Bezeichnungen bei *Anastasopoulou*, Deliktstypen zum Schutz kollektiver Rechtsgüter, 2005, S. 27f.

kenheitsfahrt (§ 316 StGB) nach weit verbreiteter Meinung die Sicherheit des Straßenverkehrs als Universal- bzw. Kollektivrechtsgut.[707] Die Schwierigkeiten, die sich aus diesem »besonderen Teil des Problems der Vorverlagerung«[708] für die Qualifizierung eines Straftatbestandes als Fall der Vorverlagerung ergeben, wurden bereits geschildert: Die Anerkennung solcher Rechtsgüter kann das Merkmal »ohne Erfordernis der Verletzung des Schutzguts der Norm« konturlos machen und einer grenzenlosen Vorverlagerung Vorschub leisten (b).

Auch bezüglich der Individualrechtsgüter ist vieles umstritten. Nach einer Ansicht können Rechtsgüter als ideelle Werte überhaupt gar nicht verletzt werden. Da die Verletzung des Schutzguts der Norm demnach unmöglich ist, könnte das Merkmal »Verletzung des Schutzguts der Norm« auch nie erfüllt werden und wäre hinfällig (a).

a) Die Verletzbarkeit des Schutzguts der Norm

In der Rechtsgutslehre ist seit jeher umstritten, ob durch die Erfüllung eines Tatbestandsmerkmals Rechtsgüter überhaupt verletzt werden können.[709] Beispielsweise wird durch die Tatbestandserfüllung des § 223 Abs. 1 StGB ein konkreter Körper misshandelt oder an der Gesundheit geschädigt. Die Frage, ob mit dieser Handlung aber auch das Rechtsgut »körperliche Unversehrtheit« *selbst* verletzt wird, ist schon lange Forschungsgegenstand.

aa) Die grundsätzliche Möglichkeit einer Verletzung von Schutzgütern

Bezüglich der grundsätzlichen Möglichkeit einer Verletzung von Schutzgütern lassen sich die Auffassungen in zwei Lager teilen, die ideelle und die reale Rechtsgutsauffassung.[710]

(a) Realer Rechtsgutsbegriff (Binding)

Prominenter Vertreter der realen Rechtsgutsauffassung ist *Binding*.[711] Er ist der Auffassung, Rechtsgüter seien reale Gegenstände oder Zustände körperlicher oder nicht körperlicher Art, die verletzbar sind, d. h. zerstört oder in ihrem Wert

707 *Mitto*, Die Stellung der Tötung auf Verlangen, 2003, S. 129, m. w. Nachw.

708 So *Jakobs*, ZStW 97 (1985), S. 751, siehe bereits oben S. 88.

709 Siehe hierzu *Amelung*, Rechtsgüterschutz und Schutz der Gesellschaft, 1972, S. 198ff.

710 Siehe Kindhäuser GA 1993, S. 372; *Graul*, Abstrakte Gefährdungsdelikte und Präsumtionen im Strafrecht, 1991, S. 41ff.; *Anastasopoulou*, Deliktstypen zum Schutz kollektiver Rechtsgüter, 2005, S. 16ff.; *Hefendehl*, Kollektive Rechtsgüter im Strafrecht, 2002, S. 27ff.; *Amelung*, Rechtsgüterschutz und Schutz der Gesellschaft, 1972, S. 174ff.

711 Ausführlich *Amelung*, Rechtsgüterschutz und Schutz der Gesellschaft, 1972, S. 73ff., S. 96ff.; mit weiteren Nachweisen zu Vertretern der Gegenwart *Anastasopoulou*, Deliktstypen zum Schutz kollektiver Rechtsgüter, 2005, S. 16ff.

gemindert werden können.[712] Ein Rechts- bzw. Schutzgut ist hiernach ein realer werthafter[713] Zustand, ganz gleich, ob dieser Zustand körperlicher oder sozialer Natur ist.[714] Als Rechtsgut wird der konkrete Zustand bezeichnet, etwa die Eigenschaft des A, am Leben zu sein. Tötet B den A, so hebt B den werthaften Zustand »Leben« des A auf und verletzt damit *das Rechtsgut.*[715] Im Falle einer Körperverletzung wäre hiernach das Rechtsgut »körperliche Unversehrtheit« verletzt.

Ein solches Rechtsgutskonzept liegt dem deutschen Strafgesetzbuch zugrunde.[716] In §§ 5, 6 StGB wird der Begriff »Rechtsgut« verwendet und gerade im Falle des § 34 S. 1 StGB wird deutlich, dass der Gesetzgeber mit »Rechtsgut« den konkreten werthaften Zustand selbst begreift. Die Gefahr muss gemäß § 34 S. 1 StGB für ein *Rechtsgut* (Leib, Leben oder ein anderes Rechtsgut) bestehen. Verstünde der Gesetzgeber »Rechtsgut« ideell, so könnte dies durch eine einzelne Handlung weder verletzt noch gefährdet werden.[717] Das bedeutet, dass das Gesetz mit »Rechtsgut« den konkreten realen werthaften Zustand bezeichnet, dem Verletzung droht.[718] Andernfalls müsste von »Rechtsgutsobjekt« die Rede sein.[719]

(b) Ideeller Rechtsgutsbegriff (von Liszt)

Die ideelle Rechtsgutsauffassung wurde von *Liszt* vertreten.[720] Ihm zufolge ist das Rechtsgut ein Begriff und als solcher unverletzlich.[721] Auf dieser Grundlage wird eine Unterscheidung zwischen »Rechtsgut« und »Rechtsgutsobjekt« vorgenommen.[722] Nur Letzteres könne verletzt werden.[723] Dies würde bedeuten, dass Rechts- bzw. Schutzgüter per definitionem nicht verletzt werden könnten. Im Falle des Totschlags etwa liege die Missachtung des ideellen Wertes Leben

712 *Binding*, Handbuch, 1991 (1885), S. 170.

713 Die Werthaftigkeit selbst kann nicht verletzt werden, der als werthaft qualifizierte Zustand jedoch schon, siehe auch *Hefendehl*, Kollektive Rechtsgüter im Strafrecht, 2002, S. 32.

714 Siehe auch *Anastasopoulou*, Deliktstypen zum Schutz kollektiver Rechtsgüter, 2005, S. 199ff.

715 In diesem Sinne *Hefendehl*, Kollektive Rechtsgüter im Strafrecht, 2002, S. 30ff.

716 Siehe zum Folgenden ausführlich *Graul*, Abstrakte Gefährdungsdelikte und Präsumtionen im Strafrecht, 1991, S. 52ff.

717 Siehe auch *Amelung*, Rechtsgüterschutz und Schutz der Gesellschaft, 1972, S. 206.

718 Einsichtig insoweit *Schmidhäuser*, AT Studienbuch 1984, 6/37.

719 *Graul*, Abstrakte Gefährdungsdelikte und Präsumtionen im Strafrecht, 1991, S. 55.

720 Hierzu *Amelung*, Rechtsgüterschutz und Schutz der Gesellschaft, 1972, S. 82ff., S. 96ff.; mit weiteren Nachweisen zu Vertretern der Gegenwart *Anastasopoulou*, Deliktstypen zum Schutz kollektiver Rechtsgüter, 2005, S. 21ff.

721 *V. Liszt*, ZStW 6 (1886), S. 675.

722 *Schulenburg*, Dogmatische Zusammenhänge von Rechtsgut, Deliktsstruktur und objektiver Zurechnung, in: Die Rechtsgutstheorie, 2003, S. 249f.

723 Siehe auch *Schmidhäuser*, AT Studienbuch 1984, 2/30.

allein in der Tötungshandlung.[724] Die Rechtsgutsmissachtung liege im Normverstoß,[725] der Tötungserfolg wäre Verletzung des Schutzguts*objekts*. Damit wäre das Merkmal »Verletzung *des Schutzguts der Norm*« im Vorverlagerungsbegriff hinfällig und müsste durch »Verletzung des Schutzgutsobjekts der Norm« ersetzt werden.

(c) Stellungnahme und Zwischenergebnis zum Vorverlagerungsbegriff

Die Diskussion um den Gegenstand »Rechtsgut« als werthafter Zustand auf der einen und unverletzliches Interesse auf der anderen Seite dringt tief *in media res* des Konzepts »Rechtsgut« ein.[726] Ob angesichts der Kritik an der Terminologie »Rechtsgutsverletzung« am Vorverlagerungsmerkmal »ohne Erfordernis der *Verletzung des Schutzguts der Norm*« festgehalten werden kann, ist im Hinblick auf die Funktion des Vorverlagerungsbegriffs zu entscheiden.

Die Eruierung der Merkmale des Vorverlagerungsbegriffs dient der Identifizierung von Fällen von Vorverlagerung, an die spezielle Legitimitätsanforderungen gestellt werden. Denn durch Verzicht auf die *Verursachung eines materiellen Erfolges*[727] führt Vorverlagerung zu einer Ausweitung von Strafbarkeit und damit zu einem Eingriff in Freiheitsrechte. Ziel ist eine Verbesserung des Schutzes mittels Strafrecht durch Überwindung des »Kausaldogmas« als charakteristisches Ziel vorverlagernder Gesetzgebung und -auslegung.[728]

Entscheidend für den Vorverlagerungsbegriff ist daher allein, ob der zu untersuchende Straftatbestand eine Überwindung des Kausaldogmas im Hinblick auf den zu schützenden positiv bewerteten Gegenstand erreicht. Dies setzt denklogisch voraus, dass dieser positiv bewertete Gegenstand kausal verletzt werden kann. In den Worten *Amelungs:*

> »Dem Gedanken des Rechtsgüterschutzes liegt doch gerade die Vorstellung zugrunde, dass ein realer Gegenstand vor Veränderungen bewahrt werden muss – wäre er kausal nicht veränderbar, so brauchte er nicht geschützt zu werden. Anders sind auch die Begriffe der Rechtsgutsverletzung und -gefährdung nicht zu begreifen. (…) Rechtsgut und Handlungsobjekt unterscheiden sich nicht in der Frage, ob sie dem Kausalgesetz

724 *Schmidhäuser*, AT Studienbuch 1984, 5/32; siehe auch *Jescheck/Weigend*, AT 1996, S. 257ff. (§ 26 I 1). Kritisch wird darauf hingewiesen, dass damit strenggenommen die Unterscheidung zwischen Versuch und Vollendung hinfällig wäre, siehe ausführlich *Graul*, Abstrakte Gefährdungsdelikte und Präsumtionen im Strafrecht, 1991, S. 71ff.

725 Siehe auch *Anastasopoulou*, Deliktstypen zum Schutz kollektiver Rechtsgüter, 2005, S. 24ff.

726 Vertiefte Darstellung bei *Amelung*, Rechtsgüterschutz und Schutz der Gesellschaft, 1972, S. 96ff. Gegen die kategorische Unverletzlichkeit von Rechtsgütern in neuerer Zeit *Graul*, Abstrakte Gefährdungsdelikte und Präsumtionen im Strafrecht, 1991, S. 85ff.; *Hefendehl*, Kollektive Rechtsgüter im Strafrecht, 2002, S. 28ff.; *Anastasopoulou*, Deliktstypen zum Schutz kollektiver Rechtsgüter, 2005, S. 24ff.

727 Siehe oben S. 130.

728 Siehe oben ab S. 81.

unterliegen, sondern in ihrem Verhältnis zum Schutzzweck der Strafnorm. Das Rechtsgut ist das eigentliche Schutzobjekt der Norm, das Handlungsobjekt dagegen nicht.«[729]

Dem ist sich bezüglich des Vorverlagerungsbegriffs vollumfänglich anzuschließen. Der Streit zwischen ideellem und realem Rechtsgutsbegriff ist dahingehend aufzulösen, dass auf das *Schutzobjekt* der Norm abzustellen ist, das *immer* kausal verletzt werden kann und streng vom Handlungs- bzw. Tatobjekt zu unterscheiden ist.[730] Das Schutzobjekt ist die *konkret-reale Dimension des Schutzguts* die verletzt werden kann, etwa das Leben des B, das A durch die Tötungshandlung beendet. Dies kann sowohl als Verletzung des Schutzguts der Norm als auch als Verletzung eines Schutzguts*objekts* der Norm bezeichnet werden. Die Entscheidung dieser Frage ist als rein terminologischer Disput im Rahmen der *Auslegungsfunktion des Rechtsguts* (=Schutzgut) unerheblich.[731]

Ein Fall der Vorverlagerung liegt vor, wenn die Verletzung des Schutzobjekts der Norm für eine Strafbarkeit nicht erforderlich ist. Das Merkmal »ohne Erfordernis einer Verletzung des Schutzguts der Norm« ist entsprechend zu präzisieren: *Vorverlagerung ist die Strafbarkeit einer Handlung ohne Erfordernis einer Verletzung des Schutzobjekts der Norm.*

bb) Die Bestimmung der Verletzung des Schutzobjekts der Norm

Wann eine Verletzung des Schutzobjekts der Norm vorliegt, ist nach dem geschützten Gut zu bestimmen.[732] Im Falle des Schutzguts körperliche Unversehrtheit liegt eine Verletzung beispielsweise dann vor, wenn die Gesundheit der Person P als konkrete Realität durch Hervorrufen eines pathologischen Zustandes beeinträchtigt wird. Dies ist ein grundsätzlich empirisch und physikalisch nachvollziehbarer Vorgang, etwa im Falle des Verursachens von Wunden.[733] Allerdings ist die Verletzung eines Schutzobjekts grundsätzlich keine empirische, sondern eine normative Frage.[734] Beispielsweise wird »Tod« – als Aufhebung der konkret-realen Dimension »Leben« – bereits in der Beendigung aller

729 *Amelung*, Rechtsgüterschutz und Schutz der Gesellschaft, 1972, S. 106.

730 Ähnlich bereits *Gropp*, Tatstrafrecht und Verbrechenssystem, in: Grenzen der Vorverlagerung, 2011, S. 112 (»Angriffsobjekt«).

731 Bezüglich der Legitimitätsfunktion des Rechtsguts aber ist der Streit von höchster Relevanz, hierzu weiterhin maßgeblich *Amelung*, Rechtsgüterschutz und Schutz der Gesellschaft, 1972, S. 82 ff.; 96 ff.

732 Siehe ausführlich *Anastasopoulou*, Deliktstypen zum Schutz kollektiver Rechtsgüter, 2005, S. 199 ff. m. w. Nachw.

733 Siehe zur Tatbestandserfüllung durch Hervorrufen von Wunden nur Schönke/Schröder StGB-*Eser/Sternberg-Lieben* § 223 Rn. 3.

734 Zum Normativismus im Recht kritisch *Küpper*, Grenzen der Strafrechtsdogmatik, 1990, S. 33 ff.

Hirnaktivitäten gesehen und damit normativ bestimmt.[735] Die physikalische Substanzschädigung ist für die Frage des Vorliegens einer Verletzung somit nicht entscheidend. Auch die Verletzung im Falle des § 223 Abs. 1 StGB ist nicht immer mit körperlichem Substanzverlust verbunden.[736] Liegt eine physikalische Substanzschädigung an dem Schutzobjekt vor, kann sich das normative Urteil hierauf stützen und mit dieser zusammenfallen.[737] Entscheidend ist jedoch allein die normativ festzustellende Beeinträchtigung der real-konkreten Dimension,[738] die Schutzobjekt des zu prüfenden Straftatbestandes ist.

Zur Veranschaulichung folgende Beispiele: § 223 Abs. 1 StGB (Körperverletzung) setzt die Verletzung der Gesundheit im Einzelfall voraus, was eine Verletzung des Schutzobjektes der Norm darstellt. Daher liegt in § 223 Abs. 1 StGB *kein* Fall der Vorverlagerung. Die Brandstiftung gemäß § 306a Abs. 1 StGB setzt die Verletzung der Schutzobjekte Leben und Gesundheit im Einzelfall demgegenüber *nicht* voraus. Daher liegt in § 306a Abs. 1 StGB ein Fall der Vorverlagerung. Schutzobjekt der Beleidigung gemäß § 185 StGB ist kein körperlicher Gegenstand, sondern nach herrschender Meinung die »Ehre«.[739] Die nur normativ mögliche Feststellung einer Verletzung der real-konkreten Dimension der »Ehre« bereitet der Strafrechtswissenschaft jedoch keine Schwierigkeiten, weshalb § 185 StGB nach herrschender Meinung ein Verletzungsdelikt ist[740] und somit kein Fall der Vorverlagerung.[741]

Die real-konkrete Dimension des Schutzobjektes sowie die Verletzung desselben sind gedanklich einfach nachvollziehbar und sicher festzustellen. Bezüglich der überindividuellen Schutzgüter ist jedoch sowohl die Bestimmung der real-konkreten Dimension als auch der Verletzung komplex und strittig.

---

735 Hierzu m. w. Nachw. sowie zur historischen, funktionalen und gesellschaftlichen Begründung *Keller*, ZStW 107 (1995), S. 470ff.

736 Siehe hierzu und zu weiteren Beispielen *Anastasopoulou*, Deliktstypen zum Schutz kollektiver Rechtsgüter, 2005, S. 200f.

737 *Anastasopoulou*, Deliktstypen zum Schutz kollektiver Rechtsgüter, 2005, S. 209ff.

738 *Anastasopoulou*, Deliktstypen zum Schutz kollektiver Rechtsgüter, 2005, S. 199.

739 Siehe zu den unterschiedlichen (unkörperlichen) Ehrbegriffen Satzger/Schluckebier/Widmaier StGB-*Sinn* (2016) Vorbemerkung zu den §§ 185ff. StGB Rn. 1 ff.

740 MüKo StGB-*Regge/Pegel* § 185 Rn. 3 (»allgemeine Meinung«) m. w. Nachw.

741 Wird als Schutzobjekt demgegenüber der »Achtungsanspruch eines beleidigungsfähigen Subjekts« angesehen, so Satzger/Schluckebier/Widmaier StGB-*Sinn* (2016) Vorbemerkung zu den §§ 185ff. StGB Rn. 4, dann handelt es sich um ein abstraktes Gefährdungsdelikt und damit einen Fall der Vorverlagerung. Anders noch Satzger/Schluckebier/Widmaier StGB-*Sinn* (2014) Vorbemerkung zu den §§ 185ff. StGB Rn. 3. Dies veranschaulicht die Bedeutung der Auslegung eines Straftatbestandes für die Qualifikation als Vorverlagerung.

b) Das Sonderproblem der überindividuellen Schutzgüter und der Zwischenrechtsgüter

Grundsätzlich wäre es möglich, das Abstraktionsniveau der Rechtsgüter willkürlich auszuwählen.[742] So wird vertreten, § 29 Betäubungsmittelgesetz (BtMG) bezwecke nicht den Schutz der körperlichen oder psychischen Gesundheit des Einzelnen, sondern allein den Schutz der »Volksgesundheit«.[743] Hierdurch wird legitimiert, dass gemäß § 29 BtMG auch dann zu strafen ist, wenn kein Individualschutzgut verletzt oder gefährdet wird, etwa wenn Betäubungsmittel für den Eigenkonsum besessen oder an freiverantwortliche Erwachsene abgegeben werden: Dies gefährde zumindest die »Volksgesundheit«.

Jakobs spricht diesbezüglich von einer »Vorverlagerung des Rechtsguts«[744] und dem »besonderen Teil« des Problems der Vorverlagerung.[745] Auf die Spitze getrieben könnte jede Strafnorm als Schutzgut in letzter Instanz die »öffentliche Sicherheit« ausweisen,[746] die durch Begehung eines Straftatbestandes immer gefährdet oder gar verletzt wäre. An dieser Stelle ist eine Unterteilung der Diskussion in zwei Problemkomplexe angezeigt. Zunächst ist die umstrittene Konstruktion der »Zwischenrechtsgüter« zu thematisieren (aa). Hiervon zu unterscheiden ist das Konzept der überindividuellen Rechtsgüter, das allgemein anerkannt ist (bb). Danach kann sich der Frage der Verletzbarkeit überindividueller Rechtsgüter zugewandt werden (cc).

aa) Die Zwischenrechtsgüter und Scheinrechtsgüter

Nach der Konzeption der Zwischenrechtsgüter sind Delikte ohne Rechtsgutsgefährdung oder -verletzung als Delikte der Gefährdung oder Verletzung von Zwischenrechtsgütern zu begreifen, beispielsweise die Bestechungs- und Falschaussagedelikte.[747] In die gleiche Richtung weist die Konstruktion der »Volksgesundheit« im Betäubungsmittelstrafrecht. In der Tathandlung liege in diesen Fällen zwar keine Gefährdung oder Verletzung des »Endrechtsgut«, auf diese komme es aber auch nicht an, da bereits eine Verletzung des Zwischenrechtsguts vorliege, was die Strafbarkeit legitimiere.

Die Konstruktion des *Zwischenrechtsguts* trifft in der heutigen Literatur aber mehrheitlich auf Ablehnung.[748] Die Auslegung eines Tatbestandes setzt voraus,

---

742 So *Jakobs*, AT 1993, 6/88.

743 So etwa Körner/Patzak/Volkmer, BtMG-*Patzak* § 29 Teil 4 Rn. 4; ausführliche Kritik hierzu bei *Anastasopoulou*, Deliktstypen zum Schutz kollektiver Rechtsgüter, 2005, S. 268ff.

744 Siehe *Jakobs*, ZStW 97 (1985), S. 774 m. w. Beispielen.

745 *Jakobs*, ZStW 97 (1985), S. 751, siehe bereits oben S. 121.

746 Ähnlich *Martin*, Strafbarkeit grenzüberschreitender Umweltbeeinträchtigungen, 1989, S. 32 m. w. Nachw.

747 Grundlegend *Schünemann*, JA 1975, S. 798.

748 Siehe auch *Anastasopoulou*, Deliktstypen zum Schutz kollektiver Rechtsgüter, 2005,

dass ein Schutzgut bestimmt wird, das nicht auf beliebige Zwischen-, Ober- oder Unterstufen abstrahiert werden kann:[749] Je abstrakter das Schutzgut, je unbestimmter der Zweck. Bei Anerkenntnis beliebig zu bildender »Zwischenrechtsgüter« wird daher die Auslegungs- und Legitimierungsfunktion des Rechtsgutsbegriffs verwässert.[750] Eine grenzenlose Abstraktion individueller Rechtsgüter könnte bis auf die Ebene der »öffentlichen Sicherheit« getrieben werden. Dies würde aber eine Tautologie bedeuten: Sicherheit wird durch Rechtsgüterschutz geschaffen und ist nicht selbst das zu schützende Gut.[751]

Vertreter des Konzepts versuchen gelegentlich eine legitimierende Funktion zu bewahren, indem auf ein »Endrechtsgut« abgestellt wird, dem das »Zwischenrechtsgut« vorgeschoben wird.[752] Hiermit wird jedoch keine Präzisierung bzw. Konturierung von »Zwischenrechtsgut« erreicht, sodass das Konzept für die Strafrechtsdogmatik abzulehnen ist.[753] Letztendlich ließe sich jedes Interesse in die Form eines Zwischenrechtsguts gießen, sodass für alles eine Legitimation gefunden werden könnte – und damit für nichts.[754] Für die Konstruktion des Zwischenrechtsguts setzt sich entsprechend zunehmend die Bezeichnung des »Scheinrechtsgutes«[755] durch.

bb) Überindividuelle Rechtsgüter

Anders als »Zwischenrechtsgüter« werden überindividuelle bzw. kollektive Rechtsgüter (diese Begriffe werden in der Folge synonym verwendet) in der Literatur grundsätzlich anerkannt. Hintergrund ist das dualistische Verständnis der Rechtsgutstheorie, nach der weder alle Rechtsgüter dem Staat, noch alle Rechtsgüter dem Individuum (monistische Theorien), sondern einige Rechtsgüter dem Staat bzw. dem Kollektiv und andere dem Individuum zuzuordnen sind.[756]

Überindividuelle Rechts- bzw. Schutzgüter weisen eine Beschaffenheit auf, die sie – anders als die beliebigen Zwischenrechtsgüter – fassbar macht, sodass

---

S. 149ff.; *Hefendehl*, Kollektive Rechtsgüter im Strafrecht, 2002, S. 177ff., jeweils mit weiteren Nachweisen.

749 *Anastasopoulou*, Deliktstypen zum Schutz kollektiver Rechtsgüter, 2005, S. 148f. Kritisch auch *Hefendehl*, Kollektive Rechtsgüter im Strafrecht, 2002, S. 178.

750 Siehe *Meyer*, Die Gefährlichkeitsdelikte, 1992, S. 149.

751 Siehe u.a. *Roxin*, AT I 2006, § 11 Rn. 157; *Kiss*, Das abstrakte Gefährdungsdelikt, 2006, S. 109; *Cancio Meliá*, Organisationdelikte, in: Grenzenlose Vorverlagerung des Strafrechts?, 2010, S. 55; auch *Kim*, Umweltstrafrecht in der Risikogesellschaft, *2004*, S. 200, der die Ungenauigkeit der Auffassung von der Existenz eines Rechts auf Sicherheit betont.

752 Siehe nur *Lüderssen*, StV 2004, S. 100.

753 Siehe hierzu ausführlich *Anastasopoulou*, Deliktstypen zum Schutz kollektiver Rechtsgüter, 2005, S. 147ff.; *Hefendehl*, Kollektive Rechtsgüter im Strafrecht, 2002, S. 175ff.

754 Siehe hierzu *Herzog*, Gesellschaftliche Unsicherheit und strafrechtliche Daseinsvorsorge, 1991, S. 34ff.

755 Hierzu *Hefendehl*, Kollektive Rechtsgüter im Strafrecht, 2002, S. 27ff.

756 Siehe hierzu NK StGB-*Hassemer/Neumann* Vorbemerkungen zu § 1 Rn. 128ff.; *Hefendehl*, Kollektive Rechtsgüter, 2002, S. 73ff.

sie von sonstigen Rechtsgütern abgrenzbar sind. Daher können überindividuelle Rechtsgüter die Auslegung von Straftatbeständen und damit auch die Vorverlagerungsqualifikation leiten. Die hierzu vertretenen Auffassungen[757] sollen am Beispiel des § 316 StGB dargestellt werden, um die Konsequenzen der jeweiligen Ansichten auf die Vorverlagerungsdefinition herauszustellen.

(a) *Personale Rechtsgutslehre* (Hassemer)

Die personale Rechtsgutslehre, die von *Hassemer* vertreten und weiterentwickelt wurde, erkennt im Schutz und der Entfaltung der individuellen Person das finale Ziel aller legitimen Rechts- und Staatsordnung.[758] Legitimität staatlichen Handelns wird von der Person her beurteilt.[759] Überindividuelle Rechtsgüter seien anzuerkennen, sofern diese dem Individuum dienlich sind.[760] Nach dieser Auffassung sind überindividuelle Rechtsgüter Mediatisierungen individueller Rechtsgüter, deren Schutz vor Verletzung weiterhin Ziel der entsprechenden Strafnormen bliebe.[761] Wesentlicher Unterschied wäre die Rechtsgutsträgerschaft. Überindividuelle Rechtsgüter seien nicht der Einzelperson zuzuordnen, sodass diese nicht über jene verfügen könne.[762] Im Falle des § 316 StGB wären entsprechend die Individualrechtsgüter der Verkehrsteilnehmer Schutzobjekt der Norm. Da deren Verletzung nicht Tatbestandsmerkmal ist, würde es sich um einen Fall der Vorverlagerung handeln.[763]

(b) *Die Nicht-Distributivität und die Autonomie als Merkmal der überindividuellen Rechtsgüter* (Hefendehl *und* Anastasopoulou)

Eine vertiefte Auseinandersetzung mit den überindividuellen Rechtsgütern unternimmt *Hefendehl.*[764] Grundannahme seiner Forschung ist die Anerken-

757 Nicht alle konnten hier Berücksichtigung finden. Siehe hierzu noch insbesondere *Wohlers*, Deliktstypen des Präventionsstrafrechts, 2000, S. 218ff., 279ff. sowie die Darstellung bei *Anastasopoulou*, Deliktstypen zum Schutz kollektiver Rechtsgüter, 2005, S. 151ff.

758 Siehe NK StGB-*Hassemer/Neumann* Vorbemerkungen zu § 1 Rn. 131ff.; hierzu auch *Hefendehl*, Kollektive Rechtsgüter, 2002, S. 61ff.

759 So NK StGB-*Hassemer/Neumann* Vorbemerkungen zu § 1 Rn. 133.

760 So NK StGB-*Hassemer/Neumann* Vorbemerkungen zu § 1 Rn. 132. Hierzu *Anastasopoulou*, Deliktstypen zum Schutz kollektiver Rechtsgüter, 2005, S. 33f. Einige ihrer Vertreter verweigern überindividuellen Rechtsgütern jedoch die Anerkennung, sofern sie nicht unmittelbar auf Individualrechtsgüter zurückzuführen sind. *Marx*, Zur Definition des Begriffs Rechtsgut, 1972, S. 79ff.; *O. Hohmann*, Das Rechtsgut der Umweltdelikte, 1991, S. 197ff. Siehe auch die Darstellung bei *Hefendehl*, Kollektive Rechtsgüter, 2002, S. 62ff.

761 So NK StGB-*Hassemer/Neumann* Vorbemerkungen zu § 1 Rn. 134ff. m. w. Nachw.

762 So NK StGB-*Hassemer/Neumann* Vorbemerkungen zu § 1 Rn. 138.

763 Zum Schutz von Universalrechtsgütern als »Vorfeldkriminalisierung« nach dieser Konzeption *Anastasopoulou*, Deliktstypen zum Schutz kollektiver Rechtsgüter, 2005, S. 34 m. w. Nachw.

764 *Hefendehl*, Kollektive Rechtsgüter im Strafrecht, 2002, passim.

nung der Eigenständigkeit gewisser Kollektivrechtsgüter als nicht aus Individualrechten ableitbar. Zugleich müssten diese aber von bloßen »Scheinrechtsgütern«[765] abgegrenzt werden.[766] Diese Abgrenzung soll anhand zweier Kriterien erfolgen: Der Nicht-Distributivität der Kollektivrechtsgüter[767] sowie deren Eigenschaft als Sicherung von Freiheitsräumen der Individuen bzw. der Funktionsfähigkeit des Staates selbst.[768] Aufgrund der Heterogenität der Freiheitsräume und Funktionsbedingungen folgt hieraus eine Untergliederung unterschiedlicher Kollektivrechtsgütertypen.[769] Rechtsgutsträger sei bei Kollektivrechtsgütern immer die Gesellschaft oder der Staat.[770]

Die Unterscheidung zwischen Kollektivrechtsgut und Scheinrechtsgut könne anhand der Prüfung erfolgen, ob das Interesse am Gut mit den gleichartigen Interessen einer großen Zahl von Personen identisch ist.[771] Im letzteren Fall ist nicht das Kollektivrechtsgut, sondern das Individualrechtsgut dem Straftatbestand zugrunde zu legen.[772] Dies sei etwa bei § 316 StGB der Fall: Es handelt »sich um einen Tatbestand, der dem Schutz der Individualrechtsgüter Leben, Gesundheit und in bestimmten Grenzen auch Eigentum unmittelbar zu dienen bestimmt ist«[773].

Nach einer verwandten Auffassung sind Kollektivrechtsgüter »fundamentale Funktionsbedingungen des gesellschaftlichen Zusammenlebens, deren Negation im Einzelfall eine tiefgreifende Erschütterung des kollektiven Bewusstseins herbeiführt und zugleich eine Vielzahl von unterschiedlichen, von vornherein nicht mit Sicherheit zu bestimmenden Individualrechtsgütern in Gefahr bringt«[774]. Auch hier sei der Staat bzw. die Allgemeinheit der Rechtsgutsträger.[775] Zur Unterscheidung von Scheinrechtsgütern ist insbesondere zu überprüfen, ob das abstrakte Rechtsgut mehr als nur die Summe von bestimmbaren Individualrechtsgütern ist.[776] Hiernach wäre analog zu *Hefendehls* Lösung die »Sicherheit des Straßenverkehrs« kein anerkanntes Kollektivschutzgut des § 316 StGB, weil dieses vollständig in den sich im Straßenverkehr befindenden Individual-

765 Hierzu *Hefendehl*, Kollektive Rechtsgüter im Strafrecht, 2002, S. 27ff.
766 Siehe insbesondere *Hefendehl*, Kollektive Rechtsgüter im Strafrecht, 2002, S. 73ff.
767 *Hefendehl*, Kollektive Rechtsgüter im Strafrecht, 2002, S. 112.
768 *Hefendehl*, Kollektive Rechtsgüter im Strafrecht, 2002, S. 113ff.
769 Siehe hierzu *Hefendehl*, Kollektive Rechtsgüter im Strafrecht, 2002, S. 116ff. sowie die Zusammenfassung auf S. 382ff. Siehe hierzu *Anastasopoulou*, Deliktstypen zum Schutz kollektiver Rechtsgüter, 2005, S. 171ff.
770 *Hefendehl*, Kollektive Rechtsgüter im Strafrecht, 2002, S. 114.
771 *Hefendehl*, Kollektive Rechtsgüter im Strafrecht, 2002, S. 141.
772 *Hefendehl*, Kollektive Rechtsgüter im Strafrecht, 2002, S. 82.
773 *Hefendehl*, Kollektive Rechtsgüter im Strafrecht, 2002, S. 141.
774 *Anastasopoulou*, Deliktstypen zum Schutz kollektiver Rechtsgüter, 2005, S. 171ff.
775 *Anastasopoulou*, Deliktstypen zum Schutz kollektiver Rechtsgüter, 2005, S. 42ff.
776 *Anastasopoulou*, Deliktstypen zum Schutz kollektiver Rechtsgüter, 2005, S. 43f. sowie S. 237ff.

rechtsgütern aufgeht. Die Verletzung der zugrunde liegenden Individualschutzobjekte ist nicht Tatbestandsmerkmal des § 316 StGB. Auch nach dieser Ansicht handelt es sich demnach bei § 316 StGB um einen Fall der Vorverlagerung.

(c) Überindividuelle Rechtsgüter als addiertes Individualinteresse

Ein bedeutender Teil der Lehre sowie der Rechtsprechung vertritt einen weiten Begriff der überindividuellen Rechtsgüter.[777] Demnach sind echte Kollektivrechtsgüter Güter, die der freien Entfaltung beliebig vieler Personen dienen. Der Einzelne kann mangels Rechtsgutträgerschaft aber nicht über Kollektivrechtsgüter verfügen.[778]

Nach dieser Auffassung können Kollektivrechtsgüter mit der Addition von Individualrechtsgütern zusammenfallen bzw. gar in Form der »Sicherheit« auftreten. Schutzobjekt des § 316 StGB wäre folglich die »Sicherheit des Straßenverkehrs«, die als echtes Kollektivrechtsgut anzuerkennen sei.[779] Diese Ansicht hat erhebliche Konsequenzen für die Auslegung und die Anwendung von Straftatbeständen, bei denen ein solches abstraktes überindividuelles Rechtsgut als Schutzobjekt identifiziert wird.

Zunächst ist fraglich, ob § 316 StGB nach dieser Auffassung einen Fall der Vorverlagerung darstellen würde. Vorverlagerung ist die Strafbarkeit einer Handlung ohne Erfordernis einer Verletzung des Schutzobjekts der Norm. In der zur Erfüllung des Tatbestandes erforderlichen Trunkenheitsfahrt könnte aber eine Verletzung der »Sicherheit des Straßenverkehrs« gesehen werden, sofern eine solche überhaupt möglich ist.[780] Somit wäre die Verletzung des Schutzobjekts der Norm für die Tatbestandserfüllung erforderlich und es läge *kein Fall der Vorverlagerung* vor. Dies würde bedeuten, dass die spezifischen Grenzen der Vorverlagerung für § 316 StGB nicht gelten würden. Sogar die Bezeichnung als abstraktes Gefährdungsdelikt stünde auf dem Prüfstand. Denn wenn Schutzobjekt der Norm nur die Sicherheit des Straßenverkehrs wäre, bliebe offen, was durch die Trunkenheitsfahrt erst gefährdet und nicht schon verletzt wäre.

Außerdem führt die Anerkennung solcher abstrakter Kollektivrechtsgüter als Schutzobjekt einer Norm zur Strafbarkeit gewisser Gefährdungsdelikte trotz

777 Siehe etwa die Nachweise bei *Anastasopoulou*, Deliktstypen zum Schutz kollektiver Rechtsgüter, 2005, S. 267ff. (zum Kollektivrechtsgut »Volksgesundheit«).

778 *Kindhäuser*, Zur Legitimität der abstrakten Gefährdungsdelikte im Wirtschaftsstrafrecht, in: Bausteine des europäischen Wirtschaftsstrafrechts, 1994, S. 128.

779 So auch Schönke/Schröder StGB-*Heine/Bosch* Vorbemerkungen zu den §§ 306ff. Rn. 6a; Schönke/Schröder StGB-*Sternberg-Lieben/Hecker* § 316 Rn. 1; MüKo StGB-*Pegel* (2014) § 316 Rn. 1; NK StGB-*Zieschang* § 316 StGB Rn. 11; *Fischer* StGB § 316 Rn 2, 3; Lackner/Kühl StGB-*Heger* § 316 Rn. 1; BGH NJW 1970, 1381 (Beschluß vom 14.5.1970 – 4 StR 131/69); Handbuch des Straßenverkehrsrechts-*Hentschel* Kapitel 14 D Rn. 66.

780 Hierzu sogleich unten ab S. 147.

Einwilligung gefährdeter Personen.[781] Bekanntes Beispiel hierzu ist die Strafbarkeit gemäß § 315c StGB trotz Einwilligung betroffener Verkehrsteilnehmer.[782] Die Gesundheit ist als Individualrechtsgut Schutzobjekt des Straftatbestandes, deren Gefährdung zugleich Tatbestandsmerkmal ist (§ 315c Abs. 1 a.E.). Wenn der Gefährdete in die Gefährdung einwilligt, wäre daher eine Strafbarkeit gemäß § 315c Abs. 1 StGB grundsätzlich ausgeschlossen. Nach der Rechtsprechung sei aber Zweck der Strafbarkeit der Trunkenheitsfahrt gemäß § 315c Abs. 1 Nr. 1 a) auch der Schutz des Rechtsguts »Sicherheit des Straßenverkehrs«. Da der durch eine Trunkenheitsfahrt Gefährdete zwar Rechtsgutsträger bezüglich seiner gefährdeten Gesundheit, aber nicht bezüglich der (verletzten?) Sicherheit des Straßenverkehrs ist, könne seine Einwilligung der Strafbarkeit des Täters nicht entgegenstehen.[783]

(d) Stellungnahme: Autonomie als Kriterium kollektiver Schutzgüter

Die Bedeutung der Abgrenzung von Individualschutzgütern und Kollektivschutzgütern für den Vorverlagerungsbegriff ist bereits in der Diskussion der Zwischenrechtsgüter herausgearbeitet worden. Die genaue Bestimmung des zulässigen Abstraktionsgrades des Schutzgutes der Norm ist entscheidend für die Auslegung und damit für die Qualifizierung oder Disqualifizierung eines Straftatbestandes als Fall der Vorverlagerung.

Eine klare Orientierung scheint die personale Rechtsgutslehre zu garantieren. Hiernach seien letztlich nur die Interessen des Individuums maßgeblicher Bezugspunkt. Wenn in einem Tatbestand nicht die Verletzung von Individualschutzgütern verlangt würde, läge ein Fall der Vorverlagerung vor.[784] Allerdings ist an dieser Ansicht das ungeklärte Verhältnis von Individual- zu Kollektivrechtsgut im Einzelfall problematisch. Beispielsweise ist nicht ersichtlich, welche *bestimmten* Individualrechtsgüter hinter den Straftaten im Amt stehen:[785] Es können sowohl Vermögensvorteile, aber auch Leben (Abschiebeverfahren in ein hochgefährliches Land), Gesundheit (Verfahren der Genehmigung gefährlicher Arzneimittel), Ehre (verleumderisches Strafverfahren), Freiheit (unbegründeter Strafprozess) usw. betroffen sein. Ähnlich stellt sich die Problematik bei den Straftaten gegen die ordentliche Rechtspflege dar.[786] Die Rückführung auf einzelne Individualrechtsgüter überzeugt nicht. Dieser Auffassung kann daher nicht gefolgt werden.

781 Siehe beispielsweise die Nachweise zum Betäubungsmittelrecht bei *Anastasopoulou*, Deliktstypen zum Schutz kollektiver Rechtsgüter, 2005, S. 267ff.
782 Siehe m. Nachw. MüKo StGB-*Pegel* (2014) § 315c Rn. 5 ff.
783 BGH NJW 1970, 1381 (Beschluß vom 14.5.1970 – 4 StR 131/69).
784 Siehe so in der Sache dann auch *Hassemer*, NStZ 1989, S. 557.
785 *Kuhlen*, ZStW 105 (1993), S. 704.
786 Siehe hierzu *Hefendehl*, Kollektive Rechtsgüter im Strafrecht, 2002, S. 323ff.

Überzeugender ist die Gegenauffassung: Liegt eine diffuse Relation eines Kollektivrechtsguts zu nur höchst mittelbar geschützten Individualrechtsgütern vor, für die das Kollektivrechtsgut (etwa ordentliche Rechtspflege) aber höchste Bedeutung hat, ist der *Eigenwert* des Kollektivrechtsguts anzuerkennen.[787] Dies ist grundsätzlich überall dort geboten, wo das Rechtsgut mehr als die Summe bestimmter Individualrechtsgüter ausmacht.[788] Die *Autonomie des Kollektivrechtsguts* hinsichtlich der Individualrechtsgüter und gerade *nicht* ihre unmittelbare Rückführbarkeit auf diese ist Grund der Anerkennung als Eigenwert.[789]

Aus diesen Gründen ist die Anerkennung abstrakter Kollektivrechtsgüter als »Additionen von Individualinteressen« oder gar »Begriffen höchster Allgemeinheit«[790] abzulehnen. Diese Ansicht läuft Gefahr, in der Lehre der »Zwischenrechtsgüter« aufzugehen, deren tautologisches Räsonieren und Untauglichkeit zur Auslegung von Tatbeständen bereits aufgezeigt worden ist.[791] Um das Schutzgut einer Norm sicher zu bestimmen, sind Kriterien zu entwickeln, die zur Festsetzung des zulässigen bzw. sinnvollen Abstraktionsgrades des Schutzgutes Orientierung geben. Ansonsten drohen systemische Erwägungen verkannt zu werden, wie am Beispiel des § 316 StGB bewiesen werden kann:

Eine Ansicht, die die »Sicherheit im Straßenverkehr« als Kollektivrechtsgut anerkennt, kann § 316 Abs. 1 a.E. StGB nicht überzeugend erklären. Dort heißt es, eine Strafbarkeit gemäß § 316 StGB sei ausgeschlossen, wenn die Tat »in § 315a oder § 315c mit Strafe bedroht ist«. Zugleich aber diene § 315c StGB in Abgrenzung zu § 316 StGB dem Schutz von Individualrechtsgütern.[792] Wenn aber beide Normen unterschiedliche Schutzgüter zum Gegenstand haben, dann wäre die Subsidiarität des § 316 StGB gegenüber § 315c StGB verwunderlich.

Eine Erklärung liefert die hier vertretene Auffassung. Der Unrechtsgehalt des Tatbestandes des § 316 StGB geht voll in dem Unrechtsgehalt des § 315c Abs. 1 Nr. 1 auf, ähnlich dem Verhältnis des § 246 StGB (Unterschlagung) zu § 242 StGB (Diebstahl).[793] In jedem Fall des § 315c Abs. 1 Nr. 1 StGB liegt zugleich ein Fall

787 Siehe auch *Anastasopoulou*, Deliktstypen zum Schutz kollektiver Rechtsgüter, 2005, S. 35, S. 42ff.

788 *Anastasopoulou*, Deliktstypen zum Schutz kollektiver Rechtsgüter, 2005, S. 43f.; S. 261ff.

789 Ähnlich *Hefendehl*, Kollektive Rechtsgüter im Strafrecht, 2002, S. S. 82, S. 141f., der von »Nicht-Distributivität« spricht.

790 Siehe hierzu kritisch mit Nachweisen *Wohlers*, Deliktstypen des Präventionsstrafrechts, S. 225ff.

791 Siehe oben S. 139.

792 So MüKo StGB-*Pegel* (2014) § 315c Rn. 10.

793 Siehe hierzu MüKo StGB-*Hohmann* (2014) § 246 Rn. 1 sowie Rn. 59ff. Zwar liegt die Subsidiarität des § 246 StGB auch gegenüber § 263 StGB vor, obgleich beide Strafnormen unterschiedliche Güter schützen. Die Besonderheit ist hier, dass das eine Schutzgut (Eigentum) eine Spielart des anderen Schutzgutes (Vermögen) ist. Die Subsidiarität des § 246 StGB gegenüber § 263 StGB liegt nur dann vor, wenn fremdes *Eigentum (und zugleich Vermögen)* durch *Unterschlagung und Betrug* verletzt wird. Dies lässt sich nicht mit den

des § 316 StGB. Beide Normen bezwecken den Schutz von Individualrechtsgütern der Verkehrsteilnehmer, einmal in Form eines konkreten Gefährdungsdelikts (§ 315c StGB), und einmal in Form eines abstrakten Gefährdungsdelikts (§ 316 StGB). Werden diese Individualrechtsgüter nicht nur abstrakt, sondern konkret gefährdet, ist nach § 315c Abs. 1 Nr. 1 a) StGB zu bestrafen. Auch wenn § 316 StGB die Einhaltung von Straßenverkehrsregeln bezweckt und damit zur Sicherheit des Straßenverkehrs beiträgt, sind die Individualrechtsgüter der Verkehrsteilnehmer Schutzgut der Norm.[794] Aus diesem Grund handelt es sich um ein abstraktes Gefährdungsdelikt und damit um einen Fall der Vorverlagerung.

Aus denselben Gründen kann eine Verurteilung gemäß § 315c StGB nicht überzeugen, wenn eine Einwilligung in die konkrete Gefährdung vorliegt.[795] Das bedeutet allerdings nicht, dass die Trunkenheitsfahrt straflos bleiben muss. Der Teilnehmer am Straßenverkehr ist zwar Träger *seiner* Individualrechtsgüter, aber nicht Träger *aller* Individualrechtsgüter, die durch die Trunkenheitsfahrt abstrakt gefährdet werden. Er kann somit nicht in *die abstrakte Gefährdung* einwilligen. Daher ist eine Strafbarkeit nach § 316 StGB einschlägig. Dies folgt jedoch nicht aus der fehlenden Rechtsgutsträgerschaft für das konturenlose Rechtsgut »Sicherheit des Straßenverkehrs«,[796] sondern aus der fehlenden Rechtsgutsträgerschaft für die Individualrechtsgüter anderer abstrakt gefährdeter Teilnehmer.[797]

Eine hiervon abweichende Betrachtungsweise kann dazu führen, bestimmte Tatbestände entgegen der herkömmlichen Terminologie aus dem Vorverlagerungsbegriff auszusondern. Wenn beispielsweise als Schutzgut des § 316 StGB die Sicherheit des Straßenverkehrs ausgegeben werden würde, ist fraglich,

Schutzgütern »Sicherheit des Straßenverkehrs« und »Leben, Gesundheit und Eigentum« vergleichen, denn § 316 Abs. 1 StGB ist gegenüber § 315c StGB *immer* subsidiär. Dies suggeriert, dass sie das gleiche Schutzobjekt zum Gegenstand haben, so wie § 246 StGB und § 242 StGB.

794 Auch SK StGB-*Wolters* § 316 Rn. 2. So ist wohl das Bundesverfassungsgericht zu verstehen, nach dem die Norm »ungeachtet ihrer Ausgestaltung als abstraktes Gefährdungsdelikt über den so vermittelten Schutz anderer Verkehrsteilnehmer vor ungeeigneten Kraftfahrern individualschützende Wirkung entfalte«, BVerfG BeckRS 2007, 32414 (Beschluss vom 04.12.2007 – 2 BvR 38/06), Rn. 42. Nach MüKo StGB-*Pegel* (2014) § 316 Rn. 1 dürfte das Bundesverfassungsgericht hiermit »nur die reflexhafte Wirkung beschrieben haben und nicht ein abweichendes Rechtsgut«. Wenn der Schutz des Kollektivrechtsguts aber nur die reflexhafte Wirkung des Schutzes von Individualrechtsgütern ist, ist nicht ersichtlich, warum dieses dann als Schutzgut ausgemacht werden sollte. In einem solchen Fall ist auf die Individualrechtsgüter abzustellen, siehe auch *Hefendehl*, Kollektive Rechtsgüter im Strafrecht, 2002, S. 82.

795 Anders die Rechtsprechung, siehe m. Nachw. MüKo StGB-*Pegel* (2014) § 315c Rn. 5 ff.

796 Kritisch zur entsprechenden Entscheidung des BGH auch *Schünemann*, Rechtsgüterschutz, ultima ratio und Viktimodogmatik, in: Mediating principles, 2006, S. 26.

797 Ähnlich auch *Hefendehl*, Kollektive Rechtsgüter im Strafrecht, 2002, S. 142.

warum hier von einem Gefährdungsdelikt gesprochen werden soll. Jede Trunkenheitsfahrt schafft vollendete Unsicherheit im Straßenverkehr. In der Tathandlung läge bereits die Verletzung des Schutzobjekts[798] – allerdings nur sofern überindividuelle Schutzgüter *überhaupt verletzt werden können.* Diese Frage erfordert eine besondere Untersuchung, der sich sogleich zuzuwenden ist.[799]

(e) Zwischenergebnis

Das Merkmal »Schutzobjekt der Norm« im Vorverlagerungsbegriff kann auch von einem kollektiven Schutzgut erfüllt werden. Allerdings muss dieses klar von Individualrechtsgütern abgrenzbar und in seinem Eigenwert anzuerkennen sein. Dies ist dann anzunehmen, wenn das kollektive Schutzgut hinsichtlich Individualrechtsgütern autonom und nicht unmittelbar auf diese zurückzuführen ist. Anzuerkennen ist beispielsweise das Kollektivschutzgut der ordentlichen Rechtspflege. Demgegenüber ist das konturenlose Schutzgut »Sicherheit des Straßenverkehrs« abzulehnen, da es unmittelbar auf die Individualrechtsgüter der Verkehrsteilnehmer zurückzuführen ist.

Das Merkmal »Verletzung« stellt im Rahmen der kollektiven Schutzgüter ein Sonderproblem dar und erfordert eine gesonderte Erörterung, mit der die Eruierung des Vorverlagerungsmerkmals »ohne Erfordernis der Verletzung des Schutzobjekts der Norm« abgeschlossen werden kann.

cc) Die Verletzung des überindividuellen Schutzgutes als Schutzobjekt

Die Feststellung einer Beeinträchtigung der konkret-realen Dimension eines Schutzobjekts fällt bei körperlichen Schutzgütern in der Regel leicht. Zwar ist »Verletzung« immer normativ zu bestimmen, allerdings kann sich das wertende Urteil bei körperlichen Schutzgütern auf physikalische Vorgänge stützen.[800]

Überindividuelle Rechtsgüter sind jedoch selten körperlich (beispielsweise die ordentliche Rechtspflege).[801] »Verletzung« setzt den Vergleich eines Zustandes vorher und nachher voraus. Ein solcher Vergleich könne nach einer Ansicht bei einem unkörperlichen überindividuellen Rechtsgut als Schutzobjekt jedoch nicht sinnvoll gezogen werden.[802] Die einzelne Handlung bleibt auf das Schutzobjekt ohne messbare Wirkung.[803] Daher könnten nicht-körperliche

---

798 So etwa die Konsequenz bei *Schmidhäuser*, AT Studienbuch 1984, 2/30; 5/32 (zum Versuch). Dagegen *Anastasopoulou*, Deliktstypen zum Schutz kollektiver Rechtsgüter, 2005, S. 24f. m. w. Nachw.

799 Dazu sogleich.

800 Siehe oben S. 137.

801 Die Ausnahme bilden die Umweltmedien, siehe *Martin*, Strafbarkeit grenzüberschreitender Umweltbeeinträchtigungen, 1989, S. 33ff.

802 *Martin*, Strafbarkeit grenzüberschreitender Umweltbeeinträchtigungen, 1989, S. 34ff.

803 *Kuhlen*, ZStW 105 (1993), S. 722; *Loos*, FS Welzel 1974, S. 891f.

überindividuelle Rechtsgüter nicht verletzt werden (a).[804] Nach anderer Ansicht müssen auch überindividuelle Schutzgüter verletzbar sein, wenn sie geschützt werden sollen (b).

(a) Unverletzlichkeit überindividueller Schutzgüter als Schutzobjekte (Hefendehl)

Obgleich *Hefendehl* den Eigenwert von Kollektivrechtsgütern *trotz* ihrer Abstraktionshöhe anerkennt, verneint er zugleich deren Verletzbarkeit *aufgrund* dieser Abstraktionshöhe.[805] Hierauf aufbauend entwickelt er in der Folge das »materielle Verletzungsäquivalent« der Kumulation für die Kollektivrechtsgüter.[806] Dieses Kriterium wird angesichts der Heterogenität der Kollektivrechtsgüter in mannigfaltige Formen gegossen und an spezifische Tatbestandsformen geknüpft.[807] So sei Schutzgut der §§ 331 ff. StGB das »Vertrauen in die Unbestechlichkeit von Trägern staatlicher Funktionen bzw. in die Sachlichkeit staatlicher Entscheidungen«. Dieses Kollektivrechtsgut könne durch einen einzelnen Fall der §§ 331 ff. StGB nicht verletzt werden, da es hierdurch allein nicht zur Wertminderung in Form eines Vertrauensschadens käme.[808] Das Schutzgut der §§ 331 ff. StGB werde deshalb durch den Einzelfall nicht beeinträchtigt, weil nicht feststellbar sei, wie sich die Tat auf das gesellschaftliche Vertrauen ausgewirkt hat.[809]

Nach dieser Ansicht wäre jeder Straftatbestand zum Schutze von Kollektivrechtsgütern ein Fall der Vorverlagerung. Denn *Vorverlagerung ist die Strafbarkeit einer Handlung ohne Erfordernis einer Verletzung des Schutzobjekts der Norm.* Da eine »Verletzung des Schutzobjekts der Norm« bei Kollektivrechtsgütern nach dieser Ansicht grundsätzlich ausgeschlossen ist, könnte diese niemals mit der Tatbestandserfüllung zusammenfallen bzw. für diese erforderlich sein.

---

804 Siehe neben den soeben zitierten Autoren auch die Nachweise bei *Anastasopoulou*, Deliktstypen zum Schutz kollektiver Rechtsgüter, 2005, S. 162 ff., S. 199 ff.

805 *Hefendehl*, Kollektive Rechtsgüter im Strafrecht, 2002, S. 36, S. 173 ff.

806 *Hefendehl*, Kollektive Rechtsgüter im Strafrecht, 2002, S. 182 ff.; hierzu bereits *Kuhlen*, ZStW 105 (1993), S. 720 ff.

807 Aus diesem Grund ist der dogmatische Gewinn jedoch zweifelhaft, siehe *Anastasopoulou*, Deliktstypen zum Schutz kollektiver Rechtsgüter, 2005, S. 176 f. Wenn etwa bei den »Vertrauensrechtsgütern« die Verletzung schon im »Umschlagen von Vertrauen in Mißtrauen, was wiederum im wesentlichen auf dem Verhalten beruht«, *Hefendehl*, Kollektive Rechtsgüter im Strafrecht, 2002, S. 193, zu sehen ist, tritt eine handlungsorientierte Betrachtung hervor, die zur Bildung des Vorverlagerungsbegriffs disqualifiziert wurde (siehe oben S. 71). Schon aus diesem Grund kann das »Kumulationsprinzip« das Merkmal »Verletzung« im Vorverlagerungsbegriff nicht ersetzen.

808 *Hefendehl*, Kollektive Rechtsgüter im Strafrecht, 2002, S. 151.

809 Siehe zu ähnlichen Konstellationen auch *Kindhäuser*, Gefährdung als Straftat, 1989, S. 143 ff.

(b) Verletzlichkeit überindividueller Schutzgüter als Schutzobjekte (Zaczyk)

Gegen die These der Unverletzlichkeit überindividueller Rechtsgüter hat schon *Zaczyk* Stellung bezogen. Erkenne man, wie es die herrschende Meinung tut, die Existenz überindividueller Rechtsgüter an, so könne man nicht zeitgleich behaupten, diese sozialen Realitäten wären nicht verletzbar.[810] Entscheidend sei der Rechtsgutsbezug des einzelnen Anwendungsfalls. Bei diesem könne durchaus sinnvoll von Verletzung des Kollektivrechtsguts gesprochen werden.[811]

Im Falle der Vorteilsverschaffung gem. § 331 StGB sei sinnvoll von einer Verletzung zu sprechen, wenn ein Amtsträger eine pflichtwidrige Amtshandlung aufgrund der Vorteilsnahme vornimmt.[812] Hiernach wären Straftatbestände zum Schutz von Kollektivrechtsgütern nur dann ein Fall der Vorverlagerung, wenn die Tatbestandserfüllung nicht zwangsläufig zur Beeinträchtigung der realkonkreten Dimension[813] des Schutzobjekts führt (»ohne Erfordernis«).

(c) Stellungnahme

Das zentrale Argument gegen eine Verletzbarkeit abstrakter Kollektivrechtsgüter als Schutzobjekt einer Norm ist die aufgrund des Abstraktionsgrades angeblich nicht denkbare Beeinträchtigung. Obgleich Kollektivrechtsgüter positiv bewertete Realität sind, sei diese in ihrer Werthaftigkeit durch den Einzelfall nicht einschränkbar. Dieses Argument krankt jedoch an der stillschweigenden Übernahme zweier abzulehnender Betrachtungsweisen.

Zum einen wird das Kollektivschutzgut über Gebühr abstrahiert. Wie bereits bei der Diskussion um die Zwischenrechtsgüter herausgestellt, ist nicht »Sicherheit« Schutzgut einer Strafrechtsnorm, sondern der *Schutz bestimmter Güter durch Strafrechtsnormen schafft Sicherheit.*[814] Das Gleiche gilt bezüglich des Vertrauens in Funktionszusammenhänge wie die Sachlichkeit staatlicher Entscheidungen:[815] Vertrauen in gewisse Funktionszusammenhänge ist nicht selbst das zu schützende Gut, sondern der *Schutz gewisser Funktionszusammenhänge schafft Vertrauen* in deren Bestand.[816]

Zum anderen greifen die in der Auseinandersetzung mit der ideellen

810 *Zaczyk*, Das Unrecht der versuchten Tat, 1989, S. 200.

811 *Zaczyk*, Das Unrecht der versuchten Tat, 1989, S. 205f.

812 *Anastasopoulou*, Deliktstypen zum Schutz kollektiver Rechtsgüter, 2005, S. 206.

813 *Anastasopoulou*, Deliktstypen zum Schutz kollektiver Rechtsgüter, 2005, S. 199.

814 Siehe oben S. 139.

815 Dieses als Bestandteil des Schutzguts begreifend *Hefendehl*, Kollektive Rechtsgüter im Strafrecht, 2002, S. 122, S. 124ff.

816 Siehe hierzu m. w. Nachw. *Anastasopoulou*, Deliktstypen zum Schutz kollektiver Rechtsgüter, 2005, S. 178. Dass mit der Anerkenntnis des Vertrauens die gesamte Konstruktion der Kollektivrechtsgüter gefährlich nah an Scheinrechtsgüter heranrückt, erkennt auch Hefendehl selbst, siehe *Hefendehl*, Kollektive Rechtsgüter im Strafrecht, 2002, S. 124 in Fn. 53.

Rechtsgutslehre erarbeiteten Ergebnisse[817] zugunsten der Verletzlichkeit überindividueller Schutzgüter als Schutzobjekt einer Norm ein. In den Worten *Amelungs:* »Es ist nicht einzusehen, weshalb eine (positiv) bewertete Realität nicht eine Realität bleibt, auf die kausal eingewirkt werden kann«.[818] Es ist zwar einzuräumen, dass eine einzelne tatbestandliche Handlung *das Vertrauen in die Sachlichkeit staatlicher Entscheidungen* selbst nicht beeinträchtigen kann. Sehr wohl kann aber die konkret-reale Dimension »*Sachlichkeit der Amtshandlung*« beeinträchtigt werden.

Ist das ins Auge gefasste Schutzobjekt die Sachlichkeit der Amtshandlung in Form der konkreten pflichtgemäßen Amtshandlung des konkreten Amtsträgers bzw. die Sachlichkeit der konkreten staatlichen Entscheidung,[819] so lässt sich durchaus gedanklich nachvollziehen, ob dieser werthafte Zustand beeinträchtigt wurde oder nicht.[820] Setzt der Tatbestand nicht voraus, dass zur Tatbestandserfüllung im Einzelfall das Schutzobjekt in Form der konkret-realen Dimension des Schutzgutes beeinträchtigt wurde, liegt ein Fall der Vorverlagerung vor.

Im Falle des § 331 Abs. 1 StGB reicht das Fordern, das Sich-Versprechen-Lassen oder die Annahme eines Vorteils für sich oder einen Dritten. Damit ist die pflichtwidrige Entscheidung des Amtsträgers kein Tatbestandsmerkmal, weshalb es sich mangels Verletzung des Schutzobjekts der Norm (Sachlichkeit der Amtshandlung) um Vorverlagerung handelt. Das hierin eine vorverlagerungstypische Überwindung des Kausalnachweises liegt, erkennt auch *Sinn*, der bezüglich des fehlenden Erfordernisses eines Einflusses auf die Dienstausübung bei § 331 StGB von einem Verzicht auf das »Kausalprinzip« spricht.[821] Zu diesem Ergebnis kann nur kommen, wer die kausale Verletzbarkeit des kollektiven Schutzobjekts anerkennt.

Deutlich treten die Unwägbarkeiten der Gegenansicht in dem Argument zum Vorschein, im Falle von überindividuellen Rechtsgütern sei die Inbezugnahme des Einzelfalles nichts als eine »Fiktion der Rechtsgutsrelevanz« der tatbestandsmäßigen Handlung.[822] Wenn es stimmte, dass ein Einzelfall des § 331 StGB keine Rechtsgutsrelevanz besäße, dann wäre die Unterscheidung zwischen der Annahme eines Vorteils für die Dienstausübung und die erst auf die Vorteilsannahme folgende pflichtwidrige Dienstausübung hinsichtlich des Rechtsguts

817 Siehe oben S. 136.

818 *Amelung*, Rechtsgüterschutz und Schutz der Gesellschaft, 1972, S. 106.

819 Siehe zum aktuellen Stand der Forschung hinsichtlich des strittigen Schutzgutes des § 331 StGB u.a. MüKo StGB-*Korte* § 331 StGB Rn. 2; NK StGB-*Kuhlen* § 331 Rn. 9 jeweils m. w. Nachw.

820 Siehe *Anastasopoulou*, Deliktstypen zum Schutz kollektiver Rechtsgüter, 2005, S. 199ff., 205f. m. w. Nachw.

821 Siehe *Sinn*, Straffreistellung aufgrund von Drittverhalten, 2007, S. 111.

822 Siehe *Hefendehl*, Kollektive Rechtsgüter im Strafrecht, 2002, S. 152 m. w. Nachw.

neutral. Es dürfte dann *keinen* Unterschied machen, ob ein Vorteil nur angenommen wird oder auch eine pflichtwidrige Dienstausübung zur Folge hat. Diese Ansicht überzeugt nicht.

Wenn die Vorteilsnahme auf die Tätigkeit des Amtsträgers ohne Auswirkungen bleibt (»einfache Vorteilsannahme«), so wird die Sachlichkeit der staatlichen Entscheidung im Einzelfall *nicht beeinträchtigt.* Führt die Vorteilsnahme aber zu einer pflichtwidrigen und damit unsachlichen Entscheidung (»pflichtwidrigen Vorteilsannahme«), ist die Sachlichkeit der staatlichen Entscheidung im Einzelfall *unmittelbar beeinträchtigt.* Im Hinblick auf das überindividuelle Gut (»Sachlichkeit der Amtshandlung«), das durch die Norm des § 331 StGB geschützt werden soll, weisen die beiden Fälle offensichtlich eine unterschiedliche »Rechtsgutsrelevanz« auf. Dies wird verkannt, wenn das Schutzgut mit dem Allgemeinbegriff »Vertrauen« angereichert und damit seinen Konturen beraubt wird. Erkennt man demgegenüber das Schutzobjekt in der Sachlichkeit der staatlichen Entscheidung selbst, kann auch erklärt werden, dass es sich bei den §§ 331ff. StGB nach allgemeiner Meinung um abstrakte Gefährdungsdelikte handelt.[823] Auch wenn der Amtsträger sich von der Vorteilsnahme nicht beeinflussen lässt und eine sachliche Entscheidung trifft, ist der Tatbestand des § 331 Abs. 1 StGB erfüllt (»einfache Vorteilsnahme«). Es handelt sich um einen klassischen Fall von Vorverlagerung, da für die Strafbarkeit eine Verletzung des Schutzobjekts in Form einer unsachlichen Entscheidung nicht erforderlich ist. Hierdurch gelingt die »Überwindung des Verursachungsdogmas«.

Dies mit Verweis auf die Abstraktheit des Kollektivschutzgutes zu leugnen, würde bedeuten, dort keinen Unterschied im Unrechtsgehalt mehr feststellen zu können, wo ein Unterschied offenkundig ist. Dies ahnt auch *Hefendehl.* Die von ihm behauptete Immunität von Kollektivrechtsgütern gegen Verletzungen führt ihn auf die – von ihm abgelehnte – ideelle Rechtsgutslehre zurück.[824] Die hier gefundene Lösung kann einen Ausweg aus dem Dilemma aufzeigen, indem die Verletzlichkeit von überindividuellen Schutzgütern als Schutzobjekt in konkret-realer Dimension anerkannt wird.

dd) Zwischenergebnis

Das Merkmal des Vorverlagerungsbegriffs »Verletzung des Schutzobjekts der Norm« kann auch im Falle überindividueller Schutzgüter erfüllt werden. Entscheidend ist die Verletzung des Schutzobjekts als konkret-reale Dimension des Schutzguts. Dies kann im Einzelfall Schwierigkeiten bereiten.[825]

---

823 Siehe *Anastasopoulou*, Deliktstypen zum Schutz kollektiver Rechtsgüter, 2005, S. 206.
824 Diese Gefahr erkennend *Hefendehl*, Kollektive Rechtsgüter im Strafrecht, 2002, S. 112.
825 Siehe *Anastasopoulou*, Deliktstypen zum Schutz kollektiver Rechtsgüter, 2005, S. 202ff.

In vielen Fällen ist dies jedoch ohne große Mühe zu bewerkstelligen. Beispielsweise kann im Falle der §§ 153ff. StGB die ordentliche Rechtspflege als überindividuelles Schutzgut und das Fehlurteil als »Verletzung des Schutzobjekts« identifiziert werden.[826] Ein solches Verständnis von »Verletzung des Schutzobjekts der Norm« kann die §§ 153ff. StGB als Fälle der Überwindung des »Kausaldogmas« identifizieren und die für diese Fälle spezifischen Legitimitätsgrenzen in Anschlag bringen. Da das Fehlurteil nicht zum Tatbestandsmerkmal der §§ 153ff. StGB gehört, handelt es sich, so auch die herrschende Meinung, um abstrakte Gefährdungsdelikte.[827]

Diese Ansicht eröffnet des Weiteren die präzise Erfassung des im Fehlurteil liegenden Unrechts. Die ordentliche Rechtspflege ist ein autonomes Gut, da es mehr als die Summe von Individualrechten ist und nicht unmittelbar aus diesen abgeleitet werden kann (Kollektivschutzgut). Dieses Kollektivschutzgut ist erstens *schon* dann verletzt, wenn hierdurch keine Individualschutzgüter verletzt werden,[828] aber zweitens auch *erst* dann verletzt, wenn die Falschaussage zu einer Beeinträchtigung des Schutzobjekts in Form in seiner konkret-realen Dimension durch ein Fehlurteil führte. Die hier vertretene Auffassung ermöglicht die (naheliegende) Unterscheidung im Unrechtsgehalt zwischen Falschaussage und darauf basierendem Fehlurteil *auch hinsichtlich des Kollektivrechtsguts.*[829]

c) Ergebnis zur Verletzung des Schutzobjekts der Norm

Die besonderen Probleme des Merkmals »Verletzung des Schutzobjekts der Norm«, die eine akkurate Bestimmung von Fällen der Vorverlagerung gefährden, konnten entschärft werden.

Wichtig ist die Unterscheidung von Tatobjekt und Schutzobjekt. Nur die Verletzung des Schutzobjekts als konkret-reale Dimension des Schutzgutes ist für den Vorverlagerungsbegriff von Bedeutung. Worin eine Verletzung dieser konkret-realen Dimension liegt, ist je nach Schutzgut normativ zu bestimmen.

Eine besonders komplexe Bestimmung des Schutzgutes der Norm ist im Falle der überindividuellen Rechtsgüter erforderlich. Maßgeblich ist der Eigenwert

826 So wohl auch *Graul*, Abstrakte Gefährdungsdelikte und Präsumtionen im Strafrecht, 1991, S. 73 in Fn. 282 sowie ausdrücklich *Anastasopoulou*, Deliktstypen zum Schutz kollektiver Rechtsgüter, 2005, S. 204.

827 Siehe statt aller Satzger/Schluckebier/Widmaier StGB-*Sinn* (2016) § 153 Rn. 2.

828 Als Beispiel hierfür ließe sich der Fall eines unbegründeten Freispruchs für eine folgenlose Trunkenheitsfahrt gem. § 316 Abs. 1 StGB nehmen.

829 Anderer Ansicht *Hefendehl*, Kollektive Rechtsgüter im Strafrecht, 2002, S. 324f., für den Schutzgüter der §§ 153ff. StGB Individualrechtsgüter und zusätzlich das Kollektivrechtsgut »Funktionsfähigkeit der Rechtspflege« sind, das bereits dann *verletzt* sei, wenn nur falsch ausgesagt wird (»Kumulation«). Das bedeutet aber, dass nach *Hefendehl* bereits eine Falschaussage das *volle Unrecht hinsichtlich des Kollektivrechtsguts verwirklicht.*

des Kollektivschutzgutes, das nicht nur eine Summe von bestimmbaren Individualschutzgütern oder Ermöglichung der Nutzung bestimmbarer Individualschutzgüter darstellen darf. So ist etwa die Sicherheit des Straßenverkehrs kein Kollektivrechtsgut, da dieses nur die Summe von Individualrechtsgütern der am Straßenverkehr Teilnehmenden ist.

Mittels der Unterscheidung zwischen überindividuellem Schutzgut und Schutzobjekt konnte des Weiteren ein Ausweg aus dem Dilemma der angeblichen Unverletzlichkeit überindividueller Rechtsgüter gefunden werden. Zu prüfen ist eine Verletzung des Schutzobjekts als konkret-reale Dimension des Schutzgutes der Norm. So kann das Fehlurteil als Verletzung des Schutzobjekts »ordentliche Rechtspflege« und die unsachliche Entscheidung aufgrund einer Vorteilsnahme als Verletzung des Schutzobjekts »Sachlichkeit der Amtshandlung« identifiziert werden. Dies ermöglichte die Qualifikation der Amtsdelikte gemäß §§ 331 ff. StGB und der Aussagedelikte gemäß §§ 153 ff. StGB als Fälle der Vorverlagerung, weil die Tatbestandserfüllung dieser Delikte die geschilderte Verletzung (Fehlurteil bzw. unsachliche Entscheidung) eben nicht erfordert.

4. Zusammenfassung, Definition: Strafbarkeit ohne Verletzung des Schutzobjekts der Norm

Die Untersuchung des Forschungsstandes zum Vorverlagerungsbegriff hatte zunächst ergeben, dass als Vorverlagerung »*veränderte Anforderungen an die Strafbarkeit auf objektiver Tatseite, indem die Rechtsgutsverletzung bzw. Schädigung als Voraussetzung der Strafbarkeit gestrichen bzw. an eine vor dieser liegende Handlung angeknüpft wird*«[830] zu bezeichnen sind. Allerdings blieb hiernach bei mehreren Deliktsformen (actio libera in causa, abstrakte Gefährdungsdelikte) die Qualifikation offen. Daher waren die Merkmale des Vorverlagerungsbegriffs weiter zu eruieren und zu präzisieren.

Zunächst war das zeitliche Element »vor« aus dem Vorverlagerungsbegriff zu entfernen (1.). Denn gemäß der Kausalitätstheorie muss die Handlung als Ursache immer *vor* der Wirkung des Schadens liegen. Die Besonderheit der Vorverlagerung ist demgegenüber die Emanzipation vom »Verursachungsdogma«, das in »*ohne Erfordernis der Verletzung*« seinen Ausdruck findet. Da es der actio libera in causa an dieser Emanzipation vom Verursachungsdogma mangelt, konnte sie als Fall der Vorverlagerung disqualifiziert werden. Es handelt sich vielmehr um eine atypische Form der Ausweitung von Strafbarkeit durch Aus-

830 So noch das Ergebnis der Auswertung der Literatur oben S. 77.

legung.[831] Gestützt wird diese Erkenntnis durch die Untersuchungen zur Geschichte der Vorverlagerung im vorausgehenden Abschnitt.

Unter Nutzung der strafrechtswissenschaftlichen Erkenntnisse zum formellen und materiellen Erfolgsbegriff konnte der Begriff »tatsächliche Schädigung« aufgrund seiner formellen Konnotation abgelehnt werden (2.). Die tatsächliche Schädigung fällt mit dem Begriff des »Tatobjekts« zusammen und beschreibt den formellen Erfolgsbegriff, dessen Funktion im Rahmen der Vorverlagerungsuntersuchung nicht weiterführt. Zur akkuraten Einordnung von Fällen der Vorverlagerung ist das Gut, dessen Schutz die Norm bezweckt, zu fokussieren, was einer materiellen Betrachtungsweise und damit dem Begriff »*Rechtsgutsverletzung*« entspricht. Mit der Aufnahme des Begriffs »Rechtsgutsverletzung« als Merkmal des Vorverlagerungsbegriffs droht jedoch eine Überladung mit äußerst komplexen dogmatischen Problemen. Daher war zunächst zu klären, in welcher Funktion das Konzept des Rechtsguts im Vorverlagerungsbegriff relevant wird. Entscheidend ist die Auslegungsfunktion (Schutzgut), da die Qualifikation als Vorverlagerung eine Auslegungsfrage ist. Der Begriff »Rechtsgutsverletzung« ist durch den Begriff »*Schutzgutsverletzung*« zu ersetzen.

Die sich bezüglich dieses Begriffs ergebende Frage, ob Schutzgüter durch einzelne Handlungen überhaupt verletzt werden können, konnte offen gelassen werden, da beide hierzu vertretene Ansichten anerkennen, dass real-konkrete Dimensionen des Rechtsgutes verletzt werden können, gleich, ob dies als Rechtsgutsverletzung oder Rechtsgutsobjektsverletzung zu bezeichnen ist (3.a)). Entscheidend für den Vorverlagerungsbegriff ist die »*Verletzung des Schutzobjekts der Norm*«, was eine entsprechende Präzisierung des Merkmals des Vorverlagerungsbegriffs zur Folge hat.

Die überindividuellen Schutzgüter stellen jedoch den »besonderen Teil des Problems der Vorverlagerung«[832] dar (3.b)). Diese Hürde konnte dahingehend überwunden werden, dass als überindividuelle Schutzgüter nur solche anzuerkennen sind, die einen Eigenwert aufweisen und insoweit autonom sind, als dass sie mehr sind als nur eine Summe von Individualrechtsgütern.. So wie bei individuellen Schutzgütern gilt auch hier, dass es real-konkrete Dimensionen des Rechtsguts gibt, die im Einzelfall beeinträchtigt werden können, so etwa die ordentliche Rechtspflege durch ein Falschurteil. Auch im Falle überindividueller Rechtsgüter kann das Merkmal »ohne Verletzung des Schutzobjekts der Norm« Vorverlagerung und Verletzungsdelikt unterscheiden.

Vorverlagerung ist abschließend als *Strafbarkeit ohne Erfordernis einer Verletzung des Schutzobjekts der Norm* zu definieren. Damit können Fälle der Vorverlagerung auch dort identifiziert werden, wo bisherige Vorverlagerungs-

831 Siehe oben S. 124.

832 So *Jakobs*, ZStW 97 (1985), S. 751, siehe bereits oben S. 88.

begriffe vor einem Dilemma stehen, sofern die unter 1.–3. erarbeiteten Ergebnisse beachtet werden. Keineswegs sind hiermit alle Problemfelder abgedeckt (oder auch nur aufgedeckt) worden. Mit der Eruierung der Merkmale des Vorverlagerungsbegriffs konnte aber eine Vertiefung des Forschungsstandes im Bereich der Vorverlagerung geleistet werden, mit der Fälle der Vorverlagerung identifiziert werden können, für die die Strafrechtswissenschaft spezifische Grenzen entwickelt hat.

IV. Ergebnis zum Vorverlagerungsbegriff

Der Begriff »Vorverlagerung« wird in der Strafrechtswissenschaft unterschiedlich definiert, aber generell als *veränderte Anforderungen an die Strafbarkeit auf objektiver Tatseite* verstanden. Zu Vorverlagerung kann es durch Gesetzgebung oder Gesetzesanwendung kommen. Typische Formen der Vorverlagerung sind das versuchte Delikt, Gefährdungsdelikte und Vorbereitungsdelikte. Allen Formen der Vorverlagerung ist gemein, dass diese die Verletzung des Schutzobjekts der Norm nicht zur Voraussetzung einer Strafbarkeit machen. Zweck der Vorverlagerung ist die Ausweitung strafrechtlichen Schutzes. Von anderen Fällen der Ausweitung des Strafrechts unterscheidet »Vorverlagerung« sich dadurch, dass durch Verzicht auf die Prüfung von Verletzungskausalität gezielt das »Verursachungsdogma« überwunden wird (I.).

Fälle der Vorverlagerung lassen sich schon in der Antike nachweisen. Der Ursprung des Begriffs liegt in *Freislers* martialischem Ausspruch der »Vorverlegung der Verteidigungslinie« im Jahre 1934. »Vorverlagerung« selbst wurde im strafrechtlichen Kontext allerdings erst ab den frühen 1970er-Jahren, vornehmlich in einer kritischen Funktion, verwendet. In der Strafrechtspraxis kann eine signifikante erhöhte Bedeutung vorverlagerter Strafbarkeit in der zweiten Hälfte des 20. Jahrhunderts nicht nachgewiesen werden. Die Neuartigkeit der Vorverlagerung als Form der Strafbarkeit hat sich rechtshistorisch nicht bestätigen lassen. Doch ist die Vorverlagerung insofern neuartig, als dass ihre Rezeption in der Strafrechtswissenschaft erst seit der zweiten Hälfte des 20. Jahrhunderts zu einer systematischen und kritischen Auseinandersetzung führte (II.).

Diese Forschung konnte genutzt werden, um die Merkmale des Vorverlagerungsbegriffes zu bestimmen, was für die Entfaltung des kritischen Potentials des Vorverlagerungsbegriffes von Bedeutung ist. Nur wenn ein Fall der Vorverlagerung identifiziert werden kann, sind die spezifischen Grenzen der Vorverlagerung einschlägig. Als Ergebnis dieser Untersuchung ist »Vorverlagerung« als *Strafbarkeit ohne Erfordernis einer Verletzung des Schutzobjekts der Norm* zu definieren (III.). Für diese Form der Strafbarkeit gelten die spezifischen Grenzen, die im Folgenden darzustellen sind.

D. Die Grenzen der Vorverlagerung

Die Grenzen der Vorverlagerung bilden den Schwerpunkt der Vorverlagerungsdiskussion, insbesondere seit der Einführung der neuen Strafvorschriften des Terrorismusstrafrechts in Abschnitt 1 Titel 3 des StGB (»Gefährdung des demokratischen Rechtsstaates«)[833]. Zuletzt haben sich Autoren in zwei Sammelbänden ausführlich mit den Grenzen der Vorverlagerung beschäftigt.[834]

In diesem Teil soll der Stand der Strafrechtswissenschaft zu den Grenzen der Vorverlagerung wiedergegeben werden (I.). Die dabei aufgedeckten Querverbindungen zur Kausalitätstheorie sind Grundlage der Untersuchung einer Begrenzung der Vorverlagerung durch Überwindung der Äquivalenztheorie (II.)

I. Der Stand der Diskussion zu den Grenzen der Vorverlagerung

Zunächst gelten für alle Typen der Vorverlagerung – versuchte Delikte, Gefährdungsdelikte, Vorbereitungsdelikte – die allgemeinen Grenzen materiellen Strafrechts. Dies sind insbesondere der Bestimmtheitsgrundsatz (1.), der Verhältnismäßigkeitsgrundsatz (2.), der Schuldgrundsatz (3.) und das Tatstrafrechtsprinzip (4.). Darüber hinaus wird aus den Prinzipien eines funktionalistischen Strafrechtssystems abgeleitet, dass eine tatbestandsmäßige Handlung ein Rechtsgut (bzw. Schutzobjekt) konkret beeinträchtigen oder für Rechtsgüter abstrakt gefährlich sein muss, um legitimer Anknüpfungspunkt des Strafrechts zu sein (5.). Als absolute Grenze des Strafrechts gilt das Internum des Bürgers, der unantastbare Persönlichkeitsbereich (6.). Des Weiteren werden in der Strafrechtswissenschaft aus der Verfassung spezifische Grenzen der Vorverla-

833 Hierzu oben ab S. 48.

834 *Sinn/Gropp/Nagy* (Hrsg.), Grenzen der Vorverlagerung in einem Tatstrafrecht, 2011, passim; *Hefendehl* (Hrsg.), Grenzenlose Vorverlagerung des Strafrechts?, 2010, passim. Ausführlich zuletzt zu den Vorbereitungsdelikten auch *Puschke*, Legitimation von Vorbereitungstatbeständen, 2017, S. 137ff.

gerung hergeleitet (7.) die die fragliche Legitimität präventiver Strafvorschriften betreffen.

1. Bestimmtheitsgrundsatz

Der Bestimmtheitsgrundsatz, für das Strafrecht auch als *nullum crimen sine lege* bezeichnet, begrenzt gemäß Art. 103 Abs. 2 GG die Tatbestandsauslegung auf die äußerste Grenze des Wortsinns.[835] Eine Vorverlagerung durch Tatbestandsauslegung darf die Grenzen des Art. 103 Abs. 2 GG daher nicht verlassen. Es gilt ein absolutes Analogieverbot zulasten des Täters.[836] Insbesondere im Falle der strafbarkeitsbegründenden Vorverlagerung durch Tatbestandsauslegung ist sehr genau darauf zu achten, ob sich diese im – durch den Gesetzgeber vorgegebenen – Rahmen des Wortlauts hält. In diesem Zusammenhang rügte das Bundesverfassungsgericht bereits die Rechtsprechung zum Nachteilsbegriff des Untreuetatbestandes.[837]

Art. 103 Abs. 2 GG zieht auch dem Gesetzgeber Grenzen. Eine Norm muss die Strafbarkeit ausreichend vorhersehbar bestimmen.[838] Es kann im Zweifelsfall jedoch strittig sein, wann dies der Fall ist. Gesetzgebung setzt ein gewisses Abstraktionsniveau voraus, sodass die Norm im Einzelfall immer der Auslegung bedarf. Begriffliche Unschärfe ist nicht zu vermeiden.[839] Erst im Rahmen der Auslegung als Bindeglied zwischen Gesetzgebung und Gesetzesanwendung kann es zu einer Konkretisierung der Bedeutung von Tatbestandsmerkmalen kommen.[840] Der Bestimmtheitsgrundsatz verlangt daher nicht, dass *sicher* vorhergesehen werden kann, ob ein konkretes Verhalten den Tatbestand erfüllt. Es genügt eine Vorhersehbarkeit, eine größtmögliche Präzision, die Interpretationsspielräume belässt.[841]

Der Vorverlagerung durch Gesetzgebung und Tatbestandsauslegung sind insofern Grenzen gezogen, als dass diese nicht gegen den Bestimmtheitsgrundsatz des Art. 103 Abs. 2 GG verstoßen darf. Da dieser Grundsatz weit

835 Zum Bestimmtheitsgrundsatz im Kontext der Vorverlagerung *Sinn*, Vorverlagerung der Strafbarkeit, in: Grenzen der Vorverlagerung, 2011, S. 26ff.; *Petzsche*, Strafrecht und Terrorismusbekämpfung, 2013, S. 176ff. Zur Fahrlässigkeit ausführlich *Duttge*, Zur Bestimmtheit des Handlungsunwerts von Fahrlässigkeitsdelikten, 2001, S. 135ff. jeweils m. w. Nachw.

836 *Gropp*, AT 2015, § 3 A., insbesondere Rn. 21ff.

837 BVerfG NStZ 2009, S. 562. Siehe zuletzt auch BVerfG BeckRS 2016, 53806 (Beschluss vom 21.09.2016) Rn. 30ff.

838 *Gropp*, AT 2015, § 3 A., insbesondere Rn. 61ff.

839 MüKo StGB-*Schmitz* § 1 Rn. 44f.

840 Siehe hierzu mit kritischer Würdigung NK StGB-*Hassemer/Kargl* § 1 Rn. 16ff.

841 MüKo StGB-*Schmitz* § 1 Rn. 44ff.; NK StGB-*Hassemer/Kargl* § 1 Rn. 14ff.

ausgelegt wird, ergeben sich bezüglich der Vorverlagerung keine Besonderheiten. Ganz im Gegenteil sind die abstrakten Gefährdungsdelikte sogar für ihre gegenüber den Fahrlässigkeitsdelikten vorbildliche Bestimmtheit gelobt worden.[842] Zwar wird in der Literatur eine unzureichende Bestimmtheit einiger Vorbereitungsdelikte des neuen Terrorismusstrafrechts, insbesondere die zunehmende Verwendung unbestimmter Rechtsbegriffe,[843] bemängelt.[844] Allerdings konnte die Rechtsprechung unter Beachtung der geschilderten Maßgaben keinen Verstoß gegen Art. 103 Abs. 2 GG feststellen.[845] *Spezifische* Anforderungen an die Vorverlagerung ergeben sich aus dem Bestimmtheitsgrundsatz nicht.

2. Verhältnismäßigkeitsgrundsatz

Der Grundsatz der Verhältnismäßigkeit leitet sich aus dem Rechtsstaatsprinzip ab, Art. 20 Abs. 3 iVm Art. 1 Abs. 3 GG, und bindet sowohl die Gesetzesanwendung als auch die Gesetzgebung.[846] Ein Eingriff in Grundrechte muss verhältnismäßig sein. Da jedes Strafgesetz und jeder Strafausspruch Handlungen verbietet oder gebietet, wird hierdurch stets zumindest in die Handlungsfreiheit gemäß Art. 2 Abs. 1 GG eingegriffen. Daher hat sich jedes Strafgesetz und jeder Strafausspruch an dem Verhältnismäßigkeitsgrundsatz zu messen. Dies setzt voraus, dass der Eingriff erstens ein legitimes Ziel verfolgt, zweitens zur Erreichung dieses Ziels geeignet, drittens erforderlich und viertens angemessen ist.[847]

a) Legitimes Ziel

Grundvoraussetzung einer jeden verfassungsmäßigen Strafnorm ist die Verfolgung des Schutzes eines legitimen Ziels. Dies ergibt sich bereits aus der verfassungsrechtlichen Aufgabe des Strafrechts, Grundrechte und Staat zu

842 *Schünemann*, JA 1975, S. 797; *Kiss*, Das abstrakte Gefährdungsdelikt, 2006, S. 16f., S. 173ff.
843 Siehe zuletzt *Zöller*, GA 2016, S. 101 m. w. Nachw.
844 Siehe *Petzsche*, Strafrecht und Terrorismusbekämpfung, 2013, S. 177ff.; differenzierend *Steinsiek*, Terrorabwehr durch Strafrecht?, 2012, S. 311ff.
845 Siehe BGH NJW 2014, 3461 (Rn. 10ff.), hierzu *Sinn/Moeller*, ZJS 2015, S. 233f. jeweils m. w. Nachw. Diese Entscheidung wurde zuletzt (zu § 89a Abs. 2a StGB) in BGH NJW 2017, 2928 (2929) (mit kritischer Anm. *Puschke*) bestätigt.
846 Zu den unterschiedlichen Herleitungen des Prinzips siehe Maunz/Dürig GG-*Grzeszick* Art. 20 VII. Rn. 108ff.
847 Als Beispiel für die ständige Rechtsprechung des Bundesverfassungsgerichts zum Verhältnismäßigkeitsgrundsatz siehe *BVerfG* (Urteil vom 15-12-1983-1 BvR 209/83) NJW 1984, 419 (424ff.).

schützen.[848] Ob dieses legitime Ziel im Falle des Strafrechts eine bestimmte Beschaffenheit in Form eines Rechtsguts aufweisen muss, ist ein traditionsreicher Streit innerhalb der Strafrechtswissenschaft.[849] Wird diese Frage bejaht, ist ein Strafgesetz, das ein anderes Ziel als den Schutz eines Rechtsgutes verfolgt, unzulässig. Dies ist insbesondere die Position der Vertreter, die die Strafwürdigkeit einer Tat davon abhängig machen, dass die Handlung eine Rechtsgutsbeeinträchtigung verursacht hat (*Offensività*).[850]

Terminologisch wurde in der Rechtsprechung des Bundesverfassungsgerichts ursprünglich noch ausdrücklich der *Rechtsgüterschutz* als Funktion der Strafe ausgegeben.[851] Allerdings kam es, konfrontiert mit erheblichen Begründungsproblemen bezüglich des in § 173 StGB geregelten Inzestverbots, im Jahre 2008 zu folgender Klarstellung: »Strafnormen unterliegen von Verfassungs wegen keinen (...) strengeren Anforderungen hinsichtlich der mit ihnen verfolgten Zwecke. Insbesondere lassen sich solche nicht aus der strafrechtlichen Rechtsgutslehre ableiten.«[852] Es genüge, »dass eine Strafnorm dem Schutz anderer oder der Allgemeinheit dient«[853].[854] Die Anforderungen an die Strafnormen wurden durch diese Rechtsprechung somit von der Rechtsgutslehre emanzipiert und in eine klassische Verhältnismäßigkeitsprüfung überführt.[855] Von Verfassungs wegen ist der Schutz legitimer Interessen, bzw. »anderer oder der Allgemein-

848 Siehe nur BVerfG NJW 2008, 1138 (Rn. 35f.).

849 Hierzu im Kontext der Vorverlagerung *Steinsiek*, Terrorabwehr durch Strafrecht?, 2012, S. 151ff.

850 Siehe hierzu abweichendes Votum *Hassemer* BVerfG, NJW 2008, S. 1137, 1142ff.

851 Hierzu mit Nachweisen *Lagodny*, Strafrecht vor den Schranken der Grundrechte, 1996, S. 145ff.

852 BVerfG, NJW 2008, 1137 (1138, Rn. 39); ebenso BGH NJW 2014, 3459 (3461, Rn. 19) (Urteil v. 08.05.2014 – 3 StR 243/13).

853 BVerfG, NJW 2008, 1138 (Rn. 35).

854 Siehe des Weiteren zuletzt BVerfG BeckRS 2016, 42065 (Beschluss vom 25.01.2016 – 1 BvR 1373/15).

855 Die Loslösung vom Rechtsgutsbegriff im Strafrecht zugunsten einer verfassungsrechtlichen Verhältnismäßigkeitsprüfung (Abwägung) befürwortend *Brunhöber*, FS Schünemann 2014, S. 13ff., kritisch aber *Kühl*, FS Heinz 2012, S. 767: Die Begrenzungsfunktion des Verhältnismäßigkeitsgrundsatzes werde im Vergleich mit der Rechtsgutskonzeption »maßlos überschätzt«. Die Rechtsgutslehre hat jedoch verfassungsrechtlich nach der Inzestentscheidung einen schweren Stand, siehe hiergegen abweichendes Votum Hassemer BVerfG, NJW 2008, S. 1137, 1142ff.; ähnlich *Kühl*, FS Heinz 2012, S. 774ff. Man ging gar so weit zu sagen, die Rechtsgutslehre müsse nach der Inzest-Entscheidung ihre »Quasiablehnung überleben«, so *Greco*, ZIS 2008, S. 237. Nach anderer Deutung sind in der Entscheidung solche Widersprüchlichkeiten zur Schau gestellt worden, dass diese den Streit um die Berechtigung der Rechtsgutslehre »auch in Zukunft weiter befeuern« werde, so SK 2014 StGB-*Rudolphi* vor § 1 StGB Rn. 12, insbesondere zur gesetzgebungskritischen Rechtsgutslehre. Zuletzt ist zu beobachten, wie die Verhältnismäßigkeitsprüfung mit dem Schuldgrundsatz und zunehmend mit dem Tatstrafrechtsprinzip vermengt wird, siehe BGH NJW 2014, 3459 (3461, Rn. 19) (Urteil v. 08.05.2014 – 3 StR 243/13).

heit«, der Strafrechtsordnung aufgegeben. Hierfür komme es nicht auf die Rechtsgutslehre an.

b) Geeignetheit, Erforderlichkeit und Angemessenheit (ultima ratio)

Die strafrechtliche Maßnahme muss zur Erreichung des legitimen Ziels geeignet sein, was bedeutet, dass sie dem Ziel förderlich ist.[856] Hierbei steht dem Gesetzgeber eine weite Einschätzungsprärogative zu.[857] Die strafrechtliche Maßnahme muss zur Erreichung des Ziels erforderlich sein. Dies setzt voraus, dass kein milderes *gleich wirksames* Mittel in Frage kommt.[858] Schließlich muss das Gesetz (oder ein sonstiger staatlicher Eingriff) angemessen sein.[859] Die Abwägung zwischen dem mit der Strafnorm verbundenen Eingriff in das betroffene Grundrecht und dem hiermit bezweckten Schutz darf nicht ergeben, dass der Eingriff außer Verhältnis zu dem erreichten Schutz steht. Auch hier steht dem Gesetzgeber eine Einschätzungsprärogative zu.[860] Überschreitet er diese, ist das Strafgesetz unverhältnismäßig und damit verfassungswidrig.

Ergänzend zu dieser generellen Verhältnismäßigkeitsprüfung gilt nach allgemeiner Ansicht und stetiger Rechtsprechung des Bundesverfassungsgerichts für strafrechtliche Eingriffe in Freiheitssphären zusätzlich der Grundsatz der »ultima ratio«.[861] Es dürfe nicht nur kein gleich wirksames Mittel zur Verfügung stehen, sondern es dürfe dem Gesetzgeber außerhalb des Strafrechts auch keine andere wirksame Alternative offen stehen, um das legitime Ziel zu erreichen.[862] Das Strafrecht solle wegen seiner besonderen Eingriffsintensität immer nur »die letzte Maßnahme« (ultima ratio) eines rechtsstaatlichen Gesetzgebers bleiben. Diesbezüglich steht dem Gesetzgeber jedoch eine Einschätzungsprärogative zu, sodass dieses Prinzip in der Vergangenheit kein begrenzendes Potential entfalten konnte.[863] Insbesondere im Angesicht der erhöhten Terrorgefahr und schwer kalkulierbarer Großrisiken kommt dieser Grundsatz in der Diskussion

856 BVerfG NJW 1984, 419 (424ff.).

857 BGH NJW 2014, 3459 (3462 Rn. 21).

858 Maunz/Dürig GG-*Grzeszick* Art. 20 VII. Rn. 113ff.

859 Auch Verhältnismäßigkeit im engeren Sinne genannt, siehe BVerfG, NJW 2008, 1138 (Rn. 37).

860 Maunz/Dürig GG-*Grzeszick* Art. 20 VII. Rn. 120.

861 BVerfG, NJW 2008, 1138 (Rn. 35); *Schünemann*, Rechtsgüterschutz, ultima ratio und Viktimodogmatik, in: Mediating principles, 2006, S. 21ff.

862 Weshalb dieser Grundsatz allgemein als eine verschärfte Anforderung an die »Erforderlichkeit« interpretiert wird, siehe *Steinsiek*, Terrorabwehr durch Strafrecht?, 2012, S. 197ff. m. w. Nachw.

863 Ausführlich (und kritisch) zuletzt *Gärditz*, JZ 2016, S. 642ff., der diesen Grundsatz angesichts der Rechtsprechungsgeschichte als »Rhetorik« abtut, S. 642. Kritisch auch *Schünemann*, Rechtsgüterschutz, ultima ratio und Viktimodogmatik, in: Mediating principles, 2006, S. 21ff.

der Grenzen der Vorverlagerung selten zum Tragen. Es wird auch in der Strafrechtswissenschaft bestritten, dass es Alternativen zum Strafrecht gäbe, um die terroristischen Gefahren für die Bevölkerung abzuwehren.[864]

c) Zusammenfassung und Zwischenergebnis

Die Rechtsprechung des Bundesverfassungsgerichts stellt, bis auf das wenig strenge Ultima-Ratio-Prinzip, keine besonderen Anforderungen an die Verhältnismäßigkeit strafrechtlicher Maßnahmen. Die damit verbundene rechtsgutskritische Position ist in der Strafrechtswissenschaft auf beachtliche Kritik gestoßen.[865] Unbeachtlich dieses Streits zieht der Grundsatz der Verhältnismäßigkeit dem Strafrecht und damit auch der Vorverlagerung Grenzen. Der Eingriff in die Handlungsfreiheit des Bürgers durch das strafrechtliche Verbot muss im angemessenen Verhältnis zu dem hierdurch erreichten Schutz stehen.

Für die Vorverlagerung ergeben sich hieraus mittelbar *spezifische* Grenzen. Die vorverlagerte Strafbarkeit greift weiter in die Freiheitssphäre des Bürgers ein als die Strafbarkeit der bloßen Verletzung des Schutzobjekts. Vorverlagerte Strafbarkeit führt zu einem gewichtigeren Eingriff in Grundrechte, weshalb die Prüfung der Angemessenheit strenger auszufallen hat als bei Verletzungsdelikten. *Im Verhältnis zu den Verletzungsdelikten* lässt sich aus dem Verhältnismäßigkeitsgrundsatz eine vorverlagerungsspezifische Legitimitätsanforderung formulieren: *Je weiter vorverlagert wird, desto rechtfertigungsbedürftiger ist der Straftatbestand.*[866] Dies wird noch vertiefend darzustellen sein.[867]

3. Schuldgrundsatz

Der Schuldgrundsatz »setzt die Eigenverantwortung des Menschen voraus, der sein Handeln selbst bestimmt und sich kraft seiner Willensfreiheit zwischen Recht und Unrecht entscheiden kann«[868] und ist einen Grundpfeiler des deutschen Strafrechts und der deutschen Verfassung: »Das Schuldprinzip gehört zu der wegen Artikel 79 Abs. 3 GG unverfügbaren Verfassungsidentität.«[869] Als Strafrechtsprinzip von unverfügbarem Verfassungsrang könnte der Schuld-

864 *Sieber*, NStZ 2009, S. 355f.
865 Siehe nur *Zaczyk*, FS Beulke 2015, S. 74ff. sowie ausführlich unten ab S. 167.
866 *Schünemann*, Rechtsgüterschutz, ultima ratio und Viktimodogmatik, in: Mediating principles, 2006, S. 27.
867 Siehe dazu unten S. 189.
868 So das Bundesverfassungsgericht im sogenannten Lissabon-Urteil BVerfG NJW 2009, 2289.
869 BVerfG NJW 2009, 2289. Dazu, dass an der Prämisse der Willensfreiheit zuletzt vermehrt Zweifel geäußert wurden, siehe bereits oben Fn. 85.

grundsatz der Vorverlagerung Grenzen ziehen, die sogar durch Verfassungsänderung nicht zu umgehen wären.

Aus dem Schuldgrundsatz lassen sich zwei Anforderungen an die strafrechtliche Sanktion ableiten.[870] Zum einen muss eine Schuld vorliegen, damit gestraft werden darf (absolute Grenze des Strafrechts). Zum anderen muss die Strafe der Schuld angemessen sein (relative Grenze des Strafrechts).[871]

a) Schuld als absolute Mindestvoraussetzung für Strafe

Die absolute Begrenzungsfunktion des Schuldgrundsatzes lässt sich wie folgt zusammenfassen: Keine Strafe ohne Schuld (nulla poena sine culpa).[872] Dies bedeutet, dass eine Tat dem Täter *individuell* vorwerfbar sein bzw. eine Entscheidung für das Unrecht darstellen muss.[873] Schuld wird demnach subjektiv verstanden. Besondere Anforderungen an die objektive Tatseite des Unrechts werden aus nulla poena sine culpa nicht abgeleitet.[874] Da Vorverlagerung nur die objektive Tatseite betrifft,[875] wird der Schuldgrundsatz im Sinne von nulla poena sine culpa entsprechend nur selten im Rahmen der Vorverlagerung problematisiert.[876]

---

870 Siehe hierzu ausführlich auch *Kaspar*, Verhältnismäßigkeit und Grundrechtsschutz, 2014, S. 269ff.

871 Siehe zuletzt den Überblick bei *Adam/Schmidt/Schumacher*, NStZ 2017, S. 7ff. (relativ S. 8; absolut S. 10). Diesbezüglich lässt sich auch von Strafbegründungsschuld und Strafzumessungsschuld sprechen, siehe Schönke/Schröder StGB-*Eisele* Vorbemerkungen zu den §§ 13ff. Rn. 107ff. m. w. Nachw.

872 Ausführlich hierzu *Gropp*, AT 2015, § 3 B., insbesondere Rn. 89ff.

873 *Freund*, AT 2009, § 1 Rn. 21; NK StGB-*Streng* § 46 Rn. 19f. (mit einer Darstellung zum Meinungsstand); Schönke/Schröder StGB-*Eisele* Vorbemerkungen zu den §§ 13ff. Rn. 103ff.

874 Siehe *Sieber/Vogel*, Terrorismusfinanzierung, 2015, S. 137ff., die jedoch eine solche objektive Mindestanforderung in Verbindung mit dem Verhältnismäßigkeitsgrundsatz in der (abstrakten) Eignung der Tat zur Rechtsgutsgefährdung erkennen wollen; ähnlich *Puschke*, Grund und Grenzen des Gefährdungsstrafrechts, in: Grenzenlose Vorverlagerung des Strafrechts?, 2010, S. 26f.; sowie *Paeffgen*, FS Amelung 2009, S. 109ff., dazu unten ab S. 178.

875 Dazu oben S. 77.

876 Siehe auch *Petzsche*, Strafrecht und Terrorismusbekämpfung, 2013, S. 168ff.; *Zöller*, GA 2016, S. 98ff.; *Sinn*, Vorverlagerung der Strafbarkeit, in: Grenzen der Vorverlagerung, 2011, S. 33ff. Nur die relativen Begrenzungsfunktion problematisierend *Steinsiek*, Terrorabwehr durch Strafrecht?, 2012, S. 360ff.

b) Schuld als relative Grenze der Strafzumessung

Des Weiteren entfaltet der Schuldgrundsatz in Verbindung mit dem Verhältnismäßigkeitsprinzip eine relative Begrenzungsfunktion:[877] Der Grundsatz des *schuldangemessenen Strafens*, Art. 1 Abs. 1 iVm Art. 20 Abs. 3 GG. Die Strafe darf *im Verhältnis* zur Schuld nicht unangemessen sein. Dieser Grundsatz lässt sich auch § 46 Abs. 1 S. 1 StGB entnehmen: »Die Schuld des Täters ist Grundlage für die Zumessung der Strafe«. Die fällige Strafe richtet sich nach dem Schuldgrad, der in der Rechtsprechung auch nach der objektiven Gefährlichkeit und Schädlichkeit der Tat bemessen wird.[878] Dies findet in § 46 Abs. 2 S. 2 StGB eine Stütze, demzufolge das Maß der Schuld sich u. a. an der Art der Ausführung und den »verschuldeten Auswirkungen« bemisst. In dieser Form wird der Schuldgrundsatz als Grenze der Vorverlagerung relevant.

c) Zusammenfassung und Zwischenergebnis

Der Schuldgrundsatz setzt den strafrechtlichen Maßnahmen enge Grenzen in absoluter und relativer Hinsicht. Schuld ist absolute Mindestvoraussetzung der Strafe (nulla poena sine culpa). Hieraus lassen sich jedoch keine erhöhten Anforderungen an die objektive Tatseite, auf die sich Vorverlagerung bezieht, ableiten. In dieser Funktion ergeben sich aus dem Schuldgrundsatz daher keine spezifischen Grenzen. Allerdings muss Strafe auch relativ zur Schuld angemessen sein. Hier ergeben sich Besonderheiten.

Vorverlagerung führt zur Strafbarkeit von Handlungen, die das Schutzobjekt der Norm nicht verletzen. Relativ zur Verletzung desselben Schutzobjekts weist die Tat somit typischerweise eine geringere Gefährlichkeit bzw. Schädlichkeit auf (Auswirkung iSd § 46 Abs. 2 S. 2 StGB). *Im Verhältnis zu den Verletzungsdelikten* lässt sich aus dem Schuldgrundsatz eine vorverlagerungsspezifische Legitimitätsanforderung formulieren: »Je weiter die Vorverlagerung, je geringer das Strafmaß«[879]. Dies wird zusammen mit den spezifischen Grenzen, die sich aus dem Verhältnismäßigkeitsgrundsatz ergeben, noch vertiefend dargestellt werden.[880]

---

877 *Freund*, AT 2009, § 1 Rn. 21; *Sieber/Vogel*, Terrorismusfinanzierung, 2015, S. 136f. Siehe auch *Gropp*, AT 2015, § 3 B., insbesondere Rn. 89ff., der die relative Grenze auf den Gleichheitssatz zurückführt, Rn. 92f. Siehe vertiefend auch *Kaspar*, Verhältnismäßigkeit und Grundrechtsschutz, 2014, S. 284ff.

878 Siehe zuletzt BVerfG NJW 1994, S. 1577 (1582); BGH NJW 2014, S. 3459 (3463).

879 *Kindhäuser*, FS Schroeder 2006, S. 96, der dieses Prinzip aber nicht anerkennt, ausführlicher ab S. 190.

880 Siehe den Verweis in der vorausgehenden Fußnote am Ende.

4. Tatstrafrechtsprinzip

Die äußerst weitreichende Vorverlagerung im Zuge der Ausweitung des Terrorismusstrafrechts führte in jüngster Vergangenheit zur Diskussion des Tatstrafrechts als vorverlagerungsbegrenzendes Prinzip.[881] Das Tatstrafrecht stellt eine Weichenstellung dar, die das Strafrechtssystem an der Tat, nicht an dem Täter und seiner Lebensführung ausrichtet.[882] Der Gegenbegriff ist das Täterstrafrecht, das sich an der Gefährlichkeit des Täters ausrichtet.[883] Mit dem Tatstrafrechtsprinzip verbunden ist das Verbot des Gesinnungsstrafrechts, das sich allein an der subjektiven Einstellung des Täters orientiert.[884] Das Tatstrafrechtsprinzip hat sowohl formell als auch materiell begrenzende Funktionen.

a) Formeller Gehalt des Tatstrafrechtsprinzips

Nach der formellen Begrenzungsfunktion des Tatstrafrechtsprinzips darf Strafbarkeit nur an eine Handlung anknüpfen.[885] Hierfür ist zunächst einmal gleich, *welche Qualität diese Handlung aufweist.* Das Tatstrafrechtsprinzip bindet insofern den Gesetzgeber, Strafe nur an die Ausführung einer Handlung zu koppeln. Damit rückt das Tatstrafrechtsprinzip in die Nähe des Bestimmtheitsgrundsatzes.[886] Dem Tatstrafrechtsprinzip ist formell genüge getan, wenn der Gesetzgeber eine Gesetzestechnik wählt, die die Strafbarkeit an die Begehung einer bestimmten Tat knüpft. Die Grenzen der Vorverlagerung werden hiernach analog zum bereits dargestellten Bestimmtheitsgrundsatz gezogen.[887]

b) Materieller Gehalt des Tatstrafrechtsprinzips

Eine materielle Begrenzungsfunktion hat das Tatstrafrecht, wenn hieraus abgeleitet wird, dass die Tat eine gewisse Qualität haben muss, um legitimer An-

---

881 Zur begrenzenden Funktion des Tatstrafrechtsprinzips für die Vorverlagerung *Sinn*, Vorverlagerung der Strafbarkeit, in: Grenzen der Vorverlagerung, 2011, S. 33ff. In die Erwägung einbezogen von BGH NJW 2014, 3459 (3465, Rn. 45) (Urteil v. 08.05.2014 – 3 StR 243/13).

882 *Zimmerl*, Strafrechtssystem, 1930, S. 5.

883 *Bockelmann*, Studien zum Täterstrafrecht, 1939, S. 9ff., Herleitung aus dem Vergeltungsgedanken S. 64ff., sowie zu mittelalterlichen Vorläufern des gefahrabwendenden Täterprinzips (»Kampf gegen gefährliche Menschen«) S. 77f.

884 Hierzu vertiefend *Kelker*, Legitimität von Gesinnungsmerkmalen, 2007, S. 173ff.

885 *Gropp*, Tatstrafrecht und Verbrechenssystem, in: Grenzen der Vorverlagerung, 2011, S. 112f.

886 *Sinn*, Vorverlagerung der Strafbarkeit, in: Grenzen der Vorverlagerung, 2011, S. 18f.

887 Siehe zu diesem Aspekt des Tatstrafrechtsprinzips auch *Roxin*, AT I 2006, § 6 Rn. 1; *Sieber*, NStZ 2009, S. 356.

knüpfungspunkt für Strafe sein zu können.[888] Als solche Qualität ist in einem Strafrecht der Schadensverhinderung (präventives Strafrecht) die Gefährlichkeit der Handlung anzusehen.[889] Hieraus folgt, dass die Unterbindung *der Tat* die Güter der Gesellschaft schützen muss. Insofern kanalisiert das Tatstrafrechtsprinzip den Verhältnismäßigkeitsgrundsatz: Strafe muss nicht nur in Anbetracht der Abwägung von Gütern und Grundrechten verhältnismäßig sein, sondern die Abwägung muss sich an der *mit der Tat* verbundenen Gefahren orientieren. Eine Pönalisierung, die sich allein an der *mit dem Täter* verbundenen Gefahr orientiert, würde gegen das Prinzip verstoßen, und zwar auch dann, wenn *formell* an Handlungen angeknüpft wird.[890] Es dürfe keine für sich genommen neutrale Handlung vorliegen.[891] Die Handlung selbst müsse materiell gefährlich und nicht nur formell Anknüpfungspunkt der (vorverlagerten) Strafbarkeit sein.

Wann ein solcher rein formeller Tatbestand vorliegt, der *materiell* allein an den Täter anknüpft, ist hoch umstritten. Kontrovers diskutiert wird dies im Falle des § 89a Abs. 2 Nr. 3 StGB, bei der sich Alltagsgegenstände »verschafft« werden, ohne dass dies objektiv im unmittelbaren Bezug zur Verletzung des Schutzgutes steht. *Zaczyk* spricht in diesem Zusammenhang von »Taten, die keine mehr sind«[892]. Bei diesen begründen »objektive, äußere – unter Umständen für sich genommen neutrale – Handlungen erst im Zusammenhang mit dem subjektiven Kontext, den Plänen und Absichten des Täters, strafbares Unrecht«.[893] Ob hiermit die Grenze zum Täterstrafrecht übertreten wurde, ist aber nach wie vor offen.[894] Das Anknüpfen an die subjektive Tatseite ist, spätestens auf der Ebene der Schuld (Schuldgrundsatz), rechtsstaatliche Bedingung der Strafbarkeit.[895] Es gibt keine Straftat ohne Täter.[896] Die Wertung einer Handlung ergibt sich nicht zuletzt aus dem Ziel, das der Täter mit dieser Handlung verfolgt. Die Intention,

888 Als »Antwort auf die Tat«, *Roxin*, AT I 2006, § 6 Rn. 1 f. In diesem Sinne auch Teile der italienischen Doktrin, siehe unten ab S. 168.

889 Hiermit rückt das Prinzip in die Nähe des Verbots des Gesinnungsstrafrechts und das Problem der neutralen Handlung. *Sinn*, Vorverlagerung der Strafbarkeit, in: Grenzen der Vorverlagerung, 2011, S. 33f.

890 Siehe *Sinn*, Vorverlagerung der Strafbarkeit, in: Grenzen der Vorverlagerung, 2011, S. 29f.; *Sieber/Vogel*, Terrorismusfinanzierung, 2015, S. 139f.

891 Zu den hiervon zu unterscheidenden neutralen Beihilfehandlungen, deren strafrechtliche Haftung akzessorisch zur Haupttat ist *Rackow*, Neutrale Handlungen als Problem des Strafrechts, 2007, passim.

892 *Zaczyk*, FS Beulke 2015, S. 77.

893 BGH NJW 2014, 3459 (3463 Rn. 30).

894 Siehe die Nachweise bei *Sinn/Moeller* ZJS 2015, S. 234f.

895 Stellvertretend *D'Avila*, Ofensividade e Crimes Omissivos Próprios, 2005, S. 108ff.

896 Klarstellend *Gropp*, Tatstrafrecht und Verbrechenssystem, in: Grenzen der Vorverlagerung, 2011, S. 99. Siehe zur Funktion der subjektiven Tatseite zuletzt *Cancio Meliá*, FS Wolter 2013, S. 295ff.

ein äußerst schweres Verbrechen mit einer alltäglichen Handlung (beispielsweise eine Finanztransaktion) zu fördern, kann die Wertung dieser generell neutralen Handlung im Einzelfall beeinflussen.[897]

c) Zwischenergebnis

Die Frage nach der »Neutralität« einer Handlung und dem materiellen Gehalt des Tatbegriffs wird zur Frage, welche *Mindestanforderungen* eine Handlung erfüllen muss, um als hinreichend gefährlich für die Qualifikation als »Tat« und damit als äußerste Grenze der Vorverlagerung zu gelten.

Die Diskussion eines materiellen Gehalts des Tatstrafrechtsprinzips mündet damit in die strafrechtsdogmatische Diskussion jener Theorien ein, die eine Rechtsgutsgefährdung oder eine Gefährlichkeit der Handlung auf objektiver Tatseite verlangen.

5. Gefährliche Handlungen als Mindestanforderung an die objektive Tatseite

Schon aus dem herrschenden funktionalen Strafrechtsverständnis folgt, dass eine Handlung nur bestraft werden sollte, wenn sie auch gefährlich ist. Gefährliche Handlungen zu unterbinden, ist hiernach der Zweck des Strafrechts, dessen Ziel der Schutz von individuellen und überindividuellen Gütern ist.[898] Eine ungefährliche Handlung zu bestrafen, ist demgegenüber zwecklos. Mangels Geeignetheit, das legitime Ziel der jeweiligen Strafnorm zu erreichen, wäre in einem solchen Falle die Strafverfolgung unverhältnismäßig.[899]

Aus dem zuvor dargestellten Tatstrafrechtsprinzip folgt, dass sich diese Gefährlichkeit darüber hinaus aus der Tat ergeben muss, also nicht allein in der Subjektivität des Täters liegen darf. Es ist daher allgemeine Auffassung, dass eine strafbare Handlung objektiv gefährlich sein müsse, um legitimer Weise bestraft werden zu können.[900]

Wann aber eine objektiv gefährliche Tat vorliegt, ist sehr umstritten. Die diesbezüglich geführten Debatten um den Gefahrbegriff, die (mindestens) ins 19. Jahrhundert zurückreichen, führen zur Klärung dieser Frage nicht weiter.[901] Der entscheidende Unterschied ist, ob das jeweilige Strafrechtsystem eine ab-

897 Hierzu ausführlich *Puschke*, Legitimation von Vorbereitungstatbeständen, 2017, S. 254ff.
898 Siehe oben ab S. 41.
899 Siehe zur Verhältnismäßigkeit als Grenze des Strafrechts oben ab S. 159.
900 Siehe zuletzt statt aller *Puschke*, Legitimation von Vorbereitungstatbeständen, 2017, S. 254ff.
901 Siehe hierzu sogleich, ab S. 181.

strakte Gefahr der Handlung ausreichen lässt oder eine konkrete Gefahr verlangt. Diese Begriffe sollen hier so verstanden werden, dass abstrakte Gefahr eine generelle Betrachtung der Handlung bezeichnet, wie sie den abstrakten Gefährdungsdelikten zugrunde liegt. Konkrete Gefahr bedeutet hier eine Prüfung einer Rechtsgutsgefährdung im Einzelfall als Folge der konkreten Tat, wie sie den konkreten Gefährdungsdelikten zugrunde liegt.[902]

Im deutschen Strafrecht ist diesbezüglich, nicht zuletzt aufgrund des erheblichen Einschlages der personalen Unrechtslehre,[903] eine Subjektivierung des Unrechtsbegriffs zu konstatieren.[904] Die objektive Tatseite und das objektive Unrecht der Tat haben demgegenüber an Bedeutung verloren. Entsprechend werden strenge Anforderungen an die objektive Tatseite zunehmend zurückgedrängt und eine abstrakte Gefährlichkeit der Handlung als objektiv ausreichend empfunden, sofern dies mit strengeren Anforderungen auf subjektiver Tatseite kompensiert wird (b). Daher lohnt zunächst ein Blick in andere Rechtsordnungen kontinentaleuropäischer Tradition, die an einem objektiven Unrechtsverständnis festhalten und eine Rechtsgutsbeeinträchtigung im Einzelfall zur Voraussetzung von Strafbarkeit erklären (a)). Im Anschluss an die jeweilige Darstellung soll zugleich untersucht werden, inwiefern diese Ansichten der Vorverlagerung (spezifische) Grenzen ziehen und diesbezüglich überzeugen.

a) Die Rechtsgutsgefährdung im Einzelfall (*Offensività*) als Mindestanforderung an die objektive Tatseite

Im italienischen und italienisch geprägten Strafrechtsraum wird in weiten Teilen der Lehre und Rechtsprechung die Rechtsgutsbeeinträchtigung im Einzelfall als Voraussetzung allen Strafrechts postuliert. Im Folgenden wird dieses Prinzip italienisch als *Offensività* bezeichnet.[905] Ausgangspunkt ist das Prinzip nullum

---

902 Siehe hierzu oben ab S. 85.

903 *Gropp*, AT 2015, § 2 Rn. 131ff.

904 Siehe zur historischen Entwicklung *Mylonopolous*, Verhältnis Handlungs- und Erfolgsunwert, 1981, S. 18ff., S. 59ff.

905 Siehe hierzu *Mantovani*, Diritto Penale, 2017, S. 181ff.; *Cadoppi/Veneziani*, Elementi di diritto penale, 2015, S. 102ff.; *Maiwald*, Einführung in das italienische Strafrecht und Strafprozessrecht, 2009, S. 42ff. Zur Frage, ob es sich auch um ein verfassungsrechtliches Prinzip oder gar eine verfassungsrechtliche Regel handelt, *D'Avila*, Ofensividade e Crimes Omissivos Próprios, 2005, 63ff. Nach *Palazzo* handelt es sich bei diesem Prinzip um ein »typisch italienisches Produkt«, *Palazzo*, Offensività come principio di ricodificazione, in: Prospettive di riforma del codice penale, 1996, S. 73f. 1992 wurde ein Vorschlag für einen neues Strafgesetzbuch Italiens unterbreitet, das den Rechtsgüterschutz als einziges Ziel der Strafgesetzgebung vorsieht, siehe hierzu *D'Avila*, Ofensividade e Crimes Omissivos Próprios, 2005, 50f. mit weiteren Nachweisen, demzufolge im Übrigen in der italienischen

crimen sine iniuria, das auf die Schriften von *Beccaria* im 18. Jahrhundert zurückgeht.[906] »Es hätte keinen Sinn, eine Handlung zur Straftat zu machen, die keinen Schaden verursacht«[907].

Zur Bestimmung des Schadens greift die *Offensività* auf den Rechtsgutsbegriff zurück, der eine entscheidende Rolle einnimmt.[908] Die Straftat muss folglich in der Verletzung eines Rechtsgutes bestehen.[909] Der Begriff der Rechtsgutsverletzung wird hier weit verstanden. »Die Rechtsgutsverletzung kann bestehen 1) in einer Verletzung (...) 2) in einer Gefährdung, die sich in einer potentiellen Schädigung des Gutes konkretisiert, das nur bedroht wird«.[910] Die *Offensività* postuliert mithin, dass materieller Unrechtsgehalt einer tatbestandsmäßigen, rechtswidrigen Handlung die Verletzung oder Gefährdung eines (konkreten) Rechtsgutes (Rechtsgutsbeeinträchtigung) sein muss.[911] Im Umkehrschluss bedeutet dies, dass ohne Rechtsgutsbeeinträchtigung kein materieller Unrechtsgehalt und damit kein legitimer Anknüpfungspunkt für Strafe besteht. Es müsste im Einzelfall zumindest die Gefahr einer Verletzung eines Rechtsgutes (im Sinne eines Rechtsgutsobjektes)[912] vorliegen, damit der staatliche pönalisierende Eingriff legitim ist.[913] Eine abstrakte Gefährlichkeit reicht für die Strafbarkeit einer Handlung nicht aus.

Die *Offensività* setzt hiernach der Vorverlagerung der Strafbarkeit ihre materiell-rechtliche Grenze: »Es gibt keine (legitime) Straftat ohne Beeinträchtigung eines Rechtsguts«.[914] Damit wäre die Bestrafung von Tathandlungen der

---

Rechtsordnung »zweifellos das Straftatmodell als Verletzung von Rechtsgütern den stärksten Ausdruck findet«, S. 47 (übersetzt aus dem Portugiesischen).

906 *Beccaria*, Dei delitti e delle penne, 1780 (1764), § XXIV, S. 115: »Wir haben gesehen, was das wahre Maß des Verbrechens ist, nämlich der Schaden der Gesellschaft« (übersetzt aus dem Italienischen).

907 *Cadoppi/Veneziani*, Elementi di diritto penale, 2015, S. 102 (übersetzt aus dem Italienischen).

908 So *Maiwald*, Einführung in das italienische Strafrecht und Strafprozessrecht, 2009, S. 44ff.; zur aktuellen Bedeutung des Rechtsgutsbegriffs und dem Versuch einer Eingrenzung mithilfe der Anerkennungstheorie, *Saavedra/Vasconcellos*, Direito & Justiça 2012, S. 15ff. Kritisch zur Leistungsfähigkeit des Rechtsgutsbegriffs *Donini*, Verbrechenslehre, 2005, S. 106ff.

909 *Mantovani*, Diritto Penale, 2017, S. 179.

910 *Mantovani*, Diritto Penale, 2017, S. 201 (übersetzt aus dem Italienischen einer früheren Auflage von *Maiwald*, Einführung in das italienische Strafrecht und Strafprozessrecht, 2009, S. 42, in Fußnote. 64).

911 So etwa *Mezger*, Strafrecht, 1949, S. 197. Eine solche Auffassung ist auch für die moderne portugiesische Verbrechenslehre charakteristisch, siehe *Hünerfeld*, Strafrechtsdogmatik in Deutschland und Portugal, 1981, S. 175.

912 Hierzu oben ab S. 136.

913 *Faria Costa*, Noções Fundamentais de Direito Penal, 2015, S. 161. Zuletzt ausführlich hierzu im Rahmen der abstrakten Gefährdungsdelikte *D'Avila*, Ofensividade e Crimes Omissivos Próprios, 2005, 166ff.

914 *D'Avila*, Ofensividade em Direito Penal, 2009, S. 51 (übersetzt aus dem Portugiesischen).

Vorbereitungs- und abstrakten Gefährdungsdelikte grundsätzlich unzulässig, wenn eine Gefährdung eines Rechtsguts(objektes) im Einzelfall nicht feststellbar ist.[915] Die Herleitung dieses vorverlagerungsbegrenzenden Prinzips soll im Folgenden dargestellt (aa), bb)) und überprüft (cc)) werden.

aa) Verfassungsrechtliche Herleitung des Prinzips der Rechtsgutsbeeinträchtigung

Das aus der *Offensività* gebildete Strafrechtsmodell wird in der Verfassung verortet.[916] Tragendes Argument ist hierbei, dass die Grundrechte nur zugunsten anderer Rechte und Interessen von Verfassungsrang eingeschränkt werden dürften.[917] Versteht man diese Rechte und Interessen als Rechtsgüter,[918] wird hiermit verfassungsrechtlich deren Schutz als Voraussetzung des staatlichen Eingriffs bestimmt.[919] Dies wird gemäß der *Offensività* so verstanden, dass der Eingriff nur verfassungskonform ist, wenn er eine Tat betrifft, die ein Rechtsgut verletzt.[920] Wenn legitimierender Zweck des Strafrechts der Rechtsgüterschutz ist und die persönliche Freiheit eines dieser Rechtsgüter ist, dann muss der rechtsgüterschützende Eingriff auch dieses Rechtsgut schützen.[921] Es sei nichts gewonnen, wenn ein Rechtsgut vor Verletzungen geschützt wird, indem ein

915 Siehe zu diesen Deliktstypen bereits oben ab S. 84 sowie die kritische Auseinandersetzung mit dieser Schlussfolgerung sogleich ab S. 174.

916 *Cadoppi/Veneziani*, Elementi di diritto penale, 2015, S. 103ff. Zu einer generellen Ableitung des Prinzips aus jeder freiheitlich-rechtsstaatlichen Verfassung siehe *D'Avila*, Ofensividade e Crimes Omissivos Próprios, 2005, S. 62ff.

917 *D'Avila*, Ofensividade e Crimes Omissivos Próprios, 2005, S. 63ff. So heißt es etwa in Art. 18 der portugiesischen Verfassung: »Das Gesetz darf die Rechte, Freiheiten und Garantien nur in den in der Verfassung ausdrücklich vorgesehenen Fällen einschränken, und diese Einschränkungen haben sich auf das Notwendige zur Erhaltung anderer verfassungsrechtlich geschützter Rechte und Interessen zu beschränken« (übersetzt aus dem Portugiesischen). Zur Auslegung und Funktion dieser Verfassungsnorm siehe *Vieira de Andrade*, Os Direitos Fundamentais na Constituição Portuguesa de 1976, 2006, S. 298ff.

918 Zu einer ausführlichen Diskussion um den Rechtsgutsbegriff siehe oben ab S. 132.

919 Ausführlich zu den unterschiedlichen Herleitungen der Rechtsgüter und die verfassungsrechtliche Geltung des Offensivitätsprinzips *Cadoppi/Veneziani*, Elementi di diritto penale, 2015, S. 103ff. Nach *D'Avila*, Ofensividade e Crimes Omissivos Próprios, 2005, S. 71f.: »Ist der kriminalisierende Tatbestand eine freiheitsbeschränkende gesetzgeberische Konkretisierung, die das Freiheitsgrundrecht beschränkt, müssen wir daraus schließen, dass (1) formal betrachtet, dies nur möglich ist, wenn das zu schützende Interesse selbst Verfassungsrang hat, mithin in der Verfassung, wenn auch nur indirekt, angedeutet wird, weil es nur so der Normenhierarchie gerecht wird; (2) materiell betrachtet, dass allein die Notwendigkeit des Schutzes von axiologisch kompatiblen Interessen die Beschränkung rechtfertigt, (…) so dass schon damit jede Möglichkeit einer Beschränkung zugunsten eines Interesses wegfällt, (…) das nicht Rechtsgut sein kann« (übersetzt aus dem Portugiesischen).

920 *Cadoppi/Veneziani*, Elementi di diritto penale, 2015, S. 103ff. (113f.).

921 So gingen Schutz- und Abwehrfunktion der Grundrechte als allgemeine Prinzipien der Verfassung beide auf das allgemeine Prinzip des Rechtsgüterschutzes zurück, siehe zum Ganzen *D'Avila*, Ofensividade e Crimes Omissivos Próprios, 2005, S. 65ff.

anderes Rechtsgut (Freiheit) verletzt wird. Verstärken lässt sich die Position der Vertreter der *Offensività* mit der soeben angesprochenen Konstruktion der Rechtsgüter als sich aus der Verfassung ergebende »Rechte und Interessen«. Dann müsste ein Ausgleich zwischen den verfassungsrechtlichen Grundrechten stattfinden, der beiden zur weitestgehend möglichen Verwirklichung verhilft.[922] Die Grenze dieses Ausgleichs wird durch die *Offensività* gesetzt, das heißt, um in die persönliche Freiheit eingreifen zu dürfen, *muss* das betroffene Verhalten ein Rechtsgut verletzen. Die *Offensività* wird so zu einem eigenen Prinzip und einer eigenen Regel der Verfassung.[923]

Abgesehen von den soeben dargestellten grundrechtlichen Erwägungen wird das Prinzip der *Offensività* im italienischen Strafrechtsmodell auch aus der Gesamtwertung der italienischen Verfassung (itaVerf) abgeleitet, so etwa aus dem Verbot der Instrumentalisierung durch Vorverlagerung der Strafbarkeit aus kriminalpolitischen Gründen, da strafrechtliche Verantwortung personal ist (Art. 27 Abs. 1 itaVerf); aus der vorgegebenen Unterscheidung zwischen Maßregeln und Strafe (Art 25 und 27 itaVerf), die ein Präventionsstrafrecht, das sich allein an der Gefährlichkeit des Täters orientiert, ausschließt; aus den Strafzwecken der Rehabilitation und Vergeltung (Art. 27 Abs. 3 itaVerf), die an eine rechtsgutsverletzende Handlung anknüpfen müssen, sonst würde nur einer dieser Zwecke erfüllt; aus Erwägungen, die dem *Tatstrafrechtsprinzip* zuzuordnen sein könnten, dass nämlich »begangene Tat« (Art. 25 Abs. 2 itaVerf) immer nur eine rechtsgutsverletzende und nicht nur ungehorsame Tat sei; außerdem würde sich aus Art. 27 Abs. 3 itaVerf (menschenwürdige Strafe und Rehabilitation) ergeben, dass nicht allein die pflichtwidrige Einstellung bestraft werden dürfte.[924] Welche Konsequenzen für das Rechtssystem hieraus gezogen werden müssen, ist strittig.

Einigkeit besteht darüber, dass der Gesetzgeber dieses Prinzip zu beachten hat (de jure condendo).[925] Nach einer anderer Auffassung ist auch der Rechtsanwender hieran gebunden (de jure condito).[926] Für diese Frage ist entscheidend, auf welcher Ebene der Normenhierarchie das Prinzip verortet wird. Wird das Prinzip auf eine Stufe von Verfassungsrang gehoben, hat dies eine effektive Begrenzung der Strafgewalt zur Folge. Vor Schaffung der Strafvorschrift begrenzt es die Gesetzgebung, nach Schaffung der Strafvorschrift bindet es den

922 *D'Avila*, Ofensividade e Crimes Omissivos Próprios, 2005, S. 68ff.

923 Zum Ganzen *D'Avila*, Ofensividade e Crimes Omissivos Próprios, 2005, S. 63ff.

924 *Mantovani*, Diritto Penale, 2017, S. 182f.; *D'Avila*, Ofensividade e Crimes Omissivos Próprios, 2005, S. 54f.; *Donini*, Verbrechenslehre, 2005, S. 110.

925 So *Maiwald*, Einführung in das italienische Strafrecht und Strafprozessrecht, 2009, S. 42.

926 *Cadoppi/Veneziani*, Elementi di diritto penale, 2015, S. 103ff.; *D'Avila*, Ofensividade e Crimes Omissivos Próprios, 2005, S. 49; *Mantovani*, Diritto Penale, 2017, S. 189, S. 222.

Rechtsanwender als Auslegungs- und Anwendungsleitfaden.[927] Die Verortung der *Offensività* auf Verfassungsebene führt dazu, dass im Einzelfall der Richter die formell einschlägige Strafnorm entgegen ihrem Wortlaut auslegen oder unangewandt lassen muss, wenn die Tatbestandserfüllung ein Rechtsgut nicht beeinträchtigt hat.[928] Damit werden sämtliche Straftatbestände unter Berücksichtigung der *Offensività* verfassungskonform ausgelegt, das heißt mit dem materiellen Tatbestandsmerkmal »Rechtsgutsverletzung« angereichert.[929] Fehlt es im konkreten Fall an einer Rechtsgutsverletzung im Sinne der *Offensività*, liegt demzufolge keine Straftat vor: Eine Verurteilung ist verfassungsrechtlich ausgeschlossen.[930] Die *Offensività* wird damit auf der Ebene der Judikative zu einem mächtigen Instrument der richterlichen Gewalt. Sie wird von dieser allgemein als geltendes Verfassungsprinzip anerkannt, namentlich auch durch das italienische Verfassungsgericht.[931]

---

927 *D'Avila*, Ofensividade e Crimes Omissivos Próprios, 2005, S. 55; *Mantovani*, Diritto Penale, 2017, S. 221f.

928 Hierzu mit weiteren Nachweise *D'Avila*, Ofensividade e Crimes Omissivos Próprios, 2005, S. 59f.

929 Hierzu *Mantovani*, Diritto Penale, 2017, S. 221f.; *D'Avila*, Ofensividade e Crimes Omissivos Próprios, 2005, S. 83ff. Kritisch zu dieser Funktion der *Offensività Donini*, Verbrechenslehre, 2005, S. 118ff. Diese Verlagerung der Strafentscheidungskompetenz dürfte ihren Beitrag dazu leisten, dass in Rechtsordnungen, die ein solches Prinzip zugrunde legen, von prominenter Stelle eine paradigmatische Verlagerung der Kompetenz zur Bestimmung von Strafbarkeit und Strafwürdigkeit (zur Strafwürdigkeit *Da Costa Andrade*, Revista portuguesa de ciência criminal 1992, S. 173) weg von der gesetzgebenden und hin zur rechtsprechenden Gewalt (Richterrecht) verlangt wird. Zur Verlagerung des Gewichtes beispielsweise der Gesetzlichkeitsgarantie auf die Rechtsanwendungsseite und zum »Heilmittel« bei der Anwendung des Gesetzes *Palazzo*, Strafgesetzlichkeit, 2010 (2007), S. 62ff.

930 Siehe etwa die Entscheidung der Corte Costituzionale, Nr. 437, 1989 (aufgerufen via Internet unter http://www.giurcost.org/decisioni/1989/0437o-89.html am 10.02.2017), die der *Offensività* diese Eigenschaft zuzuschreiben scheint.

931 Siehe u.a. Corte Costituzionale Urteil vom 24 Juli 1995 Nr. 360 (aufgerufen via Internet unter http://www.giurcost.org/decisioni/1989/0437o-89.html am 10.02.2017). Doch wird die Pönalisierung abstrakter Gefährdungsdelikte nicht beanstandet, siehe *Donini*, Verbrechenslehre, 2005, S. 114ff. mit weiteren Nachweisen. Allerdings wird in Italien beobachtet, dass es durch die Überfrachtung der Auslegungsebene zulasten der Gesetzgebungsebene zu einer Vernachlässigung der letzteren kommt. Das italienische Verfassungsgericht würde sich gelegentlich gar weigern, abstrakte Gesetze als verfassungswidrig zu deklarieren, da diese ja auf Anwendungsebene konkret verfassungskonform angewendet werden würden, siehe *D'Avila*, Ofensividade e Crimes Omissivos Próprios, 2005, S. 56f. mit entsprechenden Nachweisen. Allerdings seien diese Probleme auf die schlechten Erfahrungen mit der Tendenz im italienischen System, die Auslegung gegenüber der Gesetzgebung aufzuwerten, und nicht auf das Offensivitätsprinzip zurückzuführen, *D'Avila*, Ofensividade e Crimes Omissivos Próprios, 2005, S. 85.

bb) Die Straflosigkeit des untauglichen Versuchs gemäß der Offensività

Das Prinzip der Rechtsgutsbeeinträchtigung kommt auch in den Vorschriften des Art. 49 Abs. 2 (unmögliche Straftat) und 56 Abs. 1 (objektiver Versuch) des itaStGB zum Tragen.[932] In doppelter Hinsicht wird hiernach eine grundsätzlich strafbare Handlung mangels Rechtsgutsverletzung straflos. Einmal geschieht dies für ex ante (Art. 56 Abs. 1 itaStGB, untauglicher Versuch), einmal für ex post (Art. 49 Abs. 2 itaStGB, unmögliche Straftat) untaugliche Tathandlungen.[933] Wie auf den ersten Blick ersichtlich, birgt eine solche Unterscheidung erhebliche Abgrenzungsschwierigkeiten und stößt folglich in der italienischen Strafrechtslehre auf Kritik.[934]

Nach häufig vertretener Auffassung ist die Straflosigkeit der untauglichen Handlung nach Art. 49 Abs. 2 itaStGB nichts als eine Dopplung der bereits nach Art. 56 Abs. 1 itaStGB vorgesehenen Straflosigkeit des untauglichen Versuchs.[935] Dass die genannten Vorschriften das Prinzip der *Offensività* auf strafgesetzlicher Ebene verankern, wird aber überwiegend vertreten und dies, wie bereits dargestellt, auch auf Verfassungs- und Rechtsprechungsebene.[936] Dem italienischen Strafrecht liegt eine »realistische Konzeption des strafrechtlichen Unrechts« zugrunde, nach der die Strafbarkeit entfällt, wenn die Handlung untauglich und so der Angriff auf das Schutzobjekt unmöglich ist.[937] Nach Art. 49 Abs. 2 itaStGB ist »die Strafbarkeit (...) auch dann ausgeschlossen, wenn infolge der Untauglichkeit der Handlung oder des Fehlens des Handlungsgegenstandes der schädigende oder gefährliche Erfolg unmöglich ist,« während es nach Artikel 56 Abs. 1 itaStGB heißt: »Wer geeignete Handlungen ausführt, die in eindeutiger Weise auf die Begehung eines Verbrechens abzielen, ist für den Versuch des

932 Insbesondere in Art. 49 Abs. 2 itaStGB verortet von *Mantovani*, Diritto Penale, 2017, S. 188.

933 Der Unterschied liegt insbesondere darin, dass die Handlung bei der unmöglichen Straftat vollständig umgesetzt worden sein muss, anders als beim Versuch, siehe *D'Avila*, Ofensividade e Crimes Omissivos Próprios, 2005, S. 52f.; *Mantovani*, Diritto Penale, 2017, S. 188f.

934 Siehe zur Diskussion um das Verhältnis des Art. 49 zu Art. 56 itaStGB *Romano*, Commentario Sistematico del Codice Penale, 2004, Art. 49 Rn. 14ff. Eingängig zur Straflosigkeit und Strafbarkeit des Versuchs in Italien, *Colombi Ciacchi*, FS Samson 2010, S. 6ff. Siehe hierzu auch *Maiwald*, Über taugliche, untaugliche und grob unverständige Versuche, in: Grundfragen des Strafrechts, Rechtsphilosophie, 2010, S. 181.

935 Es ginge demnach auch beim Art. 49 Abs. 2 itaStGB nur um den untauglichen Versuch, *Romano*, Commentario Sistematico del Codice Penale, 2004, Art. 49 Rn. 19ff.

936 *D'Avila*, Ofensividade e Crimes Omissivos Próprios, 2005, S. 52f.; *Mantovani*, Diritto Penale, 2017, S. 189f.

937 *Bricola*, Teoria generale del reato, in: Dottrine generali, 1997, S. 742; *Romano*, Commentario Sistematico del Codice Penale, 2004, Art. 49 Rn. 19 (übersetzt aus dem Italienischen). Dies war in allen Versionen des itaStGB seit 1861 der Fall, siehe *Colombi Ciacchi*, FS Samson 2010, S. 4.

Verbrechens verantwortlich, wenn die Tat nicht zur Ausführung gelangt oder der Erfolg nicht eintritt.«[938]

Die Straflosigkeit des untauglichen Versuchs erscheint auch in anderen Rechtsordnungen als Einbruchstelle einer an der *Offensività* ausgerichteten Strafrechtsauffassung. So heißt es etwa in Portugal in Artikel 22 Nr. 2 b) porStGB »Ausführungshandlungen sind: Solche, die zur Herbeiführung des tatbestandsmäßigen Erfolgs geeignet sind« und in Art. 23 Nr. 3 portStGB »der Versuch ist nicht strafbar, wenn die Untauglichkeit des durch den Täter angewandten Mittels oder die Inexistenz des für die Vollendung der Straftat erforderlichen Gegenstandes offenkundig ist«. In Brasilien sieht Artikel 17 braStGB vor, dass der Versuch nicht strafbar ist, »wenn aufgrund absoluter Unwirksamkeit des Mittels oder aufgrund absoluter Ungeeignetheit des Gegenstandes die Vollendung der Straftat unmöglich ist« (jeweils übersetzt aus dem Portugiesischen).[939] So soll in diesen Rechtsordnungen das Prinzip der Rechtsgutsbeeinträchtigung strafgesetzlich verankert und hierdurch das gesamte Strafrechtssystem materiell aufgeladen werden können.[940] Dies erlaubt eine klare Grenzziehung bezüglich der Vorverlagerung. Das Prinzip der *Offensività* reduziert den legitimen Anwendungsbereich des Strafrechts auf die Verursachung eines Erfolgsunwerts in Form einer Rechtsgutsbeeinträchtigung, die sich nicht in einer abstrakten Gefährlichkeit erschöpfen darf.

cc) Die Mängel der Offensività *als absolute Grenze der Vorverlagerung*

Die Vertreter der *Offensività* berufen sich auf die Ursprünge des modernen Strafrechts in der Aufklärung des späten 18. Jahrhunderts und leiten hieraus die Rechtsgutsgefährdung im Einzelfall als Mindestvoraussetzung des objektiven Tatbestandes und damit als absolute Grenze der Vorverlagerung ab.[941] Wie bei *Binding* sei eine »Erschütterung der Daseinsgewissheit«[942] eines Rechtsguts durch die tatbestandliche Handlung zu verlangen, um Strafe legitimieren zu

938 Siehe hierzu *Maiwald*, Über taugliche, untaugliche und grob unverständige Versuche, in: Grundfragen des Strafrechts, Rechtsphilosophie, 2010, S. 179, von dem auch die Übersetzung stammt.

939 Siehe zu einer knappen ergänzenden rechtsvergleichenden Analyse zur Strafbarkeit des untauglichen Versuches in Deutschland, Frankreich, England, Italien und Spanien *Maiwald*, Über taugliche, untaugliche und grob unverständige Versuche, in: Grundfragen des Strafrechts, Rechtsphilosophie, 2010, S. 159. Zu einer Darstellung der ungarischen Rechtslage siehe *Szomora*, Die ungarische Versuchsdogmatik, in: Grenzen der Vorverlagerung, 2011, S. 171 ff., für Polen *Zoll*, FS Eser 2005, S. 655.

940 *D'Avila*, Ofensividade e Crimes Omissivos Próprios, 2005, S. 81 f. Doch sollte hier bezüglich Portugal angemerkt werden, dass aus der Einschränkung »offenkundig« abzulesen sei, dass der untaugliche Versuch auch hier unter Umständen strafbar ist, so *Figueiredo Dias*, Direito Penal, 2007, S. 713 ff.

941 Siehe hierzu oben S. 168 ff.

942 *Binding*, Die Normen und ihre Übertretung, 1965 (1922), S. 372 f.

können. Damit scheiden abstrakte Gefährdungsdelikte und die Vorbereitungsdelikte grundsätzlich als Tatbestandstypen aus.[943] Die *Offensività* zieht dem Strafrecht absolute Grenzen, die mit dem Argument der Verhältnismäßigkeit nicht überwunden werden können.

Gegen eine solche Grenzziehung spricht jedoch dreierlei: Die untragbaren kriminalpolitischen Beschränkungen, die mangelnde Überzeugungskraft des Postulats der Zwecklosigkeit weit vorverlagerter Strafbarkeit und schließlich die brüchige verfassungsrechtliche Verankerung.

Kriminalpolitisch ist kritisch zu sehen, dass eine strikte Durchsetzung der *Offensività* zur Straflosigkeit typischerweise bzw. generell äußerst gefährlicher Handlungen führen würde. Große Teile des Nebenstrafrechts wären abzuschaffen, Vorbereitungsdelikte grundsätzlich abzulehnen und abstrakte Gefährdungsdelikte unzulässig. Die Begrenzung der Legislative wäre so tiefgreifend, dass ein wirksamer Schutz der Bevölkerung nicht gewährleistet wäre. *Aus diesem Grund gilt weder in Italien noch in Portugal selbst ein allein an der Rechtsgutsverletzung bzw. -gefährdung orientiertes Strafgesetzbuch.* Im italienischen und portugiesischen Strafrecht häufen sich die abstrakten Gefährdungs- und Vorbereitungsdelikte.[944] Dies erfährt sogar Zuspruch von Vertretern der *Offensività*. So räumt *Mantovani* als italienischer Vertreter einer Verankerung der *Offensività* in Verfassung und Strafgesetz den »Delikten ohne Rechtsgutsverletzung« und »Delikten ohne Rechtsgut« aus präventiven Gesichtspunkten einen (begrenzten) legitimen Platz in der Rechtsordnung ein.[945] Aus dem portugiesischen Rechtskreis vertritt u. a. *Figueiredo Dias* die Zulässigkeit von Ausnahmen der Rechtsgutsbeeinträchtigung im Einzelfall bezüglich der Strafbarkeit u. a. von Vorbereitungshandlung.[946] Auch die Versuchsdogmatik nähert sich durch eine zunehmend subjektive Auslegung der deutschen Strafrechtsdogmatik an,[947] sodass auch diese Säule der *Offensività* einzustürzen droht.

943 Ein Begründungsansatz für die abstrakten Gefährdungsdelikte innerhalb der *Offensività* aber bei *D'Avila*, Ofensividade e Crimes Omissivos Próprios, 2005, S. 159ff.

944 Siehe zu Italien Art. 147 Abs. 7-bis VO 219/2006 (Herstellen, Importieren, Exportieren, Kaufen oder über das Internet Verkaufen oder Vertreiben von gefälschten Arzneimitteln) sowie Art. 270-quinquies itaStGB (Anleitung zur Herstellung von Material für terroristische Anschläge etc.); siehe zu Portugal Art. 272 porStGB (Brandstiftung und andere gefährliche Verhaltensweisen) sowie Art. 271 porStGB (Vorbereitung einer Fälschung von Urkunden etc.).

945 Siehe *Mantovani*, Principi di Diritto Penale, 2007, S. 97ff.

946 *Figueiredo Dias*, Direito Penal, 2007, S. 683. Kritisch *D'Avila*, ZIS 2008, S. 491f.; *D'Avila*, Ofensividade e Crimes Omissivos Próprios, 2005, S. 57ff., für den die *Offensività* schon verfassungsrechtlich keine Ausnahmen zulässt, siehe *D'Avila*, Ofensividade e Crimes Omissivos Próprios, 2005, S. 63ff. (83ff.). Siehe des Weiteren zur Strafbarkeit abstrakter Gefährdungsdelikte als Problem dieser Konzeption *Colombi Ciacchi*, FS Samson 2010, S. 12ff.

947 *Colombi Ciacchi*, FS Samson 2010, S. 12ff. Hierzu rechtsvergleichend *Maiwald*, Über

Schon aus Gründen der Inkohärenz der sich auf sie berufenden strafrechtlichen Ordnungen und der hohen kriminalpolitischen Kosten kann die *Offensività* als absolute Mindestanforderung an vorverlagerte Tatbestände somit nicht überzeugen.

Der Begrenzung der Vorverlagerung durch das Prinzip der *Offensività* stehen des Weiteren logische Gründe entgegen. Die behauptete Entsprechung von strafrechtlichem Rechtsgüterschutz und Pönalisierung von rechtsgutsverletzenden Handlungen[948] ist nicht zwingend. Das unerlaubte Bei-Sich-Führen eines Dietrichs (Ordnungswidrigkeit gemäß Art. 707 itaStGB) ist im Sinne der *Offensività* nicht gefährlich für das Rechtsgut Eigentum, da kein konkreter Rechtsgutsbezug tatbestandlich erforderlich ist.[949] Es kann jedoch nicht in Abrede gestellt werden, dass durch ein Unterbinden des unerlaubten Bei-Sich-Führens von Dietrichen die Nutzung desselben für einen Einbruch verhindert wird. Das Rechtsgut Eigentum wird durch das Unterbinden des Dietrichbesitzes geschützt. Auch ein Verhalten, das noch kein Rechtsgut verletzt oder konkret gefährdet, *kann* zur Verletzung oder Gefährdung von Rechtsgütern beitragen und damit *unter Gesichtspunkten eines Rechtsgüterschutzes* zum Gegenstand einer Strafnorm werden. Insbesondere wenn die Freiheitsbeschränkung gering wiegt, das geschützte Rechtsgut aber umso schwerer, ist es logisch nicht zwingend, für einen Eingriff die bereits eingetretene Rechtsgutsgefährdung abzuwarten. Um einen effektiven Rechtsgüterschutz zu gewährleisten, könnte im Gegenteil immer früher eingegriffen werden, um Rechtsgüter zu schützen.[950] Absolute Grenzen der Vorverlagerung lassen sich nicht aus funktionalistischen Erwägungen des Rechtsgüterschutzes ziehen.[951]

Auch eine verfassungsrechtliche Verankerung der *Offensività* überzeugt nicht. Verfassungsrechtlich ist zunächst nur eine spezifische Verhältnismäßigkeitsprüfung einschlägig.[952] Diese verlangt – entgegen dem Vorbringen der Vertreter der *Offensività* – gerade nicht den Schutz eines Rechtsguts, sondern es genügt schon die Verfolgung eines (abstrakten) legitimen Zwecks; das gesetz-

---

taugliche, untaugliche und grob unverständige Versuche, in: Grundfragen des Strafrechts, Rechtsphilosophie, 2010, S. 161 ff.

948 Dazu oben S. 168.

949 So die herrschende Meinung, siehe *D'Avila*, Ofensividade e Crimes Omissivos Próprios, 2005, S. 96 mit Nachweisen auch zur Gegenauffassung.

950 Wie *Jakobs* provokant feststellt, beginnt der Angriff auf das Rechtsgut streng genommen gar mit dem Gedanken, sodass unter präventiven Gesichtspunkten deren Pönalisierung nur konsequent wäre, *Jakobs*, ZStW 97 (1985), S. 753 ff. Eine Rückbesinnung auf die Begrenzungsfunktion im Sinne einer *Offensività* (Rechtsgutsgefährdung sei zu fordern) befürwortet aber *Kühl*, FS Heinz 2012, S. 766, S. 770 ff.

951 Siehe auch *Greco*, Lebendiges und Totes in Feuerbachs Straftheorie, 2009, S. 339 ff.

952 Die mit dem Schuldgrundsatz und zunehmend mit dem Tatstrafrechtsprinzip vermengt wird, zuletzt BGH NJW 2014, 3459 (3461, Rn. 19) (Urteil v. 08.05.2014 – 3 StR 243/13) sowie oben S. 165.

geberische Vorgehen muss nur »irgendwie sinnvoll«[953] erscheinen. Der staatliche Eingriff hat sich nicht auf Fälle einer Kollision von verfassungsrechtlich verankerten Rechtsgütern mit dem in Art. 2 Abs. 1 und Abs. 2 S. 2 GG verbürgten Grundrecht auf allgemeine Handlungsfreiheit und Freiheit der Person zu beschränken. Im deutschen Grundgesetz wird zwischen Grundrechten mit einfachem oder qualifiziertem Gesetzesvorbehalt und solchen ohne Gesetzesvorbehalt unterschieden.[954] Ist für das jeweilige Grundrecht *expressis verbis* ein Eingriffsvorbehalt vorgesehen,[955] kann in der Regel *allein das verhältnismäßige Verfolgen eines legitimen (bzw. qualifiziert legitimen) Zwecks genügen.*[956] Wo ein staatlicher Eingriff in ein Grundrecht nicht ausdrücklich vorgesehen ist (vorbehaltslos gewährleistete Grundrechte), gehen Lehre und Verfassungsrechtsprechung von dem Prinzip der praktischen Konkordanz aus.[957] Hier ist dann eine Beschränkung nur aufgrund anderer Verfassungsnormen vorgesehen,[958] wie sie auch der Konstruktion einer verfassungsrechtlichen Verankerung des Prinzips der Rechtsgutsbeeinträchtigung zugrunde liegt. Dieser Fall der Kollision von Verfassungsrecht betrifft aber gerade nicht die durch Strafnormen regelmäßig eingeschränkten Grundrechte der allgemeinen Handlungsfreiheit und Freiheit der Person aus Art. 2 Abs. 1 bzw. Abs. 2 S. 2 GG, bei denen es sich um Grundrechte mit Gesetzesvorbehalt handelt.[959] Ein Eingriff in die Freiheit der Person darf nach ständiger Rechtsprechung aus »besonders gewichtigen Gründen«[960] erfolgen. Diese sind aber nicht zwangsweise in der Verfassung

953 So kritisch *Zaczyk*, FS Beulke 2015, S. 74.

954 *Pieroth/Schlink*, Grundrechte, 2015, Rn. 272ff.

955 Typischerweise in der Formulierung »durch Gesetz oder aufgrund eines Gesetzes«, so etwa in Art. 8 Abs. 2, 11 Abs. 2, 12 Abs. 1 GG.

956 Als Beispiel für die ständige Rechtsprechung des Bundesverfassungsgerichts zum Verhältnismäßigkeitsgrundsatz siehe *BVerfG (U*rteil vom 15-12-1983-1 BvR 209/83) NJW 1984, 419 (424ff.).

957 BVerfG (Beschluß vom 27-11-1990-1 BvR 402/87) NJW 1991, 1471 (1472ff.); grundlegend *Hesse*, Grundzüge des Verfassungsrechts der Bundesrepublik Deutschland, 1995, Rn. 72. Zu den unterschiedlichen Ansätzen siehe *Pieroth/Schlink*, Grundrechte, 2015, Rn. 336ff.

958 BVerfG (Beschluß vom 1.3.1978 – 1 BvR 174) NJW 1978, 1621 (1622). Siehe mit weiteren Nachweisen BeckOK GG-*Kempen*, 2014, Art. 5 Rn. 199ff.

959 Maunz/Dürig GG-*Di Fabio* Art. 2 Abs. 2 S. 2 Rn. 42ff. Eine allgemeine eingriffsspezifische Grundrechtsnorm, die staatliches Handeln auf den Schutz von Rechtsgütern oder Interessen verfassungsrechtlichen Ranges beschränkt, findet sich nicht. Anders aber in Portugal, Art. 18 der portugiesischen Verfassung: »Das Gesetz darf die Rechte, Freiheiten und Garantien nur in den in der Verfassung ausdrücklich vorgesehenen Fällen einschränken, und diese Einschränkungen haben sich auf das Notwendige zur Erhaltung anderer verfassungsrechtlich geschützter Rechte und Interessen zu beschränken« (übersetzt aus dem Portugiesischen).

960 U.a. BVerfG NJW 1986, 767 (768, Rn. C. I.) (Beschluß vom 08.10.1985 – 2 BvR 1150/80); BVerfG NJW 1982, 691 (692, Rn. 2. a) aa)) (Beschluß vom 07-10-1981-2 BvR 1194/80).

verankert.[961] Verlangt wird nicht der Schutz eines Grundrechts oder Rechtsguts von Verfassungsrang, sondern es genügt schon die Verfolgung eines legitimen Zwecks.[962]

Nach alledem kann festgehalten werden: Eine Begrenzung der Vorverlagerung durch *Offensività* ist kriminalpolitisch und denklogisch nicht überzeugend. Einer Verankerung des strikten Prinzips der Rechtsgutsbeeinträchtigung in der deutschen Verfassung als absolute Grenze der Vorverlagerung steht die deutsche Verfassungsrechtsprechung und -dogmatik entgegen.

b) Die abstrakte Gefährlichkeit einer Handlung als Mindestanforderung an die objektive Tatseite

Während das Erfordernis einer im Einzelfall festgestellten Gefährdung eines Rechtsguts im deutschen Strafrecht wenige Anhänger hat,[963] ist die (generelle) Gefährlichkeit einer Handlung nach allgemeiner Auffassung Mindestvoraussetzung eines legitimen Straftatbestandes, da ansonsten zumindest ein Verstoß gegen das Tatstrafrechtsprinzip vorliege.[964] Nach *Jakobs* stößt die Vorverlagerung an die Grenzen der Zulässigkeit, »wenn die Beziehung zwischen Tathandlung und der Schädigung (…) eines Angriffsobjekts verloren zu gehen droht«.[965] Er schlägt diesbezüglich vor, den Bezug zur Verletzung ausreichen zu lassen, sofern die Handlung eine unbeherrschbare Gefahr der Verletzung schafft (bspw. im Falle der Trunkenheitsfahrt) oder an sich, nicht erst aufgrund ihres Planungszusammenhangs, als *gefährlich* einzustufen ist.[966]

In der neueren Literatur kombiniert *Puschke* die Ansätze *Jakobs* mit Erwägungen der Verfassungskonformität:[967] Es sei ein »Gefährlichkeitszusammen-

961 A. A. BVerwGE 87, 37 (45, Rn. 65) (Urteil vom 18. Oktober 1990 -3 C 2/88-), dessen Argumentation anschließend vom BVerfG nicht übernommen wurde, siehe BVerfGE 105, 252–279 (Beschluss vom 26. Juni 2002 – 1 BvR 558/91).

962 Nach *Kühl*, FS Heinz 2012, S. 767 werde daher die Begrenzungsfunktion des Verhältnismäßigkeitsgrundsatzes gerade im Vergleich mit der Rechtsgutskonzeption auch »maßlos überschätzt«. Gerade die Loslösung vom Rechtsgutsbegriff im Strafrecht zugunsten einer solchen verfassungsrechtlichen Verhältnismäßigkeitsprüfung (Abwägung) befürwortet aber *Brunhöber*, FS Schünemann 2014, S. 13ff.

963 Siehe aber *Maier*, Die Objektivierung des Versuchsunrechts, 2005, S. 209ff.; *Zieschang*, Die Gefährdungsdelikte, 1998, S. 380ff.

964 *Sinn*, Vorverlagerung der Strafbarkeit, in: Grenzen der Vorverlagerung, 2011; *Sieber/Vogel*, Terrorismusfinanzierung, 2015, S. 137ff.

965 Ähnlich *Gropp*, Tatstrafrecht und Verbrechenssystem, in: Grenzen der Vorverlagerung, 2011, S. 104.

966 *Jakobs*, ZStW 97 (1985), S. 784f.

967 *Puschke*, Grund und Grenzen des Gefährdungsstrafrechts, in: Grenzenlose Vorverlagerung des Strafrechts?, 2010, S. 24ff.

hang« zwischen Handlung und Rechtsgut zu verlangen.[968] Dies sei aber nicht dahingehend zu verstehen, dass die Handlung ein konkretes Rechtsgutsobjekt im Einzelfall schon objektiv beeinträchtigen müsse. Es genüge vielmehr eine »äußerlich erkennbare Nichtanerkennung legitimer Rechtsgüter«, sofern eine »Intention der Vornahme einer späteren, ein Rechtsgutsobjekt unmittelbar beeinträchtigenden Handlung als unrechtsbegründendes Merkmal« vorliege.[969] Das Unrecht weit vorverlagerter Straftatbestände wie der Vorbereitungs- und Gefährdungsdelikte ergäbe sich unabhängig davon, »ob im *Einzelfall* eine Rechtsgutsverletzung (...) aufgrund der Handlung auszuschließen ist«.[970]

Nach *Sieber* ist die Schaffung eines *unerlaubten Risikos* zentrales Kriterium der Legitimität von Vorverlagerung, und »damit insbesondere eine Abwägung von Wert und Bedrohung des geschützten Rechtsguts mit den entgegenstehenden Freiheitsrechten, die durch das tatbestandliche Handlungsverbot eingeschränkt werden«.[971] Entscheidendes Kriterium ist hiernach die Gefährlichkeit der tatbestandsmäßigen Handlung für das Gut, welches durch den Straftatbestand geschützt wird.[972] Fehlt es an einer solchen Gefährlichkeit, darf die Handlung nicht Anknüpfungspunkt von Strafe sein. Es ist allerdings äußerst umstritten, was »gefährlich« bzw. »Gefahr« in diesem Zusammenhang bezeichnet.[973]

Die genaue Bedeutung von »Gefahr« ist im strafrechtlichen Kontext weiterhin umstritten.[974] Denn es ließe sich hören, es könne ex post strenggenommen keine Gefahr geben. Im determinierten Bereich sind Handlungen für einen Schadensereignis entweder »kausal oder nicht kausal, das Ereignis muss danach eintreten oder ausbleiben«[975]. Lägen ex ante alle Informationen über eine Situation vor, könnte präzise vorhergesagt werden, ob ein Schaden eintreten wird oder nicht. Es gäbe nur »das Notwendigkeits- beziehungsweise Unmöglichkeitsurteil«.[976] Dies behaupten die Vertreter des subjektiven Gefahrbegriffs: Die Gefahr hätte keinen objektiven Gehalt, sondern sei nur ein schlecht informiertes

968 *Puschke*, Grund und Grenzen des Gefährdungsstrafrechts, in: Grenzenlose Vorverlagerung des Strafrechts?, 2010, S. 29ff.

969 *Puschke*, Legitimation von Vorbereitungstatbeständen, 2017, S. 218.

970 *Puschke*, Legitimation von Vorbereitungstatbeständen, 2017, S. 280. Die Untauglichkeit im Einzelfall könne aber auf Ebene des Strafmaßes berücksichtigt werden, *ders.*, Legitimation von Vorbereitungstatbeständen, 2017, S. 281.

971 *Sieber*, NStZ 2009, S. 357.

972 Hintergrund dieser Überlegungen ist das herrschende funktionale Strafrechtsverständnis, das sich im modernen Funktionalismus und in der personalen Unrechtslehre äußert, siehe oben ab S. 40.

973 So schließlich auch *Paeffgen*, FS Amelung 2009, S. 112 m. w. Nachw.

974 Zuletzt vertiefend *Börgers*, Studien zum Gefahrurteil im Strafrecht, 2008, S. 20ff.

975 *Finger*, FG Frank 1930, S. 17, siehe hierzu *Horn*, Gefährdungsdelikte, 1973, S. 36ff.

976 *Börgers*, Studien zum Gefahrurteil im Strafrecht, 2008, S. 58 m. Nachw.

Urteil, ein »Kind unserer Unwissenheit«[977]. Dem stellen sich die Vertreter des objektiven Gefahrbegriffs entgegen, die Gefahr als einen objektiven Zustand begreifen.[978]

Dieser Dualismus der Ansichten[979] wird in der neueren Forschung zunehmend kritisiert. Denn »Gefahr« setzt sowohl nach dem »objektiven Gefahrbegriff« als auch nach dem »subjektiven Gefahrbegriff« unstreitig einen Sachverhalt voraus, der *prognostisch* zu beurteilen ist.[980] Der Unterschied zwischen der objektiven und der subjektiven Auffassungen beschränkt sich daher auf die Perspektive, aus der diese Prognose erstellt werden soll. Um ein Gefahrurteil zu fällen, ist ein Sachverhalt zusammenzustellen, der dem *Urteilenden zur Bewertung zur Verfügung* steht.[981] Das so gefällte Gefahrurteil unterscheidet sich bezüglich der unterschiedlichen Vorverlagerungstypen. Das versuchte Delikt, das konkrete Gefährdungsdelikt und das Eignungsdelikt verlangen eine *konkrete* Wahrscheinlichkeit eines Schadenseintritts im Einzelfall. *Der Richter* muss prüfen, ob die Tat zum Zeitpunkt ihrer Ausführung wahrscheinlich (im Falle des Versuchs aus subjektiver Tätersicht) zu einem Schaden geführt hätte.[982]

Problematischer sind die Mindestvoraussetzungen an eine *generelle* Gefährlichkeit, wie sie den abstrakten Gefährdungsdelikten zugrunde liegt.[983] Die tatbestandsmäßige Handlung abstrakter Gefährdungsdelikte ist nur *typischerweise* gefährlich für das Schutzgut. Der Richter muss im Einzelfall nur feststellen, ob der Täter den Tatbestand erfüllt. Eine konkrete Gefährlichkeit der Handlung ist ebenso irrelevant wie eine konkrete Ungefährlichkeit der Handlung. Die Gefährlichkeit der Handlung basiert mithin auf einer Einschätzung *des Gesetzgebers*, die Anlass und Motiv der Schaffung des Straftatbestandes ist. Die Perspektive ist insofern die des Gesetzgebers, dem eine weite Einschätzung-

977 So *Finger*, FG Frank 1930, S. 237. Der Ausspruch geht jedoch (mindestens) zurück bis auf *Hälschner*, Strafrecht II, 1887, S. 597, der aber zugleich darauf hinweist, dass der Gefahrbegriff nicht rein subjektiv verstanden werden könnte, weil sonst »der Begriff der Gefahr strafrechtlich nicht zu verwerten« wäre, und selbst der Fahrlässigkeitsvorwurf in sich zusammenfallen müsste. Gegen die subjektive Gefahrtheorie schon *Binding*, Die Normen und ihre Übertretung, 1965 (1922), S. 377ff. sowie *Horn*, Gefährdungsdelikte, 1973, S. 34ff.

978 So insbesondere *Kries*, ZStW 9 (1889), S. 533: »objektive Möglichkeit eine schädigenden Ereignisses«. Zu diesen Konzeptionen siehe ausführlich *Demuth*, Gefahrbegriff, 1980, S. 58ff.

979 Hierzu ausführlich *Horn*, Gefährdungsdelikte, 1973, S. 31ff. Aus neuerer Zeit *Küpper*, Grenzen der Strafrechtsdogmatik, 1990, S. 128ff.; *D'Avila*, Ofensividade e crimes próprios, 2005, S. 96ff.

980 Siehe *Kiss*, Das abstrakte Gefährdungsdelikt, 2006, S. 35ff. (S. 38: »debate meramente terminológico«); *Börgers*, Studien zum Gefahrurteil im Strafrecht, 2008, S. 22, S. 66ff.

981 *Börgers*, Studien zum Gefahrurteil im Strafrecht, 2008, S. 22.

982 Siehe hierzu ausführlich oben S. 82ff.

983 Siehe hierzu oben ab S. 86ff.

sprärogative zusteht.[984] Er entscheidet, ob er eine typischerweise gefährliche Handlung unter Strafe stellen möchte. Voraussetzung ist aber, dass die Handlung typischerweise eine »Gefahr« darstellt. Um dies überprüfen zu können, ist eine präzise Definition des Begriffs »Gefahr« erforderlich.

aa) Die Begriffe »Gefahr« und »Wahrscheinlichkeit«

»Gefahr« beschreibt eine Situation, in der ein negativ bewertetes Ereignis (wie der Schaden) als wahrscheinlich eingeschätzt wird.[985] Die Wahrscheinlichkeit eines Schadens bildet damit den Kern des Gefahrbegriffs. Es handelt sich um eine Prognose, eine »probalistische Erklärung« (*Stegmüller*).[986] Im Falle einer probalistischen Erklärung wird »das Explanandum nicht logisch, sondern nur mit einer gewissen Wahrscheinlichkeit erschlossen«[987]. Gefährlich ist eine Handlung demnach dann, wenn diese mit einer gewissen Wahrscheinlichkeit einen Schaden zur Folge hat. Damit verlagern sich die Definitionsbemühungen auf den Wahrscheinlichkeitsbegriff.

Für die Wahrscheinlichkeit ist eine Darstellung in Prozent oder mit einer Zahl p üblich, wobei gilt $0 \leq p \leq 1$.[988] Bei einer Wahrscheinlichkeit von 0, ist der Eintritt des Ereignisses ausgeschlossen, ist die Wahrscheinlichkeit 1, ist der Eintritt sicher. Liegt die Eintrittswahrscheinlichkeit über 0, ist ein Ereignis *möglich*. Beide Begriffe (Möglichkeit und Wahrscheinlichkeit) bezeichnen den gleichen Bereich zwischen Unmöglichkeit (0) und Notwendigkeit (1). Alle Werte dazwischen bezeichnen unterschiedliche Wahrscheinlichkeiten und zugleich die Möglichkeit des Eintritts des Ereignisses.[989] Wahrscheinlichkeit ist jedoch im Gegensatz zur Möglichkeit ein graduierbarer Begriff. Hierin erschöpft sich der Unterschied.[990] Fraglich ist, welcher Wahrscheinlichkeitswert hinreichend ist, um eine Handlung als gefährlich qualifizieren zu können. Für das Gefahrurteil entscheidend ist die Frage, *wie* wahrscheinlich ein Ereignis (Schaden) durch Ausführung einer Handlung sein muss, um diese als gefährlich zu klassifizieren.

Es ließe sich an einen absoluten Wahrscheinlichkeitsgrad denken, etwa 50 % ($p \geq 0$): Die Wahrscheinlichkeit eines Schadenseintritts durch die Handlung

---

984 Siehe statt aller *Sinn*, Vorverlagerung der Strafbarkeit, in: Grenzen der Vorverlagerung, 2011, S. 35.

985 Siehe statt aller *Lackner*, Gefährdungsdelikt, 1967, S. 16.

986 Siehe zum Folgenden *Stegmüller*, Erklärung, Begründung, Kausalität, 1983, S. 255 f.

987 *Stegmüller*, Erklärung, Begründung, Kausalität, 1983, S. 256.

988 *Börgers*, Studien zum Gefahrurteil im Strafrecht, 2008, S. 61. Siehe zum Ganzen mit weiteren Nachweisen auch *Nell*, Wahrscheinlichkeitsurteile, 1983, S. 122 ff.

989 Außerdem drückt der Wert 1 eine *Wahrscheinlichkeit* aus (100 %), weshalb auch von 100 % *Gefahr* die Rede sein kann, siehe *Börgers*, Studien zum Gefahrurteil im Strafrecht, 2008, S. 68.

990 Siehe zum Ganzen *Nell*, Wahrscheinlichkeitsurteile, 1983, S. 121 ff. Die Graduierung von Möglichkeit, »eher möglich« ist damit vollständig synonym zu »wahrscheinlicher«, S. 122.

müsste im Verhältnis zu allen anderen möglichen Ereignissen *zusammen* größer als 0,5 sein. In der Theorie wissenschaftlicher Erklärung wird eine solche Wahrscheinlichkeitsangabe als probalistische Erklärungen im starken Sinne bezeichnet. Es ließe sich aber auch an eine probalistische Erklärung im schwachen Sinne denken: Die Wahrscheinlichkeit eines Schadenseintritts durch die Handlung müsste im Verhältnis zu allen anderen möglichen Ereignissen *einzeln* größer als 0,5 sein (»relativ« wahrscheinlicher).[991]

Eine solche mathematische bzw. wissenschaftstheoretische Annäherung an den Gefahrbegriff wird dem strafrechtlichen, wertenden Gefahrbegriff jedoch nicht gerecht.[992] Versuche, den Begriff so zu konkretisieren, dass »der Eintritt des Erfolges wahrscheinlicher sein müsse als sein Ausbleiben«,[993] (eine probalistische Erklärung im starken Sinne) scheiterten ebenso wie die Erwägung, eine Prozentangabe zu fordern.[994] Entscheidend ist vielmehr der Kontext, insbesondere die »umgekehrte Proportionalität«: Um von einer Gefahr zu sprechen ist ein umso geringerer Grad der Wahrscheinlichkeit zu fordern, je höher der drohende Schaden ist.[995] Selbst das Ausscheiden nur entfernter oder rein gedanklicher Möglichkeiten eines Schadenseintrittes aus dem Gefahrbegriff verbietet sich daher.[996] Wenn der nur aufgrund verschwindend geringer Möglichkeit drohende Schaden gewaltig ist, ist die Verwendung des Gefahrbegriffs nicht versperrt.[997] Folglich ist ein für eine Gefahr hinreichender Wahrscheinlichkeitsgrad nicht absolut, aus sich heraus, bestimmbar.[998] Wie wahrscheinlich es sein muss, dass die Handlung zu einem Schaden führt, um diese als »gefährlich« zu bezeichnen, kann nicht pauschal bestimmt werden. Der Schadenseintritt muss nur überhaupt wahrscheinlich und möglich sein, also > 0.

bb) Die Kontingenz des Gefahrbegriffs

In einem präventiven Strafrechtssystem verfolgt die vorverlagernde Typisierung von Verhaltensweisen das Ziel, gefährliche Verhaltensweisen mittels Unterstra-

991 *Stegmüller*, Erklärung, Begründung, Kausalität, 1983, S. 256.

992 Ausführlich setzte sich die Rechtswissenschaft mit dem Gefahrbegriff im Bereich der konkreten Gefährdungsdelikte auseinander. Grundlegend *Horn*, Gefährdungsdelikte, 1973, S. 31ff., S. 196ff.; *Lackner*, Gefährdungsdelikte, 1967, S. 1ff., S. 19ff.

993 So BGHSt 8, 28, 31; 11, 162, 164; 13, 66, 70.

994 Hierzu *Lackner*, Gefährdungsdelikte, 1967, S. 20; *Börgers*, Studien zum Gefahrurteil im Strafrecht, 2008, S. 62f.; *Küpper*, Grenzen der Strafrechtsdogmatik, 1990, S. 128ff. Ausführlich zu solchen Modellen *Demuth*, Gefahrbegriff, 1980, S. 126ff.

995 Siehe *Nell*, Wahrscheinlichkeitsurteile, 1983, S. 124f. m. w. Nachw., siehe auch BVerfGE 49, 89 (138).

996 So aber statt vieler *Kretschmer*, Jura 2005, S. 663; *Lackner*, Gefährdungsdelikte, 1967, S. 19.

997 Siehe das Beispiel *D'Avilas*, dass im Bereich der Regulierung der Nuklearenergie bereits geringste Wahrscheinlichkeitsgrade noch als »gefährlich« bewertet werden könnten, *D'Avila*, Ofensividade e Crimes Omissivos Próprios, 2005 S. 173f.

998 Siehe *Nell*, Wahrscheinlichkeitsurteile, 1983, S. 124.

festellung zu verhindern. Was aber eine gefährliche Verhaltensweise im Sinne des Strafrechts ist, kann nicht in Wahrscheinlichkeitsgraden ausgedrückt werden. Als Mindestvoraussetzung an die Gefährlichkeit einer Handlung kann daher nur festgehalten werden, dass die Verursachung des Schadenseintritts durch diese möglich sein muss (> 0). Entscheidend für die Vorverlagerung ist folglich die Frage, welche Verhaltensweisen zu Verletzungen führen *können*, und zwar nicht auf einer konkreten Ebene, sondern auf der abstrakten Ebene der Vorbereitungsdelikte und abstrakten Gefährdungsdelikte.

Diese Frage beantwortete *von Buri*, Begründer der strafrechtlichen Äquivalenztheorie, wie folgt: »In abstracto sind alle menschlichen Handlungen, wenn man sich die Verhältnisse, unter welchen man sie sich vorgenommen denkt, beliebig componiert, zur Herbeiführung eines Erfolges geeignet«[999]. Gemäß einer kausalen Äquivalenz aller Bedingungen, unabhängig von Gewicht, Zeit, Raum, und Ursprung, kann jede menschliche Handlung für jedes Ereignis kausal sein. Mit der Erkenntnis, dass alle notwendigen Bedingungen für einen Schaden Ursache desselben sind, ist jegliche Bedingung potenziell Ursache jeglichen Schadens. Ein Verhalten *a priori* als »unschädlich« zu qualifizieren ist ausgeschlossen. Jedes menschliche Handeln ist zu einem gewissen Grad gefährlich.

Da die Graduierung der Gefährlichkeit nach dem Prinzip der umgekehrten Proportionalität nicht exakt quantifizierbar ist, läuft das Kriterium der »Gefährlichkeit der Handlung« auf eine Verhältnismäßigkeitsprüfung hinaus.[1000] Hier gilt demnach: Die Einstufung einer Handlung als hinreichend gefährlich für eine Pönalisierung müsste nur »irgendwie sinnvoll erscheinen«[1001].

cc) *Utilitarismus und Verhältnismäßigkeitsgrundsatz*

Die utilitaristische Struktur der Verhältnismäßigkeitsprüfung und ihre daraus folgende Relativität sei am Beispiel des § 316 StGB exemplifiziert. Ziel des § 316 StGB ist der Schutz der Güter der Verkehrsteilnehmer.[1002] Das Verbot der Teilnahme am Straßenverkehr im fahruntüchtigen Zustand, das sich aus § 316 StGB ergibt, ist zweifellos zum Schutz von Verkehrsteilnehmern geeignet. Ein anderes Mittel ist nicht gleich dem Strafrecht geeignet, diesen Schutz zu gewährleisten. Die Abwägung muss zwischen dem durch den Straftatbestand vermittelten Schutz und der Handlungsfreiheit der fahruntüchtigen Verkehrsteilnehmer in Verbindung mit der drohenden Freiheitsbeschränkung durch die in § 316 StGB vorgesehene Haftstrafe erfolgen. Diese utilitaristische Kosten-Nutzen-Betrach-

999 *V. Buri*, Abhandlungen aus dem Strafrecht, 1862, S. 59.

1000 So in der Sache auch *Sieber*, NStZ 2009; kritisch *Steinsiek*, Terrorabwehr durch Strafrecht?, 2012, S. 349; S. 357. Daher nicht überzeugend *Sieber/Vogel*, Terrorismusfinanzierung, 2015, S. 137ff.

1001 So kritisch *Zaczyk*, FS Beulke 2015, S. 74 zur Verhältnismäßigkeitsprüfung.

1002 Hierzu oben S. 144.

tung lässt kein deutliches Ausschlagen zugunsten der Freiheit des fahruntüchtigen Verkehrsteilnehmers zu, sodass die Verhältnismäßigkeit der Vorverlagerung unbeanstandet bleiben muss.

Doch ließe sich mit den gleichen Argumenten die Trunkenheitsfahrt generell (auch ohne Teilnahme am Straßenverkehr) oder gar die Autofahrt selbst verbieten. Das Verbot der Autofahrt generell ist geeignet, die Schutzgüter Leben, Gesundheit und Eigentum zu schützen. Es ist auch kein anderes Verbot hierfür *gleich* geeignet. Nur innerhalb der Abwägung ließe sich vorbringen, ein generelles Fahrverbot ginge zu weit. Da dem Gesetzgeber aber eine erhebliche Einschätzungsprärogative zugestanden wird, ist die Verneinung der Angemessenheit nur schwerlich zu vertreten.[1003] Es fehlen Kriterien einer scharfen Grenzziehung, was gerade im Bereich des Terrorismusstrafrechts problematisch ist.[1004] Die Verfassungswidrigkeit der Ausweitung des Terrorismusstrafrechts und der um sich greifenden Vorverlagerung der Strafbarkeit, »nur« wegen der hohen Kosten für die individuelle Freiheit,[1005] lässt sich angesichts des Ausmaßes und Schwere der terroristischen Anschläge in Europa in den letzten Jahren nur schwerlich vertreten. Eine utilitaristisch-funktionale[1006] Herangehensweise kann der Freiheitswahrung nicht mehr zur Seite stehen,[1007] sobald die Vorteile des Eingriffs für alle die Nachteile für den Einzelnen überwiegen.[1008]

c) Zusammenfassung und Ergebnis

Die Gefährlichkeit einer Handlung als Mindestvoraussetzung an die objektive Tatseite kann der Vorverlagerung keine neuen Grenzen ziehen. Als »konkrete

---

1003 Auch die Inzest- und die Cannabisentscheidung, BVerfG NJW 2008, S. 1137 sowie BVerfG NJW 1994, S. 1577 demonstrieren die Resilienz der Strafgesetzgebung gegen den Vorwurf der Unangemessenheit vor dem Bundesverfassungsgericht. Siehe für einen Überblick und eine Kritik der Zurückhaltung der Bundesverfassungsgerichtsrechtsprechung *Kühl*, FS Heinz 2012, S. 766ff.; *Steinsiek*, Terrorabwehr durch Strafrecht?, 2012, S. 339ff.

1004 Siehe oben S. 48.

1005 Siehe grundlegend *Lagodny*, Strafrecht vor den Schranken der Grundrechte, 1996, passim, zum Verhältnismäßigkeitsprinzip insbesondere S. 19ff.

1006 Zu Utilitarismus und Funktionalismus *Kelker*, Legitimität von Gesinnungsmerkmalen, 2007, S. 203ff.

1007 Was nicht heißt, dass die utilitaristische Philosophie dieses Problem nicht erkannt hätte und absolute Grenzen des Utilitarismus untersucht worden wären, siehe hierzu bspw. *Dworkin*, Rights as Trumps, in: Theories of rights, 1984, S. 153.

1008 Kritisch gegenüber der Begrenzungsfähigkeit des Verhältnismäßigkeitsgrundsatzes auch *Kühl*, FS Heinz 2012, S. 767ff. Insbesondere in der Diskussion um das Luftsicherheitsgesetz wurde die Verfassungskonformität des Abschusses eines entführten Flugzeugs zur Rettung von Menschenleben am Boden auf der einen Seite mit utilitaristischen Erwägungen bejaht, etwa *Baldus*, NVwZ 2004, S. 1285, und aufgrund unabwägbarer Prinzipien (absoluten Grenzen) auf der anderen Seite verneint, etwa *Merkel*, JZ 2007, S. 381. Siehe auch die Entscheidung des Bundesverfassungsgerichts hierzu in NJW 2006, S. 751.

Gefährlichkeit« entspricht sie der Theorie der Rechtsgutsgefährdung (Offensività). Als abstrakte Gefährlichkeit deckt sie sich mit einer Verhältnismäßigkeitsprüfung. Jedes Verhalten kann aufgrund einer abstrakten Gefährlichkeit zum Anknüpfungspunkt von Vorverlagerung gemacht werden, sofern der damit erreichte Schutz die Freiheitsbeschränkung überwiegt. Es gibt keine absolut ungefährlichen Handlungen und somit unter diesem Gesichtspunkt auch keine absoluten Grenzen der Vorverlagerung, die sich aus der Anforderung »objektiv gefährliche Handlung« ergeben.

6. Internbereich des Bürgers als absolute Grenze der Vorverlagerung

Aus den relativen, utilitaristischen Erwägungen einer Verhältnismäßigkeitsprüfung lassen sich keine *absoluten* Grenzen der Vorverlagerung ziehen. Daher wird eine Ableitung absoluter Grenzen der Vorverlagerung aus anderen Prinzipien zunehmend bedeutend, wie sie schon von *Jakobs* in seiner Vorverlagerungskritik unternommen worden ist.

Da jede Handlung potentiell schädlich ist, ließe sich nach *Jakobs* nämlich »potentiell grenzenlos *vorverlagern*«[1009]. Aus den Erwägungen des Güterschutzes ließen sich demzufolge keine Grenzen ziehen, sondern nur aus externen Erwägungen, abseits der Logik des Güterschutzes.[1010] Als solche externe Erwägung identifiziert *Jakobs* den Internbereich des Bürgers bzw. die Gedankenfreiheit (cogitationis poenam nem patitur).[1011] Von der Tätersphäre her könne der Vorverlagerung eine Grenze gezogen werden:

> »Was mit seinen Wirkungen noch voll in der Sphäre liegt, in der ein Bürger sich öffentliche Kontrolle verbitten darf, von der Intimität des Körpers bis hin zu einvernehmlichen sozialen Kontakten, kann nicht strafbare Vorbereitung oder Versuch oder gar Vollendung eines Delikts sein (...) beispielsweise beim schon erwähnten Beteiligungsversuch nach §30 StGB«[1012].

Der Internbereich des Bürgers müsse absolut straffreie Zone bleiben.[1013] Hierzu zählt *Jakobs* »alles Verhalten im Privatbereich und zudem alles per se unauffällige externe Verhalten«[1014], womit Verhaltensweisen gemeint sind, die objektiv nicht in fremde Organisationskreise eingreifen.[1015] Auf dieser Grundlage lehnt

1009 *Jakobs*, ZStW 97 (1985), S. 753 (im Original ohne Hervorhebung).
1010 *Jakobs*, ZStW 97 (1985), S. 753.
1011 *Jakobs*, ZStW 97 (1985), S. 753ff.; S. 784.
1012 *Jakobs*, ZStW 97 (1985), S. 756.
1013 So auch *Sinn*, Vorverlagerung der Strafbarkeit, in: Grenzen der Vorverlagerung, 2011, S. 33f.
1014 *Jakobs*, ZStW 97 (1985), S. 762.
1015 *Jakobs*, ZStW 97 (1985), S. 764.

Jakobs einige vorverlagerte Strafvorschriften wie den (nach deutschem Recht strafbaren)[1016] untauglichen Versuch und § 30 StGB (Versuch der Beteiligung) als illegitim ab.[1017] Eine genauere Bestimmung von *per se* unauffälligem Verhalten verfolgte *Jakobs* nicht weiter.

Auch das Bundesverfassungsgericht erkennt einen staatlich unantastbaren Bereich der Privatsphäre an, den aus Art. 1 Abs. 1 iVm Art. 2 I GG abgeleiteten *Kernbereich* der Privatsphäre.[1018] Bisher wurden hieraus jedoch nur strafprozessuale Grenzen gezogen, etwa bezüglich der Verwertung der Aufnahmen eines Selbstgespräches in einem Mordverfahren.[1019] Es gab noch keinen Fall, in dem dem materiellen Strafrecht hieraus eine Grenze gezogen worden ist.[1020] Welche Verhaltensweisen demnach als »Kernbereich« der Vorverlagerung aus verfassungsrechtlichen Gründen vorenthalten bleiben müssten, ist ungeklärt.[1021]

a) Straffreie Bereiche der Persönlichkeitsentfaltung?

In der Strafrechtswissenschaft ist das Denken als ein grundsätzlich straffreier Raum allgemein anerkannt: *Cogitationis poenam nemo patitur* hieß es schon im altrömischen Recht.[1022] Auch im modernen Strafrecht berufen sich Stimmen in der Literatur auf diesen Grundsatz, um eine absolute Grenze der Vorverlagerung zu markieren, darunter *Jakobs* und *Greco*.[1023] Dabei ist nicht geklärt, wann von einer Bestrafung bloßer Gedanken zu sprechen ist.[1024] Gemeint sind zumindest alle inneren Vorgänge, die nicht außen wahrnehmbar sind.[1025] Was ohne Außenwirkung bleibt, müsse straffrei bleiben.[1026] Insofern ist die Straflosigkeit des Denkens allgemein anerkannt.[1027]

Allerdings sollen auch gewissen Manifestationen eines Gedankens, die äußerlich wahrnehmbar sind, straflos sein, wenn diese dem Kernbereich privater

1016 Siehe auch oben S. 82.
1017 *Jakobs*, ZStW 97 (1985), S. 763ff.; S. 765ff.
1018 BVerfGE 109, 279.
1019 BVerfG NJW 2004, 999 (1002).
1020 Siehe hierzu auch *Sinn*, Vorverlagerung der Strafbarkeit, in: Grenzen der Vorverlagerung, 2011, S. 34; *Puschke*, Legitimation von Vorbereitungstatbeständen, 2017, S. 178f.
1021 Kritisch insbesondere *Lagodny*, Strafrecht vor den Schranken der Grundrechte, 1996, S. 231ff.; *Puschke*, Grund und Grenzen des Gefährdungsstrafrechts, in: Grenzenlose Vorverlagerung des Strafrechts?, 2010, S. 36.
1022 Digesten 48. 19. 18. Ausführlich hierzu ob S. 95ff.
1023 Siehe die Nachweise oben Fn. 270ff.
1024 So sieht *Jakobs* bereits im § 30 StGB eine der Bestrafung »bloßer Gedanken« gleichstehende Strafbarkeit, *Jakobs*, ZStW 97 (1985), S. 765f. Siehe hierzu auch unten S. 297f.
1025 *Puschke*, Legitimation von Vorbereitungstatbeständen, 2017, S. 177.
1026 *Puschke*, Legitimation von Vorbereitungstatbeständen, 2017, S. 405.
1027 *Puschke*, Legitimation von Vorbereitungstatbeständen, 2017, S. 404; NK StGB-*Zaczyk* § 22 Rn. 2. Siehe aber auch unten ab S. 298.

Lebensgestaltung zuzuordnen sind. Zuletzt untersuchte *Puschke* eingehend, welche Grenzen der Vorverlagerung bzw. den Vorbereitungsdelikten aus diesem Kernbereichsschutz zu ziehen sind.[1028] Obgleich die Schwierigkeit einer genauen Umgrenzung des Kernbereichs eingeräumt wird,[1029] sollen solche Verhaltensweisen straffrei sein, die »die Grundbedingungen der Persönlichkeitsentfaltung betreffen.«[1030] Dies sei etwa das Wissen, Lernen und Denken, und zwar selbst dann, wenn dies sich nach außen manifestiert.[1031]

Schon im Jahre 2010 identifizierte *Greco* weitere solche straflosen Handlungsformen. Ausgehend von Überlegungen zum Kernbereich als absolut straffreies Handlungsfeld entwickelte er Kriterien, nach denen gewisse Handlungen als Teil des Internbereichs *per se* (absolut) straffrei sein müssten.[1032] Bei der Vorverlagerung von Strafbarkeit müsse vor Erwägungen des Güterschutzes zunächst die Frage gestellt werden, »ob das Verhalten überhaupt eines ist, dem vom Staat aus Gründen des Rechtsgüterschutzes Rechenschaft abverlangt wird«[1033]. Gemeint ist ein absolut unantastbarer Kernbereich der Privatheit, der nicht pönalisiert werden dürfe.[1034] Dieser liege in einem »originären Begriff«[1035] der Privatheit, im Gegensatz zum »residualen Begriff«, der als privat nur ansieht, was nicht Dritte betrifft.[1036] Was nicht Dritte betrifft, sei eine Frage der Empirie und damit kontingent.[1037] Eine Betrachtungsweise, die empirische Wirkungen berücksichtigt, könne daher keine absoluten, sondern nur kontingente Begrenzung erlauben.[1038] Damit stehen sich bei *Greco* (mit dem Begriffspaar »originär« und »kontingent«) die Gegensatzbegriffe »absolut« und »relativ« gegenüber. Es sollen bestimmte Verhaltensweisen festgelegt werden, die absolut frei seien. Dass dieses Unterfangen »keine leichte Aufgabe«[1039] ist, wird ausdrücklich betont. Doch »ohne einen solchen Begriff sind nicht kontingente (…) Schranken der Strafgewalt nicht begründbar«[1040]. Als Beispiele solcher »absolut freien« Handlungen werden Skifahren und Bergsteigen[1041] sowie Atmung, Al-

1028 *Puschke*, Legitimation von Vorbereitungstatbeständen, 2017, S. 176ff.
1029 *Puschke*, Legitimation von Vorbereitungstatbeständen, 2017, S. 178.
1030 *Puschke*, Legitimation von Vorbereitungstatbeständen, 2017, S. 179.
1031 *Puschke*, Legitimation von Vorbereitungstatbeständen, 2017, S. 180.
1032 *Greco*, Strafbarer Drogenbesitz, in: Grenzenlose Vorverlagerung des Strafrechts, 2010, S. 80ff.
1033 *Greco*, Strafbarer Drogenbesitz, in: Grenzenlose Vorverlagerung des Strafrechts, 2010, S. 87.
1034 *Greco*, Strafbarer Drogenbesitz, in: Grenzenlose Vorverlagerung des Strafrechts, 2010, S. 80.
1035 *Greco*, Strafbarer Drogenbesitz, in: Grenzenlose Vorverlagerung des Strafrechts, 2010, S. 80.
1036 *Greco*, Strafbarer Drogenbesitz, in: Grenzenlose Vorverlagerung des Strafrechts, 2010, S. 79.
1037 *Greco*, Strafbarer Drogenbesitz, in: Grenzenlose Vorverlagerung des Strafrechts, 2010, S. 77.
1038 *Greco*, Strafbarer Drogenbesitz, in: Grenzenlose Vorverlagerung des Strafrechts, 2010, S. 77.
1039 *Greco*, Strafbarer Drogenbesitz, in: Grenzenlose Vorverlagerung des Strafrechts, 2010, S. 80.
1040 *Greco*, Strafbarer Drogenbesitz, in: Grenzenlose Vorverlagerung des Strafrechts, 2010, S. 80.
1041 *Greco*, Strafbarer Drogenbesitz, in: Grenzenlose Vorverlagerung des Strafrechts, 2010, S. 81f.

koholkonsum und Masturbation erwogen.[1042] Diese Handlungen stellt *Greco* zur Diskussion,[1043] die im Rahmen dieser Untersuchung an späterer Stelle aufgegriffen werden soll.[1044]

b) Zwischenergebnis

Zunächst ist festzuhalten, dass der unantastbare Kernbereich der Privatsphäre der Vorverlagerung eine *absolute* Grenze ziehen soll. Darunter fallen rein innere Vorgänge, sofern diese nicht nach außen wirken. Häufig wird aber vertreten, dass der Kernbereich dem Straffrecht auch dort absolute Grenzen ziehen kann, wo eine Handlung vollzogen wird, also nach außen wirkt, aber trotzdem absolut privat sein soll.

Nicht geklärt ist jedoch, welche Handlungen als »absolut freie Handlungen« darunter zu subsumieren sind. Vorgeschlagen werden u. a. Denken, Lernen und Wissen. Ob eine solche Straflosigkeit aus dem Internbereich des Bürgers folgen muss, hängt jedoch nicht zuletzt davon ab, welches Verständnis von »nach außen wirken« zugrunde gelegt wird. Auch an dieser Stelle tritt die Verknüpfung der Vorverlagerungsdiskussion mit der Kausalitätstheorie zutage.[1045] Da dies aber über den aktuellen Stand der Diskussion zur Vorverlagerung, der in diesem Kapitel zu schildern ist, hinausgeht und eine vertiefte Auseinandersetzung mit der Kausalitätstheorie voraussetzt, soll sich dem an späterer Stelle vertiefend zuzuwenden sein.[1046]

7. Spezifische Grenzen der Vorverlagerung: Verhältnismäßigkeits- und Schuldgrundsatz

Vorverlagerung ist Strafbarkeit von Handlungen, die selbst keine Schutzobjektsverletzung verursacht haben. Die Verbindung der tatbestandlichen Handlung zur Verletzung des Schutzobjekts ist nicht kausal, sondern *potentiell* kausal. *Trotzdem* ist die Handlung unter präventiven Gesichtspunkten zu bestrafen.[1047] Hierin liegt die besondere Problematik der grenzenlosen Vorverlagerung. Al-

1042 Siehe *Greco*, Strafbarer Drogenbesitz, in: Grenzenlose Vorverlagerung des Strafrechts, 2010, S. 85.

1043 *Greco*, Strafbarer Drogenbesitz, in: Grenzenlose Vorverlagerung des Strafrechts, 2010, S. 80 (explizit Fn. 13).

1044 Hierzu unten ab S. 296.

1045 Siehe schon oben ab S. 124.

1046 Siehe unten ab S. 296.

1047 Zum einen mit dem Ziel der Normeinübung, zum anderen mit dem Ziel, den Schadenseintritt durch Eingriff von Strafverfolgungsbehörden zu verhindern, siehe oben S. 52.

lerdings ließen sich aus den allgemeinen Grenzen des Strafrechts diesbezügliche zwei Ansätze spezifischer Grenzen der Vorverlagerung ausmachen. Diese sind zum einen im Verhältnismäßigkeits- (siehe oben 2.) und zum anderen Schuldgrundsatz (siehe oben 3.) zu verorten und an dieser Stelle einer vertieften Darstellung zuzuführen.

a) Strengere Angemessenheitsprüfung von vorverlagerten Straftatbeständen relativ zu den Verletzungsdelikten (Verhaltensnormebene)

Durch die Emanzipation vom Verletzungserfolg führt Vorverlagerung zu einer Ausweitung von Strafbarkeit.[1048] Alle Typen der Vorverlagerung pönalisieren Handlungen, die ohne eine Verletzung des Schutzobjekts der Norm sonst straflos bleiben würden.[1049] Sowohl qualitativ als auch quantitativ werden durch Vorverlagerung somit *mehr* Handlungen strafbar. Im Verhältnis zu den Verletzungsdelikten wird Freiheit stärker eingeschränkt: Straffreie Räume der Freiheit werden immer kleiner. Dies hat Auswirkungen auf die Verhältnismäßigkeitsprüfung vorverlagerter Straftatbestände. *Der legitime Zweck einer Strafvorschrift, Schäden abzuwenden, muss mit dem erheblich tieferen Eingriff in die Freiheitssphäre des Bürgers abgewogen werden.*[1050]

Relativ zu den Verletzungsdelikten haben Fälle der Vorverlagerung sich im Prüfungspunkt »Angemessenheit« einer strengeren Verhältnismäßigkeitsprüfung zu unterziehen.[1051] Nur wenn der deutlich tiefere Eingriff in Freiheitsrechte angesichts der hohen Bedeutung des geschützten Gutes angemessen erscheint, ist die Vorverlagerung verhältnismäßig.[1052] *Je weiter vorverlagert wird, desto rechtfertigungsbedürftiger ist der Straftatbestand.*[1053] Dies spricht grundsätzlich die Ebene der verhaltenssteuernden Verbotsnorm an.[1054] Eine absolute Grenze, wie weit vorverlagert werden darf, lässt sich hieraus jedoch nicht ableiten.

1048 Siehe zum Begriff der Ausweitung oben S. 77.

1049 Siehe zu den unterschiedlichen Typen oben ab S. 81.

1050 BGH NJW 2014, 3459 (3462; Rn. 23ff.); *Sinn*, Vorverlagerung der Strafbarkeit, in: Grenzen der Vorverlagerung, 2011, S. 33ff.; *Sieber/Vogel*, Terrorismusfinanzierung, 2015, S. 136ff.

1051 Siehe nur *Brunhöber*, FS Schünemann 2014, S. 14.

1052 Ergänzend betont *Sinn*, Vorverlagerung der Strafbarkeit, in: Grenzen der Vorverlagerung, 2011, S. 35, die kriminalpolitische Erwägung, dass das abstrakt gefährliche Verhalten weit verbreitet ist oder sich zu verbreiten droht.

1053 *Schünemann*, Rechtsgüterschutz, ultima ratio und Viktimodogmatik, in: Mediating principles, 2006, S. 27; zustimmend *Brunhöber*, FS Schünemann 2014, S. 12. Siehe auch *Lagodny*, Strafrecht vor den Schranken der Grundrechte, 1996, S. 246; *Steinsiek*, Terrorabwehr durch Strafrecht?, 2012, S. 353, der dies als die »je-desto-Formel« bezeichnet. Siehe auch *Puschke*, Legitimation von Vorbereitungstatbeständen, 2017, S. 173.

1054 Dies ist jedoch keineswegs bei allen Vorverlagerungstypen der Fall, siehe etwa zu den konkreten Gefährdungsdelikten und zum versuchten Delikt, bei denen die Verhaltens-

b) Niedrigeres Strafmaß für vorverlagerte Straftatbestände relativ zu Verletzungstatbeständen (Sanktionsnormebene)

Vorverlagerung ist Strafbarkeit von Handlungen, die selbst keine Schutzobjektsverletzung verursacht haben. Die einzelne tatbestandliche Handlung bleibt auf die real-konkrete Dimension des Gutes, deren Beeinträchtigung durch das präventive Strafrecht verhindert werden soll, ohne tatsächliche Auswirkung.

Aus diesen Gründen wird für vorverlagerte Straftatbestände eine geringere Strafhöhe gefordert als für Verletzungsdelikte.[1055] Eine Handlung, die ohne Auswirkungen auf das geschützte Gut geblieben ist, dürfe nicht so hart bestraft werden wie eine Handlung, die das geschützte Objekt verletzt hat.[1056] Angesprochen wird hiermit die Ebene der Sanktionsnorm bzw. der Rechtsfolge der Tatbestandserfüllung. Hieraus lässt sich eine spezifische Grenze für die Strafhöhe der Vorverlagerung ableiten:[1057] »Je weiter die Vorverlagerung, je geringer das Strafmaß«[1058]. Dies stellt eine weitere relative Grenze der Vorverlagerung dar. *Die Strafhöhe vorverlagerter Straftatbestände muss relativ zu den Verletzungstatbeständen grundsätzlich niedrigschwelliger angesetzt sein.*[1059]

Diese spezifische Grenze der Vorverlagerung ist auf den Grundsatz des schuldangemessenen Strafens zurückführen,[1060] der aus dem Verhältnismäßigkeitsgrundsatz und dem Schuldgrundsatz abgeleitet wird.[1061] In Fällen weiter Vorverlagerung kann »das Maß der von der einzelnen Tat ausgehenden Rechtsgütergefährdung und der individuellen Schuld gering sein«[1062]. Dies muss gemäß dem verfassungsrechtlich verankerten Schuldgrundsatz zu einer entsprechend geringeren Gewichtung in der Strafzumessung führen. Darüber hinaus ist die Gewichtung nach unterschiedlichen Unrechtsgraden auf objektiver Tatseite einer der Grundprinzipien objektiver Verbrechenslehren wie der

---

norm identisch ist, oben ab S. 81 (so zum Versuch auch *Maurach/Gössel/Zipf*, AT 2 2014, § 39 Rn. 27 aE m.w.Nachw.). Auch hier werden aber durch die Emanzipation vom Verursachungsdogma mehr Handlungen strafbar als zuvor, sodass Freiheit selbst bei Annahme einer identischen Verbotsnorm von versuchtem und vollendetem Delikt stärker eingeschränkt wird. Der Legitimierungsbedarf dieser Deliktsformen ist somit auch ohne Berücksichtigung der Verbotsnormebene erhöht.

1055 Hierzu *Kubiciel*, Wissenschaft Besonderer Teil, 2013, S. 247ff. auch *Puschke*, Grund und Grenzen des Gefährdungsstrafrechts, in: Grenzenlose Vorverlagerung des Strafrechts?, 2010, S. 22f.

1056 *Sieber/Vogel*, Terrorismusfinanzierung, 2015, S. 151.

1057 Siehe ausführlich *Steinsiek*, Terrorabwehr durch Strafrecht?, 2012, S. 360ff.

1058 Kritisch *Kindhäuser*, FS Schroeder 2006, S. 96.

1059 Für einen zwingend niedrigeren Strafrahmen *Baroke*, Gefährdungsdelikte, in: Grenzen der Vorverlagerung, 2011, S. 275.

1060 Hierzu *Kubiciel*, Wissenschaft Besonderer Teil, 2013, S. 247ff. sowie bereits oben S. 164.

1061 BVerfG NJW 2008, S. 1137 (1138).

1062 BVerfG NJW 1994, S. 1577 (1582); *Steinsiek*, Terrorabwehr durch Strafrecht?, 2012, S. 361ff.

Offensività.[1063] Diesbezüglich ist von unterschiedlichen »Angriffswegen«[1064] bzw. unterschiedlichen Angriffsweisen die Rede, die je nach Intensität unterschiedliche Strafhöhen verwirken.[1065] Im Ergebnis entsprechen sich der verfassungsrechtliche und der strafrechtsdogmatische Ansatz insoweit, als dass eine geringere Gefährlichkeit der Handlung grundsätzlich eine niedrigere Strafhöhe zur Folge haben muss.[1066]

Dabei ist jedoch zu berücksichtigen, dass das Verbrechen nicht allein aus objektiven Elementen besteht, sondern auch aus der (subjektiven) Einstellung des Täters zur Tat.[1067] Nur hinsichtlich des *objektiven Unrechtsgrades* kann das Prinzip Anwendung finden. Die vorsätzliche Begehung einer vorverlagerten Straftat kann schwerer bestraft werden als eine fahrlässige Verletzung, so auch das StGB bezüglich des Strafrahmens des versuchten Totschlags (bis zu 15 Jahre, §§ 212 Abs. 1, 22, 23 Abs. 1 StGB) gegenüber der fahrlässigen Tötung (bis zu 5 Jahre, § 222 StGB). Die Schuldgewichtung *auf objektiver Tatseite* liegt dem StGB ersichtlich zugrunde. So ist zumindest eine fakultative Strafmilderung für den Versuch vorgesehen (§ 23 Abs. 2 StGB) und in zahlreichen Bereichen ist eine niedrigere Strafhöhe für die abstrakte Gefährdung im Vergleich zur konkreten Gefährdung gesetzgeberische Wille, bspw. im Falle der Trunkenheitsfahrt gem. § 316 Abs. 1 StGB (1 Jahr Höchststrafe) im Vergleich zu § 315c Abs. 1 Nr. 1 a)

1063 Siehe hierzu oben S. 168ff.

1064 *Staechelin*, Bestimmten Güter, in: Aufgeklärte Kriminalpolitik oder Kampf gegen das Böse?, 1998, S. 247ff.

1065 Siehe *Cramer*, Vollrauschtatbestand, 1962, S. 69ff. Zuletzt *Kühl*, FS Heinz 2012, S. 773ff.

1066 In diese Richtung wohl auch *Puschke*, Legitimation von Vorbereitungstatbeständen, 2017, S. 173, S. 205ff. Kritisch *Kindhäuser*, FS Schroeder 2006, S. 96, für den Gefährdungen einen eigenen Unwert darstellen. Als Beispiel nennt er § 249 StGB im Verhältnis zu § 316a StGB sowie § 263 StGB im Verhältnis zu § 264 StGB. Dies überzeugt jedoch nicht. Selbst wenn die Gefährdung einen eigenen Unwert hätte, ließe sich hieraus nicht ableiten, dass die Gefährdung einen *gleichwertigen* Unwert aufweist und entsprechend eine gleichwertige Strafe verdient. Im Verhältnis der abstrakten zur konkreten Gefahr ließe sich zwar sagen, die Streuung der abstrakten Gefahr kompensiere die geringere Gefahrdichte. Denn im Falle eines abstrakten Gefährdungsdelikts wird eine unbestimmte Anzahl an Schutzobjekten gefährdet, während es im Falle eines konkreten Gefährdungsdelikts eine bestimmte Anzahl sein muss. Dies kann aber dann nicht gelten, wenn bereits die konkrete Gefährdung voraussetzt, dass zugleich abstrakt gefährdet wird, wie zum Beispiel im Verhältnis des § 315c Abs. 1 Nr. 1 StGB im Verhältnis zu § 316 StGB. In diesen Fällen ergibt sich die unterschiedliche Strafhöhe unmittelbar aus dem Verhältnismäßigkeits- und dem Schuldprinzip, da die konkrete Gefährdung des Schutzobjekts der Norm (körperliche Integrität bzw. Eigentum anderer Verkehrsteilnehmer) zur abstrakten *hinzukommt.* Die Gegenbeispiele von *Kindhäuser* zu § 249 StGB im Verhältnis zu § 316a StGB und § 263 StGB zu § 264 StGB greifen insofern nicht, als dass die Gefährdungstatbestände (§ 316a StGB und § 264 StGB) zusätzlich *andere* Schutzobjekte schützen als die Verletzungsdelikte (§ 249 und § 263 StGB; bspw. § 249 StGB u.a. Willensfreiheit, § 316a StGB zusätzlich u.a. körperliche Integrität anderer Verkehrsteilnehmer).

1067 Hierzu bereits oben S. 166.

StGB (5 Jahre Höchststrafe) sowie Brandstiftung gem. § 306 Abs. 1 StGB (10 Jahre Höchststrafe) gegenüber § 306a Abs. 2 StGB (15 Jahre Höchststrafe).

Der Gesetzgeber nimmt die Abstufung nach Gefährdungsgrad jedoch nicht immer auf Tatbestandsebene vor. Gelegentlich wird dies dem Richter überlassen, so im Falle des § 89a StGB. Dieser pönalisiert das *Verschaffen* (§ 89a Abs. 2 Nr. 3 StGB) von Stoffen für die Herstellung (§ 89a Abs. 2 Nr. 2 StGB) von Waffen um eine schwere staatsgefährdende Gewalttat zu begehen. In demselben Straftatbestand hat der Gesetzgeber das Sich-Verschaffen zum Herstellen und den späteren Schritt, das Herstellen selbst, vertypt. Es handelt sich bei § 89a Abs. 2 Nr. 3 StGB im Verhältnis zu § 89a Abs. 2 Nr. 2 StGB mithin um eine »Vorverlagerung der Vorverlagerung«[1068].[1069] In solchen Fällen haben die Gerichte das Prinzip der geringeren Strafhöhe für weiter vorverlagerte Strafbarkeit in der Strafzumessung zu berücksichtigen.[1070] Ist das Maß der Gefahr durch eine Handlung auf Tatbestandsebene »höchst unterschiedlich, (…) gegebenenfalls (…) als eher gering einzustufen und damit der objektive Unrechtsgehalt der Tat im Einzelfall als mäßig zu bewerten (…)«[1071] ist dem auf Strafzumessungsebene zu begegnen.[1072] Im Einzelfall bedeutet dies, dass auf Grundlage einer Gesamtschau aus objektivem Unrechtsgrad (der bei bloßer bzw. geringerer Gefährdung weniger ins Gewicht fällt als bei der Verletzung des Schutzobjekts der Norm) und subjektivem Unrechtsgrad (bzw. Handlungsunrecht), die Strafe zuzumessen ist.[1073]

c) Zusammenfassung

Ist ein Fall der Vorverlagerung identifiziert, also eine Strafbarkeit ohne Verletzung des Schutzobjekts der Norm, sind zwei Besonderheiten in der Verhältnismäßigkeitsprüfung zu berücksichtigen. Zum einen erfordert die Pönalisierung einer Handlung, die keine Verletzung verursacht hat, einen höheren Begründungsaufwand, weil sie Freiheit stärker einschränkt. *Je weiter vorverlagert wird, desto rechtfertigungsbedürftiger ist der Straftatbestand.* Zum anderen ist

1068 *Sinn/Moeller*, ZJS 2015, S. 237.

1069 Siehe ausführlich *Sinn/Moeller*, ZJS 2015, S. 236f. m. w. Nachw.

1070 So zuletzt BGH NJW 2014, 3459 (3462) m. w. Nachw. Kritisch zu dieser Rechtsprechung *Steinsiek*, Terrorabwehr durch Strafrecht?, 2012, S. 361.

1071 BGH NJW 2014, S. 3459 (3463).

1072 Aufgrund seines präventiven Ansatzes der Strafproportionalität anderer Ansicht, nämlich dass die Gefährlichkeit des Täters ausschlaggebend sein sollte, *Kaspar*, Verhältnismäßigkeit und Grundrechtsschutz, 2014, S. 823.

1073 Hierzu ausführlich *Hörnle*, Tatproportionale Strafzumessung, 1999, S. 220f. sowie zum geringeren Gewicht der Gefährdung auf objektiver Tatseite S. 212f., die aber nicht auf die Beeinträchtigung des Rechtsguts(objektes), sondern auf die Beeinträchtigung des Rechtsgutsträgers abstellt, S. 207ff.

das Strafmaß für Fälle der Vorverlagerung grundsätzlich gegenüber dem Strafmaß des Delikts der Schutzobjektsverletzung niedriger anzusetzen. Je weiter vorverlagert wird, desto geringer muss das Strafmaß im Verhältnis zur Verletzung des Schutzobjekts. Dies sind die spezifischen (relativen) Grenzen der Vorverlagerung. Die absoluten Grenzen der Vorverlagerung konnten noch nicht bestimmt werden.

8. Forschungslücke absolute Grenzen der Vorverlagerung und Kausalitätstheorie

Die Suche nach den äußersten Grenzen der Vorverlagerung ist eine Suche nach den Handlungen, die auch dann nicht beschränkt werden dürfen, wenn ihre Beschränkung zweckmäßig erscheint. Die Bestimmung solcher absolut straflosen Handlungen ist jedoch schwierig, denn jede Handlung ist potentiell notwendige Bedingung einer Verletzung und kann daher nicht a priori als »nichtverletzend« und damit ungefährlich gelten.[1074] Die kausaltheoretische Aussage, dass jede Handlung potentiell Ursache jedes Schadens sein kann (Äquivalenztheorie), schränkt den argumentativen Spielraum gegen Vorverlagerung ein.

Dies sei exemplarisch anhand einer der neuesten in Deutschland veröffentlichten Dissertation zu den Gefährdungsdelikten gezeigt: *Kiss* stellt die These auf, die abstrakten Gefährdungsdelikte seien Typisierungen eines Kausalgesetzes.[1075] Es heißt hierzu: »El legislador conoce, (...) que la situacion disvaliosa únicamente se producirá si es que se pone a reaccionar a la accion (...) en contacto con las restantes condicionas necessarias«[1076]. Dies ist eine treffende Umschreibung der Typisierungstechnik eines abstrakten Gefährdungsdelikts, stellt aber keinerlei Kriterien auf, welche Beschaffenheit die Handlung haben muss, um als ausreichend für eine Typisierung zu gelten. Wie sich aus der Äquivalenztheorie ergibt, kann aus *jeder Handlung eine wertwidrige Situation entstehen, wenn sie nur mit ausreichend notwendigen Bedingungen »reagiert«.*

Kiss schreibt weiter, dass der Gesetzgeber grundsätzlich frei darin wäre, die Bedingungen zu bestimmen, die er zur Grundlage einer Typisierung macht. Insbesondere wäre von Bedeutung, dass der Handelnde nicht kontrollieren könne, ob die restlichen notwendigen Bedingungen auftreten würden oder

1074 Ähnlich *Puschke*, Grund und Grenzen des Gefährdungsstrafrechts, in: Grenzenlose Vorverlagerung des Strafrechts?, 2010, S. 36f.

1075 *Kiss*, Das abstrakte Gefährdungsdelikt, 2006, S. 41ff.

1076 *Kiss*, Das abstrakte Gefährdungsdelikt, 2006, S. 46: Der Gesetzgeber weiß, dass die wertwidrige Situation nur entsteht, wenn die Handlung mit den restlichen notwendigen Bedingungen reagiert (übersetzt aus dem Spanischen).

nicht. Eine solche Situation bezeichne man typischerweise als »Gefahr«[1077]. Das Adjektiv »abstrakt« für die abstrakten Gefährdungsdelikte beziehe sich folglich nicht auf die Handlung, sondern auf die Umstände (restlichen notwendigen Bedingungen), von denen abstrahiert würde.[1078] Auf dieser »generellen Ebene« sei das typisierte Verhalten als »Kausalgesetz« zu bewerten und ließe sich die »typische Gefahr der Handlung« begreifen: »La clase de las acciones descriptas en el tipo penal, en contacto con las restantes condiciones de la clase de las requeridas por la ley causal, podria desencadenar un resultado de la clase de los que la norma tiene la finalidad de evitar«[1079]. Im Falle des § 316 StGB hieße das: »Fahren eines Autos im fahruntüchtigen Zustand im Straßenverkehr« ist das »Kausalgesetz«. Treten zu diesem Verhalten die übrigen »abstrahierten« notwendigen Bedingungen hinzu, etwa ein Kind auf der Fahrbahn, und träte die Bedingung hinzu, dass der Fahrer aufgrund der Trunkenheit nicht bremsen kann, und das Kind verletzt wird, dann würde der Schaden bzw. die Verletzung des Rechtsguts verursacht werden. Damit sei der § 316 StGB legitimiert.

Die entscheidende Frage lautet jedoch, welchen Abstraktionsgrad dieses »Kausalgesetz« haben darf. *Kiss* spricht hier von »Statistiken«,[1080] aber es dürfte unbestritten sein, dass – statistisch gesehen – die meisten Trunkenheitsfahrten ohne Folgen bleiben. Statistisch gesehen führt auch »Führen eines Fahrzeugs« zu Schäden, sodass dieses ebenso verboten werden könnte. Aus solchen Kausalitätserwägungen lassen sich keinerlei Kriterien entwickeln, mit denen sich die Vorverlagerung eingrenzen lassen könnte. Der Gefahrbegriff, als »Wahrscheinlichkeit eines Schadenseintritts« bietet hierfür keine Gewähr.[1081] Es bleibt die grundsätzlich weite Einschätzungsprärogative des Gesetzgebers, und die Überzeugung, dass jegliches Tun notwendige Bedingung und damit kausal sein kann. Die Äquivalenztheorie bildet nach alledem einen wesentlichen Baustein der Vorverlagerung. Ihre Weite schafft erst das weitläufige Fundament, auf dem das gegenwärtige präventiv-funktionale Strafrechtsverständnis errichtet ist.[1082] Die Uferlosigkeit der Vorverlagerung ist direkte Folge der Äquivalenztheorie.

Die Prämisse der Äquivalenztheorie, dass jegliches Setzen einer notwendigen Bedingung für ein Ereignis als Ursache desselben zu betrachten sei, wird jedoch

1077 *Kiss*, Das abstrakte Gefährdungsdelikt, 2006, S. 46f.

1078 *Kiss*, Das abstrakte Gefährdungsdelikt, 2006, S. 47.

1079 *Kiss*, Das abstrakte Gefährdungsdelikt, 2006, S. 47f.: »Die Kategorie der im Tatbestand beschriebenen Handlungen, im Kontakt mit den übrigen Bedingungen der Kategorie die das Kausalgesetz verlangt, könnte einen Erfolg der Kategorie, deren Verhinderung die Norm zum Ziel hat, bewirken«.

1080 *Kiss*, Das abstrakte Gefährdungsdelikt, 2006, S. 48.

1081 Hierzu bereits oben S. 181ff.

1082 Dass Vorverlagerung und Äquivalenztheorie bereits seit den Anfängen der modernen Strafrechtswissenschaft eng miteinander verbunden sind, dazu unten S. 206.

zunehmend angezweifelt.[1083] Insbesondere die zeitliche Grenzenlosigkeit steht dabei im Fokus der Kritik: Zu behaupten, jegliches Setzen einer notwendigen Bedingung eines Ereignisses sei Ursache desselben (etwa die Geburt des Mörder für den Mord) sei schlicht lebensfremd.[1084] So sei nur die eigenhändige, *unmittelbare* Täterschaft Ursache eines Schadens,[1085] denn nur die »Missachtung des fremden Rechts« konstituiere »das Unerlaubte der tatbestandsmäßigen Handlung«[1086]. »Ursache« sei nur unmittelbare Ursache, und nicht das Setzen irgendeiner notwendigen Bedingung. Daraus wird folgende kriminalpolitische Forderung abgeleitet: Hat ein Täter »den Schaden nicht verursacht, so müssen besondere Gründe genannt werden, weshalb er trotzdem haften soll«[1087]. Jegliche strafrechtliche Haftung über die unmittelbare Verursachung eines Schadens hinaus – auch die Vorverlagerung – wäre daher besonders legitimierungsbedürftig.

Damit wird die Äquivalenztheorie als Grundlage der Grenzenlosigkeit der Vorverlagerung in Frage gestellt und eine abstrakte, *a priori* Definition von »Ursache« in Betracht gezogen. Die neuen Theorien zur Überwindung der Äquivalenztheorie könnten so eine Fundgrube für Kriterien darstellen, nach denen Handlungen *a priori bzw. absolut* als potentieller Anknüpfungspunkt der Vorverlagerung ausscheiden. Aus einer Auseinandersetzung mit der Kausalitätstheorie könnten absolute Grenzen der Vorverlagerung zu eruieren sein (II.).

9. Zusammenfassung

Für alle Typen der Vorverlagerung – versuchte Delikte, Gefährdungsdelikte und Vorbereitungsdelikte – gelten die allgemeinen Grenzen materiellen Strafrechts. Schuld- und Bestimmtheitsgrundsatz sind jedoch nur selten problematisch. Der Schuldgrundsatz im Sinne von »nulla poena sine culpa« betrifft nur Fragen der individuellen Vorwerfbarkeit einer Tat, der Bestimmtheitsgrundsatz nur die Vorhersehbarkeit staatlichen Strafens, die bei der Vorverlagerung selten problematisch ist.

Aus dem Grundsatz der Verhältnismäßigkeit (in Verbindung mit dem Grundsatz des schuldangemessenen Strafens) lassen sich der Vorverlagerung demgegenüber spezifische (relative) Grenzen ziehen: Je weiter vorverlagert

---

1083 Siehe nur *Kindhäuser*, ZIS 2016, S. 574.

1084 Siehe *Moore*, Causation and responsibility, 2009, S. 478; *derselbe*, Further Thoughts on responsibility, in: Critical Essays, 2013, S. 341f.

1085 *Renzikowski*, GA 2007, S. 576; auch *Kühl*, AT 2017, § 20 Rn. 6.

1086 *Renzikowski*, GA 2007, S. 575.

1087 *Renzikowski*, GA 2007, S. 574; siehe auch *Haas*, Kausalität und Rechtsverletzung, 2002, S. 281.

wird, desto mehr wird Freiheit eingeschränkt, was durch einen überwiegenden Nutzen gerechtfertigt sein muss; je weiter vorverlagert wird, desto rechtfertigungsbedürftiger ist der Straftatbestand. Hieraus ergibt sich zusätzlich, dass die Strafhöhe eines vorverlagerten Straftatbestandes im Verhältnis zum korrespondierenden Verletzungsdelikt (im Hinblick auf den objektiven Tatbestand) grundsätzlich niedriger sein muss.

Des Weiteren zieht das Tatstrafrechtsprinzip der Vorverlagerung in formeller und materieller Hinsicht Grenzen. In formeller Hinsicht bekräftigt es den Bestimmtheitsgrundsatz. In materieller Hinsicht verlangt es, dass die Verhältnismäßigkeitsprüfung der Vorverlagerung anhand der pönalisierten *Tat*, nicht dem Täter, vorgenommen wird. Dies setzt voraus, dass die *Handlung gefährlich* sein muss. Insofern verweist das Tatstrafrechtsprinzip in seinem materiellen Gehalt auf strafrechtsdogmatische Erwägungen, die auf der einen Seite eine konkrete Gefährlichkeit der Handlung, auf der anderen Seite eine abstrakte Gefährlichkeit der Handlung verlangen.

Die konkrete Gefährlichkeit der Handlung wird von der Lehre der Rechtsgutsbeeinträchtigung als konkrete Beeinträchtigung eines Rechtsguts aufgefasst. Nach dieser u. a. in Italien verbreiteten Auffassung (*Offensività*) kann die abstrakte Gefährlichkeit einer Handlung keine Strafe begründen. Entsprechende Straftatbestände – insbesondere untauglicher Versuch und abstrakte Gefährdungsdelikte – sind aus dem Strafrecht auszuscheiden. Nach herrschendem Verständnis in der deutschen Strafrechtswissenschaft genügt jedoch eine abstrakte Gefährlichkeit der Handlung.

Eine Untersuchung des Begriffs der Gefahr ergibt, dass »Gefahr« im strafrechtlichen Sinne nicht präziser als »gewisse Wahrscheinlichkeit einer Schadensverursachung durch die Handlung« bestimmt werden kann. Damit wird jede Handlung, die *abstrakt* einen Schadenseintritt mit einer Wahrscheinlichkeit von über 0 zur Folge hat, zum potentiellen Anknüpfungspunkt von Vorverlagerung. Da nach dem herrschenden Kausalitätsverständnis (Äquivalenztheorie) »in abstracto« alle Handlungen einen Schaden verursachen *können* (>0), ist jede Handlung potentiell Ursache eines Schadens, somit gefährlich und damit potentiell Anknüpfungspunkt der Vorverlagerung. Vorverlagerung ist insofern grenzenlos und nur den relativen (spezifischen) Grenzen der Verhältnismäßigkeit unterworfen.

Damit geraten die absoluten Grenzen der Vorverlagerung in den Fokus der Untersuchung. Als absolute Grenze wird der Internbereich bzw. Kernbereich des Bürgers angesehen. Der Kernbereich des Bürgers muss absolut straffrei bleiben. Welche Handlungen dem absolut straffreien Kernbereich zuzuordnen sind bzw. wann von der Strafbarkeit bloßer Gedanken zu sprechen ist, bleibt – außer im Falle nicht umgesetzter Gedanken – ungeklärt. Gemäß der Äquivalenztheorie ist jede Handlung *potentiell* schädlich und damit schwerlich dem *absolut* straflosen

Kernbereich zuzuordnen. Auswirkung auf das Problem der grenzenlosen Vorverlagerung könnte folglich die aktuelle Erörterung einer Überwindung der Äquivalenztheorie haben, der sich nun zuzuwenden ist.

II. Die Äquivalenztheorie; die neuen Bemühungen um ihre Überwindung und die Grenzen der Vorverlagerung

Das Strafrecht ist nach funktionalistischer Lesart in erster Linie darauf ausgerichtet, Schaden von Schutzgütern abzuwenden.[1088] Klassische Methode des Schutzes ist hierbei die Typisierung des Hervorrufens der unerwünschten Schäden in Verletzungsdelikten wie dem Totschlag (§ 212 StGB). Wird jedoch auf die Verletzung des Schutzobjekts für die Strafbarkeit verzichtet, führt dies zu Vorverlagerung.[1089]

Gegenstand typischer Vorverlagerung sind potentiell schädliche Handlungen. Die Pönalisierung eines Verhaltens basiert in diesem Fall nicht darauf, dass dieses zur Verletzung des Schutzobjekts führt, sondern dazu führen *kann*. Nach der Äquivalenztheorie ist aber *jede Handlung potentiell* notwendige Bedingung der Verletzung eines Schutzobjekts und damit potentiell schädlich. Der Gesetzgeber kann jede Handlung unter Strafe stellen, sofern dies hinsichtlich des Schutzes des Gutes zweckmäßig ist. Dies muss zusätzlich auch verhältnismäßig sein. Eine verfassungsrechtliche Verhältnismäßigkeitsprüfung kann aufgrund ihrer utilitaristischen Natur der typischen Vorverlagerung jedoch keine absoluten Grenzen ziehen. Sofern der Nutzen der Bestrafung die Kosten übersteigt, ist dies legitim. Die Vorverlagerung droht insofern aber grenzenlos zu werden.

Eine Grenzziehung wäre dadurch möglich, dass nicht mehr jedes Setzen einer notwendigen Bedingung als ursächliche Verletzung eines Schutzobjekts der Norm angesehen wird. Würden konkrete, unabwägbare Kriterien entwickelt werden, die eine Handlung erfüllen muss, um als potentiell schädliche Handlung zu gelten, kann auch die Vorverlagerung logischerweise nur an Verhaltensweisen jener Beschaffenheit anknüpfen. Auf einer Überwindung der Äquivalenztheorie aufbauend könnte daher die Vorverlagerung begrenzt werden. Es hängt nicht zuletzt von einer Auseinandersetzung mit der Äquivalenztheorie ab, ob dies ein gangbarer Weg ist.

Die Äquivalenztheorie wird durch zwei voneinander unabhängige Säulen

---

1088 Siehe *Jakobs*, Studien zum fahrlässigen Erfolgsdelikt, 1972, S. 19: »Das Recht stellt Regeln zur Vermeidung von Erfolgen auf, wie etwa Tötung, Körperverletzung, Freiheitsberaubung, Sachbeschädigung«; siehe auch *Engisch*, Kausalität, 1931, S. 2. Siehe zur Schadensorientierung des Strafrechts schon seit der »Frühzeit aller Völker« *Schröder*, ZStW 81 (1969), S. 5. Siehe zum Funktionalismus schon oben ab S. 40.

1089 Ausführlich oben S. 153.

gestützt: Einer funktional-strafrechtswissenschaftlichen Säule (1.) und einer wissenschaftstheoretischen Säule (2.). Beide Säulen haben sich unabhängig voneinander entwickelt und legitimieren selbständig die Theorie von der Äquivalenz der Bedingungen im Strafrecht. Bevor sich der Kritik an der Äquivalenztheorie zuzuwenden (3.) und das Potential ihrer Überwindung zu erörtern ist (4.), muss jener dualistische Geltungsanspruch der Äquivalenztheorie nachvollzogen werden.

1. Die Äquivalenztheorie im Strafrecht

Die Äquivalenztheorie besteht aus zwei Elementen: Der Definition der Ursache als das Zusammenspiel mehrerer Faktoren, welche die Wirkung bedingen (Bedingungstheorie) und der Äquivalenz all dieser Bedingungen (Äquivalenztheorie).[1090] Bekannt ist in diesem Zusammenhang die auf der Äquivalenztheorie aufbauende Formel der *condicio sine qua non.*[1091]

Die Lehre vom Kausalzusammenhang im Strafrecht galt noch 1930 als eine »Errungenschaft neuester Zeit«[1092]. Ihre Ursprünge reichen aber bis in die Zeit des gemeinen Rechts zurück. In dieser Phase der Strafrechtsgeschichte wurde das »Kausalitätsproblem«[1093] aber nur in gewissen Einzelfällen ausgiebig erörtert, ohne eine strafrechtliche Kausalitäts*theorie* abzuleiten.[1094] Die Diskussion kreiste um die Auslegung der Constitutio Criminalis Carolina (CCC) aus dem Jahre 1532, insbesondere bezüglich der Definition der Tödlichkeit einer Wunde (a).[1095]

Die Äquivalenztheorie im engeren Sinne entwickelte sich erst zum Ende des 18. Jahrhunderts, zunächst bei *Stübel*, als Antwort auf das vormoderne Recht, deren kriminalpolitischen Konsequenzen als untragbar restriktiv empfunden wurden (b). In ihrer heutigen Form wurde die strafrechtliche Äquivalenztheorie

1090 Siehe zur Darstellung der Bedingungstheorie und Äquivalenztheorie gemeinsam *Jescheck/Weigend*, AT 1996, S. 279ff. Dass Bedingungs- und Äquivalenztheorie nicht identisch sind, wird oftmals übersehen, siehe hierzu Fn. 1230.

1091 Hiernach wird die Ursache als notwendig für die Wirkung begriffen (Wegdenkmethode), siehe schon *Glaser*, Abhandlungen aus dem österreichischen Strafrecht, 1978 (1858), Vol. I, 2. Abhandlung, Wien 1858, S. 298.

1092 *Hippel*, Deutsches Strafrecht, 1971 (1930), S. 134.

1093 Siehe *Schaffstein*, Lehren vom Verbrechen, 1973 (1930), S. 49.

1094 Die Ursprünge der strafrechtlichen Zurechnungslehre im engeren Sinne lassen sich frühestens bis ins 18. Jahrhundert zurückverfolgen, so *Knoche*, Entwicklung der Lehre vom Kausalzusammenhang, 1959, S. 4f.

1095 Siehe zu dieser Zweiteilung *Schaffstein*, Lehren vom Verbrechen, 1973 (1930), S. 49; *Knoche*, Entwicklung der Lehre vom Kausalzusammenhang, 1959, S. 5.

dann von *von Buri* entwickelt und zum Ende des 19. Jahrhunderts endgültig durchgesetzt (c).

a) Kausalitätsfragen im Strafrecht vom 16. bis ins 18. Jahrhundert: Art. 147 CCC – Die Tödlichkeit einer Wunde

Die »kausalitätsverwandte« Diskussion um die Tödlichkeit einer Wunde entzündete sich am Wortlaut des Art. 147 CCC,[1096] insbesondere an der Passage »so einer geschlagen und über etliche Zeit danach stürbe, also, dass zweifellig wäre, ob er den geklagten Streich halben gestorben wäre, oder nicht«[1097]. Ob das Opfer an der Wunde starb, wurde nicht im Sinne des Setzens einer notwendigen Bedingung (von vielen), sondern im Sinne des Setzens *der einzigen, unmittelbaren (tödlichen) Ursache* erörtert.[1098] Dies sei etwa dann ausgeschlossen, wenn das Opfer die Wunde nicht richtig pflegte oder »Ärztepfusch« vorlag.[1099] In jenen Fällen entfiel die Verletzung als *Ursache* des Todes.[1100]

aa) Abstrahierende Betrachtung: Ausweg aus der grenzenlosen Vorverlagerung?

Der Zugang zur Diskussion um die »Tödlichkeit einer Wunde« war von einem – im Vergleich zur Äquivalenztheorie – umgangssprachlichen Gebrauch des Wortes »Ursache« geprägt.[1101] Es kam zu einer Kategorisierung von »Ursachen«, die eine Tötung im Sinne des Art. 147 CC darstellen konnten und solchen, die dies nicht taten.[1102] Die Kategorien waren ausdrücklich von der Überzeugung getragen, dass nicht jede »kausale« Handlung für den Todeserfolg einen Totschlag darstellen könne, sondern nur die *unmittelbare Verursachung des Todes*

1096 Art. 147 CCC stellte nicht etwa eine Vertatbestandlichung des Totschlags dar, denn von Tatbeständen im Sinne heutiger Zeit kann im Falle der CCC nur vereinzelt gesprochen werden. Mord und Totschlag wurden unterschieden, jedoch nicht genauer definiert. Der Grundsatz »nulla poena sine lege« galt noch nicht, siehe zu alledem *Rüping/Jerouschek*, Grundrisse der Strafrechtsgeschichte, 2011, S. 44f.; *Geppert*, Jura 2015, S. 146f.

1097 So der Wortlaut bei *Schaffstein*, Lehren vom Verbrechen, 1930 (1973), S. 49.

1098 *Schaffstein*, Lehren vom Verbrechen, 1973 (1930), S. 49f.; ebenso *Knoche*, Entwicklung der Lehre vom Kausalzusammenhang, 1959, S. 6.

1099 *Schaffstein*, Lehren vom Verbrechen, 1973 (1930), S. 50.

1100 So etwa *Gilhausen*, Arbor Judicaria Criminalis, 1614, Cap. II. Tit. XII Nr. 56 (»Tertius casus est…«). Diese Auffassung ging, wie bereits oben zur Vorverlagerung im Mittelalter erwähnt, der Großteil der frühen deutschen Strafrechtswissenschaft insgesamt, auf die italienische Rechtswissenschaft zurück, siehe *Knoche*, Entwicklung der Lehre vom Kausalzusammenhang, 1959, S. 6.

1101 Siehe auch noch *Quistorp*, Grundsätze des deutschen peinlichen Rechts, 1996 (1794), Band I, S. 317 (§ 219), der zwischen dem, was nach der Äquivalenztheorie Bedingungen wären, »Veranlassung« bzw. »entfernte Ursache« und dem »einzigen und wahren Grund« unterscheidet.

1102 Ausführlich hierzu und zum Folgenden *Schaffstein*, Lehren vom Verbrechen, 1973 (1930), S. 48ff.; *Knoche*, Entwicklung der Lehre vom Kausalzusammenhang, 1959, S. 5ff.

(causa immediata) selbst.[1103] Unterschieden wurde nach »vulnera mortalia & non mortalia«[1104] – den Tod des Opfers immer vorausgesetzt (Art. 147 CCC).

Bei *Leyser* werden Ursachen als »causa« und Bedingungen als »simplex occasio« (einfachen Umstand) bezeichnet.[1105] Ihmzufolge sorgte etwa der Gastgeber einer Mahlzeit, bei der der Gast verstirbt, für einen solchen »einfachen Umstand«. Würden auch solche »simplex occasio« als »causa« gelten, dann »homicidii crimen in infinitum extendetur«[1106] – die Strafbarkeit für den Totschlag würde sich unendlich ausweiten. Um dieses Ergebnis zu vermeiden, wurde das Merkmal einer »tödlichen« bzw. »unmittelbar verursachenden« Verletzung restriktiv ausgelegt. Nur die *per se* tödliche bzw. als (frei übersetzt) »eher dem Tod als der Rettung zugeneigte« Verletzung erfüllte den Tatbestand.[1107] *Haunold* spricht gar von einer »*adaequatam* causam mortis«[1108]. Diese Begriffe waren mit einer *Abstraktion vom Einzelfall* gleichbedeutend.[1109] Bemüht wurde eine Betrachtung der Handlung und ihrer Geeignetheit »an sich«.

Die dargestellte Auslegung des Merkmals »tödlich« führte dazu, dass in einer Vielzahl von Konstellationen, die heute als (vorsätzlicher) Totschlag geahndet werden würden,[1110] die Strafbarkeit entfiel.[1111] Die Strafbarkeit wegen Totschlags

---

1103 So deutlich *Carpzov*, Practicae novae imperialis saxonicae rerum criminalium, 1758 (1635), questio XXVI, Nummer 12, S. 167. Bemerkenswert ist hier die Feststellung, die, erst durch Pflegefehler oder »Ärztepfusch« tödliche, Verletzungshandlung sei nicht tödlich, obgleich irgendeine *Ursache* (»aliquam causam mortis«), siehe auch *Schaffstein*, Lehren vom Verbrechen, 1973 (1930), S. 51.

1104 *Damhouder*, Praxis rerum criminalium, 1978 (1601), Caput LXXV Nr. 2.

1105 *Leyser*, Meditationes ad Pandectas, 1786 (1748), Specimen 602, Nr. 7: »Maximum est inter causam mortis & occasionem mortis discrimen«. Das Adjektiv »simplex« findet sich in Nr. 9.

1106 *Leyser*, Meditationes ad Pandectas, 1786 (1748), Specimen 602, Nr. 9. Dass dies dem gängigen Einwand gegen die Äquivalenztheorie entspricht, stellt bereits *Schaffstein*, Lehren vom Verbrechen, 1973 (1930), S. 51, heraus.

1107 Siehe nur *Carpzov*, Practicae novae imperialis saxonicae rerum criminalium, 1758 (1635), questio XXVI, Nummer 3, S. 166; wohl auch *Leyser*, Meditationes ad Pandectas, 1786 (1748), Specimen 604.

1108 *Haunold*, De jure et justitia commutativa, 1671, Tractatus II Nr. 680 (im Original ohne Hervorhebung). Der Begriff findet sich bereits zuvor bei *Spinoza*, siehe hierzu *Knoche*, Entwicklung der Lehre vom Kausalzusammenhang, 1959, S. 9.

1109 Diese Methode liegt auch der Adäquanztheorie aus dem späten 19. Jahrhundert zugrunde, wie *Schaffstein*, Lehren vom Verbrechen, 1973 (1930), S. 51f., erkennt, aber auch die Unterschiede herausstellt. Dem widersprechend *Knoche*, Entwicklung der Lehre vom Kausalzusammenhang, 1959, S. 8ff., der eine über das Zivilrecht vermittelte Linie ziehen will. Zur Adäquanztheorie ausführlich unten ab S. 220.

1110 Die selbstverschuldete Verschlechterung der Wunde durch das Opfer führte immer zu einer Einordnung als »zufällig tödlich«, beispielsweise im Falle von »Ausschweifungen in der Liebe während der Cur« (gemeint ist während des Auskurierens), so *Quistorp*, Grundsätze des deutschen peinlichen Rechts, 1996 (1794), S. 320 (§ 220), auch mit weiteren Beispielen. Siehe auch die restriktive Auslegung bei *Böhmer*, Meditationes In Constitutionem Criminalem Carolinam, 1996 (1770), Art. 148 § III, der vertritt, dass, wenn der entfiel bspw. wenn die tödliche Wirkung einer Wunde bei hypothetisch rechtzeitiger Versorgung durch einen Arzt ausgeblieben wäre (nicht *per se* tödlich), jedoch tatsächlich kein Arzt in der Nähe war, und die Person an der Wunde starb.[1112]

Die Ursächlichkeit einer Verletzung für den Tod wurde somit in der Verletzungshandlung an sich - als *absolut* und nicht den Umständen geschuldet - angesehen. *Kausalität ergab sich aus Handlungstypen, nicht aus den konkreten Bedingungen, auf welche eine Handlung traf.*

Ein solches Kausalitätsverständnis könnte einen Anknüpfungspunkt für eine Restriktion der Vorverlagerung bieten. Nur gewisse abstrakte Handlungstypen dürften als kausal und damit potentiell schädlich betrachtet werden. Sofern die Handlung nicht einem »kausalen Handlungstyp« entspräche, dürfte sie nicht zum Anknüpfungspunkt für Vorverlagerung gemacht werden und *wäre absolut strafflos.* Dies wären beispielsweise alltägliche Handlungen wie das Gastgeben einer Mahlzeit (*Leyser*), Skifahren, Atmen oder Alkoholkonsum (*Greco*)[1113].

bb) Die zunehmende Konkretisierung der Kausalurteile

Schon ab Mitte des 18. Jahrhunderts, noch vor Entstehung der Äquivalenztheorie im Strafrecht,[1114] stieß diese abstrahierende und im Ergebnis restriktive Interpretation des Art. 147 CC auf Kritik.[1115] Insbesondere *Kress*, *Böhmer* und *Meister* lehnten sich gegen die Doktrin der »per se tödlichen« bzw. »absolut letalen« Verletzung als einzige ursächliche Verletzungsform auf.[1116] Die abstrahierende Auslegung wurde zunehmend zurückgedrängt und durch eine Einzelfallbetrachtung ergänzt.[1117] Relevant sei insbesondere die individuelle - in-

Tod erst durch die Summe mehrerer kleinerer Verletzung unterschiedlicher, aber gemeinsam handelnder Täter zustande kommt, keiner eine per se tödliche Wunde zugefügt hätte und daher nicht nach Art. 147 CCC zu bestrafen sei.

1111 Freilich blieb eine Strafbarkeit für die Körperverletzung, siehe nur *Carpzov*, Practicae novae imperialis saxonicae rerum criminalium, 1758 (1635), questio XXVI, Nummer 7 (S. 166).

1112 Siehe hierzu mit weiteren Nachweisen *Schaffstein*, Lehren vom Verbrechen, 1973 (1930), S. 52f.

1113 Siehe bereits oben S. 186.

1114 Dass *Hume* als einer der Wegbereiter der Äquivalenztheorie seine Werke aber schon zu jener Zeit verfasste, sei nicht verschwiegen, blieb aber zunächst noch ohne Auswirkung auf die Strafrechtswissenschaft. Zu *Hume* unten ab S. 228.

1115 Seiner Zeit voraus die Kritik bei *Struve*, Dissertationes Criminales, 1671, VI Nr. 6, hierzu *Schaffstein*, Lehren vom Verbrechen, 1973 (1930), S. 50, S. 53.

1116 *Kress*, Commentatio succincta in Constitutionem criminalem Caroli, 1730, Art. 147 Nr. 5; *Böhmer*, Meditationes In Constitutionem Criminalem Carolinam, 1996 (1770), Art. 148 § VI; *Meister*, Principia juris criminalis Germaniae communis, 1819, Pars II Lib. I Cap. I (§ 129).

1117 Siehe auch hierzu *Schaffstein*, Lehren vom Verbrechen, 1973 (1930), S. 53f.

sofern *relative* – Disposition des Opfers.[1118] Damit kam es zunächst zur Dreiteilung der Verletzungsformen »in per se tödlich«, »individuell tödlich« und »zufällig tödlich«, wobei die letztere den Tatbestand nicht erfüllte.[1119] Zum Ende der gemeinrechtlichen Strafrechtswissenschaft wurde, wie bei *Quistorp* zu lesen ist,[1120] noch zwischen »tödlichen« (sowohl abstrakt als auch individuell)[1121] und »zufällig tödlichen« Wunden unterschieden.[1122]

Damit verbunden war eine im Vergleich zum 17. und frühen 18. Jahrhundert *sehr weite Auslegung* des Begriffs »tödliche Verletzung«.[1123] Es fand nach heutiger Terminologie eine *Ausdehnung* statt.[1124] So sah man den Totschlag bereits dann als vorliegend an, wenn »die Wunde *nach ihrer dermaligen Beschaffenheit* den Tod nothwendig habe nach sich ziehen müssen (…) und nicht habe geheilt werden können«[1125]. Erforderlich blieb jedoch eine Verletzung, die »veram et sufficientem causam«[1126] bzw. »der einzige und wahre Grund«[1127] des Todes war. Dies wurde beispielsweise verneint, wenn »üble Witterung zur Zeit der Verwundung, ein beschwerlicher Transport, die Verzögerung einer schleunigen Hülfe, (…) eine gegebene Veranlassung zum Zorn«[1128] den Tod des Verletzten »herbeiführten«.

Stübel schildert zwei Fälle, die die Konsequenzen dieser Lehre exemplifizieren. Eine Person schlägt einer anderen Person eine Holzaxt auf den Kopf, diese verblutet an der Verletzung wenige Stunden später. In dem anderen Fall wird eine Person mit Arsenik tödlich vergiftet. Das Gericht würde eine Strafbarkeit wegen vorsätzlicher Tötung in beiden Fällen verneinen, zum einen weil die Axtverletzung nicht hätte tödlich verlaufen *müssen*, zum anderen, weil die tödliche Vergiftung durch Einsatz eines Brechmittels oder eines Gegengiftes hätte abgewendet werden *können*.[1129]

1118 Siehe nur *Meister*, Principia juris criminalis Germaniae communis, 1819, Pars II Lib. I Cap. I (§ 129) (»individuell tödlich«).

1119 So in der Sache schon *Kress*, Commentatio succincta in Constitutionem criminalem Caroli, 1730, Art. 147 Nr. 5; ausdrücklich *Meister*, Principia juris criminalis Germaniae communis, 1819, Pars II Lib. I Cap. I (§ 129). Siehe hierzu *Knoche*, Entwicklung der Lehre vom Kausalzusammenhang, 1959, S. 9f.

1120 Gelobt als »besonders ausführlich und geeignet« von *Schaffstein*, Lehren vom Verbrechen, 1973 (1930), S. 54.

1121 *Quistorp*, Grundsätze des deutschen peinlichen Rechts, 1996 (1794), S. 317ff. (§ 219).

1122 *Quistorp*, Grundsätze des deutschen peinlichen Rechts, 1996 (1794), S. 319ff. (§ 220); hierzu *Schaffstein*, Lehren vom Verbrechen, 1973 (1930), S. 54.

1123 Siehe auch *Knoche*, Entwicklung der Lehre vom Kausalzusammenhang, 1959, S. 9.

1124 Siehe zu diesem Begriff oben S. 79.

1125 *Quistorp*, Grundsätze des deutschen peinlichen Rechts, 1996 (1794), S. 319 (§ 219) (im Original ohne Hervorhebung).

1126 *Meister*, Principia juris criminalis Germaniae communis, 1819, Pars II Lib. I Cap. I (§ 129).

1127 *Quistorp*, Grundsätze des deutschen peinlichen Rechts, 1996 (1794), S. 317 (§ 219).

1128 *Quistorp*, Grundsätze des deutschen peinlichen Rechts, 1996 (1794), S. 321 (§ 220).

1129 *Stübel*, Ueber den Thatbestand der Verbrechen, 1805, § 137 (S. 185f.). Ob diese Fälle »aus

cc) Zwischenergebnis

Die Strafrechtswissenschaft zum ausgehenden 18. Jahrhundert war noch weit von einem Kausalitätsverständnis heutiger Prägung entfernt. Sie führte selbst nach ihrer weitesten Auslegung zu »täterfreundlichen« Ergebnissen, die spätestens ab dem 20. Jahrhundert so nicht mehr vertretenen werden.[1130] Die dargestellte Position des gemeinen Rechts musste behaupten, ein tödlich verlaufender Schlag mit einem Knüppel auf den Kopf sei *absolut bzw. per se* tödlich gewesen. Lässt sich aber nur ein Vergleichsfall nennen, in dem ein Mensch einen Schlag auf den Kopf mit einem Knüppel überlebte, so wäre die These der »Tödlichkeit per se« widerlegt. Der Täter müsste freigesprochen werden.[1131] Das Festhalten an einer abstrakten, typisierenden Betrachtung der Kausalität führte zu untragbaren Ergebnissen und wurde daher schon im vormodernen Recht zunehmend zurückgedrängt.

Das umgangssprachliche Verständnis der Ursache als »einziger und wahrer Grund« blieb jedoch prägend. Voraussetzung der Strafbarkeit für die täterschaftliche Tötung war das Setzen *der Ursache* des Todes. Dies sollte sich mit der Aufklärung im 18. Jahrhundert radikal ändern.

b) Die Kausalitätstheorie des entstehenden modernen Strafrechts zu Mitte des 18. Jahrhunderts

Die Völker Europas wurden im 18. Jahrhundert von einem tiefgreifenden Wandel erfasst. Industrielle Revolution, Aufklärung, Herausbildung des Bürgertums und französische Revolution läuteten eine neue Ära ein bzw. waren

---

der Gerichtspraxis« stammen, so *Knoche*, Entwicklung der Lehre vom Kausalzusammenhang, 1959, S. 34 (Fn. 104), ist nicht sicher. *Stübel* schreibt im Konjunktiv, sodass es auch hypothetische Beispiele sein könnten.

1130 So auch *Schaffstein*, Lehren vom Verbrechen, 1973 (1930), S. 54f.; *Knoche*, Entwicklung der Lehre vom Kausalzusammenhang, 1959, S. 11. Zwar sollte eine Ursächlichkeit wiederum bejaht werden können, wenn der Täter absichtlich eine sonst nicht »tödliche« Konstellation zur Tötung nutzt, *Quistorp*, Grundsätze des deutschen peinlichen Rechts, 1996 (1794), S. 322 (§ 220). Insbesondere in der Beschreibung »wenn der Täter den Verwundeten mit Fleiß hülflos liegen läßt, daß dergestalt die nächste Ursache des Todes« durch Erfrieren ihre Wirkung entfaltet, wird aber deutlich, dass von einer Kausalitätstheorie im Sinne unterschiedlicher, notwendiger Bedingungen keine Rede sein konnte, und solche heute unproblematischen Fälle eines erheblichen Begründungsaufwandes bedurften.

1131 So wurde wohl in der Verteidigung argumentiert, wie die präemptive Gegenargumentation hinsichtlich der Einlassung »andere hätten diese Verletzung überlebt« bei *Quistorp*, Grundsätze des deutschen peinlichen Rechts, 1996 (1794), S. 319 (§ 219) m. w. Nachw., suggeriert. Siehe auch *Stübel*, Ueber den Thatbestand der Verbrechen, 1805, § 139, S. 187f., der ein Gutachten der medizinischen Fakultät zu Leipzig zitiert, nach der letztlich nur das Enthaupten (»Köpfen«) oder das Durchstechen des Hirns oder Herzens *absolut* tödlich seien.

selbst bereits Ausdruck einer neuen Epoche. Veränderungen durchdrangen alle Lebensbereiche und das *Strafrecht der Moderne* entstand.[1132] Die hiermit verbundene Legitimierung des Strafrechts als Schutzgewährleistung durch die Strafrechtler der Aufklärung, insbesondere *Beccaria* und *Feuerbach*, sowie die Humanisierung der Strafen und die Ableitung des Strafrechts aus Vernunft und Volkswillen (aa) bildeten die wesentlichen Triebfedern für das Entstehen des Vorläufers einer strafrechtlichen Äquivalenztheorie in der Lehre *Stübels* (bb).

aa) Die späte Aufklärung und die Funktionalisierung des Strafrechts

Mit der Säkularisierung des Rechts und der Lösung des Bezugs zum Willen Gottes wurde die moralische Grundlage des Staates, des Strafrechts und der Strafe ausgewechselt:[1133] Der Mensch und die Vernunft selbst wurden zur Legitimationsgrundlage staatlichen Handelns.[1134] Staat und Strafe leiteten Legitimation aus ihrer vernünftigen *Zweckmäßigkeit* ab, die nicht zwangsläufig erreicht worden war, sondern die es zu erreichen galt.[1135] Utilitarismus und die Theorie vom Gesellschaftsvertrag bildeten die neuen Stützen des Staates und des Strafrechts in der Aufklärung.[1136] Insbesondere *Beccarias* einflussreiche Schrift »Dei delitti e delle penne« 1764 prägte die Idee vom Strafrecht als Schutz vor Schaden. Dies ermöglichte zum einen eine Legitimierung von Strafe, eröffnete zum anderen aber auch ein kritisches Potential (»nullum crimen sine iniuria«),[1137] wie es bis heute in der Rechtsgutslehre fortlebt und insbesondere von *Feuerbach* vorangebracht wurde: Mittels Abschreckung (psychologischer Zwangswirkung) erfülle die Strafe ihren Zweck, den Mitgliedern der Gemeinschaft Schutz zu gewähren.[1138]

Gänzlich neu waren diese Tendenzen jedoch nicht.[1139] Knospen der Aufklä-

1132 Siehe hierzu nur *Vormbaum*, Einführung in die moderne Strafrechtsgeschichte, 2016, S. 23ff.

1133 Siehe zur theokratischen Legitimation von Strafe *Schmidt*, Einführung in die Geschichte, 1983, S. 161ff. (§§ 149ff.).

1134 Siehe zu alledem *Schmidt*, Einführung in die Geschichte, 1983, S. 161ff. (§§ 149ff.).

1135 Siehe hierzu *Schmidt*, Einführung in die Geschichte, 1983, S. 212ff. (§§ 203ff.).

1136 Siehe zum Utilitarismus und seinem Einfluss auf das Strafrecht *Kelker*, Gesinnungsmerkmalen, 2007, S. 203ff., zu Sozialvertrag und Strafrecht *Amelung*, Rechtsgüterschutz und Schutz der Gesellschaft, 1972, S. 19f.

1137 *Beccaria*, Dei delitti e delle penne, 1780 (1764), § XXIV, S. 115: »Wir haben gesehen, was das wahre Maß des Verbrechens ist, nämlich der Schaden der Gesellschaft« (übersetzt aus dem Italienischen).

1138 *Feuerbach*, Lehrbuch des gemeinen in Deutschland gültigen peinlichen Rechts, 1812, S. 14ff.

1139 Zur ideengeschichtlichen Entwicklung auf dem europäischen Kontinent vom 17. ins 18. Jahrhundert siehe *Baumer*, Pensamento Europeu Moderno, 1990 (1977), S. 37ff., der diese Phase als Überwindung des »Seins« hin zur Entdeckung des »Werdens«, im Sinne des Fortschritts, der »Moderne«, ausmacht.

rung und einer kritischen Strafrechtswissenschaft finden sich bereits in der Naturrechtslehre.[1140] Und auch die Constitutio Criminalis Carolina verfolgte bereits relative Zwecke des Gemeinnutzens (Art. 104 CCC).[1141] Selbst die drakonischen Strafen der frühen Neuzeit zogen ihre Legitimation nicht *nur* aus dem Willen Gottes, sondern auch aus der Abschreckung von potentiellen Nachahmern.[1142] Der Strafvollzug, den das vormoderne Recht vorsah, war jedoch von kaum vorstellbarer Grausamkeit.[1143] So erklärt sich, dass die Strafrechtswissenschaftler bis ins 18. Jahrhundert bemüht waren, das Strafrecht restriktiv auszulegen und anzuwenden.[1144] Hierdurch wird verständlich, weshalb vormoderne »Kausalitätslehren« so restriktiv waren. Das Schuldurteil für die Tötung eines Menschen (ein Kapitalverbrechen) im Sinne des Art. 147 CCC war drakonisch.[1145] Schon dem Naturrecht muteten die Sanktionen der Carolina »barbarisch«[1146] an. All dies änderte sich mit der Aufklärung. Es setzte eine tiefgreifende Veränderung der Sanktionspraxis und eine Humanisierung des Strafvollzugs ein.[1147] So wurden auch die Anreize, das Strafrecht restriktiv auszulegen, herabgesenkt. *Die Ausweitung der Strafbarkeit erschien nun zunehmend zweckmäßig.*[1148] Erst in Kombination mit der Rationalisierung des Sanktionssystems selbst und der veränderten Wahrnehmung der Staatsgewalt kann die Neuartigkeit dieses funktionalistischen Denkens in seinem Ausmaß begriffen werden.[1149]

Der Bürger identifizierte sich zunehmend mit dem Staat, der als eine Ausprägung der menschlichen Vernunft und letztlich des Willens der Gesellschaftsmitglieder selbst gedeutet wurde.[1150] Zu Strafen schien notwendig und

1140 Siehe hierzu *Schmidt*, Einführung in die Geschichte, 1983, S. 164ff. (§§ 152ff.), S. 212 (§ 203).

1141 Siehe *Rüping/Jerouschek*, Grundrisse der Strafrechtsgeschichte, 2011, S. 43.

1142 Siehe *Schmidt*, Einführung in die Geschichte, 1983, S. 162 (§ 149).

1143 Siehe die Auszüge aus Originaldokumenten bei *Foucault*, Suveiller et punir, 2014 (1975), S. 9ff.

1144 Siehe *Schreiber*, Gesetz und Richter, 1976, S. 44ff.; *Schmidt*, Einführung in die Geschichte, 1983, S. 183ff. (§§ 173ff.).

1145 So erklärt sich auch ihr späterer Kritiker *Stübel* die Herrschaft der restriktiven Theorien mit der Schärfe der angedrohten Strafe, siehe *Stübel*, Ueber den Thatbestand der Verbrechen, 1805, § 96, S. 117.

1146 Siehe *Schreiber*, Gesetz und Richter, 1976, S. 44 m. w. Nachw.

1147 Siehe *Vormbaum*, Einführung in die moderne Strafrechtsgeschichte, 2016, S. 28ff.; *Foucault*, Suveiller et punir, 2014 (1975), S. 14ff.

1148 Siehe auch die einsetzende Ausdehnung der Strafbarkeit durch die veränderte Auslegung des Art. 147 CCC oben ab S. 201.

1149 Siehe hierzu *Schreiber*, Gesetz und Richter, 1976, S. 44ff.; *Vormbaum*, Einführung in die moderne Strafrechtsgeschichte, 2016, S. 28ff.

1150 *Schmidt*, Einführung in die Geschichte, 1983, S. 214ff. (§§ 205ff.); *Schreiber*, Gesetz und Richter, 1976, S. 46ff.; *Amelung*, Rechtsgüterschutz und Schutz der Gesellschaft, 1972, S. 19ff.

vernünftig, um dem Bürger Schutz zu gewährleisten.[1151] Damit wandelte sich auch das Bild des Strafrechtssystems in der späten Aufklärung ins Positive,[1152] beispielsweise in der Lehre der Spezialprävention bei *Stübel.*[1153] Eine Konsequenz war die Zurückdrängung der Rolle des Richters, vormals Freiheits*beschützer* vor dem »unvernünftigen« Recht. Mit dem Recht als Ausdruck von Volkswillen und Vernunft wurde seiner Macht zunehmend gleich einem Freiheits- bzw. Sicherheits*verhinderer* mit Misstrauen begegnet.[1154]

Die aufgeklärte Kriminalpolitik und das aufgeklärte Staats- und Strafrechtsverständnis wuchsen schließlich in *Kleinschrods* Systementwurf zum Ende des 18. Jahrhunderts zusammen.[1155] Hierin lag der endgültige Durchbruch einer neuen Ära des zweckmäßigen Strafrechts,[1156] die sich auch in der Herausbildung der heute herrschenden Äquivalenztheorie zeitigte.

bb) Stübel *und die Funktionalisierung der Kausalitätstheorie*

Die Verbrechenslehre *Stübels* aus der Zeit der Wende vom 18. ins 19. Jahrhundert ist durch und durch von dem Gedanken des Staates und des Strafrechts als Instrument der Gewährleistung von Sicherheit beseelt:[1157]

> »Unmittelbar wird die Erhaltung der Vollkommenheit oder Sicherheit vor Verletzungen bewirkt, a) durch Lenkung der menschlichen Handlungen zu Erfüllung der natürlichen vollkommenen Pflichten, und durch Anhaltung zur Entschädigung in dem Übertretungsfalle, b) durch Bewahrung der Tiere, welche uns schaden können, und c) durch Leitung der uns in Gefahr bringenden leblosen Natur.«[1158]

Das Strafrecht dient nach Stübel zur Abwehr der mit dem Verbrechen verbundenen Gefahren: »Die Größe eines Verbrechens bezieht sich überhaupt auf die Gefahr, welche daraus für den Staat entsteht«[1159]. Das Strafrecht erreicht diesen Schutz zum einen durch »moralische Prävention«, der Abschreckung, zum anderen in der »physischen Prävention«, dem Strafvollzug.[1160] In Letzterem liegt

---

1151 Siehe *Schmidt*, Einführung in die Geschichte, 1983, S. 225 (§ 217). Demgegenüber konnte etwa der Naturrechtler *Grotius* nur das Recht, nicht aber die Pflicht, zu Strafen, begründen, siehe *Schmidt*, Einführung in die Geschichte, 1983, S. 164 (§ 152).

1152 Siehe auch *Vormbaum*, Einführung in die moderne Strafrechtsgeschichte, 2016, S. 28.

1153 Siehe hierzu *Schmidt*, Einführung in die Geschichte, 1983, S. 225ff. (§§ 217ff.).

1154 *Schreiber*, Gesetz und Richter, 1976, S. 46ff.; von einer »Gefahr« durch den Richter spricht *Vormbaum*, Einführung in die moderne Strafrechtsgeschichte, 2016, S. 28.

1155 *Kleinschrod*, Grundbegriffe und Grundwahrheiten des Peinlichen Rechts, 1794, insbesondere Kapitel I § 2.

1156 Der jedoch erst durch *Feuerbach* befriedigend gelang, siehe *Schaffstein*, Lehren vom Verbrechen, 1973 (1930), S. 21f.

1157 Siehe etwa *Stübel*, Ueber den Thatbestand der Verbrechen, 1805, S. VII.

1158 *Stübel*, System des peinlichen Rechts, Bd. 1, 1986 (1795), § 10, S. 10f.

1159 *Stübel*, System des peinlichen Rechts, Bd. 2, 1986 (1795), § 197, S. 15. Sogenannte Lehre der »Größe des Verbrechens«, *Schmidt*, Einführung in die Geschichte, 1983, S. 227 (§ 218).

1160 *Stübel*, System des peinlichen Rechts, Bd. 1, 1986 (1795), §§ 13ff. (S. 13ff.).

»das Schwergewicht der Stübelschen Theorie«[1161]. Er gilt als Begründer der Strafzwecktheorie der Spezialprävention.[1162] Im Geiste der späten Aufklärung lässt sich auch bei ihm eine »Idealisierung des Gesetzgebers«[1163] konstatieren. Mehr noch als die meisten Zeitgenossen zog er hieraus die Konsequenz, die Ausweitung der Strafbarkeit als erstrebenswertes Ziel auszugeben.[1164] Dies äußerte sich in seiner Kausalitätslehre, die als Vorläufer der Äquivalenztheorie bezeichnet werden kann.[1165]

Zur Zeit *Stübels* galten hinsichtlich der Kausalitätsfragen noch die dargestellten Grundsätze des gemeinen Rechts. Zwar hatten in der Philosophie *Hume* und auch *Kant* bereits erhebliche Fortschritte erzielt, die die Grundlage der in der Wissenschaftstheorie noch heute prägenden Kausalitätstheorie bilden[1166], aber in der Strafrechtswissenschaft wurde dies nicht rezipiert. So orientierte man sich weiter an dem alltagssprachlichen Gebrauch von Ursache,[1167] was dazu führte, dass »zufällige tödliche Wunden« nicht als »tödlich« galten.[1168] Dieses Ergebnis war für *Stübel* kriminalpolitisch untragbar:

> »Man hält sich (...) für berechtigt, die Anwendung der Gesetze von Bedingungen abhängig zu machen, welche selten eintreten, und dadurch die Absicht des Gesetzgebers zu vereiteln. Das Leben eines Räubers, Mörders und Brandstifters scheint oft heiliger zu sein, als die allgemeine Sicherheit. Es werden daher nicht leicht auffallendere Irrtümer in einer Lehre angetroffen und in Schutz genommen, als bei Bestimmung des Tatbestandes eines Kapitalverbrechens.«[1169]

Die kriminalpolitische Intention der Kausalitätslehre *Stübels* wird in diesen Ausführungen deutlich. Obgleich es naheliegt, dass er sich mit *Kants* – und womöglich auch *Humes* – bahnbrechenden Kausalitätstheorien auseinandersetzte, verweist er nicht auf diese.[1170] Sein Konzept stützte sich folglich nicht auf

1161 *Schmidt*, Einführung in die Geschichte, 1983, S. 226 (§ 218).

1162 Siehe *Schmidt*, Einführung in die Geschichte, 1983, S. 226ff. (§§ 218f.).

1163 So zur Tendenz in der Aufklärung *Vormbaum*, Einführung in die moderne Strafrechtsgeschichte, 2016, S. 28.

1164 Siehe nur *Stübel*, Ueber den Thatbestand der Verbrechen, 1805, S. VII.

1165 Als ersten Vertreter der »heute im Strafrecht noch herrschenden Bedingungslehre« wird *Stübel* bezeichnet von *Knoche*, Entwicklung der Lehre vom Kausalzusammenhang, 1959, S. 3 (siehe auch S. 23). Zurecht vorsichtiger *Haas*, Kausalität und Rechtsverletzung, 2002, S. 144.

1166 Siehe zu *Hume* und *Kant*, *Knoche*, Entwicklung der Lehre vom Kausalzusammenhang, 1959, S. 25ff. Ausführlich unten ab S. 228.

1167 Dass diese Orientierung typisch für jene Zeit war herausstellend *Greco*, Lebendiges und Totes in Feuerbachs Straftheorie, 2009, S. 38.

1168 Siehe *Quistorp*, Grundsätze des deutschen peinlichen Rechts, 1996 (1794), S. 317ff. (§§ 219f.) sowie bereits ab S. 199.

1169 *Stübel*, Ueber den Thatbestand der Verbrechen, 1805, § 96, S. 117f.

1170 So auch *Knoche*, Entwicklung der Lehre vom Kausalzusammenhang, 1959, S. 25. Siehe ausführlich unten S. 230.

die erkenntnistheoretischen Richtigkeit und der damit verbundenen Verbindlichkeit für das Strafrecht, sondern ausdrücklich auf ihre Zweckmäßigkeit, der Gewährleistung von Sicherheit.[1171] Insofern ließe sich von einer *Funktionalisierung der Kausalitätstheorie* sprechen.

Die Kausalitätsfrage wird in der Folge aus ihrer Reduktion auf einen Bestandteil der Beteiligtenlehre befreit und auf die Tatbestandsebene befördert.[1172] Wesentliches Merkmal dieser funktionalen, strafbarkeitserweiternden Kausalitätslehre ist die konsequente Berücksichtigung des Einzelfalls. Es ist *Stübel*, der endgültig den Bruch mit der Lehre vollzieht, welche die Eigenschaften der Tödlichkeit einer Verletzung noch in dieser selbst, *per se* bzw. absolut, sucht.[1173] Er weist nach, dass die Konzession der damals neueren Literatur, auch individuell tödliche Wunden als tatbestandlich zu betrachten, die abstrakte Betrachtungsweise stillschweigend aufgegeben hatte.[1174] Die Abgrenzung von individuell tödlich (tatbestandlich) und zufällig tödlich (nicht tatbestandlich) könne nicht aufrechterhalten werden: »Individuell« tödlich ist »zufällig« tödlich.[1175] Auch bei durch besondere Umstände (bspw. sehr kalte oder sehr heiße Witterung) vermittelten »Tödlichkeit« einer Verletzung sei am Kausalzusammenhang nicht zu zweifeln.[1176] »Tödlich« ist nach *Stübel* immer *konkret* tödlich.

Hierin liegt ein bedeutender Schritt auf dem Weg zur heute herrschenden Kausalitätstheorie. Dass eine Verletzung als Ursache gelten kann, sei nach *Stübel* einzig und allein davon abhängig, ob sie unter den konkreten Umständen notwendig zum Tod führte. Dies sei auch dann der Fall, wenn die Verletzung nur »mittelbar« zum Tod führte, zu Beispiel wenn erst nach der Verletzung Umstände hinzutraten, die diese tödlich verlaufen ließen.[1177] Entscheidend für die Ursächlichkeit sei allein, dass die Verletzung am Tode »mitwirkt«[1178]. Nur wenn etwas »mit dem Tode in gar keiner Kausalverbindung steht, so kann dasselbe nicht tödlich genannt werden«[1179].

Stübel erkennt und befürwortet ausdrücklich die erhebliche Ausweitung des

1171 Ähnlich *Knoche*, Entwicklung der Lehre vom Kausalzusammenhang, 1959, S. 30, der die Erwägungen *Stübels* als »zutreffend« bezeichnet.

1172 *Stübel*, Ueber den Thatbestand der Verbrechen, 1805, § 22, S. 28f.

1173 Siehe *Stübel*, Ueber den Thatbestand der Verbrechen, 1805, §§ 73f., S. 88ff., insbesondere S. 90 sowie §§ 151f., S. 206ff.

1174 *Stübel*, Ueber den Thatbestand der Verbrechen, 1805, § 147, S. 201f.

1175 *Stübel*, Ueber den Thatbestand der Verbrechen, 1805, § 78, S. 93; § 151, S. 206f.

1176 *Stübel*, Ueber den Thatbestand der Verbrechen, 1805, § 151, S. 207.

1177 *Stübel*, Ueber den Thatbestand der Verbrechen, 1805, § 151, S. 207f. Allerdings mit einer Einschränkung: Wenn das Opfer schwere Verfehlungen wider der eigenen Gesundheit begeht, dann können Letztere und nicht die ursprüngliche Verletzung, tödlich gewesen sein.

1178 *Stübel*, Ueber den Thatbestand der Verbrechen, 1805, § 81, S. 96f.

1179 *Stübel*, Ueber den Thatbestand der Verbrechen, 1805, § 114, S. 147.

Strafrechts durch seine Lehre.[1180] Die herrschende restriktive Auslegung der Tötungsdelikte sei »ein Schandfleck der wissenschaftlichen Bearbeitung des Kriminalrechts«[1181]. Sie bilde ein »Asyl des Mörders«[1182], und die ihr folgende Justiz fördere die Unsicherheit und gäbe »in der Tat viel zu fürchten!«[1183]

Auch die wohlwollende Rezeption *Knoches* hält aber fest, dass *Stübel* »in seinem einflussreichen Werk so stark mit der Kritik der überkommenen Meinung beschäftigt (ist, U.M.), daß er eine grundsätzliche eigene Auffassung nicht aufstellt«[1184]. Weder die Entwicklung einer Bedingungstheorie noch die Gleichwertigkeit aller Bedingungen (Äquivalenz) sind daher in *Stübels* Werk zu diesem Zeitpunkt nachzuweisen.[1185] So lehnt er Erwägungen ab, die das Gedankenexperiment des »Hinwegdenkens«, beinhalten.[1186] Deutlich wird die noch vorhandene Distanz zur heutigen Äquivalenztheorie in seinen Ausführungen zu solchen Fällen, in denen Kausalität zu verneinen sei. Vermutlich in seiner *kantischen* Vorstellungen von »wirkenden Ursachen« begründet,[1187] verneint er die Kausalität eines Beinbruchs für den Tod, *wenn zur Heilung des Beinbruchs* so zweckwidrige Mittel zum Einsatz kommen, dass der Patient an Wundbrand stirbt: Der Tod folge dann nur »der Zeit nach« auf den Beinbruch, denn »tödlich bezieht sich nur auf die Wirkung«, und diese läge hier allein in der »schlechten Abwartung« durch den Arzt.[1188] Hier steht *Stübels* Kausalitätstheorie dem heutigen Stand der Äquivalenztheorie und der Formel von der *condicio sine qua non* noch erheblich nach.[1189] Er kommt des Weiteren auch zu der Unterscheidung zwischen Täterschaft und Teilnahme, obgleich beide in Kausalverbindung zur Haupttat stehen. Strenggenommen »wirken« beide Tatbeteiligungsformen »mit« und müssten daher als gleich ursächlich gelten.[1190]

1180 *Stübel*, Ueber den Thatbestand der Verbrechen, 1805, S. VII.

1181 *Stübel*, Ueber den Thatbestand der Verbrechen, 1805, § 137, S. 185.

1182 *Stübel*, Ueber den Thatbestand der Verbrechen, 1805, § 137, S. 185.

1183 *Stübel*, Ueber den Thatbestand der Verbrechen, 1805, § 137, S. 186.

1184 *Knoche*, Entwicklung der Lehre vom Kausalzusammenhang, 1959, S. 39.

1185 Anderer Ansicht aber *Knoche*, Entwicklung der Lehre vom Kausalzusammenhang, 1959, S. 39f.

1186 *Stübel*, Ueber den Thatbestand der Verbrechen, 1805, § 73, S. 88. *Knoche* hingegen meint, das Gegenteil bewiesen zu haben, siehe *Knoche*, Entwicklung der Lehre vom Kausalzusammenhang, 1959, S. 36 (Fn. 112). Damit ist die Lehre *Stübels* in dieser Hinsicht zumindest widersprüchlich.

1187 Hierzu auch *Knoche*, Entwicklung der Lehre vom Kausalzusammenhang, 1959, S. 28f., der diesen wesentlichen Unterschied zur heutigen Äquivalenztheorie zurecht betont, sich aber in seiner Gleichsetzung der *Stübel*schen Lehre mit der heutigen Auffassung nicht mehr in Erinnerung ruft.

1188 *Stübel*, Ueber den Thatbestand der Verbrechen, 1805, § 114, S. 147.

1189 Hierzu sogleich unten ab S. 244.

1190 Dies verneinend *Stübel*, Ueber den Thatbestand der Verbrechen, 1805, § 31, S. 37. Siehe hierzu *Knoche*, Entwicklung der Lehre vom Kausalzusammenhang, 1959, S. 40.

Die Inkohärenzen werden *Stübel* zurecht von *von Schirach* vorgehalten,[1191] der eine vollständige Gleichbehandlung sowohl hinsichtlich der Kausalität als auch der Verantwortung von Täter und Teilnehmer befürwortet. Dies begründet er zum einen mit der Gleichsetzung im römischen Strafrecht,[1192] aber auch mit der Präventionsfunktion der Strafe: Diese habe für den Gesetzgeber »die Konsequenz, den Urheber des Verbrechens und den Teilnehmern an demselben gleiche Gründe entgegen zu halten, die sie zur Unterlassung der verbotenen Handlung hätten bestimmen müssen, sie durch dieselben Strafübel abzuschrecken«[1193].

In seinem nächsten (weniger beachteten)[1194] Werk verarbeitet *Stübel* konsequent den von *von Schirach* erhobenen Vorwurf mangelnder Kohärenz, und es sind zunehmend die Strukturen der Äquivalenztheorie zu erkennen.[1195] Aufgrund des gleichwertigen Kausalverhältnisses sei nur dann von Gehilfe und nicht Mittäter zu sprechen, wenn der Beteiligte sich der Haupttat nicht schuldig machen *kann* (Sonderstellung des Täters).[1196] Die subjektive Einstellung zur Tat des Beteiligten aber sei grundsätzlich irrelevant.[1197]

Zwar ist das Konzept der Bedingung ihm noch unbekannt und weiter von wirkenden und mitwirkenden Ursachen die Rede.[1198] Die begriffliche Unterscheidung zwischen wirkenden und mitwirkenden Ursachen, die Kritik *von Schirachs* aufnehmend, bleibt ohne Bedeutung: Auch der Teilnehmer ist wirkende Ursache und damit Urheber.[1199] Die Kategorien von Ursachen haben allein didaktischen Charakter:

> »Es kommt nicht darauf an, ob die Handlung mehr oder weniger zur Entstehung des Ereignisses beigetragen, sondern nur darauf an, ob sie etwas zur derselben beigetragen hat. Das Kausalverhältnis der Handlung zu dem Erfolg derselben hängt also von dem Mehr- oder Wenigermitwirken nicht ab. Die mehreren Handlungen lassen sich als mitwirkende Ursachen nicht getrennt denken. Was von allen zusammen gilt, das gilt auch von jeder einzelnen. Man muß daher entweder jede der mehreren Handlungen,

1191 *Schirach*, Neues Archiv des Kriminalrechts 1819, S. 416. Siehe hierzu *Knoche*, Entwicklung der Lehre vom Kausalzusammenhang, 1959, S. 40f.

1192 *Schirach*, Neues Archiv des Kriminalrechts 1819, S. 417.

1193 *Schirach*, Neues Archiv des Kriminalrechts 1819, S. 420f.

1194 So das Urteil von *Knoche*, Entwicklung der Lehre vom Kausalzusammenhang, 1959, S. 40.

1195 Siehe *Stübel*, Ueber die Theilnahme mehrerer Personen an einem Verbrechen, 1828, insbesondere § 18 S. 22f. Insoweit ist *Knoche* zuzustimmen, siehe *Knoche*, Entwicklung der Lehre vom Kausalzusammenhang, 1959, S. 41f. m. Nachw.

1196 Hierzu kritisch *Rotsch*, Einheitstäterschaft statt Tatherrschaft, 2009, S. 36f.

1197 Siehe *Stübel*, Ueber die Theilnahme mehrerer Personen an einem Verbrechen, 1828, § 54 (insbesondere S. 94f.). Allerdings ließ *Stübel* noch eine Gewichtung innerhalb der Strafzumessung zu, S. 99ff., siehe hierzu *Rotsch*, Einheitstäterschaft statt Tatherrschaft, 2009, S. 36.

1198 Siehe *Knoche*, Entwicklung der Lehre vom Kausalzusammenhang, 1959, S. 41 m. Nachw.

1199 Siehe *Stübel*, Ueber die Theilnahme mehrerer Personen an einem Verbrechen, 1828, §§ 12ff.

welche wirkende Ursachen des Erfolges sind, als die Ursache des ganzen Erfolges annehmen, oder keine derselben.«[1200]

Hierin tritt nun deutlich der Gedanke der Äquivalenztheorie hervor.[1201] *Stübels* Arbeiten erreichten die Überwindung der Lehre von der »absoluten Tödlichkeit« von Wunden. So nutzte *Feuerbach* in der Folge den Begriff der »zureichenden«[1202], nicht mehr der notwendigen Ursache.[1203] Der Zweck der *Stübelschen* Lehre lag in der *Ausweitung* der Strafbarkeit, insbesondere im Rahmen der Tötungsdelikte.[1204] Die Funktionalisierung des Strafrechts schlug zu Beginn der modernen Rechtsepoche in der sich entwickelnden Kausalitätstheorie Wurzeln.

cc) Ergebnis

Das Entstehen der Vorläufer der Äquivalenztheorie lässt sich zu Beginn der Epoche des modernen Strafrechts verorten. Die Aufklärung legitimierte Staatlichkeit und Strafrecht neu und führte zugleich zum Umsturz des überkommenen qualvollen Sanktionensystems. Es wurde neues Vertrauen in die staatliche Macht und in das Strafrecht gewonnen. Die Strafe zog ihren neuen Sinn aus der Aufgabe, dem Bürger Schutz zu gewährleisten. Die restriktiven Lehren zur Kausalität im Bereich der Tötungsdelikte kamen zunehmend unter Druck: Sie wurden als nicht ausreichend empfunden, um den erforderlichen Schutz zu gewährleisten.

Stübels kriminalpolitisch beseelte Lehre führte in der Folge zur Aufgabe der »täterfreundlichen« abstrahierenden Betrachtungsweise der »Tödlichkeit« einer Verletzung im Sinne des Totschlags. Die Kritik von *von Schirach* und die spätere

1200 *Stübel*, Ueber die Theilnahme mehrerer Personen an einem Verbrechen, 1828, § 31 (S. 45).

1201 Bekräftigt noch in den folgenden Sätzen, siehe *Stübel*, Ueber die Theilnahme mehrerer Personen an einem Verbrechen, 1828, § 31 (S. 44ff.). Siehe hierzu auch *Knoche*, Entwicklung der Lehre vom Kausalzusammenhang, 1959, S. 41f. m. Nachw. *Stübel* kann daher mit Recht als Vorläufer dieser Lehre bezeichnet werden. Ihr Begründer *von Buri* bezog sich ausdrücklich auf ihn. Siehe die Nachweise bei *Knoche*, Entwicklung der Lehre vom Kausalzusammenhang, 1959, S. 43.

1202 *Feuerbach*, Lehrbuch des gemeinen in Deutschland gültigen peinlichen Rechts, 1812, § 206, S. 183.

1203 Dass *Feuerbach* damit auf *Stübel* reagierte hält *Köstlin*, Revision der Grundbegriffe, 1970 (1845), § 132 (S. 459), fest.

1204 Bezüglich der Teilnahme verfolgte *Stübel* das Ziel der Gleichbehandlung aller kausalen Handlungen für das Verbrechen. Dies widersprach der damaligen herrschenden Lehre, siehe die Nachweise zur herrschenden Meinung bei *Schirach*, Neues Archiv des Kriminalrechts 1819, S. 429ff. Auch nach *Stübel* wurde am restriktiven Täterbegriff festgehalten, siehe die historische Darstellung bei *Rotsch*, Einheitstäterschaft statt Tatherrschaft, 2009, S. 34ff. Befürchtet wurde wohl, durch die kausale Gleichbehandlung von Teilnehmer und Täter den Maßstab für die im Gesetz angelegte (und wohl als richtig empfundene) Differenzierung zu verlieren, so *Knoche*, Entwicklung der Lehre vom Kausalzusammenhang, 1959, S. 44. Dass aber auch *Stübel* eine Differenzierung zumindest auf Strafzumessungsebene vorsah, wird betont bei *Rotsch*, Einheitstäterschaft statt Tatherrschaft, 2009, S. 36.

Fortentwicklung durch *Stübel* führten zu einer Lehre, die der Äquivalenztheorie zunehmend glich. Triebfeder war der Wunsch nach einem effizienteren Schutz der Gesellschaft, das Mittel die Ausweitung der Strafbarkeit in den genannten Bereichen. Dies hatte die Ausdehnung der Strafbarkeit im Bereich der Tötungsdelikte zur Folge. Die Vordenker der Äquivalenztheorie wurden von einem funktionalistisch-präventiven Strafrechtsverständnis zur Entwicklung ihrer Lehre inspiriert. Insofern lässt sich eine gedankliche Brücke zur Vorverlagerung schlagen, die ebenfalls auf einem instrumentalen Verständnis des Strafrechts zur Gewährleistung von Sicherheit beruht.

c) Der Durchbruch der Äquivalenztheorie im späten 19. Jahrhundert

Auch wenn *Stübel* wichtige Vorarbeit leistete, gibt es gute Gründe, weshalb die Äquivalenztheorie mit dem Namen *von Buri* verbunden wird. *Von Buris* Lehre war deutlich ausgereifter als *Stübels* – und radikaler. Des Weiteren erreichte *Stübels* Lehre nicht die Tiefe und Autorität, die es bedurfte, um die gesamte Strafrechtspraxis und -wissenschaft zu prägen.

So begann »mit den 40er Jahren (… des 19. Jahrhunderts, U.M.) die Gewaltherrschaft der Hegelianer«[1205]. Bezugspunkt der Zurechnung wurde nach Hegel die Willensentfaltung und -macht des Täters.[1206] Dies führte zu einer zunehmenden Betonung der subjektiven Tatseite im Verbrechensbegriff.[1207] Die allseits nicht in Frage gestellte Unterscheidung zwischen Täter und Teilnehmer wurde konsequent auf subjektiver Tatseite verortet.[1208] Im Konzept der Urheberschaft und Kausalität wurde *Stübel* reichhaltig rezipiert, sodass diesbezüglich einer Annäherung an die Äquivalenztheorie gesprochen werden kann.[1209] Die in seiner Lehre angelegte Gleichbehandlung von Täter und Teilnehmer wurde jedoch abgelehnt.[1210]

Die Hegelianer waren (entsprechend) noch weit davon entfernt, den Schritt zur Äquivalenztheorie zu wagen.[1211] Zwar wuchs im Anschluss an *Stübel* die Erkenntnis heran, dass eine Handlung immer nur im Zusammentreffen mit den

1205 *Stintzing-Landsberg*, Geschichte der Deutschen Rechtswissenschaft, III, 2 (Text), 1957 (1910), S. 383.
1206 Siehe hierzu *Lesch*, Verbrechensbegriff, 1999, S. 110ff.
1207 Siehe hierzu *Schmidt*, Einführung in die Geschichte, 1983, S. 296f. (§ 268) m. w. Nachw.
1208 Siehe nur *Köstlin*, Revision der Grundbegriffe, 1970 (1845), § 134f. (S. 464ff.). Dass es in dieser Phase zu keiner bedeutenden Forderung einer Einheitstäterschaft kam, lässt sich bei *Rotsch*, Einheitstäterschaft statt Tatherrschaft, 2009, S. 35ff., nachlesen.
1209 Siehe die Nachweise bei *Knoche*, Entwicklung der Lehre vom Kausalzusammenhang, 1959, S. 64 zur »Bedingungstheorie«, gemeint ist die Gleichwertigkeit der Bedingungen.
1210 Siehe nur *Köstlin*, Revision der Grundbegriffe, 1970 (1845), § 132 (S. 460).
1211 Anderer Ansicht wohl *Knoche*, Entwicklung der Lehre vom Kausalzusammenhang, 1959, S. 64ff.

Bedingungen ihres Umfeldes kausal werden könnte,[1212] doch ging die *kausale* (objektive) Gleichbehandlung jeglicher Bedingungen den Zeitgenossen noch zu weit. *Luden* etwa verneinte die Ursächlichkeit einer Verletzung für den Tod einer Person, wenn diese in Folge einer dürftigen Behandlung *jener Verletzung* stirbt.[1213] Und *Köstlin*, bei dem *Knoche* den Grundgedanken der Gleichwertigkeit aller Bedingung verortet,[1214] kommt zu folgenden Ergebnissen: Der richtige Ausdruck für die »Kausalverbindung aber, welche hier gefordert wird, ist (...) *nur der negative*, daß nicht die Kausalität der Handlung durch die einer dritten, von ihr unabhängigen Ursache ausgeschlossen sein dürfe«[1215].

Nach der heutigen Äquivalenztheorie wird jedoch eine Kausalität nicht ausgeschlossen, sondern sie ist vorhanden oder nicht.[1216] Von der Erkenntnis der Gleichwertigkeit aller Bedingungen nimmt *Köstlin* ferner Abstand, wenn er die Notwendigkeit (»unentbehrlich«) einer Bedingung für ein Ereignis als Kriterium der Kausalität allein *ad absurdum* führen will: »In concreto unentbehrlich aber ist jede der mitwirkenden Bedingungen, insonderheit auch die, dass der Gegenstand der Verletzung eben dieser Verletzung stillhält, daher man (...) auch konsequenter Weise denjenigen, welcher von einem Dritten umgebracht wird, als einen Miturheber seiner eigenen Tödtung betrachten müßte«[1217]. Ebendies ist aber eine der Kernaussagen der *Äquivalenz*theorie.

Der endgültige Durchbruch zur Äquivalenztheorie blieb, wie hieran zu sehen, zunächst aus. Dennoch sollte die Bedeutung dieser Phase der Verbrechenslehre auf die Kausalitätstheorie nicht unterschätzt werden.[1218] Mit der Überwindung der wesentlichen Gleichsetzung von »Urheberschaft« und Schuld wurde der Boden für die Überzeugungskraft der naturalistischen Äquivalenztheorie bereitet: Die Betonung des Subjektiven durch die Hegelianer ermöglichte die Inklusion der kausalen Äquivalenz zwischen den Bedingungen in den Verbrechensbegriff, da dies keine Präjudizierung der Schuldfrage mehr bedeutete.[1219] Erst hierdurch konnte eine frontale Kollision der Äquivalenztheorie mit der

1212 Siehe nur *Köstlin*, Revision der Grundbegriffe, 1970 (1845), § 132 (S. 459): »Immer war es nur die Handlung in Verbindung mit jenen anderweitigen Bedingungen (...) wodurch der Erfolg (...) wirklich wurde«. Siehe hierzu mit reichhaltigen Nachweisen *Knoche*, Entwicklung der Lehre vom Kausalzusammenhang, 1959, S. 56ff.

1213 Siehe *Luden*, Handbuch des teutschen gemeinen und partikularen Strafrechts, 1847, S. 377.

1214 *Knoche*, Entwicklung der Lehre vom Kausalzusammenhang, 1959, S. 70.

1215 *Köstlin*, Revision der Grundbegriffe, 1970 (1845), § 132 (S. 453), Hervorhebung U. M.

1216 So dann auch *v. Buri*, Causalität und ihre strafrechtlichen Beziehungen, 1885, S. 9.

1217 *Köstlin*, Revision der Grundbegriffe, 1970 (1845), § 132 (S. 459f.).

1218 So auch *Knoche*, Entwicklung der Lehre vom Kausalzusammenhang, 1959, S. 44.

1219 So überzeugend *Knoche*, Entwicklung der Lehre vom Kausalzusammenhang, 1959, S. 65ff.

gesetzlichen Unterscheidung zwischen Täter und Teilnehmer abgewendet werden.[1220]

aa) Die Entstehung der Äquivalenztheorie bei von Buri *und* Glaser

Von Buri und *Glaser* machten die Äquivalenztheorie und die condicio sine qua non-Formel ab 1858 zum bis heute, unter Abwandlungen,[1221] herrschenden Kausalitätskonzept der Rechtsprechung.[1222] Sinnvoll zur Unterscheidung beider Autoren ist es, die Theorie von der Formel zu trennen.

Glaser entwickelte 1858 die Methode des Hinwegdenkens, als »sicheren Anhaltspunct«[1223] (sic) zur Feststellung von Kausalität: »Versucht man es, den angeblichen Urheber ganz aus der Summe der Ereignisse hinwegzudenken, und zeigt sichs dann, dass nichtsdestoweniger der Erfolg eintritt, (...) so ist klar, daß die That und deren Erfolg nicht auf die Wirksamkeit dieses Menschen zurückgeführt werden können.« Damit verhalf er der (von anderen Autoren, nicht von *Glaser* selbst) so genannten Formel der »conditio sine qua non«[1224] zum Durchbruch.[1225]

1220 Dass selbst *v. Buri* folglich keine Einheitstäterschaft verteidigte behauptet *Rotsch*, Einheitstäterschaft statt Tatherrschaft, 2009, S. 37f.

1221 Siehe unten ab S. 244.

1222 Nach *Merkel*, FS Puppe 2011, S. 154 ist die Formel in der Rechtsprechung »so gut wie unangefochten (... und hat, U.M.) auch in der Literatur namenhafte Anhänger«; siehe auch BGH NJW 2004, 237 (238): »ständige Rechtsprechung« m. w. Nachw. Zahlreiche Nachweise aus der Rechtsprechung bei *Roxin*, AT I 2006, I § 11 Rn. 9.

1223 *Glaser*, Abhandlungen aus dem österreichischen Strafrecht, 1978 (1858), Vol. I, 2. Abhandlung, Wien 1858, S. 298.

1224 Richtig ist condicio, nicht conditio, m. Nachw. *Gropp*, AT 2015, S. 135 (Rn. 33). So auch u. a. *Engisch*, Kausalität, 1931, S. 8 m. Nachw. zur Herkunft der Formel; *Kindhäuser*, ZStW 120 (2008), S. 485; anders etwa *Puppe*, ZStW 92 (1980), S. 876 und *dieselbe*, The Concept of Causation in the Law, in: Critical Essays, 2013, S. 69. Die erste Verwendung von »conditio« liegt weit zurück. Die lateinische Formulierung »conditio sine qua non« erscheint im Werk *von Buris* nur einmal (!), *v. Buri*, GA 1863, S. 757, so auch *Knoche*, Entwicklung der Lehre vom Kausalzusammenhang, 1959, S. 86 (Fn. 291). Ab 1907 wird dieser Begriff wieder bei *von Bar* verwendet, der so das Modell von *Glaser* und *von Buri* bezeichnet, siehe *v. Bar*, Gesetz und Schuld im Strafrecht, 1907, S. 164. Der dortige Verweis auf *v. Liszt*, Lehrbuch des deutschen Strafrechts, 1900, S. 106, führt nicht zur Quelle des Begriffs, denn dort steht nur die deutsche Formulierung des Hinwegdenkens, nicht »conditio«. Auch wenn der genaue Weg der Verbreitung der Bezeichnung der Formel als »conditio sie qua non« an dieser Stelle nicht weiter nachvollzogen werden muss, so soll nicht unerwähnt bleiben, dass *Kleinschrod*, Grundbegriffe und Grundwahrheiten des Peinlichen Rechts, 1805, § 198, S. 359, von Bedingung als »conditio« sprach (jedoch nicht in der ersten Auflage von 1794). Die Bezeichnung »conditio« anstatt »condicio« ist nachvollziehbar, nutzen doch die wohl nach wie vor am weitesten verbreiteten Fremdsprachen in Deutschland, Französisch und Englisch, den Begriff der Bedingung (condition) unter Verwendung eines »T's«. Anders aber etwa Spanisch und Portugiesisch (condicion; condição). *Gropps* Hinweis folgend wird in dieser Arbeit aber »condicio« verwendet werden.

1225 Ansätze hierzu aber bereits im beginnenden 19. Jahrhundert, siehe die Diskussion bei

Die Äquivalenz der »Bedingungen« ist dafür schon bei *Glaser* (implizit) nachweisbar: »Es ist nicht notwendig, dass (...) dieser erste Anstoß allein ausreichte, (...) es genügt, dass (..., er U. M.) den Anstoß zu jener Verkettung von Zwischenursachen gab, an deren Ende der verbrecherische Erfolg steht«[1226]. Demnach ist die menschliche Handlung nur ein Faktor in der Summe von mehreren, denen gegenüber sie nicht schwerer wiegt. *Glaser* geht – stillschweigend – von der Äquivalenztheorie aus.[1227]

Den Bedeutungsgehalt und das Ausmaß der Äquivalenztheorie arbeitete *von Buri* klar heraus, der die Lehre (fast) auf das heutige Verständnisniveau anhob.[1228] Zunächst sollen der Vollständigkeit halber jedoch die Unterschiede zum heutigen Stand der Lehre Erwähnung finden. *Von Buri* nutzte weiter den Wirkkraftbegriff, der erst über den zivilrechtlich vermittelten Einfluss *Mills* im Strafrecht durch »Bedingung« ersetzt werden sollte.[1229] Die Bezeichnung als »Bedingungstheorie« ist daher ungenau (weshalb hier auch immer nur von Äquivalenztheorie die Rede war)[1230].[1231] Etwas überraschen darf *von Buris* Verhältnis zur *Glaserischen* Hinwegdenkmethode, das sich als ambivalent bezeichnen ließe. In seinen Werken kommt es zwar zur Verwendung der Formel in der Sache.[1232] Auffällig ist jedoch, dass diese sogleich *ins Positive* verkehrt wird: »Dieser Kausalzusammenhang ist jedesmal dann vorliegend, sobald es feststeht, dass ohne die eigene Thätigkeit der beabsichtigte Erfolg nicht eingetreten sein würde, daß also die eigene Thätigkeit als die *conditio sine qua non* des eingetretenen Erfolges anzusehen ist, oder positiv ausgedrückt: Sobald die eigene Thätigkeit fremden Kräften die Möglichkeit ihres Hinzutritts und der Herbei-

Kleinschrod, Grundbegriffe und Grundwahrheiten des Peinlichen Rechts, 1805, § 198, S. 359 (»conditio sine qua non«), siehe auch die vorherige Fußnote.

1226 *Glaser*, Abhandlungen aus dem österreichischen Strafrecht, 1978 (1858), Vol. I, 2. Abhandlung, Wien 1858, S. 298. Zustimmend *v. Liszt*, Lehrbuch des deutschen Strafrechts, 1900, S. 106.

1227 Weniger vorsichtig *Haas*, Kausalität und Rechtsverletzung, 2002, S. 145f. m. w. Nachw. zu *Glaser*. Wie *Knoche* zutreffend beobachtet, war *Glaser* anders als *v. Buri* aber nicht mit der Entwicklung einer Theorie, sondern dem Aufstellen einer Formel beschäftigt, siehe *Knoche*, Entwicklung der Lehre vom Kausalzusammenhang, 1959, S. 80.

1228 Die Bedeutung als Begründer möchte ihm *Knoche* nicht zusprechen, seine Bedeutung für die Durchsetzung der Theorie aber auch nicht bestreiten, *Knoche*, Entwicklung der Lehre vom Kausalzusammenhang, 1959, S.82, siehe auch *Haas*, Kausalität und Rechtsverletzung, 2002, S. 146.

1229 *Knoche*, Entwicklung der Lehre vom Kausalzusammenhang, 1959, S. 85 m. w. Nachw.

1230 *Von Buri* nutzt den Begriff »Bedingungstheorie« in der Auseinandersetzung mit *von Bar*, hält für sich selbst aber am Kraftbegriff fest, siehe u. a. *v. Buri*, Kausalität, 1968 (1873), S. 2ff.

1231 Dass hierin ein Unterschied liegt, erkennt auch *Knoche*, Entwicklung der Lehre vom Kausalzusammenhang, 1959, S. 85, der aber dennoch von Bedingungstheorie spricht.

1232 Siehe u. a. *v. Buri*, Causalität und ihre strafrechtlichen Beziehungen, 1885, S. 4 (Wiedergabe der eigenen Auffassung in der Form, dass »keine Bedingung aus einem bestehenden Erfolge ausgeschieden werden könne, ohne ihn in seinem Dasein aufzuheben«).

führung des beabsichtigten Erfolges in Vereinigung mit ihr gewährt«[1233]. *Von Buri* verkennt hier jedoch, dass die positive Wendung der Formel (»mit« bzw. faktisch) nicht identisch mit der negativen (»nicht ohne« bzw. kontrafaktisch) ist, was sich bei der Lösung der Fälle alternativer Kausalität zeigt, die jedoch erst im 20. Jahrhundert mit *Engisch* ins Blickfeld der deutschen Strafrechtswissenschaft gelangten.[1234] Der Verdienst *von Buris* liegt demzufolge nicht in der Durchsetzung der Formel »condicio sine qua non«, sondern deren Fundament selbst, der kausalen Gleichwertigkeit aller Bedingungen eines Erfolges, wie im Folgenden gezeigt werden soll.[1235]

bb) Von Buris *Lehre*

Die Ähnlichkeiten der frühen Äquivalenztheorie zum heutigen Stand der Lehre sind, neben den soeben aufgezeigten Differenzen, beträchtlich. *Von Buri* entwickelte die Theorie weiter und verteidigte sie vehement[1236] und erfolgreich gegen die – angesichts ihrer Radikalität – zwangsläufige Fundamentalkritik.[1237] Das Neuartige in *von Buris* Kausalitätsverständnis ist die Kompromisslosigkeit der Äquivalenz, die er seinen Kausalurteilen zugrunde legt. Zunächst wird die Gewichtung zwischen Ursachen, gleich ob weit oder kurz vor der Wirkung (Zeit), ob menschlich oder tierisch (Ursprung), ob vorhersehbar oder unvorhersehbar (Zufall), ob willentlich oder unwillentlich (subjektive Tatseite), aus dem Kausalurteil verbannt:

Jede Vorbereitungshandlung sei ebenso Tatbestandserfüllung wie die tatsächliche Ausführung der Tathandlung, da sie äquivalent kausal sei (*Zeit irre-*

1233 *V. Buri*, GA 1863, S. 757 (Hervorhebung im Original). Siehe auch *v. Buri*, Causalität und ihre strafrechtlichen Beziehungen, 1885, S. 4 (»die Begründung meiner Theorie ist eine positive«, in Abgrenzung zur Hinwegdenkmethode).

1234 Siehe hierzu ausführlich unten ab S. 244ff. Es ist daher wahrscheinlich, dass *von Buri* der späteren *Engischschen* Formel der gesetzmäßigen Bedingung näher stand als der der condicio sine qua non. Dies nahm auch *Engisch* an, der die berühmte von ihm entwickelte Formel auf eine »korrekt verstandene Bedingungstheorie« zu stützen meinte, siehe die Darstellung und Nachweise unten Fn. 1414.

1235 Nebenbei kann hiermit erklärt werden, weshalb *Koriath* die »Bedingungstheorie des Hinwegdenkens« bei *von Buri* nicht hat finden können, siehe *Koriath*, Kausalität und objektive Zurechnung, 2007, S. 36. *Von Buri* vertrat weder (explizit) die *Formel* des Hinwegdenkens noch die *Theorie* der Bedingung. Hierzu des Weiteren unten Fn. 1414.

1236 Man siehe die 20 von *Knoche* zitierten Beiträge, von denen 18 sich direkt oder indirekt (Versuch, Teilnahme, Allgemeiner Teil) mit Kausalität und Strafrecht beschäftigen, darunter 3 Monographien, siehe *Knoche*, Entwicklung der Lehre vom Kausalzusammenhang, 1959, S. XII f. sowie den Verweis auf S. 82 (Fn. 275).

1237 Siehe nur *Geyer*, GS 1866, S. 45ff., der insbesondere die erhebliche Ausweitung der Strafbarkeit rügt. Siehe zum Schlagabtausch mit *Geyer*, der *von Buri* teilweise zum Umschwenken bewegt, auch *Knoche*, Entwicklung der Lehre vom Kausalzusammenhang, 1959, S. 84.

levant)[1238]. Eine objektive Unterscheidung zwischen Vorbereitungshandlung und Versuch sei somit auch nicht durchführbar.[1239] Ob die erst auf die täterschaftliche Handlung nachfolgende »Wirkkraft« menschlich oder tierisch ist, sei schlicht unerheblich (*Ursprung irrelevant*)[1240]. Als Beispiel wird ein Fall gebildet (wie sehr oft in *von Buris* Werk)[1241]: A schlägt den B so heftig, dass er daraufhin wehrlos im Wald liegen bleibt.[1242] Daraufhin stirbt B a) weil ein ausgebrochenes wildes Tier vorbeikommt und ihn frisst[1243] b) weil ein anderer Mensch den wehrlosen B vorsätzlich tötet. *Von Buri* kommt hier, anders als etwa noch *Köstlin*, zu dem Urteil, dass A in beiden Fällen wegen vollendeten Totschlags strafbar ist.

Den bereits bei *Stübel* zu findenden Gedanken, dass Zufälligkeit einem Kausalurteil nicht entgegensteht, wird konsequent weitergeführt und als Grund für die Verneinung eines Kausalzusammenhanges abgeschafft (Zufälligkeit irrelevant).[1244] Selbst bei einem noch so abwegigen Kausalverlauf, einer noch so einmaligen Verkettung von Umständen, ist der Täter wegen vorsätzlicher Tötung zu strafen, wenn er diese Verkettung wollte[1245] und »mit einiger Wahrscheinlichkeit«[1246] vorhersah.

Auch die letzte Konsequenz wird gezogen: Das Opfer ist durch seine Handlung, ob gewollt oder nicht (subjektive Tatseite irrelevant), immer kausal, ohne die kausale Zurechnung zum Täter damit abzubrechen.[1247] Dass der Täter bei vorsätzlich selbstschädigenden Verhaltens des Opfers nicht wegen Vollendung haften könne (sonst aber schon!), liege hier allein an der Einwilligung des Opfers in seine kausale Verletzung.[1248] Das Mordopfer ist somit, entgegen *Köstlin*, »Miturheber« seines Todes.[1249] »Es ergibt sich daraus, dass eine absolute objektive Verschiedenheit zwischen den einzelnen Kräften nicht besteht«[1250].

1238 Gegen sonstige zeitliche Gewichtungen auch *v. Buri*, GA 1863, S. 753ff.

1239 *V. Buri*, Abhandlungen aus dem Strafrecht, 1862, S. 62. Siehe aber zur Unterscheidung zwischen Vorbereitungshandlungen und sonstigen Handlungen danach, ob es bereits eine Willensumsetzung war, *ebenda*, S. 55ff.

1240 Gegen sonstige Gewichtungen hinsichtlich des Ursprungs entschieden *v. Buri*, GA 1866, S. 608ff.

1241 So zutreffend *Koriath*, Kausalität und objektive Zurechnung, 2007, S. 27.

1242 Siehe zum Folgenden *v. Buri*, GA 1863, S. 753f. Siehe hierzu auch *Koriath*, Kausalität und objektive Zurechnung, 2007, S. 27ff.

1243 *Koriath* bildet den Fall unter Verweis auf das Jahr 1860 mit einem »bösen Wolf« um, siehe *Koriath*, Kausalität und objektive Zurechnung, 2007, S. 27, dieser wird an zitierter Stelle jedoch überhaupt nicht erwähnt.

1244 Was deutlich weiter ging als bei *Stübel*, siehe oben ab S. 206.

1245 *V. Buri*, Kausalität, 1968 (1873), S. 6ff.

1246 *V. Buri*, Kausalität, 1968 (1873), S. 15f.

1247 *V. Buri*, GA 1866, S. 610f.

1248 *V. Buri*, GA 1866, S. 611.

1249 Dagegen noch *Köstlin*, Revision der Grundbegriffe, 1970 (1845), § 132 (S. 459f.).

1250 *V. Buri*, GA 1863, S. 758.

Alle Wirkkräfte (nach heutiger Terminologie: Bedingungen) sind äquivalent kausal. *Von Buris* Kausalitätslehre hat, in *Koriaths* Worten, die Bühne der Kausalitätsprobleme seiner Zeit »einfach leer geräumt«[1251].

Dies führte zu einer in der Strafrechtsgeschichte wohl einmaligen Ausweitung kausaler Verantwortung. Die »simplex occasio« wurde zur »causa immediata«.[1252] Es habe »jede einzelne Kraft, mithin auch die von dem Täter ausgegangene in dem Erfolg enthaltene Wirksamkeit, hätte sie auch denselben als isoliert stehend nicht herbeiführen können, diesen Erfolg wegen seiner Untheilbarkeit in seinem *vollen Umfang zu verantworten*«[1253].

Wie an diesem Satz bereits anklingt, war mit der Ausuferung von Kausalität auch eine Ausuferung von Schuld verbunden. Es wurde eine Verantwortlichkeit für Verletzungserfolge postuliert, die bisher immer ausgeschlossen war – eine erhebliche Ausweitung von Strafbarkeit. Verschärfend kam hinzu, dass die Unterscheidung zwischen Kausalität und Schuld zu Beginn noch nicht klar herausgearbeitet war.[1254] Hierzu schrieb *von Buri* später: »Gegenwärtig wird diese Unterscheidung freilich nahezu für selbstverständlich angesehen, ihre Feststellung war jedoch gerade keine naheliegende (, weil, U.M.) überhaupt für die damalige Theorie die Kausalität und die Verantwortlichkeit für ihren Verlauf gleichbedeutend waren«[1255]. Die uferlose kausale Verantwortung hätte nach dem frühen *von Buri* gar zu einer uferlosen Schuld führen müssen.[1256]

Die radikale Kausalitätslehre konnte dennoch Anhänger finden, weil *von Buri* auf anderer Ebene eine Unterscheidung zwischen den Bedingungen eröffnete, indem »die Frage nach dem Kausalzusammenhang scharf zu trennen ist von der Frage nach den Bedingungen der Verantwortlichkeit für denselben«[1257]. So ist die Ebene der »Schuld« der Ausweg, um den fehlerlos handelnden Arzt, der einen Sterbenden zu retten sucht und diesen dabei tötet, nicht wegen Totschlags haften zulassen.[1258] Diese Problemfälle verlagern sich – gegen Widerstand in der Literatur –[1259] auf andere Bereiche der Verbrechenslehre, insbesondere auf die subjektive Tatseite:[1260] »In Wirklichkeit kann der Grund der Haftbarkeit für den

1251 *Koriath*, Kausalität und objektive Zurechnung, 2007, S. 30.
1252 So die Begriffe bei *Leyser*, Meditationes ad Pandectas, 1786 (1748), Specimen 602, Nr. 7 ff., dazu oben ab S. 199.
1253 *V. Buri*, GA 1863, S. 758, Hervorhebung U.M.
1254 Siehe hierzu auch *Knoche*, Entwicklung der Lehre vom Kausalzusammenhang, 1959, S. 83f.
1255 *V. Buri*, Causalität und ihre strafrechtlichen Beziehungen, 1885, S. 4.
1256 So auch *Knoche*, Entwicklung der Lehre vom Kausalzusammenhang, 1959, S. 83.
1257 *V. Buri*, Kausalität, 1968 (1873), S. 13.
1258 *V. Buri*, Kausalität, 1968 (1873), S. 6.
1259 Siehe hierzu die Auseinandersetzung mit *von Bar* bei *v. Buri*, Kausalität, 1968 (1873), S. 6ff.
1260 Siehe nur *v. Buri*, Zur Lehre von der Theilnahme, 1860, S. 2, siehe hierzu auch *Knoche*, Entwicklung der Lehre vom Kausalzusammenhang, 1959, S. 83ff.

Erfolg nur in der Thätigkeit für den Erfolg und zugleich in dem Verhältnisse der Subjektivität zu der Tätigkeit und beziehungsweise zu dem Erfolge gefunden werden«[1261].

Von Buris kompromisslose und klare Herangehensweise erfasste auch weitere Bereiche der Verbrechenslehre, insbesondere Versuchs- und Teilnahmelehre. Da der Versuch seiner Meinung nach objektiv ungefährlich war, da nicht kausal,[1262] gehört er zu einem Mitbegründer der subjektiven Versuchslehre.[1263] Hier trieb er eine Ausweitung der Strafbarkeit voran. *Von Buri* war darin sehr erfolgreich, bedenkt man, dass sowohl Äquivalenztheorie als auch subjektive Versuchslehre heute den Stand der Rechtslage des deutschen Strafrechts, zumindest in der Praxis, abbilden.[1264]

Es dürfte für den Erfolg der von ihm vertretenen Auffassungen förderlich gewesen sein, dass *von Buri* als Vorsitzender Richter des Reichsgerichts von 1879 bis 1896 erheblichen Einfluss auf die Praxis ausübte. In dieser Kapazität hatte sein Senat 1880 auf eine Revision hin folgenden Fall vorliegen,[1265] der ihm Gelegenheit gab, die Äquivalenztheorie zum ersten Mal höchstrichterlich zu Recht zu machen: Eine Frau wurde wegen fahrlässiger Tötung verurteilt, weil sie eine Alkoholflasche mit Arsenik füllte und auf das Fensterbrett der Wohnstube stellte, woraufhin ihr alkoholsüchtiger Ehemann in ihrer Abwesenheit die Flasche leerte und verstarb. Der Angeklagten wurde der Fahrlässigkeitsvorwurf gemacht, da ihr bei »einiger Aufmerksamkeit die Möglichkeit zu Bewusstsein gekommen sein würde, dass während ihrer Abwesenheit ein Mensch (...) aus der Flasche trinken (...) und sterben könne«[1266]. Interessant ist für das Verständnis

1261 *V. Buri*, Kausalität, 1968 (1873), S. 7.

1262 *V. Buri*, Abhandlungen aus dem Strafrecht, 1862, S. 54 (die ganze objektive Tatseite des Versuches sei »vollständig bedeutungslos«). Hiergegen zuletzt *Maier*, Die Objektivierung des Versuchsunrechts, 2005, S. 113f.

1263 So *Maier*, Die Objektivierung des Versuchsunrechts, 2005, S. 113ff.

1264 Die strafbarkeitserweiternde Lehre *von Buris* wirkte ebenso in die Teilnahmelehre hinein, hierzu grundsätzlich *v. Buri*, Zur Lehre von der Theilnahme, 1860, S. 1ff. Konsequent vertrat er hier die Gleichwertigkeit aller Tatbeiträge und grundsätzlich das gleiche Schuldmaß, *v. Buri*, GS 1870, S. 21ff. Dass über den subjektiven Tatbestand aber eine Gewichtung vorgenommen wurde erkennt *Rotsch*, Einheitstäterschaft statt Tatherrschaft, 2009, S. 37f.

1265 RGSt 1, 373.

1266 RGSt 1, 373. Da es sich bei Arsenik um ein klassisches Mordgift handelt, mutet es verwunderlich an, dass die Tatsacheninstanz eine vorsätzliche Tat nicht als erwiesen ansah. Doch da Arsenik auch als Rattengift und in geringen Dosen als Droge verwendet wurde kommen tatsächlich andere Gründe für die Nutzung der Substanz außer zur Ermordung in Betracht. Schließlich ist seit *Paracelsus* bekannt, dass die Aussage, »Arsen ist tödlich« oder »Wasser ist ungiftig« nur unvollständig sein kann: »Alle Dinge sind Gift, und nichts ist ohne Gift; allein die Dosis machts, daß ein Ding kein Gift sei«, siehe *Paracelsus, Septem Defensiones, 1965 (1538)*, S. 509, aufgerufen unter http://www.zeno.org/nid/20009261362 am 01.04.2018.

der Genese der Äquivalenztheorie, auf welche Argumente die Revision sich stützte: Es mangele für die Verurteilung wegen fahrlässiger Tötung an der Tatbestandsmäßigkeit auf *objektiver Tatseite.* Fahrlässigkeit »setze voraus, dass die Handlung des Beschuldigten für sich allein, ohne das Hinzutreten der Handlung anderer, den Erfolg herbeigeführt habe«[1267].

Hier hatte der Mann die Flasche ausgetrunken, sodass es daran gefehlt habe. Ein eindeutiger Nachweis, dass, bis ins späte 19. Jahrhundert, die Überzeugung, Ursächlichkeit, oder zumindest Täterschaft, setze irgendeine Form von »Unmittelbarkeit« voraus, noch bis in die höchste Instanz trug. Das Reichsgericht (unter *von Buri*) kam jedoch mit der Anwendung der Hinwegdenkmethode[1268] zu dem Ergebnis, »dass ohne das Hinstellen und Stehenlassen der Giftflasche der Ehemann der Angeklagten nicht getötet worden sein würde«[1269]. Im jungen gesamtdeutschen Strafrecht begann hiermit die Ablösung eines umgangssprachlichen Verständnisses von Kausalität. Die Gewichtung der Handlung untereinander wurde verneint, für das Kausalurteil wurde an alle (!) frühere Handlungen angeknüpft.

d) Kritik an der Äquivalenztheorie im 19. und frühen 20. Jahrhundert (Adäquanztheorie; *von Kries; Honig*)

Noch bis ins frühe 20. Jahrhundert wurden *von Buris* Thesen in weiten Teilen der Literatur abgelehnt. Der Ursachenbegriff wurde weiterhin als auf eine gewisse Weise physikalisch wirkend (die Ursachen treiben die Dinge vorwärts, »während die Bedingungen ihren Lauf ermöglichen«[1270]), oder als »überwiegende«[1271] oder »wirksamste«[1272] Bedingungen bezeichnet. Keine dieser Ansichten konnte sich gegen die Äquivalenzbedingungen behaupten. Dies lag nicht zuletzt an der mit diesen Auffassungen verbundenen Rückkehr in ein Kausalitätskonzept unterschiedlicher Figuren und Kategorien, wie sie das moderne Strafrecht im gemeinen Recht vorgefunden und überwunden hatte.[1273] Eine Besonderheit stellt

1267 RGSt 1, 373 (374).

1268 *Von Buri* blieb dieser Methode gegenüber skeptisch, siehe die Darstellung oben ab Fn. 1232. Dass das Gericht nicht wörtlich auf das Hinwegdenken zu sprechen kommt, bemerkt auch *Roxin*, AT I 2006, I § 11 Rn. 8 f. m. Nachw. aus der Rechtsprechung und zur ersten wörtlichen Verwendung 1910 in RGSt 44, 137 (139) (nach Ausscheiden *von Buris!*).

1269 RGSt 1, 373 (374).

1270 *Wachenfeld*, Lehrbuch des deutschen Strafrechts, 1914, S. 89.

1271 *Binding*, Die Normen und ihre Übertretung, 1965 (1922), S. 116f.

1272 *Birkmeyer*, GerS 37 (1885), S. 272f. (vehement gegen *von Buri* ab S. 263ff.; S. 278ff.).

1273 Diesbezüglich lesenswert die seitenlangen Ausführungen *Ortmanns* zu den unterschiedlichsten Ansichten, die sich nicht einig werden konnten, ob es die Kälte war, die den Menschen B tötete, oder der Mensch A, der dem B die Kleidung wegnahm, siehe *Ortmann*, GA 1876, S. 93, 96 und 100. Kritisch auch *Honig*, FS Frank 1930, S. 178; *Koriath*, Kausalität und objektive Zurechnung, 2007, S. 36.

diesbezüglich die Adäquanztheorie dar, die sich im Zivilrecht durchsetzte und im Strafrecht die spätere Entwicklung der objektiven Zurechnung befruchtete.[1274]

aa) Die Grundlagen der Adäquanztheorie

Als Begründer der Adäquanztheorie im Strafrecht gilt *von Kries*,[1275] der sich vehement gegen die *von Burische* Theorie wandte. Bemängelt wurde insbesondere der mit *von Buris* Lehre verbundene »Wechsel in der prinzipiellen Art rechtlicher Beurteilung«[1276], der eine Begrenzung der Zurechnung von Erfolgen nur auf subjektiver Tatseite ermöglichte.[1277]

Die Ansicht *von Kries'* basierte im Wesentlichen auf der *objektiven* Möglichkeit bzw. Wahrscheinlichkeit[1278] der Verursachung, die er strikt von einer subjektiven Betrachtung unterschied.[1279] Entscheidend solle eine Betrachtung sein, nach der ein Verhalten »generell geeignet«[1280] sein müsse, einen Verletzungserfolg herbeizuführen. Zwar sei die Auffassung *unbestreitbar*, dass in jedem konkreten Fall die »objektiv bestehenden Verhältnisse das faktisch eintretende Resultat mit Notwendigkeit herbeiführen«[1281]. Diese »konkrete Verursachung«[1282] reiche aber nicht aus. Es sei zusätzlich zu fordern, dass die jeweilige konkrete Handlung zu einer Gruppe von Handlungen gehöre, die »die Möglichkeit eines verletzenden Erfolges vermehren«.[1283]

Diese Thesen führten zu einem erneuten Aufflammen der Kausalitätsdiskussion. 1930 konstatierte *Honig*, die Lehre vom Kausalzusammenhang befinde sich in einer »offenen Krise«, und im Zustand eines »trügerischen Waffenstillstandes«.[1284] Die Äquivalenztheorie, die schon nicht mehr die herrschende sei, genüge *alleine* nicht:[1285] Die »objektive Beziehung zwischen Handlung und Erfolg (…, wird, U.M.) durch eine erkenntnistheoretische Kausalhypothese nicht erschöpft«[1286]. Zurechenbar sei vielmehr nur der Erfolg, »welcher als zweckhaft

1274 Siehe hierzu sowie zum Folgenden *Koriath*, Kausalität und objektive Zurechnung, 2007, S. 37ff.
1275 *Engisch*, Kausalität, 1931 S. 41.
1276 *Kries*, ZStW 9 (1889), S. 535.
1277 *Kries*, ZStW 9 (1889), S. 535.
1278 *Kries*, ZStW 9 (1889), S. 529.
1279 Dies gelang ihm aber nicht immer, siehe zur Diskrepanz zwischen objektiver und subjektiver Perspektive *Koriath*, Kausalität und objektive Zurechnung, 2007, S. 46ff.
1280 *Kries*, ZStW 9 (1889), S. 532.
1281 *Kries*, ZStW 9 (1889), S. 529.
1282 *Kries*, ZStW 9 (1889), S. 532.
1283 *Kries*, ZStW 9 (1889), S. 532.
1284 *Honig*, FS Frank 1930, S. 174f.
1285 *Honig*, FS Frank 1930, S. 175.
1286 Siehe auch *Honig*, FS Frank 1930, S. 176.

gesetzt gedacht werden kann«[1287]. Dies sei dann der Fall, wenn aus der Perspektive des in der jeweiligen Position Stehenden, der Erfolg durch die Handlung erreichbar scheint.[1288]

Nach beiden Ansichten sei die »konkrete« bzw. »erkenntnistheoretische« Kausalität nach der Äquivalenztheorie für eine strafrechtliche Haftung *unzureichend.* Weite Teile der Lehre stimmten hier zu. Gerade im Bereich der Erfolgsqualifikation schien es untragbar, die schlichte Verursachung für eine Zurechnung genügen zu lassen,[1289] wie es der Gesetzestext damals noch verlangte. Trotz beständiger Bemühungen um eine Gesetzesänderung reagierte der Gesetzgeber auf diese *reine Kausalhaftung* erst 1953 durch die Einführung eines Fahrlässigkeitszusammenhangs zwischen Handlung und Erfolg gemäß § 18 StGB.[1290] Die aufgedeckten Probleme der reinen Kausalhaftung führten mittels der Adäquanztheorie zu einer *Ergänzung* der Kausalitätslehre, die in der objektiven Zurechnung bzw. einem erheblichen Bedeutungsgewinn der Fahrlässigkeitsdogmatik mündete.[1291]

Die grundsätzliche Äquivalenz der Bedingungen stellte die Adäquanztheorie jedoch *nicht* in Frage. Grundsätzlich seien alle notwendigen Bedingungen Ursache des Erfolges. In den Worten *von Kries:* Man kann »die Zurechnung nicht davon abhängig machen, daß jemandes Handlung zu einem verletzenden Erfolge mehr als andere Umstände beigetragen habe und in diesem Sinne die Hauptursache derselben geworden sei«[1292]. Der Begriff der *einzigen* Ursache sei »kein wissenschaftlich brauchbarer«[1293].

Das Urteil über die Fahrlässigkeit hinge von einer Wertung *»innerhalb der den Erfolg bewirkenden Bedingungen«*[1294] ab. Nur auf der Grundlage der Bedingungstheorie könne die Zurechnung der Verletzung erfolgen: »Ist doch die Heraushebung der Handlung aus den anderen mitwirkenden Bedingungen stets an die Voraussetzung geknüpft, daß ohne die Handlung der Erfolg nicht eingetreten wäre. Nur in bezug auf das Prinzip, nach welchem diese Heraushebung zu erfolgen habe, gehen die verschiedenen Versuche (…) auseinander.«[1295] In diesen »Prinzipien der Heraushebung« könnte ein Anknüpfungspunkt für die Begrenzung der Vorverlagerung liegen.

1287 *Honig*, FS Frank 1930, S. 184 (im Original mit Hervorhebungen).

1288 *Honig*, FS Frank 1930, S. 185.

1289 Siehe *Engisch*, Kausalität, 1931 S. 43; *Honig*, FS Frank 1930, S. 176ff.

1290 Leipziger Kommentar StGB-*Vogel* § 18 Rn. 1 ff. (2007); MüKo StGB-*Hardtung* § 18 Rn. 1 ff. Ausführlich *Rengier*, Erfolgsqualifizierte Delikte, 1986, S. 62ff.

1291 Siehe unten ab S. 294.

1292 *Kries*, ZStW 9 (1889), S. 533.

1293 *Kries*, ZStW 9 (1889), S. 533.

1294 *Honig*, FS Frank 1930, S. 177.

1295 *Honig*, FS Frank 1930, S. 177f.

bb) Die Möglichkeit einer Ableitung absoluter Grenzen der Vorverlagerung aus der Adäquanztheorie

Nach von Kries sei Handlung nur dann für eine strafrechtliche Haftung hinreichend, wenn diese eine »genereller Eignung« aufweist. Demgegenüber verlangt *Honig* die »objektive Erreichbarkeit« der Verletzung durch die Handlung. Hinter diesen grundsätzlich ähnlichen Anforderungen an die Erfolgszurechnung stehen Betrachtungsweisen, die sich in einem für die Vorverlagerung bedeutenden Punkt unterscheiden.

(a) Von Kries *Kriterium der »Möglichkeitsmehrung«*

Nach der Auffassung von *von Kries* dürften nur solche Verhaltensweisen, die *generell geeignet* sind, dass Schutzobjekt zu verletzen, Anknüpfungspunkt des Strafrechts sein. Eine konkrete Betrachtung sei abzulehnen, denn nach dieser ist jede notwendige Bedingung kausal, was allein nicht ausreiche.[1296] Entscheidend sie die »Mehrung der Möglichkeit« (Wahrscheinlichkeit) durch die Handlung. Allerdings bleibt unklar, welchen Grad der Wahrscheinlichkeit eine Handlung erreichen muss, um als geeignet zu gelten.[1297] Die Mehrung der Möglichkeit eines verletzenden Erfolges, liegt schließlich bereits dann vor, wenn die Wahrscheinlichkeit von 0,001 auf 0,002 steigt.[1298] Da *von Kries* die »Möglichkeitsmehrung« nicht genau benennen kann, deckt sich dieses Kriterium *vollständig mit dem Kriterium der abstrakten Gefährlichkeit der Handlung.* Hieraus lassen sich keine *absoluten* Grenzen der Vorverlagerung gewinnen. Ob ein Verhalten hinreichend wahrscheinlich einen Verletzungserfolg verursacht, um als »strafwürdig« gewertet zu werden, ist eine normative und damit *relative* Frage *per definitionem.* Dies erkannte schon *Honig:* »Was aber von den Anhängern der adäquaten Theorie, wenngleich nicht gänzlich übersehen, so doch stark vernachlässigt wird, ist die Erkenntnis, daß jegliche Wertung innerhalb der den Erfolg bewirkenden Bedingungen bereits außerhalb der ausschließlich ontologischen Bedeutung des Kausalitätsbegriffes liegt.«[1299]

Eine hinreichende Gefährlichkeit bzw. Geeignetheit ist, aufgrund des Grundsatzes der umgekehrten Proportionalität und der Kontingenz gesellschaftlicher Entwicklungen kategorisch *kontingent*, relativ, und niemals *a priori*, absolut, festzustellen. Eine absolute Mindestwahrscheinlichkeit kann für die »generelle Gefährlichkeit« nicht benannt werden. Die Prüfung, ob ein Verhalten generell hinreichend gefährlich für eine Vorverlagerung ist, läuft daher auf die

---

1296 *Kries*, ZStW 9 (1889), S. 532.

1297 Siehe auch die Ausführungen bei *Engisch*, Kausalität, 1931 S. 45f.

1298 Siehe auch oben ab S. 181.

1299 *Honig*, FS Frank 1930, S. 178 (im Original teilweise mit Hervorhebungen). Dies ist allerdings insofern unzutreffend, als dass die Äquivalenztheorie keine ontologische, sondern eine epistemische Kausalitätstheorie ist, siehe sogleich unten ab S. 275.

Abwägung hinaus, ob der Nutzen der Pönalisierung dieser Handlung hinter dem damit erreichten Schutz zurücksteht. Das Erfordernis einer abstrakten Gefahr mündet in eine Verhältnismäßigkeitsprüfung, die der Vorverlagerung nur relative Grenzen ziehen kann.[1300]

(b) Honigs *Kriterium der »objektiven Zwecksetzung«*

Anders als eine generelle Betrachtung schlägt *Honig* die »Beherrschung des Kausalverlaufs«[1301] als Kriterium vor, die auch in ungewöhnlichen Fällen[1302] einer Zurechnung nicht entgegenstünde, sofern der Täter sich diese »zunutze machte«[1303]. *Honig* verlangt die Berücksichtigung aller Umstände des Einzelfalles, also eine konkrete Betrachtung der Umstände: »Die Erreichbarkeit eines bestimmten Zweckes, läßt *jedes* Moment des Sachverhalts als wesentlich erscheinen, womit der Schwerpunkt der Entscheidung nicht – wie bei der adäquaten Theorie – in der Generalisierung, sondern in die Einmaligkeit des Falles verlegt ist. (…, Hierfür, U. M.) ist kein Umstand des konkreten Sachverhalts entbehrlich«.[1304]

Erst unter Berücksichtigung der konkreten Umstände sei eine generalisierende, auf Erfahrung beruhende Betrachtung angezeigt, der zufolge eine »objektive Zwecksetzung« ausscheiden konnte. Ob ein Erfolg einem Verhalten zuzurechnen ist, sei die Frage »ob seine Herbeiführung als erreichbares Ziel des Verhaltens unter den gegebenen Bedingungen möglich ist«[1305]. Dies bezeichnet Honig als »juristische Kausaltheorie« der »objektiven Zurechnung«.[1306]

Damit bekräftigte *Honig* die grundsätzliche Erkenntnis der Äquivalenztheorie, dass es keine *a priori* nicht-kausalen Handlungen gibt. *Jede* Handlung ist Ursache eines Schadens X, sofern sie auf die Bedingungen trifft, mit denen sie im Zusammenwirken Schaden X zur Folge hat. Ob eine Handlung zur Verursachung adäquat ist, kann mit *Engisch* nur wie folgt beantwortet werden: »es kommt darauf an«[1307].

1300 Siehe bereits oben S. 183.

1301 *Honig*, FS Frank 1930, S. 187.

1302 Hier nutzt *Honig* das klassische Beispiel des tödlichen Blitzschlages: Wenn A den B auf eine Anhöhe schickt, in der Hoffnung, dass ein Blitz ihn treffen möge, so sei im Falle eines dann folgenden Blitzschlages der Tod des B dem A dann zuzurechnen, wenn aus Erfahrung eine erhöhte Wahrscheinlichkeit dieses Ereignisses zu erwarten und dem A dies bekannt war, *Honig*, FS Frank 1930, S. 186. Zu diesen Fällen ausführlich *Schroeder*, Der Blitz als Mordinstrument, 2009, S. 7ff., zu *Honig* S. 26ff.

1303 *Honig*, FS Frank 1930, S. 186.

1304 *Honig*, FS Frank 1930, S. 185f.

1305 *Honig*, FS Frank 1930, S. 196.

1306 Zitate bei *Honig*, FS Frank 1930, S. 178, S. 179.

1307 *Engisch*, Kausalität, 1931 S. 43.

cc) Zwischenergebnis

Als Quelle für Kriterien der Begrenzung von Vorverlagerung, nach der gewisse Handlungen absolut bzw. *a priori* von Strafbarkeit ausgeschlossen sind, kann die Adäquanztheorie nicht dienen. Sie baut auf die Annahmen der Äquivalenztheorie auf, dass grundsätzlich jedes Verhalten kausal für jeden Erfolg sein kann. Eine Rückkehr zu einer *a priori* Kausalität, nach der gewisse Handlungen absolut »unkausal« und damit ungefährlich wären, ist hiermit nicht verbunden. Folglich können aus der Adäquanztheorie keine absoluten Grenzen der Vorverlagerung entwickelt werden.

e) Ergebnis

Wie zuvor schon *Stübel*,[1308] war *von Buri* die mit seiner Lehre verbundene äußerst umfangreiche Ausweitung der Strafbarkeit bewusst. Mit der Uferlosigkeit der Äquivalenztheorie konfrontiert, äußert er, dem Täter »geschieht in einem solchen Falle durchaus kein Unrecht, wenn ihm der Tod des B. aufgerechnet wird, denn er hat ja durch seine eigene Handlung erreicht, was er wollte«[1309]. Eine Begründung, *warum* ihm dies aber aufzurechnen sei, liegt hierin noch nicht. Dass dem äquivalent kausalen Täter kein Unrecht geschieht, wenn er bestraft *wird*, heißt schließlich nicht, dass er auch zu Strafen *sei*. Die Frage, *weshalb* er bestraft werden sollte, mit anderen Worten, weshalb der Äquivalenztheorie zu folgen sei, wird *von Buri* nie klar beantwortet.[1310] Wie *Stübel* verzichtet er auf eine philosophische Grundlage für seine Lehre.[1311] Grundlage dürfte aber eine naturalistische Auffassung gewesen sein,[1312] erkennbar an seiner Bezeichnung des Kausalzusammenhangs als »den Prozess der Entstehung einer Erscheinung«[1313].

Die Kernthese der Äquivalenztheorie ist die, dass jede notwendige Bedingung, unabhängig von ihrem Gesamtanteil, für den Schaden ursächlich ist[1314] und zugleich, dass diese Ursächlichkeit nicht *a priori* als feststehend gedacht, sondern nur im Einzelfall festgestellt werden kann. Hierdurch wurde mit der früher vorherrschenden Idee einer in der Handlung selbst liegenden Kausalität abgeschlossen. Ein letzter bedeutender »Gegenentwurf«, die Adäquanztheorie, änderte an der Grundannahme der grundsätzlichen Äquivalenz der Bedingungen nichts. Sie führte zur *Ergänzung* der Äquivalenztheorie, wie sie insbesondere bezüglich der Fahrlässigkeitsdelikte notwendig schien.

1308 *V. Buri*, GA 1863, S. 758.
1309 *V. Buri*, GA 1863, S. 755.
1310 So auch *Koriath*, Kausalität und objektive Zurechnung, 2007, S. 35.
1311 Siehe *Knoche*, Entwicklung der Lehre vom Kausalzusammenhang, 1959, S. 83.
1312 Siehe nur *Knoche*, Entwicklung der Lehre vom Kausalzusammenhang, 1959, S. 84.
1313 *V. Buri*, Kausalität, 1968 (1873), S. 1.
1314 Siehe hierzu (kritisch) *Koriath*, Kausalität und objektive Zurechnung, 2007, S. 34f.

Das gesamte gegenwärtige Verbrechenssystem geht von dem *von Burischen* Kausalurteil aus, obgleich die Äquivalenztheorie zu einer beispiellosen objektiven, kausalen Entgrenzung von Strafbarkeit führte. Innerhalb eines kausalen Bandes, vom Urknall bis zum Mord, ist nach ihr jede menschliche Handlung die Erfüllung des objektiven Tatbestandes des Totschlags – »homicidii crimen in infinitum extendetur«[1315]. In dieser Konsequenz wird sie von der wissenschaftstheoretischen Äquivalenztheorie gestützt.

2. Die Äquivalenztheorie in der Wissenschaftstheorie

Die Diskussion der Kausalität in Wissenschaftstheorie und Strafrecht erlebt seit etwa 10 Jahren international eine veritable Renaissance.[1316] Zuvor hatte sich um die Kausalitätsprobleme ein »Dickicht an Theorien«[1317] entwickelt. Der Grund hierfür ist der ungelöste (und wohl unlösbare) Streit darüber, was Kausalität ist: Man wisse es nicht,[1318] »a cause is a cause«,[1319] und wir würden »know it when we saw it«[1320] sind nach über 200 Jahren Diskussion der aufgeklärten Philosophie der vertretbare Stand eines Großteils der Wissenschaftstheorie.[1321] Der Kausalitätsbegriff hat bis heute keine akzeptierte Definition finden können.[1322] Für *Hume* war die Kausalität Teil des »Zements des Universums«[1323], für *Kant* hingegen war die Ursache »Verstandesbegriff a priori«[1324]. Gegenwärtige Diskussionsteilnehmer wie *Moore* stellen bisweilen aus einer Positionierung als »ge-

1315 Siehe *Leyser*, Meditationes Ad Pandectas, 1786 (1748), Specimen 602, Nr. 9.

1316 Siehe *Merkel*, FS Puppe 2011, S. 152 m. Nachw. Seitdem u. a. folgende Monographien allein in Deutschland: *Schales*, Spezifische Fehlverhaltensfolgen und hypothetische Kausalverläufe, 2014, passim; *M. Schulz*, Die Kausalität des Nichts, 2013, passim; *Gimbernat Ordeig*, Beiträge zur Strafrechtswissenschaft, 2013, passim (wobei diese Arbeit noch aus dem 20. Jahrhundert stammt).

1317 Aus dem Englischen »thicket of theories« bei *Toepel*, Causal Overdetermination, in: Critical Essays, 2013, S. 113 zum Problem der alternativen Kausalität.

1318 So *Gropp*, AT 2015, § 4 Rn. 31.

1319 *Moore*, Causation and responsibility, 2009, S. 505.

1320 Siehe hierzu *Smith*, der sich vergeblich auf die Suche nach einer fehlerlosen Formel machte, die man den Geschworenen zur Beurteilung von Kausalität vorgeben könnte, Harvard Law Review 1912, S. 303ff. (siehe insbesondere S. 317ff.). Das Zitat findet sich bei *Moore*, Causation and responsibility, 2009, S. 505, ohne genaue Seitenangabe.

1321 Siehe zum aktuellen Stand *Moore*, Causation and responsibility, 2009, passim, insbesondere S. 371ff. und S. 496ff. sowie den Band Critical Essays on »Causation and responsibility«, Berlin 2013.

1322 Zur Kausalität konstatiert *Merkel*, FS Puppe 2011, S. 152, »nicht den Schatten eines Konsenses« m. w. Nachw.; *Koriath*, Kausalität und objektive Zurechnung, 2007, S. 11 spricht von einem offenbar nicht enden wollenden Streit.

1323 Übersetzt aus dem Englischen nach Zitat bei *Mackie*, The Cement of the Universe, 1990 (1973), unnummerierte Seite 3.

1324 *Kant*, Prologmena, 2001 (1783), S. 65 (§ 20).

neralizing singularism primitivist«[1325] heraus fast resigniert fest: »if anything is primtive, causation is«[1326].

Dennoch werden in allen Bereichen des menschlichen Lebens fortwährend Kausalurteile gefällt. Die ungelöste Frage nach der Ontologie der Kausalität ist kein Hindernis, Ursache-Wirkungs-Relationen anzuerkennen. Dies liegt nicht zuletzt an dem Siegeszug der Bedingungstheorie nach heutigem Verständnis, der wissenschaftstheoretischen Grundlage der Äquivalenztheorie. Ihren Ursprung hat diese Theorie in der Erkenntnisphilosophie *Humes* und *Mills* (a). Auf dieser aufbauend lassen sich Formeln entwickeln, die die kausale Beurteilung eines konkreten Einzelfalles ermöglichen (b).

a) Die erkenntnisphilosophischen Grundlagen der Äquivalenztheorie

Den Zugang zur Diskussion der Äquivalenztheorie ermöglicht das Auseinanderhalten folgender Begriffe: Kausalprinzip und Kausalbegriff. Das *Kausalprinzip* besagt, dass alles, was ist, eine Ursache hat. Alles, was passiert, muss (natur-)gesetzmäßig passieren (Kausalprinzip).[1327] Es ist allgemein bekannt, dass dieses deterministische Weltbild angesichts *Heisenbergs* Unbestimmtheitsrelation[1328] und quantenmechanischer »Katzenzustände«[1329] heute in (mikrophysikalischen) Teilbereichen als überholt gilt. Außerhalb dieser mikrophysikalischen Bereiche aber kann es weiter Geltung als Erklärung der (physikalischen) Welt beanspruchen.[1330]

Der *Kausalbegriff* bezeichnet die bis heute ungelöste Frage nach dem Gegenstand der Kausalität, das Sein der Ursache, die Ontologie der Kausalität. Da

1325 Siehe seine Selbstverortung in *Moore*, Causation and responsibility, 2009, S. 506, wobei »reluctant primitivist« noch ergänzt werden müsste, ebenda.

1326 Ebenda.

1327 Dies ist Grundlage des Gottesbeweises von u. a. *Aquin*, De Ente et Essentia, 1997 (1255), Übersetzung, Chapter IV: »Everything that pertains to a thing, however, either is caused by the principles of its own nature, as risibility in man, or else comes from some extrinsic principle, as light in the air from the influence of the sun. Now, it cannot be that existence itself is caused by the very form or quiddity of the thing (I mean as by an efficient cause), because then the thing would be its own efficient cause, and the thing would produce itself in existence, which is impossible. Therefore, everything the existence of which is other than its own nature has existence from another.« Mit einigen historischen Nachweisen zum Kausalitätsprinzip aus der deutschen Rechtswissenschaft siehe *Maiwald*, Kausalität und Strafrecht, 1980, S. 10f.

1328 Hierzu im Recht *Maiwald*, Kausalität und Strafrecht, 1980, S. 67ff.; auch *Puppe*, Lob der Conditio-sine-qua-non-Formel, GA 2010, S. 563ff.

1329 Prominent *Schrödinger*, Naturwissenschaften 1935, S. 812: »Die »w«-Funktion des ganzen Systems würde das so zum Ausdruck bringen, dass in ihr die lebende und die tote Katze (s. v. v.) zu gleichen Teilen gemischt oder verschmiert sind.«

1330 Die Auswirkungen auf das Recht durch die Lockerung des Kausalprinzips wurden ausführlich von *Maiwald* erforscht, siehe *Maiwald*, Kausalität und Strafrecht, 1980, S. 13ff.

nicht gelöst ist, was Kausalität *ist*,[1331] bleibt der Begriff ungeklärt. Dies erscheint wie eine reine Behauptung. Man mag sich in einer Definition versuchen, etwa: »Ereignis (Erfolg) E wäre nicht eingetreten, wäre nicht (zuvor) Ereignis C geschehen; deshalb ist C die (oder doch eine) Ursache von E«[1332]. Auf die Frage, *warum* aber E nicht eingetreten wäre, wenn zuvor nicht C geschehen wäre, bliebe man wohl einer genauen Definition schuldig. Es ließe sich noch sagen »aufgrund der geltenden physikalischen Gesetze«. Warum bewirken diese Gesetze jene Folgen? Weil diese Gesetze jenes bewirken, also E durch C verursacht wird. Kausalität wird mit dem Synonym der Verursachung definiert wurde. Ein Zirkelschluss.

Schrödinger hält fest: »Ich glaube nicht, dass es (das tiefe Problem der Kausalität, U. M.) für uns im eigentlichen Sinne lösbar ist. Wenn man längere Zeit darüber nachdenkt, stellt sich ein außerordentlich peinliches Gefühl ein, nicht von blödsinnigen Dösen herrührend, sondern eine Art geistiger Drehschwindel, weil man stets wieder glaubt, die Sache begriffen zu haben, dann aber gewahr wird, dass man sich beständig in enger und enger werdenden Kreisen bewegt«[1333]. Kausalität umgangssprachlich zu definieren, läuft oftmals auf tautologische Bestimmungen oder einfache Beschreibungen hinaus, sodass letztlich auf die Frage »What is the nature of causation?,« geantwortet wird »causation is what it is – causation – and no other thing«[1334]. Das »Drehen im *Schrödingerschen* Kreis« beginnt.

Einen Ausweg aus diesem »Drehschwindel« zeigt die *Millsche* Äquivalenztheorie auf. Damit verbunden ist der Verzicht auf die Suche nach einem ontologischen Kausalitätsbegriff zugunsten eines epistemischen Kausalitätsverständnisses. Kausalität kann hiernach als Folge *aus einem Kausalgesetz erklärt werden.* Grundlegend für diese Theorie ist die im 18. Jahrhundert – zeitgleich mit dem einsetzenden Wandel des Verständnisses von »Tödlichkeit« eine Wunde –[1335] neu entfachte Diskussion um das Wesen der Ursache, zunächst bei *Hume*, dann bei *Kant* und schließlich bei *Mill.*

aa) Hume: *Kausalität als Produkt der Erfahrung*

Die Kausalitätstheorie *David Humes* findet sich zu einem bedeutendem Teil bereits in Buch I Teil 3 seines Werks »A Treatise of Human Nature«, veröffentlicht

1331 So *Gropp*, AT 2015, § 4 Rn. 31.

1332 So *Merkel*, FS Puppe 2011, S. 154 zur Erläuterung des Kausalbegriffs durch einen »unbefangenen Laien«.

1333 *Schrödinger*, in: Erkenntnis 1932/33, S. 65.

1334 So *Moore*, Further Thoughts on Causation, in: Critical Essays, 2013, S. 336, über den übrigbleibenden Kausalitätsbegriff der von ihm abgelehnten Konzeption des notwendigen Bestandteils einer hinreichenden Bedingung.

1335 Siehe oben S. 201 ff.

von 1738 bis 1740. Von *Mackie* als »the most significant and influential contribution to the theory of causation«[1336] bezeichnet, ist es Grundlage eines weit verbreiteten Kausalitätsverständnisses bis heute.[1337]

Nach *Hume* wird Wissen über die Welt durch Erfahrung über Vergangenes erlangt. Mehr noch: Wissen über die Welt ist *allein* Erfahrung über Vergangenes. Erfahrung über Vergangenes erlangt man aus Beobachtungen. Damit kann die Zukunft aber nie sicher vorausgesagt werden, da der Rückschluss von der Vergangenheit auf die Zukunft nicht rational begründbar, eine allein auf Beobachtungen basierende Annahme sei. Es ist ganz ausgeschlossen, dass *mit Sicherheit* gesagt werden kann (bzw. gewusst werden kann), dass x durch y bewirkt wird. Möglicherweise wurden die falschen Schlüsse aus den Beobachtungen bzw. Erfahrungen gezogen (Problem der Induktion).[1338]

Die grundlegende erkenntnisphilosophische Entdeckung *Humes* war, dass das Wirken von Kausalität, die Verursachung als solche, nicht wahrnehmbar ist. Wahrnehmbar ist nur, dass ein Ereignis auf ein anderes folgt, dass etwa das Drücken eines Knopfes vom Leuchten einer Glühbirne gefolgt wird. Die Verursachung selbst wird nicht wahrgenommen und ist auch nicht wahrnehmbar.[1339] Dass man dennoch von Verursachung spricht, folgt allein aus der Erfahrung, dass mit dem Einschalten dieses Knopfes das Leuchten der Glühbirne folgt. Wird der Vorgang mit gleichem Ausgang wiederholt, dann muss ange-

1336 *Mackie*, The Cement of the Universe, 1990 (1973), S. 3.

1337 So fasst *Stegmüller* zusammen, dass die meisten Wissenschaftstheoretiker im Prinzip *Hume* (gegenüber *Kant*) Recht geben, *Stegmüller*, Erklärung, Begründung, Kausalität, 1983 S. 518; *Moore*, Further Thoughts on Causation, in: Critical Essays, 2013, S. 415 hält fest: »The philosophy of causation has rightly followed Hume rather than Kant«. Eine ausführlichere – kritische – Auseinandersetzung findet sich bei *Mackie* a. a. O. S. 3–28.

1338 *Hume*, An Enquiry Concerning Human Understanding, 1902 (1748), Section IV Part II Rn. 32: »For all inferences from experience suppose, as their foundation, that the future will resemble the past, and that similar powers will be conjoined with similar sensible qualities. If there be any suspicion that the course of nature may change, and that the past may be no rule for the future, all experience becomes useless, and can give rise to no inference or conclusion. It is impossible, therefore, that any arguments from experience can prove this resemblance of the past to the future; since all these arguments are founded on the supposition of that resemblance«.

1339 Ein interessantes Gedankenexperiment findet sich hierzu bei *Stegmüller*, Erklärung, Begründung, Kausalität, 1983, S. 517: Wenn beobachtet wird, dass ein Stein eine Scheibe trifft, und diese daraufhin zu Bruch geht, dann wird man anhand der gängigen Erfahrung mit Glas annehmen, dass der Stein den Bruch verursacht hat. Würde man aber in einer Welt leben (oder in einer Zeit), in der Glas durch Steine nicht zu Bruch gehen könnte, sondern nur durch hohe Frequenzen, dann würde man die Situation gänzlich anders bewerten. Da aus Erfahrung gewusst würde, dass Glas, wie heute etwa eine Stahlwand, nicht einfach durch einen Stein zum Zerbersten gebracht werden könnte, dann würde man hier einen merkwürdigen Zufall vermuten, dass genau in dem Augenblick, in dem der Stein auf die Scheibe traf, eine hohe Frequenz ertönt sein muss, welche die wahre Ursache für den Scheibenbruch darstellt.

nommen werden, dass das Drücken des Knopfes das Leuchten der Glühbirne *verursacht.* Für Hume ist daher die Ursache–Wirkung-Relation zwischen Ereignis A und Ereignis B eine Konstruktion des Bewusstseins aus der Erfahrung, dass Ereignis B auf Ereignis A regelmäßig folgt. Kausalurteile werden aus Wiederholung und Beobachtung der Abfolge zweier Ereignisse extrahiert und in Erfahrung umgewandelt: »Contiguity and succession are not sufficient to make us pronounce any two object to be cause and effect, unless we perceive, that these two relations are preserv'd in several instances«.[1340]

Eine Kausalrelationen zwischen x und y bedeutet somit theoretische Wiederholbarkeit von y im Falle von x. Wird einem Besucher gesagt »dieser Knopf schaltet diese Glühbirne an«, dann ist damit nicht nur gemeint, dass das Drücken des Knopfes diese Glühbirne angeschaltet hat, sondern auch beim nächsten Mal anschalten *wird.* Der Abfolge dieser beiden Ereignisse wird eine Regel zugrunde gelegt. *Kausalität ist damit die Behauptung der Gesetzmäßigkeit der Abfolge von gewissen Ereignissen:* Eine Kausalerklärung ist damit das implizite Aufstellen von Kausalgesetzen:[1341] »Hume hat damit die wichtige Entdeckung gemacht, dass die Kausalrelation eine Relation besonderer Art ist«, wie *Stegmüller* festhält.[1342]

bb) Kant: *Kausalität als Voraussetzung der Erfahrung*

Die Verneinung einer vernunftbegründeten Kausalitätstheorie (als auch *Humes* Postulat, Moral sei in erster Linie emotional begründet)[1343] provozierte *Kants* Weltbild.[1344] *Kant* fasst die Kausaltheorie *Humes* in scharfen Worten zusammen: Die Vernunft halte nach *Hume* das Konzept der Kausalität fälschlich für »ihr eigen Kind«, obgleich es doch »nichts anders als ein Bastard der Einbildungs-

1340 *Hume*, A Treatise of Human Nature, 1989 (1738), book I, part III, VI S. 87.

1341 Was aber ist Kausalität? Auch *Hume* beantwortet diese Frage nicht, sondern führt den Beweis der Unmöglichkeit der genauen Beantwortung, da er Kausalität letztlich auf ein Urteil des Bewusstseins reduziert.

1342 *Stegmüller*, Erklärung, Begründung, Kausalität, 1983, S. 513 m. w. Nachw. Gemeint ist die mit Kausalurteilen semantisch verbundene Generalisierung. Für gewöhnlich bedeutet die Untersuchung der Relation zwischen zwei Ereignissen die Untersuchung des Einzelfalls. Ist A vor B passiert? War A größer/lauter/heller als B? Um dies zu beantworten, muss nur A und B betrachtet werden. Eine Kausalrelation ist anders. Wird gesagt, A sei Ursache von B, dann wird über den Einzelfall hinausgegangen; es wird gesagt, dass in Fällen wie dem vorliegenden, Ereignis A Ereignis B in gewisser Weise bedinge.

1343 *Hume*, A Treatise of Human Nature, 1989 (1738), book I, part III, VI S. 325: »The rules of morality, therefore, are not conclusions of our reason«. Hiergegen *Kant*, Grundlegung zur Metaphysik der Sitten, 2004 (1785), passim, insbesondere S. 26f.: »Denn die reine und mit keinem fremden Zusatze von empirischen Anreizen vermischte Vorstellung der Pflicht, und überhaupt des sittlichen Gesetzes, hat auf das menschliche Herz durch den Weg der Vernunft allein (...) einen so viel mächtigeren Einfluß, als alle andere Triebfedern (...)«.

1344 So *Mackie*, The Cement of the Universe, 1990 (1973), S. 88.

kraft sei, die, durch Erfahrung beschwängert, gewisse Vorstellungen unter das Gesetz der Assoziation gebracht hat, und eine daraus entspringende subjektive Notwendigkeit d. i. Gewohnheit, vor eine objektive aus Einsicht unterschiebt«[1345].

Weniger der Aussagegehalt von Kausalurteilen sondern Kausalität selbst, das Kausalprinzip von Wirkung und Ursache, beschäftigte *Kant*.[1346] Kausalität sei nicht Erfahrung, sondern »a priori«; Kausalität sei Voraussetzung der Erfahrbarkeit der Welt schlechthin, die Ursache ein »reiner Verstandesbegriff a priori«[1347]. In diesem Sinne sei sie nicht nur erfahrene, psychologisch postulierte Notwendigkeit, sondern wahrhaftige Notwendigkeit. In *Kants* Worten: »Gleichwohl bin ich weit davon entfernet, diese Begriffe als bloß aus der Erfahrung entlehnt, und die Notwendigkeit, die in ihnen vorgestellt wird, als angedichtet und für bloßen Schein zu halten, den uns eine lange Gewohnheit vorspiegelt; vielmehr habe ich hinreichend gezeigt, daß sie und die Grundsätze aus denselben a priori vor aller Erfahrung feststehen, und ihre ungezweifelte objektive Richtigkeit, aber freilich nur in Ansehung der Erfahrung haben«[1348]. Damit vergrub *Kant*, bildlich gesprochen, die Kausalität noch etwas tiefer in unserem Sein und gleichfalls in den Dingen der Welt selbst.[1349] Zugleich heißt es bei *Kant*, dass alles was geschieht, etwas voraussetzt, »woraus es aus einer Regel folgt«[1350].

Dadurch, dass *Kant* aber zugleich an einem Wirkbegriff festhielt,[1351] der eine ontologische Eigenschaft der Kausalität suggeriert, wird ihm in der Wissenschaftstheorie des 21. Jahrhunderts nicht mehr gefolgt.[1352] Was Kausalität *ist*,

1345 *Kant*, Prolegomena, 2001 (1783), S. 6 (Vorrede).

1346 Hierzu *Stegmüller*, Erklärung, Begründung, Kausalität, 1983 S. 517ff.; *Mackie*, The Cement of the Universe, 1990 (1973), S. 88ff. Aktuell bemüht sich u. a. Aichele um eine Rezeption von Kants Kausaltheorie für die strafrechtliche Zurechnungslehre, siehe *Aichele*, Causation to Culpability, in: Critical Essays, 2013, S. 321ff.

1347 *Kant* ebenda S. 65 (§ 20).

1348 *Kant* ebenda S. 80f. (§ 27 aE).

1349 *Kant* erlangte diese Erkenntnis über den Kausalitätsbegriff in seiner philosophischen Betrachtung nicht, indem er Kausalität einer rationalen Hinterfragung unterzog, sondern indem er diese durch die Postulierung derselben als »a priori Voraussetzung der Erfahrung« einer Überprüfung gerade entzog. Für strafrechtliche Zwecke ist *Kants* Philosophie hinsichtlich objektiver Kausalität daher nur bedingt nutzbar. Im Bereich der psychischen Kausalität und der Zurechnung als moralisches Urteil – und nicht nur dort! – ist *Kants* freiheitliche Philosophie aber nach wie vor fundamental. Siehe zu aktuellen Ansätzen, *Kants* Zurechnungslehre für das Strafrecht nutzbar machen zu wollen *Aichele*, Causation to Culpability, in: Critical Essays, 2013, S. 321ff. Ebenfalls von Kants Kausallehre beeinflusst *Hruschka*, Strukturen der Zurechnung, 1976, S. 14ff.

1350 *Kant*, Werke, 1975, S. 588.

1351 Hierzu *Knoche*, Entwicklung der Lehre vom Kausalzusammenhang, 1959, S. 29.

1352 Siehe zur aktuellen Rezeption von *Kant* etwa *Moore*, Further Thoughts on Causation, in: Critical Essays, 2013, S. 415: »The philosophy of causation has rightly followed Hume bleibt ungeklärt. »Auf die Frage, was es *bedeute*, wenn man sagt: ›*A* ist Ursache von *B*‹, hat *Kant* keine Antwort gegeben«[1353].[1354]

cc) *Kausalität als notwendige oder hinreichende Bedingung? Die zwei Schulen der Äquivalenztheorie* (Mill)

Mill vollzog nach *Hume* den nächsten wesentlichen Schritt zur heutigen wissenschaftstheoretischen Äquivalenztheorie.[1355] Ziel seiner Kritik war zum einen der von *Hume* verwendete umgangssprachliche Ursachenbegriff, zum anderen die behauptete Notwendigkeitsrelation der Kausalgesetze.[1356]

(a) *Die Äquivalenztheorie und Kausalgesetze*

Hume beschäftigte sich im Rahmen seiner erkenntnisphilosophischen Betrachtung mit der Kausalität als Beschreibung des Verhältnisses Ursache und Wirkung. Allerdings betrachtete *Hume* Kausalität als psychologische (Erfahrung), nicht logische Beurteilung eines Phänomens. Darüber hinaus verstand er den Begriff der »Ursache« umgangssprachlich.[1357] So sei etwa ein Staubkorn *Ursache* der Unterbrechung des Mechanismus einer Uhr[1358] oder der Funke Ursache des Feuers. Ihm fehlte das Bewusstsein für die Äquivalenz von Bedingungen als Gesamtursache. Insbesondere gegen dieses *Humesche* Verständnis von Ursache und Wirkung wendete sich *Mill*.[1359]

---

rather than Kant« und in entsprechender Fußnote 306 »see, e.g., John Mackie's passing nod to Kant's transcendental idealism with respect to causation, in Mackie, The Cement of the Universe, chap. 4. Mackie is exceptional in that virtually all other contemporary philosophers of causation do not mention Kant at all.« Ähnlich auch *Stegmüller*, Erklärung, Begründung, Kausalität, 1983, S. 518.

1353 *Stegmüller*, Erklärung, Begründung, Kausalität, 1983, S. 518, Hervorhebungen im Original.

1354 Dabei begriff *Kant* Ursächlichkeit womöglich als eine notwendige und hinreichende Bedingung der Ursache für die Wirkung, so *Schnepf*, Kausalität, 2006, S. 335 f. mit Verweis auf *Kants* assertorische Kausalurteile bei hypothetischen Urteilen, etwa *Kant*, Vorlesungen über Anthropologie, 1997 (1781/82), S. 935; siehe auch *Aichele*, Causation to Culpability, in: Critical Essays, 2013, S. 322. Siehe zu *Kants* Kausalitätstheorie auch *Mackie*, The Cement of the Universe, 1990 (1973), S. 90 f.; *Renzikowski*, FS Puppe 2011, S. 205 ff.; *Knoche*, Entwicklung der Lehre vom Kausalzusammenhang, 1959, S. 27 ff.

1355 Siehe hierzu die Gegenüberstellung von *Hume* und *Mill* in *Hart/Honoré*, Causation in the Law, 1985, S. 15 ff.

1356 Den von *Hume* angemahnten induktiven Fehlschluss ließ er, anders als *Kant*, unbeanstandet, siehe *Mill*, A System of Logic, 1843, Book III, passim, bzgl. Kausalität z. B. Chapter V § 1, S. 393, 1843.

1357 Hierzu *Hart/Honoré*, Causation in the Law, 1985, S. 16 f.; *Stegmüller*, Erklärung, Begründung, Kausalität, 1983, S. 515 f. und auch unten ab S. 280.

1358 Siehe *Hume*, A Treatise of Human Nature, 2003 (1739/40), Book I Chapter III Section XII, S. 95.

1359 Siehe zum folgenden *Mill*, A System of Logic, 1843, Vol. I Book III, passim, bzgl. Kausalität z. B. Chapter V § 3, S. 398 ff.

Ihm zufolge ist eine Ursache im philosophischen Sinne nicht nur ein Element, das im Zusammenspiel mit anderen Elementen eine Wirkung erzeugt, sondern Ursache (und Bedingung) sei die gesamte (kausalrelevante) Situation zusammen, die eine andere Situation als Wirkung (und Bedingtes) zur Folge hat.[1360] Wenn ein Funke (A) Ursache eines Feuers (B) wäre, dann müsste dieser allein ein Feuer auslösen können. Doch dass der Funke das Feuer zur Folge hat, liegt daran, dass Sauerstoff zur Verfügung steht, sodass das Feuer brennen kann. Auch muss das Material brennbar sein und nicht etwa von Wasser durchtränkt etc. Zu behaupten, ein Funke sei Ursache des Feuers, sei logisch unrichtig. Das, was *Hume* als Ursache bezeichnete, sei letztlich nur ein Teil einer Ursache. Kausal is »the set of antecedents that determined« das Verursachte; »the real cause, is the whole of these antecedents«[1361].[1362]

Hierin liegt der wesentliche Beitrag der Kausaltheorie *Mills* zur Diskussion der Kausalität bis heute: Die Feststellung, dass eine Ursache aus einer unendlichen Vielzahl von Elementen und Bestandteilen, negativen wie positiven Tatsachen,[1363] besteht, die alle gleichermaßen das Bedingte bewirken. Dass A auf B schoss, mag umgangssprachlich »Ursache« des Todes des B gewesen sein. Da damit zugleich ein Kausalgesetz behauptet wird, beinhaltet dieses immer eine Reihe weiterer Elemente: Dass B noch lebte, dass Atmosphäre und Naturgesetze wie sonst auch wirkten, dass nicht eine Mauer der Kugel den Weg versperrte, dass B keine schusssichere Weste trug etc.[1364] Was *Mill* mit der terminologischen Klarstellung erreicht, ist die Berücksichtigung der Komplexität kausaler Urteile und ihre Kontingenz. Die einzelne Handlung, die umgangssprachlich als »Ursache« bezeichnet wird, hat in der logischen Struktur der Ursache (als Summe der Elemente, die diese ursächlich machen) keine gehobene Stellung.

Beispielsweise wird das Kausalgesetz, dass ein Faden, der aufgrund seiner Struktur das Gewicht einer Eisenkugel von bis zu 1 kg tragen kann, bei 1 kg + x reißt, auch durch Schwerkraft, Atmosphäre etc. *bedingt.*[1365] Verändert man diese Randbedingungen, etwa indem ein starker Magnet über die Eisenkugel gehalten wird, der die Wirkung der Schwerkraft teilweise aufhebt, wird der Faden bei 1 kg

1360 *Mill*, A System of Logic, 1843, Vol. I Book III, Chapter VI, S. 425ff.

1361 *Mill* (ebenda), S. 399. Diese begriffliche Diskrepanz zwischen alltäglichem und philosophischem Gebrauch des Wortes »Bedingung« und »Ursache« setzt sich bis heute fort, siehe auch unten zur Condicio-per-quam-Formel, S. 280ff.

1362 Siehe auch *Ewing*, Proceedings of the Aristotelien Society 1938, S. 92.

1363 Siehe *Mill*, A System of Logic, 1843, Vol. I Book III, passim, bzgl. Kausalität z. B. Chapter V § 1, S. 403.

1364 Siehe zur erforderlichen Berücksichtigung negativen Tatsachen etwa *Puppe*, RW 2011, S. 415.

1365 Beispiel nach *Popper*, Scientific Discovery, 2005 (1935), S. 38, der erstmals »die logische Struktur sogenannter kausaler Erklärungen« klar beschrieb, so *Stegmüller*, Erklärung, Begründung, Kausalität, 1983, S. 116.

+ x nicht reißen.[1366] Dass der Faden bei einem Gewicht von 1 kg + x reißt, wird nicht nur durch das Gewicht, sondern auch durch die *Randbedingungen* bedingt.[1367] *Mackie* führt für solche übrigen Bedingungen den Begriff des »kausalen Feldes« ein.[1368] Gewisse Umstände werden immer automatisch hinzugedacht bzw. vorausgesetzt. Jemanden von einem Hochhaus zu stoßen, würde als Ursache seines Todes durch den Aufschlag am Boden betrachtet, auch wenn hierfür die Wirkung der Schwerkraft notwendig, in diesem Sinne ursächlich, ist. Dies wird nicht noch einmal zusätzlich erwähnt, sondern immer mitgedacht, ist Teil des *kausalen Feldes.* Eine ähnlich klarstellende Funktion hat der Begriff »ceteris paribus«[1369], also »der Rest gleich«, mit anderen Worten: Die Aufforderung, ein Kausalurteil so zu fällen, dass alle Umstände, alle Eigenschaften des kausalen Feldes bis auf die untersuchte, als so wie zuvor vorliegend gedacht werden sollen. Zweck dieser begrifflichen Instrumente ist nicht nur eine Verschlankung der Ausdrucksweise, sondern auch die Umgehung der praktischen Schwierigkeiten einer abschließenden Formulierung kausaler Erklärungen. Für die Ursächlichkeit der Gesamtsituation ist ein Teil nicht bedeutender als andere, sondern alle Bedingungen sind gleichwertig (der Funke ist für das Feuer ebenso bedeutend wie die Sauerstoffzufuhr). Dies entspricht *von Buris* Äquivalenztheorie.[1370]

(b) Die logische Bestimmung des Kausalzusammenhangs im Einzelfall

Bei *Hume* wurde die in Kausalverhältnissen enthaltene Gesetzmäßigkeit dahingehend verstanden, dass zwischen Ursache und Wirkung das Verhältnis einer notwendigen Bedingung bestehe.[1371] Notwendig ist eine Bedingung, ohne die

---

1366 So das Gegenbeispiel von *Canfield/Lehrer*, Philosophy of Science 1961, S. 205ff. Diskutiert wird dies im Rahmen der »Vollständigkeitsanforderungen« an ein Kausalgesetz, siehe *Stegmüller*, Erklärung, Begründung, Kausalität, 1983, S. 185, deren Feststellung aber unmöglich ist, da sie in einem »regressus (sic!) ad infinitum« enden würde, *Stegmüller*, Erklärung, Begründung, Kausalität, 1983, S. 186f.

1367 Ausführlich hierzu *Stegmüller*, Erklärung, Begründung, Kausalität, 1983, S. 181ff., insbesondere S. 183f. und 187ff. Dabei ist auch hier die immer bedeutende Unterscheidung zwischen Kausalerklärung und Vorhersage zu betonen. Dass die Randbedingungen vorlagen, ist ex post recht einfach festzustellen (»praktisch sicheres Wissen«), wenn nämlich das Kausalgesetz wie üblich wirkte. Für die Vorhersage aber sind die Randbedingungen zwar ebenfalls immer mitzudenken – aber alles andere als sicher gegeben, siehe *Stegmüller*, Erklärung, Begründung, Kausalität, 1983, S. 188f.

1368 Zu finden bei *Mackie*, The Cement of the Universe, 1990 (1973), S. 35 mit Nachweisen zu früherer Verwendung und der Herkunft in der Auseinandersetzung mit *Mill*; auch *Kindhäuser*, GA 2012, S. 136.

1369 Gängig bei *Kindhäuser*, siehe bereits Gefährdung als Straftat, 1989, S. 93.

1370 Obgleich der Einfluss auf *v. Buri*, Kausalität, 1968 (1873), passim, strittig ist, hierzu *Knoche*, Entwicklung der Lehre vom Kausalzusammenhang, 1959, S. 85 m. w. Nachw.

1371 *Hume*, A Treatise of Human Nature, 2003 (1739/40), Book I Chapter III Section XIV (Of the idea of necessary connection).

eine Aussage falsch und die daher Voraussetzung für die Wahrhaftigkeit einer Aussage ist.[1372] Einfacher: A ist notwendige Bedingung für B, wenn es kein B ohne A geben kann. Diese Eigenschaft erlaubt es, von der Wahrhaftigkeit der Aussage auf das Vorliegen der notwendigen Bedingung zu schließen (wenn B, dann auch A). Beispiel: Der Tod eines Menschen (B) setzt voraus, dass der Mensch gelebt haben muss (A). Dass ein Mensch gelebt hat, ist notwendige Bedingung dafür, dass er stirbt. Solche Bedingungen lassen sich tatsachenwiderstreitend (kontrafaktisch) ausdrücken: *Hätte B nicht gelebt, wäre er nicht gestorben.* Das Verständnis der Ursächlichkeit im Sinne einer notwendigen Bedingung ist der Hintergrund der »Hinwegdenkmethode« *Glasers*, der später sogenannten Formel der Condicio-sine-qua-non.[1373] In den Worten *Humes:* »We may define a cause (…) in other words, where, if the first object had not been, the second never had existed«[1374].

Mill widerspricht:[1375] Zu behaupten, B sei die Folge von A, sei denklogisch zwingend die Behauptung, *A würde unter den gleichen Umständen erneut B zur Folge haben.* Es bedeutet aber nicht, *B könnte nur auf A* folgen. Die logische Beziehung, die damit zum Ausdruck gebracht wird, ist nicht die einer notwendigen, sondern die einer hinreichenden Bedingung. Eine Bedingung ist für ein Bedingtes hinreichend, wenn es zu diesem Bedingten führt, aber keinen Rückschluss vom Vorliegen des Bedingten auf die (daher nur hinreichende) Bedingung zulässt. Wenn X, dann auch Y, aber nicht umgekehrt.[1376] Beispiel: Wenn ein Mensch erheblich Blut verliert (A), stirbt er (B). Die logische Struktur der Relation lässt sich als »wenn A, dann auch B« ausdrücken. Der Tod eines Menschen (B) kann zweifellos durch erheblichen Blutverlust ausgelöst werden (A, Verbluten). Stirbt ein Mensch, bedeutet dies aber nicht, dass ein hoher Blutverlust vorliegt. Das ist empirisch gar die Ausnahme. Es gibt eine Vielzahl hinreichender Bedingungen, die das Bedingte (Tod) *verursachen* können. Jene Bedingungen, die immer vorliegen müssen (notwendige Bedingungen, vorheriges Leben), drücken die Ursächlichkeit daher logisch nicht aus. »A given effect may really be produced by a certain cause, and yet be perfectly capable of being produced without it«[1377]. Ursachen sind damit aufgrund ihrer Pluralität *hinreichende Be-*

1372 Im Sinne analytisch-logischer Wahrheit, siehe hierzu *Stegmüller*, Erklärung Begründung Kausalität, 1983, S. 40ff. Siehe hierzu auch *Puppe*, Lob der Conditio-sine-qua-non-Formel, GA 2010, S. 551f. m. w. Nachw.

1373 Siehe bereits oben S. 214.

1374 *Hume*, An Enquiry Concerning Human Understanding, 1902 (1748), Section VII Part II, Nr. 60.

1375 *Mill*, A System of Logic, 1843, Vol. I Book III, Chapter VI, S. 425ff.

1376 Siehe etwa *Kindhäuser*, GA 2012, S. 135.

1377 *Mill*, A System of Logic, 1843, Vol. I Book III, Chapter VI, S. 507. Zustimmend *Hart/Honoré*, Causation in the Law, 1985, S. 20.

dingungen und keine notwendigen.[1378] Es kann zwar nicht A ohne B, aber sehr wohl B ohne A geben.[1379] Wenn beispielsweise festgestellt würde, die Enthauptung der Person P war Ursache ihres Todes, dann wäre es widersinnig, damit das Kausalgesetz zu behaupten, dass eine Enthauptung notwendige Bedingung für den Tod einer Person ist. Der Tod einer Person kann eine unnennbare Vielzahl von »Ursachen« haben (Verbluten, Erschlagen, Herzinfarkt, Ertrinken etc.). Jede einzelne könnte daher nur hinreichende, aber niemals notwendige Bedingung für den Tod einer Person sein. Diese Betrachtung der Wirkung als gesetzmäßige Folge der Ursache (»wenn A, dann B«)[1380] liegt der später von *Engisch* explizit auf *Mill* aufbauenden Formel von der gesetzmäßigen Bedingung zugrunde.[1381]

(c) Zusammenfassung und Stellungnahme

Mills überzeugende Darlegung, dass Wirkungen unterschiedliche Ursachen haben können, ist eine berechtigte Kritik an *Humes* noch recht einfacher Betrachtung von *Kausalgesetzen.* Auf Gesetzesebene ist eine hinreichende Bedingungsrelation zwischen Ursache und Wirkung evident. Eine Tatbestandserfüllung ist per definitionem *hinreichend* für die Rechtsfolge (wenn X, dann Y: »Wer einen Menschen tötet«, macht sich strafbar)[1382] und *nicht notwendig* (wenn Y, dann nicht unbedingt X, denn auch »wer eine andere Person körperlich misshandelt oder an der Gesundheit schädigt«, macht sich strafbar).

Wenn aber der Einzelfall berücksichtigt wird, können die Argumente *Mills* nicht auf Anhieb überzeugen. Im Einzelfall ist nicht *ein* Todesfall zu erklären, sondern *der* Todesfall (des A z. B.) muss erklärt werden.[1383] Bezüglich eines einmaligen kausal zu erklärenden Ereignisses lässt sich vertreten, eine Bedingung (Handlung) sei hierfür *notwendig* gewesen. Etwa: Dafür, dass B zu jenem

1378 Daher sind Ursachen auch keine hinreichenden *und* notwendigen (=äquivalente) Bedingungen, siehe *Hart/Honoré*, Causation in the Law, 1985, S. 20.

1379 Noch ein Beispiel hierzu: Stoßwellen (B) ohne Explosionen (A) sind möglich, aber nicht Explosionen (A) ohne Stoßwellen (B). Wenn von Verursachung gesprochen wird, dann drückt dies genau dies aus. B (Stoßwelle) musste aus A (Explosion) folgen, A hat B verursacht. Dass die Explosion nur in Verbindung mit zahlreichen weiteren Elementen, gegebenenfalls Sauerstoff etc. stattfinden kann, muss nach *Mill* natürlich Berücksichtigung finden.

1380 Gerade für juristische Kausalfragen soll diese Kausalbetrachtung ein Potential bergen, denn es ginge dem Juristen um die Erfüllung generalisierter Ereignisse (tatbestandliche Erfolge), die, wie *Mill* richtig betone, mehr als nur eine Ursache haben können, siehe *Hart/Honoré*, Causation in the Law, 1985, S. 19.

1381 Ausführlich hierzu unten ab S. 240.

1382 Vorausgesetzt natürlich, die Tat ist rechtswidrig und schuldhaft.

1383 Dies nicht zu beachten, stellte auch den logischen Fehler dar, den die Condicio-sine-qua non-Formel in ihrer Urform unterlief und der von der Formel des Erfolges in seiner konkreten Gestalt behoben wurde (siehe vertiefend sogleich ab S. 245). Ähnlich, aber den entgegengesetzten Schluss ziehend, *Rothenfußer*, Kausalität und Nachteil, 2003, S. 26f.

Zeitpunkt starb, war es notwendig, dass A den Schuss abgab; wenngleich es nicht notwendig dafür war, dass B generell irgendwann sterben würde. Diese Problematik begleitet die Äquivalenztheorie seit ihren Anfängen[1384] und ist für das Strafrecht von höchster Bedeutung (siehe b).[1385]

dd) Zusammenfassung und Ergebnis

Mit *Hume*, *Kant* und *Mill* sind die Grundannahmen wissenschaftstheoretischer Kausalitätstheorie dargestellt worden, die für das Verständnis der Äquivalenztheorie notwendig sind.[1386] Aus *Humes* erkenntnistheoretischer Überwindung der Suche nach dem »Kausalbegriff« entwickelte sich bei *Mill* die Äquivalenztheorie. Die Ursache ist die Gesamtheit an Bedingungen, aus denen ein Ereignis gesetzmäßig folgt (Kausalgesetz). Die Gesetzmäßigkeit ist dabei ein Produkt der Erfahrung, und formuliert eine Notwendigkeit[1387] der Folge aus dem Tatbestand.[1388] Ein Gesetz findet sich in der Form »wenn, dann« (also Tatbestand und Rechtsfolge).[1389] Es ist das Produkt der erkenntnistheoretischen Induktion, dass eine Ursache eine Folge kausalgesetzmäßig bewirken *muss*. Es ließe sich sagen: Kausalgesetze liegen dann vor, wenn »die Aufeinanderfolge bestimmter abstrakt gekennzeichneter Ereignisse (…) ein Anwendungsfall des Kausalprinzips ist«[1390]. Kausalgesetze sind durch Versuche und Beobachtungen, durch Induktion, zu gewinnen.[1391] Sie bezeichnen naturwissenschaftlich ermittelte Gesetze.

Vorausgesetzt wird demnach die Subsumtion eines Einzelfalls unter Kausalgesetze, die der logischen Bedingung die Form »wenn, dann« (hinreichende

1384 Schon *Hume* schien gelegentlich eher der generalistischen Betrachtungsweise zugeneigt, siehe *Moore*, Further Thoughts on Causation, in: Critical Essays, 2013, S. 334; *Lewis*, Journal of Philosophy, 1973, S. 556: »Hume defined causation twice over« (jeweils mit Nachweisen bei Hume).

1385 Schon *von Buri* schwankte diesbezüglich zwischen sich widersprechenden Formulierungen. An einer Stelle wird die Formel der condicio sine qua non vollumfänglich abgelehnt, da nach jener die Kausalität »nur aus der Unmöglichkeit ihrer Wegnahme aus dem bereits eingetretenen Erfolg hergeleitet und sonach die erforderliche Beweisführung nur in negativer Gestaltung geliefert« werde, an anderer Stelle aber wendet er diese (einmal) an, siehe oben Fn. 1224.

1386 Ähnlich *Koriath*, Kausalität und objektive Zurechnung, 2007, S. 19: Viele der erörterten Probleme der strafrechtlichen Kausaltheorien »wären ohne diesen Hintergrund nicht einmal verständlich«. Ein Überblick über die aktuelle philosophische Diskussion kann an dieser Stelle nicht geleistet werden, siehe umfassend *Schnepf*, Kausalität, 2006, passim. Aktuell besonders rezipiert *Moore*, Causation and responsibility, 2009, passim.

1387 Gemeint ist damit die nomologische Komponente, nicht die Bedingungsrelation »notwendig« gegenüber »hinreichend«.

1388 Siehe auch *Dencker*, Kausalität und Gesamttat, 1996, S. 31.

1389 Schon *Stegmüller*, Erklärung, Begründung, Kausalität, 1983, S. 136; *Puppe*, RW 2011, S. 420: »Ein Kausalgesetz hat in der Regel die Form ›immer wenn …. dann‹.«

1390 *Maiwald*, Kausalität und Strafrecht, 1980, S. 10.

1391 Siehe hierzu auch *Maiwald*, Kausalität und Strafrecht, 1980, S. 14ff.

Bedingung) verleihen. Allein das *Kausalgesetz* verleiht einem Kausalurteil die Legitimität. Dass jener Schalter X jenes Licht Y anschaltet, sei deshalb wahr, weil es eine (behauptete kausal-)gesetzliche Verbindung zwischen dem Schalter und dem Licht gibt, die das Angehen des Lichts Y nach Betätigung des Schalters X erklärt. Das Licht muss (gesetzmäßig) aufgrund der Betätigung des Schalters angehen.

Den wissenschaftstheoretischen und -philosophischen Unterbau der Theorie bilden die Begriffe »Kausalprinzip« (alles was ist, hat eine Ursache) und »Kausalgesetz« (empirisch gewonnene Gesetze). Das Problem des Induktionsfehlschlusses und der ungelösten Kausalitätsdefinition wird nach dieser Kausalitätstheorie hingenommen.[1392] Nachdem diese Auffassung in der analytischen Wissenschaftstheorie im 20. Jahrhundert weiterentwickelt wurde, gilt sie als herrschende Kausalitätstheorie der Naturwissenschaften.[1393]

Hiervon zu unterscheiden ist jedoch das Kausalurteil im Einzelfall, wie es insbesondere im rechtlichen Bereich relevant ist. Nicht die Ermittlung von naturwissenschaftlichen Kausalgesetzen,[1394] sondern von konkreten Kausalrelationen interessiert die Rechtswissenschaft (Hat A den B getötet?). Allerdings ist das logische Verhältnis der Ursache zur Wirkung im Einzelfall in der Wissenschaftstheorie als auch in der Strafrechtswissenschaft bis heute umstritten. Nach einer Ansicht handelt es sich um eine notwendige (Kontrafaktualisten und Condicio-sine-qua-non-Formel), nach anderer Ansicht um eine hinreichende Bedingung (Regularisten und gesetzmäßige Bedingung). Dieser Punkt der wissenschaftstheoretischen Diskussion verläuft analog zur strafrechtswissenschaftlichen, auf die hier im Folgenden teilweise zurückgegriffen werden soll.

b) Das Kausalurteil im Einzelfall: Kontrafaktualisten und Regularisten

In der deutschen Strafrechtswissenschaft ist die Anwendung der berühmten Formel der »Condicio[1395]-sine-qua-non« die klassische Methode[1396] zur Be-

1392 Zur Ermittlung von Kausalgesetzen bleibt nichts anderes übrig, als im Versuch die Elemente zu isolieren, die regelmäßig die jeweilige Folge bewirken. Siehe hierzu *Maiwald*, Kausalität und Strafrecht, 1980, S. 13ff., *Engisch*, Kausalität, 1931, S. 21ff.

1393 *Puppe*, RW 2011, S. 401ff.

1394 Das bedeutet nicht, dass die Ermittlung im juristischen Kontext keinerlei Bedeutung hat, siehe etwa den Contergan-Fall oben Fn. 150 *Mit juristischen Methoden sind Kausalgesetze aber nicht zu ermitteln*, siehe *Puppe*, RW 2011, S. 420ff. Grundsätzlich zur Problematik des Induktionsschlusses als Methode in der juristischen Methodenlehre siehe *Joerden*, Logik im Recht, 2010, S. 341f.; ablehnend hinsichtlich der juristischen Relevanz auch *Hart/Honoré*, Causation in the Law, 1985, S. 14.

1395 Richtig ist condicio, nicht conditio, m. Nachw. *Gropp*, AT 2015, S. 135 (Rn. 33) so wie bereits oben Fn. 1224.

1396 Siehe zur strafrechtlichen Entstehung oben ab S. 212.

stimmung von Kausalität im Einzelfall. Im englischsprachigen Raum ist eine inhaltsgleiche Formel unter dem Begriff »but-for« geläufig.[1397] Gemeint ist eine Aufstellung der Hypothese, was geschehen wäre, wenn unter den gleichen Bedingungen, das auf seine Kausalität hin zu untersuchende Ereignis (im Strafrecht die Handlung) nicht stattgefunden hätte.[1398] *Hume* gilt als ihr erster wissenschaftstheoretischer Vertreter. Bis heute ist die kontrafaktische Methode in der Wissenschaftstheorie weit verbreitet.[1399]

Die Formel erfüllt die heuristische Funktion[1400] im Rahmen der Subsumtion die erste Voraussetzung der Zurechnung eines (Verletzungs-)Erfolges, eben die Verursachung desselben, zu überprüfen. Dieser Funktion wird die Formel der Condicio-sine-qua-non meist gerecht, weshalb sie weit verbreitet ist.[1401]

Als Beispiel folgender Fall: A schießt auf B, der an den Schussverletzungen stirbt. Um die Kausalität nach dieser Formel zu ermitteln ist zu prüfen: Wenn A nicht geschossen hätte, wäre B dann noch am Leben? Ist also das Auslösen des Schusses durch A eine *Bedingung ohne die nicht* (=condicio sine qua non) die Tötung des B eingetreten wäre? Da dies tatsächlich nicht geschehen ist (A schoss, und B ist nicht mehr am Leben) nennt man diese Methode auch »kontrafaktisch«.[1402] Die Ursache sei »hinwegzudenken«.[1403] Es ist erforderlich, den konkreten Sachverhalt mit Erfahrungswissen weiterzudenken.[1404] Auch die kontrafaktische Vorgehensweise geht davon aus, dass alle Bedingungen, die zu einer Veränderung in der Außenwelt führen, für diese Veränderung von gleicher Bedeutung, also *äquivalent* sind. Dass A auf den B schoss, ist also ebenso bedeu-

---

1397 Siehe statt aller *Wright*, The NESS Account of Natural Causation, in: Critical Essays, 2013, S. 13 m. w. Nachw. Sprachlich exemplifiziert: »X wouldn't have happened *but for* Y«.

1398 Bzw. beim Unterlassen das entsprechende Tun stattgefunden hätte, siehe *Gropp*, AT 2015, S. 496 (§ 11 Rn. 162) m. Nachw. aus der Rechtsprechung.

1399 Siehe zur Bedeutung und Ambivalenz von Humes Kausalitätstheorie zuletzt *Moore*, Further Thoughts on Causation, in: Critical Essays, 2013, S. 334.

1400 So *Welzel*, Das Deutsche Strafrecht, 2010 (1969), S. 43; MüKo StGB-*Freund* Vorbem. §§ 13 Rn. 333 m. w. Nachw.

1401 *Gropp*, AT 2015, S. 135 § 4 Rn. 37 (wenngleich nur die Äquivalenz, nicht die Notwendigkeit der Condicio-sine-qua-non-Formel ansprechend, die diese aber von der gesetzmäßigen Bedingung unterscheidet); differenzierender *Merkel*, FS Puppe 2011, S. 154: In der Rechtsprechung »so gut wie unangefochten«, in der Literatur »namhafte Anhänger«. Ein nicht ganz ernstgemeintes Lob der Condicio-sine qua-non-Formel m. w. Nachw. findet sich bei *Puppe*, Lob der Conditio-sine-qua-non-Formel, GA 2010, S. 569f., »geistiger Komfort«.

1402 Hierzu *Merkel*, FS Puppe 2011, S. 156. Zur mit diesem Begriff logisch verbundenen Verifikation von irrealen Konditionalsätzen siehe *Kindhäuser*, Gefährdung als Straftat, 1989, S. 84ff. m. w. Nachw.

1403 So schon *Glaser*, Abhandlungen aus dem österreichischen Strafrecht, 1978 (1858), Vol. I, 2. Abhandlung, Wien 1858, S. 298. Aktuell siehe *Frister*, AT 2015, Kapitel 9 Rn. 5.

1404 Gegen ein Hinzudenken aber *Spendel*, Die Kausalitätsformel der Bedingungstheorie für die Handlungsdelikte, 1995 (1948), S. 14, 38, 92.

tend für das Resultat, wie dass B geboren wurde, weil er sonst nicht hätte sterben können. Die Geburt des B ist eben nur ein Bestandteil der Gesamtursache.[1405]

Die kontrafaktische Vorgehensweise weist jedoch einige Schwächen auf, denen sich hier dialektisch genähert werden soll. Zunächst werden die Kritik an der kontrafaktischen Methode und der Gegenentwurf der regularistischen Methode, die Formel der gesetzmäßigen Bedingung, dargestellt (aa). Im Anschluss soll die daraus folgende Weiterentwicklung der kontrafaktischen Methode zusammengefasst (bb) und die hieran geübte Kritik geschildert werden (cc). Beide Ausprägungen der Äquivalenztheorie führen entsprechend ihrer gemeinsamen Grundlage im Wesentlichen auf die gleichen Ergebnisse hinaus (dd). Beide sehen sich daher der wissenschaftstheoretischen (4.) und strafrechtlichen (5.) Kritik ausgesetzt, die Anknüpfungspunkte für eine Begrenzung der Vorverlagerung bieten könnte.

aa) Die Schwächen der kontrafaktischen und die Lösung durch die regularistische Methode (Engisch)

Grundlage der kontrafaktischen Methode ist die auch bei *Hume* zu findende Betrachtung der Ursache (X) als *notwendige Bedingung* der Wirkung (Y): Wenn nicht X, dann auch nicht Y. Dies macht diese Formel »anfällig« für Ersatzursachen (X1): Wenn nicht X, dann wegen X1 trotzdem Y.[1406] Die kontrafaktische Methode blendet die Vorgänge aus, die tatsächlich kausal waren, und beschränkt sich ganz auf die Berücksichtigung des hypothetischen Verlaufs.[1407] Hierbei aber können hypothetischen Verläufe, bei Vorliegen von Ersatzursachen, zu einer hypothetischen Situation führen, die der realen Situation ganz entspricht.[1408] Insofern ist die Formel der Condicio-sine-qua-non »falsch«[1409]. Ein klassischer Lehrbuchfall (Giftfall) soll dies exemplifizieren:

> A vergiftet B mit einer tödlichen Dosis Gift. Bevor das Gift seine tödliche Wirkung entfalten kann, wird B durch C erschossen.

Hätte C den B nicht erschossen, wäre B dennoch gestorben (durch das Gift des A). Daher hätte C nach der (einfachen) Condicio-sine-qua-non-Formel den Tod

1405 Siehe oben ab S. 232.

1406 Siehe eingehend zur Notwendigkeit der Bedingung für den Erfolg als Schwachpunkt *Puppe*, RW 2011, S. 407ff. Zu dieser und sonstiger Schwächen der Kausalitätsmodelle, die auf notwendige Bedingungen bzw. auf »strong necessity« abstellen *Wright*, The NESS Account of Natural Causation, in: Critical Essays, 2013, S. 14ff., insbesondere S. 16.

1407 Kritisch hierzu *Jescheck/Weigend*, AT 1996, S. 280f.

1408 Der Aspekt der Schwäche der hypothetischen Vorgehensweise ist bereits Gegenstand der Kritik *Engischs*, Kausalität, 1931, S. 17ff.

1409 So *Merkel*, FS Puppe 2011, S. 158. Noch deutlicher *Erb*, JuS 1994, S. 450; zur Diskussion der kontrafaktischen Methode im englischsprachigen Raum *Moore*, Causation and responsibility, 2009, S. 371ff.

des B nicht verursacht, obwohl er ihn erschossen hat.[1410] C hat den B nicht getötet, weil seine Handlung für den Tod des B nicht *notwendig* war.[1411] Der hypothetische Verlauf falsifiziert in diesen Fällen den Aussagesatz der Condicio-sine-qua-non-Formel, wodurch diese zu falschen Ergebnissen führt.[1412]

Die Schwächen der Condicio-sine-qua-non-Formel wurden bereits von *Engisch* benannt und mit seiner Formel von der gesetzmäßigen Bedingung zu beheben versucht.[1413] Grundlage ist auch hier die von *Engisch* als »Bedingungstheorie«[1414] bezeichnete Äquivalenztheorie.[1415] Während die Condicio-

1410 Dieser Fall findet sich beispielsweise bei *Puppe*, ZStW 92 (1980), S. 875; *Kindhäuser*, ZStW 120 (2008), S. 486; *Moore*, Further Thoughts on Causation, in: Critical Essays, 2013, S. 338.

1411 In der Sache identisch der Scharfrichterfall: Der Mörder B soll hingerichtet werden. Der Scharfrichter A will das Urteil gerade vollstrecken, da stürzt der Vater (C) des Mordopfers hinzu und löst das Fallbeil aus, wodurch der B zu Tode kommt. Hätte C das Fallbeil nicht ausgelöst, wäre B trotzdem durch A getötet worden, siehe *Engisch*, Kausalität, 1931, S. 15f. Hierzu auch *Puppe*, ZStW 92 (1980), S. 863. Neuerdings kritisch *Puppe*, Lob der Conditio-sine-qua-non-Formel, GA 2010, S. 553 (»lebensfremdes Beispiel«).

1412 NK StGB-*Puppe*, Vorbem. §§ 13ff. Rn. 95; hiergegen *Koriath*, der meint, Gegenstand des Gedankenexperiments sei »der reale Fall, nicht ein fiktiver«, Kausalität, 2007, S. 98f. Dies ist zweifellos richtig, doch wird damit kaschiert, dass das ebenso zweifellos kontrafaktische Verfahren nicht den wahren Kausalverlauf beschreibt, sondern *einen fiktiven Fall*, nämlich den fiktiven Kausalverlauf bei Wegdenken eines Umstandes. Nur hier können Ersatzursachen relevant werden, denn als Ersatzursachen spielen sie nur in der Fiktion eine Rolle.

1413 Die Formel findet sich bei *Engisch*, Kausalität, 1931, S. 21: »Ein Verhalten (...) erweist sich dann als ursächlich für einen nach einem bestimmten strafgesetzlichen Tatbestand abgegrenzten konkreten (positiven) Erfolg, wenn sich an jenes Verhalten als zeitlich nachfolgend Veränderungen in der Außenwelt angeschlossen haben, die mit dem Verhalten und untereinander in ihrer Aufeinanderfolge (natur-)gesetzmäßig verbunden waren und die ausgemündet sind in irgendeinen Bestandteil des konkreten Sachverhalts, der dem Strafgesetze gemäß als Erfolg abgegrenzt ist«.

1414 Daher ist auch die (alleinige) Bezeichnung der Condicio-sine-qua-non-Formel als »Bedingungstheorie« unrichtig, so aber u. a. Beck OK StGB-*Heuchemer* § 13 Rn. 11f. Zutreffend Gesamtes Strafrecht-*Heinrich* Vor § 13 Rn. 10f., 44f. *Engisch* bezeichnet seine Formel explizit als Ausprägung der Bedingungstheorie. Siehe *Engisch*, Kausalität, 1931, S. 20f.: »der *korrekt verstandenen Bedingungstheorie* (...) zugrundeliegenden (...) Kausalbegriff, den wir (...) etwa zu der folgenden Formel entwickeln können:« es folgt die Formel von der gesetzmäßigen Bedingung (Hervorhebung U.M.)! Abgeglitten daher die Diskussion dieses Punktes bei *Koriath*, Kausalität und objektive Zurechnung, 2007, S 74ff. Dieser unterlässt die Unterscheidung von Bedingungstheorie und Condicio-sine-qua-non-Formel, siehe *Koriath*, Kausalität und objektive Zurechnung, 2007, S. 11f. obgleich er erkennt, dass er die Hinwegdenkmethode »in *v. Buris* Schriften nicht« finden konnte, *Koriath*, Kausalität und objektive Zurechnung, 2007, S. 36. Dies eben deshalb, weil sie dort auch nicht zu finden ist (dort findet sich nur die Bedingungstheorie). Genau dies aber war *Engisch* klar, trennt er doch zwischen der Bedingungstheorie *von Buris* (die, wie er selbst und auch *Koriath* erkennen, einem Kraftbegriff huldigte, siehe *Engisch*, Kausalität, 1931 S. 7 Fn. 3, 19f., *Koriath*, Kausalität und objektive Zurechnung, 2007, S. 30ff., weshalb sie nicht vollständig mit der *Millschen* Äquivalenztheorie übereinstimmt) und ihrer »heute üblichen Fassung« – der Condicio-sine-qua-non-Formel, *Engisch*, Kausalität, 1931 S. 7f.

sine-qua-non-Formel hypothetische Vergleiche und damit die im Strafrecht zu untersuchende Handlung von dem durch sie verursachten Erfolg trennt, führt die Formel der gesetzmäßigen Bedingung diese wieder zusammen. Sie wählt eine vollständig andere Methode: »Läßt sich also mit der Hypothesenbildung zur Ermittlung oder zur Definition der Bedingung nichts anfangen, so kann das Spezifische der Bedingung nur noch darin gefunden werden, daß sie die Folge *gesetzmäßig* bringt.«[1416] Nach *Engisch* geht es dabei um die Subsumtion des konkreten Vorgangs unter »Naturgesetze«[1417].[1418] In dem geschilderten Fall wäre demnach C deshalb Verursacher des Todes des B, weil nur seine Handlung Bestandteil des Kausalgesetzes war, dass den Tod des B erklären kann. Die Handlung des A hingegen entfaltete ihre tödliche Wirkung nicht und war nicht kausalgesetzlich mit dem Tod des B verbunden.

Unter diesem Gesichtspunkt fehlgehend daher die Anschuldigung an *Engisch*, nicht zwischen Hinwegdenkmethode und condicio sine qua non zu unterscheiden, *Koriath*, Kausalität und objektive Zurechnung, 2007, S. 75. Man beachte, dass *Engisch* in der gesamten folgenden Abhandlungen nicht ein einziges Mal (!) die Bedingungstheorie, sondern immer nur die Formel von der Condicio-sine-qua-non angreift, siehe etwa *Engisch*, Kausalität, 1931, S. 8, 9, 10, 11, 13, 14, 15, 16, 17, wo es klarer nicht werden kann: Die Bedingungstheorie in »*der Fassung der c. s. q. n.*« (Hervorhebung U. M.) und der Beobachtung, es sei »streng zu unterscheiden« zwischen der Hinwegdenkmethode und der Bedingung einer Ursache. Abschließend: »Feststellung der Kausalität (*des Bedingungszusammenhangs*)« (Hervorhebung U. M.), *ebenda*, S. 20, »wir haben uns unter 2. und 3. des Ursachenbegriffs versichert, der der Bedingungstheorie zugrunde liegt, der aber *in der Formel der c. s. q. n. nicht in seiner Ursprünglichkeit erfaßt wird*« (Hervorhebung U. M.), *ebenda*, S. 32. Noch nach dem zweiten Weltkrieg, *Engisch*, Weltbild, 1950, S. 130: »*übliche Formulierung* der Bedingungstheorie« (zur Condicio-sine-qua-non-Formel, Hervorhebung U. M.). Ebenfalls muss darauf hingewiesen werden, dass die Behauptung (ohne Fußnote), *Engisch* stünde im Widerspruch zu *Mills* Lehre, *Koriath*, Kausalität und objektive Zurechnung, 2007, S. 78, von *Engisch* selbst widerlegt wird: Ein »Tatsachen*komplex*« (Hervorhebung U. M.) sei »bald in, bald außer Verbindung mit einem hinsichtlich seiner Ursachenqualität interessierenden Moment U auf seine Folgen« hin zu untersuchen, mit Verweis auf *Mill* in der Fußnote, *Engisch*, Kausalität, 1931, S. 24; und »wenn m + p + n = o ist, so ist weder m noch n noch o = P« (Verweis auf *Birkmeyer*, dezidiert gegen *von Buris* »Kraftbedingung« gerichtet), *ebenda*, S. 34. Weiter: Wenn es heißt, der Weichenstellerfall (A betäubt, B aber fesselt einen Weichensteller, wodurch ein Zugunglück eintritt,), werde von *Engisch* nicht gelöst, *Koriath*, Kausalität und objektive Zurechnung, 2007, S. 80, so spreche *Engisch* wieder selbst: »Es sind also A und B kausal«, *Engisch*, Kausalität, 1931, S. 15 (Fn. 1).

1415 Zur Äquivalenz der Ursachen als Grundannahme auch der Formel von der gesetzmäßigen Bedingung siehe *Engisch*, Kausalität, 1931 S. 33f. sowie S. 35ff.

1416 *Jakobs*, Studien zum fahrlässigen Erfolgsdelikt, 1972, S. 20f. MüKo StGB-*Freund*, Vorbemerkungen zu den §§ 13ff. Rn. 340, spricht von einem Tunnel, durch den der »schadensträchtige Zug« nach der Condicio-sine-qua-non-Formel fährt und erst auf der anderen Seite wieder beobachtet wird, während die Formel der gesetzmäßigen Bedingung diesem auch in den Tunnel folgt. Zustimmend *Schales*, Spezifische Fehlverhaltensfolgen und hypothetische Kausalverläufe, 2014, S. 38.

1417 *Engisch*, Kausalität, 1931 S. 23.

1418 *Engisch*, Kausalität, 1931, S. 26.

Die gesetzmäßige Bedingung bezeichnet bei ihm erfahrungsmäßige »Gesetzlichkeit der Aufeinanderfolge«[1419], die im Übrigen, ganz nach *Mill*,[1420] auch negative Tatsachen umfassen kann.[1421] Dies wird in der Wissenschaftstheorie als Regularitätstheorie bzw. -these[1422] bezeichnet. Kausalurteile beinhalten hiernach eine logische Struktur der nomologischen Bedingtheit in Form von Kausalgesetzen.[1423] Bei *Engisch* handelt es sich dabei um Erfahrungssätze, die Richter und Gutachter ihren Bewertungen zugrunde legen.[1424] Die Methode der Formel von der gesetzmäßigen Bedingung ist gegen Ersatzursachen weitgehend immun, da sie sich zum Fällen des Kausalurteils im Faktischen bewegt, in der Ersatzursachen irrelevant geblieben sind.[1425]

1419 *Engisch*, Kausalität, 1931 S. 24.

1420 *Mill*, A System of Logic, 1843, Volume I Book III, Chapter V § 3 (S. 402f.).

1421 *Engisch*, Kausalität, 1931 S. 29ff.

1422 Als »Regularitätsthese« bezeichnet bei *Puppe*, RW 2011, S. 402; »regularity theories« bei *Keil*, Making Causal Counterfactuals More Singular and More Appropriate for Use in Law, in: Critical Essays, 2013, S. 157.

1423 Siehe zum Folgenden vertiefend *Moore*, Causation and responsibility, 2009, S. 471ff., der von »Generalists« spricht.

1424 Siehe *Engisch*, Kausalität, 1931 S. 21; *Jakobs*, Studien zum fahrlässigen Erfolgsdelikt, 1972, S. 21: Es kann »auf die Veränderung des Erfolges *geschlossen* werden, jedoch ist dieser Schluß nur durch *Anwendung* der Kenntnis von der Bedingung möglich. Die Gesetze der Bedingungszusammenhänge werden gelernt (...)«. Interessant ist, dass *Engisch* auf eine ausdrückliche logische Beschreibung der Kausalbeziehung verzichtete, siehe *Frister*, AT 2015, Kapitel 9 Rn. 7 f.; *Puppe*, Lob der Conditio-sine-qua-non-Formel, GA 2010, S. 552ff.; *Dencker*, Kausalität und Gesamttat, 1996, S. 53. Zwar mag sich *Engisch* eine solche gedacht haben, formuliert hat er sie aber nicht (klar), siehe *Puppe*, Lob der Conditio-sine-qua-non-Formel, GA 2010, S. 556. Wahrscheinlich ist aber, dass *Engisch* die hinreichende Bedingungsform schon wegen der Gesetzesförmigkeit (»wenn, dann«) vertrat. Hierfür sprechen seine Ausführungen zur Abgrenzung zwischen notwendiger und gesetzmäßiger Bedingung, siehe *Engisch*, Kausalität, 1931, S. 24f. Nicht überzeugend daher auch *Erb*, JuS 1994, S. 451, der unter Verzicht auf ein Bedingungsschema auf die »gesetzmäßige Verbundenheit zwischen zwei Ereignissen« wie in *Engischs* »Originalfassung« abstellen möchte. Dass *Engisch* keine Gesetzmäßigkeit im Sinne einer (bedingungsschematischen) Nomologie, sondern einen »kontinuierlichen Geschehensablauf« (*Erb*, ebenda) im Sinn hatte, ist bereits angesichts des Umstands, dass *Engisch* negative Tatsachen als vollwertig kausal betrachtete (*Engisch*, Kausalität, 1931 S. 31) äußerst fragwürdig. Eine Bedingung »als solche« und damit auch eine gesetzmäßige Bedingung außerhalb einer logischen (so aber *Erb*, JuS 1994, S. 451f.) gibt es nicht, siehe *Puppe*, GA 1994, S. 302: »Der Ausdruck ›Bedingung‹ hat ohne die Bestimmung notwendig oder hinreichend nicht mehr den Sinn einer logischen Abhängigkeit, sondern bezeichnet nur noch einen vorhergehenden oder begleitenden Umstand. Was in diesem Zusammenhang dann noch der Ausdruck ›gesetzmäßig‹ soll, ist unklar.« Siehe des Weiteren auch NK StGB-*Puppe* Vorbemerkungen zu §§ 13 ff Rn. 102 m. w. Nachw.

1425 Siehe u.a. *Gropp*, AT 2015, § 4 Rn. 77.

bb) Die Weiterentwicklung der kontrafaktischen Methode

Engisch deckte mit seiner Formel die Unzulänglichkeiten der kontrafaktischen Methode auf.[1426] Die Lehre reagierte hierauf mit Ergänzungsformeln (a) und der Weiterentwicklung von Kausalurteilen bezüglich des konkreten Erfolgs (b).

(a) Ergänzungsformel zur Condicio-sine-qua-non-Formel (Spendel)

Wohl aufgrund ihrer Bequemlichkeit wurde versucht, die Condicio-sine-qua-non- Formel gegen die sich verdichtenden Vorwürfe von *Engisch* zu verteidigen.[1427] Bekannt ist der bereits von *Engisch* diskutierte Vorschlag *Traegers*, nur den abstrakten, juristischen Erfolg zu berücksichtigen, weil hierdurch nebensächliche Veränderungen ausgeschlossen werden könnten.[1428] Doch kann hiernach das Problem der Ersatzursachen nicht befriedigend gelöst werden, wenn beispielsweise im Giftfall der Schuss des C nur kurz vor Wirkung des Giftes des A das Leben des B beendet. Für den abstrakten Erfolg »B ist tot« ist der Schuss dann nicht notwendig.[1429]

Zu einer ausführlichen Diskussion führte der Vorschlag *Spendels*, das Hinzudenken von tatsächlich »nicht verwirklichten Umständen« zu untersagen.[1430] Wenn C den Schuss nicht abgibt, wäre der vergiftete B noch am Leben, weil die Handlung des A nicht hinzugedacht werden darf.[1431] Dies kann jedoch nicht überzeugen, denn das Weiterdenken ist gerade Grundlage der kontrafaktischen Methode. Nur so kann sie gedanklich prüfen, ob die Handlung kausal war: »nur indem wir uns einen irrealen weiteren Verlauf der Ereignisse ohne die Handlung (X1, U. M.) vorstellen, *der eben nicht zum Erfolg geführt hätte*, kommen wir überhaupt zur Annahme von dessen Ursächlichkeit«[1432].[1433] Letztlich erreicht *Spendel* mit dem Verbot des Hinzudenkens von Reserveursachen genau das, was auch *Engisch* bezweckte, nämlich das Betrachten nur solcher Geschehnisse, die wirklich eingetreten sind.[1434] Die Handlung des A »wirkte nicht« (B wurde

---

1426 Hierzu statt aller *Gropp*, AT 2015, S. 139 § 4 Rn. 57; MüKo StGB-*Freund* Vorbem. §§ 13ff. Rn. 339.

1427 Siehe zum Folgenden *Jescheck/Weigend*, AT 1996, S. 282f.; Gesamtes Strafrecht-*Heinrich* Vor § 13 Rn. 28ff.. Zu aktuellen Bestrebungen *Puppe*, RW 2011, S. 407.

1428 *Traeger*, Der Kausalbegriff im Straf- und Zivilrecht, 1904, S. 42ff.

1429 Kritisch auch *Engisch*, Kausalität, 1931, S. 10f. Siehe zu *Traeger* in der neueren Literatur auch *Haas*, GA 2015, S. 87. Eine Wiederbelebung wird erwogen bei *Rothenfußer*, Kausalität und Nachteil, 2003, S. 75ff.

1430 *Spendel*, Die Kausalitätsformel der Bedingungstheorie für die Handlungsdelikte, 1995 (1948), S. 14, 38, 92.

1431 Dies bereits antizipierend *Engisch*, Kausalität, 1931, S. 17.

1432 *Puppe*, ZStW 92 (1980), S. 869f., Hervorhebung U. M.

1433 *Kindhäuser* spricht – zurecht – von einer »begrifflichen Folgerung« (C hat B getötet, hätte C also nicht gehandelt, wäre B nicht tot) und verneint eine »empirische Erkenntnis«, *Kindhäuser*, ZIS 2016, S. 578.

1434 Wohlgesonnen daher Gesamtes Strafrecht-*Heinrich* Vor § 13 Rn. 28ff. m. w. Nachw. Siehe vorher Erschossen), also war sie nur Reserveursache und darf nicht hinzugedacht werden. Problematisch daran ist die Methode.[1435] *Spendels* Formel lautet zusammengefasst: »kausal ist, was den Erfolg bewirkt hat, nicht was den Erfolg bewirkt hätte«. Das stimmt zwar. Aber eine Formel ist dies keineswegs. Denn was »bewirken« heißt, soll ja gerade mit einer Formel beurteilt werden. Entweder es wird hierfür eine kontrafaktische Methode gewählt (»wäre«), in der Reserveursachen ein Problem darstellen, oder es wird eine faktische Vorgehensweise gewählt (»war« bzw. »ist«), und damit die der gesetzmäßigen Bedingung.[1436] Letzteres ist die »Preisgabe«[1437] der Condicio-sine-qua-non-Formel.

(b) Konkrete Gestalt des Erfolgs

Weiter verbreitet als die Ergänzungsformel ist heute die Formel des Erfolgs in seiner konkreten Gestalt.[1438] Dies war, anders als *Spendels* Konzeption, keine Antwort auf die Formel der gesetzmäßigen Bedingung. Schon *Engisch* wandte sich nicht nur gegen die Condicio-sine-qua-non-Formel in ihrer einfachen Form, sondern berücksichtigte bereits die Variante der » c.s.q.n. des Erfolgs in seiner konkreten Gestalt«.[1439] In Rückschau hat er damit jedoch dieser Ansicht zum endgültigen Durchbruch verholfen.[1440] Denn der wunde Punkt bei der Formulierung eines Kausalurteils ist das, was kausal erklärt werden soll.[1441]

auch *Engisch* selbst »so möchte ich glauben, dass Spendel mir in der Sache selbst nicht sehr ferne steht« m. Nachw., *Engisch*, Weltbild, 1950, S. 130, Anmerkung 288 (S. 131 aE).

1435 Demgegenüber ist der Einwand von *Jescheck/Weigend*, AT 1996, S. 282, die Formel versage bei kumulativer Kausalität, nicht nachvollziehbar, denn in diesen Fällen wirken ja die weiteren Bedingungen, liegen also tatsächlich vor und bilden keine »nicht wirkenden« Reserveursachen. Siehe auch selbst *Engisch*, Weltbild, 1950, S. 130, Anmerkung 288 (S. 131 aE): *Spendel* möge recht haben, »daß sie praktisch funktioniert«. Ebenso in der Sache zustimmend NK StGB-*Puppe* Vorbemerkungen zu §§ 13 ff Rn. 107 m. w. Nachw.

1436 Siehe auch (sonst dieser Lösung eher wohlgesonnen) Gesamtes Strafrecht-*Heinrich* Vor § 13 Rn. 32; *Kühl*, AT 2017, § 4 Rn. 16 (»widersprüchlich?«).

1437 So daher zutreffend zu *Spendel Engisch*, Weltbild, 1950, S. 130, Anmerkung 288 (S. 131) und ihm zustimmend *Art. Kaufmann*, FS Schmidt, 1961, S. 209 sowie wiederum zustimmend *Jescheck/Weigend*, AT 1996, S. 282 und *Roxin*, AT 2006, § 11 Rn. 14.

1438 Diese Formel geht zurück auf *Müller*, Die Bedeutung des Kausalzusammenhanges, 1912, S. 10ff. Siehe hierzu bereits *Engisch*, Kausalität, 1931, S. 11f., der diese Formel jedoch bereits bei *von Liszts* »älteren Auflagen« der Lehrbücher verortet. Zur Lage heute siehe Gesamtes Strafrecht-*Heinrich* Vor § 13 Rn. 21ff.; *Kühl*, AT 2017, § 4 Rn. 15ff.; Siehe Schönke/Schröder StGB-*Eisele* Vorbemerkungen zu den §§ 13ff. Rn. 79 m. w. Nachw. Zustimmend unter anderen *Gropp*, AT 2015, § 4 Rn. 35; *Roxin*, AT 2006, § 11 Rn. 21; *Erb*, JuS 1994, S. 452f.

1439 *Engisch*, Kausalität, 1931, S. 9ff.

1440 So *Puppe*, ZStW 92 (1980), S. 870ff.; *dies.*, Lob der Conditio-sine-qua-non-Formel, GA 2010, S. 552f.

1441 So bereits *Engisch*, Kausalität, 1931 S. 9ff.

Kausal zu erklären sei nicht, dass eine Person gestorben ist, sondern dass sie starb wie sie starb, in allen Einzelheiten. Es geht um den konkreten Erfolg.[1442]

Dabei werden von einigen Vertretern die Art und Weise der Herbeiführung,[1443] von der herrschenden Meinung aber nur der exakte Zeitpunkt und Ort oder nur der Zeitpunkt[1444] des Erfolges betrachtet. Die Ergebnisse entsprechen hiernach meist dem Judiz zu Kausalurteilen.[1445] So wäre der Schuss des C kausal, weil es für den Erfolg in seiner konkreten Gestalt (Zeitpunkt t und ggf. Ort x) notwendig war.

Der kontrafaktischen Formel vom Erfolg in seiner konkreten Gestalt gelingt es Ersatzursachen aus Kausalurteilen größtenteils auszuschalten:[1446] »Je genauer ein Erfolg beschrieben wird, desto weniger Ersatzursachen kommen dafür in Frage«.[1447] Mit der präzisen Eingrenzung des konkreten Erfolges hinsichtlich

1442 Lesenswert scharf hiergegen *Jakobs*, AT 1993, 7/15 ff. Zur früher konkurrierenden Theorie des Erfolges in seiner abstrakten Gestalt siehe *Engisch*, Kausalität, 1931, S. 10 sowie *Puppe*, ZStW 92 (1980) S. 872 m. Nachw.

1443 So *Hartmann*, Das Kausalproblem im Strafrecht, 1900, S. 76 f. Dies ist jedoch methodologisch fragwürdig, da der Erfolg dadurch konkretisiert würde, dass er mit seiner Verursachung verbunden wird. Es droht ein offensichtlicher Zirkelschluss, siehe *Puppe*, Lob der Conditio-sine-qua-non-Formel, GA 2010, S. 558.

1444 Siehe Schönke/Schröder StGB-*Eisele* Vorbemerkungen zu den §§ 13 ff. Rn. 79 m. w. Nachw. Kritisch *Puppe*, Lob der Conditio-sine-qua-non-Formel, GA 2010, S. 558. Hierzu heißt es gelegentlich, eine Tötung sei stets nichts als Lebensverkürzung, weshalb eine Handlung nur dann kausal für den Tod einer Person sein könne, wenn das beendete Leben verkürzt worden ist. Siehe etwa *Frisch*, Tatbestandsmäßiges Verhalten, 1988, S. 552 Fn. 154; *Kindhäuser*, GA 2012, S. 145; Leipziger Kommentar StGB-*Walter* Vor § 13 Rn. 79; *Toepel*, FS Puppe 2011, S. 302 f.; sowie *Samson*, Hypothetische Kausalverläufe im Strafrecht, 1972, S. 98. Allgemein zur Tötung als Lebensverkürzung (ablehnend) *Roxin*, AT 2006, I § 11 Rn. 21, 53 m. w. Nachw. Dass eine solche Betrachtungsweise bis heute weit verbreitet ist, muss überraschen. Denn es sind schnell Fälle gebildet, in denen eine Tötungshandlung Leben verlängert: A schießt auf den Kopf des B, um diesen zu töten, was C dadurch verhindert, dass er B vom Hochhaus stößt. Die Kugel verfehlt ihr sicheres Ziel, B, der ohne Handlung des C bereits tot wäre, fällt, seine Lebensdauer um 2 Sekunden verlängert, die Stockwerke herab und schlägt auf dem Beton auf. Hat C den Tod des B nicht verursacht, weil er ohne dessen Handlung kürzer gelebt hätte? Ebenso kritisch Gesamtes Strafrecht-*Heinrich* Vor § 13 Rn. 23. Aus der anglophonen Literatur ebenso ablehnend *Wright*, The NESS Account of Natural Causation, in: Critical Essays, 2013, S. 32 m. w. Nachw. Scharf ablehnend auch *Haas*, GA 2015, S. 90 (»hätte … zwingende Konsequenz, dass das zunehmende … Alter das Unrecht der Tat mindert«) m. w. Nachw.

1445 Siehe auch *Puppe*, Lob der Conditio-sine-qua-non-Formel, GA 2010, S. 558 zum Schulfall zweier Attentäter an unterschiedlichen Orten, von dem der »erfolgreiche« (nur deshalb) kausal sei, weil nur er am fraglichen Ort handelte. Mit anderem Beispiel siehe *Erb*, JuS 1994, S. 552. Zur Intuitivität der kontrafaktischen Methode *Moore*, Causation and responsibility, 2009, S. 349 ff. m. w. Nachw.; zuletzt *Moore*, Further Thoughts on Causation, in: Critical Essays, 2013, S. 350.

1446 *Frisch*, FS Gössel 2002, S. 54 ff., 60 ff., 64 ff.; spöttisch einräumend *Puppe*, Lob der Conditio-sine-qua-non-Formel, GA 2010, S. 558 ff., 569 f.

1447 *Puppe*, ZStW 92 (1980), S. 870.

Zeit (und u.U. Ort) gelingt das Eingrenzen auf den Kausalverlauf, der diesen bewirkte, ohne diesen selbst in die Formel aufzunehmen.[1448] Die intuitiven Vorzüge dieser Lösung werden auch von der Gegenseite eingeräumt.[1449]

Allerdings stellen die Fälle alternativer Kausalität auch für diese Formel eine Herausforderung dar:[1450]

> Neffen N1 und N2 haben unabhängig voneinander vor, ihren Onkel O zu töten. N1, kurz darauf N2, geben eine hohe, jeweils für sich tödliche Dosis des gleichen Gifts in den Kaffee ihres Onkels. Der Onkel trinkt nichtsahnend den Kaffee, er stirbt. Es wird festgestellt, dass er durch das Gift beider Dosierungen starb, wobei es aufgrund der hohen Dosierung in Raum und Zeit keinen Unterschied gemacht hätte, ob nur N1 oder nur N2 den Kaffee vergiftet hätte.[1451]

1448 So auch *Erb*, JuS 1994 S. 452.

1449 Siehe etwa *Moore*, Causation and responsibility, 2009, S. 372; *Puppe*, Lob der Conditio-sine-qua-non-Formel, GA 2010, S. 569. Kritisch aber *Wright*, The NESS Account of Natural Causation, in: Critical Essays, 2013, S. 23: »However, employing such qualifications will greatly expand the proliferation of causes, especially if trivial differences in the time or location of a specific event (…) are taken into account, rather than differences in the time or location of distinct events.«

1450 Der hier geschilderte Fall findet sich u.a. bei *Frister*, AT 2015, 9/Rn. 9; *Roxin*, AT 2006, § 11 Rn. 13, 25; *Jakobs*, AT 1993, 7/21. Eine Dissertation widmet *Sofos*, Mehrfachkausalität, 1998, dem Thema der alternativen Kausalität (im Rahmen positiver Tatsachen, um die es sich im Fall 5 handelt, auf S. 15–198). Ein Nachweis, seit wann dieser Fall in der deutschen Strafrechtswissenschaft herumgeistert, findet sich auch hier nicht, S. 19. Ausführlich zur Kausalität in Fällen der »Überbedingung« (alternativen Kausalität) auch *Röh*, Die kausale Erklärung, 1995, S. 145ff.

1451 Diese Feststellung wird freilich gelegentlich bestritten. *Röckrath* spricht von »Unaufklärbarkeitsfällen« und der hier präsentierten Betrachtung als »lebensfremd«, *Röckrath*, NStZ 2003, S. 644; siehe auch *Jakobs*, AT 1993, S. 192f. und *Roxin*, AT 2006, § 11 Rn. 25, der diese Fälle in solche der kumulativen Kausalität umdeutet; ebenso *Gropp*, AT 2015, § 4 Rn. 60; *Murmann*, Die Nebentäterschaft im Strafrecht, 1993, S. 151ff.; *Koriath* spricht im Giftfall von einem »Scheinproblem«, *Koriath*, Kausalität und objektive Zurechnung, 2007, S. 151; siehe *Dencker*, Kausalität und Gesamttat, 1996, S. 50 m. einigen w. Nachw. Auch *Toepel* lehnt in diese Richtung (»all examples could be dissolved if a more fine-grained description of the circumstances would be possible«), *Toepel*, Causal Overdetermination, in: Critical Essays, 2013, S. 112, bleibt also seiner Linie treu, siehe *Toepel*, Kausalität und Pflichtwidrigkeitszusammenhang, 1992, S. 72ff. Dabei wird (zumindest bei *Röckrath*) durchaus nicht behauptet, dass das Problem der alternativen Kausalität inexistent sei. Es solle nur zwischen »echter kausaler Überbestimmtheit« (z.B. Gremienfall, siehe unten ab S. 252) und falscher unterschieden werden, *Röckrath* a.a.O. Solange es Fälle gibt, in denen das Problem existiert, scheint die Diskussion müßig, so wohl auch *Dencker*, Kausalität und Gesamttat, 1996, S. 51: »›Doppelkausalität‹ kann also als existentes Problem behandelt werden«. Wie *Moore* treffend festhält: »I conclude that the attempt to dissolve the problem here by showing that there are no overdetermination cases fails entirely.« Überzeugender daher auch *Frister*, der die Lösung, die aus solcher Anschauung folgt (keine Handlung kausal), nicht mit dem Abstreiten der »echten Überbestimmtheit«, sondern mit der konsequenten Anwendung der Formel vom Erfolg in seiner konkreten Gestalt erreicht, *Frister*, AT 2015, 9/Rn. 13.

Im Falle der doppelten Vergiftung ist der Tod zu dem Zeitpunkt und an dem Ort, an dem er eintritt, bereits durch die Handlung des anderen Giftmischers hinreichend bedingt und damit jede einzelne Vergiftung nicht notwendig.[1452] Teile der Lehre vertreten zur Lösung dieser Fälle die Etablierung einer Ergänzungsregeln: Von mehreren Handlungen, die zwar alternativ, aber nicht kumulativ hinweggedacht werden könnten, ohne dass der (ganz konkrete) Erfolg entfiele, ist jede kausal.[1453] Im vorliegenden Fall könnte die Handlung des N1 weggedacht werden, und O wäre trotzdem tot. Würde aber zusätzlich die Handlung des N2 weggedacht werden, dann wäre O nicht tot. Daher sei die Handlung des N1 kausal.

(c) *Sonderfall alternative Kausalität*

Die Lösung der Fälle alternativer Kausalität durch die Ergänzungsformel wird selbst von Vertretern der Condicio-sine-qua-non-Formel kritisiert. Wenn eine Ursache notwendige Bedingung des Erfolgs sein soll, dies also den logischen Gehalt der kausalen Relation repräsentiert, dann ist die Handlung im Falle alternativer Kausalität *ja gerade keine Ursache.* Die als billig empfundenen Ergebnisse dadurch zu erreichen, dass kumulativ hinweggedacht werden soll, führt zu einer petitio principii. Damit sind Ursachen notwendige Bedingungen für einen Erfolg, außer, sie sind es nicht*; in diesem Fall sind sie es trotzdem.*[1454]

Ein Teil der Lehre lehnt die Bejahung der Kausalität in Fällen alternativer Kausalität angesichts dieser Inkohärenz konsequent ab.[1455] Wenn N1 und N2

1452 Siehe auch folgenden Fall: B soll hingerichtet werden. Dafür wird ein Erschießungskommando zusammengestellt, das aus 12 Schützen besteht. Diese werden mit Großkaliberwaffen ausgestattet, um auf B zu schießen. So geschieht es: Alle 12 feuern auf den Oberkörper des B, der verstirbt, wobei jeder einzelne Schuss ausgereicht hätte, B zu töten. Frei nach Beispiel bei *Baumann/Weber/Mitsch/Eisele*, AT 2016, § 10 Rn. 26, hier wiederum nach BGHSt 39, 195. Siehe auch *Merkel*, FS Puppe 2011, S. 154f.

1453 Nach *Traeger*, Der Kausalbegriff im Straf- und Zivilrecht, 1904, S. 46; ähnlich *Tarnowski*, Kausalitätstheorie, 1927, S. 47 (der zu diesem Ergebnis ebenso hinsichtlich eines abstrakten Erfolges kommt).

1454 Scharf auch *Dencker*, Kausalität und Gesamttat, 1996, S. 52: »Verneinung der generellen Definition!« Nicht zutreffend daher *Greco*, ZIS 2011, S. 680, der davon spricht, das Problem der Condicio-sine-qua-non sei durch die Formel vom Erfolg in seiner konkreten räum- und zeitlichen Gestalt »an kaum beachteter Stelle (…) befriedigend gelöst« worden sei. Auch der Versuch, diese Fälle dadurch zu lösen, dass auf den Erfolg in seiner konkreten Gestalt abgestellt wird (zwei Giftdosen im Blut und nicht nur eine) führt nicht weiter. Zwar wären für diesen Sachverhalt beide Neffen kausal, weil der Sachverhalt ohne die Handlung der beiden ein anderer wäre (eben der, dass nur eine Giftdosis im Blut wäre und nicht zwei). Dies erlaubt aber nur ein Kausalurteil über den Sachverhalt (zwei Dosen Gift), nicht über die Kausalität der jeweiligen Dosis Gift *für den Tod.* Auf den Punkt *Toepel*, Causal Overdetermination, in: Critical Essays, 2013, S. 119: »Something is always different in the world if a factor is added«.

1455 Schon *Toepel*, Kausalität und Pflichtwidrigkeitszusammenhang, 1992, S. 74f.; so wohl ohne Wissen voneinander eine auch einzeln tödliche Dosis Gift in eine Tasse Kaffee schütten, die O dann trinkt, wodurch er an dem Gift stirbt, hätte keiner der beiden den Tod des O verursacht.[1456] An dieser Lösung ist jedoch besonders heikel, dass *kein Straftatbestand (auch nicht in Form des Versuchs eines Straftatbestandes!)* erfüllt wäre, wenn N2 weiß, dass N1 den Kaffee bereits vergiftet hat und seine Tat keine notwendige Bedingung setzt.[1457] Dies bedeutet in der Konsequenz, dass, *weil* 2 Menschen eine tödliche Dosis Gift in eine Tasse kippten, keiner hierfür verantwortlich gemacht werden kann.[1458] Die Lösung ist zwar logisch einwandfrei,[1459] aber kriminalpolitisch fragwürdig. Summa summarum kann die kontrafaktische Methode in Fällen alternativer Kausalität entweder gegen die eigenen Prinzipien verstoßen, indem nicht notwendige Bedingungen als kausal behandelt werden (Ergänzungsformel), oder die Formel führt zur Straflosigkeit für die Erfolgsverursachung, obgleich ein Erfolg alternativ verursacht wurde.

---

auch *Dencker*, Kausalität und Gesamttat, 1996, S. 52ff.; *Frister*, AT 2015, 9/ Rn. 9 ff.; *Röckrath*, NStZ 2003, S. 644. Auch bei dem dieser Lösung wohlgesonnenen *Merkel*, FS Puppe 2011, S. 156 (»schlechthin evident« sei die Bejahung der Kausalität in diesen Fälle auch nicht) finden sich keine weiteren Vertreter dieser durchaus plausiblen Lösung.

1456 Ein Teil der Lehre behandelt dies als Beweisproblem, siehe oben Fn. 1451.

1457 Zutreffend *Kindhäuser*, ZIS 2016, S. 592; ausführlich *derselbe*, GA 2012, S. 134ff., zum Versuch S. 146f. Dies nicht abstreitend und – konsequent – auf dieser Lösung beharrend *Frister*, AT 2015, 9/ Rn. 12.

1458 Ähnlich *Kindhäuser*, ZIS 2016, S. 592: »Neffe A sieht unbemerkt, wie Neffe B eine tödlich wirkende Menge Gift in den Morgenkaffee des Erbonkels E schüttet. Machte er nun dasselbe, so würde er erstens verhindern, dass A eine vollendete Tötung begeht – denn ex hypothesi ist diese Giftmenge nun objektiv nicht mehr ursächlich –, und er wüsste zweitens, dass sein Verhalten den Tod des Onkels nicht verursachen kann, weil es für den Tod des E keine Condicio-sine-qua-non mehr wäre. Es handelte sich in diesem Fall also um eine kuriose Variante der Unterbrechung eines Kausalverlaufs, und zwar die Unterbrechung eines Kausalverlaufs durch Intensivierung seiner kausalen Relevanz«.

1459 Dass dies auf wissenschaftstheoretischer Ebene anders sein mag, sollte hier aber nicht verschwiegen werden. *Moore*, der die juristische mit der wissenschaftstheoretischen Ebene vermengt (gegen solche Bemühungen schon *Gottwald*, Schadenszurechnung und Schadensschätzung, 1979, S. 94ff.), weist zu Recht darauf hin, dass dies bedeuten würde, der eingetretene Erfolg sei nicht verursacht worden, was gegen diese Auffassung spreche, *Moore*, Further Thoughts on Causation, in: Critical Essays, 2013, S. 352f., S. 354 (»surely such overrulings of common intuition counts (sic) against a theory of causation«), S. 355 (»any theory demanding that we make such radical alterations in how we think about causation would have to have a great deal to be said for it in other dimensions«) und bereits *derselbe*, Causation and responsibility, 2009, S. 414ff., 430ff. Man könnte, wie im anglophonen Diskurs abwertig, aber griffig, formuliert, in solchen Fällen also von einem »uncaused miracle« sprechen, siehe etwa *Wright*, The NESS Account of Natural Causation, in: Critical Essays, 2013, S. 27.

cc) *Die Weiterentwicklung der regularistischen Methode* (Puppe *und* Hempel-Oppenheim)

Die Formel des notwendigen Bestandteils einer hinreichenden Mindestbedingung ist die neueste Entwicklung der regularistischen Methode. Als ihr Begründer gilt *Mackie* mit seiner Formel der sogenannten INUS Bedingung.[1460] Heute wird diese Ansicht von *Wright* mit der NESS-Formel[1461] und *Puppe* mit der Formel von der ursächlichen Handlung als notwendiger Bestandteil einer hinreichenden Mindest- bzw. Minimalbedingung vertreten.[1462] Kernaussage ist (in unterschiedlicher Ausprägung),[1463] dass eine Handlung notwendiger Bestandteil einer hinreichenden Bedingung für den Erfolg sein müsse, um als kausal für diesen zu gelten. Von besonderem Interesse sind hierbei die aktuelleren Fassungen des Ansatzes, die ungefähr zeitgleich und unabhängig voneinander von *Puppe* und von *Wright* formuliert wurden.[1464] In Anlehnung an die von *Wright* entwickelte Abkürzung NESS für »Necessary Element of a Sufficient Set« ließe sich bei *Puppes* Formel eines notwendigen Bestandteils einer hinreichenden Minimalbedingung von »NBtHMb« sprechen.[1465] Beide Formeln gehen von der Äquivalenz aller Bestandteile der Bedingung aus.[1466]

Ausgehend von der *Millschen* Kausalitätstheorie werden hierbei Ursachen als

---

1460 *Mackie*, The Cement of the Universe, 1990 (1973), S. 59ff. (das Acronym für »insufficient but non redundant part of an unnecessary but sufficent condition« findet sich auf S. 62). Eine vertiefte Untersuchung widmet *Binns*, Inus-Bedingung und strafrechtlicher Kausalbegriff, 2001, dieser Formel. Die weit verbreitete Zuordnung der Formel zu *Mackie* scheint jedoch ungerechtfertigt zu sein, einmal weil dieser selbst in einer Fußnote auf S. 62 auf ältere Quellen verweist, einmal weil schon zuvor bei *Hart/Honoré*, Causation in the Law, 1985, S. 112 eine ähnliche Formulierung zu finden ist, siehe auch *Puppe*, RW 2011, S. 404f. sowie *Wright*, The NESS Account of Natural Causation, in: Critical Essays, 2013, S. 14ff. jeweils m. w. Nachw. Letzterer betont jedoch auch die Unterschiede zwischen *Mackie* sowie *Hart* und *Honoré*.

1461 Siehe zuletzt *Wright*, The NESS Account of Natural Causation: A Response to Criticisms, in: Critical Essays 2013, S. 13ff.

1462 *Puppe* verwendet dabei selbst sowohl den Begriff der Mindest- als auch der Minimalbedingung, siehe *dieselbe*, RW 2011, S. 418 und 430. Berühmt *Puppe*, ZStW 92 (1980), S. 875ff.

1463 Die durchaus vorhandenen Unterschiede zu *Mackie* werden sowohl von *Wright*, The NESS Account of Natural Causation, in: Critical Essays, 2013, S. 14ff. als auch von *Puppe*, RW 2011, S. 407f. sowie *dieselbe*, Lob der Conditio-sine-qua-non-Formel, GA 2010, S. 556f. betont.

1464 Siehe hierzu sowie zu Vorläufern der Formel *Kindhäuser*, GA 2012, S. 138; *Puppe*, Lob der Conditio-sine-qua-non-Formel, GA 2010, S. 555; zuletzt *Wright*, The NESS Account of Natural Causation, in: Critical Essays, 2013, S. 14ff.

1465 Zustimmung für ihre Lösung fand Puppe u. a. bei Kraatz, Die fahrlässige Mittäterschaft, 2006, S. 334ff.; *Osnabrügge*, Die Beihilfe und ihr Erfolg, 2002, S. 93; *Vogel*, Norm und Pflicht, 1993, S. 148ff.; *Sofos*, Mehrfachkausalität, 1999, S. 109; *Hilgendorf*, Jura 1995, S. 516; *Dold*, Rechtstheorie 2010, S. 109. Ablehnend m. w. Nachw. *Greco*, ZIS 2011, S. 684.

1466 Zuletzt *Puppe*, ZIS 2015, S. 428 aE; *Wright*, The NESS Account of Natural Causation, in: Critical Essays, 2013 S. 13 (64f.).

Summe aller Umstände verstanden, die gemeinsam das Bedingte hinreichend bedingen. Dies hat eine (im Bereich positiver Tatsachen)[1467] vollständig andere, faktische im Gegensatz zu kontrafaktische, Methode zur Folge. Zu prüfen ist, ob B auf A gesetzlich folgen musste. Die NBtHMb-Formel ist insoweit nicht weniger als die logische Durchdringung der Methode der gesetzmäßigen Bedingung.[1468] Gedanklich wird dabei auf das *DN-Modell (Kausalerklärung)* aus der analytische Wissenschaftstheorie angeknüpft.

Die Struktur von Kausalurteilen (A hat den B getötet) lässt sich anhand der von *Hempel* und *Oppenheim* entwickelten deduktiv-nomologischen (DN)[1469] Kausalerklärung erläutern, die als HO (Hempel-Oppenheim)-Schema zu einiger Bekanntheit kam.[1470] Damit werden Kausalerklärungen als Syllogismus begriffen,[1471] die einen konkreten Sachverhalt mit entsprechenden allgemeinen Gesetzen in ein Explanans fassen, dass zum Explanandum-Satz (dem kausal Erklärten) führt.

A1, A2, ... Ak	Explanans S
G1, G2, ... Gr	
E	Explanandum-Satz

Kausalerklärungen des Einzelfalls stützen sich hiernach auf Gesetze, die den Einzelfall *erklären* können. Nomologisch ist dieses Modell, weil es Gesetzmäßigkeit voraussetzt. Deduktiv, weil es die Herleitung der Erklärung aus den Gesetzen ermöglicht. »Eine D-N-Erklärung beantwortet die Frage ›Warum trat das Explanandum-Phänomen auf?‹ also durch den Nachweis, daß sich das Phänomen aufgrund gewisser besonderer Umstände, wie sie in *Au A2,..., Ak* spezifiziert werden, in Übereinstimmung mit den Gesetzen *Gu G2, ..., GT* einstellte. Durch diesen Nachweis zeigt das Argument, daß unter der Voraussetzung der besonderen Umstände und der fraglichen Gesetze das Auftreten des Phänomens *zu erwarten war;* und genau in diesem Sinne ermöglicht die Erklärung es uns, zu *verstehen, warum* das Phänomen eintrat«[1472]. Das DN-Schema ist eine paradigmatische, nomologische (gesetzmäßige) Kausalerklärung in dem Sinne, dass A(1, A2, ...) zu E führen musste.[1473] Sie drückt damit eine hinreichende

1467 Zu negativen Tatsachen siehe unten ab S. 267.
1468 Anders *Erb*, Jus 1994, S. 451, hiergegen oben Fn. 1424.
1469 Siehe *Hempel*, Aspekte wissenschaftlicher Erklärung, 1977, S. 6.; hierzu u. a. *Kindhäuser*, ZIS 2016, S. 575.
1470 *Stegmüller*, Erklärung, Begründung, Kausalität, 1983, S. 124ff.; *Puppe*, RW 2011, S. 405.
1471 Siehe etwa *Kindhäuser*, ZIS 2016, S. 578.
1472 *Hempel*, Aspekte wissenschaftlicher Erklärung, 1977, S. 6. Hervorhebung im Original.
1473 Das DN-Modell transkribiert lediglich umgangssprachliche Kausalaussagen in ihre logische Idealform.

Bedingung für den zu erklärenden Erfolg aus.[1474] Schnell fand dieses Modell Eingang in die Rechtswissenschaft.[1475] Die Kausalität einer Handlung sei für einen Erfolg erst, aber auch schon dann anerkannt, wenn sie ein Tatbestandsmerkmal eines einschlägigen Kausalgesetzes erfüllt. Hiernach können die Fälle der alternativen Kausalität gelöst werden, die mit dem einfachen Postulat der gesetzmäßigen Bedingung *Engischs* noch nicht durchdrungen wurden und mit der Formel der notwendigen Bedingung nicht befriedigend gelöst werden können,[1476] wie im Folgenden gezeigt werden soll.

(a) Die Gremienentscheidung

Als besonderes Problem der strafrechtlichen Kausalitätsprüfung gilt gemeinhin die Gremienentscheidung.[1477] Auch in der Wissenschaftstheorie werden solche Fälle diskutiert.[1478] Der Fall gestaltet sich typischerweise in etwa wie folgt:

Ein Gremium aus mehreren Mitgliedern fällt nach dem Mehrheitsprinzip eine Entscheidung, etwas Strafbares zu tun oder zu unterlassen (z. B. ein schädliches Produkt auf den Markt zu bringen oder auf diesem zu belassen).[1479] Dabei kommt die Mehrheit mit mehr Stimmen zustande als notwendig (beispielsweise vier Ja-Stimmen von M1, M2, M3 und M4 gegen nur eine Nein-Stimme von M5). In diesem Fall hätte jedes einzelne Gremiumsmitglied, das mit ›ja‹ gestimmt hat (M1 bis M4), genauso gut mit ›nein‹ stimmen können (sodass das Ergebnis drei

1474 Siehe *Hempel*, Aspekte wissenschaftlicher Erklärung, 1977, S. 21.

1475 Insbesondere *Mackie*, The Cement of the Universe, 1990 (1973), S. 62 m. Nachw. zu älteren Herkunft seiner INUS-Terminologie, jedoch ohne Hinweis auf Hempel; einen knappen Überblick über amerikanische Vertreter bei *Moore*, Causation and responsibility, 2009, S. 473; auch *Puppe*, RW 2011, S. 405 und *dieselbe*, ZStW 92 (1980), S. 874 f., wobei an letzterer Stelle ohne Verweis auf Hempel; auch *Kindhäuser*, ZIS 2016, S. 575 und *derselbe*, Gefährdung als Straftat, 1989, S. 86 f. an letzterer Stelle ohne Verweis auf *Hempel*. Aus den letzten Jahren *Kraatz*, Die fahrlässige Mittäterschaft, 2006, S. 331 ff.; *Vogel*, Norm und Pflicht, 1993, S. 148 ff.; *Sofos*, Mehrfachkausalität 1999, S. 28 ff. (S. 37); *Hilgendorf*, Jura 1995, S. 516; *Binns*, Inus-Bedingung und strafrechtlicher Kausalbegriff, 2001, S. 68 ff. Kritisch *J. Schulz*, FS Lackner 1987, S. 42 ff. Ausführlich zur Nutzbarmachung der kausalen Erklärung im Strafrecht *Röh*, Die kausale Erklärung, 1995, S. 51 ff.

1476 M.E. zu Recht sieht *Moore* hierin »historically *the* motive for preferring nomic sufficiency«, *derselbe*, Causation and responsibility, 2009, S. 486.

1477 Eine Dissertation widmen *Knauer*, Die Kollegialentscheidung im Strafrecht, 2001 (mit der Konstatierung fehlender empirischer Erkenntnisse auf S. 14); sowie *Schaal*, Gremienentscheidungen, 2001 (ausführlich zu einer mittäterschaftlichen Lösung 164 ff.), dem Thema. Siehe auch bereits *Weißer*, Kollegialentscheidungen, 1996 (mit ausführlicher Abhandlung 5 unterschiedlicher Fallgruppen auf S. 167 ff.). Aus der neueren Literatur *Satzger*, Jura 2014, S. 191 sowie NK StGB-*Puppe* Vorbemerkungen zu §§ 13 ff. Rn. 108 jeweils mit weiteren Nachweisen.

1478 Siehe *Moore*, Causation and responsibility, 2009, S. 487 ff.

1479 Ähnlich geschehen im Lederspray-Fall, BGHSt 37, 107 (BGH v. 6. 7. 1990 – 2 StR 549/89); mit Anmerkung *Puppe*, JR 1992, S. 27 ff. Siehe auch *Frisch*, FS Maiwald 2010, S. 255 m. w. Nachw.

zu zwei gewesen wäre), die ausreichende Mehrheit wäre erreicht worden (kontrafaktische Erwägung). Damit käme man nach der kontrafaktischen Methode (condicio sine qua non) zu dem Ergebnis, dass alle Gremiumsmitglieder (M1 bis M4), die mit ›ja‹ stimmten, für die zustande kommende Mehrheit *nicht* kausal waren. Im Ergebnis könnten sich sowohl M1, M2 und M3 als auch M4 darauf berufen, die Entscheidung für das schädliche Verhalten nicht verursacht zu haben, obgleich sie mit ›ja‹ gestimmt haben, und nur durch die Summe der Ja-Stimmen (vier zu eins) die Entscheidung getroffen werden konnte. Da eine Ja-Stimme weggedacht werden könnte, ohne dass der Erfolg entfiele, aber nicht alle, handelt sich um einen Fall alternativer Kausalität:[1480] Eine befriedigende Lösung, die ein positives Kausalurteil ermöglicht, kann hier unter Erfordernis einer notwendigen Bedingung für den Erfolg nicht geboten werden.[1481]

Die neue Formel der Regularisten kann hier unter Berücksichtigung des HO-Schemas Abhilfe schaffen. Zu prüfen ist nur, ob das tatsächlich Geschehene unter ein Kausalgesetz subsumiert werden kann. Der Tatbestand muss erfüllt sein.[1482] Ist dies der Fall, liegen also alle Voraussetzungen der Anwendung des Kausalgesetzes vor, dann ist das positive Kausalurteil zu fällen. Irrelevant ist grundsätzlich, ob der Sachverhalt noch weitere Elemente enthält, die den Tatbestand des Kausalgesetzes ebenfalls erfüllen *würden*. Im Gremium-Fall bedeutet das, dass jede Ja-Stimme kausal ist, da mit ihr die Mehrheitsentscheidung erklärt werden *kann*. Jede weitere Stimme wird zur Erklärung nicht mehr benötigt, um aus dem Sachverhalt nomologisch eine Kausalerklärung zu deduzieren. Im Ergebnis kann sich kein Mitglied des Gremiums, das mit »ja« gestimmt hat, darauf berufen, dass die anderen dies auch taten und die eigene

1480 Siehe *Puppe*, JR 1992, S. 32. Dass dies vom BGH (BGHSt 37, 107) verkannt wurde, ist sicherlich auch auf die Condicio-sine-qua-non-Formel zurückzuführen; ähnlich *Satzger*, Jura 2014, S. 192. Erkennt man aber erst einmal, dass es sich um einen Fall der alternativen Kausalität handelt, ist die Lösung identisch. Nicht ganz überzeugend *Satzger*, Jura 2014, S. 193, der meint, der Fall sei kein »einfacher« Fall alternativer Kausalität, weil der Täter hier der Stimmen der anderen bedurfte, um die Entscheidung zu erwirken, während er in typischen Fällen allein hätte handeln können. Dies ist zwar richtig, ändert aber nichts an der Natur des Problems als eines alternativer Kausalität bzw. der »overdetermination«, insofern zutreffend *Schaal*, Gremienentscheidungen, 2001, S. 97. Im Ergebnis schließlich gleich *Satzger*, Jura 2014, S. 193.

1481 *Dencker*, Kausalität und Gesamttat, 1996, S. 125ff.; aktuell siehe *Satzger*, Jura 2014, S. 191ff.; vertiefend *Knauer*, Die Kollegialentscheidung im Strafrecht, 2001, S. 93ff.; *Schaal*, Gremienentscheidungen, S. 46 (mit der Lösung über eine normative Abwandlung der c. s. q. n.-Formel, S. 96ff. – und damit ihrer Preisgabe, siehe oben ab S. 244); und *Weißer*, Kollegialentscheidungen, 1996, S. 112. Siehe zu den Fällen alternativer Kausalität auch bereits oben ab S. 248.

1482 So schon *Engisch*, Kausalität, 1931, S. 26. Von »erfüllten Bedingungen« spricht *Hempel*, Aspekte wissenschaftlicher Erklärung, 1977, S. 22.

Stimme daher nicht notwendig gewesen sei. Dem liegt folgender Gedankengang zugrunde:

Das Kausalgesetz im Falle von Gremienentscheidungen lautet, dass eine Mehrheit zustande kommt, sobald *eine* Stimme mehr für eine Entscheidung als für die entgegengesetzte abgegeben wird. Eine Verursachung der Mehrheitsentscheidung liegt vor, wenn so viele Stimmen für eine Entscheidung vorliegen, dass diese feststeht. Z. B.:

A1, A2, A 3	Ja-Stimmen (Explanans)
A 3 Ja- / 2 sonstige Stimmen	Mehrheitsgesetz
Mehrheit	(Explanandum)

Wenn nun einzelne Ja-Stimmen, beispielsweise von M1, M2 und M3 unter das Kausal- bzw. Mehrheitsgesetz subsumiert werden, sind diese kausal für die Entscheidung, da sie einen notwendigen Bestandteil für die hinreichende Bedingung (drei Ja-Stimmen) setzen. Damit hat jedes Gremiumsmitglied, das mit ›ja‹ stimmt, die Mehrheitsentscheidung verursacht, da die Stimmenabgabe das Tatbestandsmerkmal des Kausalgesetzes erfüllt. Zu dem gleichen Ergebnis kommt, wer eine andere Auswahl der Ja-Stimmen trifft, etwa nur die Stimmen von M2, M3 und M4 zählt. Auch diese erfüllen das Mehrheitsgesetz (3 Ja-Stimmen = Mehrheit) und sind damit notwendiger Bestandteil einer Kausalerklärung. Jeder Ja-Stimme ist die Entscheidung zuzurechnen.[1483]

Allerdings ist diese logische Lösung nicht frei von normativen-funktionalistischen Erwägungen, wie sie die Anwendung der Äquivalenztheorie auf den Einzelfall von Anfang an begleiteten.[1484] Um die rechtswidrige Gremienentscheidung zu erklären, braucht es bei fünf Stimmen insgesamt drei auf rechtswidrige Entscheidung gerichtete, beispielsweise M1 – M3. M4 ist dann für *diese* Kausalerklärung (M1 – M3) nicht notwendig. Allerdings *kann* sie zur Erklärung des Erfolges notwendig sein. Sie wird es nämlich dadurch, dass nicht M4, sondern etwa M2 aus der Kausalerklärung gestrichen wird.[1485] Dann ist auch M4 notwendiger Bestandteil der hinreichenden Mindestbedingung (drei Stimmen). Man kommt auf diese Weise folglich nicht auf eine Kausalerklärung, sondern auf vier, denn es können vier unterschiedliche Stimmen aus dem Explanans ge-

1483 So zuletzt *Puppe*, The Concept of Causation in the Law, in: Critical Essays, 2013, S. 98 (siehe auch u. a. *dieselbe*, JR 1992, S. 27 ff.; NK StGB-*Puppe* Vorbemerkungen zu §§ 13 ff Rn. 108; *dieselbe*, RW 2011, S. 431); zustimmend zur Lösung *Hoyer*, FS Puppe 2011, S. 519.

1484 Siehe zur funktionalen Entwicklung der strafrechtlichen Äquivalenztheorie oben ab S. 206.

1485 Man könnte auch von »Hinwegdenken« sprechen, siehe *Puppe*, Die Erfolgszurechnung im Strafrecht, 2000, S. 71; *dieselbe*, AT 2016, § 2 Rn. 52 ff. Hiergegen scharf *Koriath*, Kausalität und objektive Zurechnung, 2007, S. 110.

strichen werden, ohne dass die Kausalerklärung unwahr würde.[1486] Nur in *einer* dieser vier Kausalerklärungen ist die Stimme des M4 nicht notwendig zur Erklärung des Kausalerfolges. *Jede einzelne Stimme M ist nicht notwendig, um den Erfolg zu erklären, da sie gestrichen werden und dennoch der Erfolg erklärt werden könnte.* Jede einzelne Stimme M *kann* jedoch notwendig sein, um den Erfolg zu erklären, wenn eine andere Stimme gestrichen wird, da der Erfolg *dann nur mit ihrer Hilfe erklärt werden kann.*[1487] Der Grund dafür, jede der Stimmen M als notwendigen Bestandteil für die hinreichende Bedingung anzusehen, ist folglich nicht logisch zwingend, sondern funktional intendiert.[1488] Es handelt sich um eine normative Prämisse[1489], die wissenschaftstheoretisch vertretbar ist.[1490]

(b) Ergebnis

Die regularistischen Formeln können, anders als die kontrafaktischen, die Fälle alternativer Kausalität logisch vertretbar lösen. Auf diese Fälle beschränken sich die Differenzen in der kontrafaktischen und regularistischen Methodik, nachdem die Formeln in der Rechtswissenschaft und Wissenschaftstheorie weiterentwickelt wurden.

dd) Zusammenfassung und Zwischenergebnis

Es ist allgemein anerkannt, dass der Unterschied zwischen der Condicio-sine-qua- non-Formel (bzw. Erfolg in seiner konkreten Gestalt) und der Formel von der gesetzmäßigen Bedingung (bzw. NBtHMb) sehr gering ist.[1491] Teilweise heißt

1486 Hiergegen *Kindhäuser*, ZIS 2016, S. 580f.

1487 Bei einer eindeutigeren Mehrheit müssen noch mehr Stimmen gestrichen werden, um die Notwendigkeit zu erreichen.

1488 Auch *Moore* sieht hierin »historically *the* motive for preferring nomic sufficiency«, Causation and responsibility, 2009, S. 486. Die Zweckhaftigkeit betonend *Puppe*, RW 2011, S. 431 (»so lässt sich auch das (...) Gremienproblem lösen«); *dieselbe*, ZIS 2012, S. 270: »Solange wir also *nicht bereit sind* alle freizusprechen, die Bedingungen für einen Erfolgseintritt gesetzt haben, die sich gegenseitig ersetzen können...« (Hervorhebung U.M.); insofern richtig *Koriath*, Kausalität und objektive Zurechnung, 2007, S. 110: »vom Ergebnis her gedacht«.

1489 Zutreffend *Greco*, ZIS 2011, S. 685 m. w. Nachw. Dies wird auch im Schrifttum teilweise erkannt, aber mit dem Argument abgelehnt, solche normativen Weichenstellungen wären in der strafrechtlichen Kausalität fehl am Platz, etwa Otto, Jura 2001, S. 276.

1490 So *Puppe*, RW 2011, S. 402; *dieselbe*, The Concept of Causation in the Law, in: Critical Essays, 2013, S. 68. Kritsch *Knauer*, Die Kollegialentscheidung im Strafrecht, 2001, S. 121: »Begründet wird diese These aber nicht; (...) Warum aber gerade diese Ursachenkomplexe betrachtet werden und keine anderen, bleibt im Dunkeln« (im Original mit Hervorhebungen).

1491 Siehe etwa *Röckrath*, NStZ 2003, S. 641, 646; *Kindhäuser*, ZIS 2016, S. 580; ähnlich *Frisch*, FS Gössel 2002, S. 65f.; *Koriath*, Kausalität und objektive Zurechnung, 2007, S. 110; *Joerden*, Logik im Recht, 2010, S. 85 behandelt die beiden Formeln synonym und verneint es, beide Formeln seien »vollständig identisch«[1492], was bezüglich der Fälle alternativer Kausalität jedoch nicht zutrifft.

Auf Ebene des Kausalurteils im Einzelfall ist die Ähnlichkeit beider Formeln die Folge einer wissenschaftlichen Dialektik, die zu einer erheblichen Präzisierung der kontrafaktischen und regularistischen Methode führte. Aktuell verbleiben nur noch die Fälle der alternativen Kausalität als strittiges Terrain der Debatte zwischen den Regularisten und Kontrafaktualisten im deutschen Strafrecht übrig. Im Falle von Ersatzursachen kommen beide zum gleichen Ergebnis:

Hätte C nicht geschossen, dann wäre B nicht zu jenem Zeitpunkt gestorben bzw. durch den Schuss setzte C einen notwendigen Bestandteil für eine hinreichende Bedingung dafür, dass B starb.

Auf Ebene der Kausalitätstheorie ist die Ähnlichkeit beider Methoden in der Äquivalenztheorie und der Geltung von Kausalgesetzen zu verorten. Beide Kausalurteile stützen sich auf die Annahme, dass alle kausalen Bedingungen äquivalent seien und kausalgesetzmäßig die Wirkung zur Folge haben müssten. Wissenschaftstheoretisch ließe sich der Unterschied wie folgt zusammenfassen: »one is the common sense, ordinary way of thinking (counterfactuals about events) whereas the other is the sophisticated, theory-dependent, and correct way of thinking (minimally sufficient conditions relating facts about events)«.[1493]

c) Ergebnis

Die Kernthese der strafrechtlichen Äquivalenztheorie wird durch die Wissenschaftstheorie gestützt. Jede kausale Bedingung ist, unabhängig von ihrem Gesamtanteil, für den konkreten Schaden ursächlich, sie ist nicht *a priori* kausal. Alle Bedingungen für ein Ereignis sind äquivalent kausal, da eine Wirkung *immer* Folge einer Summe von Bedingungen als deren Ursache ist. Die Kausalität selbst ist jedoch nach *Hume* ein Produkt unserer Erfahrung, dass gewisse Ereignisse zeitlich auf gewisse Ereignisse folgen. Mit dieser epistemischen Natur der Äquivalenztheorie gibt sich ein bedeutender Teil der Wissenschaftstheorie zufrieden, da der Kausalbegriff (Ontologie der Kausalität) nicht definiert werden kann. Den wissenschaftstheoretischen und -philosophischen Unterbau der Theorie bilden die Begriffe »Kausalprinzip« (alles was ist, hat eine Ursache) und »Kausalgesetz« (empirisch gewonnene Gesetze).

(konsequent) Kausalität in Fällen alternativer Kausalität, S. 87f. Unterschiede betonend *Greco*, ZIS 2011, S. 685 m. w. Nachw.

1492 *Samson*, FS Rudolphi 2004, S. 266. Ähnlich MüKo StGB-*Freund* Vorbemerkung zu § 13 Rn. 334 (»sachlicher Unterschied… liegt damit nicht vor«).

1493 Siehe *Moore*, Further Thoughts on Causation, in: Critical Essays, 2013, S. 350 über *Mackies* Verhältnis zu beiden Formeln bzw. Theorien.

Aus der wissenschaftstheoretischen Äquivalenztheorie lassen sich Kausalurteile für den Einzelfall ableiten. Diese Kausalurteile beinhalten nach *Hume* und *Mill* eine logische Struktur der nomologischen Bedingtheit. Wie dieses aber auszudrücken ist, bleibt strittig. Seit dem frühen 20. Jahrhundert kommt es zu einem zunehmenden Austausch wissenschaftstheoretischer und strafrechtswissenschaftlicher Kausalitätsformeln, die in kontrafaktualistische (Condiciosinequa-non-Formel) und regularistische (gesetzmäßige Bedingung) unterteilt werden können. Gemäß der Kontrafaktualisten sind Ursachen notwendige Bedingungen, gemäß der Regularisten sind nur hinreichende Bedingungen Kausalrelationen. In der deutschen Strafrechtswissenschaft haben sich die Formeln dergestalt angenähert, dass nur noch im Falle alternativer Kausalität unterschiedliche Ergebnisse erzielt werden. Beide Ansichten bauen auf dem Konzept der Kausalgesetze auf.

Die Geltung von Kausalgesetzen ist jedoch in der Wissenschaftstheorie hoch umstritten und Anlass, die Äquivalenztheorie und damit die Grundlage der Uferlosigkeit der Vorverlagerung in Frage zu stellen.

3. Wissenschaftstheoretische Kritik an der Äquivalenztheorie

In der Wissenschaftstheorie ist das Konzept der Kausalgesetze, eine der Säulen der Äquivalenztheorie, umstritten. Denn wenn nicht genau definiert werden kann, was Kausalität ist, dann lässt sich auch nicht genau definieren, was ein *Kausal*gesetz ist. Das Problem stellt sich in der Unterscheidung von Kausalgesetzen von sonstigen Gesetzen. Wenn das Attribut »kausal« unbekannt ist, dann ist auch unbekannt, was Kausalgesetze von Gesetzen unterscheidet (a).[1494]

Hinzukommt die Problematik, trotz Quantenphysik an deterministischen Kausalgesetzen festzuhalten. Dies würde streng genommen Vorhersagen zulassen, die aber zum einen praktisch, zum anderen theoretisch nicht getroffen werden können (b). Dies gilt auch für den Problemkomplex »psychische Kausalität«, da menschliches Verhalten nicht als determiniert begriffen wird.[1495] Da

1494 Siehe hierzu u.a. *Stegmüller*, Erklärung, Begründung, Kausalität, 1983, S. 525ff.

1495 Zu Determinismus und freien Willen bereits oben Fn. 85. »Psychische Kausalität« ist entsprechend umstritten, hierzu *Merkel*, FS Puppe, 2011, S. 166ff. m. w. Nachw. sowie u.a. *Dencker*, Kausalität und Gesamttat, 1996, S. 32ff.; *Koriath*, Kausalität und objektive Zurechnung, 2007, S. 134ff.; *Frisch*, FS Gössel, 2002, S. 67f.; hierzu *Puppe*, Lob der Conditiosine-qua-non-Formel, GA 2010, S. 566f. Aus der neueren Literatur auch *Knauer*, Die Kollegialentscheidung im Strafrecht, 2001, S. 103ff.; *Schales*, Spezifische Fehlverhaltensfolgen und hypothetische Kausalverläufe, 2014, S. 44ff. Es gibt folglich sowohl psychisch als auch physisch nicht determinierten Bereiche, wobei die psychische Kausalität einen besonders komplexen Bereich darstellt, auf den die Grundsätze physischer Kausalität nur bedingt angewendet werden können (so auch Merkel, a.a.O.; lesenswert auch *Renzikowski*, die regularistische Grundlage der Äquivalenztheorie im nicht determinierten Bereich versage, wird von einigen Kontrafaktualisten vertreten, kontrafaktische Kausalurteile seien nicht im Rekurs auf Kausalgesetze, sondern anderweitig zu fällen (c). Hiernach wären kausale Bedingungen nicht Tatbestandsmerkmale eines Kausalgesetzes und damit nicht zwangsläufig äquivalent. Diese wissenschaftstheoretischen Ansätze kommen daher als Grundlage einer Überwindung der Äquivalenztheorie in Frage, was der Vorverlagerung Grenzen ziehen könnte.

a) Das Problem der Kausalgesetze: »Kausal«-Gesetz?

Ein bedeutendes Problem der Äquivalenztheorie ist die logische Struktur der Kausalgesetze selbst. Hinreichende und notwendige Bedingungen drücken nicht nur Kausalrelationen aus. Es sind logische Beziehungen. Ihnen fehlt das kausale Naturell. Untersucht werden soll, ob diese Einwände der Äquivalenztheorie die Grundlage entziehen.

aa) Regularität als Grundlage falscher Kausalerklärungen

Gegen die wissenschaftstheoretische Äquivalenztheorie wird seit spätestens der Mitte des 20. Jahrhunderts eingewandt, dass Bedingungsrelationen auch außerhalb von Kausalrelationen existieren und auch außerhalb solcher Beziehungen vorzufinden sind, die als Beschreibung von Kausalrelationen oder gar Gesetzen akzeptiert werden könnten. Dies kann anhand der folgenden (klassischen) Beispiele diskutiert werden:

> Das Leben (Y) eines Menschen ist notwendige Bedingung für seinen Tod (X). Kein X ohne Y. Das bedeutet aber logischerweise zugleich *wenn X, dann Y.* Damit ist der Tod eines Menschen (X) hinreichende Bedingung für sein Leben (Y). *Also ist der Tod eines Menschen Ursache seines Lebens.*

Dieses widersinnige Ergebnis kann aus der *nomologischen* Kausalbetrachtung allein nicht widerlegt werden. Es ist wahr, dass der Tod eines Menschen hinreichende Bedingung dafür ist, dass er gelebt hat. Um solche Fehlschlüsse zu vermeiden, ist schon seit *Hume* und *Kant* als wichtige Eigenschaft kausaler Relationen die Asymmetrie (bzw. Irreflexivität)[1496] anerkannt.[1497] Das bedeutet,

---

FS Puppe, 2011, S. 201, insbesondere 207 ff.). Diese Besonderheiten zu berücksichtigen würde den Rahmen dieser Arbeit sprengen. Ausführlich hierzu *Roxin*, FS Achenbach, 2011, S. 409 ff.

1496 Siehe hierzu etwa *Renzikowski*, FS Puppe 2011, S. 205; sowie *Moore*, Further Thoughts on Causation, in: Critical Essays, 2013, S. 336 zum zeitlichen Aspekt (Asymmetrie) und Richtung der Kausalrelation (Wirkung nicht Ursache der Ursache, Irreflexivität).

1497 Siehe *Hume*, A Treatise of Human Nature, 2003 (1739/40), S. 55 : »The second relation I shall observe as essential to causes and effects, is not so universally acknowledged, but is liable to some controversy. It is that of priority of time in the cause before the effect.« Siehe dass nur solche Beziehungen als kausal akzeptiert werden können, in denen die Ursache die Wirkung bedingt, aber nicht solche, in denen die Wirkung die Ursache bedingt.[1498]

Ein Beispiel wäre das erwähnte Verhältnis von Leben zu Tod. Das Leben ist ein (notwendiger)[1499] Bestandteil für eine hinreichende Bedingung des Todes (und damit eine der vielen »Ursachen«, Äquivalenztheorie), aber nicht umgekehrt. Diese Asymmetrie von Wirkung und Ursache, die Asymmetrie einer Kausalrelation, wird oft als zeitlicher Aspekt und als notwendiger Bestandteil der Kausalbeziehung verstanden.[1500] Der Tod eines Menschen ist schon bereits deshalb nicht Ursache seines Lebens, weil das Leben dem Tod zeitlich vorausgeht. Wegen der zeitlichen Abfolge kann der Tod eines Menschen sein Leben nicht verursachen. Diese Zeitlichkeit spielte bereits den Überlegungen zur Vorverlagerung eine Rolle.[1501] Vorverlagerung ist Strafbarkeit eines Verhaltens ohne Erfordernis einer Verletzung des Schutzobjekts der Norm. Da Verursachung zeitliche Sukzession voraussetzt, bedeutet der Verzicht auf die Verursachung in der Vorverlagerung eine zeitliche Komponente derselben.

Die Erkenntnis, dass Kausalgesetze und Kausalbeziehungen asymmetrisch sind, spricht strenggenommen gegen eine nomologische Betrachtung,[1502] denn die nomologische Beziehung als solche enthält kein asymmetrisches Element. Doch selbst wenn dies als Ausnahme von der rein nomologischen Relation akzeptiert würde, können weitere Beispiele die Äquivalenztheorie in Bedrängnis bringen.

---

zu *Kants* Kausaltheorie *Schnepf*, Kausalität, 2006, S. 352ff., insbesondere S. 353: »Gleichzeitigkeit ist nämlich eine symmetrische Relation, das im hypothetischen Urteil hergestellte Verhältnis ist hingegen asymmetrisch«. Auch *Engisch* setzte dies in seiner Kausalitätsformel voraus, Kausalität, 1931, S. 21.

1498 Statt aller *Toepel*, FS Puppe 2011, S. 294.

1499 So die Formel des notwendigen Bestandteils einer hinreichenden Mindestbedingung (NBtHMb), siehe oben ab S. 250.

1500 Siehe hierzu u. a. schon *Engisch*, Kausalität, 1931 S. 21; *Puppe*, RW 2011, S. 420; *Toepel*, FS Puppe 2011, S. 294f.; *Stegmüller*, Erklärung, Begründung, Kausalität, 1983, S. 525; *Moore*, Causation and responsibility, 2009, S. 483f.; *derselbe*, Further Thoughts on Causality, in: Critical Essays, 2013, S. 337; *Wright*, The NESS Account of Natural Causation, in: Critical Essays, 2013, S. 20, a. A. *Kindhäuser*, ZIS 2016, S. 588ff. sowie *Lewis*, Journal of Philosophy, 1973, S. 566.

1501 Siehe oben ab S. 76.

1502 *Moore* spricht hier von einem »real problem« für die Regularisten, Causation and responsibility, 2009, S. 483. Dass damit auch das Induktionsproblem in keiner Weise gelöst ist, beschäftigt *Schnepf* in seiner Diskussion der *Kantschen* Kausaltheorie, Kausalität 2006, S. 354: »Gegen diese Überlegung liegt der Einwand nahe, dass so zwischen dem Begriff der Kausalität und dem zeitlicher Sukzession keinerlei begrifflicher Zusammenhang hergestellt werde. Insbesondere werde nicht aus dem Begriff der Kausalität gezeigt, dass die Ursache zeitlich vor der Wirkung sein müsse.«

> Immer wenn die Fabriksirenen in Manchester um 17 Uhr ertönen, dann legen die Londoner Arbeiter ihre Arbeit nieder.[1503]

Hieraus ließe sich eine Gesetzmäßigkeit ableiten, die lautet, dass das Erschallen der Fabriksirenen in Manchester das Niederlegen der Arbeit in London hinreichend bedingt.[1504] Dass diese Induktion weder etwas kausales noch ein Gesetz beschreibt (der Grund, dass die Londoner die Arbeit niederlegen, ist, dass es 17 Uhr ist, nicht, dass die Sirenen in Manchester ertönen, die sie ja gar nicht hören können[1505]) kann die Äquivalenztheorie nicht aus sich selbst heraus ableiten: sie stellt auf genau so formulierte Gesetzmäßigkeiten ab.

Das folgende Beispiel wird ergänzend kontrafaktisch formuliert,[1506] um zu demonstrieren, dass auch die kontrafaktische Methode gegen solche Vorwürfe nicht gefeit ist:

> Wenn ein Schatten eines Turms um 16 Uhr eine Länge L hat, dann hat der Turm die Höhe H *bzw.* wäre der Schatten um 16 Uhr im Sonnenschein nicht L lang, hätte der Turm nicht die Höhe H.[1507]

Beide Sätze sind in diesem Fall wahr.[1508] Aber ist der Schatten *Ursache* der Länge des Turms? Dies ist offensichtlich zu verneinen. Lässt man nomologische Relata ausreichen, erhält man in solchen Fällen falsche Kausalurteile. Es gibt Gesetzmäßigkeiten, die keine kausalen Beziehungen beschreiben.[1509] Außerdem kann es im Einzelfall schwierig sein, Gesetzmäßigkeit von Regularität zu unterscheiden.[1510] Hinter diesem einfachen Beispiel verbirgt sich ein unangenehmes Di-

1503 Siehe u.a. *Mackie*, The Cement of the Universe, 1990 (1973), S. 83ff.; *Toepel*, FS Puppe 2011, S. 293; *Puppe*, The Concept of Causation in the Law, in: Critical Essays, 2013, S. 90; *Wright*, The NESS Account of Natural Causation, in: Critical Essays, 2013, S. 30; *Moore*, Further Thoughts on Causation, in: Critical Essays, 2013, S. 340; *derselbe*, Causation and responsibility, 2009, S. 481.

1504 So *Mackie*, The Cement of the Universe, 1990 (1973), S. 84; *Moore*, Causation and responsibility, 2009, S. 482; *Toepel*, FS Puppe 2011, S. 293.

1505 Diesen letzten Punkt betont *Puppe* u.a. in RW 2011, S. 423f.

1506 Grundlegend zur hierin begründeten Kritik an der kontrafaktischen Methode und zum Folgendem *J. Kim*, Journal of Philosophy, 1973, 570ff.

1507 Ähnlich schon *Stegmüller*, Erklärung, Begründung, Kausalität, 1983, S. 537; *Moore*, Causation and responsibility, 2009, S. 476f. m. w. Nachw.; auch *Merkel*, FS Puppe 2011, S. 162; *Toepel*, FS Puppe 2011, S. 292; *Wright*, The NESS Account of Natural Causation, in: Critical Essays, 2013, S. 19, S. 29; *Puppe*, The Concept of Causation in the Law, in: Critical Essays, 2013, S. 87ff.

1508 Zum besseren Verständnis: H und L sind nicht als Unbekannte gemeint, sondern exakte Längen- und Höhenangaben. Aus L lässt sich dann unter Berücksichtigung der Winkel der Sonnenstrahlen H genau berechnen.

1509 *Puppe* räumt dies im genannten Beispiel nicht offen ein, sondern weicht hier auf die fehlende Eigenschaft als Kausalgesetz ab, da »die Tatsache, dass das Phänomen gemessen worden ist, (…) nicht zur Mindestbedingung für seine Existenz« gehört, RW 2011, S. 422.

1510 Dieser Komplex der Wissenschaftstheorie kann an dieser Stelle nicht weiter verfolgt werden, siehe hierzu *Hempel*, Aspekte wissenschaftlicher Erklärung, 1977, S. 8ff. sowie lemma für die Äquivalenztheorie: Kausalurteile erschöpfen sich nicht in nomologischen Aussagen.[1511] Offensichtlich ist die logische Bedingungsrelation nicht hinreichend für ein Kausalurteil.[1512] Die Frage ist, womit logische Erklärungen von Kausalität zu ergänzen sind, um Kausalität sicher festzustellen.[1513]

Der Äquivalenztheoretiker *Mackie* sah sich gezwungen, angesichts solcher Beispiele für Kausalgesetze »causal priority« zu verlangen und die unzureichende Kausalerklärung durch Kausalgesetze einzuräumen;[1514] in der Folge verlangte er »tatsächliche Bewirkung« für seine Kausalurteile.[1515] Solche Zusätze sind jedoch offensichtlich tautologisch:[1516] Kausalgesetze nur anzuerkennen, wenn diese auch »wirklich kausal seien« hieße, die Diskussion um den Kausalbegriff wieder zu eröffnen und sich dem »*Schrödingerschen* Drehschwindel« auszusetzen.[1517]

bb) Stellungnahme

Das Problem der nichtkausalen Kausalgesetze lässt sich mit *Puppe* wie folgt entkräften: »Dieser Kritik an der Regularitätsthese liegt eine recht simple Vorstellung davon zugrunde, wie Kausalgesetze ermittelt werden, die nämlich, dass da ein Beobachter ist, der hinreichend häufig die Beobachtung gemacht hat, dass ein Ereignis B auf ein Ereignis A folgt, und nun das Kausalgesetz aufstellt, immer wenn A geschieht, so folgt B. Aber so einfach verhält es sich mit den Kausalgesetzen nicht«[1518]. Niemand würde ein Kausalgesetz wie im Manchester-Beispiel akzeptieren, da es nicht bestätigt und auch nicht zu bestätigen ist. Hintergrund

---

Stegmüller, Erklärung, Begründung, Kausalität, 1983, S. 130, 321 ff. Viele der Schwierigkeiten sind mit den im Folgenden beschriebenen synonym (insbesondere die unzureichende formelle »wenn, dann« Konstruktion, hierzu auch *Hempel*, Aspekte wissenschaftlicher Erklärung, 1977, S. 9 und *Stegmüller*, Erklärung, Begründung, Kausalität, 1983, S. 136, aber auch das Induktionsproblem, siehe *derselbe*, Erklärung, Begründung, Kausalität, 1983, S. 323 ff.). Klassisch das Problem des nicht »green«, sondern »grue« Smaragds, siehe *Goodman*, Fact, Fiction and Forecast, 1983 (1954), S. 74 ff. hierzu *Stegmüller*, Erklärung, Begründung, Kausalität, 1983, S. 324 ff.

1511 Siehe auch *Merkel*, FS Puppe 2011, S. 162: »plus x«.

1512 Hierzu auch *Haas*, Kausalität und Rechtsverletzung, 2002, S. 180.

1513 Diese Diskussion lässt sich im Austausch zwischen *Lewis*, Journal of Philosophy, 1973, S. 556, und seiner Behauptung, Kausalaussagen seien von Kausalgesetzen unabhängig, etwa S. 558, auf einer Seite, und *J. Kim*, Journal of Philosophy, 1973, S. 570 ff., der auf der anderen Seite nachwies, dass einfache kontrafaktische Aussagen nicht immer Kausalrelationen ausdrücken, nachvollziehen.

1514 *Mackie*, The Cement of the Universe, 1990 (1973), S. 85 f.

1515 Ähnlich auch *Wright*, The NESS Account of Natural Causation, in: Critical Essays, 2013, S. 20.

1516 Hierzu ausführlich *Moore*, Causation and responsibility, 2009, S. 483 ff. Kritsch auch *Toepel*, FS Puppe 2011, S. 294 f.

1517 Siehe oben ab S. 227.

1518 *Puppe*, RW 2011, S. 423.

dieser Problematik ist das Induktionsproblem:[1519] Eine wiederholte Beobachtung kann dazu führen, dass ein Kausalgesetz identifiziert wird; dies kann aber auch auf einer Fehlinterpretation beruhen, die, wie im Manchester-Fall, davon ausgeht, dass ein Phänomen das andere bedingt, wobei beide dieselbe Ursache haben (in diesem Fall die Uhrzeit 17 Uhr).[1520] Andere Beispiele sind denkbar.[1521] Schon *Engisch* erkannte, dass es sich hierbei um ein erkenntnistheoretisches Problem handelt.[1522] Kausalgesetze können *immer* unwahr sein. Das Kausalgesetz zu beweisen, ist Aufgabe des Naturwissenschaftlers, nicht des Juristen.[1523]

1519 Exemplarisch *Haas*, Kausalität und Rechtsverletzung, 2002, S. 174ff.; hierzu *Puppe*, RW 2011, S. 418f.; *Stegmüller*, Erklärung, Begründung, Kausalität, 1983, S. 320ff.

1520 So treffend *Toepel*, FS Puppe 2011, S. 293. Siehe auch *Engisch* zu einem ähnlichen Fall von Soldaten, die vor Eintreffen eines Geschosses in Deckung springen, gefolgt vom Einschlag. Man könnte denken, das Springen in die Deckung würde das Einschlagen der Geschosse verursachen – dabei ist das Springen in die Deckung sowie der Einschlag beides durch das Artilleriefeuer verursacht, siehe *Engisch*, Kausalität, 1931, S. 23f.

1521 Etwa die scheinbare Verursachung des Vorbeifahrens eines Zuges durch Herablassen der Bahnschranke, siehe u.a. *Puppe*, RW 2011, S. 420; siehe zu solchen Fällen grundsätzlich *Mackie*, The Cement of the Universe, 1990 (1973), S. 83ff. Siehe auch das Beispiel eines heißen glühenden Eisens bei *Kindhäuser*, ZIS 2016, S. 587: »Für den Beobachter ist hierbei ungeklärt, ob das Eisen glüht, weil es erhitzt ist, oder ob das Eisen 800 Grad heiß ist, weil es glüht.« Auch das Beispiel der roten Bälle von *Haas*, Kausalität und Rechtsverletzung, 2002, S. 176, gehört in diese Kategorie (einen solchen Fall findet sich bereits *Stegmüller*, Erklärung, Begründung, Kausalität, 1983, S. 321), *Puppe* bespricht dieses aber gesondert als Fall eines fehlenden Kausalgesetzes, siehe *dies.*, RW 2011, S. 418f., S. 422. Klassisch auch das Beispiel des Barometers, das vor einem Sturm stark fällt, siehe *Merkel*, FS Puppe 2011, S. 158, hierzu schon *Stegmüller*, Erklärung, Begründung, Kausalität, 1983, S. 537, *Puppe*, RW 2011, S. 424: Man könnte annehmen, das Barometer würde den Sturm verursachen, doch tatsächlich entstehen Sturm und Fall des Barometers durch Druckveränderungen in der Atmosphäre.

1522 *Engisch*, Kausalität, 1931, S. 24.

1523 *Puppe*, RW 2011, S. 419f.; S. 425. Das Gleiche gilt natürlich auch für das ungewöhnliche Beispiel des Freitags als notwendiger/hinreichender Bedingung des Samstags, etwa: Wäre gestern nicht Freitag gewesen, dann wäre heute nicht Samstag bzw. immer wenn der Freitag vorbei ist, dann muss der Samstag folgen, siehe hierzu *Merkel*, FS Puppe 2011, S. 157; *Puppe*, The Concept of Causation in the Law, in: Critical Essays, 2013, S. 87 und S. 89. Dieses Beispiel stammt von *J. Kim*, Journal of Philosophy, 1973, S. 570 (»If yesterday had not been Monday, today would not be Tuesday«). Ob dies als Kausalgesetz akzeptiert werden kann, hängt nicht zuletzt davon ab, ob nur Naturgesetze akzeptiert werden können. In diesem Fall kann man sicherlich nicht von »Kausalgesetz« sprechen, obgleich analytisch wahr ist, dass der 6. Tag auf den 5. folgen *muss*, siehe *Puppe*, RW 2011, S. 421 sowie *dieselbe*, The Concept of Causation in the Law, in: Critical Essays, 2013, S. 89. Interessant auch der Satz: »Wäre der Schlüssel nicht von mir gedreht worden, dann hätte ich die Tür nicht aufgeschlossen«, *Merkel*, FS Puppe 2011, S. 158, nach *J. Kim*, Journal of Philosophy, 1973, S. 571 (»If I had not turned the knob, I would not have opened the window«). Hier ist etwas schwer zu erkennen, warum der kontrafaktische Satz keine Kausalrelation beschreibt. Das Drehen des Schlüssels bzw. der Klinke hat das Geöffnet-Sein der Tür verursacht. Aber ist dies auch die Ursache dafür, dass die Tür geöffnet wurde? Nein, die Ursache dafür lag in anderen Umständen, etwa dem Motiv dafür, die Tür zu

Hier »werden kausale Gesetzmäßigkeiten auch typischerweise durch Experimente erfasst und überprüft.«[1524] Allerdings zeigt das Beispiel des Turmschattens, dass eine Erklärung nicht falsch sein muss (Sirenen in Manchester verursachen nicht Arbeitsniederlegungen in London), um kein Kausalgesetz zu enthalten. Es gibt wahre Gesetzmäßigkeiten, die aber keine Kausalgesetze bezeichnen.[1525]

Die Grenzen der Regularitätstheorie treten hiermit klar zutage. Kausalformeln, die davon ausgehen, dass gewisse Abfolgen von Ereignissen durch Gesetzmäßigkeiten bedingt sind verfügen nicht über die Werkzeuge, diese Gesetzmäßigkeiten als nicht-kausal zu falsifizieren.[1526] Für die wissenschaftstheoretische Kausalerklärung ist daher zu beachten: Nur gut bestätigte Kausalgesetze können Teil einer adäquaten Erklärung sein. Dem Beispielssatz »Schatten verursachen Turmlängen« wird nicht die Eigenschaft als Kausalerklärung abgesprochen, sondern die Adäquanz.[1527] Es handelt sich um eine falsche Kausalerklärung, da der nomologischen Bedingungsrelation kein Kausalgesetz zugrunde liegt (Regel B4).[1528]

Die Unzufriedenheit der Kritiker der Regularitätstheorie mit dieser Antwort ist auf die grundsätzlich abweichende Fragestellung zurückzuführen, mit der diese an die Kausalität herantreten.[1529] Viele Wissenschaftstheoretiker interessiert, *warum* die Kausalerklärung richtig ist. Im juristischen und im praktischen naturwissenschaftlichen Bereich aber genügt eine Theorie, die pragmatische Antworten bzgl. der Identifizierung von Ursachen eines relevanten Ereignisses bietet.[1530] Diesen Anforderungen genügt die Äquivalenztheorie. *Die nomologi-*

öffnen. Dieser Satz beweist, dass mit solchen kontrafaktischen Sätzen Unterschiedliches auszudrücken ist. Dass das Türschloss betätigt wurde, ist Ursache dafür, dass die Tür nun offen ist, aber Ursache dafür, dass *sie geöffnet wurde,* ist etwas anderes.

1524 *Kindhäuser*, ZIS 2016, S. 587. Siehe auch *Puppe*, RW 2011, S. 424.

1525 Siehe statt aller *Haas*, Kausalität und Rechtsverletzung, 2002, S. 180.

1526 *Puppe*, RW 2011, S. 424.

1527 *Puppe*, RW 2011, S. 423: »dürfen nicht anderen anerkannten Gesetzen« widersprechen.

1528 Siehe *Stegmüller*, Erklärung, Begründung, Kausalität, 1983, S. 125f. Anstatt zu konzedieren, dass die Regularitätsthese in ihrer Wahrhaftigkeit von der empirischen Kausalüberprüfung vollständig abhängig ist, lässt *Puppe* sich demgegenüber dazu verleiten, den singularistischen Kausalerklärungen die zutreffende Darstellung von Kausalität streitig zu machen, siehe *dies.*, RW 2011, S. 436. f. Zwar können auch singularistische Theorien wie die von *Moore* auf Schwierigkeiten stoßen, man sollte aber einsehen, dass die Regularitätstheorie aufgrund ihrer Nomologie unfähig ist, aus sich selbst heraus Kausalität zu erklären, siehe auch *Erb*, JuS 1994, S. 452. Die Äquivalenztheorie ist nicht dazu in der Lage, zu erklären, warum eine nomologische Kausalerklärung falsch ist, weil dies implizieren würde, zu erklären, warum die empirische Kausalerklärung falsch ist; sie wird immer nur postulieren können, dass die nomologische Erklärung falsch ist, weil das Kausalgesetz empirisch widerlegt ist oder der Sachverhalt nicht ausreichend ermittelt wurde.

1529 So dann auch *Moore*, Further Thoughts on Causation, in: Critical Essays, 2013, S. 336, 339 sowie unten.

1530 Hierzu schon *Puppe*, ZStW 92 (1980), S. 863f.

sche Kausaltheorie ist keine Theorie der Erklärung des Phänomens der Kausalität, sondern nur die Erklärung eines Vorgangs als kausal. Die nomologische Beschreibung führt zu einem epistemischen, nicht ontologischen Kausalitätsbegriff.[1531] Selbst wenn der Kausalvorgang eine ontologische Komponente enthielte (deren Benennung bzw. Definition nach wie vor nicht gelungen ist)[1532]: Diese lässt sich reibungslos nomologisch ausdrücken.[1533]

cc) Zwischenergebnis

Die Problematik nicht kausaler Gesetze offenbart, dass die Äquivalenztheorie *Humes* und *Mills* keine Antwort auf die Frage hat, was Kausalität *ist* (Kausalbegriff). Das Problem des Induktionsfehlschlusses und der ungelösten Kausalitätsdefinition wird nach dieser Kausalitätstheorie als unausweichlich hingenommen. Zumindest im Rahmen der strafrechtlichen Kausalitätslehre ist dies unproblematisch. Die Äquivalenztheorie ermöglicht in Form der kontrafaktischen und regularistischen Methode die Kausalbeurteilung konkreter Sachverhalte.

Des Weiteren ist es der Wissenschaftstheorie noch immer nicht gelungen, den Kausalbegriff zu eruieren. Die Essenz der Kausalität bleibt wissenschaftstheoretisch umstritten und ungelöst. Aus der Kritik an der Kausalität von Kausalgesetzen kann daher nicht zwangsläufig eine Ablösung der wissenschaftstheoretischen Äquivalenztheorie gefolgert werden.

b) Die deterministischen Kausalgesetze und die Quantenphysik

Dass Kausalgesetze die Grundlage von Kausalurteilen seien, wird auch deshalb kritisiert, weil die Prämisse einer Notwendigkeitsrelation (wenn, dann) nicht mit dem aktuellen Stand der naturwissenschaftlichen Forschung in Einklang zu bringen sei. Die Physik machte am Anfang des 20. Jahrhunderts die Entdeckung, dass es nicht determinierte Prozesse gibt, in denen keine »Notwendigkeit« der Ursache–Wirkung-Relation existiert.[1534] Es wurde versucht, diese Erkenntnis gegen eine nomologische Kausalbeziehung, insbesondere im Sinne einer hinreichenden Bedingung, in Stellung zu bringen:[1535] Wenn X aufgrund nicht determinierter Prozesse nicht immer zu Y führt, dann sei das Bedingungsverhältnis zwischen X und Y nicht das einer hinreichenden Bedingung, sondern das

1531 So richtig *Merkel*, FS Puppe 2011, S. 163.

1532 Siehe oben ab S. 226.

1533 Auch *Haas*, der eine regularistische Kausallehre in der Wissenschaftstheorie ablehnt, konzediert, dass dies für das Recht keinesfalls bindend ist, siehe *Haas*, Kausalität und Rechtsverletzung, 2002, S. 184.

1534 Siehe oben ab S. 228.

1535 Siehe *Puppe*, Lob der Conditio-sine-qua-non-Formel, GA 2010, S. 563f. m. w. Nachw.

einer notwendigen (Condicio-sine-qua-non-Formel).[1536] Hierzu das bekannte Beispiel *Mackies:*

aa) Candy-Machine-Fall

Ein Schokoladenautomaten (candy-machine) existiert in drei Varianten.[1537] *Variante K* beschreibt eine herkömmliche deterministische Maschine. Wirft man eine Münze in den Automaten, wirft diese eine Schokoladentafel aus.[1538] In diesem Fall ist der Münzeinwurf notwendig, aber auch hinreichend für den Auswurf der Tafel im konkreten kausalen Feld.

Variante L beschreibt eine *indeterministische* Maschine. Normalerweise kommt durch den Münzeinwurf eine Schokolade heraus. Bisweilen aber unterbleibt dies, und zwar aufgrund eines indeterministischen Zufallsmechanismus. In diesem Fall ist der Münzeinwurf notwendig, aber nicht hinreichend für den Schokoladenauswurf.

Variante M beschreibt eine *umgekehrt indeterministische* Maschine. Normalerweise kommt durch den Münzeinwurf eine Schokolade heraus, bisweilen kommt es aber zufällig zur Auslösung des Mechanismus, und eine Schokoladentafel fällt heraus - ganz ohne Münzeinwurf. Ob der Mechanismus auch ohne Münze initiiert wird und Schokolade auswirft, ist reiner Zufall.

In diesem Fall ist der Münzeinwurf hinreichende, aber nicht notwendige Bedingung für den Schokoladenauswurf (Dass solche Mechanismen durchaus denkbar sind, ergibt sich aus den Erkenntnissen der Quantenphysik.[1539] So sei der zufällige Mechanismus, um ihn realistisch indeterminiert zu bilden, durch den radioaktiven Zerfall eines Atoms ausgelöst).

In der Variante L (Münzeinwurf notwendig) könnte, wenn Schokolade aus dem Automaten fiel, sicher gesagt werden, der Münzeinwurf hätte dies verursacht, denn nur durch Münzeinwurf fällt Schokolade heraus. Dies könnte in Variante M (Münzeinwurf hinreichend) nicht behauptet werden, weil auch ohne Münzeinwurf Schokolade herausfallen könnte, sodass unklar bleibt, ob das Auswerfen der Schokolade durch Einwurf der Münze verursacht wurde. Damit meint *Mackie* bewiesen zu haben, dass Kausalurteile eine logische Beziehung der *Notwendigkeit* beinhalten (condicio sine qua non), da nur in diesen Fällen die

---

1536 Siehe etwa *Dencker*, Kausalität und Gesamttat, 1996, S. 32ff.

1537 Nach *Mackie*, The Cement of the Universe, 1990 (1973), S. 40ff.; *Stegmüller*, Erklärung, Begründung, Kausalität, 1983, S. 587ff.; siehe hierzu auch *Toepel*, Kausalität und Pflichtwidrigkeitszusammenhang, 1992, S. 91ff.

1538 Zwar kann dies im Einzelfall an Unzulänglichkeiten scheitern, zum Beispiel, wenn die Schokolade nicht aus dem Fach fällt, aber dies wäre nur ein Fehler im Mechanismus; funktioniert der Mechanismus, dann geschieht alles wie beschrieben.

1539 Siehe *Stegmüller*, Erklärung, Begründung, Kausalität, 1983, S. 587f.

Ursächlichkeit des Münzeinwurfs immer feststehe; hinreichende Bedingungsrelationen beschreiben keine Ursächlichkeit in diesen Fällen.[1540]

Mackie zeigt auf, dass sowohl bezüglich Variante M (Münzeinwurf hinreichend) als auch für die Variante L (Münzeinwurf notwendig) vor Münzeinwurf (ex ante) nicht gewusst werden kann, ob Schokolade herausfallen wird. Es fehlt an einer deterministischen Kausalrelation. Allerdings meint er den Unterschied zwischen notwendiger und hinreichender Bedingung darin ausmachen zu können, dass nur im Falle der Variante L (Münzeinwurf notwendig) *ex post* gesagt werden könnte, dass der Münzeinwurf das Herausfallen der Schokolade verursacht hätte. Wie *Wright* erkennt, beweist der Fall genau das Gegenteil von dem, was *Mackie* beweisen will:[1541] Der Automat M lässt aufgrund eines deterministischen Prozesses immer bei Münzeinwurf und aufgrund eines indeterministischen Prozesses manchmal auch ohne Münzeinwurf Schokolade herausfallen (Münzeinwurf nur hinreichend). Wird nun eine Münze eingeworfen, und es kommt Schokolade heraus, dann wüsste man nach *Mackie* angeblich nicht, ob man dies ausgelöst hat oder der indeterministische Prozess. Doch dieses Ergebnis ist unlogisch. Wenn es stimmt, dass der Einwurf der Münze *immer* zum Auswurf einer Schokolade führt, dann bedeutet der Umstand, dass eine Schokolade ausgeworfen wird, nachdem die Münze eingeworfen wurde, dass dies ausgelöst wurde.[1542] Andernfalls wäre die Prämisse falsch.[1543] Dass *Mackie* behauptet, man wüsste nicht, ob der Auswurf der Schokolade verursacht wurde, würde bedeuten, dass nicht immer durch Münzeinwurf Schokolade herausfallen würde.[1544] Der Münzeinwurf wäre dann nicht hinreichend – geschweige denn notwendig.

Mackies Fall kann anschaulich demonstrieren, dass es Prozesse geben kann, die nicht vorhergesagt werden können, oder deren Ursache sich nicht mit Sicherheit ermitteln lässt. Den Streit um die logische Beziehung von Bedingung zu Bedingten kann er aber nicht lösen. Auch über nicht determinierte Prozesse lassen sich ex post Kausalurteile fällen,[1545] die ein Kausalgesetz in Form einer hinreichenden Bedingung beinhalten.[1546] Kausalerklärungen müssen nicht die

1540 *Mackie*, The Cement of the Universe, 1990 (1973), S. 43, wobei er noch zwischen »weak« und »strong« hinreichender Bedingung unterscheidet und nur letztere verneint. Auch hiergegen *Wright* in den folgenden Fußnoten. Zustimmend aber *Toepel*, Kausalität und Pflichtwidrigkeitszusammenhang, 1992, S. 91 f.

1541 Hierzu sowie zum Folgenden *Wright*, The NESS Account of Natural Causation, in: Critical Essays, 2013, S. 48 ff.

1542 Siehe *Wright*, The NESS Account of Natural Causation, in: Critical Essays, 2013, S. 49.

1543 *Wright*, The NESS Account of Natural Causation, in: Critical Essays, 2013, S. 50.

1544 Relativierend daher auch *Mackie*, The Cement of the Universe, 1990 (1973), S. 43 f.

1545 Ebenso *Frister*, AT 2015, Kap. 9 Rn. 36.

1546 Anderer Ansicht *Toepel*, Kausalität und Pflichtwidrigkeitszusammenhang, 1992, S. 92 f. Es handle sich hier um einen »geschickt verdeckten circulus vitiosus«. *Wright* müsse still-

Zukunft vorhersagen, sondern Vergangenes erklären.[1547] Es muss nicht erklärt werden können, dass X zu Y führen muss, sondern nur, dass X zu Y führen *musste*. Sofern sich ex post sagen lässt, dass Y durch X verursacht wurde, selbst wenn dies (auch theoretisch) ex ante nicht vorhersehbar ist, genügt dies.[1548] »In diesen Fällen können wir trotz der Indeterminiertheit des Verlaufs zur Zeit der Tat für einen späteren Zeitpunkt (…) eine strikte Erklärung aus Kausalgesetzen geben«[1549].

bb) Wahrscheinlichkeitsgesetze und Äquivalenztheorie

Trotz der Möglichkeit, ex post im nicht determinierten Bereich Kausalurteile aus Kausalgesetzen zu fällen, wird nach *Heinrich* im Strafrecht ein zunehmendes prinzipielles Versagen der Äquivalenztheorie konstatiert:[1550] Erforderlich sei

---

schweigend davon ausgehen, dass es der Münzeinwurf plus nicht deterministischer Prozess (+) war, der die Schokolade auswarf, S. 92. Hiergegen ist aber einzuwenden, dass hiervon nicht »stillschweigend« sondern denklogisch ausgegangen werden muss. Wenn nicht bekannt ist, ob etwas Ursache eines Ereignisses ist, sondern unklar bleibt, ob es der Münzeinwurf war oder der nicht determinierte Prozess, kann kein Kausalurteil gefällt werden, weil der Münzeinwurf eben *nicht* hinreichend ist. Da *Toepel* dies verkennt, zieht er den Schluss, nur die Condicio-sine-qua-non-Formel erlaube in Fällen der psychischen Kausalität ein positives Kausalurteil, S. 93; ähnlich *Dencker*, Kausalität und Gesamttat, 1996, S. 32ff. Hiergegen sträuben sich aber folgende Überlegungen: Wenn A den B auffordert, den C zu töten, was B dann auch tut (§§ 212 Abs. 1, 26 StGB), dann bleiben zwei Möglichkeiten, das Geschehen zu deuten. Durch das Auffordern des A wurde B dazu motiviert, den C zu töten (Münzeinwurf, M). Oder B hätte den C auch ohne Aufforderung getötet (nicht determinierter Prozess, ndP). Ist nicht bekannt, ob M oder ndP, dann kann nicht nur nicht beurteilt werden, ob M hinreichend war, sondern auch nicht beurteilt werden, ob M notwendig war! Ist aber bekannt, dass M notwendig war, dann ist ex post auch immer bekannt, dass dies im konkreten Fall hinreichend war.

1547 Die Notwendigkeit, sich von prognostischen Erklärungsmodellen im Strafrecht zu lösen, hat bereits *Schulz* herausgearbeitet, FS Lackner 1987, S. 42ff. Allerdings verkennt er in der Diskussion der Kausalerklärung ihren vornehmlich retrospektiven Charakter, weshalb er ihr die Relevanz für das Strafrecht abspricht, S. 45. Um dies zu untermauern, bringt er den »Frackfall« in Stellung: Ein Mann sprengt im Casino die Spielbank. Hierbei trug er einen Frack, was Voraussetzung dafür war, in das Casino gelassen zu werden. Kann man seinen Reichtum damit erklären, dass er einen Frack trug? Für die Vertreter der Kausalerklärung wäre es absurd, eine solche Erklärung zu akzeptieren, siehe *Stegmüller*, Erklärung, Begründung, Kausalität, 1983, S. 217. Da aber im Strafrecht die Verschaffung des Fracks eine Beihilfe zum »betrügerischen Spielbanksprengen« darstellen könnte, beweise dies, dass »die gesetzmäßige Bedingung aus ihrer Verknüpfung mit der kausalen Erklärung zu lösen« sei, *J. Schulz*, FS Lackner 1987, S. 45. Wieso hiermit der Beweis erbracht sein sollte, erscheint jedoch unverständlich. Es ist ja das Tragen und das Verschaffen des Fracks Teil der Kausalerklärung als notwendiger Bestandteil und damit *kausal auch im Sinne der Kausalerklärung (Äquivalenztheorie).* Nur kann nicht das Sprengen der Spielbank *allein* mit dieser Tatsache erklärt werden.

1548 Siehe auch *Schales*, Spezifische Fehlverhaltensfolgen und hypothetische Kausalverläufe, 2014, S. 47.

1549 So *Puppe* zur nicht determinierten psychischen Kausalität, ZStW 95 (1983), S. 294.

1550 Gesamtes Strafrecht-*Heinrich* Vor § 13 Rn. 14.

eine Loslösung von »strikten Kausalgesetzen«[1551] zugunsten von Wahrscheinlichkeitsgesetzen.

Wahrscheinlichkeitsgesetze sind in der Strafrechtswissenschaft und -praxis von zunehmender Bedeutung. So ist bei fahrlässigen Erfolgsdelikten bezüglich des Pflichtwidrigkeitszuammenhangs nicht nur zu klären, ob etwas verursacht worden ist (positive Tatsachen), sondern auch, dass etwas sonst nicht geschehen *wäre* (negative Tatsache). Dies erfordert das Aufstellen einer Hypothese (kontrafaktisches Vorgehen), wie in dem konkreten Fall der Kausalverlauf gewesen wäre. Geprüft wird dann nicht, ob die Handlung den Erfolg verursacht hat – diesbezüglich ist das Fällen eines Kausalurteils wie im Candy-Machine-Fall auch im nicht determinierten Bereich ex post möglich – sondern ob eine pflichtgemäße Handlung den Erfolg verhindert *hätte*. Die Hypothese kann wegen ihrer kontrafaktischen Natur nur prognostisch beurteilt werden.

Im nicht determinierten Bereich, etwa bei der Krebsbehandlung, kann dann nicht geklärt werden, ob bei pflichtgemäßer Behandlung der Krebs geheilt worden *wäre*, weil sich dies nicht nach determinierten Kausal-, sondern nur nach probabilistischen Wahrscheinlichkeitsgesetzen bestimmt.[1552] Es bleibt nur das Wahrscheinlichkeitsurteil und damit entweder der Freispruch in dubio pro reo oder die Zurechnung nach Wahrscheinlichkeitsgesetzen.[1553] Hieraus zieht ein Teil der Lehre den Schluss, *im Falle des Schadenseintritts* müsse eine Verursachung auch dann angenommen werden, wenn der Täter die Wahrscheinlichkeit für diesen gesteigert hat, auch wenn hierdurch nicht sicher der Erfolg verursacht wurde oder abgewendet worden wäre.[1554]

cc) *Stellungnahme*

Die kriminalpolitischen Bemühungen um eine Erweiterung kausaler Zurechnung im Falle bloßer Wahrscheinlichkeitsgesetze werden oftmals als Kritik an der Äquivalenztheorie bezeichnet.[1555] Dies ist jedoch unzutreffend, wie sich bereits aus den Ausführungen zur Adäquanztheorie ergibt:[1556] Keinesfalls liegt in den Wahrscheinlichkeitsgesetzen ein Verzicht oder eine Überwindung der *Äquivalenz* aller Bedingungen. Die Überbrückung vom Erfordernis der Kausalgesetze durch Wahrscheinlichkeitsgesetze ist *keine Festlegung auf eine Un-*

1551 Siehe auch *Frister*, AT 2015, 9/35f.

1552 Siehe etwa *Puppe*, ZStW 95 (1983), S. 293ff.; *Hoyer*, GA 1996, S. 168ff.

1553 Siehe zur Diskussion ausführlich NK StGB-*Puppe* §§ 13ff. Rn. 138ff.; sowie knapp *Dencker*, Kausalität und Gesamttat, 2007, S. 103f.

1554 Zur Zurechnung nach Wahrscheinlichkeitsgesetzen (nur) in nicht determinierten Bereichen siehe NK StGB-*Puppe* §§ 13ff. Rn. 144; sowie *Puppe*, Lob der Conditio-sine-qua-non-Formel, GA 2010, S. 563f.

1555 Auch *Roxin* scheint dies fälschlicherweise gleich zu setzen, AT I 2006, I § 11 Rn. 37.

1556 Siehe oben S. 225.

terscheidung (Gewichtung) zwischen den unterschiedlichen Bedingungen dieser Wahrscheinlichkeitsgesetze. Im Schema der kausalen Erklärung würde eine statistische Erklärung formuliert werden, die aber ebenso Antezedenzien enthält, die als gleichwertig in die statistische Erklärung eingespeist werden würde.[1557] Auch ein statistisches Gesetz hat Tatbestandsmerkmale, deren Erfüllung für die (statistische) Folge notwendig ist, und die logisch gleichwertig sind.[1558] Das ist im Recht nicht anders. Alle Tatbestandsmerkmale eines Gesetzes sind äquivalent, seien sie kausale, statistische oder juristische. Die Überwindung eines deterministischen kausalgesetzlichen Weltbildes und seiner Kausalgesetze allein ist folglich nicht hinreichend zur Überwindung der Äquivalenztheorie, die auch hier ihren Platz findet.

dd) Zwischenergebnis

Die Existenz nicht determinierter Bereiche stellt die grundsätzliche Geltung von Kausalgesetzen nicht in Frage. Ex post kann hier ein Kausalurteil gefällt werden. Ist ein prospektives Urteil erforderlich (kontrafaktisches Vorgehen), kann die Frage nach der ausschließlichen Geltung von Kausalgesetzen offen bleiben. Die in Frage stehende Überwindung der Äquivalenztheorie ist mit der Berücksichtigung von Wahrscheinlichkeitsgesetzen nicht verbunden. Auch Wahrscheinlichkeitsgesetze bauen auf der grundsätzlichen Äquivalenz ihrer Tatbestandsmerkmale auf, sodass sich aus der wissenschaftstheoretischen Kritik an den Kausalgesetzen keine begrenzenden Momente für die Vorverlagerungsdiskussion ausmachen lassen. Dieses Fazit entspricht dem Ergebnis, das bezüglich der Adäquanztheorie gefunden worden ist.[1559]

c) Kausalgesetze als Basis der kontrafaktischen Kausalerklärung

Wie die bisherigen Ausführungen zu der wissenschaftstheoretischen Äquivalenztheorie zeigen, ist die Formulierung von Kausalgesetzen, den Säulen der Theorie selbst, problematisch. Die kontrafaktischen Methoden[1560] – wie etwa die Condicio-sine-qua-non-Formel – nehmen daher oftmals für sich in Anspruch, ohne Kausalgesetze auskommen zu können.[1561] Sollen kontrafaktische Kausal-

1557 Siehe zum DS Modell *Stegmüller*, Erklärung, Begründung, Kausalität, 1983, S. 246ff.

1558 Siehe zu den Unterschieden der Erklärungen mit statistischen und deterministischen Gesetzen *Stegmüller*, Erklärung, Begründung, Kausalität, 1983, S. 254ff. Zu den Schwierigkeiten des statistischen Syllogismus S. 781ff., zu statistischen Gesetzen siehe aber weiter S. 803ff., 814ff.

1559 Siehe oben S. 225ff.

1560 Hierzu ausführlich *Moore*, Causation and responsibility, 2009, S. 371ff.

1561 Ausdrücklich *Bung*, Wissen und Wollen im Strafrecht, 2009, S. 82ff., S. 84 (»unterhalb des Niveaus strikter Nomologie«); *Greco*, ZIS 2011, S. 685 (in Fn. 117); schwankend *Frisch*, FS Gössel 2002, S. 65f.; deutlicher *derselbe*, FS Maiwald 2010, S. 253ff.; *Schaal*, Gremienaussagen wie die Hinwegdenkmethode ohne Kausalgesetze auskommen, so stellt sich aber die Frage, weshalb den kontrafaktischen Kausalaussage Glauben geschenkt werden sollte. Worauf rekurriert der Konditionalsatz, wenn er die Behauptung aufstellt, dass Ereignis Y nicht ohne X eingetreten wäre?[1562]

Als Antwort auf diese Frage vertrat *Anscombe* radikalen Singularismus: Kausalität sei ein einmaliger, unerklärbarer Vorgang,[1563] die kontrafaktische Behauptung entbehre daher jeglicher Grundlage. Dies wird heute jedoch nicht mehr vertreten,[1564] denn es ist anerkannt, dass unsere Welt kausal eingerichtet ist.[1565] Kausalität setzt *per definitionem* eine gewisse Notwendigkeit der Abfolge der Ereignisse voraus.[1566] Fraglich ist, ob diese Notwendigkeit auch außerhalb von Kausalgesetzen gefunden werden kann. Wenn eine Herleitung von Kausalurteilen aus anderen Notwendigkeitsrelationen möglich wäre, dann käme die Überwindung der Äquivalenztheorie in Betracht. Hieran könnte die Entwicklung absoluter Grenzen der Vorverlagerung anknüpfen.

aa) Der Vergleich mit möglichen Welten (Lewis)

Eine wissenschaftsphilosophische Begründung für kontrafaktische Kausalurteile liefert *David Lewis* mit dem »possible worlds account«[1567] in Form des »modal realism«[1568]. Ähnlich den Erkenntnissen der Quantenphysik und indeterminierten Prozessen in der Naturwissenschaft[1569] untermauert *Lewis* Kausalität mit der Aufspaltung der Welt in »possible worlds«[1570]. Das heißt: Kausal

entscheidungen, 2001, S. 90f.; kritisch auch Leipziger Kommentar StGB-*Walter* Vor § 13 Rn. 74; sowie *Röckrath*, NStZ 2003, S. 646 und *Samson*, FS Rudolphi 2004, S. 262f. Aus der Wissenschaftstheorie siehe schon *Lewis*, Journal of Philosophy, 1973, S. 567f.; skeptisch auch Mackie, The Cement of the Universe, 1990 (1973), S. 77 (»it is easy to refute the claim that a singular causal statement implies a simple regularity statement. (…) But perhaps singular causal statements imply our elliptical generalizations. (…) It is not easy to conclusively refute *this* suggestion…« (Hervorhebung U.M.), S. 126f.; ausführlich hierzu Keil, Handeln und Verursachen, 2000, S. 272ff.

1562 So formuliert spitz *Puppe*, Lob der Conditio-sine-qua-non-Formel, GA 2010, S. 569: »Aber wehe Dir, wenn Du die Frage zu stellen wagst, was denn der Satz bedeutet, dass der Erfolg entfiele, wenn man sich die Handlung hinwegdenkt«.

1563 So prominent *Anscombe*, Causality and Determination, 1971, insbesondere S. 14ff.

1564 Scharf ablehnend *Moore*, Causation and responsibility, 2009, S. 362: »considering an Ascombean argument against a view usually convinces me of that view«, sowie S. 472f., S. 506f.

1565 So schon *Schrödinger*, in: Erkenntnis 1932/33, S. 65.

1566 So selbst Singularisten wie *Keil*, Making Causal Counterfactuals More Singular and More Appropriate for Use in Law, in: Critical Essays, 2013, S. 168.

1567 Zu solchen Konzepten grundsätzlich *Moore*, Causation and responsibility, 2009, S. 382ff. m. w. Nachw.

1568 *Lewis*, On the plurality of worlds, 1986, S. 5ff.

1569 Siehe *Schrödinger*, Naturwissenschaften 1935, S. 812.

1570 Siehe schon *Lewis*, Counterfactuals, 1973, S. 84ff. Dies erinnert an die »Viele-Welten-Interpretation« der Quantenmechanik.

sind Prozesse, die in einer möglichen anderen Welt anders ausgefallen *sind.*[1571] Streng genommen ist dies keine kontrafaktische Theorie, die Fakten liegen in einer anderen Welt vor, sind nicht fiktiv.[1572]

Diese Theorie überzeugt nur schwerlich. In komplexen Schritten sind parallele Welten zu konstruieren, um so nah wie möglich an der Vergleichswelt zu sein, sodass hieraus Kausalurteile ableitbar wären.[1573] Außerdem ist diese Welt selbst auch wieder im Hinblick auf ihre »Möglichkeit« von Kausalgesetzen abhängig.[1574] Konsequenterweise hat dieses Begründungsmodell in der Wissenschaftstheorie[1575] sowie dem deutschen Strafrecht keine Anhänger[1576] und wenig Aussicht auf Verbreitung.[1577]

bb) Notwendigkeit nicht *im Sinne einer logischen Bedingungsrelation* (Keil)

Eine echte Alternative zur kausalgesetzlichen Begründung kontrafaktischer Aussagen ist im wissenschaftstheoretischen Bereich die Negierung aller logischen Bedingungsrelation in Kausalurteilen, wie sie zuletzt insbesondere von

1571 *Lewis*, Counterfactuals, 1973, S. 86; *derselbe*, On the plurality of worlds, 1986, S. 2ff.

1572 Wie *Moore*, Causation and responsibility, 2009, S. 385 festhält: »such worlds are as real as the actual world«, er behält aber die Bezeichnung »counterfactuals« bei.

1573 Ausführlich *Lewis*, On the plurality of worlds, 1986, S. 5 bis 69. Siehe auch *M. Schulz*, Die Kausalität des Nichts, 2013, S. 74ff., S. 76 (»In Kürze: Der Conditio-Zusammenhang »Genau dann wenn A, dann C« gilt, wenn es die hypothetische Welt der tatsächlichen ähnlicher macht, dass A und C existieren, als nur A. Das entscheidende Kriterium ist es, die Ähnlichkeiten von Welten mit der tatsächlichen Welt zu vergleichen«), S. 78 (»Dieser Maßstab ist nicht präzise und für Lewis ist ein präziser Maßstab auch gar nicht möglich«): »Lewis' Theorie ermöglicht zwar, die Conditio-Formel systematisch zu lösen, aber sie tut dies wieder mit hypothetischen Welten, die selber so unbestimmt und kompliziert sind, dass sie die Analyse nicht voranbringen«, S. 101.

1574 Schon *J. Kim*, Journal of Philosophy, 1973, S. 572: »It would seem that Lewis must show in greater detail how considerations of laws enter into our judgments of similarity between possible worlds«.

1575 Siehe u. a. *Keil*, Making Causal Counterfactuals More Singular and More Appropriate for Use in Law, in: Critical Essays, 2013, S. 165f.; *Moore*, Causation and responsibility, 2009, S. 382ff.

1576 *M. Schulz*, Die Kausalität des Nichts, 2013, der »zum ersten Mal die Theorie von Lewis im Zusammenhang mit dem deutschen Strafrecht verarbeitet«, S. 204, folgt der Theorie letztlich nicht, S. 206.

1577 Siehe auch *Moore*, Causation and responsibility, 2009, S. 385: »perhaps the possible world interpretation of counterfactuals could make do with a less extravagant ontology«, siehe aber zur Kritik an anderen Begründungsversuchen ebenda. Wenn *M. Schulz*, Die Kausalität des Nichts, 2013, S. 206 also festhält, »dass die Theorie von Lewis eine normative Wertung im Bereich der Conditio-Formel durch eine andere normative Wertung ersetzt, die keine Vereinfachung bietet«, kann der Folgesatz »aber sie stärkt die conditio-Theorie auch im Vergleich mit der Theorie der gesetzmäßigen Bedingung« nicht überzeugen. Tatsächlich ist *Lewis* Modell interessant, aber für das Strafrecht unbrauchbar, so auch *Schulz* selbst, S. 79 (»Hilfe für die juristischen wissenschaftlichen Fragestellungen oder gar Falllösungen bietet sie nicht«); siehe auch *Toepel*, Causal Overdetermination, in: Critical Essays, 2013, S. 126.

Keil vertreten wird.[1578] Zwar setze hiernach Kausalität Notwendigkeit voraus,[1579] doch sei dies keine Notwendigkeit im Sinne einer logischen Bedingungsrelation und auch nicht im Sinne von Kausalgesetzlichkeit.[1580]

Anders als aus Kausalgesetzen speise sich die Notwendigkeit aus »non-linguistic entities. Usually, they are conceived as facts, i. e., as states of affairs that obtain. (…) Plausibly, these facts are the source of the assumed necessity of causation. If a singular cause in some sense necessitates its effect, then this necessity does not derive from a strict causal law but from a number of general and particular facts which, taken together, account for the truth of the causal statement and its counterfactual analysis.«[1581] Die Umstände (»facts«) führen also nicht gesetzmäßig zur Wirkung, sondern im Zusammenspiel aus sich selbst heraus.

Es bleibt unklar, weshalb es falsch wäre, dieses Zusammenspiel als Kausalgesetz zu bezeichnen. Dieses Wort zu vermeiden und auf eine einfache, faktische Bewirkung zu rekurrieren, lässt sich treffend mir Moore als »metaphysische Resignation«[1582] bezeichnen. Nicht-kausalgesetzliche Notwendigkeit läuft auf »causal primitivism«[1583] hinaus. In Wahrheit ist mit der Betonung der Notwendigkeitsrelation zwischen Ursache und Wirkung die Grundlage für eine kausalgesetzliche Betrachtung bereits gelegt. Worin die Notwendigkeit sonst liegt, kann nicht klar benannt werden. *Keil* räumt selbst ein, dass die Notwen-

1578 Siehe hierzu *Keil*, Handeln und Verursachen, 2000, S. 280ff. sowie zu weiteren abweichenden Ansichten S. 301ff. Ausdrücklich zuletzt *Keil*, Making Causal Counterfactuals More Singular and More Appropriate for Use in Law, in: Critical Essays, 2013, S. 160ff., S. 178ff. Daneben gibt es weitere Einzelansichten, etwa die Idee einer rein historischen Erklärung von Ereignissen, siehe etwa *Stapleton*, Unpacking causation, in: Relating to responsibility, 2001, S. 174ff., ähnlich in der Terminologie auch *Rothenfußer*, Kausalität und Nachteil, 2003, der von Notwendigkeit für ein historisches Ereignis (nicht den Erfolg, S. 20f.) spricht, S. 69f. Dieser Ansatz hat aber methodologisch Schwierigkeiten, Kausalverlauf von verursachtem Ereignis zu unterscheiden, siehe etwa *Stapletons* Kriterium des »playing a role in the outcome«, Unpacking causation, in: Relating to responsibility, 2001, S. 174, S. 178.

1579 *Keil*, Making Causal Counterfactuals More Singular and More Appropriate for Use in Law, in: Critical Essays, 2013, S. 168.

1580 *Keil*, Making Causal Counterfactuals More Singular and More Appropriate for Use in Law, in: Critical Essays, 2013, S. 171ff. und S. 179f.

1581 *Keil*, Making Causal Counterfactuals More Singular and More Appropriate for Use in Law, in: Critical Essays, 2013, S. 180. Siehe schon *Keil*, Handeln und Verursachen, 2000, zur »Ereigniskausaliät« zusammenfassend S. 480f.

1582 So *Moore*, Further Thoughts on Causation, in: Critical Essays, 2013, S. 364 zu *Keil*, Making Causal Counterfactuals More Singular and More Appropriate for Use in Law, in: Critical Essays, 2013, S. 157ff. und *Hübl*, Events over facts, in: Critical Essays, 2013, S. 203ff.

1583 So treffend *Moore*, Further Thoughts on Causation, in: Critical Essays, 2013, S. 364f., der von einer »ad hoc theory of causation« spricht, S. 365.

digkeit »notoriously hard to specify«[1584] ist. Da die Wissenschaftstheorie die »non-standard relation of causal necessitation (…) that no one has spelled out yet« nicht gefunden hat, bleibt der kontrafaktischen Methode nur »specifying causal laws that yield necessary conditions«[1585]. Dies lässt nur einen Schluss zu: Die kontrafaktische Methode muss auf Kausalgesetze zur Begründung der eigenen Aussagen rekurrieren. »It collapses into a generalist theory.«[1586]

cc) *Stellungnahme*

Entgegen der Beteuerungen Vertreter kontrafaktischer Kausalurteile stellen auch Kontrafaktualisten in ihren Kausalurteilen darauf ab, dass *gemäß kausaler Gesetzmäßigkeiten* »ohne Handlung des A der B nicht gestorben wäre«. Dies ist die (implizite oder explizite) Position des Großteils der deutschen Strafrechtswissenschaftler, die die Condicio-sine-qua-non-Formel anwenden.[1587] An dieser Stelle ist in den letzten Jahren dennoch ein Streit entbrannt. Zum Teil wird ein Verzicht auf Kausalgesetze vorgeschlagen, um ohne diese Kausalität feststellen zu können.[1588] Das Erfordernis von Kausalgesetzen würde zu hohe Anforderungen an die Strafrechtspraxis stellen, Erfahrungswissen allein müsse ausreichen.[1589]

Doch die Äquivalenztheorie setzt auch in der regularistischen Methode die genaue Nachzeichnung, Kenntnis und Nennung aller Antezedenzien und Kausalgesetze für ihre Kausalerklärung *nicht* voraus.[1590] Wenn Kontrafaktualisten fordern, nicht Kausalgesetze, sondern »Erfahrungswissen« müsse ausreichen, dann ist dies mit den *aus Erfahrung gewonnenen* Kausalgesetzen identisch. *Kausalgesetze sind Erfahrungswissen.* Diese werden internalisiert und dem Denken *unterbewusst* zugrunde gelegt.[1591]

Zwar ist richtig, dass deutsche Vertreter der gesetzmäßigen Bedingung oft-

1584 *Keil*, Making Causal Counterfactuals More Singular and More Appropriate for Use in Law, in: Critical Essays, 2013, S. 168.

1585 *Keil*, Making Causal Counterfactuals More Singular and More Appropriate for Use in Law, in: Critical Essays, 2013, S. 179.

1586 So treffend *Keil*, Making Causal Counterfactuals More Singular and More Appropriate for Use in Law, in: Critical Essays, 2013, S. 179.

1587 So auch NK StGB-*Puppe* Vorbemerkungen zu §§ 13 ff Rn. 109: »Die überwiegende Zahl der Anhänger der Conditio-sine-qua-non-Formel dürften aber nach wie vor Generalisten sein, die die von der Formel postulierte Notwendigkeit der Einzelursache aus allgemeinen Gesetzen ableiten« m. w. Nachw.

1588 Siehe die Nachweise oben unter Fn. 1561. Hiergegen *Puppe*, RW 2011, S. 409; *dies.*, Lob der Conditio-sine-qua-non-Formel, GA 2010, S. 570. Siehe auch *Toepel*, FS Puppe 2011, S. 289ff.

1589 Siehe etwa *Frisch*, FS Gössel 2002, S. 65f.

1590 So aber *Frisch*, FS Gössel 2002, S. 67, der sich jedoch nicht sicher scheint, wie hoch Anforderungen wirklich sind, siehe *Frisch*, FS Gössel 2002, S. 65f.

1591 Statt aller *Erb*, JuS 1994, S. 449.

mals höhere Anforderungen an die Beweisführung im Rahmen der Kausalität stellen, als die Rechtsprechung und die meisten Kontrafaktualisten.[1592] Dies liegt aber nicht an der Regularitätsthese selbst:

> »Kann aber die einschlägige Naturwissenschaft uns kein allgemeines Gesetz angeben, (…) so beruht die Behauptung, (…) dass der Erfolg ohne die Handlung nicht eingetreten wäre, auf nichts anderem als der Vermutung, dass es ein solches Gesetz schon geben werde. Für eine solche Vermutung mag es Indizien geben, und sie mag eine gewisse Plausibilität für sich haben. Ob aber dies in Verbindung mit der Tatsache, dass sich eine andere Erklärung des Erfolges nicht hat finden lassen, genügt, um die gesetzmäßige Verknüpfung zwischen Handlung und Erfolg, die die Kausalität ist, zu beweisen, ist eine *beweistheoretische* Frage«[1593].

»Wenn man einen solchen Kausalitätsbeweis für ausreichend hält, kann man mit der Lehre von der hinreichenden Bedingung genauso verfahren«[1594]. Auch die Kontrafaktualisten rekurrieren also auf Kausalgesetze, um ihre Aussage kausal zu erklären.[1595] Auf wissenschaftstheoretischer Ebene gibt es zwischen beiden keinen wesentlichen Unterschied.[1596] Beiden liegt die Äquivalenztheorie *Humescher* und *Millscher* Prägung zugrunde.[1597] Nahezu alle Kausaltheorien, und zumindest jede, die sich auch auf *Hume* beruft, wird einzelne Ereignisse mit hierauf zugeschnittenen Gesetzen erklären müssen.[1598]

1592 *Puppe*, AT 2016, § 2 Rn. 14ff.; *Puppe*, GA 2004, S. 142. Auf die angesprochenen Beiträge eingehend *Puppe*, Lob der Conditio-sine-qua-non-Formel, GA 2010, S. 565f. sowie NK StGB-*Puppe* Vorbemerkungen zu §§ 13 ff Rn. 91. Kritisch daher auch der für eine kontrafaktische Betrachtung plädierende *Haas*, Kausalität und Rechtsverletzung, 2002, S. 182f.

1593 *Puppe*, RW 2011, S. 410 (Hervorhebung U.M.).

1594 *Puppe*, GA 2004, S. 142. Erhellend auch *Puppes* Feststellung, die Condicio-sine-qua-non-Formel sei letztlich nur eine »contraposition«, siehe *Puppe*, RW 2011, S. 409; *Puppe*, Lob der Conditio-sine-qua-non-Formel, GA 2010, S. 551f. Ausführlich wird dieser Beweis geführt in *Puppe*, Kleine Schule des juristischen Denkens, 2014, S. 240ff.

1595 So ausdrücklich u. a. *Kindhäuser*, GA 2012, S. 136 (Heranziehung empirisch abgesicherter Erfahrungssätze); *Frisch*, FS Gössel 2002, S. 66 (»in einer sich nach Gesetzmäßigkeiten weiterentwickelnden Welt«); wohl auch *Maiwald*, Kausalität und Strafrecht, 1980, S. 108 (Kausalzusammenhang nie »singulären Charakter«); *Haas*, Kausalität und Rechtsverletzung, 2002, S. 154 (Kontrafaktische Konditionalsätze werden durch generelle Naturgesetze gestützt; *Haas* betrachtet konsequenterweise beide Modelle gemeinsam, S. 173ff.); *Renzikowski*, FS Puppe 2011, S. 206 (»irgendeine Form von Gesetzmäßigkeit«, zur klassischen Kausaltheorie). Kritisch *Röckrath*, NStZ 2003, S. 641, 646.

1596 Die von *Toepel* vorgeschlagene Vereinigung nomologischer und singulärer Kausalerklärungen, *Toepel*, Causal Overdetermination, in: Critical Essays, 2013, S. 127ff., mittels *Toulmins* Argument-Schema, *Toulmin*, The Uses of Argument, 2003 (1958), S. 102ff. (Schema auf Seite 103), könnte in die richtige Richtung weisen, siehe zu solchen Erwägungen aber bereits *Stegmüller*, Erklärung, Begründung, Kausalität, 1983, S. 135f.

1597 Siehe *Toepel*, FS Puppe 2011, S. 290f.

1598 Hierzu *Moore*, Further Thoughts on Causation, in: Critical Essays, 2013, S. 341 (»A wild-eyed singularism that countenances the existence of singular causal relations where there

dd) Zwischenergebnis

Die Äquivalenztheorie und Kausalgesetze prägen bis heute das wissenschaftstheoretische Verständnis von Kausalität. Alternative Begründungsansätze überzeugen nicht. Als Grundlage von Kausalurteilen konnte die Äquivalenztheorie in der Wissenschaftstheorie trotz aller Kritik nicht überwunden werden. So hält *Merkel* bezüglich der wissenschaftstheoretischen Grundlage der Äquivalenztheorie fest: Die »metaphysische Hypothese« der Gesetzmäßigkeit von Kausalverläufen als Grundlage der »Zurechnung von Handlungserfolgen im Strafrecht ist im Grundsatz ohne vernünftige Alternative«[1599].

d) Ergebnis

Als Ergebnis der Diskussion um die Eigenschaft als »Kausal« und »Gesetz« der Kausalgesetze lässt sich festhalten, dass die nomologische, kausalgesetzliche Grundlage der Äquivalenztheorie wissenschaftstheoretisch umstritten, aber nicht widerlegt ist. Aus sich heraus, ohne empirische Induktion und dem damit notgedrungen verbundenen erkenntnistheoretischen Problemen, kann eine nomologische Betrachtungsweise Kausalität nicht beweisen oder feststellen. Selbst in Sphären, in denen das Kausalprinzip nicht gilt, muss zumindest bezüglich hypothetischer Erwägungen auf Wahrscheinlichkeitsgesetze abgestellt werden. Eine Überwindung der Äquivalenztheorie, nach der alle Bedingungen gleichwertig sind, liegt hierin jedoch nicht.

Der epistemische Wert der Äquivalenztheorie ist demgegenüber insbesondere im Strafrecht von Bedeutung. Dies erkennt auch *Moore*, wenn er zwar die Regularitätsthese in der Wissenschaftstheorie kritisiert, da sie einen metaphysischen Anspruch erhebe, im rechtlichen Bereich aber von seiner Kritik ausnimmt, da diese zwar »a common answer«, aber nicht »a common question« teile.[1600] Es ist mithin wissenschaftstheoretisch nicht ersichtlich, warum der Jurist sich nicht mit der Äquivalenztheorie zufrieden geben dürfte.[1601]

---

are no causal laws, is as much an anathema to my moderate singularism' as it is to Wright's and Puppe's generalism about causation«); *ders.*, Causation and responsibility, 2009, S. 361 ff., 472 ff.

1599 *Merkel*, FS Puppe 2011, S. 160 m. w. Nachw. Nicht überzeugend daher Beck OK StGB-*Heuchemer* (Lexikon des Strafrechts) Kausalität Rn. 4 f., der zunächst richtig festhält, dass auch die gesetzmäßige Bedingung Kausalität nicht ermittle, um dann zu postulieren, die Condicio-per-quam oder die INUS-Bedingung würden deshalb Zulauf erhalten. Auch diese Formeln sind aber als nomologische Konstrukte denselben hier besprochenen Vorwürfen ausgesetzt und können Kausalität als empirisches Phänomen nicht erfassen, sondern höchstens epistemisch erklären.

1600 *Moore*, Further Thoughts on Causation, in: Critical Essays, 2013, S. 339.

1601 *Puppe*, RW 2011, S. 424 f. Siehe auch das Eingeständnis *Moores* Further Thoughts on Causality, in: Critical Essays, 2013, S. 340: »we can see that Puppe is entitled to answer a different question than one asking into the essence, real or nominal, of causation.« Die

Alternative Kausalitätstheorien, die zumindest die kontrafaktische Methode der Kausalurteilsfindung stützen, greifen nicht durch. Gründe, die gegen die deduktiv-nomologische Kausalitätstheorie sprechen, überwiegen auch in der Wissenschaftstheorie nicht. Die wissenschaftstheoretische Säule der Äquivalenztheorie trägt weiterhin die strafrechtswissenschaftliche Äquivalenztheorie. Zu prüfen bleibt, ob die strafrechtswissenschaftliche Kritik an der Äquivalenztheorie Anknüpfungspunkte für eine Überwindung derselben und die Konzeption von Grenzen der Vorverlagerung schafft.

4. Die strafrechtswissenschaftliche Kritik an der Äquivalenztheorie im 21. Jahrhundert

Angriffe auf die strafrechtswissenschaftliche Äquivalenztheorie waren noch im 19. Jahrhundert weit verbreitet.[1602] Exemplarisch dafür *Wachenfeld*[1603]*:*

> »Das Ergebnis (der Äquivalenz aller Ursachen, U. M.) ist weder wünschenswert noch richtig. Wäre es richtig, so müßten Anstiftung und Beihilfe als Ursache zu dem verbrecherischen Erfolg gelten. Das positive Recht steht aber auf einem anderen Standpunkt und schreibt beiden nur eine akzessorische Natur zu. Letzteres müssten wohl die Anhänger jener Theorie zugeben, suchen sie aber dadurch zu retten, daß sie die mit ihr nicht übereinstimmenden Vorschriften des StGB als Ausnahmen erklären. Da es nun aber keine verschiedenen Arten von Kausalzusammenhang gibt, so folgt aus dem abweichenden gesetzlichen Standpunkt, daß *jene Theorie vom positiven Recht überhaupt nicht anerkannt wird*« (Hervorhebung U. M.).[1604]

Wie *Wachenfeld* erkennt, beruht die Äquivalenztheorie nicht auf einer gesetzgeberischen Entscheidung. Was im Strafrecht als kausal zu gelten hat, wurde im StGB nicht geregelt. Des Weiteren widerspricht die Äquivalenztheorie der umgangssprachlichen Verwendung des Begriffs »Ursache«, wonach die Geburt des Mörders nicht »Ursache« des Mordes ist. Dennoch ist die Äquivalenztheorie bis heute in ihren zwei Formeln Condicio-sine-qua-non und gesetzmäßige Bedingung absolut herrschende Meinung. Allerdings bemühen sich seit dem Beginn

---

damit verbundene Frage »ist eine kausale Verbindung nichts weiter als eine wahre kausalgesetzliche Erklärung oder ist sie derjenige Vorgang in der Welt, der diese Erklärung wahr macht?«, so *Merkel*, FS Puppe 2011, S. 153 m. w. Nachw., ist für die Bildung des strafrechtlichen Kausalurteils nicht entscheidend.

1602 Siehe zu weiteren Ansätzen *Roxin*, AT I 2006, I § 11 Rn. 7. Ausführlich *Haas*, Die Theorie der Tatherrschaft, 2008, S. 65ff. Siehe auch *Koriath*, Kausalität und objektive Zurechnung, 2007, S. 27ff.

1603 *Wachenfeld*, Lehrbuch des deutschen Strafrechts, 1914, S. 87.

1604 In der neueren Literatur wird demgegenüber oftmals betont, dass es gerade unterschiedliche Arten von Kausalzusammenhängen gibt, siehe etwa siehe NK StGB-*Puppe* Vorbemerkungen zu §§ 13ff. Rn. 131; zustimmend *Merkel*, FS Puppe 2011, S. 167 (Fn. 42).

des 21. Jahrhundert einige Autoren um die Überwindung der Äquivalenztheorie, trotz ihrer aufgezeigten wissenschaftstheoretischen Dominanz und strafrechtswissenschaftlichen Funktionalität.[1605]

a) Generalizing Singularism (*Moore*)

Die besprochene Kritik an nomologisch deduzierten Kausalerklärungen bzw. -urteilen wurde im Jahre 2009 in einem Sammelband von *Michael S. Moore* zusammengetragen.[1606] Wesentlich Neues trug er nicht an die »Generalisten« heran, vielmehr erneuerte er die oben dargestellte Kritik und bekräftigte sie mit ein paar einprägsamen Beispielen. Laut Beschreibung soll dieses Werk »the starting point for any similar discussion from now onwards« sein; außerdem sei es »one of the most successful applications of analytical philosophy to substantive questions of law ever. (...) No one trying to think seriously about those problems will be able to proceed, nor indeed would want to proceed, without reckoning with its insights and arguments«.

aa) Moores *Kernthesen*

Scharf kritisiert *Moore* neben bereits dargestellten Unzulänglichkeiten der Theorie der Kausalgesetze[1607] die Betrachtung von Unterlassungen als Ursachen,[1608] die Unzulänglichkeiten der Kontrafaktualisten und Regularisten in der Lösung der Fälle bereitstehender Ersatzursachen (überholende Kausalität)[1609]

1605 Insbesondere *Haas*, Kausalität und Rechtsverletzung, 2002, passim; *Moore*, Causation and responsibility, 2009, passim; *Kindhäuser*, ZIS 2016, S. 574, passim; *Koriath*, Kausalität und objektive Zurechnung, 2007, passim; *Renzikowski*, GA 2007, S. 561, passim. Kritisch auch *Aichele*, ZStW 123 (2011), S. 261 ff.

1606 *Moore*, Causation and responsibility, 2009, passim.

1607 *Moore* selbst formuliert 7 Kritikpunkte an der Zahl, Causation and responsibility, 2009, S. 508 ff.; *derselbe*, Further Thoughts on Causation, in: Critical Essays, 2013, S. 335 f., von denen aber schon einige abgehandelt wurden, siehe im Übrigen die folgende Fußnote.

1608 *Moore*, Causation and responsibility, 2009, S. 444 ff., S. 478 ff. Hier stellt sich, wie *Moore* selbst zu erkennen scheint, ein Patt ein, siehe *Moore*, Causation and responsibility, 2009, S. 480 mit Nachweisen der zahlreichen Gegner seiner Position. Sehr wohl lassen sich negative Tatsachen als Bedingungen einer Kausalerklärung hören. Ob man dies als Stärke oder Schwäche ansieht, scheint wesentlich von einem kausalen Vorverständnis beeinflusst zu sein. Die Prämissen »negative Tatsachen sind kausal« oder »nicht kausal« lassen sich weder widerlegen noch bestätigen. Ein unumstößliches Argument gegen nomologisch deduzierte Kausalerklärungen sucht sich hier vergebens. Kritisch auch *Birnbacher/ Hommen*, Negative Kausalität, 2012, S. 32: »Es scheint, dass Moore mit seiner Ablehnung negativer Kausalität nicht nur seine allgemeine Theorie der Verantwortung verkompliziert, sondern auch eine innere Unstimmigkeit seiner Konzeption in Kauf nimmt. Die alternative Sichtweise wäre, Unterlassungen als ein Etwas anzusehen.«

1609 Siehe *Moore*, Causation and responsibility, 2009, S. 486 ff., insbesondere auch S. 507.

sowie Fälle alternativer Kausalität.[1610] Nach *Moore* sei es abwegig, alle notwendigen Bedingungen für ein Explanandum (das kausal Erklärte) als Ursachen zu betrachten. Die Äquivalenz aller Bedingungen auch *in zeitlicher Hinsicht* sei eine lebensfremde Konstruktion, jede Theorie, die ohne dies auskäme, sei bereits aus diesem Grund vorzugswürdig.[1611]

Tatsächlich ist dies eine »ökonomische Schwäche« der Regularitätstheorie: Die Ursächlichkeit der Geburt des Mörders für den Mord widerspricht unserer Kausalintuition und erfordert einigen Vermittlungsaufwand. Zugleich ist dies aber die Triebfeder ihrer Entstehung im Strafrecht. Im Rahmen der Diskussion des Reichsgerichtsfalles konnte gezeigt werden, dass die Äquivalenztheorie wichtige Funktionen im juristischen Kontext erfüllen kann.[1612] *Moore* hingegen sieht die »Generalisten« und »Kontrafaktisten« aufgrund der aufgezeigten Schwächen als überwunden an. Da sie keine befriedigenden Kausalurteile gewährleisten könnten, sei die singularistische Kausaltheorie per Ausschlussverfahren vorzuziehen.[1613]

bb) Kritik und Stellungnahme

Zunächst ist *Moore* dahingehend zu widersprechen, dass die Kontrafaktualisten und Regularisten Fälle der alternativen und überholenden Kausalität nicht befriedigend lösen können. Das Gegenteil ist der Fall, zumindest in Form der Condicio-sine-qua-non für den Erfolg in seiner konkreten Gestalt und der gesetzmäßigen Bedingung.[1614] Im Gegenteil kann *Moore* (und die anglo-amerikanischen Doktrin)[1615] in einigen komplizierten Fällen keine überzeugenden Ergebnisse finden.[1616]

1610 Siehe *Moore*, Causation and responsibility, 2009, S. 510ff., der mit der Diskussion dieser Fälle das Werk abschließt.

1611 Siehe *Moore*, Causation and responsibility, 2009, S. 478. Der Grund ist, dass »causes are ›scalar‹«, *ders.*, Further Thoughts on responsibility, in: Critical Essays, 2013, S. 341f.

1612 Siehe oben Fn. 1265ff.

1613 Siehe *Moore*, Causation and responsibility, 2009, xii, S. 506f. Kritisch hierzu und zur primitivistischen Auffassung *Toepel*, Causal Overdetermination, in: Critical Essays, 2013, S. 111: »bankruptcy of reason«.

1614 Siehe oben S. 255.

1615 *Moore* kommt in einigen Fällen zu dem schwerlich überzeugenden Ergebnis, dass weder A noch C der Tod des B kausal zuzurechnen sei, *Moore*, Causation and responsibility, 2009, S. 466f. An dieser Stelle sei an die lesenswerte Polemik zwischen *Schünemann* und *Ambos* bezüglich der angloamerikanischen Rechtswissenschaft verwiesen, siehe *Schünemann*, ZIS 2016, S. 654ff. (insbesondere S. 664ff., S. 670f.); zuvor *Ambos*, GA 2016, S. 177ff. (insbesondere S. 189ff.).

1616 Insofern treffend gegen *Moore* die Argumente bei *Keil*, Making Causal Counterfactuals More Singular and More Appropriate for Use in Law, in: Critical Essays, 2013, S. 176ff.; hiergegen wiederum die klassischen Gegenargumente auflistend *Moore*, Further Thoughts on Causation, in: Critical Essays, 2013, S. 368 (löst alternative Kausalität nicht) sowie

Moores Position als die eines »generalizing singularists«, der die Bedeutung von Kausalgesetzen für Kausalurteile akzeptiert,[1617] weist darüber hinaus kaum Unterschiede zur Äquivalenztheorie auf.[1618] *Mit der Berücksichtigung von Kausalgesetzen teilen sich »generalizing singularists«, Vertreter der gesetzmäßigen Bedingung und die Condicio-sine- qua-non-Formel die gleiche Grundannahme der Gesetzmäßigkeit kausaler Vorgänge.* Ob es sich dann überhaupt noch um zwei bzw. drei unterschiedliche Kausaltheorien, oder nicht unterschiedliche Kausalformeln handelt, ist fraglich. *Moore* räumt ein: »Given the omnipresence of laws for all three of us, sufficiency is often a good test for the presence of causal laws«, nur um zu ergänzen »but this happy agreement comes at a price for the Nessies: when limited in ambition to epistemic usefulness, theirs is not a theory of causation, in the usual sense of the phrase.«[1619] Selbst wenn dies stimmte, bleibt aber die Frage, ob im Rahmen des Strafrechts eine »theory of causation in the usual sense« zu verlangen ist.[1620] *Moore* erkennt: Zumindest die Anhänger der Formel von der gesetzmäßigen Bedingung sind »entitled to answer a different question than one asking into the essence, real or nominal, of causation«.[1621] Im Übrigen bleibt diese »essence of causation« auch bei *Moore* weiterhin ungeklärt, der hierzu festhält: »it may be that ›a cause is a cause‹ is the most that can be said«[1622].

cc) Ergebnis

Die Grundlage der Äquivalenztheorie (Kausalgesetze) wird von *Moore* trotz seiner singulären Kausalformel (»causal glue«)[1623] nicht überwunden. *Genera-*

S. 370: » extraordinary promiscuity introduced into the relation if it is construed in Keil's way«.

1617 *Moore*, Causation and responsibility, 2009, S. 506f.

1618 Dies scheint auch *Moore* selbst zu ahnen, der einräumt, seine Theorie sei »difficult to distinguish«, mit dem Vorwurf verbunden, die Regularisten seien dann »trivial«, *Moore*, Causation and responsibility, 2009, S. 472f. Auch insofern ähnelt dies *Moores* Ansicht, die er selbst als »primitiv« bezeichnet, siehe oben.

1619 *Moore*, Further Thoughts on Causation, in: Critical Essays, 2013, S. 341. Nessies sind die Vertreter der NESS-Formel, die bedeutendsten Vertreter der Regularisten (oben S. 250).

1620 Siehe hierzu *Haas*, Kausalität und Rechtsverletzung, 2002, S. 183f.

1621 *Moore*, Further Thoughts on Causality, in: Critical Essays, 2013, S. 340.

1622 *Moore*, Causation and responsibility, 2009, S. 505.

1623 Besonders angesichts der negativen Tatsachen kommt diese Theorie in Bedrängnis. Würde man Kausalgesetze als vollständig überflüssig erkennen und sich auf das tatsächliche (physikalische) Geschehen allein beschränken, mag man bei der Beurteilung positiver Tatsachen zu richtigen Ergebnissen kommen. Bei der Beurteilung negativer Tatsachen und damit hypothetischer Kausalität ist man aber auf logische Richtlinien angewiesen, die verlässlich und nachvollziehbar von mehreren hypothetischen Kausalverläufen denjenigen auszuwählen im Stande sind, dem wir die Verursachung zuschreiben, siehe zur wachsenden Bedeutung kontrafaktische Vorgehensweise bereits oben ab S. 267. Dass physikalische Kausaltheorien mit dem Unterlassen nicht überzeugend um-

lizing Singularism kann keinen Ausweg aus der Grenzenlosigkeit der Vorverlagerung weisen.

b) Die Condicio-per-quam-Formel (*Koriath*; *Kindhäuser*)

Nach *Kindhäuser* ist die Äquivalenztheorie als Grundlage der strafrechtlichen Kausalitätsformel zu verwerfen.[1624] Die Idee der Gesamtursache, dass alle Umstände, die einen Erfolg bedingen, Ursachen desselben sind (etwa die Zeugung des Mörders) sei »praktisch uninteressant«[1625]. Mittels einer neuen logischen Beschreibung der Kausalgesetze soll die Essenz strafrechtlicher Kausalurteile ermittelt werden können. Erste Ansätze hierzu finden sich bei *Koriath*, der seinen Vorschlag als »conditio per quam« in Form einer hinreichenden Bedingung bezeichnete.[1626] Hauptziel *Kindhäusers* ist die Überwindung der sprachlich widersinnigen Erfassung aller notwendigen Bedingungen bzw. Bestandteile einer hinreichenden Bedingung als Ursache. Zwischen diesen (den Bedingungen bzw. Bestandteilen einer Bedingung) soll graduell unterschieden werden. Sie seien nicht äquivalent. Die Kausalurteile sollten sich stärker an der Umgangssprache orientieren.[1627]

Auch die Condicio-per-quam-Formel basiert auf der Regularitätstheorie. Mehr als nur eine Option, seien Gesetzmäßigkeiten »für juristische Kausalanalysen unverzichtbar, wenn sich mit ihrer Hilfe Annahmen über Alternativverläufe begründen lassen, mit denen das reale Geschehen kontrastiert wird«[1628]. Die Notwendigkeit einer Alternativstruktur strafrechtlicher Kausalanalysen

gehen können, wird in der neueren Literatur auch von *M. Schulz*, Die Kausalität des Nichts, 2013, S. 119, festgehalten.

1624 Seit Jahrzehnten beschäftigt sich *Kindhäuser* mit den Strukturen der Zurechnung des tatbestandlichen Erfolges. Kausal-, Gefahr- und Normbegriff spielen in seinem Werk eine große Rolle, siehe u. a. *Kindhäuser*, Gefährdung als Straftat, 1989, passim; *derselbe*, ZStW 120 (2008), S. 481; *derselbe*, GA 2012, S. 134; *derselbe*, ZIS 2016, S. 574. Nachdem sich in den letzten Jahren die Diskussion mit *Puppe* zuspitzte, kam es im Jahre 2016 zum Bruch mit der gesetzmäßigen Bedingung (wenngleich *Kindhäuser* nicht »das Ziel verfolge, die Lehre von der Einzelursache als notwendigem Bestandteil einer nach Kausalgesetzen hinreichenden Minimalbedingung als fehlerhaft zu widerlegen oder als unbrauchbar zu desavouieren«, *derselbe*, ZIS 2016, S. 574 Fn. 1, der seine Replik ebenda als »die Kritik der Kritik einer Kritik« bezeichnet) und zur Entwicklung eines anderen Kausalkonzepts für das Strafrecht, zuvor ausführlich zu *Kindhäusers* Bemühungen *Puppe*, ZIS 2012, S. 267ff.; *dieselbe*, ZIS 2015, S. 426ff. Erste Ansätze insbesondere bei *Kindhäuser*, GA 2012, S. 134, 134ff., gegen die NBtHMb insbesondere S. 140f.

1625 *Kindhäuser*, ZIS 2016, S. 574.

1626 *Koriath*, Kausalität und objektive Zurechnung, 2007, 149ff. Zum Begriff »condicio per quam« auch *Joerden*, Logik im Recht, 2010, S. 19.

1627 Siehe *Kindhäuser*, ZIS 2016, S. 575f. sowie S. 585ff. Ähnlich bereits *Hart/Honoré*, Causation in the Law, 1985, S. 22ff. und *Birkmeyer*, GerS 37 (1885), S. 264 (nachdem feststehe, dass ein solcher »vulgärer« Ursachenbegriff der eines jeden StGBs sein müsse).

1628 *Kindhäuser*, ZIS 2016, S. 585.

betont *Kindhäuser* ausführlich.[1629] »Juristische Bewertungen haben (...) den Sinn und Zweck, die reale Welt mit einer nach den positiven Wertungen des Rechts geordneten alternativen Welt in Einklang zu bringen«[1630]. Es ginge um den Konflikt von Sein und Sollen – bereits auf Ebene der Kausalität.

In der Notwendigkeitsrelation zwischen Handlung und Erfolg sieht *Kindhäuser* die große Schwäche der herkömmlichen Kausalitätsformeln. Notwendige Bedingungen – etwa die Anwesenheit des Opfers – können sprachlich nicht die Bedeutung des Erfolgsverbs annehmen. Zu sagen, Caesar habe sich durch Betreten des Kapitols am 15.03.–44 getötet, sei sprachlich schlicht falsch; es waren Brutus und seine Mittäter, die durch Messerstiche Caesar töteten.[1631] Sprachlich werde mit dem Erfolgsverb »töten« eine hinreichende Bedingung ausgedrückt. Mit der ceteris paribus hinreichenden Bedingung ist nicht die gesamte Bedingung im Sinne *Mills* gemeint – sonst wäre der Zusatz ›ceteris paribus‹ nicht notwendig – sondern nur *die letzte menschliche Handlung im Kausalverlauf*, die angesichts der ceteris paribus Bedingungen bzw. des kausalen Feldes den Erfolg zur Folge haben musste. Mit der ceteris paribus hinreichenden Bedingung ist somit die Handlung als »komplementierende Bedingung«[1632] der *Millschen* Gesamtursache gemeint: Erfolgsverben, wie sie etwa in § 212 StGB (Totschlag) verwendet werden, drückten »Dadurch-dass-Relationen« aus, »beschreiben also Situationen, in denen jemand eine Bedingung setzt, die unter gegebenen Randbedingungen unmittelbar – d.h. ohne weiteres Handeln des Handelnden selbst oder eines Dritten – zum Erfolg führt«[1633].

Die ceteris paribus hinreichende Bedingung zu ermitteln, ist Funktion der Condicio-per-quam-Formel.[1634] Kernelement ihrer Methode ist die Asymmetrie und Zeitlichkeit der Kausalbeziehung aufzubrechen und die einfache logische Wechselbezüglichkeit logischer Beziehungen zu nutzen.[1635] Es müsse »gewissermaßen nur die condicio sine qua non Formel ›umgekehrt‹ angewendet werden. Denn zwischen notwendigen und hinreichenden Bedingungen besteht folgende wechselbezügliche Beziehung: Wenn y eine hinreichende Bedingung für x ist, dann ist x eine notwendige Bedingung für y. Und umgekehrt: Wenn x

---

1629 *Kindhäuser*, ZIS 2016, S. 581–585.

1630 *Kindhäuser*, ZIS 2016, S. 583 und auch S. 577: »Im Recht ist das Denken in Alternativen so selbstverständlich, dass es als Methode gewöhnlich keiner Reflexion unterzogen wird«.

1631 *Kindhäuser*, ZIS 2016, S. 585f., S. 588.

1632 *Kindhäuser*, ZIS 2016, S. 587.

1633 *Kindhäuser*, ZIS 2016, S. 585. Ähnlich *Koriath*, Kausalität und objektive Zurechnung, 2007, S. 150.

1634 *Kindhäuser*, ZIS 2016, S. 588ff.

1635 Hierzu *Kindhäuser*, ZIS 2016, S. 586f. sowie S. 588 Fußnote 85: »Wegen der asymmetrischen Struktur der Kausalität gilt die Logik dieser Relation nicht für das Verhältnis von Ursache und Wirkung.« Ebenso schon *Lewis*, Journal of Philosophy 1973, S. 564, 566.

eine notwendige Bedingung für y ist, dann ist y eine hinreichende Bedingung für x«[1636].

Anders als die bisherigen Kausalformeln ist nicht die Handlung »x« wegzudenken, und dann zu überprüfen, ob der Erfolg »y« wegfällt, sondern »y« wegzudenken, und dann zu überprüfen ob die Handlung »x« wegfallen müsste. Wenn nämlich die Handlung x eine ceteris paribus hinreichende Bedingung für den Erfolg y war, dann muss die Handlung wegfallen, wenn der Erfolg weggedacht wird. »Mit der Anwendung dieser Relation lässt sich somit feststellen, welches Verhalten entfiele (= hätte unterlassen/getan worden sein müssen), wenn der Erfolg nicht eingetreten wäre. Genau dieses Verhalten hat den Erfolg (hinreichend) verursacht. Daraus folgt: Ein Erfolg wird durch jedes Verhalten (hinreichend) verursacht, das ceteris paribus entfallen müsste, wenn man den Erfolg wegdenkt.«[1637] So wird die *condicio, per quam* (=Bedingung, durch die) der Erfolg verursacht wurde, festgestellt.

Nur die Bedingung, »die unter gegebenen Randbedingungen unmittelbar – d.h. ohne weiteres Handeln des Handelnden selbst oder eines Dritten – zum Erfolg führt«[1638] sei kausal. Es »werden mit der Condicio-per-quam-Formel nur die Verhaltensweisen erfasst, die ceteris paribus den Erfolg hinreichend bedingen und dementsprechend in der Umgangssprache als den Erfolg verursachend bezeichnet werden.«[1639] Hierin liegt eine radikale Abkehr von einer der Kernaussagen der Äquivalenztheorie.

Eine durchaus ähnliche Betrachtungsweise versuchte bereits *Ortmann* in seinem Artikel im Archiv für Gemeines Deutsches und Preußisches Strafrecht 1876 durchzusetzen.[1640] Es hätten die »neueren doktrinellen Bearbeitungen der Kausalitätslehre trotz des in ihnen aufgewendeten Scharfsinns« keine Einigung erreicht, »da sie die Lösung von unrichtigen, weil viel zu weit gefassten Ursachebegriffen aus zu gewinnen suchen«[1641]. Zwar hält *Ortmann* fest »der Mensch kann niemals alle Bedingungen des Erfolges erzeugen; er findet vielmehr immer einen großen Teil derselben als gegeben vor«[1642]. Es sei aber streng zwischen »causa occasionalis (Bedingung)« und »causa efficiens (Ursache)« zu trennen.[1643] Für Fälle der Erfolgsverursachung durch Naturereignisse sei zu folgern, dass es außer dem »sich bereits vollziehenden Naturkausalismus nur noch der

1636 *Kindhäuser*, ZIS 2016, S. 588.
1637 *Kindhäuser*, ZIS 2016, S. 588.
1638 *Kindhäuser*, ZIS 2016, S. 585, auch S. 586: »Erfolgsverben, so lautet die These, implizieren hinreichende Bedingungsrelationen zwischen einem Verhalten und dem sie definierenden Ereignis.«
1639 *Kindhäuser*, ZIS 2016, S. 589.
1640 *Ortmann*, GA 1876, S. 93ff.
1641 *Ortmann*, GA 1876, S. 93.
1642 *Ortmann*, GA 1876, S. 94.
1643 *Ortmann*, GA 1876, S. 97 m. w. Nachw.

betreffenden menschlichen Handlung bedurfte, um das Eintreten des fraglichen Erfolges unvermeidlich zu machen«, und es sei die Handlungen die Tatsache, »welche die letzten noch fehlenden Bedingungen (...) in das Leben ruft«[1644]. Die Handlung sei jedoch dann keine Ursache, »wenn die ursprüngliche Richtung (des Naturkausalismus, U. M.) durch die Handlung keine Änderung erleidet, in denen also die Handlung aus der Reihe der jene Verletzung bedingenden Ereignisse gestrichen werden kann, ohne dass der Erfolg deshalb ausbleibt«[1645]. Zusammenfassend dürfe »nur die zuletzt vorgenommene Handlung als kausal erachtet werden«[1646].

Diese Auffassung führt zumindest zur Disqualifikation solcher Handlungen als Ursache, die zur Verursachung eines Schadens *per se* einer weiteren Handlung im Kausalverlauf benötigen. Beispielsweise dürfte das Besitzen gefährlicher Gegenstände wie Waffen oder Drogen, was typischerweise durch Vorverlagerung (in Form abstrakter Gefährdungsdelikte) pönalisiert wird, nicht als Ursache für Schäden betrachtet werden. Denn Waffen und Drogen können sich erst durch ihre Nutzung (beispielsweise durch Abfeuern bzw. durch Konsum), also einer menschlichen Handlung, zu einer Schadensursache verdichten. Das Besitzen dieser Gegenstände selbst ist nie die condicio per quam (=Bedingung, durch die verursacht wird) und wäre folglich *nie kausal*. Diese Ansicht eröffnet ein kritisches Potential hinsichtlich der Vorverlagerung und könnte dieser Schranken setzen, als dass solche Handlungen nicht als *potentiell kausal* gelten würden.

aa) Kindhäusers *Kernthesen*

Nach der Condicio-per-quam-Formel ist die Handlung kausal, die ceteris paribus entfallen müsste, wenn man den Erfolg wegdenkt.[1647] Dadurch, dass Caesar das Kapitol betrat, habe er sich nicht getötet, weil erst die Messerstiche ceteris paribus hinreichend waren, sodass die Messerstiche in einer Welt ohne den Tod des Caesars entfallen müssten. Nur die Messerstecher hätten Caesar getötet. »Denn das Verb ›töten‹ ist nur auf Situationen hinreichender Bedingungsrelationen anwendbar, also auf Situationen, in denen der Handelnde dadurch, dass er etwas macht, unter den gegebenen Bedingungen unmittelbar den Erfolg herbeiführt. Von Caesar ließe sich daher korrekt sagen, er habe sich getötet, wenn er sich in eine Schlucht gestürzt oder einen Schierlingsbecher getrunken hätte.«[1648]

Hieraus kann *Kindhäuser* die Differenzierung zwischen Täterschaft und

1644 *Ortmann*, GA 1876, S. 100.
1645 *Ortmann*, GA 1876, S. 101.
1646 *Ortmann*, GA 1876, S. 101.
1647 Siehe *Kindhäuser*, ZIS 2016, S. 588.
1648 *Kindhäuser*, ZIS 2016, S. 585.

Teilnahme ableiten: »Es ist ein Unterschied, ob eine Handlung vollzogen wird, die zu dem Zeitpunkt, zu dem sie vollzogen wird, noch nicht einmal notwendig, geschweige denn hinreichend ist, um den Tod eines Menschen herbeizuführen, oder ob man die Handlung vollzieht, durch welche der Erfolg ceteris paribus in einem hinreichenden Sinne bewirkt wird.«[1649] Die Condicio-per-quam-Formel kann somit die Differenzierung artikulieren, die zumindest im restriktiven Täterbegriff auch im Gesetz angelegt ist. Die Äquivalenztheorie gehe demgegenüber zu weit: Ihre Geschichte sei »eine Geschichte der Versuche ihrer normativen Begrenzung«[1650]. So werde durch die Condicio-per-quam-Formel der »Geburtsfehler«[1651] der Äquivalenztheorie, die Verschüttung der grundsätzlichen *Differenz* zwischen mittelbar und unmittelbar kausalen Handlungen, behoben. Von Caesar ließe sich also nur sagen, er habe sich getötet, wenn er einen Schierlingsbecher getrunken hätte und nicht schon dann, wenn er das Kapitol betritt.[1652] Letzteres zu behaupten, wie es die Äquivalenztheorie tut, sei »sinnwidrig oder gar absurd«[1653].

bb) Kritik und Stellungnahme

Was aber, wenn Brutus dem kranken Caesar den Schierlingsbecher reicht, sodass Caesar den angeblichen Heiltrank austrinkt und daran zugrunde geht? Es würde dann sicherlich nicht »sinnwidrig oder gar absurd« anmuten, zu sagen, Brutus habe Caesar getötet, obgleich es Caesar war, der den Schierlingsbecher getrunken und »sich damit getötet« hat. In *Kindhäusers* eigener Terminologie: Es ist eine Welt vorstellbar, in der Brutus Caesar den Becher reicht, ohne dass Caesar »in dieser Welt zum Zeitpunkt *t* gestorben sein müsste«[1654], beispielsweise wenn Caesar den Becher ausschüttet. *Damit hat Caesar, nicht Brutus, die condicio per quam gesetzt, obgleich Brutus Caesar getötet hat.* Der Grund hierfür ist offensichtlich: »Die Umgangssprache unterscheidet nicht präzise zwischen Kausalität und Schuld.«[1655] Dann wird aber auch mit dem Erfolgsverb »töten« – entgegen *Kindhäuser* –[1656] nicht stets eine ceteris paribus hinreichende Bedingung zum Ausdruck gebracht.[1657] Dies ist *Kindhäuser* durchaus bewusst. Um

1649 *Kindhäuser*, ZIS 2016, S. 590. Siehe auch S. 587: »Für das Strafrecht folgt hieraus die wohlbegründete Konsequenz, im Prinzip den B als Täter und den A nur als dessen Gehilfen zu betrachten.«

1650 *Kindhäuser*, ZIS 2016, S. 571.

1651 So *Renzikowski*, GA 2007, S. 573.

1652 *Kindhäuser*, ZIS 2016, S. 585.

1653 So zu einem ähnlichen Fall *Kindhäuser*, ZIS 2016, S. 585.

1654 *Kindhäuser*, ZIS 2016, S. 590.

1655 *Puppe*, ZIS 2015, S. 427 mit weiteren Ausführungen hierzu.

1656 Siehe *Kindhäuser*, ZIS 2016, S. 585f., S. 588.

1657 So aber *Kindhäuser*, ZIS 2016, S. 585.

auch in solchen Sachverhaltskonstellation positive Kausalurteile fällen zu können, stellt er auf das Element der »Alternativlosigkeit« ab.

Ist ein Handeln zwar nicht letztes Verhalten im Kausalverlauf, aber das letzte Verhalten im Kausalverlauf »alternativlos«, gilt das zeitlich vorausgehende Handeln als condicio per quam. In diesem Fall (Unwissender vollzieht die letzte Handlung im Kausalverlauf) müsse sich der wissentlich-Entscheidende die »de facto« condicio per quam als seine Tat zurechnen lassen, »da das Strafrecht die Verantwortung für einen Erfolg nicht nur von der Entscheidungsmöglichkeit zwischen Verhaltensalternativen abhängig macht, sondern zumindest ein bei Aufwendung erwarteter Sorgfalt erreichbares Wissen um die Verhaltensfolgen als Zurechnungskriterium verlangt (...). Der Ahnungslose wird nur als blinder Kausalfaktor, der nicht bewusst zwischen Alternativen entscheidet, angesehen, so dass die ›letzte‹ Entscheidung trotz fehlenden Setzens einer de facto hinreichenden Bedingung (...) zugeschrieben wird«[1658]. Die bewusste Entscheidung zwischen zwei Alternativen wird damit zum Maßstab der *Ursächlichkeit.* Gegenstand des Strafrechts seien immer nur sorgfaltswidrige Handlungen und sorgfaltswidrige Handlungen seien nur solche mit sorgfaltsgemäßer Alternative.[1659] Es erscheine »überflüssig, alternativlosen Verhaltensweisen die Qualität zuzuschreiben, einen Sachverhalt verursacht zu haben«[1660].[1661]

Hieran ist richtig, dass jede schuldhafte Tat im strafrechtlichen Sinne strafbares Unrecht voraussetzt und ein Strafvorwurf nur eine pflichtwidrige Handlung zum Gegenstand haben kann. *Doch führt Pflichtwidrigkeit allein keinen Erfolg herbei.*[1662] Nicht jede fahrlässige Handlung führt zu einer fahrlässigen Verursachung. Es muss eigenständig definiert werden, was die Verursachung, *die zur Sorgfaltswidrigkeit hinzukommen muss*, ist. Dies wird durch Gleichsetzung von Normwidrigkeit und Ursächlichkeit gefährdet, indem Handlungen ohne sorgfaltsgemäße Alternative als *nicht ursächlich* bezeichnet werden.[1663] *Kindhäuser* müsste Sorgfaltswidrigkeit (gar Vorsätzlichkeit oder bewusste Fahrlässigkeit?) als notwendige Bedingung der Ursächlichkeit bestimmen. Ab-

1658 *Kindhäuser*, ZIS 2016, S. 590.

1659 Siehe *Kindhäuser*, ZIS 2016, S. 576, u.a.: »Wenn es zu einem Verhalten keine (sorgfaltsgemäße) Alternative gibt, hat es auch keinen Sinn, es als sorgfaltswidrig zu bezeichnen – und dies heißt: Es ist rechtlich so irrelevant für einen Schaden wie die Sonne am Himmel und das Wasser im Meer.«

1660 Ebenda *Kindhäuser*, ZIS 2016, S. 576.

1661 Dafür sprechen *Kindhäusers* Ausführungen auf Seite, ZIS 2016, S. 584.

1662 Siehe auch den passenden Titel von Kapitel 7 bei *Moore*, Causation and responsibility, 2009: »Negligence in the Air won't do«, wobei es aber um die Doktrin des »Harm within the risk« geht, also den Pflichtwidrigkeitszusammenhang, S. 157ff.

1663 Ebenso noch *Kindhäuser*, Gefährdung als Straftat, 1989, S. 84: »Warum sollte dann verneint werden, dass das Verhalten des Besuchers trotz Fehlens einer Verhaltensalternative kausal für den Brand war?«.

gesehen von den Risiken, die hierin für die Abgrenzung von pflichtwidrigen folgenlosen und pflichtwidrigen verletzenden Handlungen liegt, tut *Kindhäuser* dies jedoch nicht. Die Condicio-per-quam-Formel gibt sich als Überwindung der Äquivalenztheorie, legt sie aber zugleich ihrer Argumentation zugrunde:

Dies wird bereits in der (nicht ganz neuen)[1664] Herleitung des Kausalurteils aus einer Umkehrung der Condicio-sine-qua-non-Formel deutlich.[1665] Wie *Kindhäuser* selbst betont, ist die logische Beziehung zwischen Bedingung und Bedingtem strukturell mit der einen hinreichenden Bedingung identisch.[1666] Die Condicio-per-quam-Formel überführt »die Subjunktion hinreichender Art: ›wenn v, dann auch e‹«[1667]. Diese hinreichende Bedingungsrelation wird nicht dadurch zu einer anderen, dass sie gleichzeitig ausdrückt »wenn nicht e, dann auch nicht v«. Es ist die gleiche Bedingungsrelation, nämlich die einer hinreichenden Bedingung.[1668] *Kindhäusers* als Gegenargument auftretende Feststellung, die Condicio-per-quam-Formel sei keine Umkehrung der hinreichenden Mindestbedingung, »sondern die Umkehrung einer Bedingungsrelation«[1669], ist keines, denn *die Bedingungsrelation, die umgekehrt wird, ist die einer hinreichenden Bedingung.* Der einzige Unterschied zur Formel der gesetzmäßigen Bedingung ist, dass nur die letzte Handlung im Kausalverlauf als kausal gelten solle. Das Nichteintreten eines Erfolges bedeutet »dass keine hinreichende Bedingung für dieses Ereignis vollständig, d. h. mit allen notwendigen Bestandteilen instanziiert war«[1670].

Wenn *Kindhäuser* entgegnet, »genau diese Folgerung wird nun gerade von der Condicio-per-quam-Formel impliziert«[1671], ist die vollständige Identität der logischen Bedingungsrelation eingeräumt. Wäre die Formel der Condicio-per-quam keine Umkehrung einer Relation der hinreichenden Bedingung, dann würde die condicio per quam auch nicht wegfallen, wenn man den Erfolg wegdenkt. Inwiefern dies aber für die Condicio-per-quam-Formel sprechen soll, bleibt offen.[1672]

1664 Siehe etwa *Keil*, Handeln und Verursachen, 2000, mit einer grundsätzlichen Kritik an diesem Konzept kausalen Räsonierens auf S. 438 ff.

1665 *Kindhäuser*, ZIS 2016, S. 588.

1666 So auch *Koriath* zu seiner conditio per quam, Kausalität und objektive Zurechnung, 2007, S. 150 f.

1667 *Kindhäuser*, ZIS 2016, S. 589.

1668 So schon *Puppe*, ZIS 2012, S. 269 f.; *dieselbe*, ZIS 2015, S. 427.

1669 *Kindhäuser*, ZIS 2016, S. 589; dazu, dass es keine logische Bedingung außerhalb der hinreichenden oder notwendigen gibt auch *Puppe*, GA 1994, S. 302.

1670 *Puppe*, ZIS 2015, S. 427.

1671 *Kindhäuser*, ZIS 2016, S. 589.

1672 *Kindhäuser* scheint diesbezüglich von der Überlegung angetrieben zu werden, dass *Puppes* Lösung fälschlicherweise innerhalb eines Kausalverlaufs mehrere austauschbare Antezedenzien verwerten will, diese aber einheitlich als »komplexe Bedingung« zu betrachten wären, *Kindhäuser*, GA 2012, S. 141 ff. Dies ist jedoch ein terminologischer Dis-

Des Weiteren ist *Kindhäuser* zufolge die unbewusste Handlung »*de facto*« die condicio per quam. Damit hat im Schierlingsbecherfall Caesar durch sein Trinken, nicht aber Brutus durch das Überreichen des Bechers, die condicio per quam gesetzt, die ihm aber (über die Figur der mittelbaren Täterschaft) *zuzurechnen* ist. Dies erkennt Kindhäuser in folgender Passage an: Der Formel von der Condicio-per-quam stehe

> »keineswegs entgegen, dass das Strafrecht durch bestimmte Zurechnungsfiguren (mittelbare Täterschaft, Beteiligung, Garantenpflichten usw.) die Verantwortlichkeit für den Tod eines Menschen über die zunächst enge Kausalstruktur, die das Verb »töten« impliziert, ausweiten kann. Diese Ausweitung erfolgt aber nicht durch eine Ausdehnung der Wortbedeutung von »töten« – dies wäre ein Verstoß gegen das Garantieprinzip – sondern normativ durch entsprechende konstitutive Zurechnungsregeln.«[1673]

Eine solche Ausdehnung ist nach der Condicio-per-quam-Formel immer erforderlich, wenn eine Haftung für Handlungen konstruiert werden soll, die nicht die letzte im Kausalverlauf war. Sind mehrere Zwischenhandlungen gegeben, etwa wie im Reichsgerichtsfall von 1880, wo erst die Frau fahrlässig das Arsenik abstellte und der Mann später versehentlich das Gift trank,[1674] kann die Condicio-per-quam-Formel »die Todesverursachung in § 222 StGB so auslegen, dass sie auch eine ›Beihilfekausalität‹ umschließt. ›Durch Fahrlässigkeit verursachen heißt dann, durch Fahrlässigkeit unmittelbar oder mittelbar verursachen‹«[1675]. *Kindhäuser* spricht bei diesen notwendigen Bedingungen für einen Erfolg auch von »beitragender Kausalität«[1676].

Die Handlungen, die mit der Condicio-per-quam-Formel als »Ursache« ausgeschlossen werden, werden also zu mittelbaren bzw. beitragenden Ursachen »umgeschrieben«. »Wenn v die Ursache von e ist, und e die Ursache von f, dann

---

put. Ähnliches wurde bereits von *Tarnowski*, Kausalitätstheorie, 1927, S. 47 vertreten, der von einer »abstrakten Bedingungskategorie« spricht, bei der nicht relevant sei, »welche der zu dieser Kategorie gehörenden Umstände a, a', a'' verwirklicht sind«; der konkrete Umstand sei nicht allein, sondern die abstrakte Bedingungskategorie insgesamt zu eliminieren, wodurch »conditio (sic) sine qua non (…) der Schuss des A und der des B« seien. Dies ist insofern richtig, als dass die alternativen Handlungen hier äquivalente Kausalrelevanz besitzen. So kommen *Kindhäuser* und *Tarnowski* zu dem Ergebnis, dass *beide* kausal seien, siehe, *Kindhäuser*, GA 2012, S. 137; *Tarnowski*, Kausalitätstheorie, 1927, S. 47. Allerdings nehmen die einzelnen Handlungen hiermit die Stellung eines notwendigen Bestandteils *einer hinreichenden Bedingung* ein. Schärfer *Puppe*, ZIS 2012, S. 268: »Kindhäuser sieht ein Problem, wo keines ist«.

1673 So im Rahmen der Diskussion der umgangssprachlichen Bedeutung der Ursache *Kindhäuser*, ZIS 2016, S. 586.

1674 Siehe RGSt 1, S. 374. Hierzu oben Fn. 1265ff. Siehe zur historischen Entwicklung auch *Frisch*, FS Gössel 2002, S. 59.

1675 *Kindhäuser*, ZIS 2016, S. 586 sowie zur Sache S. 591f.

1676 Siehe *Kindhäuser*, ZIS 2016, S. 591.

ist v auch die Ursache von f.«[1677] Mit der Verkettung von Ursachen, dem »Akkordeoneffekt«[1678] bzw. der »Transitivität«[1679] von Kausalzusammenhängen, begründet *Kindhäuser* die Strafbarkeit einer Handlung, die nicht die letzte Handlung im Kausalverlauf einer Erfolgsverursachung darstellt – etwa das Reichen des Schierlingsbechers an den ahnungslosen Caesar. Dafür sei zu prüfen, welche Handlung die Bedingungen schaffte, die die condicio per quam zur ceteris paribus hinreichenden Bedingung machte.[1680] Sozusagen die condicio per quam der condicio per quam (Bedingung durch die »die Bedingung durch die« verursacht wurde). Dies ist nichts anderes als eine kausale Bedingung, wie sie die Äquivalenztheorie zugrunde legt. Nach *Kindhäuser* sind diese mittelbaren Ursachen zwar keine Ursachen, *aber dennoch kausal.* Es sollten nur »die sachlichen Unterschiede nicht verwischt werden«,[1681] die eine Unterscheidung von unmittelbarer und mittelbarer Täterschaft ermöglichen:[1682] »Gleichwohl mag es mit Blick auf den eingefahrenen strafrechtlichen Sprachgebrauch sinnvoll sein, alle Verhaltensweisen, die ceteris paribus notwendig für den Eintritt eines Erfolgs sind, als »ursächlich« zu bezeichnen.« Grundlage des Kausalurteils bleibt somit die Annahme, dass alle Bedingungen des bedingten Erfolges kausal für diesen sind. Die Condicio-per-quam ist insoweit nur eine weitere Formel der Äquivalenztheorie, die auf der Regularitätsthese aufbaut.

cc) Ergebnis

In Form der »mittelbaren Verursachung« dehnt die Condicio-per-quam-Formel das Kausalurteil wieder auf alle Handlungen aus, die zuvor als »Ursache« ausgeschlossen wurden. Die Condicio-per-quam-Formel überwindet die Äquivalenztheorie nicht. Sie betrachtet weiterhin alle kausalen Bedingungen als ursächlich (wenngleich nicht als »Ursache«) und jede Handlung als potentiell

1677 *Kindhäuser*, ZIS 2016, S. 587.

1678 *Kindhäuser*, ZIS 2016, S. 588 m. w. Nachw.; auch NK StGB-*Puppe* Vorbem. §§ 13ff. Rn. 40.

1679 *Kindhäuser*, ZIS 2016, S. 587. Siehe hierzu bereits *Lewis*, Journal of Philosophy, 1973, S. 563.

1680 *Kindhäuser*, ZIS 2016, S. 590.

1681 *Kindhäuser*, ZIS 2016, S. 591.

1682 Siehe zur Schwäche der Formel aber *Koriaths* Lösung der Fälle kumulativer Kausalität: Wenn A eine für den Tod allein (ex ante!) zu geringe Dosis zur Tötung verwendet, die nur im Zusammenspiel mit der allein nicht tödlichen Dosis des B zu einer insgesamt tödlichen Dosis werden, dann solle dies nicht kausal sein, siehe *Koriath*, Kausalität und objektive Zurechnung, 2007, S. 151. Eine solche Lösung stellt einen Rückschritt dar und ist in sich widersprüchlich wenn, wie bei *Koriath*, zugleich ein »echter Kausalzusammenhang« gefordert wird, Kausalität und objektive Zurechnung, 2007, S. 149. Dieser »echte«, objektive Zusammenhang ist im Falle kumulativer Kausalität zweifellos gegeben ist. Ohne die kumulativ kausale Handlung, ist der Erfolg nicht kausal zu erklären. Er wäre ein »uncaused miracle«, siehe etwa *Wright*, The NESS Account of Natural Causation, in: Critical Essays, 2013, S. 27.

kausal, sodass sie keinen Anknüpfungspunkt für die Vorverlagerungsdiskussion bietet.

c) Das Konzept des normativ-individualisierenden Kausalbegriffs (*Haas* und *Renzikowski*)

Eine dezidierte Überwindung der Gleichbehandlung aller Bestandteile einer Ursache im *Millschen* Sinne verfolgen *Haas* und *Renzikowski* mit einem normativen »individualisierenden Kausalitätsbegriff«[1683]. Kausal sei nur die Einwirkung auf subjektive Rechte.[1684] *Haas* hält – zutreffend – zunächst fest, dass eine regularistische, nomologische Betrachtungsweise in der Wissenschaftstheorie nicht unumstritten ist und für das Recht keinesfalls zwingend wäre.[1685] Die Entscheidung, welchen Kausalbegriff das Recht zu verwenden habe, sei *normativ*.[1686]

Im Rekurs auf philosophische und wissenschaftstheoretische Literatur[1687] identifiziert *Haas* »durchgreifende Einwände«[1688] gegen die Regularitätstheorie und hält »die aufgezeigten Probleme » für »unlösbar«.[1689] Das Manko liege ursprünglich in der Philosophie *Humes*.[1690] Von der Kausalitätslehre des späten 19. und frühen 20. Jahrhunderts inspiriert,[1691] wird ein physikalischer, an Energieübertragung orientierter Begriff favorisiert.[1692] »Verursachung im Sinne eines Eingriffs in subjektive Rechte … ist ein Bewirken, das heißt ein auf Ausübung von Kraft beruhender, stetiger, aus Ereignissen bestehender, in physikalischen oder chemischen Parametern berechenbarer und damit praktisch deterministischer Prozeß der Energieübertragung«[1693].

1683 So wörtlich *Renzikowski*, GA 2007, S. 572.

1684 *Haas*, Kausalität und Rechtsverletzung, 2002, S. 187.

1685 *Haas*, Kausalität und Rechtsverletzung, 2002, S. 183f., S. 194ff.

1686 *Haas*, Kausalität und Rechtsverletzung, 2002, S. 184; so auch *Frisch*, FS Gössel 2002, S. 58f.

1687 Dies sei nach *Haas* »unvermeidbar«, doch habe der Jurist hierfür grundsätzlich »fachlich keine hinreichende Kompetenz«, *ders.*, Kausalität und Rechtsverletzung, 2002, S. 172. Allerdings wird ihm dieser fehlende wissenschaftskausaltheoretische Unterbau wiederum vorgeworfen von *M. Schulz*, Die Kausalität des Nichts, 2013, S. 91: »Eine Kausaltheorie erklärt entweder, warum der Energieeinsatz oder die energetische Verknüpfung immer Kausalität bedeuten (auch ohne den Menschen) oder nie. Eine Erklärung nur für das erste Glied der betrachteten Kausalketten ist aber genauso gut wie keine Erklärung«.

1688 *Haas*, Kausalität und Rechtsverletzung, 2002, S. 174.

1689 *Haas*, Kausalität und Rechtsverletzung, 2002, S. 178 (insbesondere das bereits ausführlich besprochene Induktionsproblem und die unter »Wissenschaftstheoretische Kritik…« dargestellten Einwände).

1690 *Haas*, Kausalität und Rechtsverletzung, 2002, S. 180.

1691 Siehe zur im Ton wohlwollenden Darstellung *Haas*, Kausalität und Rechtsverletzung, 2002, S. 162ff.

1692 *Haas*, Kausalität und Rechtsverletzung, 2002, S. 182ff.

1693 *Haas*, Kausalität und Rechtsverletzung, 2002, S. 193f.

Dieses sei so wie die Äquivalenztheorie *normativ* zu verstehen,[1694] aber im Gegensatz zu jener in einer auf das Recht zugeschnittenen Art und Weise.[1695] Die Äquivalenztheorie widerspreche »der Einteilung der Lebenswelt in unterschiedliche Rechtssphären«[1696]. Während *Haas* eine zivilistische Argumentation verstärkt berücksichtigt,[1697] die insbesondere die Abgrenzung von »Rechtskreisen wie Eigentum, Leib und Leben«[1698] ermöglichen soll – weshalb sein Kausalitätsbegriff sich auf Verletzungsdelikte des besonderen Teils beschränkt –[1699] zielt *Renzikowski* gezielt auf den strafrechtlichen Täter- bzw. Tatbegriff ab.[1700] Diesen Aspekt betont *Haas* in der Folge ausführlich in seiner Monographie »Die Theorie der Tatherrschaft und ihre Grundlagen: zur Notwendigkeit einer Revision der Beteiligungslehre«[1701]. Kernthese ist die Unterscheidung von »unmittelbarer Täterschaft« von allen anderen Formen der Täterschaft und Teilnahme,[1702] die als Einwirkung auf subjektive Rechte (Zuschlagen, Schießen, Zuführen von Stoffen)[1703] als einzige allein (ohne Zurechnungsklauseln) den Tatbestand der Erfolgsdelikte erfüllen.[1704]

Nur der unmittelbare Täter sei Urheber einer Verletzung. Handlungen, die nur mittelbar schädigend sein können, wären demzufolge nicht potentiell kausal und somit nur mittelbar gefährlich. Solche »nicht kausalen« Handlungen können nach *Haas* und *Renzikowski* nur unter einem erhöhten, eigens zu entwickelnden Begründungsaufwand zum Anknüpfungspunkt des Strafrechts werden.[1705] Diese Kausalitätstheorie eröffnet mithin ein Begrenzungspotential hinsichtlich der Vorverlagerung.

aa) Die Kernthesen Haas'

In *Haas* Worten verfängt sich in dem Netz der Äquivalenztheorie »viel zu viel Welt«[1706]. Demgegenüber ist nur die Energieübertragung »tatsächlich«[1707] kau-

1694 *Haas*, Kausalität und Rechtsverletzung, 2002, S. 184; *Renzikowski*, GA 2007, S. 574.
1695 *Haas*, Kausalität und Rechtsverletzung, 2002, S. 187f.; *Renzikowski*, GA 2007, S. 573f.
1696 *Renzikowsi*, GA 2007, S. 573.
1697 Siehe etwa *Haas*, Kausalität und Rechtsverletzung, 2002, S. 196ff.
1698 *Haas*, Kausalität und Rechtsverletzung, 2002, S. 186.
1699 *Haas*, Kausalität und Rechtsverletzung, 2002, S. 194.
1700 Siehe schon *Renzikowski*, Täterbegriff, 1997; auch *derselbe*, GA 2007, S. 575f.; siehe aber auch *Haas*, Die strafrechtliche Lehre von der objektiven Zurechnung, in: Zurechnung als Operationalisierung von Verantwortung, 2004, S. 219ff.
1701 *Haas*, Die Theorie der Tatherrschaft, 2008, passim.
1702 *Haas*, Die Theorie der Tatherrschaft, 2008, S. 64ff.
1703 *Haas*, Die Theorie der Tatherrschaft, 2008, S. 65.
1704 *Haas*, Die Theorie der Tatherrschaft, 2008, S. 66.
1705 Siehe zu dieser Verbindung von Kausalitätstheorie und Vorverlagerung bereits oben ab S. 190.
1706 *Haas* zur Äquivalenztheorie, Kausalität und Rechtsverletzung, 2002, S. 280f.
1707 Von einem tatsächlichen Kausalverlauf spricht *Haas* in Die Theorie der Tatherrschaft,

sal. Hierdurch wird unter anderem der Beihilfe und der mittelbaren Täterschaft die Kausalität abgesprochen und damit erzwungen, dass »besondere Gründe genannt werden, weshalb er (der Täter, U. M.) trotzdem haften soll«[1708]. Der strafbarkeitsbegrenzende Ansatz von *Haas'* und *Renzikowskis*[1709] Verbrechenslehre scheint als Quelle vorverlagerungsbegrenzender Kriterien besonders geeignet. Ähnlich der *Offensività* fordert *Haas* eine Verletzung des Rechtsverhältnisses durch den Täter.

Allerdings verortet *Haas* diese Rechtsverletzung *nicht* im Erfolgsunwert der Handlung. Aufgrund seiner restriktiven Kausalitätstheorie kann er nur im Falle der unmittelbaren Täterschaft Kausalität annehmen, weshalb er strafrechtliche Verantwortlichkeit zunehmend *handlungsorientiert und normativ bestimmt:*

> »Die Verletzung des Rechtsverhältnisses besteht (...) nicht in dem verursachten, bei den Erfolgsdelikten zum Tatbestand gehörenden Schaden als solchen (...), sondern ganz allgemein in der *Beeinträchtigung der Rechtsposition als Recht*, also in der Beeinträchtigung der durch das objektive Recht rechtlich anerkannten Willensmacht des betroffenen Rechtsinhabers. Der Täter überschreitet *schon durch sein Verhalten* den Zuweisungsgehalt seines eigenen Rechtskreises (...)«[1710].

bb) Kritik und Stellungnahme

Die scharfe Kritik an der Äquivalenztheorie und die Reduktion kausaler Verantwortlichkeit werden bei *Haas* durch eine erhebliche normative *Ausweitung strafrechtlicher Verantwortlichkeit kompensiert.* Dies wird in folgenden Überlegungen zum Strafgrund der Teilnahme besonders deutlich.[1711] Nach *Haas* speist sich das Unrecht der Teilnahme »daraus, dass in Parallele zum oder in Anlehnung an das Schikaneverbot des § 226 BGB als Sonderfall unzulässiger Rechtsausübung der Teilnehmer die immanenten Schranken seines Rechtsausübungsfreiheit überschreitet (...).«[1712] Es ginge um eine »verobjektivierte Zwecksetzung«[1713]: »Es ist durchaus möglich – wie im geltenden Strafgesetzbuch in § 30 StGB auch geschehen – die versuchte Teilnahme unter Strafe zu stel-

2008, S. 107 sowie »de facto« auf S. 65. Es scheint, dass *Haas* keinen normativen Kausalitätsbegriff vertritt, sondern nur die Entscheidung für einen physikalischen als normativ betrachtet. Die Kausalität selbst weiß er immer noch »physikalisch«, *Haas*, Kausalität und Rechtsverletzung, 2002, S. 193f.; so wohl auch auf S. 183f., für die Identität mit dem physikalischen Kausalitätsbegriff sprechen »normative Gesichtspunkte«.

1708 *Renzikowski*, GA 2007, S. 574; *Haas*, Kausalität und Rechtsverletzung, 2002, S. 281.

1709 Siehe die Kritik am Funktionalismus bei *Renzikowski*, GA 2007, S. 577f.

1710 *Haas*, Die Theorie der Tatherrschaft, 2008, S. 64. Hervorhebung im Original.

1711 Auf die mit der Teilnahme des Weiteren verbundenen Probleme im Bereich der psychischen Kausalität soll hier nicht eingegangen werden, siehe hierzu bereits oben Fn. 1495. Gute Gründe sprechen diesbezüglich für eine Novellierung der Dogmatik, siehe *Haas*, Die Theorie der Tatherrschaft, 2008, S. 67ff.

1712 *Haas*, Die Theorie der Tatherrschaft, 2008, S. 134.

1713 *Haas*, Die Theorie der Tatherrschaft, 2008, S. 135.

len«[1714]. Die Strafbarkeit der Teilnahme findet sich bei *Haas* somit vollständig auf ihre Normwidrigkeit reduziert. Die Akzessorietät der Teilnahmestrafbarkeit kann nicht mehr befriedigend in das Strafrechtssystem integriert,[1715] und muss *entgegen der Gesetzessystematik* (siehe §§ 26, 27 StGB) für irrelevant erklärt werden.[1716]

Dennoch meinen die Vertreter des normativ-individualisierenden Kausalitätsbegriffs, wie schon *Wachenfeld*,[1717] sich auf die Gesetzeslage berufen zu können: Die Äquivalenztheorie ließe sich mit dem gesetzlich vorgeschriebenen restriktiven Täterbegriff nicht vereinbaren.[1718] Es ist richtig, dass die *zeitlich nachfolgende kausale Handlung* (des Täters) nach deutscher Gesetzeslage *schwerer* gewichtet wird als die Beihilfe.[1719] Allerdings liegt die Gewichtung nicht auf kausal-epistemischer, sondern normativ-kriminalpolitischer Ebene: »Was für die kausale Betrachtung gleich ist, kann für die teleologische verschieden sein«[1720].[1721] Die umgekehrte Vorgehensweise von *Haas*, aus der teleologischen Wertung des restriktiven Täterbegriffes die Kausalität der Teilnahme grundsätzlich zu verneinen, führt auf die Gleichstellung von versuchter und vollendeter Teilnahme und letztlich eine erhebliche normative Ausweitung des Strafrechts hinaus.[1722] Mit der Überwindung der Äquivalenztheorie wird in dieser Konzeption die wichtigste Unterscheidung für die strafrechtliche Verantwortlichkeit aufgegeben: Die zwischen Bedingung und Nicht-Bedingung, zwischen Ursache und Nicht-Ursache. *Haas* kann zwischen Teilnahme und der grundsätzlich straflosen versuchten Teilnahme nicht mehr unterscheiden.[1723]

1714 *Haas*, Die Theorie der Tatherrschaft, 2008, S. 138.

1715 Siehe zur historischen Straflosigkeit der versuchten Beihilfe, weil es an Kausalität mangelte, die Übersicht bei *Busch*, Geschichte des § 49a StGB, 1964, S. 11ff.

1716 *Haas*, Die Theorie der Tatherrschaft, 2008, S. 130ff., S. 134.

1717 Siehe *Wachenfeld*, Lehrbuch des deutschen Strafrechts, 1914, S. 87. Hierzu oben S. 276.

1718 So *Renzikowski*, Täterbegriff, 1997; auch *derselbe*, GA 2007, S. 575f.; *Haas*, Die Theorie der Tatherrschaft, 2008, S. 64ff.

1719 Dies lässt sich durch die Condicio-per-quam-Formel gut abbilden, siehe oben ab S. 284.

1720 *Mayer*, Strafrecht AT 1915, S. 390.

1721 Siehe mit weiteren Nachweisen *Honig*, FS Frank 1930, S. 198.

1722 Zu den praktischen Schwierigkeiten einer solchen Lehre siehe *Haas*, Kausalität und Rechtsverletzung, 2002, S. 195: Zwei Autofahrer kollidieren auf einer Landstraße. Hier läge eine Ursächlichkeit beider Fahrer vor (Einwirken beiderseits). Den Umstand aber, dass nur einer pflichtwidrig handelte, kann Haas nur schwerlich von seinem verhaltensorientierten Einwirkungskriterium unterscheiden: Es könne wohl »nicht stets objektiv rechtswidriges von objektiv rechtmäßigem Geschehen« mit dem Bewirkungsbegriff abgegrenzt werden, *Haas*, Kausalität und Rechtsverletzung, 2002, S. 195. Dem wird an besagter Stelle nicht weiter nachgegangen. Auch in *Haas*, Die Theorie der Tatherrschaft, 2008, werden nur die fahrlässigen Beteiligungsformen aber nicht die unfallbedingte gemeinsame Verursachung ausführlich diskutiert, S. 141ff.

1723 Ähnliches droht der Theorie *Aicheles*, der ein moralisches Kausalurteil fällen will, siehe *ders.*, ZStW 123 (2011), S. 276ff.

cc) Ergebnis

Durch die Überwindung der Äquivalenztheorie wird in der *Haasschen* Konzeption keine Begrenzung der Vorverlagerung, sondern *die vollständige Überwindung der Bedeutung der Kausalität für strafrechtliche Verantwortlichkeit* erreicht. Konstitutiv für das strafrechtliche Unrecht sei allein das »Überschreiten des eigenen Rechtskreises«, der Handlungsunwert. Die »Geschichte der Versuche«[1724] einer normativen Begrenzung der Äquivalenztheorie wird in dieser Form zu einer normativen Entgrenzung strafrechtlicher Verantwortlichkeit. *Die gesamte Konzeption läuft auf eine Vorverlagerung durch Überwindung des Verursachungsdogmas hinaus* und ist daher nicht in der Lage, Vorverlagerung zu begrenzen.

d) Zusammenfassung und Zwischenergebnis

Die seit den 2000-Jahren einsetzende strafrechtliche Kritik an der Äquivalenztheorie erscheint in drei unterschiedlichen Ausprägungen. Allerdings bietet sich keine dieser Theorien zur Begrenzung der Vorverlagerung an.

Sowohl der »Generalizing Singularism« als auch die Condicio-per-quam-Formel gehen von der Geltung von Kausalgesetzen und damit der grundsätzlichen Äquivalenz der Antezedenzien aus. Hiernach ist jede Handlung (im Falle des Generalizing Singularism nur jedes aktive Tun) potentiell kausal und damit potentiell Anknüpfungspunkt für Vorverlagerung. Daher stellen diese Theorien keine Quelle zur Entwicklung von Grenzen der Vorverlagerung dar.

Demgegenüber zielt der normative Ansatz auf die Kausalgesetze und die Äquivalenz der Bedingungen selbst ab. Eine völlig neue Definition von »Ursache« wird propagiert, die einer umgangssprachlichen Verwendung nahe kommt. Ursache sei nur das unmittelbare Herbeiführen des Schadens, als Einwirken auf ein Recht.

Dieses »Einwirken« wird jedoch erheblich normativ aufgeladen und von einem kausal-epistemischen Verständnis der Bewirkung emanzipiert. Dies führt zu einer Verlagerung des Einwirkungsbegriffs auf die Handlungsseite. Kausale Verknüpfungen, die nicht unmittelbar einwirken, können nicht mehr von solchen unterschieden werden, die überhaupt nicht kausal verknüpft sind. Im Falle der Teilnahme führt dies dazu, dass die Akzessorietät zur Haupttat nicht in das System integriert werden kann. Hieraus wird jedoch nicht die Konsequenz gezogen, die Teilnahme straflos zu stellen. Es wird umgekehrt die Strafbarkeit von Handlungen allein durch den Normverstoß erklärt, ohne den Bezug zu einer potentiellen Kausalität für die Verletzung des Schutzobjekts der Norm herzustellen. Die Überwindung der Äquivalenztheorie führt daher nicht zu einer

1724 *Kindhäuser*, ZIS 2016, S. 571.

Begrenzung der Vorverlagerung, sondern befördert im Gegenteil eine noch weitergehende Emanzipation vom Verursachungsdogma in der Strafrechtsdogmatik.

Die Überwindung der Äquivalenztheorie ist nach alledem nicht zur Begrenzung der Vorverlagerung geeignet. Aufgrund des Verlustes der Unterscheidung zwischen Bedingungen und Nicht-Bedingungen führen alternative Kausalitätstheorien bzw. Formeln nicht zu einer Einschränkung, sondern zu einer normativen Entgrenzung der Vorverlagerung.

5. Die Grundsätze der objektiven Zurechnung: Äußerste Grenze der Vorverlagerung?

Die objektive Zurechnung wurde aus der Adäquanztheorie heraus in der zweiten Hälfte des 20. Jahrhunderts zum Grundpfeiler der deutschen Strafrechtsdogmatik weiterentwickelt.[1725] Es handelt sich um einen »Exportschlager«.[1726] Voraussetzung der Tatbestandserfüllung eines Erfolgsdeliktes sei hiernach nicht mehr nur die Setzung einer notwendigen Bedingung für den Erfolg. Die Handlung müsste zugleich eine erhöhte[1727], rechtlich missbilligte[1728] bzw. unerlaubte[1729] Gefahr für das Rechtsgut geschaffen haben, die sich im Erfolg realisierte.[1730]

Insbesondere *Roxin* prägte das Verständnis der objektiven Zurechnung als Teil des Tatbestandes der Erfolgsdelikte im StGB.[1731] Eine solche Auffassung

1725 Grundlegend *Roxin*, FS Honig 1970, S. 133ff. *Krey* bemängelt Anfang des 21. Jahrhunderts gerade dies, dass nämlich »die Lehre von der objektiven Zurechenbarkeit zum zentralen Thema der heutigen deutschen Strafrechtswissenschaft geworden ist, *ders.*, AT 2004 § 9 Rn. 285. Siehe zum Ganzen auch *Toepel*, Kausalität und Pflichtwidrigkeitszusammenhang, 1992, S. 136ff. Selbst Kritiker räumen der objektiven Zurechnung im herrschenden Strafrechtssystem aber eine Berechtigung zumindest in der Fahrlässigkeit ein, siehe etwa *Küpper*, Grenzen der Strafrechtsdogmatik, 1990, S. 108, S. 115. Zur gesamten Lehre der objektiven Zurechnung zuletzt ausführlich *Goeckenjan*, Revision der objektiven Zurechnung, 2017, S. 63ff.

1726 Siehe aus der ausländischen Literatur etwa *Figueiredo Dias*, Direito Penal, 2007, 12/21, S. 331; *Cadoppi/Veneziani*, Elementi di diritto penale, 2015, V/8, sowie die Nachweise bei *Jescheck/Weigend*, AT 1996, S. 279 Fn. 7 und *Roxin*, AT 1 2006, § 11 Rn. 50.

1727 So *Gropp*, AT 2015, § 12 Rn. 122.

1728 Statt vieler *Frister*, AT 2015, 10/20.

1729 So *Roxin*, AT I 2006, § 11 Rn. 47.

1730 Siehe hierzu des Weiteren *Jescheck/Weigend*, AT 1996, S. 284ff. sowie *Gropp*, AT 2015, § 12 Rn. 116ff.

1731 Nach seiner Auffassung gehen die Fahrlässigkeitsdelikte vollständig im objektiven Tatbestand auf, siehe *Roxin*, AT I 2006, § 24 Rn. 10 m. w. Nachw. In Anbetracht des Wortlauts »durch Fahrlässigkeit« (hiergegen noch *Welzel*, Das deutsche Strafrecht, 2010 (1969), S. 131, demzufolge die Gesetzesformulierung falsch sei und es »durch fahrlässige Handbetrachtet fahrlässige Erfolgsdelikte (dem Rechtsgedanken des § 16 Abs. 1 S. 2 StGB folgend) als Minus zum vorsätzlichen Erfolgsdelikt.[1732] Eine Unterscheidung zwischen Vorsatz und Fahrlässigkeit sei damit allein dem subjektiven Tatbestand[1733] oder gar der Schuldebene[1734] zugeordnet. Hieraus entwickelt sich die objektive Zurechnung zum Ende des 20. Jahrhunderts von einer Beschränkung der Äquivalenztheorie zu einer Mindestvoraussetzung aller Tatbestände und damit aller strafbaren Handlungen.[1735] So heißt es etwa bei *Lesch:* »Die objektive Zurechnung legt fest, was (…) strafrechtliches Unrecht (…), (…) was eine Tatbestandsverwirklichung ist.«[1736] Ein solches Verständnis der objektiven Zurechnung könnte der Vorverlagerung die absoluten Grenzen ziehen, deren Eruierung Gegenstand dieses Kapitels ist.[1737]

a) Das Gefahrurteil der objektiven Zurechnung

Die objektive Zurechnung setzt wie die Adäquanztheorie voraus, dass ein Verhalten die Wahrscheinlichkeit für die Verletzung eines Schutzobjekts erhöht hat.[1738] Allerdings wird die Wahrscheinlichkeitserhöhung nicht abstrakt, für gewisse Handlungstypen *a priori* bestimmt. Die Beurteilung, ob ein Verhalten gefahrerhöhend war, richtet sich grundsätzlich nach dem kausalen Feld, auf das die Handlung trifft, und in dem sie den Erfolg verursacht hat. Die objektive Zurechnung knüpft an die Äquivalenztheorie an.[1739] Zwar ist innerhalb der Lehre der objektiven Zurechnung umstritten, ob die Umstände, die zur Grundlage des Gefahrurteils gemacht werden sollen, subjektiv ex ante oder

lung« heißen müsste) und aufgrund normentheoretischer Erwägungen hinsichtlich unbewusster Fahrlässigkeit vertritt ein Teil die Anwendbarkeit der objektiven Zurechnung nur im Rahmen der Fahrlässigkeit, siehe hierzu *Gropp*, AT 2015, § 12 Rn. 11; so noch *Baumann/Weber/Mitsch*, AT 2003, § 22 Rn. 18, 26 (heute aber der herrschenden Meinung folgend *dies./Eisele*, AT 2016, § 12 Rn. 21 ff). Auch *Sinn*, Straffreistellung aufgrund von Drittverhalten, 2007, S. 312, spricht von einem qualitativen Unterschied zwischen Vorsatz und Fahrlässigkeit. Siehe mit weiteren Nachweisen auch *Börgers*, Studien zum Gefahrurteil im Strafrecht, 2008, S. 32.

1732 So *Freund*, AT 2009, § 5 Rn. 18 ; *Welzel*, Das deutsche Strafrecht, 2010 (1969), S. 130.

1733 *Frister*, AT 2015, 12/3.

1734 *Welzel*, Das deutsche Strafrecht, 2010 (1969), S. 130; *Roxin*, AT I 2006, § 24 Rn. 5.

1735 Insbesondere *Frisch*, Tatbestandsmäßiges Verhalten, 1988, S. 33ff.

1736 *Lesch*, Verbrechensbegriff 1999, S. 210 (wobei der Begriff »objektive Zurechnung« bei *Lesch* weiter verstanden wird und das gesamte objektive Unrecht beschreibt, dass durch die subjektive Tatseite inklusive Schuldhaftigkeit nur quantitativ erhöht wird, siehe etwa S. 204f.); ähnlich *Frisch*, Tatbestandsmäßiges Verhalten, 1988, S. 86ff., hinsichtlich unterschiedlicher Typen rechtsgutsgefährdender Verhaltensweisen.

1737 Bemerkenswert auch das Konzept *Frischs*, die »missbilligte Gefahrschaffung« als Tatbestandsmerkmal schlechthin zu etablieren, siehe *Frisch*, Tatbestandsmäßiges Verhalten, 1988, S. 33ff. Hiergegen aber *Küpper*, Grenzen der Strafrechtsdogmatik, 1990, S. 116f.

1738 Siehe die Nachweise oben Fn. 1727ff.

1739 *Roxin*, FS Honig 1970, S. 148ff.; *Gropp*, AT 2015, § 2 Rn. 110.

objektiv ex post zusammenzustellen sind.[1740] Doch sind die Umstände, die die Grundlage dieses subjektiven oder objektiven Gefahrurteils bilden, gleichwertig.[1741] Auch nach der Lehre der objektiven Zurechnung dürfte folglich kein Verhalten *a priori* als absolut ungefährlich eingestuft werden, so dass es *per se* als nicht tatbestandsmäßig gelten würde.

b) A priori ungefährliche Handlungen?

Trotz alledem sind in der strafrechtswissenschaftlichen Literatur zuletzt Bemühungen zu beobachten, völlig ungefährliche Handlungen auszumachen, die als tatbestandsmäßig *a priori* ausscheiden. So entwickelt *Greco*, in dem bereits mehrmals erwähnten Band zur Vorverlagerung 2010, durch den Rückgriff auf den straffreien Internbereich Kriterien, die gewisse Handlungen *a priori* straffrei stellen. Die wenigen von ihm identifizierten »absolut freien« Handlungen sollen im Falle des »Atmens« und »Denkens«,[1742] neben den ergänzend vorgeschlagenen Handlungen »Lernen und Wissen« von *Puschke* und dem von *Koriath* »prima facie« tatbestandslos gestellten »Malen« im Folgenden als »absolut straffrei« überprüft werden.

aa) Strafloses Atmen

Ein fast nur mit Wasserstoffgas (H2) gefüllter Raum, in dem die Zusammensetzung der Luft gemessen wird, stellt nach einem Unfall den einzigen Weg dar, um ein chemisches Labor zu verlassen. Durch Öffnen der Tür kommt es automatisch zum Eindringen von Sauerstoff (O2) in diesen Raum, was die Wahrscheinlichkeit einer Knallgasexplosion (bei einem Gemischverhältnis von 77 % H2) drastisch erhöhen wird. Da es etwa 10 Sekunden dauert, den Raum zu durchqueren, hat die Person P vor dem Raum Luft zu holen (um nicht im Raum zu ersticken) und diese nicht im Raum auszuatmen, da die ausgeatmeten zwei Liter Luft (bei maximal gefüllter und maximal entleerter Lunge) mit ca. 16 % O2 Anteil das Gemisch weiter in Richtung einer Knallgasreaktion stoßen könnte. P hält es für abwegig, die gering erhöhte Wahrscheinlichkeit der Explosion durch ihre Atmung zu beherzigen, atmet tief ein und nach Schließen der ersten Tür

1740 Hierzu zuletzt *Börgers*, Studien zum Gefahrurteil im Strafrecht, 2008, S. 27ff., S. 56ff. Siehe zu der Bedeutung der Perspektive für das Gefahrurteil auch oben S. 180f.

1741 Siehe zum Gefahrurteil zuletzt vertiefend *Börgers*, Studien zum Gefahrurteil im Strafrecht, 2008, S. 60ff.

1742 Siehe *Greco*, Strafbarer Drogenbesitz, in: Grenzenlose Vorverlagerung des Strafrechts, 2010, S. 81ff. Angedeutet werden Skifahren und Bergsteigen, S. 81f.; die Vornahme von Handlungen, die andere nicht ausschließen, S. 83f. – zu denken wäre hier an Atmung; Alkoholkonsum, Masturbation etc., S. 85. Zumindest als Anknüpfungspunkt für Vorverlagerung sei die Atmung auch unzulässig nach *Sieber/Vogel*, Terrorismusfinanzierung, 2015, S. 140.

beim Öffnen der zweiten Tür innerhalb des Raumes wieder aus. Zusammen mit dem durch Öffnen der zweiten Tür eindringenden Sauerstoff kommt es, nach dem er den Raum schnellstmöglich verlassen hat, in einer Nanosekunde vor Schließung der zweiten Tür zu einem hinreichenden Sauerstoffgehalt für eine gewaltige Explosion, die zum Tod mehrerer Menschen führt, die aber P, die ja die Tür hinter sich schloss, überlebt. Die Messgeräte indizieren: Hätte P nicht ausgeatmet, wäre die Explosion mit an Sicherheit grenzender Wahrscheinlichkeit ausgeblieben. Zweifellos war die Atmung der P hier *kausal*. Warum sollte P hier nicht zumindest aus § 222 StGB wegen des *(Aus-)Atmens* strafbar sein?

bb) Strafloses Denken

Zumindest das Denken könnte »absolut straffrei« sein.[1743] Nach *Greco* seien Gedanken grundsätzlich frei, und *zwar unabhängig von ihren Wirkungen.*[1744] Gleich welche Wirkung ein Gedanke hatte, er müsse straffrei bleiben. Allerdings: Ist nicht jede Handlung die Wirkung eines Gedankens? Ist es nicht Voraussetzung einer Straftat, dass eine Handlung vorliegt, welche ihre Ursache in einem Gedanken hatte? So will *Greco* Gedanke und Wirkung aber nicht verstanden wissen. Vielmehr sind nur die Gedanken als solche gemeint, die keine Handlung des Denkenden nach sich ziehen. Hierzu bildet *Schünemann* ein Gegenbeispiel:[1745]

Ein Kind hat eine besondere Gabe und kann die Gedanken des Vaters lesen. Dieser weiß davon und treibt das Kind mit seinen Gedanken in den Selbstmord. Kann der Vater deshalb nicht bestraft werden? *Greco* weicht dem aus und stellt nicht auf das Denken, sondern darauf ab, dass der Vater sich dem Kind nähern müsste, damit dieses die »tödlichen Gedanken« lesen könnte, und dann wäre das »Sich-Nähern« die vorwerfbare Handlung (wenn das Kind die Gedanken immer lesen könnte, dann wäre der Vater *Greco* zufolge in der Tat freizusprechen).

Der beschriebene übernatürliche Fall des gedankenlesenden Kindes könnte in einer technischen Abwandlung heutzutage durchaus eintreten. So ist die Steuerung von Mechanik und digitalen Prozessen durch Gedanken bzw. das Ablesen von Gehirnaktivitäten bereits möglich. Es überzeugt jedoch nicht, dass ein solcher gedanklich gesteuerter Vorgang nicht strafbarkeitsbegründend sein könnte, wenn er als solcher Teil der absolut geschützten Gedankenfreiheit bliebe. Mittels der Gedanken wirkt der Denkende hier nicht anders in die Welt hinein als mit den durch seine eigenen Körperbewegungen vermittelten Gedankenim-

1743 Auch von *Greco* »cogitationis poenam nemo patitur« genannt, *Greco*, Strafbarer Drogenbesitz, in: Grenzenlose Vorverlagerung des Strafrechts, 2010, S. 81.

1744 *Greco*, Strafbarer Drogenbesitz, in: Grenzenlose Vorverlagerung des Strafrechts, 2010, S. 81f.

1745 Siehe hierzu sowie zum Folgenden *Greco*, Strafbarer Drogenbesitz, in: Grenzenlose Vorverlagerung des Strafrechts, 2010, S. 88 (Fn. 24).

pulsen. Ebenso ist es bei dem von *Schünemann* gebildeten »übernatürlichen« Beispiel. Auch Gedanken, die nicht über »Handlungen« vermittelt in die Welt wirken, können Strafbarkeit begründen. *Selbst die Straflosigkeit von »Gedanken« ist vollständig von den äußerlichen Bedingungen, auf die sie treffen, abhängig.* Wirken Gedanken in kausale Felder hinein, sind es nicht mehr nur Gedanken.[1746]

cc) Lernen und Wissen

Obgleich *Puschke* dem nicht-konsequentialistischen Entwurf *Grecos* kritisch gegenübersteht[1747] soll ihm zufolge neben dem Denken auch das Wissen und Lernen straffrei zu stellen sein.[1748] Entsprechend sei § 89a Abs. 2 Nr. 1 StGB sowie der darauf aufbauende § 89b StGB verfassungswidrig.[1749] Nach diesen Vorschriften macht sich strafbar, wer sich in der Begehung einer schweren staatsgefährdenden Gewalttat unterweisen lässt bzw. hierfür Beziehungen zu terroristischen Vereinigungen aufnimmt. Dies scheint zunächst insofern überzeugend, als dass das »Unterweisen-Lassen« als solches ebenfalls nicht nach außen wirkt. Insofern gleicht dieses »Erlernen« (bzw. Wissen) dem Denken.

Das »Sich-Unterweisen-Lassen« gemäß § 89a Abs. 2 Nr. 1 StGB bewirkt jedoch ein Wissen, das gezielt für spätere Verletzungen genutzt und insofern ebenso zur Bedingung für die spätere Verletzung werden kann wie der Gedanke für die Tat. Das Erlernen kann über die spätere Verletzungshandlung nach außen wirken und für diese kausal sein. Auch das Erlernen ist mithin potentiell kausal für eine Verletzungshandlung. Würde trotz dieser potentiellen Kausalität des »Sich-Unterweisen-Lassens« dessen Straflosigkeit befürwortet, müsste auch § 91 Abs. 1 Nr. 2 StGB (das Sich-Verschaffen einer Anleitung zur Begehung von Anschlägen) dem Kernbereich zuzuordnen sein. Es ist nicht ersichtlich, inwiefern sich das Unterweisen-Lassen zum Erlernen von Anschlagswissen vom Sich-Verschaffen von Schriften zum Erlernen von Anschlagswissen unterscheidet. *Puschke* will diese Delikte aber unterschiedlich behandelt wissen und ordnet letzteres nicht dem Kernbereich zu.[1750] Überzeugender ist demgegenüber die Argumentation, wegen der geringen Bedeutung beider (potentiel kausalen!) Zwischenschritte und des erheblichen Eingriffs in eine so zentrale Freiheitsbetätigung wie die Wissenserlangung die Unverhältnismäßigkeit des Strafnorm festzustellen.[1751]

1746 So wohl auch *Puschke*, Legitimation von Vorbereitungstatbeständen, 2017, S. 405 (Fn. 240).

1747 Siehe *Puschke*, Legitimation von Vorbereitungstatbeständen, 2017, S. 282.

1748 *Puschke*, Legitimation von Vorbereitungstatbeständen, 2017, S. 180.

1749 *Puschke*, Legitimation von Vorbereitungstatbeständen, 2017, S. 406 bzw. S. 424.

1750 *Puschke*, Legitimation von Vorbereitungstatbeständen, 2017, S. 426f.

1751 So dann auch *Puschke*, Legitimation von Vorbereitungstatbeständen, 2017, S. 393f.

Hierfür spricht auch die Strafbarkeit des neu geschaffenen § 184d Abs. 2 S. 1 StGB. Nach dieser Vorschrift wird bestraft, wer es unternimmt, einen kinderpornographischen Inhalt mittels Telemedien abzurufen. Es genügt, dass der Täter gezielt durch eine eigene Handlung den technischen Vorgang der Übertragung von Daten in Gang setzt,[1752] und sich so die Möglichkeit der Kenntnisnahme von ihrem Inhalt verschafft.[1753] Insofern gleicht diese Tathandlung dem Abrufen von Informationen durch das »Sich-Unterweisen-Lassen«. Allerdings werden die Informationen (Kinderpornographie) als grundsätzlich sozialschädlich und gefährlich angesehen. Die Verarbeitung der Information kann *verursachen*, dass der geneigte Täter selbst Übergriffe gegen Kinder begeht bzw. Hemmungen verliert.[1754] Dies wäre aber erst der nächste Schritt, die Aufnahme der Informationen selbst fällt in den Kernbereich des »Wissens« bzw. »Erlernen« im weitesten Sinne. Zumindest dürfte Einigkeit dahingehend bestehen, dass die Aufnahme und kognitive Verarbeitung von Informationen sexuellen Inhalts dem Kernbereich privater Lebensgestaltung zuzuordnen sind. Insofern müsste, wer das Erlernen von Fertigkeiten absolut straffrei stellen möchte, auch hier die Abschaffung der Strafvorschrift fordern.[1755]

Eine Argumentation dahingehend, dass das Abrufen von kinderpornographischen Inhalten per se schädlich sei, während dies bei der Terrorausbildung nicht der Fall sei, überzeugt ersichtlich nicht. Außerdem wäre mit dieser relativen, auf die Schädlichkeit der Tathandlung abstellenden Gewichtung die absolute Straffreiheit wieder aufgegeben, die die Vertreter der These eines straffreien Kernbereichs gerade erreichen wollen. Wie die bisherigen Ausführungen gezeigt haben, gibt es diesen abstrakten, absolut straffreien Bereich des Handelns aber nicht.

Auch das Erlernen und Verarbeiten von Informationen erfüllt meist den Zweck, in kausale Felder hineinzuwirken. Ob dies als nach außen tretendes Verhalten straffrei bleiben sollte, ist eine Frage der Verhältnismäßigkeitsprüfung (bzw. der Abwägung), sofern nicht der Theorie der konkreten Gefährlichkeit im Einzelfall gefolgt wird.[1756] Überzeugender ist es daher, die zweifelsfrei *erhebliche* Freiheitsbeschränkung, die mit § 184d Abs. 2 S. 1 StGB verbunden ist, noch als

(»unangemessen«) m. w. Nachw. Zum gleichen Ergebnis bezüglich einer Gleichbehandlung von § 89b und § 91 Abs. 1 Nr. 2 StGB auch *Gazeas/Grosse-Wilde/Kießling*, NStZ 2009, S. 604, jedoch ohne Herleitung aus einem konkreten verfassungsrechtlichen Prinzip (»verfassungsrechtlichen Mindestanforderungen« nicht).

1752 MüKo StGB-*Hörnle* § 184d Rn. 29.

1753 Beck OK StGB-*Ziegler* § 184d Rn. 5a.

1754 Außerdem treibt der Konsum den Markt an, siehe zum Zweck der §§ 184b ff. MüKo StGB-*Hörnle* § 184b Rn. 2 ff.

1755 Dies ist nicht zuletzt auch eine Problematik der psychischen Kausalität, siehe hierzu oben Fn. 1495.

1756 Siehe oben ab S. 168.

verhältnismäßig anzusehen, da das hierdurch geschützte Rechtsgut der sexuellen Entwicklung von Kindern und Jugendlichen schwerer wiegt.[1757]

dd) *Strafloses Malen*

Koriath ist der Ansicht, mit dem Malen eine grundsätzlich straffreie Handlung identifiziert zu haben:[1758] »Malen (...) ist ganz sicher nicht verboten. Die (Zurechnungs-)Frage wird natürlich nur in Bezug auf Handlungen gestellt, die *prima facie* verboten sind«. Entscheiden sei die Frage, wann »ein strafrechtlich relevanter Erfolg durch ein (*strafrechtlich bedeutsames*) menschliches Verhalten verursacht«[1759] worden sei.

Doch die Frage, ob ein menschliches Verhalten »strafrechtlich bedeutsam« ist, lässt sich *prima facie* nicht beantworten. Abgesehen davon, dass das Malen im Falle des § 303 Abs. 2 StGB (Sachbeschädigung) sogar im Kernstrafrecht pönalisiert wird, kann »Malen« auch andere Tatbestände erfüllen. Zu denken wäre an die Urkundenfälschung gemäß§ 267 StGB. Selbst ein Mord gemäß § 211 StGB könnte durch Malen begangen werden. Verwendet der Mörder Farbe, auf die das Opfer tödlich allergisch reagiert, für das Streichen der Haustür des Opfers, spricht nichts dagegen, das Malen als Tathandlung zu betrachten. Ansonsten wäre der Mörder freizusprechen. Eine solche Auffassung wäre das »Asyl des Mörders«, gegen das sich die Äquivalenztheorie zu Ende des 18. Jahrhunderts wendete.[1760]

c) Ergebnis

Ein »als solches« unschädliches Verhalten gibt es nicht. *Jede* Wirkung eines Menschen in die Welt kann eine notwendige Bedingung für einen Erfolg setzen und diesen damit, gemäß der Äquivalenztheorie, verursachen.[1761] Dies gilt selbst für die Atmung oder sonstige der »Intimsphäre« zuzuordnenden Handlungen. Erinnert sei an dieser Stelle an den Fall eines jungen Mannes in den USA, der sich auf Aufforderung einer Freundin das Leben nahm. Die Freundin hatte ihn per SMS-Nachricht darin bekräftigt, sich zu töten. Der Fall wurde erheblich mediatisiert. Dazu hieß es: »The key issue is going to be causation, of who actually

1757 Zur Verhältnismäßigkeit

1758 *Koriath*, Kausalität und objektive Zurechnung, 2007, S. 73 (Hervorhebung U.M.).

1759 *Koriath*, Kausalität und objektive Zurechnung, 2007, S. 73 (Hervorhebungen im Original).

1760 Siehe *Stübel*, Ueber den Thatbestand der Verbrechen, 1805, § 137, S. 185, hierzu oben ab Fn. 1174.

1761 Siehe auch *D'Avila*, Ofensividade e Crimes Omissivos Próprios, 2005, S. 157ff.; ähnlich zu Tatmitteln *Gropp*, AT 2015, § 12 Rn. 67.

caused the death«[1762]. Dies ist unzutreffend. Kausaltheoretisch ist der Umstand, dass es eine SMS-Nachricht war, *per se* kein Hindernis, dieses als kausal zu betrachten. Auch SMS-Nachrichten könnten Verletzungserfolge verursachen. *Es gibt keine tatbestandslosen Handlungen a priori.*

Die empirische Kontingenz der Bewertung von Handlungen ist nach der Äquivalenztheorie unausweichlich. Dies gilt auch unter Berücksichtigung der objektiven Zurechnung. Ob ein Erfolg einem Verhalten zuzurechnen ist, ergibt sich immer in Anbetracht des kausalen Feldes, auf das die Handlung trifft, und nie *a priori*. Der Versuch der Eingrenzung der Vorverlagerung auf diesem Wege kann nicht gelingen.

6. Ergebnis zur Überwindung der Äquivalenztheorie

Die funktional-strafrechtswissenschaftliche Äquivalenztheorie führte aus der vormodernen Annahme des Gemeinen Rechts heraus, dass Handlungen *a priori* bzw. absolut kausal seien oder sein könnten. Parallel zur strafrechtlichen Entwicklung begann mit *Hume* die erkenntnisphilosophische Äquivalenztheorie die Wissenschaftstheorie zu prägen. Die Grundannahme, Wirkungen seien mit der Ursache durch induktiv gewonnene Kausalgesetze verbunden, ist als Grundlage von Kausalurteilen bis heute anerkannt. Innerhalb dieser Kausalgesetze sind alle tatbestandserfüllenden Bedingungen *äquivalent*.

Diese Grundannahmen der epistemischen Kausalitätstheorie *Humes* und *Mills* sind umstritten. Allerdings sind keine überzeugenderen wissenschaftstheoretischen Modelle entwickelt worden. Der wissenschaftstheoretische und strafrechtliche Streit, ob Kausalurteile im Einzelfall kontrafaktisch oder regularistisch festzustellen seien, betrifft die Grundannahme der Äquivalenz aller Bedingungen nicht. Des Weiteren führen beide Formeln in ihrer heutigen Fassung zu überzeugenden und fast ausnahmslos identischen Ergebnissen.

Die strafrechtswissenschaftliche Kritik an der Äquivalenztheorie orientiert sich insbesondere an der Entscheidung des Gesetzgebers für einen restriktiven Täterbegriff. Die propagierten Alternativen überwinden die Äquivalenztheorie jedoch nicht. Zum einen bildet die Äquivalenz aller Bedingungen die Grundlage der Kausalitätstheorie des »Generalizing Singularisms« und der Condicio-per-quam-Formel. Zum anderen führt das Konzept des normativ-individualisierenden Kausalbegriffs zu einer normativen Entgrenzung strafrechtlicher Verantwortung: Mit der Überwindung der Äquivalenztheorie wird zugleich eine grundsätzliche Überwindung des Verursachungsdogmas erreicht, sodass das

1762 https://www.nytimes.com/2017/06/06/us/suicide-texting-manslaughter-trial.html (abgerufen am 31.07.2017).

Konzept selbst auf Vorverlagerung hinaus läuft. Dies manifestiert sich in der normativen Begründung der Strafbarkeit der Teilnahme. Entgegen der aktuellen Rechtslage läuft das Konzept des normativ-individualisierenden Kausalbegriffs auf eine grundsätzliche Strafbarkeit der versuchten Teilnahme hinaus. Dieses Konzept führt über eine *kausaltheoretische Eingrenzung* zu einer *normativen Entgrenzung* und kann der Vorverlagerung keine absoluten Grenzen ziehen.

Die Äquivalenztheorie ist weder in der Wissenschaftstheorie noch in der Strafrechtswissenschaft überwunden worden. Die Grundannahme, dass es keine *a priori* kausalen Handlungen und auch keine absolut nicht-kausalen Handlungen gibt, konnte nicht widerlegt werden. Jede Handlung kann kausal für die Verletzung eines Schutzobjekts sein, wenn sie auf ein entsprechendes kausales Feld trifft. Daher ist jedes menschliche Verhalten potentiell gefährlich und potentiell Anknüpfungspunkt von Vorverlagerung. Aus diesen Gründen kann auch die objektive Zurechnung der Vorverlagerung keine Grenzen ziehen. Ob ein Verhalten im Einzelfall nicht nur kausal für eine Verletzung war, sondern darüber hinaus die Gefahr des Verletzungserfolges erhöht hat, entscheidet sich auf der Grundlage des kausalen Feldes, auf das sie trifft. *Eine a priori, absolute Ungefährlichkeit menschlichen Verhaltens gibt es nicht.* Die durch die Äquivalenztheorie bedingte Kontingenz von Kausal- und Gefahrurteilen stellt sich der Entwicklung absoluter Grenzen der Vorverlagerung entgegen.

III. Zusammenfassung

Die Grenzen des Strafrechts werden durch den Verhältnismäßigkeitsgrundsatz, den Schuldgrundsatz und das Bestimmtheitsgebot gezogen. Auch das Tatstrafrechtsprinzip und der Kernbereich der Persönlichkeit kommen als Grenzen der Vorverlagerung in Frage. Anknüpfungspunkt muss die Gefährlichkeit der Tat und nicht allein die des Täters bzw. seiner Gedanken sein. Allerdings wird im deutschen Strafrecht eine abstrakte Gefährlichkeit der Handlung als ausreichend befunden, um Anknüpfungspunkt von (vorverlagerter) Strafbarkeit zu sein. Gefährlichkeit ist die Wahrscheinlichkeit einer Schutzobjektsverletzung. Diese Wahrscheinlichkeit kann nicht exakt quantifiziert werden und bestimmt sich unter anderem aus einer Abwägung mit der Größe bzw. Bedeutung des drohenden Schadens. Gemäß der Äquivalenztheorie kann jedes Verhalten kausal sein, sodass abstrakt jedes Verhalten eine Wahrscheinlichkeit der Verursachung einer Schutzobjektsverletzung in sich trägt. *Absolut* ungefährliches Verhalten kann es in dieser generellen Betrachtungsweise nicht geben. Die Entscheidung, ein Verhalten als *generell* gefährlich einzustufen und zum Anknüpfungspunkt vorverlagerter Strafbarkeit zu machen, ist folglich eine Abwägungsentscheidung und per definitionem *relativ*.

Somit ergeben sich für die Vorverlagerung nur spezifische *relative* Grenzen aus dem Verhältnismäßigkeitsgrundsatz und dem Grundsatz des schuldangemessenen Strafens. Im Falle der Strafbarkeit eines Verhaltens ohne Erfordernis der Verletzung des Schutzobjekts der Norm (Vorverlagerung), sind höhere Anforderungen an die Angemessenheitsprüfung zu stellen (Verhältnismäßigkeit im engeren Sinne). Vorverlagerung führt zur Ausweitung des Strafrechts und schränkt Freiheit stärker ein. Dies muss durch einen gegenüber der reinen Verletzungsstrafbarkeit deutlich erhöhten Nutzen gerechtfertigt sein. Dabei ist das Tatstrafrechtsprinzip zu berücksichtigen. Die Abwägung muss die Gefährlichkeit der Tat und darf nicht allein die Gefährlichkeit des Täters gewichten. Des Weiteren ist zu berücksichtigen, dass den Täter eines vorverlagerten Straftatbestandes auf objektiver Tatseite eine geringere Schuld trifft als den Täter eines Verletzungsstraftatbestandes oder eines weniger weit vorverlagerten Straftatbestandes. Daher muss für vorverlagerte Strafbarkeit bezüglich des gleichen Schutzobjektes grundsätzlich ein niedrigeres Strafmaß vorgesehen werden als für Verletzungsdelikte und weniger weit vorverlagerte Delikte.

E. Ergebnis

Der Begriff »Vorverlagerung« fand in den frühen 1970er-Jahren Eingang in den Strafrechtsdiskurs (C. II. 2.). Er lässt sich auf den Begriff »Vorverlegung« im Willensstrafrecht der 1930er-Jahre zurückführen. Ziel der »Vorverlagerung« ist die Ausweitung strafrechtlichen Schutzes durch Überwindung des »Verursachungsdogmas«. Hintergrund ist ein durch die gesellschaftliche Entwicklung im 20. Jahrhundert bedingtes instrumentales, auf Schutz ausgerichtetes Strafrechtsverständnis, dass sowohl den modernen Funktionalismus als auch die personale Unrechtslehre antrieb (B. I., II.). Der Begriff »Vorverlagerung« kann dabei von den Begriffen »Ausweitung«, »Ausdehnung«, »Vorfeld« und »Neuschaffung« von Strafbarkeit abgegrenzt werden (C. I. 2.) Innerhalb der Vorverlagerung können unterschiedlich Typen unterschieden werden, insbesondere das versuchte Delikt, die konkreten und abstrakten Gefährdungsdelikte sowie die Vorbereitungsdelikte (C. I. 3.).

Der Begriff »Vorverlagerung« entfaltet heute ein kritisches Potential im Rahmen der Diskussion einer Krise angesichts des zunehmend präventiv ausgerichteten Strafrechts und der erheblichen Ausweitung von Strafbarkeit seit den 1970er-Jahren. Spezifisch thematisiert »Vorverlagerung« die Legitimitätskrise eines potentiell grenzenlosen materiellen Strafrechts. Ein Verstoß gegen den altrömischen Grundsatz cogitationis poenam nemo patitur wird konstatiert (B. III., IV.).

Allerdings findet sich teils sehr weit vorverlagerte Strafbarkeit bereits im altrömischen Strafrecht bis in die frühe Neuzeit. Die vorgebliche Neuartigkeit der Vorverlagerung kann rechtsgeschichtlich nicht festgestellt werden (C. II. 1.). Zwar kam es ab den 1960er-Jahren zu einer Ausweitung des Strafrechts und einer Schaffung von neuen Gefährdungsdelikten, insbesondere im Nebenstrafrecht. Doch nahm vorverlagerte Strafbarkeit bereits zuvor eine sehr bedeutende Rolle im Strafgesetzbuch ein. In der polizeilichen Praxis bestimmen (spätestens) seit den 1950-Jahren Eigentumsdelikte die Statistik. Der Anteil von Gefährdungsdelikten an der polizeilichen Kriminalstatistik ist nur im Bereich der Verkehrsdelikte substantiell gewachsen. Die Neuartigkeit der Vorverlagerung liegt somit insbesondere an der ab den 1960-Jahren vertieften Auseinandersetzung mit dieser, begünstigt durch die Einbettung der Strafrechtswissenschaft in einer freiheitlich-demokratischen Grundordnung. An Aktualität gewinnt diese Debatte durch die zunehmend interventionistische Nutzung des Strafrechts, insbesondere im Bereich des Terrorismus, wo ein Zusammenspiel mit strafprozessualen Maßnahmen zu beobachten ist, die als »Verpolizeilichung« des Strafrechts bezeichnet wird. Es droht eine grenzenlose Vorverlagerung (C. II. 3.).

Die Strafrechtswissenschaft bemüht sich aktuell um die Entwicklung von Kriterien zur Begrenzung der Vorverlagerung. Dies setzt jedoch voraus, dass Fälle der Vorverlagerung, für die spezifische Grenzen gelten, identifiziert werden können. Daher ist eine Eruierung der Merkmale der Vorverlagerung erforderlich, die ausgehend vom vorgefundenen Stand der diesbezüglichen Strafrechtswissenschaft nur wie folgt definiert werden konnte: Veränderte Anforderungen an die Strafbarkeit auf objektiver Tatseite, indem die Rechtsgutsverletzung bzw. Schädigung als Voraussetzung der Strafbarkeit gestrichen bzw. an eine vor dieser liegende Handlung angeknüpft wird (C. I. 1.). Diese Definition weist jedoch bezüglich der actio libera in causa und der abstrakter Gefährdungsdelikte Schwächen auf, die es zu überwinden galt (C. III.). Auf Grundlage der zuvor erarbeiteten rechtsgeschichtlichen Herleitung der Vorverlagerung als strafrechtliche Schutztechnik zur Überwindung des Verursachungsdogmas, ist »Vorverlagerung« wie folgt zu definieren: Strafbarkeit ohne Erfordernis einer Verletzung des Schutzobjekts der Norm (*Vorverlagerung*). Mit dieser Begriffsdefinition lässt sich auch bezüglich kollektiver Schutzgüter ein Fall der Vorverlagerung identifizieren. Liegt eine Verletzung der real-konkreten Dimension des Schutzobjekts der Norm nicht vor, handelt es sich um einen Fall der Vorverlagerung. Die actio libera in causa scheidet als Fall der Vorverlagerung aus, da sie keine Emanzipation vom »Verursachungsdogma« erreicht (C. IV.).

Die Grenzen der Vorverlagerung ergeben sich aus dem Bestimmtheitsgebot, dem Verhältnismäßigkeitsgrundsatz und dem Schuldgrundsatz (D. I. 1., 2., 3.). Spezifisch für die Vorverlagerung ist eine relative Begrenzung durch das Verhältnismäßigkeitsprinzip und den Grundsatz des schuldangemessenen Strafens. Hieraus lassen sich zwei Prinzipien für die Vorverlagerung ableiten: *Je weiter vorverlagert wird, desto rechtfertigungsbedürftiger ist der Straftatbestand. Je weiter bezüglich des Schutzobjekts vorverlagert wird, desto geringer hat das Strafmaß bezüglich der objektiven Tatseite zu sein, da weitere Vorverlagerung im Verhältnis zu weniger weiten Vorverlagerung ein geringeres objektives Unrecht verwirklicht* (D. I. 7.).

Da vorverlagerte Strafbarkeit sehr weit in die Freiheitssphäre des Bürgers eingreift (insbesondere in Form der abstrakten Gefährdungs- sowie Vorbereitungsdelikte) geraten auch die *absoluten* Grenzen des Strafrechts zunehmend in den Blick der Lehre und Rechtsprechung. Als absolute Grenzen der Vorverlagerung kommen das Tatstrafrechtsprinzip und der Kernbereich der Persönlichkeit in Frage. Das Tatstrafrechtsprinzip kanalisiert den Verhältnismäßigkeitsgrundsatz: Es reicht nicht, dass die Strafe in Anbetracht der Abwägung von Gütern und Grundrechten verhältnismäßig ist. Die Abwägung muss sich auch an der *mit der Tat* verbundenen Gefahren orientieren (D. I. 4.). Allerdings genügt der deutschen Strafrechtswissenschaft im Gegensatz zu weiten Teilen der italienisch geprägten Strafrechtswissenschaft eine abstrakte Gefährlichkeit der Handlung, um Anknüpfungspunkt für Strafbarkeit zu sein (D. I. 5.). In einer abstrakten Betrachtungsweise ist gemäß der Äquivalenztheorie jedoch jede Handlung potentiell kausal und damit zu einem gewissen Grad gefährlich. Aus diesem Grunde können auch die absoluten Grenzen des Kernbereichs bisher nicht klar konturiert werden (D. I. 6.). Eine Überwindung der Äquivalenztheorie könnte aber die Bestimmung solcher Handlungen ermöglichen, die absolut nicht kausal und daher auch nicht gefährlich bzw. dem Kernbereich der Persönlichkeit zuzuordnen sind (D. I. 8.).

Hierfür sind sowohl die strafrechtliche als auch die wissenschaftstheoretische Äquivalenztheorie zu berücksichtigen. Es zeigt sich, dass die Genese der strafrechtlichen Äquivalenztheorie mit dem Beginn der modernen Rechtsepoche und des funktionalen Strafrechtsverständnisses zum Ende des 18. Jahrhunderts einsetzte (D. II. 1.). Ziel war die Überwindung solcher Rechtsansichten, die die Kausalität einer Handlung für den Erfolg in der Handlung selbst suchten. Diese auf das Gemeine Recht zurückzuführenden Auffassungen führten zu kriminalpolitisch untragbaren Ergebnissen. Unter *von Buri* gelangte die Äquivalenztheorie zum Ende des 19. Jahrhunderts zum Durchbruch. Die sich daraufhin entwickelnde einschränkende Adäquanztheorie änderte nichts an der Grundannahme, dass es keine absolut nichtkausalen und damit ungefährlichen Handlungen gibt. Zum gleichen Ergebnis kommt die wissenschaftstheoretische Äquivalenztheorie, die sich parallel mit der Aufklärung im 18. Jahrhundert entwickelte (D. II. 2.).

Zwar wird sowohl an der wissenschaftstheoretischen als auch der strafrechtlichen Äquivalenztheorie zunehmend Kritik geübt. Als Anknüpfungspunkt einer Entwicklung absoluter Grenzen der Vorverlagerung taugt diese jedoch nicht. Zum einen ist die rein epistemische wissenschaftstheoretische Äquivalenztheorie nicht durch eine ontologische Kausalitätstheorie überwunden worden (D. II. 3.). Zum anderen bergen die strafrechtlichen Kausalkonzepte, die eine Überwindung der Äquivalenztheorie darstellen würden, ein erhebliches Vorverlagerungspotential. Die kausaltheoretische Eingrenzung führt zu einer normativen Entgrenzung strafrechtlicher Verantwortung und damit zu einer kategorischen Überwindung des »Verursachungsdogmas«. Absolute Grenzen der Vorverlagerung lassen sich hieraus nicht ziehen (D. II. 4.).

Die objektive Zurechnung führt zwar zu einer Einschränkung der Uferlosigkeit der Äquivalenztheorie. Doch geschieht dies in Anbetracht des kausalen Feldes, in dem die jeweilige Handlung wirkte (D. II. 5.). Auch hieraus ergibt sich nicht, dass es per se ungefährliche Handlungen gibt, sodass das Gesamtergebnis feststeht:

Strafbarkeit ohne Erfordernis einer Verletzung des Schutzobjekts der Norm (*Vorverlagerung*) wird allein durch den Verhältnismäßigkeitsgrundsatz und damit *relativ* begrenzt.. Gemäß dem Tatstrafrechtsprinzip muss dabei die (generelle) Gefährlichkeit der Tat und nicht *allein* die des Täters Anknüpfungspunkt der Strafbarkeit sein.

Literaturverzeichnis

Adam, Jürgen. *Schmidt*, Karsten. *Schumacher*, Jörg. Nulla poena sine culpa – Was besagt das verfassungsrechtliche Schuldprinzip?, in: Neue Zeitschrift für Strafrecht, 2017, S. 7
zitiert: *Adam/Schmidt/Schumacher*, NStZ 2017

Aichele, Alexander. Ex contradictione quodlibet – Die Untauglichkeit der Äquivalenztheorie zur Erklärung von Kausalität, die Untauglichkeit der Lehre von der objektiven Zurechnung zur Rechtfertigung von Zurechnungsurteilen und ein Vorschlag zur Güte, in: Zeitschrift für die gesamte Strafrechtswissenschaft, Bd. 123, 2011, S. 260
zitiert: *Aichele*, ZStW 123 (2011)

– Causation to Culpability: Why Imputation Matters, in: Kahmen/Stepanians (Hrsg.), Critical essays on »Causation and responsibility«, Berlin 2013, S. 311
zitiert: *Aichele*, Causation to Culpability, in: Critical Essays, 2013

Albrecht, P-A. Prävention als problematische Zielbestimmung im Kriminaljustizsystem, in: Kritische Vierteljahresschrift für Geseztgebung und Rechtswissenschaft, 1986, S. 55
zitiert: *Albrecht*, KritV 1986

– Das Strafrecht auf dem Weg vom liberalen Rechtsstaat zum sozialen Interventionsstaat, in: Kritische Vierteljahresschrift für Geseztgebung und Rechtswissenschaft, 1988, S. 182
zitiert: *Albrecht*, KritV 1988

– Vom Unheil der Reformbemühungen im Strafverfahren, in: Strafverteidiger, Heft 7, 2001, S. 416
zitiert: *Albrecht*, StV 2001

Alexy, Robert. Theorie der Grundrechte, Baden-Baden 1985
zitiert: *Alexy*, Theorie der Grundrechte, 1985

Alternativ-Entwurf eines Strafgesetzbuches. Besonderer Teil, zweiter Halbband, Straftaten gegen die Person, Tübingen 1971
zitiert: *Alternativ-Entwurf eines Strafgesetzbuches*, BT, 2. Halbband, 1971

Alwart, Heiner. Zur Kritik der strafrechtlichen Stufenlehre, in: Goltdammer's Archiv für Strafrecht, 1986, S. 245
zitiert: *Alwart*, GA 1986

Ambos, Kai. Zur Zukunft der deutschen Strafrechtswissenschaft: Offenheit und diskursive Methodik statt Selbstbewusster Provinzialität, in: Goltdammer's Archiv für Strafrecht, 2016, S. 177
zitiert: *Ambos*, GA 2016

Amelung, Knut. Rechtsgüterschutz und Schutz der Gesellschaft: Untersuchungen zum Inhalt und zum Anwendungsbereich eines Strafrechtsprinzips auf dogmengeschichtlicher Grundlage; zugleich ein Beitrag zur Lehre von der »Sozialschädlichkeit« des Verbrechens, Frankfurt am Main 1972
zitiert: *Amelung*, Rechtsgüterschutz und Schutz der Gesellschaft, 1972

Anastasopoulou, Ioana. Deliktstypen zum Schutz kollektiver Rechtsgüter, München 2005
zitiert: *Anastasopoulou*, Deliktstypen zum Schutz kollektiver Rechtsgüter, 2005

Anscombe, G. E. M. Causality and Determination: An Inaugural Lecture, Cambridge 1971
zitiert: *Anscombe*, Causality and Determination, 1971

Aponte Cardoso, Alejandro. Krieg und Feindstrafrecht: Überlegungen zum »effizienten« Feindstrafrecht anhand der Situation in Kolumbien, Baden-Baden 2004
zitiert: *Aponte Cardoso*, Krieg und Feindstrafrecht, 2004

Aquin, Thomas von. De Ente et Essentia, Translation 1997 by Robert T.Miller (1255) (http://sourcebooks.fordham.edu/basis/aquinas-esse.asp, zuletzt aufgerufen am 19.12.2016)
zitiert: *Aquin*, De Ente et Essentia, 1997 (1255), Übersetzung

Arzt, Gunther. Der strafrechtliche Schutz der Intimsphäre: vom zivilrechtlichen Persönlichkeitsschutz aus betrachtet, Tübingen 1970
zitiert: *Arzt*, Der strafrechtliche Schutz der Intimsphäre, 1970

Babor, Thomas (u. a.). Drug Policy and the Public Good, Oxford 2010
zitiert: *Babor u. a.*, Drug Policy and the Public Good, 2010

Baldus, Manfred. Streitkräfteeinsätze zur Gefahrenabwehr im Luftraum – Sind die neuen luftsicherheitsgesetzlichen Befugnisse der Bundeswehr kompetenz- und grundrechtswidrig?, in: Neue Zeitschrift für Verwaltungsrecht, 2004, S. 1278
zitiert: *Baldus*, NVwZ 2004

Bar, Ludwig von. Gesetz und Schuld im Strafrecht: Fragen des geltenden deutschen Strafrechts und seiner Reform, Bd. 2, Berlin 1907 (https://archive.org/details/gesetzundschuld01bargoog, abgerufen am: 27/12/2016)
zitiert: *v. Bar*, Gesetz und Schuld im Strafrecht, 1907

Baroke, Uta. Grenzenlose Vorverlagerung des Strafrechtsschutzes durch Gefährdungsdelikte?, in: Sinn/Gropp/Nagy (Hrsg.), Grenzen der Vorverlagerung in einem Tatstrafrecht, Göttingen 2011, S. 247
zitiert: *Baroke*, Gefährdungsdelikte, in: Grenzen der Vorverlagerung, 2011

Bauman, Richard A. The Crimen Maiestatis in the Roman Republic and Augustan Principate, Johannesburg 1970
zitiert: *Bauman*, Crimen Maiestatis in the Roman Republic, 1970

– Crime and Punishment in Ancient Rome, London 1996
zitiert: *Bauman*, Crime and Punishment in Ancient Rome, 1996

Baumann, Jürgen. *Weber*, Ulrich. *Mitsch*, Wolfgang. Strafrecht, Allgemeiner Teil, 11. Auflage, Bielefeld 2003
zitiert: *Baumann/Weber/Mitsch*, AT 2003

Baumann, Jürgen. *Weber*, Ulrich. *Mitsch*, Wolfgang. *Eisele*, Jörg. Strafrecht, Allgemeiner Teil, 12. Auflage, Bielefeld 2016
zitiert: *Baumann/Weber/Mitsch/Eisele*, AT 2016

Baumer, Franklin L. O Pensamento Europeu Moderno, Volume I, Rio de Janeiro/Lissabon 1990 (Original 1977)
zitiert: *Baumer*, Pensamento Europeu Moderno, 1990 (1977)
Beccaria, Cesare. Dei delitti e delle pene, Paris, 1780 (1. Auflage 1764) (online ressource)
zitiert: *Beccaria*, Dei delitti e delle pene, 1780 (1764)
Beck, Susanne. The Defence of Human Rights Theory and the Concept of Responsibility, in: Sinn (Hrsg.), Menschenrechte und Strafrecht – Beiträge zur 4. Sitzung des Internationalen Forum on Crime and Criminal Law in the Global Era (ICCLGE), 2013, S. 11
zitiert: *S. Beck*, The Defence of Human Rights Theory and the Concept of Responsibility, in: Menschenrechte und Strafrecht, 2013
Beck, Ulrich. Risikogesellschaft. Auf dem Weg in eine andere Moderne, Frankfurt am Main 1986
zitiert: *U. Beck*, Risikogesellschaft, 1986
– Politik in der Risikogesellschaft, Frankfurt am Main, 1991
zitiert:.*U. Beck*, Politik in der Risikogesellschaft, 1991
Beck, Wolfgang. Unrechtsbegründung und Vorfeldkriminalisierung, Berlin 1992
zitiert: *W. Beck*, Unrechtsbegründung und Vorfeldkriminalisierung, 1992
Beck'scher Kurz Kommentare. Strafrechtliche Nebengesetze, Erbs/Kohlhaas (Hrsg.), München 2017
zitiert: Beck KK (Nebengesetz)-*Bearbeiter*
Beck'scher Online Kommentar. Strafgesetzbuch, Heintschel-Heinegg (Hrsg.), München 2018
zitiert: Beck OK StGB-*Bearbeiter*
Beling, Ernst. Die Lehre vom Verbrechen, Aalen 1964 (1906)
zitiert: *Beling*, Die Lehre vom Verbrechen, 1964 (1906)
Berz, Ulrich. Formelle Tatbestandsverwirklichung und materialer Rechtsgüterschutz – Eine Untersuchung zu den Gefährdungs- und Unternehmensdelikten, München 1986
zitiert: *Berz*, Formelle Tatbestandsverwirklichung, 1986
Binding, Karl. Die Normen und ihre Übertretung – Eine Untersuchung über die rechtmäßige Handlung und die Arten des Delikts, Bd. 2: Schuld, Vorsatz, Irrtum, Hälfte 1: Zurechnungsfähigkeit, Schuld, 2. Auflage, Leipzig 1914
zitiert: *Binding*, Die Normen und ihre Übertretung, 1914
– Die Normen und ihre Übertretung, Bd. 1, Normen und Strafgesetze, Neudruck der 4. Auflage Leipzig 1922, Aalen 1965
zitiert: *Binding*, Die Normen und ihre Übertretung, 1965 (1922)
– Handbuch des Strafrechts, Aalen 1991 (Neudruck der Ausgabe Leipzig 1885)
zitiert: *Binding*, Handbuch, 1991 (1885)
Binns, Martin. Inus-Bedingung und strafrechtlicher Kausalbegriff, 1. Auflage, Baden-Baden 2001
zitiert: *Binns*, Inus-Bedingung und strafrechtlicher Kausalbegriff, 2001
Birnbacher, Dieter. *Hommen*, David. Negative Kausalität, Berlin 2012
zitiert: *Birnbacher/Hommen*, Negative Kausalität, 2012
Birkmeyer, Karl von. Über Ursachenbegriff und Causalzusammenhang im Strrafrecht, in: Der Gerichtssaal, Band 37, 1885, S. 257
zitiert: Birkmeyer, GerS 37 (1885)

Bitzilekis, Nikolaos. Über die strafrechtliche Bedeutung der Abgrenzung von Vollendung und Beendigung der Straftat, in: Zeitschrift für die gesamte Strafrechtswissenschaft, Bd. 99, 1987, S. 723
zitiert: *Bitzilekis*, ZStW 99 (1987)

Bloy, René. Symbolik im Strafrecht, in: Georg (Hrsg.), Grundlagen und Dogmatik des gesamten Strafrechtssystems: Festschrift für Wolfgang Frisch zum 70. Geburtstag, Berlin 2013, S. 59
zitiert: *Bloy*, FS Frisch 2013

Bock, Dennis. Römischrechtliche Ausgangspunkte der strafrechtlichen Beteiligungslehre: Täterschaft und Teilnahme im römischen Strafrecht, Berlin 2006
zitiert: *Bock*, Römischrechtliche Ausgangspunkte der strafrechtlichen Beteiligungslehre, 2006

Bockelmann, Paul. Studien zum Täterstrafrecht, Berlin 1939
zitiert: *Bockelmann*, Studien zum Täterstrafrecht, 1939

Boivin, Rémi. Le monde à l'envers, in: Médecine & Hygiène, 2010, S. 93
zitiert: *Boivin*, Médecine & Hygiène 2010

Böhm, Maria Laura. Der ›Gefährder‹ und das ›Gefährdungsrecht‹, Göttingen 2011
zitiert: *Böhm*, Der ›Gefährder‹, 2011

Böhmer, Johann Samuel Friedrich von. Meditationes in Constitutionem criminalem Carolinam, Goldbach 1996 (1770)
zitiert: *Böhmer*, Meditationes in Constitutionem criminalem Carolinam, 1996 (1770)

Börgers, Niclas. Studien zum Gefahrurteil im Strafrecht – Ein Abschied vom objektiven Dritten, Berlin 2008
zitiert: *Börgers*, Studien zum Gefahrurteil im Strafrecht, 2008

Brehm, Wolfgang. Dogmatik abstraktes Gefährdungsdelikt, 1972
zitiert: *Brehm*, Dogmatik, 1972

Bricola, Franco. Teoria generale del reato, in: Canestrasi/Melchionda (Hrsg.), Dottrine generali, teoria del reato e sistema sanzionatorio, Vol.1, Mailand 1997, S. 741
zitiert: *Bricola*, Teoria generale del reato, in: Dottrine generali, 1997

Brunhöber, Beatrice. Von der Unrechtsahndung zur Risikosteuerung durch Strafrecht und ihre Schranken, in: Hefendehl/Hörnle/Greco (Hrsg.), Streitbare Strafrechtswissenschaft: Festschrift für Bernd Schünemann zum 70. Geburtstag am 1. November 2014, Berlin 2014, S. 3
zitiert: *Brunhöber*, FS Schünemann 2014

Bude, Heinz. Gesellschaft der Angst, 3. Auflage, Hamburg 2015
zitiert: *Bude*, Gesellschaft der Angst, 2015

Bung, Jochen. Wissen und Wollen im Strafrecht – Zur Theorie und Dogmatik des subjektiven Tatbestands, Frankfurt am Main, 2009
zitiert: *Bung*, Wissen und Wollen im Strafrecht, 2009

Buonicore, Bruno. O fundamento onto-antropológico da culpa: contributo para o estudo do conteúdo material da culpabilidade na dogmática penal contemporânea, Porto Alegre 2014
zitiert: *Buonicore*, O fundamento onto-antropológico da culpa, 2014

Buri, Maximilian von. Zur Lehre von der Theilnahme an dem Verbrechen und der Begünstigung, Gießen 1860
zitiert: *v. Buri*, Zur Lehre von der Theilnahme, 1860

- Abhandlungen aus dem Strafrecht, Gießen 1862
  zitiert: *v. Buri*, Abhandlungen aus dem Strafrecht, 1862
- Zur Lehre von der Tötung, in: Goltdammer's Archiv für Strafrecht, 1863, S. 753 und S. 797 (Fortsetzung)
  zitiert: *v. Buri*, GA 1863
- Ueber Kausalzusammenhang und dessen Zurechnung, in: Goltdammer's Archiv für Strafrecht, 1866, S. 608
  zitiert: *v. Buri*, GA 1866
- Ueber Theilnahme am Verbrechen, in: Gerichtsaal, 1870, S. 1
  zitiert: *v. Buri*, GS 1870
- Die Causalität und ihre strafrechtlichen Beziehungen, Stuttgart 1885
  zitiert: *v. Buri*, Causalität und ihre strafrechtlichen Beziehungen, 1885
- Über Causalität und deren Verantwortung, Frankfurt am Main 1968 (1. Aufage 1873)
  zitiert: *v. Buri*, Kausalität, 1968 (1873)

Busch, Jost-Dietrich. Die Strafbarkeit der erfolglosen Teilnahme und die Geschichte des § 49a StGB, Köln 1964
zitiert: *Busch*, Geschichte des § 49a StGB, 1964

Busching, Michael. Der Begehungsort von Äußerungsdelikten im Internet – Grenzüberschreitende Sachverhalte und Zuständigkeitsprobleme, in: Multimedia und Recht, 2015, S. 295
zitiert: *Busching*, MMR 2015

Bützler, Volker. Die Vorverlagerung der Strafbarkeit am Beispiel der Terrorismusverfolgung aus deutscher Perspektive, in: Sinn/Gropp/Nagy (Hrsg.), Grenzen der Vorverlagerung in einem Tatstrafrecht, Göttingen 2011, S. 375
zitiert: *Bützler*, Die Vorverlagerung der Strafbarkeit am Beispiel der Terrorismusverfolgung aus deutscher Perspektive, in: Grenzen der Vorverlagerung, 2011

Cadoppi, Alberto. *Veneziani*, Paolo. Elementi di diritto penale: Parte generale, 6. Auflage, Padua 2015
zitiert: *Cadoppi/Veneziani*, Elementi di diritto penale, 2015

Cancio Meliá, Manuel. Vorverlagerung ohne Ende und Organisationdelikte, in: Hefendehl (Hrsg.), Grenzenlose Vorverlagerung des Strafrechts?, Berlin 2010, S. 47
zitiert: *Cancio Meliá*, Organisationdelikte, in: Grenzenlose Vorverlagerung des Strafrechts?, 2010
- Zum strafrechtlichen Begriff des Terrorismus, in: Goltdammer's Archiv für Strafrecht, 2012, S. 1
  zitiert: *Cancio Meliá*, GA 2012
- Zur Funktion der subjektiven Tatseite, in: Zöller (Hrsg.), Gesamte Strafrechtswissenschaft in internationaler Dimension: Festschrift für Jürgen Wolter zum 70. Geburtstag am 7. September 2013, Berlin 2013, S. 293
  zitiert: *Cancio Meliá*, FS Wolter 2013

Canfield, John. *Lehrer*, Karl. A Note on Prediction and Deduction, in: Philosophy of Science, Vol. 28, Nr. 2, 1961, S. 204
zitiert: *Canfield/Lehrer*, Philosophy of Science 1961

Carpzov, Benedict. Practicae novae imperialis saxonicae rerum criminalium, Ps. 1, Frankfurt am Main 1758 (1635)
zitiert: *Carpzov*, Practicae novae imperialis saxonicae rerum criminalium, 1758 (1635)

Castanheira Neves, António. Entre o »Legislador«, a Sociedade e o Juiz, ou entre Sistema, Função e Problema, in: Nascimento Silva (Hrsg.), Estudos jurídicos de Coimbra, Curitiba 2007, S. 229
zitiert: *Castanheira Neves*, Entre o Legislador, in: Estudos jurídicos de Coimbra, 2007

Colombi Ciacchi, Aurelia. Italien als Vorbild? – Für die Straflosigkeit des untauglichen Versuchs, in: Joecks/Samson (Hrsg.), Recht – Wirtschaft – Strafe: Festschrift für Erich Samson zum 70. Geburtstag, Heidelberg 2010, S. 3
zitiert: *Colombi Ciacchi*, FS Samson 2010

Cramer, Peter. Der Vollrauschtatbestand als abstraktes Gefährdungsdelikt, Tübingen 1962
zitiert: *Cramer*, Vollrauschtatbestand, 1962

Creifelds, Carl. Rechtswörterbuch, 22. Aufgabe, München 2017
zitiert: *Creifelds*, Rechtswörterbuch, 2017

D'Avila, Fabio Roberto. Ofensividade e Crimes Omissivos Próprios, Coimbra 2005
zitiert: *D'Avila*, Ofensividade e Crimes Omissivos Próprios, 2005

– Os limites normativos da política criminal no âmbito da ciência conjunta do direito penal, ZIS, Nr. 10, 2008, S. 485
zitiert: *D'Avila*, ZIS 2008

– Ofensividade em Direito Penal: Escritos sobre a teoria do crime como ofensa a bens jurídicos, Porto Alegre 2009
zitiert: *D'Avila*, Ofensividade em Direito Penal, 2009

– Aproximações à Teoria da Exclusiva Proteção de Bens Jurídicos no Direito Penal Contemporâneo, in: Chittó Gauer (Hrsg.), Criminologia e Sistemas jurídico-penais Contemporaneos II, Porto Alegre 2010, S. 198
zitiert: *D'Avila*, Teoria da Exclusiva Proteção de Bens Jurídicos, in: Criminologia e Sistemas jurídico-penais Contemporaneos, 2010

Da Costa Andrade, Manuel. A »Dignidade Penal« e a »Carência de Tutela Penal« como Referências de uma Doutrina Teleológico-Racional do Crime, in: Revista portuguesa de ciência criminal, Nr. 2 (Apr/Jun), 1992, S. 173
zitiert: *Da Costa Andrade*, Revista portuguesa de ciência criminal 1992

Dahm, Georg. Verrat und Verbrechen, in: Zeitschrift für die gesamte Staatswissenschaft, Band 96, 1935, S. 283
zitiert: *Dahm*, ZStW 96 (1935)

Damhouder, Josse de. Praxis rerum criminalium, Aalen 1978 (1601)
zitiert: *Damhouder*, Praxis rerum criminalium, 1978 (1601)

Daniels, Jan B. Die actio libera in causa unter dem Aspekt der Vorverlagerung der Strafbarkeit, in: Grenzen der Vorverlagerung in einem Tatstrafrecht, Göttingen 2011, S. 323
zitiert: *Daniels*, Die actio libera in causa, in: Grenzen der Vorverlagerung, 2011

Davidsson, Elias. Legal Boundaries to UN Sanctions, in: International Journal of Human Rights, Vol. 7, Nr. 4, Winter 2003, S. 1
zitiert: *Davidsson*, International Journal of Human Rights 2003

Demuth, Hennrich. Der normative Gefahrbegriff: ein Beitrag zur Dogmatik der konkreten Gefährdungsdelikte, Bochum 1980
zitiert: *Demuth*, Gefahrbegriff, 1980

Dencker, Friedrich. Kausalität und Gesamttat, Berlin 1996
zitiert: *Dencker*, Kausalität und Gesamttat, 1996

Deutsch, Erwin. Das neue System der Gefährdungshaftungen. Gefährdungshaftung, erweiterte Gefährdungshaftung und Kausal-Vermutungshaftung, in: Neue Juristische Wochenschrift, 1992, S. 73
zitiert: *Deutsch*, NJW 1992

Dold, Dennis. Die Mehrfachkausalität von Sorgfaltspflichtverletzungen, in: Rechtstheorie, Heft 1, 2010, S. 109
zitiert: *Dold*, Rechtstheorie 2010

Dolovich, Sharon. Exclusion and Control in the Carceral State, in: Berkeley Journal of Criminal Law, Vol. 16, Nr. 2, 2011, S. 259
zitiert: *Dolovich*, Berkeley Journal of Criminal Law 2011

Donini, Massimo. Verbrechenslehre – Eine Betrachtung aus der Sicht des italienischen Strafrechts, Berlin 2005
zitiert: *Donini*, Verbrechenslehre, 2005

Douglass, David H. *Christy*, John R. Limits on CO2 Climate Forcing from Recent Temperature Data of Earth, in: Energy and Environment, Vol. 20, Nr. 1–2, 2009, S. 177
zitiert: *Douglass/Christy*, Energy and Environment 2009

Dörmann, Knut. The legal situation of »unlawful/unprivileged combatants«, in: International Review of the Red Cross, Vol. 85, Nr. 849, March 2003, S. 45
zitiert: *Dörmann*, International Review of the Red Cross 2003

Dreher, Eduard. Grundsätze und Probleme des § 49a StGB, in: Goltdammer's Archiv für Strafrecht, 1954, S. 11
zitiert: *Dreher*, GA 1954

Duttge, Gunnar. Zur Bestimmtheit des Handlungsunwerts von Fahrlässigkeitsdelikten, Tübingen 2001
zitiert: *Duttge*, Zur Bestimmtheit des Handlungsunwerts von Fahrlässigkeitsdelikten, 2001

Dworkin, Ronald. Rights as Trumps, in: Waldron (Hrsg.), Theories of rights, 1984, S. 153
zitiert: *Dworkin*, Rights as Trumps, in: Theories of rights, 1984

– Justice for Hedgehogs, Cambridge Massachusetts 2011
zitiert: *Dworkin*, Justice for Hedgehogs, 2011

Eckstein, Ken. Besitz als Straftat, Berlin 2001
zitiert: *Eckstein*, Besitz als Straftat, 2001

Ehrlich, Eugen. Freie Rechtsfindung und freie Rechtswissenschaft – Soziologie und Jurisprudenz, Leipzig 1903 (Nachdruck 1973)
zitiert: *Ehrlich*, Freie Rechtsfindung und freie Rechtswissenschaft, 1903

Ellbogen, Klaus. Untauglicher Versuch – grob unverständiger Versuch – abergläubischer Versuch, in: Bockemühl (Hrsg.), Festschrift für Bernd von Heintschel-Heinegg: zum 70. Geburtstag, 2015, München 2015, S. 125
zitiert: *Ellbogen*, FS Heintschel-Heinegg 2015

Engisch, Karl. Die Kausalität als Merkmal der strafrechtlichen Tatbestände, Tübingen 1931
zitiert: *Engisch*, Kausalität, 1931

– Vom Weltbild des Juristen, Heidelberg 1950
zitiert: *Engisch*, Weltbild, 1950

Erb, Volker. Die Zurechnung von Erfolgen im Strafrecht, in: Juristische Schulung, 1994, S. 449
zitiert: *Erb*, JuS 1994

Ermann, Joachim. Strafprozeß, öffentliches Interesse und private Strafverfolgung: Untersuchungen zum Strafrecht der römischen Republik, Saarbrücken 1998
zitiert: *Ermann*, Strafprozeß, öffentliches Interesse und private Strafverfolgung, 1998

Eser, Albin. Hundert Jahre deutscher Strafgesetzgebung. Rückblick und Tendenzen, in: Maihofer/Kaufmann/Mestmäcker/Zacher (Hrsg.), Rechtsstaat und Menschenwürde: Festschrift für Werner Maihofer zum 70. Geburtstag, Frankfurt am Main 1988, S. 109
zitiert: *Eser*, FS Maihofer 1988

Ewing, A. C. Symposium: What is action?, in: Proceedings of the Aristotelian Society, Supplementary Volumes, Vol. 17 (Action, Perception and Measurement), 1938, S. 86
zitiert: *Ewing*, Proceedings of the Aristotelien Society 1938

Faria Costa, José. Noções Fundamentais de Direito Penal, 4. Auflage, Coimbra 2015
zitiert: *Faria Costa*, Noções Fundamentais de Direito Penal, 2015

Feeley, Malcolm. *Simon*, Jonathan. Actuarial Justice. The Emerging New Criminal Law, in: Nelken (Hrsg.), The Futures of Criminology, London 1994
zitiert: *Feeley/Simon*, Actuarial Justice, in: The Futures of Criminology, 1994

Feldens, Luciano. Direitos Fundamentais e Direito Penal, 2. Auflage, Porto Alegre 2012
zitiert: *Feldens*, Direitos Fundamentais e Direito Penal, 2012

Feuerbach, Paul Johann Anselm von Ritter von. Lehrbuch des gemeinen in Deutschland gültigen peinlichen Rechts, 5. Auflage, Giessen 1812
zitiert: *Feuerbach*, Lehrbuch des gemeinen in Deutschland gültigen peinlichen Rechts, 1812

Fieber, Ulrich. Die Verbrechensverabredung, § 30 Abs. 2,3 Alt. StGB, Frankfurt am Main 2001
zitiert: *Fieber*, Die Verbrechensverabredung, 2001

Figueiredo Dias, Jorge. Direito Penal. Questões fundamentais: a doutrina geral do crime, Coimbra 2007
zitiert: *Figueiredo Dias*, Direito Penal, 2007

Findlay, Mark J. Governing through Globalised Crime: Thoughts on the Transition from Terror, in: Henham/Simon (Hrsg.), Exploring the Boundaries of International Criminal Justice: Strategies for Achieving Justice in Post-Conflict Societies, Farnham 2011, S. 207
zitiert: *Findlay*, Governing through Globalised Crime, in: Exploring the Boundaries of International Criminal Justice, 2011

Finger, August. Begriff der Gefahr und Gemeingefahr, in: Festgabe für Reinhard von Frank: zum 70. Geburtstag 16. August 1930, Band 1, Tübingen 1930, S. 237
zitiert: *Finger*, FG Frank 1930

Fischer, Thomas. Strafgesetzbuch mit Nebengesetzen, 64. Auflage, München 2017
zitiert: *Fischer* StGB

Foucault, Michel. Suveiller et punir, Mesnil-sur-l'Estrée 2014 (1975)
zitiert: *Foucault*, Suveiller et punir, 2014 (1975)

Freisler, Roland. Deutsches Strafrecht, Vermächtnis und Aufgabe, in: Goltdammer's Archiv für Strafrecht, 1934, S. 1
zitiert: *Freisler*, GA 1934

– Grundzüge eines allgemeinen deutschen Strafrechts: Denkschrift des Zentralausschusses der Strafrechtsabteilung der Akademie für Deutsches Recht, Berlin 1934
zitiert: *Freisler*, Grundzüge eines allgemeinen deutschen Strafrechts, 1934

Freudenberg, Dagmar. »Nein heißt Nein!« – Ist der Paradigmenwechsel möglich?, in: Deutsche Richterzeitung, Nr. 6, 2016, S. 220
zitiert: *Freudenberg*, DRiZ 2016

Freund, Georg. Strafrecht, Allgemeiner Teil – Personale Straftatlehre, 2. Aktualisierte Auflage, Berlin 2009
zitiert: *Freund*, AT 2009

Frisch, Wolfgang. Tatbestandsmäßiges Verhalten und Zurechnung des Erfolgs, Heidelberg 1988
zitiert: *Frisch*, Tatbestandsmäßiges Verhalten, 1988

- Die Conditio-Formel: Anweisung zur Tatsachenfeststellung oder normative Aussage?, in: Dölling (Hrsg.), Festschrift für Karl Heinz Gössel zum 70. Geburtstag am 16. Oktober 2002, Heidelberg 2002, S. 51
  zitiert: *Frisch*, FS Gössel 2002
- Defizite empirischen Wissens und ihre Bewältigung im Strafrecht, in: Bloy/Böse/Hillenkamp/Momsen/Rackow (Hrsg.), Gerechte Strafe und legitimes Strafrecht: Festschrift für Manfred Maiwald zum 75. Geburtstag, Berlin 2010, S. 239
  zitiert: *Frisch*, FS Maiwald, 2010
- Voraussetzungen und Grenzen staatlichen Strafens, in: Neue Zeitschrift für Strafrecht, 2016, S. 16
  zitiert: *Frisch*, NStZ 2016

Frister, Helmut. Strafrecht, Allgemeiner Teil – Ein Studienbuch, 7. Auflage, München 2015
zitiert: *Frister*, AT 2015

Fukuyama, Francis. The End of History?, in: The National Interest, 1989
zitiert: *Fukuyama*, The National Interest 1989

- Das Ende der Geschichte: Wo stehen wir?, München 1992
  zitiert: *Fukuyama*, Das Ende der Geschichte, 1992

Fürst, Martin. Grundlagen und Grenzen der §§ 129, 129a StGB: Zu Umfang und Notwendigkeit der Vorverlagerung des Strafrechtsschutzes bei der Bekämpfung krimineller und terroristischer Vereinigungen, Frankfurt am Main 1989
zitiert: *Fürst*, Grundlagen und Grenzen der §§ 129, 129a StGB, 1989

Garland, David. The Limits of the Sovereign State, in: British Journal of Criminology, Vol. 36, Nr. 4, 1996, S. 445
zitiert: *Garland*, British Journal of Criminology 1996

- The Culture of Control, Oxford 2001
  zitiert: *Garland*, The Culture of Control, 2001

Gärditz, Klaus Ferdinand. Demokratizität des Strafrechts und Ultima Ratio-Grundsatz, in: Juristenzeitung, 2016, S. 641
zitiert: *Gärditz*, JZ 2016

Gazeas, Nikolaos. *Grosse-Wilde*, Thomas. *Kießling*, Alexandra. Die neuen Tatbestände im Staatsschutzstrafrecht – Versuch einer ersten Auslegung der §§ 89a, 89b und 91 StGB, in: Neue Zeitschrift für Strafrecht, 2009, S. 593
zitiert: *Gazeas/Grosse-Wilde/Kießling*, NStZ 2009

Geppert, Klaus. Die Peinliche Halsgerichtsordnung Karls V. (die »Carolina«), in: Juristische Ausbildung, Bd. 37, Heft 2, 2015, S. 143
zitiert: *Geppert*, Jura 2015

Germann, Oskar Adolf. Über den Grund der Strafbarkeit des Versuchs, Aarau 1914
zitiert: *Germann*, Strafbarkeit des Versuchs, 1914

Geyer, A. Ueber die Strafbarkeit untauglicher Versuchshandlungen, in: Der Gerichtssaal, 1866, S. 35
zitiert: *Geyer*, GS 1866

Gilhausen, Ludwig. Arbor Iudiciaria Criminalis: In Qua tam Delictorum Genera, quam Inquisitionum & Accusationum, uti etiam Defensionum, Judiciorum et Poenarum Materia et Formulae dilucide arguteque declarantur; Additae sunt denuo criminales constitutiones Carolinae, Frankfurt am Main 1614
zitiert: *Gilhausen*, Arbor Iudiciaria Criminalis, 1614

Gimbernat Ordeig, Enrique. Beiträge zur Strafrechtswissenschaft: Handlung, Kausalität, Unterlassung, Berlin 2013
zitiert: *Gimbernat Ordeig*, Beiträge zur Strafrechtswissenschaft, 2013

Glaser, Julius. Abhandlungen aus dem österreichischen Strafrecht, Aalen 1978 (1. Auflage 1858)
zitiert: *Glaser*, Abhandlungen aus dem österreichischen Strafrecht, 1978 (1858)

Glasyrin, Viktor Wassilijewitsch. Effektivität der Rechtsnormen: Theorie und Forschungsmethoden, Berlin 1982
zitiert: *Glasyrin*, Effektivität der Rechtsnormen, 1982

Glöckner, Hans Peter. Cogitationis poenam nemo patitur (D. 48.19.18) – Zu den Anfängen einer Versuchslehre in der Jurisprudenz der Glossatoren, Frankfurt am Main 1989
zitiert: *Glöckner*, Cogitationis poenam nemo patitur, 1989

Goeckenjan, Ingke. Revision der Lehre von der objektiven Zurechnung, Tübingen 2017
zitiert: *Goeckenjan*, Revision der objektiven Zurechnung, 2017, S. 49 ff.

Goldschmidt, James. Das Verwaltungsstrafrecht: Eine Untersuchung der Grenzgebiete zwischen Strafrecht und Verwaltungsrecht auf rechtsgeschichtlicher und rechtsvergleichender Grundlage, Neudruck der Ausgabe Berlin 1902, Aalen 1969 (1902)
zitiert: *Goldschmidt*, Das Verwaltungsstrafrecht, 1969 (1902)

– Der Prozeß als Rechtslage, Berlin 1925
zitiert: *Goldschmidt*, Der Prozeß als Rechtslage, 1925

Goodman, Nelson. Fact, Fiction and Forecast, 4. Auflage, Cambridge Massachusetts 1983 (1. Auflage 1954)
zitiert: *Goodman*, Fact, Fiction and Forecast, 1983 (1954)

Gottwald, Peter. Schadenszurechnung und Schadensschätzung – Zum Ermessen des Richters im Schadensrecht und im Schadensersatzprozeß, München 1979
zitiert: *Gottwald*, Schadenszurechnung und Schadensschätzung, 1979

Gössel, Karl Heinz. Heiner Alwart, Strafwürdiges Versuchen (Rezension), in: Goltdammer's Archiv für Strafrecht, 1984, S. 44
zitiert: *Gössel*, GA 1984

– Überlegungen zu Strafgrund und Wesen des Versuchs, in: Zöller (Hrsg.), Gesamte Strafrechtswissenschaft in internationaler Dimension: Festschrift für Jürgen Wolter zum 70. Geburtstag am 7. September 2013, Berlin 2013, S. 403.
zitiert: *Gössel*, FS Wolter 2013

Graul, Eva. Abstrakte Gefährdungsdelikte und Präsumtionen im Strafrecht, Berlin 1991
zitiert: *Graul*, Abstrakte Gefährdungsdelikte und Präsumtionen im Strafrecht, 1991

Greco, Luís. Was lässt das Bundesverfassungsgericht von der Rechtsgutslehre übrig?, in: Zeitschrift für Internationale Strafrechtsdogmatik, Nr. 5, 2008, S. 234
zitiert: *Greco*, ZIS 2008
- Lebendiges und Totes in Feuerbachs Straftheorie – Ein Beitrag zur gegenwärtigen strafrechtlichen Grundlagendiskussion, Berlin 2009
zitiert: *Greco*, Lebendiges und Totes in Feuerbachs Straftheorie, 2009
- Strafbarer Drogenbesitz, Privatssphäre, Autonomie, in: Hefendehl (Hrsg.), Grenzenlose Vorverlagerung des Strafrechts?, Berlin 2010, S. 73–78
zitiert: *Greco*, Strafbarer Drogenbesitz, in: Grenzenlose Vorverlagerung des Strafrechts, 2010
- Kausalitäts- und Zurechnungsfragen bei unechten Unterlassungsdelikten, in: Zeitschrift für internationale Strafrechtsdogmatik, Vol. 8/9, 2011, S. 674
zitiert: *Greco*, ZIS 2011

Gropp, Walter. Tatstrafrecht und Verbrechenssystem und die Vorverlagerung der Strafbarkeit, in: Sinn/Gropp/Nagy (Hrsg.), Grenzen der Vorverlagerung in einem Tatstrafrecht, Göttingen 2011, S. 99
zitiert: *Gropp*, Tatstrafrecht und Verbrechenssystem, in: Grenzen der Vorverlagerung, 2011
- Strafrecht, Allgemeiner Teil, 4. Auflage, Berlin 2015
zitiert: *Gropp*, AT 2015

Günther, Klaus. Verantwortlich für die eigene Tat? Das Strafrecht und der Schuldbegriff – Eine alte Diskussion mit neuen Impulsen, in: Forschung Frankfurt, Heft. 4/2005 (»Geist und Gehirn«), S. 26
zitiert: *Günther*, Forschung Frankfurt (Geist und Gehirn) 2005

Haas, Volker. Kausalität und Rechtsverletzung – Ein Beitrag zu den Grundlagen strafrechtlicher Erfolgshaftung am Beispiel des Abbruchs rettender Kausalverläufe, Berlin 2002
zitiert: *Haas*, Kausalität und Rechtsverletzung, 2002
- Die strafrechtliche Lehre von der objektiven Zurechnung – eine Grundsatzkritik, in: Kaufmann (Hrsg.), Zurechnung als Operationalisierung von Verantwortung, Frankfurt am Main 2004, S. 193
zitiert: *Haas*, Die strafrechtliche Lehre von der objektiven Zurechnung, in: Zurechnung als Operationalisierung von Verantwortung, 2004
- Die Theorie der Tatherrschaft und ihre Grundlagen – Zur Notwendigkeit einer Revision der Beteiligungslehre, Berlin 2008
zitiert: *Haas*, Die Theorie der Tatherrschaft, 2008
- Die Bedeutung hypothetischer Kausalverläufe für die Tat und ihre strafrechtliche Würdigung, in: Goltdammer's Archiv für Strafrecht, 2015, S. 86
zitiert: *Haas*, GA 2015

Habermas, Jürgen. Die Neue Unübersichtlichkeit, Frankfurt am Main 1985
zitiert: *Habermas*, Die Neue Unübersichtlichkeit, 1985

Handbuch des Straßenverkehrsrechts. Berz/Burmann (Hrsg.), München 2017
zitiert: Handbuch des Straßenverkehrsrechts-*Bearbeiter*

Handkommentar Gesamtes Strafrecht. Strafgesetzbuch Strafprozessordnung Nebengesetze, Dölling/Duttge/Rössner (Hrsg.), 4. Auflage, Baden-Baden 2017
zitiert: Gesamtes Strafrecht-*Bearbeiter*

Harcourt, Bernard. *Ludwig*, Jens. Broken Windows: New Evidence from New York City and a Five-City Social Experiment, in: The University of Chicago Law Review, Nr. 73, 2006, S. 271
zitiert: *Harcourt/Ludwig*, University of Chicago Law Review 2006
Hart, Herbert L. A. The Concept of Law, Oxford 1975 (1961)
zitiert: *Hart*, Concept of Law, 1975 (1961)
Hart, Herbert L. A. *Honoré*, Tony. Causation in the Law, Oxford 1985
zitiert: *Hart/Honoré*, Causation in the Law, 1985
Hartl, Benedikt. Das nationalsozialistische Willensstrafrecht, Berlin 2000
zitiert: *Hartl*, Das nationalsozialistische Willensstrafrecht, 2000
Hartmann, Erich. Das Kausalproblem im Strafrecht mit besonderer Berücksichtigung des Verursachungsbegriffs des Strafgesetzbuchs, Breslau/Wüstegiersdorf 1900
zitiert: *Hartmann*, Das Kausalproblem im Strafrecht, 1900
Hassemer, Winfried. Theorie und Soziologie des Verbrechens: Ansätze zu einer praxisorientierten Rechtsgutslehre, Frankfurt am Main 1973
zitiert: *Hassemer*, Theorie und Soziologie des Verbrechens, 1973
- Umweltschutz durch Strafrecht, in: Neue Kriminalpolitik, Bd. 1, Nr. 1, Februar 1989, S. 46
zitiert: *Hassemer*, Neue Kriminalpolitik 1989
- Symbolisches im Strafrecht, in: Neue Zeitschrift für Strafrecht, Nr. 12, 1989, S. 553
zitiert: *Hassemer*, NStZ 1989
- Produktverantwortung im modernen Strafrecht, Heidelberg 1996
zitiert: *Hassemer*, Produktverantwortung im modernen Strafrecht,1996
- Das Symbolische am symbolischen Strafrecht, in: Schünemann/Roxin (Hrsg.), Festschrift für Claus Roxin zum 70. Geburtstag am 15. Mai 2001, Berlin 2001, S. 1001
zitiert: *Hassemer*, FS Roxin 2001
Haunold, Christoph. De Jure et Justitia Commutativa, Ingolstadt 1671
zitiert: *Haunold*, De Jure et Justitia Commutativa, 1671
Hauschka, Christoph. *Besch*, Christoph. Corporate Compliance – Handbuch der Haftungsvermeidung im Unternehmen, München 2010
zitiert: *Hauschka/Besch*, Corporate Compliance, 2010
Hälschner, Hugo. Das gemeine deutsche Strafrecht, Bd. 2: Der besondere Theil des Systems, Bonn 1887
zitiert: *Hälschner*, Strafrecht II, 1887
- Geschichte des brandenburgisch-preussischen Strafrechts: Ein Beitrag zur Geschichte des deutschen Strafrechts, Teil 1, Aalen 1975 (1855)
zitiert: *Hälschner*, Preußische Strafrecht, 1975 (1855)
Hecker, Bernd. Das strafrechtliche Verbot geschäftsmäßiger Förderung der Selbsttötung (§ 217 StGB), in: Goltdammer's Archiv für Strafrecht, 2016, S. 455
zitiert: *Hecker*, GA 2016
Hefendehl, Roland. Kollektive Rechtsgüter im Strafrecht, Köln 2002
zitiert: *Hefendehl*, Kollektive Rechtsgüter im Strafrecht, 2002
- Über die Pönalisierung des Neutralen – Zur Sicherheit, in: Grenzenlose Vorverlagerung des Strafrechts?, Berlin 2010, S. 89
zitiert: *Hefendehl*, Über die Pönalisierung des Neutralen – Zur Sicherheit, in: Grenzenlose Vorverlagerung des Strafrechts?, 2010

- Vorwort, in: Hefendehl (Hrsg.), Grenzenlose Vorverlagerung des Strafrechts?, Berlin 2010, S. 5
  zitiert: *Hefendehl*, Vorwort, in: Grenzenlose Vorverlagerung des Strafrechts, 2010
- Vielleicht hat die Linke doch recht... Ist Bernd Schünemann also ein Linker?, in: Hefendehl/Hörnle/Greco (Hrsg.), Streitbare Strafrechtswissenschaft: Festschrift für Bernd Schünemann zum 70. Geburtstag am 1. November 2014, Berlin 2014, S. 745
  zitiert: *Hefendehl*, FS Schünemann 2014

Hegel, Georg Wilhelm. Grundlinien der Philosophie des Rechts, 1821 (Kindle Edition)
  zitiert: *Hegel*, Grundlinien der Philosophie des Rechts, 1821

Heger, Martin. Die Europäisierung des deutschen Umweltstrafrechts, Tübingen 2009
  zitiert: *Heger*, Die Europäisierung des deutschen Umweltstrafrechts, 2009
- James Goldschmidt und der Strafprozess als Rechtslage, in: Juristenzeitung, Nr. 13, Juli 2010, S. 637
  zitiert: *Heger*, JZ 2010

Hempel, Carl Gustav. Aspekte wissenschaftlicher Erklärung, Berlin 1977
  zitiert: *Hempel*, Aspekte wissenschaftlicher Erklärung, 1977

Herzog, Felix. Gesellschaftliche Unsicherheit und strafrechtliche Daseinsvorsorge - Studien zur Vorverlegung des Strafrechtsschutzes in den Gefährdungsbereich, Heidelberg 1991
  zitiert: *Herzog*, Gesellschaftliche Unsicherheit und strafrechtliche Daseinsvorsorge, 1991
- Strafrecht, Armut und soziale Gerechtigkeit. Eine kriminalpolitische Bußpredigt, in: Paeffgen (Hrsg.), Strafrechtswissenschaft als Analyse und Konstruktion: Festschrift für Ingeborg Puppe zum 70. Geburtstag, Berlin 2011, S. 1647
  zitiert: *Herzog*, FS Puppe 2011

Hesse, Konrad. Grundzüge des Verfassungsrechts der Bundesrepublik Deutschland, 20. Auflage, Heidelberg 1995
  zitiert: *Hesse*, Grundzüge des Verfassungsrechts der Bundesrepublik Deutschland, 1995

Hilgendorf, Eric. Strafrechtliche Produzentenhaftung, Berlin 1993
  zitiert: *Hilgendorf*, Strafrechtliche Produzentenhaftung, 1993
- Der »gesetzmäßige Zusammenhang« im Sinne der modernen Kausallehre, in: Juristische Ausbildung, 1995, S. 514
  zitiert: *Hilgendorf*, Jura 1995
- Strafrechtliche Überlegungen zur Interpretation des Ubiquitätsprinzips im Zeitalter des Internet, in: Neue Juristische Wochenschrift, 1997, S. 1873
  zitiert: *Hilgendorf*, NJW 1997

Hippel, Reinhard von. Untersuchungen über den Rücktritt vom Versuch: Zugleich ein Beitrag zur allgemeinen Versuchslehre, Berlin 1966
  zitiert: *Hippel*, Untersuchungen über den Rücktritt vom Versuch, 1966
- Gefahrurteile und Prognoseentscheidungen in der Strafrechtspraxis, Berlin 1972
  zitiert: *Hippel*, Gefahrurteile und Prognoseentscheidungen, 1972

Hippel, Robert von. Deutsches Strafrecht: Band 2, Das Verbrechen. Allgemeine Lehren, Berlin 1971 (1930)
  zitiert: *Hippel*, Deutsches Strafrecht, 1971 (1930)

Hirsch, Andrew von. Shearing, Clifford. Exclusion from Public Space, in: Hirsch/Garland/Wakefield (Hrsg.), Ethical and Social Perspectives on Situational Crime Prevention, Oxford 2000, S. 77
zitiert: *Hirsch/Shearing*, Exclusion from Public Space, in: Ethical and Social Perspectives on Situational Crime Prevention, 2000

Hirsch, Hans Joachim. Bilanz der Strafrechtsreform, in: Kaufmann/Hirsch/Kaiser/Marquardt (Hrsg.), Gedächtnisschrift für Hilde Kaufmann, Berlin 1986, S. 133
zitiert: *Hirsch*, FS Hilde Kaufmann 1986

Hochmayr, Gudrun. Strafbarer Besitz von Gegenständen – Zur Reichweite der Strafdrohungen für den (bloßen) Besitz von Waffen, Suchtmitteln, Kinderpornographie, etc., Wien 2005
zitiert: *Hochmayr*, Strafbarer Besitz von Gegenständen, 2005

Hohmann, Olaf. Das Rechtsgut der Umweltdelikte: Grenzen des strafrechtlichen Umweltschutzes, Frankfurt am Main 1991
zitiert: *O. Hohmann*, Das Rechtsgut der Umweltdelikte, 1991

Honig, Richard. Kausalität und objektive Zurechnung, in: Festgabe für Reinhard von Frank zum 70. Geburtstag 16. August 1930, Aalen 1969 (Neudruck der Ausgabe Tübingen 1930), Band 1, S. 174
zitiert: *Honig*, FG Frank 1930

Honoré, Tony. Ulpian: Pioneer of Human Rights, 2. Auflage, Oxford 2002
zitiert: *Honoré*, Ulpian, 2002

Horn, Eckhard. Konkrete Gefährdungsdelikte, Köln 1973
zitiert: *Horn*, Gefährdungsdelikte, 1973

Hoyer, Andreas. Die Eignungsdelikte, Berlin, 1987
zitiert: *Hoyer*, Eignungsdelikte, 1987

- Traditionelle Strafrechtsdogmatik vor neuen Herausforderungen: Probleme strafrechtlicher Produkthaftung, in: Goltdammer's Archiv für Strafrecht, 1996, S. 160
zitiert: *Hoyer*, GA 1996
- Strafrechtsdogmatik nach Armin Kaufmann: Lebendiges und Totes in Armin Kaufmanns Normentheorie, Berlin 1997
zitiert: *Hoyer*, Kaufmanns Normentheorie, 1997
- Wozu brauchen wir eine fahrlässige Mittäterschaft?, in: Paeffgen (Hrsg.), Strafrechtswissenschaft als Analyse und Konstruktion: Festschrift für Ingeborg Puppe zum 70. Geburtstag, Berlin 2011, S. 515
zitiert: *Hoyer*, FS Puppe 2011

Hörnle, Tatjana. Tatproportionale Strafzumessung, Berlin 1999
zitiert: *Hörnle*, Tatproportionale Strafzumessung, 1999

- *Richter*, Anna. *Stahlmecke*, Dominik. Diskussion zum Thema: Grenzenlose Vorverlagerung des Strafrechts?, in: Grenzenlose Vorverlagerung des Strafrechts, 2011, S. 63
zitiert: *Hörnle/Richter/Stahlmecke*, Diskussion zum Thema, in: Grenzenlose Vorverlagerung des Strafrechts, 2011

Hruschka, Joachim. Der Begriff der actio libera in causa und die Begründung ihrer Strafbarkeit – BGHSt 21, 381, in: Juristische Schulung 1968, S. 554
zitiert: *Hruschka*, JuS 1968

- Strukturen der Zurechnung, Berlin 1976
zitiert: *Hruschka*, Strukturen der Zurechnung, 1976

Hsueh, Chih-Jen. Abschied vom Begriff der Tatbeendigung im Strafrecht, Berlin 2013
zitiert: *Hsueh*, Abschied vom Begriff der Tatbeendigung, 2013
Hume, David. A Treatise of Human Nature, 2. Auflage, Oxford 1989 (1. Auflage 1738)
zitiert: *Hume*, A Treatise of Human Nature, 1989 (1738)
- A Treatise of Human Nature, New York 2003 (1. Auflage 1739/40), Google eBook
zitiert: *Hume*, A Treatise of Human Nature, 2003 (1739/40)
- An enquiry concerning human understanding, in: Hume, Enquiries concerning the human understanding, and concerning the principles of morals, 2. Auflage, 1902 (1. Auflage 1748), digitalisiert 2003: http://www.gutenberg.org/files/9662/9662-h/9662-h.htm (abgerufen am 27. Dezember 2016)
zitiert: *Hume*, An enquiry concerning human understanding, 1902 (1748)
Hungerhoff, Henric. Vorfeldstrafbarkeit und Verfassung - Eine Untersuchung von § 89a StGB unter verfassungsrechtlichen Gesichtspunkten, 1. Auflage, Baden-Baden 2013
zitiert: *Hungerhoff*, Vorfeldstrafbarkeit und Verfassung, 2013
Hübl, Philipp. Events over Facts. Why Metaphysics Matters for Law, in: Critical Essays, Berlin 2013, S. 203
zitiert: *Hübl*, Events over Facts, in: Critical Essays, 2013
Hünerfeld, Peter. Strafrechtsdogmatik in Deutschland und Portugal: Ein rechtsvergleichender Beitrag zur Verbrechenslehre und ihrer Entwicklung in einem europäischen Zusammenhang, Baden-Baden 1981
zitiert: *Hünerfeld*, Strafrechtsdogmatik in Deutschland und Portugal, 1981
Isensee, Josef. Das Grundrecht auf Sicherheit - Zu den Schutzpflichten des freiheitlichen Verfassungsstaates, Berlin 1983
zitiert: *Isensee*, Das Grundrecht auf Sicherheit, 1983
Jahn, Matthias. zu OLG Hamburg, Beschl. v. 10.6.2009 (3 Ss 29/09) - Schädigungsvorsatz bei der Untreue, in: Juristische Schulung, München 2009, S. 1144
zitiert: *Jahn*, JuS 2009
Jakobs, Günther. Studien zum fahrlässigen Erfolgsdelikt, Berlin 1972
zitiert: *Jakobs*, Studien zum fahrlässigen Erfolgsdelikt, 1972
- Kriminalisierung im Vorfeld einer Rechtsgutsverletzung, In: Zeitschrift für die gesamte Strafrechtswissenschaft, Nr. 97, 1985, S. 751
zitiert: Jakobs, ZStW 97 (1985)
- Strafrecht, Allgemeiner Teil - Die Grundlagen und die Zurechnungslehre: Lehrbuch, 2. Auflage, Berlin 1993
zitiert: *Jakobs*, AT 1993
- Bürgerstrafrecht und Feindstrafrecht, in: Höchstricherliche Rechsprechung zum Strafrecht, Nr. 3, März 2004, S.88
zitiert: *Jakobs*, HRRS 2004
Jescheck, Hans-Heinrich. *Weigend*, Thomas. Lehrbuch des Strafrechts - Allgemeiner Teil, 5. Auflage, Berlin 1996
zitiert: *Jescheck/Weigend*, AT 1996
Jescheck, Hans-Heinrich. Einführung, in: Jescheck (Hrsg.), Die Vorverlegung des Strafrechtsschutzes durch Gefährdungs- und Unternehmensdelikte: Referate und Diskussionsbericht der Arbeitssitzung der Fachgruppe für Strafrechtsvergleichung anläßlich der Tagung der Gesellschaft für Rechtsvergleichung am 20. Sep. 1985 in Göttingen,

Berlin 1987
zitiert: *Jescheck*, Einführung, in: Die Vorverlegung des Strafrechtsschutzes, 1987
Joerden, Jan C. Logik im Recht – Grundlagen und Anwendungsbeispiele, 2. Auflage, Berlin 2010
zitiert: *Joerden*, Logik im Recht, 2010
Jung, Heike. Das Inzestverbot oder der Europäische Gerichtshof für Menschenrechte auf den Spuren des Bundesverfassungsgerichts, in: Goltdammer's Archiv für Strafrecht, 2012, S. 617
zitiert: *Jung*, GA 2012
Kahlo, Michael. Die Handlungsform der Unterlassung als Kriminaldelikt – Eine strafrechtlich-rechtsphilosophische Untersuchung zur Theorie des personalen Handelns, Frankfurt am Main 2001
zitiert: *Kahlo*, Die Handlungsform der Unterlassung als Kriminaldelikt, 2001
Kaiser, Leonard. Grenzen der strafrechtlichen Vorverlagerung, Hamburg 2016
zitiert: *Kaiser*, Grenzen der strafrechtlichen Vorverlagerung, 2016
Kant, Immanuel. Werke. Bd. 3: Kritik der reinen Vernunft, Teil 1, Darmstadt 1975 (1956)
zitiert: *Kant*, Werke, 1975
– Gesammelte Schriften. Abtheilung IV: Vol. 25 (IV/2): Vorlesungen über Anthropologie, Berlin 1997 (1. Auflage 1781/82)
zitiert: *Kant*, Vorlesungen über Anthropologie, 1997 (1781/82)
– Prolegomena zu einer jeden künftigen Metaphysik, die als Wissenschaft wird auftreten können, Hamburg 2001 (1. Auflage 1783)
zitiert: *Kant*, Prolegomena, 2001 (1783)
– Grundlegung zur Metaphysik der Sitten, Göttingen 2004 (1. Auflage 1785)
zitiert: *Kant*, Grundlegung zur Metaphysik der Sitten, 2004 (1785)
Kargl, Walter. Die Funktion des Strafrechts in rechtstheoretischer Sicht – Schlußfolgerungen aus dem Milgram-Experiment, Heidelberg 1995
zitiert: *Kargl*, Die Funktion des Strafrechts in rechtstheoretischer Sicht, 1995
Kaspar, Johannes. Verhältnismäßigkeit und Grundrechtsschutz im Präventionsstrafrecht, Baden-Baden 2014
zitiert: *Kaspar*, Verhältnismäßigkeit und Grundrechtsschutz, 2014
Kaufmann, Armin. Lebendiges und Totes in Bindings Normentheorie: Normlogik und moderne Strafrechtsdogmatik, Göttingen 1954
zitiert: *Arm. Kaufmann*, Lebendiges und Totes in Bindings Normentheorie, 1954
– Tatbestandsmäßigkeit und Verursachung im Contergan-Verfahren: Folgerungen für das geltende Recht und für die Gesetzgebung, in: Juristenzeitung, Nr. 18, September 1971, S. 569
zitiert: *Arm. Kaufmann*, JZ 1971
– Zum Stande der Lehre vom personalen Unrecht, in: Stratenwerth (Hrsg.), Festschrift für Hans Welzel zum 70. Geburtstag am 25. März 1974, Berlin 1974, S. 393
zitiert: *Arm. Kaufmann*, FS Welzel 1974
Kaufmann, Arthur. Die Bedeutung hypothetischer Erfolgsursachen im Strafrecht, in: Festschrift für Eberhard Schmidt zum 70. Geburtstag, Göttingen 1961, S. 200
zitiert: *Art. Kaufmann*, FS Schmidt, 1961
Kaufmann, Franz-Xaver. Normen und Institutionen als Mittel zur Bewältigung von Unsicherheit: Die Sicht der Soziologie, in: Bayerische Rückversicherung Aktiengesell-

schaft (Hrsg.), Gesellschaft und Unsicherheit, Karlsruhe 1987, S. 37
zitiert: *F-X Kaufmann*, Normen und Institutionen, in: Gesellschaft und Unsicherheit, 1987

Keber, Tobias O. Der Begriff des Terrorismus im Völkerrecht: Entwicklungslinien im Vertrags- und Gewohnheitsrecht unter besonderer Berücksichtigung der Arbeiten zu einem »Umfassenden Übereinkommen zur Bekämpfung des Terrorismus«, Frankfurt am Main 2009
zitiert: *Keber*, Der Begriff des Terrorismus im Völkerrecht, 2009

Keil, Geert. Handeln und Verursachen, Frankfurt am Main, 2000
zitiert: *Keil*, Handeln und Verursachen, 2000

– Making Causal Counterfactuals More Singular, and More Appropriate for Use in Law, in: Kahmen/Stepanians (Hrsg.), Critical essays on »Causation and responsibility«, Berlin 2013, S. 157
zitiert: *Keil*, Making Causal Counterfactuals More Singular and More Appropriate for Use in Law, in: Critical Essays, 2013

Kelker, Brigitte. Zur Legitimität von Gesinnungsmerkmalen im Strafrecht, Frankfurt am Main 2007
zitiert: *Kelker*, Legitimität von Gesinnungsmerkmalen, 2007

Keller, Rainer. Der Verlust von orientierungskräftiger Gegenständlichkeit im Strafrecht und der Normativismus, in: Zeitschrift für die gesamte Strafrechtswissenschaft, Bd. 107, 1995, S. 457
zitiert: *Keller*, ZStW 107 (1995)

Kim, Jaegwon. Causes and Counterfactuals, in: The Journal of Philosophy, Vol. 70, Nr. 17, 1973, S. 570
zitiert: *J. Kim*, Journal of Philosophy, 1973

Kim, Jae-Yoon. Umweltstrafrecht in der Risikogesellschaft, Göttingen, 2004
zitiert: *Kim*, Umweltstrafrecht in der Risikogesellschaft, 2004

Kindhäuser, Urs. Gefährdung als Straftat – Rechtstheoretische Untersuchungen zur Dogmatik der abstrakten und konkreten Gefährdungsdelikte, Frankfurt am Main 1989
zitiert: *Kindhäuser*, Gefährdung als Straftat, 1989

– Eva Graul. Abstrakte Gefährdungsdelikte und Präsumtion im Strafrecht, in: Goltdammer's Archiv für Strafrecht, 1993, S. 372
zitiert: *Kindhäuser*, GA 1993

– Zur Legitimität der abstrakten Gefährdungsdelikte im Wirtschaftsstrafrecht, in: Schünemann/Suarez Gonzalez (Hrsg.), Bausteine des europäischen Wirtschaftsstrafrechts: Madrid-Symposium für Klaus Tiedemann, Köln 1994, S. 125
zitiert: *Kindhäuser*, Zur Legitimität der abstrakten Gefährdungsdelikte im Wirtschaftsstrafrecht, in: Bausteine des europäischen Wirtschaftsstrafrechts, 1994

– Rationaler Rechtsgüterschutz durch Verletzungs- und Gefährdungsverbote, in: Lüderssen (Hrsg.) Aufgeklärte Kriminalpolitik oder Kampf gegen das Böse, Band 1, 1. Auflage, 1998, S. 263
zitiert: *Kindhäuser*, Rationaler Rechtsgüterschutz durch Verletzungs- und Gefährdungsverbote, in: Aufgeklärte Kriminalpolitik oder Kampf gegen das Böse, 1998

– Schuld und Strafe. Zur Diskussion um ein »Feindstrafrecht«, in: Hoyer (Hrsg.), Festschrift für Friedrich-Christian Schroeder zum 70. Geburtstag, Heidelberg 2006, S. 81
zitiert: *Kindhäuser*, FS Schroeder 2006

- Risikoerhöhung und Risikoverringerung, in: Zeitschrift für die gesamte Strafrechtswissenschaft, Bd. 120, Nr. 3, September 2008, S. 481
  zitiert: *Kindhäuser*, ZStW 120 (2008)
- Zurechnung bei alternativer Kausalität, in: Goltdammer's Archiv für Strafrecht, 2012, S. 134
  zitiert: *Kindhäuser*, GA 2012
- Zur Alternativstruktur des strafrechtlichen Kausalbegriffs. Zugleich eine Entgegnung auf Puppes Kritik der condicio per quam, in: Zeitschrift für internationale Strafrechtsdogmatik, Bd. 9, 2016, S. 574
  zitiert: *Kindhäuser*, ZIS 2016

Kiss, Alejandro. Das abstrakte Gefährdungsdelikt, Münster 2006
  zitiert: *Kiss*, Das abstrakte Gefährdungsdelikt, 2006

Klee, Karl. Der dolus indirectus als Grundform der vorsätzlichen Schuld, Berlin 1906
  zitiert: *Klee*, Der dolus indirectus, 1906
- Erfolgs- oder Willensstrafe? Eine Betrachtung zur Strafrechtsreform, in: Archiv für Rechts- und Wirtschaftsphilosophie, Bd. 10, Nr. 2 und 3, Januar/April 1917, S. 184 und S. 314
  zitiert: *Klee*, Archiv für Rechts- und Wirtschaftsphilosophie 1917
- Das Verbrechen als Rechtsguts- und Pflichtverletzung, in: Goltdammer's Archiv für Strafrecht, 1936, S. 1
  zitiert: *Klee*, GA 1936

Kleinschrod, Gallus Aloys Kaspar. Systematische Entwicklung der Grundbegriffe und Grundwahrheiten des Peinlichen Rechts nach der Natur der Sache und der positiven Gesetzgebung, Teil 1, Von Verbrechen überhaupt und derselben Zurechnung, 1. Auflage, Erlangen 1794
  zitiert: *Kleinschrod*, Grundbegriffe und Grundwahrheiten des Peinlichen Rechts, 1794
- Systematische Entwicklung der Grundbegriffe und Grundwahrheiten des Peinlichen Rechts nach der Natur der Sache und der positiven Gesetzgebung, Teil 1, Von Verbrechen überhaupt und derselben Zurechnung, 3. Auflage, Erlangen 1805
  zitiert: *Kleinschrod*, Grundbegriffe und Grundwahrheiten des Peinlichen Rechts, 1805

Klotz, Heinrich. Die zweite Moderne: Eine Diagnose der Kunst der Gegenwart, München 1996
  zitiert: *Klotz*, Die zweite Moderne, 1996

Knauer, Christoph. Die Kollegialentscheidung im Strafrecht – Zugleich ein Beitrag zum Verhältnis von Kausalität und Mittäterschaft, München 2001
  zitiert: *Knauer*, Die Kollegialentscheidung im Strafrecht, 2001

Knobloch, Nils. Die Bestrafung von Vorbereitungshandlungen aus deutscher Sicht – Eine Untersuchung insbesondere des §30d StGB, in: Sinn/Gropp/Nagy (Hrsg.), Grenzen der Vorverlagerung in einem Tatstrafrecht, Göttingen 2011, S.197
  zitiert: *Knobloch*, Die Bestrafung von Vorbereitungshandlungen aus deutscher Sicht, in: Grenzen der Vorverlagerung, 2011

Knoche, Wolfgang. Die Entwicklung der Lehre vom Kausalzusammenhang im Zivil- und Strafrecht, Marburg 1959
  zitiert: *Knoche*, Entwicklung der Lehre vom Kausalzusammenhang, 1959

Koriath, Heinz. Fahrlässigkeit und Schuld, in: Müller-Dietz (Hrsg.), Festschrift für Heike Jung: zum 65. Geburtstag am 23. April 2007, 1. Auflage, Baden-Baden 2007, S. 397
zitiert: *Koriath*, FS Jung 2007

- Kausalität und objektive Zurechnung, 1. Auflage, Baden-Baden 2007
zitiert: *Koriath*, Kausalität und objektive Zurechnung, 2007

Körner, Harald Hans. *Patzak*, Jörn. *Volkmer*, Mathias. Betäubungsmittelgesetz, 8. Auflage, 2016
zitiert: Körner/Patzak/Volkmer, BtMG-*Bearbeiter*

Köstlin, Christian Reinhold. Neue Revision der Grundbegriffe des Kriminalrechts, Aalen 1970 (1845)
zitiert: *Köstlin*, Revision der Grundbegriffe, 1970 (1845)

Kraatz, Erik. Die fahrlässige Mittäterschaft: Ein Beitrag zur strafrechtlichen Zurechnungslehre auf der Grundlage eines finalen Handlungsbegriffs, Berlin 2006
zitiert: *Kraatz*, Die fahrlässige Mittäterschaft, 2006

Kratzsch, Dietrich. Verhaltenssteuerung und Organisation im Strafrecht: Ansätze zur Reform des strafrechtlichen Unrechtsbegriffs und der Regeln der Gesetzesanwendung, Berlin 1985
zitiert: *Kratzsch*, Verhaltenssteuerung und Organisation im Strafrecht, 1985

Krause, Friedrich. Betrachtungen zur actio libera in causa, insbesondere in der Form der vorsätzlichen Begehung, in: Beiträge zur gesamten Strafrechtswissenschaft: Geerds (Hrsg.), Festschrift für Hellmuth Mayer zum 70. Geburtstag am 1. Mai 1965, Berlin 1966, S. 305
zitiert: *Krause*, FS Mayer 1966

Krey, Volker. Deutsches Strafrecht. Grundlagen, Tatbestandsmäßigkeit, Rechtswidrigkeit, Schuld. Band 1, 2. Auflage, Stuttgart 2004
zitiert: *Krey*, AT 2004

Kress, Johann Paul.Commentatio succincta in Constitutionem criminalem Caroli, 1730, online Version: http://reader.digitale-sammlungen.de/de/fs1/object/display/bsb10835940_00005.html
zitiert: *Kress*, Commentatio succincta in Constitutionem criminalem Caroli, 1730

Kretschmer, Joachim. Der Begriff der Gefahr in § 34 StGB, in: Juristische Ausbildung, 2005, S. 662
zitiert: *Kretschmer*, Jura 2005

Kries, J. von. Über die Begriffe der Wahrscheinlichkeit und Möglichkeit und ihre Bedeutung im Strafrecht, in: Zeitschrift für die gesamte Strafrechtswissenschaft, Bd. 9, 1889, S. 528
zitiert: *Kries*, ZStW 9 (1889)

Kubiciel, Michael. Das deutsche Inzestverbot vor den Schranken des EGMR. Die Entscheidung und ihre Folgen für die strafrechtswissenschaftliche Debatte, in: Zeitschrift für Internationale Strafrechtsdogmatik, Heft 6, 2012, S. 282
zitiert: *Kubiciel*, ZIS 2012

- Die Wissenschaft vom Besonderen Teil des Strafrechts: Ihre Aufgaben, ihre Methoden, Frankfurt am Main 2013
zitiert: *Kubiciel*, Wissenschaft Besonderer Teil, 2013

Kudlich, Hans. *Oğlakcıoğlu*, Mustafa Temmuz. »Empörungsstrafrecht« und »Reaktionsgesetze« als grenzüberschreitendes Phänomen der Strafgesetzgebung, in: Bockemühl

(Hrsg.), Festschrift für Bernd von Heintschel-Heinegg zum 70. Geburtstag, München 2015, S. 275
zitiert: *Kudlich/Oğlakcıoğlu*, FS Heintschel-Heinegg 2015

Kuhlen, Lothar. Umweltstrafrecht – Auf der Suche nach einer neuen Dogmatik, in: Zeitschrift für die gesamte Strafrechtswissenschaft, Bd.105, 1993, S. 697
zitiert: *Kuhlen*, ZStW 105 (1993)

Kühl, Kristian. Die Beendigung des vorsätzlichen Begehungsdelikts, Berlin 1974
zitiert: *Kühl*, Beendigung des vorsätzlichen Begehungsdelikts, 1974

- Grundfälle zu »Vorbereitung, Versuch, Vollendung und Beendigung«, in: Juristische Schulung, 1979, S. 718

zitiert: *Kühl*, JuS 1979

- Wolfgang Wohlers. Deliktstypen des Präventionsstrafrechts, in: Goltdammer's Archiv für Strafrecht, 2004, S. 120
  zitiert: *Kühl*, GA 2004
- Strafrecht. Allgemeiner Teil, 8. Auflage, München 2017
  zitiert: *Kühl*, AT 2017
- Beobachtungen zur nachlassenden und begrenzten Legitimationswirkung des Rechtsguts für Strafvorschriften, in: Hilgendorf (Hrsg.), Festschrift für Wolfgang Heinz zum 70. Geburtstag, Baden-Baden 2012, S. 766
  zitiert: *Kühl*, FS Heinz 2012
- Die Straftat in ihrer zeitlichen Entwicklung, in: Juristische Arbeitsblätter, 2014, S. 907
  zitiert: *Kühl*, JA 2014

Küper, Wilfried. »Sukzessive« Tatbeteiligung vor und nach Raubvollendung, in: Juristische Schulung, 1986, S. 862
zitiert: *Küper*, JuS 1986

Küpper, Georg. Grenzen der normativierenden Strafrechtsdogmatik, Berlin 1990
zitiert: *Küpper*, Grenzen der Strafrechtsdogmatik, 1990

Lackner, Karl. Das konkrete Gefährdungsdelikt im Verkehrsstrafrecht: Vortrag, gehalten vor der Berliner Juristischen Gesellschaft am 13. Mai 1966, Berlin 1967
zitiert: *Lackner*, Gefährdungsdelikt, 1967

Lackner, Karl. *Kühl*, Kristian. Strafgesetzbuch Kommentar, Lackner/Kühl (Hrsg.), 28. Auflage, München 2014
zitiert: Lackner/Kühl StGB-*Bearbeiter*

Ladeur, Karl-Heinz. »Abwägung« — ein neues Rechtsparadigma? Von der Einheit der Rechtsordnung zur Pluralität der Rechtsdiskurse, in: Archiv Für Rechts- und Sozialphilosophie, Bd. 69, Nr. 4, 1983, S. 463
zitiert: *Ladeur*, ARSP 1983

- Auflösung des Subjekts in der differentiellen Bewegung der Funktionssysteme? — Zum Konzept einer »relationalen« Persönlichkeit in einer heterarchischen Gesellschaft, in: Archiv Für Rechts- und Sozialphilosophie, Bd. 80, Nr. 3, 1994, S. 407
  zitiert: *Ladeur*, ARSP 1994

Lagodny, Otto. Strafrecht vor den Schranken der Grundrechte – Die Ermächtigung zum strafrechtlichen Vorwurf im Lichte der Grundrechtsdogmatik dargestellt am Beispiel der Vorfeldkriminalisierung, Tübingen 1996
zitiert: *Lagodny*, Strafrecht vor den Schranken der Grundrechte, 1996

Lampe, Ernst Joachim. Rechtsgut, kultureller Wert und individuelles Bedürfnis, in: Welzel/Stratenwerth (Hrsg.), Festschrift für Hans Welzel zum 70. Geburtstag am 25. März 1974, Berlin 1974, S. 151
zitiert: *Lampe*, FS Welzel 1974

Larenz, Karl. *Canaris*, Claus-Wilhelm. Methodenlehre der Rechtswissenschaft, 3. Auflage, Berlin 1995
zitiert: *Larenz/Canaris*, Methodenlehre der Rechtswissenschaft, 1995

Lehle, Thomas. Der Erfolgsbegriff und die deutsche Strafrechtszuständigkeit im Internet, 1. Auflage, Konstanz 1999
zitiert: *Lehle*, Erfolgsbegriff und die deutsche Strafrechtszuständigkeit im Internet, 1999

Leipziger Kommentar. Strafgesetzbuch, Bd. 1, Einleitung. §§ 1 bis 31, Laufhütte (Hrsg.), 12. Auflage, 2007
zitiert: Leipziger Kommentar StGB-*Bearbeiter*

- Strafgesetzbuch, Bd. 8, Einleitung. §§ 242 bis 262, Laufhütte (Hrsg.), 12. Auflage, 2010
  zitiert: Leipziger Kommentar StGB-*Bearbeiter*
- Strafgesetzbuch, Bd. 6, Einleitung. §§ 146 bis 210, Laufhütte (Hrsg.), 12. Auflage, 2010
  zitiert: Leipziger Kommentar StGB-*Bearbeiter*
- Strafgesetzbuch, Bd. 11, Einleitung. §§ 306 bis 323, Laufhütte (Hrsg.), 12. Auflage, 2008
  zitiert: Leipziger Kommentar StGB-*Bearbeiter*

Lenel, Otto. Palingenesia iuris civilis: iuris consultorum reliquiae quae iustiniani digestis continentur ceteraque iuris prudentiae civilis, Bd. 2, Leipzig 1889
zitiert: *Lenel*, Palingenesia iuris civilis, 1889

Lesch, Heiko Hartmut. Der Verbrechensbegriff – Grundlinien einer funktionalen Revision, Köln 1999
zitiert: *Lesch*, Verbrechensbegriff, 1999

Letzgus, Klaus. Vorstufen der Beteiligung – Erscheinungsformen und ihre Strafwürdigkeit, Berlin 1972
zitiert: *Letzgus*, Vorstufen der Beteiligung, 1972

Lewis, David. Causation, in: The Journal of Philosophy, Vol. 70, Nr. 17, 1973, S. 556
zitiert: *Lewis*, Journal of Philosophy, 1973

- Counterfactuals, Cambridge, Massachussets 1973

zitiert: *Lewis*, Counterfactuals, 1973

- On the plurality of worlds, Oxford Massachussets 1986
  zitiert: *Lewis*, On the plurality of worlds, 1986

Leyser, Augustin von. Meditationes Ad Pandectas: Qvibvs Praecipva Ivris Capita Ex Antiqvitate Explicantvr, Cvm Ivribvs Recentioribvs Confervntvr Atqve Variis Celebrivm Collegiorvm Responsis Et Rebvs Ivdicatis Illvstrantvr, Vol. 9, Leipzig 1786 (1748)
zitiert: *Leyser*, Meditationes Ad Pandectas, 1786 (1748)

Libet, Benjamin. Do we have a free will? in: Journal of Consciousness Studies, Vol. 6, Nr. 8–9, 1999, S. 47
zitiert: *Libet*, Journal of Consciousness Studies 1999

Liszt, Franz von. Rechtsgut und Handlungsbegriff im Bindingschen Handbuche, in: Zeitschrift für die gesamte Strafrechtswissenschaft, Bd. 6, 1886, S. 663
zitiert: *v. Liszt*, ZStW 6 (1886)

- Lehrbuch des deutschen Strafrechts, 10. Auflage, Berlin 1900
  zitiert: *v. Liszt*, Lehrbuch des deutschen Strafrechts, 1900
- Strafrechtliche Aufsätze und Vorträge, Bd. 1, Berlin 1970 (1. Auflage 1905)
  zitiert: *v. Liszt*, Strafrechtliche Aufsätze und Vorträge I, 1970 (1905)
- Strafrechtliche Aufsätze und Vorträge, Bd. 2, Berlin 1970 (1. Auflage 1905)
  zitiert: *v. Liszt*, Strafrechtliche Aufsätze und Vorträge II, 1970 (1905)
- Rechtsgut und Handlungsbegriff im Bindingschen Handbuche, in: Zeitschrift für die gesamte Strafrechtswissenschaft, 1886, S. 663
  zitiert: *v. Liszt*, ZStW 6 (1886)

Lobo da Costa, Helena Regina. Proteção penal ambiental, São Paulo 2010
zitiert: *Lobo da Costa*, Proteção penal ambiental, 2010

Loos, Fritz. Zum »Rechtsgut« der Bestechungsdelikte, in: Stratenwerth (Hrsg.), Festschrift für Hans Welzel zum 70. Geburtstag am 25. März 1974, Berlin 1974, S. 879
zitiert: *Loos*, FS Welzel 1974

Luden, Heinrich. Handbuch des teutschen gemeinen und particularen Strafrechts, Band 1, Jena 1847
zitiert: *Luden*, Handbuch des teutschen gemeinen und partikularen Strafrechts, 1847

Luhmann, Niklas. Soziologie des Risikos, Berlin 1991
zitiert: *Luhmann*, Soziologie des Risikos, 1991
- Ökologische Kommunikation – Kann die moderne Gesellschaft sich auf ökologische Gefährdungen einstellen?, 5. Auflage, Wiesbaden 2008 (1986)
  zitiert: *Luhmann*, Ökologische Kommunikation, 2008 (1986)

Lüderssen, Klaus. Das moderne Strafrecht, in: Strafverteideiger, 2004, S. 97
zitiert: *Lüderssen*, StV 2004

Lynch, Mona. The Contemporary Penal Subject(s), in: Frampton/Haney-Lopez/Simon (Hrsg.), After the War on Crime: Race, Democracy and a new Reconstruction, New York 2008, S. 89
zitiert: *Lynch*, The Contemporary Penal Subject(s), in: After the War on Crime, 2008

Mackie, John L. The Cement of the Universe: A study of causation, 5. Druck, Oxford 1990 (1973)
zitiert: *Mackie*, The Cement of the Universe, 1990 (1973)

Maier, Hans Christian. Diskussionsbericht, in: Jescheck (Hrsg.), Die Vorverlegung des Strafrechtsschutzes durch Gefährdungs- und Unternehmensdelikte: Referate und Diskussionsbericht der Arbeitssitzung der Fachgruppe für Strafrechtsvergleichung anläßlich der Tagung der Gesellschaft für Rechtsvergleichung am 20. Sep. 1985 in Göttingen, Berlin 1987, S.141
zitiert: *Maier*, Diskussionsbericht, in: Die Vorverlegung des Strafrechtsschutzes, 1987

Maier, Thomas. Die Objektivierung des Versuchsunrechts: Eine strafrechtliche Analyse de lege lata, Berlin 2005
zitiert: *Maier*, Die Objektivierung des Versuchsunrechts, 2005

Maihofer, Werner. Sein und Recht: Prolegomena zu einer Rechtsontologie, 1954
zitiert: *Maihofer*, Sein und Recht, 1954
- Die Reform des Besonderen Teils des Strafrechts, in: Baumann (Hrsg.), Programm für ein neues Strafgesetzbuch: der Alternativ-Entwurf der Strafrechtslehrer, Frankfurt am Main 1968, S. 116

zitiert: *Maihofer*, Die Reform des Besonderen Teils des Strafrechts, in: Programm für ein neues Strafgesetzbuch, 1968

Maiwald, Manfred. Kausalität und Strafrecht: Studien zum Verhältnis von Naturwissenschaft und Jurisprudenz, Göttingen 1980
zitiert: *Maiwald*, Kausalität und Strafrecht, 1980

- Einführung in das italienische Strafrecht und Strafprozessrecht, Frankfurt am Main 2009
zitiert: *Maiwald*, Einführung in das italienische Strafrecht und Strafprozessrecht, 2009

- Über taugliche, untaugliche und grob unverständige Versuche, in: Koriath/Krack/Radtke/Jehle (Hrsg.), Grundfragen des Strafrechts, Rechtsphilosophie und die Reform der Juristenausbildung, Göttingen 2010, S. 159
zitiert: *Maiwald*, Über taugliche, untaugliche und grob unverständige Versuche, in: Grundfragen des Strafrechts, Rechtsphilosophie, 2010

Mantovani, Ferrando. Principi di diritto penale, 2. Auflage, Padua 2007
zitiert: *Mantovani*, Principi di diritto penale, 2007

- Diritto Penale: parte generale, 10. Auflage, Padua 2017
zitiert: *Mantovani*, Diritto Penale, 2017

Martin, Jörg. Strafbarkeit grenzüberschreitender Umweltbeeinträchtigungen: Zugleich ein Beitrag zur Gefährdungsdogmatik und zum Umweltvölkerrecht, Freiburg 1989
zitiert: *Martin*, Strafbarkeit grenzüberschreitender Umweltbeeinträchtigungen, 1989

Marx, Michael. Zur Definition des Begriffs Rechtsgut: Prolegomena einer materialen Verbrechenslehre, Köln 1972
zitiert: *Marx*, Zur Definition des Begriffs Rechtsgut, 1972

Maunz, Theodor. *Dürig*, Günter. Herzog/Scholz/Herdegen/Klein (Hrsg.), München 2017
zitiert: Maunz/Dürig GG-*Bearbeiter*

Maurach, Reinhart. Fragen der actio libera in causa, in: Juristische Schulung 1961, S. 373
zitiert: *Maurach*, JuS 1961

Maurach, Reinhart. *Gössel*, Karl Heinz. *Zipf*, Heinz. Strafrecht. Allgemeiner Teil: Erscheinungsformen des Verbrechens und Rechtsfolgen der Tat, Teilbd. 2, 7. Auflage, Heidelberg 1989
zitiert: *Maurach/Gössel/Zipf*, AT 2 1989

Maurach, Reinhart. *Gössel*, Karl Heinz. *Zipf*, Heinz. *Dölling*, Dieter. *Renzikowski*, Joachim. Strafrecht. Allgemeiner Teil: Erscheinungsformen des Verbrechens und Rechtsfolgen der Tat, Teilbd. 2, 8. Auflage, Heidelberg 2014
zitiert: *Maurach/Gössel/Zipf*, AT 2 2014

Mayer, Max Ernst. Rechtsnormen und Kulturnormen, Breslau 1903
zitiert: *Mayer*, Rechtsnormen und Kulturnormen, 1903

- Der allgemeine Teil des deutschen Strafrechts: Lehrbuch, Heidelberg 1915
zitiert: *Mayer*, Strafrecht AT 1915

Meister, Georg Jacob Friedrich. Principia juris criminalis Germaniae communis, 6. Auflage, Dieterich 1819 (digitale Fassung)
zitiert: *Meister*, Principia juris criminalis Germaniae communis, 1819

Mendoza Buergo, Blanca. Límites dogmáticos y político-criminales de los delitos de peligro abstracto, Granada, 2001
zitiert: *Mendoza Buergo*, Límites dogmáticos, 2001

Merkel, Reinhard. Forschungsobjekt Embryo: Verfassungsrechtliche und ethische Grundlagen der Forschung an menschlichen embryonalen Stammzellen, München 2002
zitiert: *Merkel*, Forschungsobjekt Embryo, 2002
- § 14 Abs. 3 Luftsicherheitsgesetz: Wann und warum darf der Staat töten?, in: Juristenzeitung, Nr. 8, April 2007, S. 373
zitiert: *Merkel*, JZ 2007
- Über einige vernachlässigte Probleme des Kausalitätsbegriffs im Strafrecht und Ingeborg Puppes Lehren dazu, in: Paeffgen (Hrsg.), Strafrechtswissenschaft als Analyse und Konstruktion: Festschrift für Ingeborg Puppe zum 70. Geburtstag, Berlin 2011, S. 151
zitiert: *Merkel*, FS Puppe 2011

Meyer, Andreas H. Die Gefährlichkeitsdelikte: Ein Beitrag zur Dogmatik der »abstrakten Gefährdungsdelikte« unter besonderer Berücksichtigung des Verfassungsrechts, Münster 1992
zitiert: *Meyer*, Die Gefährlichkeitsdelikte, 1992

Mezger, Edmund. Strafrecht: Ein Lehrbuch, 3. Auflage, Berlin 1949
zitiert: *Mezger*, Strafrecht, 1949

Mill, John Stuart. A System of Logic, ratiocinative and inductive, being a connected view of the principles of evidence and the methods of scientific investigation, Vol. 1, London 1843 (Google eBook: https://books.google.com.tw/books/about/A_System_of_Logic_Ratiocinative_and_Indu.html?id=y4MEAAAAQAAJ&redir_esc=y)
zitiert: *Mill*, A System of Logic, 1843

Mitsch, Wolfgang. Das unechte Unternehmensdelikt, in: Juristische Schulung, 2015, S. 97
zitiert: *Mitsch*, JuS 2015
- Vorbeugende Strafbarkeit zur Abwehr terroristischer Gewalttaten, in: Neue juristische Wochenschrift, 2015, S. 209
zitiert: *Mitsch*, NJW 2015

Mitto, Lutz von. Die Stellung der Tötung auf Verlangen im System der Tötungs-, Körperverletzungs- und Gefährdungsdelikte: Eine auf Inhalt und Reichweite der Privilegierungswirkung zentrierte Untersuchung, Hamburg 2003
zitiert: *Mitto*, Die Stellung der Tötung auf Verlangen, 2003

Moeller, Uriel. Brasilien 2014 – Ein Rechtsstaat im Aufbau. Amnestie, Transformation, präventive Datenerfassung, in: Außerprozessuale Beweiserhebung und ihre Verwertung im Strafprozess, Warschau 2015
zitiert: *Moeller*, Brasilien 2014 – Ein Rechtsstaat im Aufbau, 2015

Mommsen, Theodor. Römisches Strafrecht, Graz 1955 (1899)
zitiert: *Mommsen*, Römisches Strafrecht, 1955 (1899)

Momsen, Carsten. *Grützner*, Thomas. Wirtschaftsstrafrecht, München 2013
zitiert: Momsen/Grützner-*Bearbeiter*, Wirtschaftsstrafrecht 2013

Moore, Michael. Causation and responsibility: An essay in law, morals and metaphysics, Oxford 2009
zitiert: *Moore*, Causation and responsibility, 2009
- Further Thoughts on Causation (and Related Topics) Prompted By Fifteen Critics, in: Kahmen/Stepanians (Hrsg.), Critical essays on »Causation and responsibility«, Berlin

2013, S. 333
zitiert: *Moore*, Further Thoughts on Causation, in: Critical Essays, 2013

Murmann, Uwe. Die Nebentäterschaft im Strafrecht: Ein Beitrag zu einer personalen Tatherrschaftslehre, Berlin 1993
zitiert: *Murmann*, Die Nebentäterschaft im Strafrecht, 1993

- Versuchsunrecht und Rücktritt, Heidelberg 1999
zitiert: *Murmann*, Versuchsunrecht und Rücktritt, 1999

- Kritik des funktionalen Strafrechts, in: Koriath u. a. (Hrsg.), Grundfragen des Strafrechts, Rechtsphilosophie und die Reform der Juristenausbildung, 2010, S. 189
zitiert: *Murmann*, Kritik des funktionalen Strafrechts, in: Grundfragen des Strafrechts, 2010

Müller, Max Ludwig. Die Bedeutung des Kausalzusammenhanges im Straf- und Schadensersatzrecht, Tübingen 1912
zitiert: *Müller*, Die Bedeutung des Kausalzusammenhanges, 1912

Münchener Kommentar. Strafgesetzbuch, Joecks/Miebach (Hrsg.), 2. Auflage, Band 5, München 2014
zitiert: Müko StGB-*Bearbeiter* (2014)

- Strafgesetzbuch, Joecks/Miebach (Hrsg.), 3. Auflage, Band 1, München 2017
zitiert: Müko StGB-*Bearbeiter*

- Strafgesetzbuch, Joecks/Miebach (Hrsg.), 3. Auflage, Band 3, München 2017
zitiert: Müko StGB-*Bearbeiter*

- Strafgesetzbuch, Joecks/Miebach (Hrsg.), 3. Auflage, Band 4, München 2017
zitiert: Müko StGB-*Bearbeiter*

Mylonopoulos, Christos. Über das Verhältnis von Handlungs- und Erfolgsunwert im Strafrecht: Eine Studie zur Entwicklung der personalen Unrechtslehren, Köln 1981
zitiert: *Mylonopoulos*, Verhältnis Handlungs- und Erfolgsunwert, 1981

Nell, Ernst Ludwig. Wahrscheinlichkeitsurteile in juristischen Entscheidungen, Berlin 1983
zitiert: *Nell*, Wahrscheinlichkeitsurteile, 1983

Neumann, Ulfrid. Konstruktion und Argument in der neueren Diskussion zur actio libera in causa, in: Haft (Hrsg.), Strafgerechtigkeit: Festschrift für Arthur Kaufmann zum 70. Geburtstag, Heidelberg 1993, S. 581
zitiert: *Neumann*, FS Art. Kaufmann 1993

Neuner, Jörg. Die Rechtsfindung contra legem, München 1992
zitiert: *Neuner*, Die Rechtsfindung contra legem, 1992

Neusüß, Peter. Legislative Maßnahmen des UN-Sicherheitsrates im Kampf gegen den internationalen Terrorismus: Eine Untersuchung des Inhalts und der Rechtmäßigkeit von Resolution 1373 unter besonderer Berücksichtigung der Reaktionen der Staaten, München 2008
zitiert: *Neusüß*, Legislative Maßnahmen des UN, 2008

Neves, Marcelo. Symbolische Konstitutionalisierung, Berlin 1998
zitiert: *Neves*, Symbolische Konstitutionalisierung, 1998

Niederschriften über die Sitzungen der Großen Strafrechtskommission. Grundsatzfragen, 1. – 13. Sitzung, Band 1, Bonn 1956
zitiert: *Niederschriften Großen Strafrechtskommission*, Bd. 1, 1956

- Allgemeiner Teil, 14. - 25. Sitzung, Band 2, Bonn 1958
  zitiert: *Niederschriften Großen Strafrechtskommission*, Bd. 2, 1958
- Besonderer Teil, 76. - 90. Sitzung, Band 8, Bonn 1959
  zitiert: *Niederschriften Großen Strafrechtskommission*, Bd. 8, 1959
- Besonderer Teil, 91. - 103. Sitzung, Band 9, Bonn 1959
  zitiert: *Niederschriften Großen Strafrechtskommission*, Bd. 9, 1959
- Besonderer Teil, 104. - 114. Sitzung, Band 10, Bonn 1959
  zitiert: *Niederschriften Großen Strafrechtskommission*, Bd. 10, 1959

Nogrady, Alexander. Römisches Strafrecht nach Ulpian: Buch 7 bis 9 De officio proconsulis, Berlin 2006
zitiert: *Nogrady*, Römisches Strafrecht, 2006

Nomos Kommentar. Strafgesetzbuch, Kindhäuser/Neumann/Paeffgen (Hrsg.), 5. Auflage, Baden-Baden 2017
zitiert: NK StGB-*Bearbeiter*

Ortmann, Rudolf. Zur Lehre vom Kausalzusammenhang, in: Archiv für gemeines deutsches und für preußisches Strafrecht, 1876, S. 93
zitiert: *Ortmann*, GA 1876

Otto, Harro. Rechtsgutsbegriff und Deliktstatbestand, in: Müller-Dietz (Hrsg.), Strafrechtsdogmatik und Kriminalpolitik, Köln 1971, S. 1
zitiert: *Otto*, Rechtsgutsbegriff und Deliktstatbestand, in: Strafrechtsdogmatik und Kriminalpolitik, 1971
- Wahrscheinlichkeitsgrad des Erfolgseintritts und Erfolgszurechnung, in: Juristische Ausbildung, 2001, S. 275
  zitiert: *Otto*, Jura 2001

Osnabrügge, Stephan. Die Beihilfe und ihr Erfolg - Zur objektiven Beziehung zwischen Hilfeleistung und Haupttat in § 27 StGB, Berlin 2002
zitiert: *Osnabrügge*, Die Beihilfe und ihr Erfolg, 2002

Paeffgen, Hans-Ullrich. Strafprozeß im Umbruch oder: Vom unmöglichen Zustand des Strafprozessrechts, in: Strafverteidiger, Heft 11, 1999, S. 625
zitiert: *Paeffgen*, StV 1999
- Bürgerstrafrecht. Vorbeugungsrecht. Feindstrafrecht?, in: Böse (Hrsg.), Grundlagen des Straf- und Strafverfahrensrechts: Festschrift für Knut Amelung zum 70. Geburtstag, Berlin 2009, S. 81
  zitiert: *Paeffgen*, FS Amelung 2009

Palazzo, Francesco C. Meriti e limiti dell'offensività come principio di ricodificazione, in: Centro Nazionale di Prevenzione e Difesa Sociale (Hrsg.), Prospettive di riforma del codice penale e valori costituzionali, Mailand 1996, S. 73
zitiert: *Palazzo*, Offensività come principio di ricodificazione, in: Prospettive di riforma del codice penale, 1996
- Strafgesetzlichkeit: Transformation und Vielschichtigkeit eines »Fundamentalprinzips«, Berlin 2010 (original italienisch 2007, übersetzt von Thomas Vormbaum)
  zitiert: *Palazzo*, Strafgesetzlichkeit, 2010 (2007)

Paracelsus, Theoprast. Septem Defensiones, Darmstadt 1965 (1538)
zitiert: *Paracelsus*, Septem Defensiones, 1965 (1538)

Pawlik, Michael. Der Terrorist und sein Recht: Zur rechtstheoretischen Einordnung des modernen Terrorismus; Vortrag, gehalten vor der Juristischen Studiengesellschaft

Regensburg am 20. November 2007, München 2008
zitiert: *Pawlik*, Der Terrorist und sein Recht, 2008
Peters, Anne. Jenseits der Menschenrechte - Die Rechtsstellung des Individuums im Völkerrecht, Tübingen 2014
zitiert: *Peters*, Jenseits der Menschenrechte, 2014
Peters, Julia. Urteilsabsprachen im Strafprozess: die deutsche Regelung im Vergleich mit Entwicklungen in England & Wales, Frankreich und Polen, Göttingen 2011
zitiert: *Peters*, Urteilsabsprachen im Strafprozess, 2011
Petzsche, Anneka. Strafrecht und Terrorismusbekämpfung - Eine vergleichende Untersuchung der Bekämpfung terroristischer Vorbereitungshandlungen in Deutschland, Großbritannien und Spanien, Baden-Baden 2013
zitiert: *Petzsche*, Strafrecht und Terrorismusbekämpfung, 2013
Pieroth, Bodo. *Schlink*, Bernhard. Grundrechte - Staatsrecht II, 31. Auflage, Heidelberg 2015
zitiert: *Pieroth/Schlink*, Grundrechte, 2015
Pintaske, Patrick M. Anknüpfungspunkte für eine Vorverlagerung im deutschen Strafgesetzbuch - Eine Bestandsaufnahme, in: Sinn/Gropp/Nagy (Hrsg.), Grenzen der Vorverlagerung in einem Tatstrafrecht, Göttingen 2011, S. 277
zitiert: *Pintaske*, Anknüpfungspunkte für eine Vorverlagerung im deutschen Strafgesetzbuch, in: Grenzen der Vorverlagerung, 2011
Pollähne, Helmut. Grenzen des Ungehorsamsstrafrechts, in: Fahl/Müller/Satzger/Swoboda (Hrsg.), Festschrift für Werner Beulke zum 70. Geburtstag, Heidelberg 2015, S. 39
zitiert: *Pollähne*, FS Beulke 2015
Popper, Karl. The Logic of Scientific Discovery, New York 2005 (1935)
zitiert: *Popper*, Scientific Discovery, 2005 (1935)
Posner, Richard A. Economic analysis of law, 9. Auflage, New York 2014
zitiert: *Posner*, Economic analysis of law, 2014
Prittwitz, Cornelius. Strafrecht und Risiko: Untersuchungen zur Krise von Strafrecht und Kriminalpolitik in der Risikogesellschaft, Frankfurt am Main 1993
zitiert: *Prittwitz*, Strafrecht und Risiko, 1993
Puppe, Ingeborg. Der Erfolg und seine kausale Erklärung im Strafrecht, in: Zeitschrift für die Gesamte Strafrechtswissenschaft, Bd. 92, Nr. 4, 1980, S. 863
zitiert: *Puppe*, ZStW 92 (1980)
- Zurechnung und Wahrscheinlichkeit, in: Zeitschrift für die Gesamte Strafrechtswissenschaft, Bd. 95, Nr. 2, 1983, S. 287
zitiert: *Puppe*, ZStW 95 (1983)
- Anmerkung zu BGHSt 37, 107, in: Juristische Rundschau, 1992, S. 27
zitiert: *Puppe*, JR 1992
- Naturalismus und Normativismus in der modernen Strafrchtsdogmatik, in: Goltdammer's Archiv für Strafrecht, 1994, S. 275
zitiert: *Puppe*, GA 1994
- Die Erfolgszurechnung im Strafrecht: Dargestellt an Beispielsfällen aus der höchstrichterlichen Rechtsprechung, 1. Auflage, Baden-Baden 2000
zitiert: *Puppe*, Die Erfolgszurechnung im Strafrecht, 2000

- Wider die fahrlässige Mittäterschaft, in: Goltdammer's Archiv für Strafrecht, 2004, S. 129
  zitiert: *Puppe*, GA 2004
- Lob der Conditio-sine-qua-non-Formel, in: Goltdammer's Archiv für Strafrecht, 2010, S. 551
  zitiert: *Puppe*, Lob der Conditio-sine-qua-non-Formel, GA 2010
- Zum gegenwärtigen Stand der Lehre von der Verursachung im Recht, in: Zeitschrift für rechtswissenschaftliche Forschung, Nr. 4, 2011, S. 400
  zitiert: *Puppe*, RW 2011
- Alternative Kausalität und notwendige Bedingung. Zu der neuen logischen Konzeption der Mehrfachkausalität von Kindhäuser, in: Zeitschrift für die internationale Strafrechtsdogmatik, Nr. 6, 2012, S. 267
  zitiert: *Puppe*, ZIS 2012
- The Concept of Causation in the Law, in: Kahmen/Stepanians (Hrsg.), Critical essays on »Causation and responsibility«, Berlin 2013, S. 67
  zitiert: *Puppe*, The Concept of Causation in the Law, in: Critical Essays, 2013
- Kleine Schule des juristischen Denkens, 3. Auflage, Göttingen 2014
  zitiert: *Puppe*, Kleine Schule des juristischen Denkens, 2014
- Und führen, wohin du nicht willst. Anmerkungen zu Kindhäusers neuer Theorie der Kausalität, in: Zeitschrift für internationale Strafrechtsdogmatik, Nr. 9, 2015, S. 426
  zitiert: *Puppe*, ZIS 2015
- Strafrecht Allgemeiner Teil im Spiegel der Rechtsprechung, 3. Auflage, Baden-Baden 2016
  zitiert: *Puppe*, AT 2016

Puschke, Jens. Grund und Grenzen des Gefährdungsstrafrechts am Beispiel der Gefährdungsdelikte, in: Hefendehl (Hrsg.), Grenzenlose Vorverlagerung des Strafrechts?, Berlin 2010, S. 9
  zitiert: *Puschke*, Grund und Grenzen des Gefährdungsstrafrechts, in: Grenzenlose Vorverlagerung des Strafrechts?, 2010
- Der Ausbau des Terrorismusstrafrechts und die Rechtsprechung des Bundesgerichtshof, in: Strafverteidiger, 2015, S. 457
  zitiert: *Puschke*, StV 2015
- Legitimation, Grenzen und Dogmatik von Vorbereitungstatbeständen, Tübingen 2017
  zitiert: *Puschke*, Legitimation von Vorbereitungstatbeständen, 2017

Quistorp, Johann Christian von. Grundsätze des deutschen peinlichen Rechts, Goldbach 1996 (1794)
  zitiert: *Quistorp*, Grundsätze des deutschen peinlichen Rechts, 1996 (1794)

Rabl, Kurt O. Der Gefährdungsvorsatz, Frankfurt am Main 1977 (1933)
  zitiert: *Rabl*, Der Gefährdungsvorsatz, 1977 (1933)

Rackow, Peter. Neutrale Handlungen als Problem des Strafrechts, Berlin 2007
  zitiert: *Rackow*, Neutrale Handlungen als Problem des Strafrechts, 2007
- Strafrechtliche Terrorismusbekämpfung durch Pönalisierung von Vorbereitungshandlungen, in: Bloy/Böse/Hillenkamp/Momsen/Rackow (Hrsg.), Gerechte Strafe und legitimes Strafrecht: Festschrift für Manfred Maiwald zum 75. Geburtstag, Berlin 2010, S. 615
  zitiert: *Rackow*, FS Maiwald 2010

Radtke, Henning. *Steinsiek*, Mark. Bekämpfung des internationalen Terrorismus durch Kriminalisierung von Vorbereitungshandlungen? – Zum Entwurf eines Gesetzes zur Verfolgung der Vorbereitung von schweren Gewalttaten (Referentenentwurf des BMJ vom 21.4.2008), in: Zeitschrift für internationale Strafrechtsdogmatik, Nr. 9, 2008, S. 383
zitiert: *Radtke/Steinsiek*, ZIS 2008

Regge, Jürgen. *Schubert*, Werner. Buchbesprechung: Quellen zur Reform des Straf- und Strafprozeßrechts. Schubert/Regge/Riess/Schmid (Hrsg.), II.Abteilung. NS-Zeit (1933–1939) – Strafgesetzbuch. Band 1: Entwürfe eines Strafgesetzbuches, 1. Teil, 1988
zitiert: *Regge/Schubert*, II. Abteilung NS-Zeit (1933–1939) – Strafgesetzbuch, Band 1, 1. Teil, 1988

Rengier, Rudolf. Erfolgsqualifizierte Delikte und verwandte Erscheinungsformen, Tübingen 1986
zitiert: *Rengier*, Erfolgsqualifizierte Delikte, 1986

Renzikowski, Joachim. Restriktiver Täterbegriff und fahrlässige Beteiligung, Tübingen 1997
zitiert: *Renzikowski*, Täterbegriff, 1997

– Pflichten und Recht – Rechtsverhältnis und Zurechnung, in: Goltdammer's Archiv für Strafrecht, 2007, S. 561
zitiert: *Renzikowski*, GA 2007

– Ist psychische Kausalität dem Begriff nach möglich?, in: Paeffgen (Hrsg.), Strafrechtswissenschaft als Analyse und Konstruktion: Festschrift für Ingeborg Puppe zum 70. Geburtstag, Berlin 2011, S. 201
zitiert: *Renzikowski*, FS Puppe 2011

Robles Planas, Ricardo. Zur Dogmatik der Kriminalpolitik, in: Georg (Hrsg.), Grundlagen und Dogmatik des gesamten Strafrechtssystems: Festschrift für Wolfgang Frisch zum 70. Geburtstag, Berlin 2013, S. 115
zitiert: *Robles Planas*, FS Frisch 2013

Rogall, Klaus. Bemerkungen zum Versuch der Beteiligung, in: Paeffgen (Hrsg.), Strafrechtswissenschaft als Analyse und Konstruktion: Festschrift für Ingeborg Puppe zum 70. Geburtstag, S. 859
zitiert: *Rogall*, FS Puppe 2011

Romano, Mario. Commentario Sistematico del Codice Penale, 3. Auflage, Teil I, Mailand 2004
zitiert: *Romano*, Commentario Sistematico del Codice Penale, 2004

Ronzani, Marco. Erfolg und individuelle Zurechnung im Umweltstrafrecht: Eine Studie zur Funktionalität der Strafrechtsdogmatik im Umweltschutz unter besonderer Berücksichtigung des Schweizer Rechts, München 1992
zitiert: *Ronzani*, Erfolg und individuelle Zurechnung im Umweltstrafrecht, 1992

Rothenfußer, Christoph. Kausalität und Nachteil, München 2003
zitiert: *Rothenfußer*, Kausalität und Nachteil, 2003

Rotsch, Thomas. »Einheitstäterschaft« statt Tatherrschaft: Zur Abkehr von einem differenzierenden Beteiligungsformensystem in einer normativ-funktionalen Straftatlehre, Tübingen 2009
zitiert: *Rotsch*, Einheitstäterschaft statt Tatherrschaft, 2009

- Compliance und Strafrecht – Konsequenzen einer Neuentdeckung, in: Joecks/Samson (Hrsg.), Recht – Wirtschaft – Strafe: Festschrift für Erich Samson zum 70. Geburtstag, Heidelberg 2010, S. 141
  zitiert: *Rotsch*, FS Samson 2010

Rotta Almeida, Bruno. Cem anos de prisão, Porto Alegre 2011
  zitiert: *Rotta Almeida*, Cem anos de prisão, 2011

Roxin, Claus. Gedanken zur Problematik der Zurechnung im Strafrecht, in: Festschrift für Richard M. Honig, Göttingen 1970, S. 133
  zitiert: *Roxin*, FS Honig 1970
- Kriminalpolitik und Strafrechtssystem, Berlin 1973
  zitiert: *Roxin*, Kriminalpolitik und Strafrechtssystem, 1973
- Allgemeiner Teil Band 1, 4. Auflage, München 2006
  zitiert: *Roxin*, AT I 2006
- Probleme psychisch vermittelter Kausalität, in: Hellmann/Schröder (Hrsg.), Festschrift für Hans Achenbach, Heidelberg 2011, S. 409
  zitiert: *Roxin*, FS Achenbach 2011
- Täterschaft und Tatherrschaft, 9. Auflage, Berlin 2015
  zitiert: *Roxin*, Täterschaft und Tatherrschaft, 2015

Röckrath, Luidger. Kollegialentscheidung und Kausalitätsdogmatik – Zurechnung überbestimmter Erfolge in Straf- und Haftungsrecht, in: Neue Zeitschrift für Strafrecht, 2003, S. 641
  zitiert: *Röckrath*, NStZ 2003

Röh, Lars. Die kausale Erklärung überbedingter Erfolge im Strafrecht, Frankfurt am Main, 1995
  zitiert: *Röh*, Die kausale Erklärung, 1995

Rönnau, Thomas. Grundwissen – Strafrecht: Erfolgs- und Tätigkeitsdelikte, in: Juristische Schulung, Nr. 11, 2010, S. 961
  zitiert: *Rönnau*, JuS 2010
- Grundwissen – Strafrecht: Actio libera in causa, in: Juristische Schulung, Nr. 4, 2010, S. 300
  zitiert: *Rönnau*, JuS 2010 (Actio libera in causa)

Rudolphi, Hans-Joachim. Die Gleichstellungsproblematik der unechten Unterlassungsdelikte und der Gedanke der Ingerenz, Göttingen 1966
  zitiert: *Rudolphi*, Gedanke der Ingerenz, 1966
- Verteidigerhandeln als Unterstützung einer kriminellen oder terroristischen Vereinigung, in: Frisch/Schmid (Hrsg.), Festschrift für Hans-Jürgen Bruns zum 70. Geburtstag, Köln 1978, S. 315
  zitiert: *Rudolphi*, FS Bruns 1978
- Notwendigkeit und Grenzen einer Vorverlagerung des Strafrechtsschutzes im Kampf gegen den Terrorismus, in: Zeitschrift für Rechtspolitik, 1979, S. 214
  zitiert: *Rudolphi*, ZRP 1979

Rüping, Hinrich. *Jerouschek*, Günter. Grundriss der Strafrechtsgeschichte, 6. Auflage, München 2011
  zitiert: *Rüping/Jerouschek*, Grundriss der Strafrechtsgeschichte, 2011

Saavedra, Giovani Agostini. *Vasconcellos*, Vinicus Gomes. Ofensividade em Direito Penal: revisitando o conceito de bem jurídico a partir da Teoria do Reconhecimento, in:

Direito & Justiça, Vol. 38, Nr. 1, 2012
zitiert: *Saavedra/Vasconcellos*, Direito & Justiça 2012

Samson, Erich. Hypothetische Kausalverläufe im Strafrecht – Zugleich ein Beitrag zur Kausalität der Beihilfe, Frankfurt am Main 1972
zitiert: *Samson*, Hypothetische Kausalverläufe im Strafrecht, 1972

– Inus-Bedingung und strafrechtlicher Kausalbegriff, in: Rogall (Hrsg.), Festschrift für Hans-Joachim Rudolphi zum 70. Geburtstag, Neuwied 2004, S. 259
zitiert: *Samson*, FS Rudolphi 2004

Satzger, Helmut. Kausalität und Gremienentscheidungen, in: Juristische Ausbildung, Bd. 36, Nr. 2, 2014, S. 186
zitiert: *Satzger*, Jura 2014

Satzger, Helmut. *Schluckebier*, Wilhelm. *Widmaier*, Gunter. Satzger/Schluckebier/Widmaier (Hrsg.), Strafgesetzbuch Kommentar, 2. Auflage, 2014
zitiert: Satzger/Schluckebier/Widmaier StGB-*Bearbeiter* (2014)

– Satzger/Schluckebier/Widmaier (Hrsg.), Strafgesetzbuch Kommentar, 3. Auflage, 2016
zitiert: Satzger/Schluckebier/Widmaier StGB-*Bearbeiter* (2016)

Sauer, Wilhelm. Allgemeine Strafrechtslehre: Eine lehrbuchmässige Darstellung, 3. Auflage, Berlin 2014 (1955)
zitiert: *Sauer*, Strafrecht AT, 2014 (1955)

Sax, Walter. Grundsätze der Strafrechtspflege, in: Bettermann/Nipperdey/Scheuner (Hrsg.), Die Grundrechte, Bd. 3, Teil 2, Berlin 1959, S. 909
zitiert: *Sax*, Grundsätze der Strafrechtspflege, in: Die Grundrechte, 1959

Schaal, Alexander. Strafrechtliche Verantwortlichkeit bei Gremienentscheidungen in Unternehmen, Berlin 2001
zitiert: *Schaal*, Gremienentscheidungen, 2001

Schaffstein, Friedrich. Das Verbrechen als Pflichtverletzung, in: Dahm/Huber/Larenz/Michaelis/Schaffstein/Siebert (Hrsg.), Grundfragen der neuen Rechtswissenschaft, Berlin 1935, S. 108
zitiert: *Schaffstein*, Das Verbrechen als Pflichtverletzung, in: Grundfragen der neuen Rechtswissenschaft, 1935

– Die allgemeinen Lehren vom Verbrechen, Aalen 1973 (1930)
zitiert: *Schaffstein*, Lehren vom Verbrechen, 1973 (1930)

Schales, Isabel. Spezifische Fehlverhaltensfolgen und hypothetische Kausalverläufe: Zur Bedeutung der von Rechts wegen zu vermeidenden Kausalverläufe für Verhaltens- und Erfolgsunrecht, Berlin 2014
zitiert: *Schales*, Spezifische Fehlverhaltensfolgen und hypothetische Kausalverläufe, 2014

Scheffler, Uwe. Freund- und Feindstrafrecht, in: Feltes/Pfeiffer/Steinhilper (Hrsg.), Kriminalpolitk und ihre wissenschaftlichen Grundlagen – Festschrift für Professor Dr. Hans-Dieter Schwind zum 70. Geburtstag, Heidelberg 2006, S. 123
zitiert: *Scheffler*, FS Schwind 2006

Schild, Wolfgang. Funktionale und nicht-funktionale Bedeutung des Gesetzes. Einige Anmerkungen zur Gesetzgebungslehre am Beispiel des materiellen Strafrechts, in: Weimar/Tammelo/Mock (Hrsg.), Rechtstheorie und Gesetzgebung: Festschrift für Robert Weimar, Frankfurt am Main 1986, S. 195
zitiert: *Schild*, FS Weimar 1986

Schirach, Wilhelm von. Versuch eines Beweises, daß es sowohl nach positiven Gesetzen, als nach allgemeinen Grundsätzen in Ansehung der Strafbarkeit keinen Unterschied zwischen dem Urheber des Verbrechens und dem Gehülfen bei demselben gebe, in: Neues Archiv des Kriminalrechts, Band 3, 1819, S. 415
zitiert: *Schirach*, Neues Archiv des Kriminalrechts 1819

Schmidhäuser, Eberhard. Strafrecht, Allgemeiner Teil: Studienbuch, 2. Auflage, Tübingen, 1984
zitiert: *Schmidhäuser*, AT Studienbuch 1984

Schmidt, Eberhard. Einführung in die Geschichte der deutschen Strafrechtspflege, 3. Auflage, Göttingen 1983
zitiert: *Schmidt*, Einführung in die Geschichte, 1983

Schnepf, Robert. Die Frage nach der Ursache – Systematische und problemgeschichtliche Untersuchungen zum Kausalitäts- und zum Schöpfungsbegriff, Göttingen 2006
zitiert: *Schnepf*, Kausalität, 2006

Schönke, Adolf. *Schröder*, Horst. Strafgesetzbuch Kommentar, 29. Auflage, München 2014
zitiert: Schönke/Schröder StGB-*Bearbeiter*

Schreiber, Hans-Ludwig. Gesetz und Richter: Zur geschichtlichen Entwicklung des Satzes nullum crimen, nulla poena sine lege, Frankfurt am Main 1976
zitiert: *Schreiber*, Gesetz und Richter, 1976

Schroeder, Friedrich-Christian. Der Blitz als Mordinstrument: Ein Streifzug durch 150 Jahre Strafrechtswissenschaft; Anhang: Die Genesis der Lehre von der objektiven Zurechnung, Berlin 2009
zitiert: *Schroeder*, Der Blitz als Mordinstrument, 2009

Schröder, Horst. Die Gefährdungsdelikte im Strafrecht, in: Zeitschrift für die gesamte Strafrechtswissenschaft, Bd. 81, Nr. 1, 1969, S. 5
zitiert: *Schröder*, ZStW 81 (1969)

Schrödinger, Erwin. Anmerkungen zum Kausalproblem (Brief an Hans Reichenbach, 25.01.1924), Erkenntnis, Bd. 3, 1932/33, S. 65.
zitiert: *Schrödinger*, in: Erkenntnis 1932/33

– Die gegenwärtige Situation in der Quantenmechanik, in: Die Naturwissenschaften, Nr. 48, November 1935, S. 807
zitiert: *Schrödinger*, Naturwissenschaften 1935

Schulenburg, Johanna. Dogmatische Zusammenhänge von Rechtsgut, Deliktsstruktur und objektiver Zurechnung, in: Hefendehl (Hrsg.), Die Rechtsgutstheorie: Legitimationsbasis des Strafrechts oder dogmatisches Glasperlenspiel?, Baden-Baden 2003, S. 244
zitiert: *Schulenburg*, Dogmatische Zusammenhänge von Rechtsgut, Deliktsstruktur und objektiver Zurechnung, in: Die Rechtsgutstheorie, 2003

Schulz, Joachim. Gesetzmäßige Bedingung und kausale Erklärung – Zur Fassung der Theorie von der gesetzmäßigen Bedingung, in: Küper/Puppe/Tenckhoff (Hrsg), Festschrift für Karl Lackner zum 70. Geburtstag am 18. Februar 1987, Berlin 1987, S. 39
zitiert: *J. Schulz*, FS Lackner 1987

Schulz, Walter. Grundprobleme der Ethik, Pfulligen 1989
zitiert: *W. Schulz*, Grundprobleme der Ethik, 1989

Schulz, Matthias. Die Kausalität des Nichts, Hamburg 2013
zitiert: *M. Schulz*, Die Kausalität des Nichts, 2013

Schumann, Karl F. Positive Generalprävention: Ergebnisse und Chancen der Forschung, Heidelberg 1989
zitiert: *Schumann*, Positive Generalprävention, 1989
Schünemann, Bernd. Moderne Tendenzen in der Dogmatik der Fahrlässigkeits- und Gefährdungsdelikte, in: Juristische Arbeitsblätter 1975, S. 787
zitiert: *Schünemann*, JA 1975
- Kritische Anmerkungen zur geistigen Situation der deutschen Strafrechtswissenschaft, in: Goltdammer's Archiv für Strafrecht, 1995, S. 201
zitiert: *Schünemann*, GA 1995
- Rechtsgüterschutz, ultima ratio und Viktimodogmatik - Von den unverrückbaren Grenzen des Strafrechts in einem liberalen Rechtsstaat, in: Hirsch (Hrsg.), Mediating principles: Begrenzungsprinzipien bei der Strafbegründung, Baden-Baden 2006, S. 18
zitiert: *Schünemann*, Rechtsgüterschutz, ultima ratio und Viktimodogmatik, in: Mediating principles, 2006
- Über Strafrecht im demokratischen Rechtsstaat, das unverzichtbare Rationalitätsniveau seiner Dogmatik und die vorgeblich progressive Rückschrittspropaganda, in: Zeitschrift für internationale Strafrechtsdogmatik, Nr. 10, 2016, S. 654
zitiert: *Schünemann*, ZIS 2016
Shue, Henry. Basic Rights: Subsistence, Affluence and U.S. Foreign Poliy, Princeton 1980
zitiert: *Shue*, Basic Rights, 1980
Sieber, Ulrich. Legitimation und Grenzen von Gefährdungsdelikten im Vorfeld von terroristischer Gewalt, in: Neue Zeitschrift für Strafrecht, 2009, S. 353
zitiert: *Sieber*, NStZ 2009
Sieber, Ulrich. *Vogel*, Benjamin. Terrorismusfinanzierung: Prävention im Spannungsfeld von internationalen Vorgaben und nationalem Tatstrafrecht, Berlin 2015
zitiert: *Sieber/Vogel*, Terrorismusfinanzierung, 2015
Silva Sánchez, Jesús-María. La Expansión del Derecho Penal: Aspectos de la política criminal en las sociedades postindustriales, 2. Auflage, Madrid 2001
zitiert: *Silva Sánchez*, La Expansión del Derecho Penal, 2001
- Die Expansion des Strafrechts: Kriminalpolitik in postindustriellen Gesellschaften, Frankfurt am Main 2003
zitiert: *Silva Sánchez*, Die Expansion des Strafrechts, 2003
Simon, Jonathan. Governing Through Crime - How the War on Crime Transformed American Democracy, Oxford 2007
zitiert: *Simon*, Governing Through Crime, 2007
Singer, Wolf. Metzinger, Thomas. Ein Frontalangriff auf unser Selbstverständnis und unsere Menschenwürde, in: Gehirn & Geist, Nr. 4, 2002, S. 32
zitiert: *Singer/Metzinger*, Gehirn & Geist 2002
Sinn, Arndt. Die Nötigung im System des heutigen Strafrechts, Baden-Baden 2000
zitiert: *Sinn*, Die Nötigung im System des heutigen Strafrechts, 2000
- Moderne Verbrechensverfolgung - auf dem Weg zu einem Feindstrafrecht?, ZIS, Nr. 3, 2006, S. 107
zitiert: *Sinn*, ZIS 2006
- Straffreistellung aufgrund von Drittverhalten: Zurechnung und Freistellung durch Macht, Tübingen 2007
zitiert: *Sinn*, Straffreistellung aufgrund von Drittverhalten, 2007

– Vorverlagerung der Strafbarkeit – Begriff, Ursachen und Regelungstechniken, in: Sinn/Gropp/Nagy (Hrsg.), Grenzen der Vorverlagerung in einem Tatstrafrecht, Göttingen 2011, S. 13
zitiert: *Sinn*, Vorverlagerung der Strafbarkeit, in: Grenzen der Vorverlagerung, 2011

Sinn, Arndt. *Moeller*, Uriel. Entscheidungsbesprechung BGH 3 StR 243/13, in: Zeitschrift für das Juristische Studium, 2015, S. 232
zitiert: *Sinn/Moeller*, ZJS 2015

Sinn, Arndt. *Schmitz*, Roland. *Steinebach*, Martin. *Liebl*, Karlheins. *Schulte-Nölke*, Hans. Auswirkungen der Liberalisierung des Internethandels in Europa auf den Phänomenbereich der Arzneimittelkriminalität (ALPhA), *in Veröffentlichung*
zitiert: *Sinn/Schmitz/Steinebach/Liebl/Schulte-Nölke*, ALPhA, 2018

Smith, Jeremiah. Legal cause, in: Harvard Law Review, 1912, S. 303
zitiert: *Smith*, Harward Law Review 1912

Spendel, Günther. Die Kausalitätsformel der Bedingungstheorie für die Handlungsdelikte: Eine kritische Untersuchung der Conditio-sine-qua-non-Formel im Strafrecht, Goldbach 1995 (1948)
zitiert: *Spendel*, Die Kausalitätsformel der Bedingungstheorie für die Handlungsdelikte, 1995 (1948)

Sofos, Themistoklis. Mehrfachkausalität beim Tun und Unterlassen, Berlin 1999
zitiert: *Sofos*, Mehrfachkausalität, 1999

Staechelin, Gregor. Interdependenzen zwischen Rechtsgutstheorie und den Angriffswegen auf die dadurch bestimmten Güter, in: Lüderssen (Hrsg.), Aufgeklärte Kriminalpolitik oder Kampf gegen das Böse? Bd. I: Legitimationen, Baden-Baden 1998, S. 239
zitiert: *Staechelin*, Bestimmten Güter, in: Aufgeklärte Kriminalpolitik oder Kampf gegen das Böse?, 1998

Stapleton, Jane. Unpacking causation, in: Cane/Gardner (Hrsg.), Relating to Responsibility: Essays for Tony Honoré on his Eightieth Birthday, Oxford 2001, S. 145
zitiert: *Stapleton*, Unpacking causation, in: Relating to responsibility, 2001

Stechmann, Peter. Entwicklung und Bedeutung des Satzes »Cogitationis poenam nemo patitur«, Hamburg 1979
zitiert: *Stechmann*, Entwicklung und Bedeutung des Satzes »Cogitationis poenam nemo patitur«, 1979

Stegmüller, Wolfgang. Probleme und Resultate der Wissenschaftstheorie und analytischen Philosophie, Vol. 1: Erklärung, Begründung, Kausalität, 2. Auflage, Berlin 1983
zitiert: *Stegmüller*, Erklärung, Begründung, Kausalität, 1983

Steinsiek, Mark. Terrorabwehr durch Strafrecht? – Verfassungsrechtliche und strafrechtssystematische Grenzen der Vorfeldkriminalisierung, Baden-Baden 2012
zitiert: *Steinsiek*, Terrorabwehr durch Strafrecht?, 2012

Stern, Klaus. Schutzpflichtenfunktion der Grundrechte, in: Die Öffentliche Verwaltung, 2010, S. 241
zitiert: *Stern*, DÖV 2010

Stratenwerth, Günther. Zukunftssicherung mit den Mitteln des Strafrechts?, in: Zeitschrift für die gesamte Strafrechtswissenschaft, Bd. 105, Nr. 4, 1993, S. 679
zitiert: *Stratenwerth*, ZStW 105 (1993)

Stratenwerth, Günther. *Kuhlen*, Lothar. Strafrecht, Allgemeiner Teil, 6. Auflage, München 2011
zitiert: *Stratenwerth/Kuhlen*, AT 2011

Strauß, Friedrich. Erweiterung des Rechtsgüterschutzes im nationalsozialistischen Strafrecht, in: Freisler (Hrsg.), Grundzüge eines allgemeinen deutschen Strafrechts: Denkschrift des Zentralausschusses der Strafrechtsabteilung der Akademie für Deutsches Recht, Berlin 1934, S. 31
zitiert: *Strauß*, Erweiterung des Rechtsgüterschutzes im nationalsozialistischen Strafrecht, in: Grundzüge eines allgemeinen deutschen Strafrechts, 1934

Stinzing, Johann August Roderich von. *Landsberg*, Ernst. Geschichte der Deutschen Rechtswissenschaft. Dritte Abteilung, Teil 2 (Text), Aalen 1957 (unveränderter Nachdruck der Ausgabe von 1910)
zitiert: *Stintzing-Landsberg*, Geschichte der Deutschen Rechtswissenschaft, III, 2 (Text), 1957 (1910)

Streng, Franz. Schuld ohne Freiheit? Der funktionale Schuldbegriff auf dem Prüfstand, in: Zeitschrift für die gesamte Strafrechtswissenschaft, Bd. 101, 1989, S. 273
zitiert: *Streng*, ZStW 101 (1989)

– Kriminalitätswahrnehmung und Punitivität im Wandel: Kriminalitäts- und berufsbezogene Einstellungen junger Juristen; Befragung von 1989 bis 2012, Heidelberg 2014
zitiert: *Streng*, Kriminalitätswahrnehmung und Punitivität im Wandel, 2014

Struensee, Eberhard. Verursachungsvorsatz und Wahnkausalität, in: Zeitschrift für die gesamte Strafrechtswissenschaft, Bd. 102, Nr. 1, Januar 1990, S. 21
zitiert: *Struensee*, ZStW 102 (1990)

Struve, Georg Adam. Dissertationes Criminales, 1671, (Google eBook)
zitiert: *Struve*, Dissertationes Criminales, 1671

Stübel, Christoph Carl. Ueber den Thatbestand der Verbrechen, Wittenberg 1805
zitiert: *Stübel*, Ueber den Thatbestand der Verbrechen, 1805

– Ueber die Theilnahme mehrerer Personen an einem Verbrechen: Ein Beitrag zur Criminalgesetzgebung & zur Berichtigung der in den Criminalgerichten geltenden Grundsätze, Dresden 1828
zitiert: *Stübel*, Ueber die Theilnahme mehrerer Personen an einem Verbrechen, 1828

– System des allgemeinen peinlichen Rechts, Band. 1, Einleitung in die peinliche Rechtswissenschaft, Frankfurt am Main 1986 (1795)
zitiert: *Stübel*, System des peinlichen Rechts, Bd. 1, 1986 (1795)

– System des allgemeinen peinlichen Rechts, Band. 2, Von den Verbrechen im Allgemeinen, Frankfurt am Main 1986 (1795)
zitiert: *Stübel*, System des peinlichen Rechts, Bd. 2, 1986 (1795)

Suck, Hans Werner. Der Beginn der Tat im neuen deutschen Strafrecht, Frankfurt am Main 1977 (1937)
zitiert: *Suck*, Der Beginn der Tat im neuen deutschen Strafrecht, 1977 (1937)

Swoboda, Sabine. Die Lehre vom Rechtsgut und ihre Alternativen, in: Zeitschrift für die gesamte Strafrechtswissenschaft, Bd. 122, 2010, S. 24
zitiert: *Swoboda*, ZStW 122 (2010)

Systematischer Kommentar zum Strafgesetzbuch. Wolter (Hrsg.), 9. Auflage, Köln 2016–2017
zitiert: SK StGB-*Bearbeiter*

- Wolter (Hrsg.), 8. Auflage, Köln 2014
zitiert: SK 2014 StGB-*Bearbeiter*

Szomora, Zsolt. Die ungarische Versuchsdogmatik – eine Frage der Vorverlagerung der Strafbarkeit im Strafrecht?, in: Sinn/Gropp/Nagy (Hrsg.), Grenzen der Vorverlagerung in einem Tatstrafrecht, Göttingen 2011, S. 155
zitiert: *Szomora*, Die ungarische Versuchsdogmatik, in: Grenzen der Vorverlagerung, 2011

Tacitus, Publius Cornelius. Annalium ab Excessu Divi Augusti Libri, um ca. 115 n. Chr. (https://la.wikisource.org/wiki/Ab_excessu_divi_Augusti_(Annales)/Liber_I#LXXII)
zitiert: *Tacitus*, Annalium ab Excessu Divi Augusti Libri, um ca. 115 n. Chr.

Tarnowski, Hans. Die systematische Bedeutung der adaequaten Kausalitätstheorie für den Aufbau des Verbrechensbegriffes, Berlin 1927
zitiert: *Tarnowski*, Kausalitätstheorie, 1927

Timpe, Gerhardt. Das Scharfe Brotmesser, in: Juristische Arbeitsblätter, Heft 7, 2010, S. 514
zitiert: *Timpe*, JA 2010

Toepel, Friedrich. Kausalität und Pflichtwidrigkeitszusammenhang beim fahrlässigen Erfolgsdelikt, Berlin 1992
zitiert: *Toepel*, Kausalität und Pflichtwidrigkeitszusammenhang, 1992

- Hinreichende Mindestbedingung, in: Paeffgen (Hrsg.), Strafrechtswissenschaft als Analyse und Konstruktion: Festschrift für Ingeborg Puppe zum 70. Geburtstag, Berlin 2011, S. 289
zitiert: *Toepel*, FS Puppe 2011

- Causal Overdetermination, in: Kahmen/Stepanians (Hrsg.), Critical essays on »Causation and responsibility«, Berlin 2013, S. 111
zitiert: *Toepel*, Causal Overdetermination, in: Critical Essays, 2013

Toulmin, Stephen E. The Uses of Argument, 2. Auflage, Cambridge 2003 (1958)
zitiert: *Toulmin*, The Uses of Argument, 2003 (1958)

Traeger, Ludwig. Der Kausalbegriff im Straf- und Zivilrecht: Zugleich ein Beitrag zur Auslegung des BGB, Marburg 1904
zitiert: *Traeger*, Der Kausalbegriff im Straf- und Zivilrecht, 1904

Ullrich, Carsten G. Soziologie des Wohlfahrtsstaates: Eine Einführung, Frankfurt am Main 2005
zitiert: *Ullrich*, Soziologie des Wohlfahrtsstaates, 2005

Venn, John. The Logic of Chance, 4. Auflage, New York 1888
zitiert: *Venn*, The Logic of Chance, 1888

Vieira de Andrade, José Carlos. Os Direitos Fundamentais na Constituição Portuguesa de 1976, 3. Auflage, Coimbra 2006
zitiert: *Vieira de Andrade*, Os Direitos Fundamentais na Constituição Portuguesa de 1976, 2006

Vogel, Joachim. Norm und Pflicht bei den unechten Unterlassungsdelikten, Berlin 1993
zitiert: *Vogel*, Norm und Pflicht, 1993

Vormbaum, Thomas. Einführung in die moderne Strafrechtsgeschichte, 3. Auflage, Berlin 2016
zitiert: *Vormbaum*, Einführung in die moderne Strafrechtsgeschichte, 2016

Voß, Monika. Symbolische Gesetzgebung: Fragen zur Rationalität von Strafgesetzgebungsakten, Ebelsbach 1989
zitiert: *Voß*, Symbolische Gesetzgebung, 1989

Wachenfeld, Friedrich. Lehrbuch des deutschen Strafrechts, München 1914.
zitiert: *Wachenfeld*, Lehrbuch des deutschen Strafrechts, 1914

Waldron, Jeremy. Torture, Terror, and Trade-Offs – Philosophy for the White House, Oxford 2010
zitiert: *Waldron*, Torture, Terror, and Trade-Offs, 2010

Walter, Tonio. Das Märchen von den Tätigkeitsdelikte, in: Fahl/Müller/Satzger/Swoboda (Hrsg.), Festschrift für Werner Beulke zum 70. Geburtstag, Heidelberg 2015, S. 327
zitiert: *Walter*, FS Beulke 2015

Weber, Ulrich. Die Vorverlegung des Strafrechtsschutzes durch Gefährdungs- und Unternehmensdelikte, in: Jescheck (Hrsg.), Die Vorverlegung des Strafrechtsschutzes durch Gefährdungs- und Unternehmensdelikte: Referate und Diskussionsbericht der Arbeitssitzung der Fachgruppe für Strafrechtsvergleichung anläßlich der Tagung der Gesellschaft für Rechtsvergleichung am 20. Sep. 1985 in Göttingen, 1987, Seite 1
zitiert: *Weber*, Die Vorverlegung des Strafrechtsschutzes durch Gefährdungs- und Unternehmensdelikte, in: Die Vorverlegung des Strafrechtsschutzes, 1987

Weigend, Thomas.Wohin bewegt sich das Strafrecht? Probleme und Entwicklungstendenzen im 21. Jahrhundert, in: Georg (Hrsg.), Grundlagen und Dogmatik des gesamten Strafrechtssystems: Festschrift für Wolfgang Frisch zum 70. Geburtstag, Berlin 2013, S. 17
zitiert: *Weigend*, FS Frisch 2013

Weinert, Nicole. Vorbereitungsdelikte und tätige Reue: Eine Untersuchung zur Notwendigkeit der Einführung tätiger Reue am Beispiel des Versicherungsmissbrauchs, Hamburg 2005
zitiert: *Weinert*, Vorbereitungsdelikte und tätige Reue, 2005

Weißer, Bettina. Kausalitäts- und Täterschaftsprobleme bei der strafrechtlichen Würdigung pflichtwidriger Kollegialentscheidungen, Berlin 1996
zitiert: *Weißer*, Kollegialentscheidungen, 1996

– Über den Umgang des Strafrechts mit terroristischen Bedrohungslagen, in: Zeitschrift für die gesamte Strafrechtswissenschaft, Bd. 121, 2009, S. 131
zitiert: *Weißer*, ZStW 121 (2009)

Welp, Jürgen. Kriminalpolitik in der Krise, in: Strafverteidiger, 1994, S. 161
zitiert: *Welp*, StV 1994

Welzel, Hans. Das deutsche Strafrecht: Eine systematische Darstellung, 11. Auflage, Berlin 2010 (1969)
zitiert: *Welzel*, Das deutsche Strafrecht, 2010 (1969)

Wiethölter, Rudolf. Rechtswissenschaft, Frankfurt am Main 1976
zitiert: *Wiethölter*, Rechtswissenchaftt, 1976

Willascheck, Marcus. Der freie Wille – eine Tatsache des praktischen Lebens, in: Forschung Frankfurt, Nr. 23, 2005, S. 51
zitiert: *Willascheck*, Forschung Frankfurt 2005

Wilson, James Q. Thinking about Crime, New York 1975
zitiert: *Wilson*, Thinking about crime, 1975

Wilson, James Q. *Kelling*, George L. Broken Windows – The police and neighborhood safety, in: The Atlantic Monthly, März 1982, S. 29
zitiert: *Wilson/Kelling*, The Atlantic Monthly 1982
Witte, Ernst Christian. Erörterungen über den § 49a des Strafgesetzbuches für das Deutsche Reich, Breslau 1886
zitiert: *Witte*, Erörterungen über den § 49a StGB, 1886
Wohlers, Wolfgang. Deliktstypen des Präventionsstrafrechts – Zur Dogmatik »moderner« Gefährdungsdelikte, Berlin 2000, S. 96
zitiert: *Wohlers*, Deliktstypen des Präventionsstrafrechts, 2000
Wolter, Jürgen. Objektive und personale Zurechnung von Verhalten, Gefahr und Verletzung in einem funktionalen Straftatsystem, Berlin 1981
zitiert: *Wolter*, Objektive und personale Zurechnung, 1981
Wörner, Liane. Die deutsche Versuchsdogmatik – eine Frage der Vorverlagerung der Strafbarkeit?, in: Sinn/Gropp/Nagy (Hrsg.), Grenzen der Vorverlagerung in einem Tatstrafrecht, Göttingen 2011, S. 135
zitiert: *Wörner*, Die deutsche Versuchsdogmatik, in: Grenzen der Vorverlagerung, 2011
Wright, Richard W. The NESS Account of Natural Causation: A Response to Criticisms, in: Kahmen/Stepanians (Hrsg.), Critical essays on »Causation and responsibility«, Berlin 2013, S. 13
zitiert: *Wright*, The NESS Account of Natural Causation, in: Critical Essays, 2013
Young, Jock. Searching for a New Criminology of Everyday Life: A Re- view of ›The Culture of Control‹, By David Garland, in: British Journal of Criminology, Vol. 42, 2002, S. 228
zitiert: *Young*, British Journal of Criminology 2002
Zaczyk, Rainer. Das Unrecht der versuchten Tat, Berlin 1989
zitiert: *Zaczyk*, Das Unrecht der versuchten Tat, 1989
– Strafjustiz oder Präventivjustiz?, in: Fahl/Müller/Satzger/Swoboda (Hrsg.), Festschrift für Werner Beulke zum 70. Geburtstag, Heidelberg 2015, S. 69
zitiert: *Zaczyk*, FS Beulke 2015
Zaffaroni, Eugenio Raúl. *Pierangeli*, José Henrique. Manual de Direito Penal Brasileiro, 12. Auflage, São Paolo 2018
zitiert: *Zaffaroni/Pierangeli*, Manual de Direito Penal Brasileiro, 2018
Zielinski, Diethart. Handlungs- und Erfolgsunwert im Unrechtsbegriff: Untersuchungen zur Struktur von Unrechtsbegründung und Unrechtsausschluß, Berlin 1973
zitiert: *Zielinski*, Handlungs- und Erfolgsunwert im Unrechtsbegriff, 1973
Zieschang, Frank. Die Gefährdungsdelikte, Berlin 1998
zitiert: *Zieschang*, Die Gefährdungsdelikte, 1998
– Das »potentielle Gefährdungsdelikt« in der Rechtsprechung des BGH, in: Zöller (Hrsg.), Gesamte Strafrechtswissenschaft in internationaler Dimension: Festschrift für Jürgen Wolter zum 70. Geburtstag am 7. September 2013, Berlin 2013, S. 557
zitiert: *Zieschang*, FS Wolter 2013
Zippelius, Reinhold. Erfolgsunrecht oder Handlungsunrecht, in: Neue Juristische Wochenschrift, 1957, S. 1707
zitiert: *Zippelius*, NJW 1957
Zimmerl, Leopold. Aufbau des Strafrechtssystems, Tübingen 1930
zitiert: *Zimmerl*, Strafrechtssystem, 1930

Zoll, Andrzej. Der untaugliche Versuch im polnischen Strafrecht, in: Arnold/Burkhardt/Gropp/Heine/Koch/Lagodny/Walther (Hrsg.), Menschengerechtes Strafrecht: Festschrift für Albin Eser zum 70. Geburtstag, München 2005, S. 655
zitiert: *Zoll*, FS Eser 2005

Zöller, Mark A. Terrorismusstrafrecht: Ein Handbuch, Heidelberg 2009
zitiert: *Zöller*, Terrorismusstrafrecht, 2009

- The relationship between terrorism and criminal law, in: Sistema Penal & Violência, 2012, S. 118
zitiert: *Zöller*, Sistema Penal & Violência 2012
- Zehn Jahre 11. September – Zehn Jahre. Gesetzgebung zum materiellen Terrorismusstrafrecht in Deutschland, in: Strafverteidiger, Heft 6, 2012, S. 364
zitiert: *Zöller*, StV 2012
- Der Terrorist und sein (Straf-)Recht – Wege und Irrwege der neueren Gesetzgebung zur Terrorismusbekämpfung, in: Goltdammer's Archiv für Strafrecht, Heft 2, 2016, S. 90
zitiert: *Zöller*, GA 2016